HANS VON RIMSCHA

GESCHICHTE RUSSLANDS

HANS VON RIMSCHA

GESCHICHTE RUSSLANDS

1983
WISSENSCHAFTLICHE BUCHGESELLSCHAFT
DARMSTADT

CIP-Kurztitelaufnahme der Deutschen Bibliothek

Rimscha, Hans von:
Geschichte Rußlands / Hans von Rimscha. – 6. Aufl. – Darmstadt: Wissenschaftliche Buchgesellschaft, 1983.
ISBN 3-534-05534-9

2 3 4 5

Bestellnummer 5534-9

Sechste Auflage

Druck und Einband: Wissenschaftliche Buchgesellschaft, Darmstadt
Printed in Germany
Schrift: Linotype Garamond, 9/11

ISBN 3-534-05534-9

MEINEN SCHÜLERN

INHALT

Zweiter Abschnitt

Die Periode der Teilfürstentümer

Unter der Oberherrschaft der Tatarenchane

Dritter Abschnitt

Die erste Moskauer Periode

Unter der Alleinherrschaft
der Moskauer Großfürsten und Zaren

Vierter Abschnitt

Die Petersburger Periode

Unter der Selbstherrschaft der Kaiser von ganz Rußland

Fünfter Abschnitt

Die zweite Moskauer Periode

Unter der Totalitärherrschaft kommunistischer Parteifunktionäre

VERZEICHNIS DER KARTEN UND TAFELN

Zur heraldischen Grundlage der Einbandgestaltung: Die erste Umschlagseite des Bandes zeigt den vom Moskauer Großfürsten Iwan III. nach dem Fall Konstantinopels in die Hände der Türken (1453) aus Byzanz in das russische Staatswappen übernommenen Doppeladler und das nach der Begründung der Sowjetunion (1923) eingeführte, heute geltende Staatswappen der Sowjetunion.

VORWORT

Das vorliegende Buch wendet sich an weitere Kreise der interessierten Leser ohne Spezialkenntnisse im Fach und ist bestrebt, in allgemeinverständlicher und gleichwohl wissenschaftlicher Darstellung ein Gesamtbild über den Ablauf der Geschichte Rußlands von den Anfängen bis in unsere Zeit nach dem heutigen Forschungsstand in übersichtlicher Form zu vermitteln.

Das Buch soll nicht ein Rückblick in die Vergangenheit sein, der in perspektivischer Sicht das zeitlich Weiterliegende verkleinert. Es sollte vielmehr aus historischer Sicht der gleichmäßige Fluß der Entwicklung erkennbar gemacht werden. Infolgedessen wurde auch den weiter zurückliegenden Perioden jener Platz eingeräumt, der ihnen in der Gesamtentwicklung zukommt.

Die Bewältigung der ungeheuren Stoffmenge in einem Bande verlangte von vornherein eine Beschränkung. Es wurde grundsätzlich darauf verzichtet, eine Materialanhäufung in einer Summierung möglichst vieler Einzeltatsachen, Daten und Namen zu bringen. Über Einzelheiten kann man sich heute leicht in allen großen Lexiken informieren. Hier wurde der Nachdruck auf den Gang der Entwicklung in seinen geschichtlichen Zusammenhängen gelegt. Der Verfasser hat sich dabei bemüht, Anschauung zu vermitteln, worin nach den Worten seines Lehrers Johannes Haller das Wesen historischer Erkenntnis besteht. Um das zu verdeutlichen, wurde jedem Abschnitt ein in wenigen Strichen – sans noms et sans dates – gezeichnetes Gesamtbild der entsprechenden Periode vorangestellt.

Unter „Geschichte Rußlands“ wird hier nicht das verstanden, was die Sowjethistoriker mit „Geschichte der Sowjetunion“ bezeichnen, also nicht die bis in die Urzeiten zurückreichende historische Entwicklung aller heute zum Sowjetbereich gehörenden Gebiete und deren Bewohner. In diesem Buch werden nur Länder und Menschen behandelt, so weit sie und so lange sie zum „russischen

Lande", zum Russischen Reich und später zur Sowjetunion gehörten. „Russische Geschichte" ist hier im Sinne einer politischen Geschichte gemeint; das heißt die Darstellung wird auf jene Vorgänge beschränkt, die sich primär auf die Entstehung, Entwicklung und Ausweitung des russischen Staates und Volkes beziehen. Infolgedessen konnte auf eine Behandlung der vor- und frühgeschichtlichen Zeit, d. h. in diesem Fall jener Zeit, da es weder einen russischen Staat, noch ein russisches Volk, noch ein russisches Gemeinbewußtsein gab, verzichtet werden. Nach einer kurzen Skizzierung der geschichtlichen Voraussetzungen setzt die Darstellung mit der Staatswerdung im 9. Jahrhundert ein.

Eine starke Beschränkung mußte sich der Verfasser in bezug auf alle Vorgänge auferlegen, die über den Rahmen der Geschichte Rußlands hinaus in die Allgemeine Geschichte gehören. Das bezieht sich in erster Linie auf die außenpolitischen Zusammenhänge, zumal im 19. und 20. Jahrhundert und insbesondere auf die weltgeschichtlichen Ereignisse, die durch die bolschewistische Revolution ausgelöst wurden.

Dagegen wurde nicht darauf verzichtet, gelegentlich über einzelne wichtige Episoden etwas ausführlicher rein erzählend zu berichten und, um dem Gesamtbild Farbe zu verleihen, auch Zustandsschilderungen zu geben. Es wurde auch nicht darauf verzichtet, gelegentlich länger bei der Schilderung und Charakterisierung hervorragender Einzelpersönlichkeiten zu verweilen, die in den Geschichtsablauf bestimmend eingriffen und denen in der Geschichte Rußlands infolge seines durch Jahrhunderte weitgehend konstant gebliebenen, im hohen Grade persönlich bestimmten, Herrschaftssystems eine besondere Bedeutung zukommt.

Jede Beschäftigung mit der Geschichte Rußlands, zumal ein Bemühen, sie zu gestalten, birgt die Versuchung in sich, auch grundsätzlich zum unerschöpflichen, höchst reizvollen und sehr strapazierten Thema des Verhältnisses zwischen Rußland und Europa Stellung zu nehmen. Diese Versuchung ist um so größer, als die Frage nach der Eigenständigkeit (samobýtnostj) der Geschichte Rußlands, die ein Jahrhundert lang das große Anliegen der russischen Geschichtsschreibung und Geschichtsphilosophie gewesen ist, in engem Zusammenhang damit steht. Gleichwohl ist hier dieser Versuchung widerstanden worden; im Grunde ist das ganze Buch ein Beitrag dazu. Es soll aber kurz daran erinnert werden, daß die Beurteilung dieser Frage sich im Laufe der Zeit stark gewandelt hat.

Zunächst haben europäischer Egozentrismus und abendländische geistige Arroganz hauptsächlich im 19. Jahrhundert, z. T. aber noch bis in die jüngste Zeit hinein, das Russische oder schlechthin das Slawische im Vergleich zum Germanisch-Romanischen für inferior erklärt und als am Fortschritt der Menschheit nicht beteiligt aus der „Weltgeschichte" einfach eliminiert. Demgegenüber haben russische Überheblichkeit und russischer Mangel an Augenmaß für sich selbst das Russische in seinem Wesen, seinen Leistungen und vor allem in seinem Zukunftsversprechen gegenüber dem morschen Westen über alle Gebühr gerühmt und gepriesen. In beiden Fällen wurde eine scharfe Grenze zwischen Rußland und Europa gezogen, wobei man die Wertakzente sehr verschieden setzte.

Nach dem Ersten Weltkrieg, begünstigt durch den bolschewistischen Umsturz und das sich daraus ergebende Ausscheren Rußlands aus der europäischen Gemeinschaft, hat man aus europäischer Sicht diese Grenzen noch schärfer gezogen und im Sinne Spenglers und unter unverkennbarer Beeinflussung durch russisch-slawophile Gedankengänge im russischen und im abendländischen Bereich zwei völlig voneinander verschiedene, durch einen unüberbrückbaren Graben getrennte „Welten" einander gegenübergestellt, wobei man im zunehmenden Maße auch im Westen dazu neigte, gelegentlich in grotesker Übersteigerung, die Wertakzente zugunsten der russischen Welt auf Kosten der abendländisch-europäischen zu verschieben.

In jüngster Zeit wird in unverkennbarer Reaktion auf diese Überspitzung und unter dem Einfluß von Rußlandfachleuten, zumal von Rußlandhistorikern, aus der geschichtlichen Schau heraus wieder stärker das Verbindende zwischen Rußland und dem Abendlande und die Gemeinsamkeit zwischen beiden betont. Damit wurde der „konventionellen Entgegensetzung" Rußland und Europa weitgehend „der Boden entzogen" (Wittram). Mit Leidenschaft und Enthusiasmus, z. T. auch mit Zorn und Verärgerung wurde sowohl von abendländischer wie von russischer (emigrantischer) Seite die These von der unabdingbaren Zugehörigkeit Rußlands zum abendländischen Kulturbereich verfochten. (Die amtliche sowjetische materialistische Geschichtsauffassung sieht ohnehin in der Menschheitsgeschichte einen einheitlichen Entwicklungsprozeß.)

Eine historische Darstellung wird gleichermaßen den traditionellen eigenständigen Entwicklungskräften nachzugehen haben, die der Geschichte Rußlands über alle Wandlungen hinweg den ihr eigenen Charakter verliehen, wie auch den inneren und äußeren Gebundenheiten an die benachbarten Bereiche, zumal an den abendländischen, und deren gegenseitige Verflochtenheit. Es wird dann bereits in der Kiewer Periode ein zähes und erbittertes, sich durch die Jahrhunderte hinziehendes Ringen der verschiedenen Kräfte, Mächte und Tendenzen erkennbar, ein höchst dramatischer Vorgang, den es zunächst einmal zu erkennen und sichtbar zu machen gilt, wie er sich dem rückschauenden Auge darstellt.

*

Die russischen Namen und Wörter wurden phonetisch umschrieben. Sh ist wie das französische j zu sprechen. Aus technischen Gründen mußte aber auf den Karten die orthographische (wissenschaftliche) Schreibweise verwendet werden. Die Karten zeichnete Dr. Horst Preiss. Die Eigennamen wurden in der Regel in der russischen Form geschrieben (Michaíl, Alekséj, Sófja, Márja), eine Ausnahme wurde nur bei wenigen Namen entsprechend dem allgemeinen Brauch gemacht (Peter, Paul, Alexander, Katharina, Elisabeth). Das Schema auf S. 452/453 ist von mir nur als optisches Hilfsmittel zur besseren Anschauung der geistigen Entwicklung im 19. Jahrhundert gedacht.

Von Literaturangaben auf den Textseiten habe ich grundsätzlich abgesehen und auf Quellenangaben ganz verzichtet. Am Ende des Buches ist die wichtigste einschlägige Literatur verzeichnet, in der man sich jeweils auch über die Quellen informieren kann. Gleichwohl sollten die Namen der zahlreichen Autoren, denen ich in erster Linie sachliche Förderung zu danken habe, nicht verschwiegen werden. Sie finden sich im Text und – in Klammern – dort, wo ich wörtlich zitiert habe.

Ich habe auch vielen Ungenannten zu danken, die mir bei der Fertigstellung des Manuskripts, beim Umdiktieren und Korrigieren in selbstloser Weise geholfen haben. Mein Dank gilt vor allem der sich über die ganze Zeit der Arbeit an diesem Buch erstreckenden unermüdlichen, mich entlastenden und anregenden Hilfe meiner Frau.

Erlangen Hans v. Rimscha

VORWORT ZUR ZWEITEN AUFLAGE

Die hier in zweiter Auflage vorgelegte Geschichte Rußlands ist in allen Kapiteln überarbeitet und auf den neuesten Forschungsstand gebracht worden. Dabei wurde der Text, besonders im Abschnitt über die Zweite Moskauer Periode (Sowjetperiode), nicht unerheblich erweitert. Zwei Kapitel über die Zeit von Stalins Tod bis zum Sturz Chruschtschóws und ein Schlußwort (bis 1969) wurden hinzugefügt.

Es sind dabei die in dankenswerter Weise von der Fachkritik gemachten, z. T. sehr eingehenden Anmerkungen, Ausstellungen und Anregungen – auch die sowjetischen, falls sie sich nicht auf politische Polemik beschränkten – soweit es möglich war und zweckmäßig erschien, berücksichtigt worden. Das gleiche gilt selbstverständlich für die zahlreichen, seit der ersten Auflage dieses Buches veröffentlichten Neuerscheinungen. Gliederung und Gestaltung des behandelten Stoffes und die Einstellung des Verfassers zu ihm blieben dabei unverändert.

Die zweite Auflage erscheint in einem anderen Verlag. Es ist mir ein Bedürfnis, ihm für das Verständnis meinen Dank zu sagen, das er angesichts der notwendig gewordenen Erweiterung des Umfanges dieses Buches gezeigt hat.

Erlangen 1970 H. v. R.

VORWORT ZUR DRITTEN AUFLAGE

Für den Autor unerwartet schnell ist eine neue Auflage notwendig geworden. Diese dritte Auflage erscheint unverändert. Nur die Disposition des fünften Abschnittes ist, in Angleichung an die anderen Abschnitte, bei gleichgebliebenem Text verändert worden.

Erlangen 1972 — Hans v. Rimscha

VORWORT ZUR FÜNFTEN AUFLAGE

Die fünfte Auflage erscheint unverändert. Nur das Schlußwort wurde umgearbeitet und die Darstellung bis zum Ende des Jahres 1977 fortgeführt. Auf S. 642 wurde eine Anmerkung über die sowjetamtliche Beurteilung Stalins im Jahre 1976 hinzugefügt.

Erlangen 1978 — Hans v. Rimscha

EINLEITUNG

DIE GESCHICHTLICHEN VORAUSSETZUNGEN

Einleitend sei kurz das Wichtigste über die Voraussetzungen der Geschichte Rußlands gesagt: über den Schauplatz, auf dem sich die Geschichte vollzog, die Menschen, die zu Trägern der Geschichtsentwicklung wurden, und die politisch-sozialen Organisationsformen, die in der Zeit, da die Darstellung einsetzt, bereits vorhanden waren.

Der Schauplatz der Geschichte Rußlands hat sich im Laufe der Jahrhunderte ungeheuer geweitet. Die Ausdehnung des Reiches über den heute von ihm beherrschten Riesenraum und das Hineinwachsen des Volkes in diesen Raum ist zum großen Teil Gegenstand der vorliegenden Darstellung. Aber der Schauplatz selbst hat die geschichtliche Entwicklung wesentlich mitbestimmt. Er ist vom Schauplatz der abendländischen Geschichte sehr verschieden. Er ist durch Einheitlichkeit, Weiträumigkeit, Gestaltlosigkeit und Unbegrenztheit gekennzeichnet; es liegt in ihm ein „Zug ins Extensive, statt einer Vermehrung der Intensität, wie in gut abgegrenzten, in sich geschlossenen Landschaften" (Hettner).

Dieser Raum ist durch drei „Grundelemente der russischen Natur" (Kljutschéwskij) charakterisiert, die alle auf den Geschichtsablauf eine prägende Wirkung ausgeübt haben: die beiden scharf voneinander abgegrenzten Vegetationszonen, im Süden die Steppe und nördlich daran anschließend der Wald (die Grenze verläuft in westöstlicher Richtung aus der Gegend von Kiew leicht nach Norden ansteigend bis Kasan an der Wolga, vgl. Karte), und als drittes Grundelement das den riesigen Raum nach allen Seiten hin durchschneidende, ihn einerseits gliedernde, andererseits die Zonen miteinander verbindende Seen- und Flußsystem. Die nördliche Vegetationszone, die Tundra, ist als geschichtsbildender Faktor unerheblich.

Die Menschen sind in diesen offenen Raum im Laufe der Jahrhunderte in Form zahlreicher Invasionswellen iranischer, germanischer, turanischer und mongolischer Völker immer wieder eingedrungen. Die Herrschaftsformen und politischen Gebilde, die dabei entstanden, lösten einander ab und gingen wieder zugrunde. In der Zeit, da unsere Darstellung einsetzt, bestand an der mittleren Wolga (seit dem 7. Jahrhundert) das Reich der türkisch-mongolischen Bolgaren, an der unteren Wolga das große und vor allem wirtschaftlich mächtige, zwar schon im Niedergang befindliche, aber immer noch auf hoher Kultur- und Zivilisationsstufe stehende Reich der turk-tatarischen Chasaren. Es hatte im 7. Jahrhundert seine Blütezeit gehabt; im 8. Jahrhundert war der Herrscher dieses Reiches, der Chagan, mit der Oberschicht zum Judentum übergetreten. Dieses Reich bot den westlich davon gelegenen Gebieten Schutz gegenüber den östlichen Nomaden.

Im nördlichen Waldgebiet siedelten um diese Zeit verschiedene primitive finnische Stämme, die zunächst für die geschichtliche Entwicklung unerheblich blieben. Anschließend an ihr Siedlungsgebiet, z. T. auch mit ihnen vermengt, siedelten in der westlichen und südlichen Waldzone für die geschichtliche Entwicklung um so wichtiger werdende slawische Stämme, die nach der herrschenden Ansicht von den Nordhängen der Karpaten eingewandert und an den Flußläufen in den Stromgebieten des Dnjestr und Dnjepr und weiter nördlich der Düna und des Wolchow bis hinauf zum Ilmensee und an der Oká seßhaft geworden waren. Demgegenüber wird auch heute noch die Ansicht vertreten (Vernádsky), daß die Slawen aus Asien eingewandert seien. Die Ostslawen zerfielen in mehrere Stämme (vgl. Karte), die z. T. in Feindschaft miteinander lebten und sich auch in ihren Bräuchen voneinander unterschieden. Auf Grund neuerer Forschungen kann als gesichert gelten, daß sie sich hauptsächlich mit Ackerbau beschäftigten und nicht, wie früher angenommen wurde, vorwiegend mit Jagd und Fischerei. Die früheren Sippengemeinschaften hatten sich bereits weitgehend aufgelöst, weil die Streuung zu groß war; an ihre Stelle waren Hausgemeinschaften, die Großfamilie mit dem Familienältesten an der Spitze, getreten.

Die Ostslawen waren Heiden. Von ihren religiösen Vorstellungen ist wenig bekannt, jedenfalls kann man „mit großer Wahrscheinlichkeit behaupten, daß ihre Religion keinesfalls die Stufe erreichte, auf der eine Religion ein System von Dogmen, sei es auch ganz primitive, entwickelt und sich einen festen Kreis von Göttern geschaffen hat . . . Jedenfalls war die Welt der alten Ostslawen eine von dämonischen Wesen und geheimen magischen Kräften erfüllte Welt“ (Tschizéwskij).

Die Flüsse, an denen die Slawen siedelten, waren aber gleichzeitig seit alters her Verkehrswege und Handelsstraßen der Kaufleute und Krieger aus den Bereichen hoher, von diesem Raume z. T. weit abgelegener Kulturen. Der älteste und wichtigste dieser Wege führte vom Finnischen Meerbusen über die Seen Ladoga, Onega, Beloósero in die Wolga. Dieser Weg zu den orientalischen Hochkulturen lag fast ganz außerhalb des ostslawischen Siedlungsgebietes. Der nähere Weg aber, der von der Ostsee zum Schwarzen Meer und zu den Mittelmeerländern führte, ging über den Wolchow und den Dnjepr mitten durch das ostslawische Siedlungsgebiet hindurch.

Alle diese Wege wurden auch von normannischen Krieger-Händlern befahren. Zur Förderung und zum Schutz des Handels waren an diesen Flußstraßen zahlreiche feste Plätze entstanden, z. T. befestigte Städte als Stapel- und Umschlagplätze für den Handel, z. T. ganz primitive von Erdwällen umgebene Zufluchtsorte für die Bevölkerung (Gorodíschtsche). Die bis auf den heutigen Tag ungeklärte Entstehung dieser ersten russischen Städte ist Gegenstand einer langen wissenschaftlichen Kontroverse gewesen. Hier können wir uns mit der Feststellung begnügen, daß sie als Siedlungsmittelpunkte bei der Entstehung der russischen Staatlichkeit „einfach da waren“. Ihr Vorhandensein war eine wichtige Voraussetzung für die Entwicklung des Kiewer Staates, dessen besondere Eigenart eben darin bestand, daß hier im Wald- und Sumpfgebiet, weit entfernt vom alten Kulturboden, ein neues geschichtliches Leben nicht aus der ländlichen Primitivität heraus erwuchs, sondern durch bereits vorhandene Städte charakterisiert wurde. Die Skandinavier haben dieses Land bekanntlich auch das Reich der Städte, Gardariki, genannt.

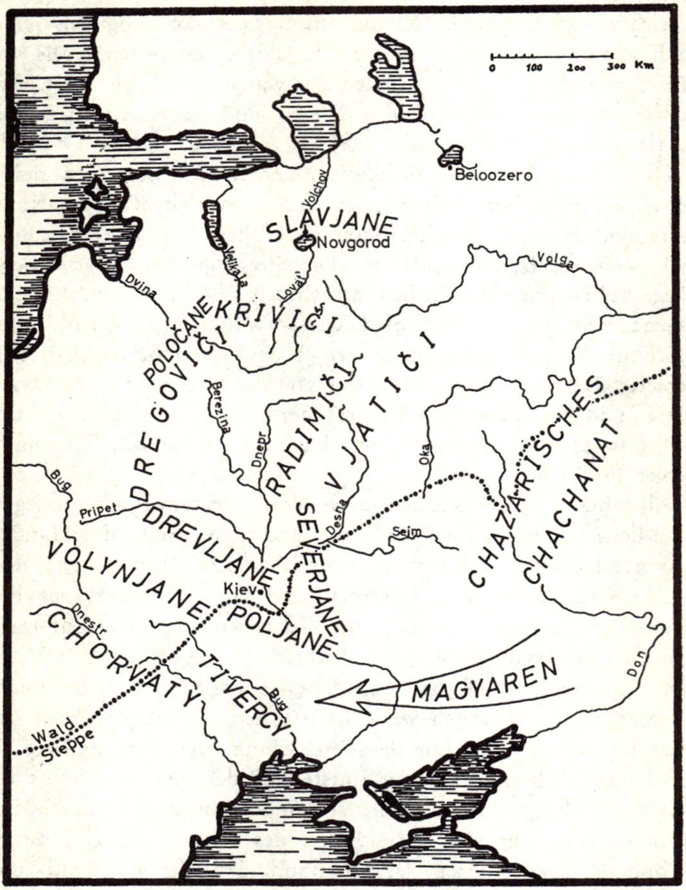

Die ostslawischen Stämme im 9. Jahrhundert.

Eine staatliche Organisation kannten die Ostslawen nicht. Die Siedlungsverhältnisse in weiter Zerstreuung längs den Flüssen im Walde waren dafür auch nicht günstig. Die Ostslawen lebten in kleinen Gemeinschaften, die sich zur gemeinsamen Rodung und Nutzung des Boden „zu einer Art Marktgenossenschaft, also nicht auf Grund des privaten, sondern des kollektiven Eigentums" (Gitermann) zusammenschlossen. Über diese seßhafte, ackerbautreibende, in den Städten natürlich auch mit Kleinhandel und Gewerbe beschäftigte Bevölkerung hatten die landfremden, kriegerischen Händler, in erster Linie die Normannen – im Süden, am Rande des Steppengebietes, auch die Chasaren –, nach alter Weise Herrschaften errichtet, die sich auf Tributzahlungen stützten. In der Regel scheinen die slawischen Stämme diese Herrschaften mehr oder weniger willig ertragen, vielleicht auch gewünscht zu haben, da sie gleichzeitig Schutz bedeuteten. Gelegentlich kam es aber auch zu Auflehnungen und zur Vertreibung der Tributherren. Im Zusammenhang mit solchen Vorgängen fand die sogenannte Berufung der warägischen Fürsten statt.

Das war der äußere Anstoß – die Herausforderung – zum Übergang der Ostslawen „aus dem Zustand der Möglichkeit in den Zustand der Wirklichkeit" (Mirtschúk).

Erster Abschnitt

DIE KIEWER PERIODE

Unter der Herrschaft des Geschlechtes der Rjurikiden

GESAMTBILD

Das Gesamtbild der sich über 300 Jahre erstreckenden Kiewer Periode zeichnet sich durch Einheitlichkeit und Geschlossenheit aus. In ihr wurden alle Grundlagen für die weitere Entwicklung der Geschichte Rußlands gelegt.

Die Periode beginnt mit dem Eintritt der Ostslawen in das geschichtliche Leben. Sie setzt mit klar erkennbaren neuen Ansätzen ein, die rasch zu einer Konsolidierung der staatlichen und bald auch der volklichen und kulturellen Verhältnisse führen, und sie endet mit einem ebenso klar erkennbaren Niedergang, mit Zerfall und Auflösung.

Der Vereinheitlichungsprozeß äußert sich politisch, nach Überlagerung einer seßhaften (slawischen) Bevölkerung durch eine landfremde (germanische) Oberschicht, in der Zusammenfassung der Herrschaften zahlreicher Fürsten zu einer Gemeinherrschaft der Dynastie unter einem Großfürsten als anerkanntem Oberhaupt und in dem in andauernden Kämpfen errungenen Übergewicht der Zentralgewalt über die fortbestehenden Teilgewalten. Das so entstehende Reich hieß die Kiewer Rus.

Im Volklichen äußert sich der Vereinheitlichungsprozeß in einer raschen Assimilierung der Oberschicht mit den bodenständigen Einheimischen, bei gleichzeitiger, wenn auch langsamer Verschmelzung der einzelnen slawischen Stämme miteinander.

Kulturell äußert sich der gleiche Prozeß in der Ausbildung und im Gebrauch der gleichen Sprache (ostslawisch), in der Durchsetzung und Festigung einheitlicher Bräuche, Rechtsvorstellungen, Lebensanschauungen und Lebensformen, vor allem aber im einheitlichen Glauben und der einen rechtgläubigen Kirche seit Übernahme des Christentums. Diese Vereinheitlichung fand ihren Ausdruck im Begriff des „russischen Landes".

Diese Periode ist durch eine politisch-soziale Struktur gekennzeichnet, bei der drei Faktoren, der monokratische (die Fürsten), der aristokratische (die Bojaren) und der demokratische (das freie Volk) ihren – örtlich verschiedenen – Anteil am öffentlichen Leben haben. Außerhalb dieser Ordnung stand die Masse der rechtlosen Sklaven.

Das Staats- und unmittelbare Herrschaftsgebiet der Dynastie bleibt in dieser Periode fast ausschließlich auf die Waldzone beschränkt bei nur gelegentlichen Vorstößen in die Steppe und einer langsamen Ausweitung aus dem Stromgebiet des Dnjepr und Wolchow nach Nordosten in das Stromgebiet der Oká und der oberen Wolga und nach Westen in das Stromgebiet des Dnjestr, Pruth und Bug. Der Staat ist in dieser Periode durch seinen Binnencharakter gekennzeichnet. Ohne die Küste an der Ostsee zu erreichen, bleibt er nur durch einen schmalen Zugang im Norden mit dem Finnischen Meerbusen und im Süden nur durch den Dnjepr mit dem Schwarzen Meer verbunden.

Die Wirtschaft des Staates wird in dieser Periode vom Fernhandel beherrscht. Die geographische Lage der Rus an einer alten nord-südlichen Verkehrsachse, die in jener Zeit bei Kiew von einer west–östlichen Weltverkehrsstraße gekreuzt wird, begünstigt die Entwicklung des Handels. Kennzeichnend für diese Periode sind die Städte, in denen sich der Fernhandel konzentriert und die dem gesamten staatlichen Leben seinen Charakter geben.

Die geschichtliche, zumal die glänzende kulturelle Entwicklung in steilem Aufstieg während dieser Periode ist durch die politische und kulturelle Zwischenlage der Rus zwischen Byzanz und Rom bestimmt. Dabei nimmt die Bindung an den Osten als Folge der Annahme des Christentums in der griechisch-orthodoxen Form allmählich überhand über die vorübergehend starken Bindungen an den Westen. Während der ganzen Periode ist die Rus einer schweren Bedrohung aus der Steppe durch verschiedene asiatische Nomadenvölker ausgesetzt.

Das Ende dieser Periode ist durch den Niedergang des Handels und damit der Wirtschaft infolge der Verlagerung des Weltverkehrs in die Mittelmeerländer gekennzeichnet, durch die Verselbständigung der lokalen Teilgewalten mit dem Ergebnis eines Zerfalls der Einheit bei gleichzeitigen Ansätzen zu einer sprachlichen Aufgliederung und (infolge von Wanderungen) auch einer volklichen Differenzierung, und schließlich durch das neuerliche Auftreten einer jetzt nicht mehr zu bannenden Gefahr aus dem Osten.

1. DIE STAATSWERDUNG

Die Waräger

„Sind zehn Russen zusammen, so wird sofort die Frage nach der Herkunft Rußlands gestellt“, hat Turgénjew einmal gesagt. Die sogenannte warägische oder normannische Frage dürfte die Russen heute nicht mehr so aufregen wie damals, aber gestellt wird sie auch jetzt noch.

In der nach Néstor benannten altrussischen Chronik, deren Verfasser wahrscheinlich, deren Bearbeiter sicher ein Waräger war, wird „die Berufung der Fürsten“ wie folgt geschildert. Von verschiedenen slawischen und finnischen Stämmen hätten im nördlichen Rußland Waräger Tribut erhoben; sie seien aber wieder verjagt und gezwungen worden, in ihre Heimat zurückzukehren. Die so befreiten slawischen Stämme wären aber nicht fähig gewesen, selbst eine Herrschaft zu führen. Deshalb hätten sie Boten über das Meer „zu den warägischen Russen“ gesandt und gesagt: „Unser Land ist groß und reich, aber es ist keine Ordnung darin, kommt her und regiert über uns.“ Die Waräger seien diesem Ruf gefolgt und hätten mehrere Fürsten geschickt, die sich zunächst in Nordrußland niederließen und dann über Nówgorod nach Kiew kamen, wo sie die Rus begründeten.

Diese, für das slawische Selbstbewußtsein nicht gerade schmeichelhafte Darstellung ist – seit Lomonóssow – Anlaß zu einem heftigen Meinungsstreit darüber geworden, erstens, wer die „warägischen Russen“ waren, und zweitens, was für einen Anteil sie an der Entwicklung des russischen Staatswesens hatten.

Zum ersten Teil der Frage kann heute trotz fortbestehender Meinungsverschiedenheiten in Einzelheiten als gesichert gelten, daß die Waräger Normannen (Wikinger), also Skandinavier gewesen sind. Sie haben Rußland und den Russen auch den Namen gegeben. In den byzantinischen und arabischen Quellen des 9. Jahrhunderts werden sie, oft in betontem Unterschied zu den Slawen, als Rhos bezeichnet. Das Wort ist sowohl mit dem schwedischen Ort Roslagen in Verbindung gebracht worden, wie auch mit der Bezeichnung für Ruderer – rotskarlar. Die Finnen nennen die Schweden heute noch ruotsi. Nach den Rhos – in der russischen Form Rus – wurde das Kiewer Reich genannt; in byzantinischen Quellen kommt auch Rhosia vor.

Schwieriger ist der zweite Teil der Frage. Der Streit zwischen den sog. Normannisten und Antinormannisten dauert bis zum heutigen Tage fort, wie u. a. die kürzlich in englischer Sprache geführte Polemik zwischen H. Paskiewicz und G. Vernádsky lehrt. Die sowjetische „Generallinie“ ist streng antinormannistisch. Natürlich kann man Néstor nicht wörtlich nehmen. Sein oben kurz wiedergegebener Bericht ist widerspruchsvoll und unglaubwürdig. Es erscheint nicht wahrscheinlich, daß soeben verjagte Tributherren wieder zurückgerufen wurden. Wahrscheinlicher ist, daß sie auf eigene Initiative, d. h. als Eroberer zurückgekehrt sind. Von russischer Seite ist die Ansicht vertreten worden, daß die warägischen Fürsten und ihr Gefolge (drushína) bezahlte Söldner der Slawen gewesen seien, die verpflichtet wurden, als Waffenträger die Gemeinwesen der friedliebenden Bevölkerung zu schützen. Auch in der sowjetischen Geschichtsschreibung wird die These von einer „nichtselbständigen Entwicklung der russischen Staatlichkeit“ für antiwissenschaftlich erklärt und ausdrücklich festgestellt, daß die „besoldeten (najómnyje) warägischen Drushínen keinerlei irgendwie bedeutsamen Einfluß auf die Struktur und die Kultur des alten Rußland“ ausgeübt hätten (Sachárow).

Auch wenn das richtig ist – im 10. und 11. Jahrhundert sind warägische Krieger ohne Zweifel als Söldner „gemietet“ worden –, so bleibt doch die Tatsache bestehen, daß die Waräger im neuentstehenden Kiewer Reich eine herrschende und sozial bevorrechtete Stellung einnahmen. Das Herrschergeschlecht war ohne jeden Zweifel warägischer Herkunft. Die Russen hatten das große und seltene Glück, daß diesem Geschlecht gleich in der ersten Zeit seiner Herrschaft ungewöhnlich viele überragende Herrscherpersönlichkeiten entsprossen, denen es in erster Linie zu danken ist, daß aus Möglichkeiten geschichtliche Wirklichkeit wurde.

Nach der Néstor-Chronik, die über einzelne Ereignisse und Personen recht genau, wenn auch – besonders für die älteste Zeit –

nicht unbedingt zuverlässig berichtet, war der Stammvater der Dynastie, der Waräger Rjúrik, eine historisch noch nicht faßbare Persönlichkeit. Vielleicht ist er mit dem jütländischen Rorik identisch. Er wäre – laut Néstor – mit seinen zwei Brüdern Sineus und Truvor, die sich in Beloósero und Isborsk niederließen, zunächst nach Ladoga gekommen und hätte nach dem Tode der Brüder die Alleinherrschaft, interessanterweise nicht mehr am älteren Wolgawege, sondern am jüngeren Wolchow-Dnjepr-Weg in Nówgorod übernommen. Jedenfalls fand in jener Zeit die Verlagerung des wirtschaftlichen Schwergewichtes vom Wolga- auf den Dnjeprweg statt. Zwei Männer seiner Gefolgschaft, natürlich Waräger, Askold und Dir, hätten sich auf dem Wege nach Zargrad (Byzanz) in dem damals den Chasaren tributpflichtigen Kiew, einer jener schon lange bestehenden Städte, wahrscheinlich dem wichtigsten Umschlagplatz für den Byzanzhandel, niedergelassen und dort ihrerseits eine Herrschaft begründet.

Die geschichtliche Bedeutung dieses Vorganges wird man darin sehen müssen, daß die nunmehr bodenständig werdenden Waräger sich am Rande des Steppengebietes festsetzten und gleichzeitig in den Gesichtskreis und bald auch unter den Kultureinfluß von Byzanz traten. Bereits von Askold wird angenommen, daß er Christ geworden sei. Von Staatsgründungen wird man zwar nicht sprechen können, wohl aber von einer allmählichen Staatswerdung.

Unbezweifelbar ist, daß die Waräger im Zuge dieser Entwicklung an bereits ältere, von ihnen vorgefundene politische und soziale Gemeinschaftsformen der Slawen angeknüpft und auf ihnen aufgebaut haben, indem sie der Fortbildung überlieferter slawischer Traditionen weiten Spielraum ließen. Sie selbst wurden zunächst in der Sprache, bald auch in ihrer Lebensweise und Vorstellungswelt und wahrscheinlich erst zum Schluß biologisch durch Blutmischung slawisiert. Es ist anzunehmen, daß schon die ersten landfremden Herrscher im russischen Lande schnell heimisch wurden und sich auch bald von der alten bodenständigen Bevölkerung nicht mehr unterschieden fühlten.

Es verdient hervorgehoben zu werden, daß dieser Geschichtsprozeß sich nur im Siedlungsgebiet der Slawen vollzog, durchaus nicht überall dort, wo die Normannen in Osteuropa erschienen und Herrschaften zu begründen versuchten. Außerhalb der Siedlungsgebiete der ostslawischen Stämme, weiter östlich bis zum Ural und südöstlich bis zum Kaspischen Meer versickerten die Normannen, ohne geschichtliche Bedeutung zu gewinnen.

Nach der Néstorchronik fand die Berufung der Fürsten im Jahre 6370 seit der Erschaffung der Welt, nach unserer Zeitrechnung 862 statt. Dieses Jahr galt auch später amtlich als der Anfang der Geschichte Rußlands, und im Jahre 1862 wurde die Tausendjahrfeier im russischen Kaiserreich festlich begangen. Für den Prozeß der russischen Staatswerdung ist dieses Jahr aber unerheblich. In anderem Zusammenhang hat es allerdings geschichtliche Bedeutung gewonnen. In eben dieser Zeit entsandte Kaiser Michael III. von Byzanz zwei slawisch sprechende Griechen, die Brüder Kyrill und Methodius, als Missionare ins großmährische Reich. Dieser Vorgang berührte die russische Geschichte zunächst nicht, aber das Ergebnis der Arbeit dieser Slawenapostel (glagolitisches Alphabet) gewann später für die Entwicklung der russischen Kultur große Bedeutung.

Olég und Olga

Als eigentlicher Begründer der Kiewer Rus und als der „Schöpfer einer russisch-slawischen Selbständigkeit und Macht" (Platónow) gilt der Warägerrusse Olég (879–912), jedenfalls ein Norweger. Nach der Chronik regierte er für Rjúriks Sohn Ígor. Auch die Persönlichkeit Olégs steht noch stark im Dunkel jener fernen Zeit, aber seine überragende geschichtliche Bedeutung ist unbestritten. Ein Staatsmann mit politischem Weitblick und großen organisatorischen Fähigkeiten, ein erfolgreicher Feldherr, geschickter Unterhändler und zugleich kluger Kaufmann, war er sich der Grenzen seiner Möglichkeiten durchaus bewußt. Er lebt als sagenumwobener, vielbesungener Held bis in unsere Zeit in der russischen Überlieferung fort.

Seine Anfänge lagen in Nówgorod. Bezeichnenderweise verlegte er aber seine Herrschaft nach Kiew (882), das seither als die „Mutter aller russischen Städte" gilt. Er zwang die wichtigsten slawischen Stämme und alle größeren Städte unter seine Herrschaft, erreichte die Einstellung der Tributzahlungen an die Chasaren und befestigte sein Herrschaftsgebiet gegenüber dem Osten. In den Krieg zog er, offenbar im Unterschied zu seinen Vorgängern, wie ausdrücklich bezeugt wird, nicht nur mit seinem warägischen Gefolge (drushína), sondern mit einer Heeresmacht, zu der auch Slawen und Finnen gehörten. Zweifellos hat er damit das Kiewer-russische Gemeinbewußtsein gefördert.

Das Hauptproblem für ihn war aber Byzanz. Olég hat vom Christentum wenig oder gar nichts gehalten, so daß der byzantinisch-christliche Einfluß in seiner Regierungszeit zurückging. Dagegen zeigte er sehr großes Interesse für den Ausbau der Wirtschaftsbeziehungen mit Byzanz. Raub- und Plünderungszüge der Rhos nach „Zargrad“ hatte es schon vor der sogenannten Berufung der Fürsten gegeben. Aus dem Jahre 860 ist ein mit viel Greueltaten verbundener, den Byzantinern ganz unerwartet gekommener Überfall gut überliefert. Damals hatte der redegewaltige Patriarch Photius mit beschwörenden Worten – „in finsterer schrecklicher Nacht, als unser aller Lebenskreis zusammen mit dem Sonnenkreis unterging und unser Lebenslicht in das tiefe Dunkel des Todes versank“ – zum Widerstand gegen den fürchterlichen Feind aufgerufen und in gekränktem Stolz bittere Klage darüber geführt, daß „dieses Volk, das bisher verborgen und unbeachtet, ja bis zum Angriff auf uns überhaupt nicht bekannt war“, es gewagt hatte, den Rhomäern „eine solche Last und Schande“ aufzuerlegen. Nach christlicher Überlieferung hatte damals die Mutter Gottes durch die Entfesselung eines Sturmes geholfen. Jedenfalls waren die Kiewer Russen, so schnell wie sie erschienen, auch wieder verschwunden.

Aber nach einem halben Jahrhundert (907) waren sie wieder da, jetzt unter Führung Olégs mit einer etwa zehnmal so großen Heeresmacht (nach byzantinischen Quellen 80 000 Mann auf 2000 Booten). Nach einem phantasievollen Bericht der Chronik soll Olég seine Boote auf Räder gestellt und die Kaiserstadt von der Landseite angegriffen haben. Dieses Mal half die Mutter Gottes nicht, und die Russen verschwanden auch nicht wieder, so daß die Byzantiner Verhandlungen mit ihnen anknüpften. Nach der Néstor-Chronik hat Olég damals den Byzantinern einen Tribut auferlegt und als Zeichen seiner Herrschaft seinen Schild an das Tor von Konstantinopel genagelt. Dieser Schild am Tor von Byzanz hat noch Jahrhunderte später in der imperialistischen russischen Tradition eine Rolle gespielt, und noch während des Ersten Weltkrieges begründete der Ministerpräsident Trépow die Ansprüche Rußlands auf Konstantinopel unter anderem mit dem Schild von Olég.

Die Byzantiner selbst sahen die Dinge anders. Nach ihrer Überlieferung haben sie die unzivilisierten Russen mit allerlei Tand sozusagen „bestochen", sie durch gute Verpflegung – vor den Toren der Stadt! – vom Freibeutertum abgehalten, durch entsprechende Sicherheitsmaßnahmen sich auch im Inneren der Stadt vor Überraschungen geschützt und es schließlich erreicht, daß am Ende dieses Überfalls nicht Plünderungen, sondern vertragliche Regelungen standen. Die sich selbst als Sieger bezeichnenden Russen durften nur „nach polizeilicher Anmeldung" und unbewaffnet in Gruppen von nicht mehr als fünfzig Mann und nur durch bestimmte Tore die Stadt betreten und für sie bestimmte Quartiere beziehen. Das Ergebnis dieser nun in eine Ordnung gebrachten Beziehungen war ein zunächst mündlich beschworener, später aber (911) schriftlich niedergelegter und von einer Kiewer Gesandtschaft unterschriebener Handelsvertrag. Es ist dieses ein außerordentlich interessantes Dokument, das ganz modern anmutend in zwei Exemplaren, griechisch und slawisch, ausgestellt war und dessen Wortlaut wir kennen. Olég erscheint dabei durchaus nicht als siegreicher Herr, der Tribut auferlegt, wohl aber als geschickter Geschäftspartner. Der Vertrag war für die Kiewer Kaufleute günstig: es wurde ihnen freier Handel zugesichert, sie wurden in Byzanz nicht besteuert, konnten dort auf Kosten der Staatskasse leben und erhielten noch Verpflegung für die Rückreise.

Auf Grund dieses Vertrages entwickelte sich ein lebhafter Handelsverkehr. Jahr für Jahr, jeweils im Juni, fuhren Kiewer Handelskarawanen den Dnjepr hinunter und über das Schwarze Meer nach Byzanz, blieben den Sommer über dort und kehrten im Herbst wieder zurück. Allerdings blieben die Beziehungen nicht störungsfrei. Das Kulturniveau zwischen den Vertragspartnern war noch zu verschieden, um keine Krisen auszulösen. Die Kiewer

Russen verfielen immer wieder in ihr unbekümmertes Barbarentum und ersetzten die Vertragsabschlüsse wieder durch Plünderungen und Raubzüge, so z. B. unter dem Fürsten Igor (941). Dabei zeigten sich die Byzantiner allerdings militärisch eindeutig überlegen. Sie lieferten den Kiewer Russen eine Seeschlacht, bei der sie Flammenwerfer, das sogenannte „griechische Feuer", anwendeten[1] und die Angreifer in die Flucht schlugen. Aber das Ende war auch dieses Mal eine neuerliche Befestigung der „vom Teufel zerstörten Eintracht" durch einen Vertrag (944), der allerdings nicht mehr so vorteilhaft war wie der erste, im ganzen aber die Fortsetzung geregelter Wirtschaftsbeziehungen gewährleistete.

Inzwischen schritt die Staatswerdung langsam weiter. Die Kiewer Rus wurde durch die machtvolle Persönlichkeit Olégs zwar in einer gewissen Einheit zusammengehalten, war aber durchaus nicht ein in sich gefügtes Staatswesen. Die Rus bestand aus einer Reihe von Herrschaften warägischer Fürsten über slawische Stammesorganisationen, die ihrerseits auf die Wahrung eigener Rechte gegenüber den Fürsten durchaus bedacht waren. Die Stellung Olégs als des Großfürsten (welíkij knjas) war die eines primus inter pares. So waren z. B. die Gesandten, die den Vertrag mit Byzanz unterschrieben, ausdrücklich auch von den anderen „erlauchten und großen Fürsten" bevollmächtigt. Nach Olégs Tod kam es vor, daß einzelne Drushinen sich mit ihren Fürsten selbständig machten und sich auf eigene Faust in militärische Unternehmungen einließen. Damals wurden Waräger-Russen und Slawen von den Byzantinern noch ausdrücklich unterschieden, wobei der Unterschied jedenfalls mehr ein sozialer als ein nationaler war. Auch die einzelnen slawischen Stämme zeigten noch starke Gegensätzlichkeiten.

Nach dem Tode Olégs haben dreiunddreißig Jahre lang (912 bis 945) jedenfalls mehrere unbedeutende Fürsten regiert; sie sind in der Chronik in einen Fürsten, den angeblichen Sohn Rjuriks Ígor, zusammengezogen. Sie haben in fortgesetztem Machtkampf gegen

[1] Eine, wie man heute annimmt, stark zündende Mischung aus gebranntem Kalk, Schwefel, Kohle, Pech, Harz, Erdöl und Salpeter, die sich mit Wasser unter starker Verpuffung entzündete.

unbotmäßige Stämme und deren slawische Führer gestanden, und mindestens einer von ihnen wurde dabei ermordet. In der Mitte des 10. Jahrhunderts fand Olég aber einen würdigen Nachfolger, der sein Werk fortsetzte und wesentlich zur weiteren Festigung des jungen Reiches beitrug. Dieser würdige Nachfolger Olégs war eine Frau, die Fürstin Olga.

Allein diese Tatsache ist bemerkenswert. Die Stellung der Frau war in der Rus günstiger und stärker als im Abendland. Das war ein altslawisches Erbe, denn nach slawischer Überlieferung hatten die Frauen gleiche Rechte wie die Männer. Auch später, nach jahrhundertelanger Unterbrechung infolge der Tatarenherrschaft, kam der Frau in Rußland im 18. und 19. Jahrhundert im politischen Leben, zumal in der revolutionären Bewegung eine ganz einzigartige Stellung zu.

Olgas Gatte Ígor war von dem als besonders roh geschilderten Stamm der Drewljanen ermordet worden. Darauf herrschte sie sehr selbständig (945–957) für ihren unmündigen Sohn Swjatosláw. Auch ihre Gestalt ist noch stark vom Frühdunkel der Geschichte umhüllt. Sie hat aber ein sehr freundliches Andenken hinterlassen. Von der Überlieferung wird sie als die weiseste unter den Frauen (mudréjschaja is shon) gepriesen, und die Kirche hat sie später unter dem Namen Helena heiliggesprochen. Sie war eine Warägerin aus Pleskau, eine Frau mit sehr maskulinen Eigenschaften, aber – wie 900 Jahre später Katharina II. – gleichwohl von ihren weiblichen Reizen durchaus überzeugt. Nach der Chronik haben die Männer, die ihr begegneten, sowohl der Drewljanen-Fürst Mal wie der griechische Kaiser Konstantin sich nicht enthalten können, sie heiraten zu wollen.

Bei der Festigung ihrer Autorität im eigenen Lande war Olga in ihren Mitteln nicht wählerischer als ihre männlichen Vorgänger und Nachfolger, und die Chronik vermittelt ein lebendiges Bild davon, wie sie es verstand, ihre Gegner, sei es durch Betrug, sei es durch Gewalt zu liquidieren. Gewiß fielen ihre Herrschaftsmethoden – Gewalt, Härte, Hinterlist, Grausamkeit, Beutegier, verbunden mit Zielsicherheit, Energie und Umsicht – nicht aus dem Rahmen des üblichen, aber Olga zeigte sich in der Anwendung dieser Methoden ihren Zeitgenossen offenbar überlegen. Jedenfalls hat sie es verstanden, die noch stark auseinanderstrebenden, z. T. noch gegeneinander wirkenden Faktoren in der jungen Kiewer Rus weiter zusammenzuzwingen und damit die entstehende Einheit zu fördern.

Neu war ihr Verhalten gegenüber Byzanz. Wie erwähnt, waren byzantinisch-christliche Einflüsse schon vor Olég nach Kiew gedrungen. Jedenfalls gab es beim Regierungsantritt Olgas bereits eine christliche Kirche (des Propheten Elias) in Kiew. Es ist sehr wahrscheinlich, daß die Byzantiner mit ihrer christlichen Mission auch politische Ziele verfolgten, um „geleitet vom großen und kühnen Gedanken, die barbarischen Gegner durch geistige Mittel in die Einflußsphäre der eigenen Kultur hineinzuziehen und sie auch politisch als Freunde zu gewinnen" (Laehr). Olég war solchen Bestrebungen nicht zugänglich, Olga wohl. Sie ließ sich taufen.

Nach der Néstor-Chronik ist sie zu diesem Zweck – jedenfalls im Jahre 957 – nach Byzanz gereist. Ihr Besuch in der Kaiserstadt steht einwandfrei fest und ist u. a. vom Basileus Konstantinos Porphyrogenetos persönlich bezeugt. Ob sie sich schon vorher oder erst in Konstantinopel hat taufen lassen, ist nicht geklärt und unerheblich. Sicher ist, daß sie sich mit der Hinwendung zum Christentum in Kiew nicht durchsetzen konnte. Die heidnische Tradition war damals noch stärker als sie, und auch ihr Sohn weigerte sich, den neuen Glauben anzunehmen. Vielleicht befürchtete man in Kiew, daß Byzanz daraus auch den Anspruch auf eine politische Oberhoheit herleiten würde. Es ist durchaus wahrscheinlich, daß das in der Absicht der Byzantiner gelegen hat. Die Anerkennung der geistlichen Autorität des Patriarchen von Konstantinopel war durch die Taufe allerdings erfolgt, aber einer politischen Unterstellung unter Byzanz ist Olga geschickt ausgewichen. Nach der Rückkehr nach Kiew weigerte sie sich, die geforderten Abgaben zu zahlen und knüpfte, jedenfalls um im Abendlande ein Gegengewicht zu gewinnen, auch kirchliche Beziehungen zum Westen an. Sie bat König Otto I. um einen Bischof (959). Nach neuerdings geäußerter Ansicht hat diese Aktion bedeutsame Folgen für die abendländische Geschichte gehabt: durch die Gleichsetzung des deutschen Königs mit dem griechischen Kaiser seitens Olgas während der diplomatischen Verhandlungen hätte sie dazu beigetragen, daß Otto sich drei Jahre später zum Kaiser krönen ließ (Ohnsorge). Tatsächlich sind damals zwei deutsche Geistliche zu „Bischöfen von Rußland“ geweiht worden. Sie wurden aber durch die heidnische Reaktion mit Gewalt wieder aus der Rus vertrieben. Das Haupt dieser Reaktion war Olgas Sohn und Nachfolger Swjatosláw.

Swjatosláw

Swjatosláw war der erste warägisch-russische Fürst mit slawischem Namen. Er steht bereits im hellen Licht der Geschichte. Die Ergebnisse seiner unruhigen und ereignisvollen nur fünfzehn Jahre währenden Regierung (957–972) sind zwar nicht von Dauer gewesen, aber seine Regierung ist so bezeichnend für die Zustände, Tendenzen und Möglichkeiten der Kiewer Rus jener Zeit, daß es gerechtfertigt erscheint, auch bei ihm zu verweilen.

Dieser Swjatosláw ist einerseits als „typisch warägischer Held“ (Staehlin) und ein „durch und durch normannischer Heerkönig“ (Laehr), andererseits aber als ein „Feldherr in der Art Hannibals“ (Forsmann) bezeichnet, also mit völlig verschiedenen historischen Gestalten verglichen worden. Richtiger wäre es, in ihm einen typischen Kiewer Russen zu sehen, in dem die dort sich kreuzenden heterogenen, volk-, raum- und kulturbedingten Elemente eine höchst originelle und schillernde Verbindung eingegangen waren.

Swjatosláw war seinen Interessen und seiner Veranlagung nach vor allem Krieger. Mit Rücksicht auf sein Gefolge und nicht etwa aus Überzeugungsgründen hatte er die Taufe abgelehnt: „Die Drushína würde mich auslachen!“ Nach seiner Volljährigkeit zur Regierung gelangt, überließ er seiner Mutter die innere Verwaltung und verbrachte sein weiteres, schon mit dreißig Jahren endendes Leben nur auf Feldzügen. In seinem unermüdlichen Bemühen, sein Reich, oder richtiger seinen Herrschaftsbereich, nach Osten und Süden auszuweiten, stieß er aus dem Waldgebiet bis tief in die Steppenzone hinein. Dadurch war er ganz neuen Bedingungen ausgesetzt. Er hat sich ihnen in seiner Kriegführung und in seiner Lebensweise und jedenfalls auch in seinen politischen Zielsetzungen angepaßt und sich damit von den vorkiewer warägischen Traditionen entfernt. Offenbar haben ihm die großen von ihm selbst zerschlagenen Steppenreiche als nachahmenswertes Beispiel vorgeschwebt. Dadurch geriet er aber in Konkurrenz mit den echten Steppennomaden, deren militärischer und politischer Praxis und Erfahrung er mit seinen Russen auf die Dauer nicht gewachsen war. Von der Sowjetwissenschaft wird seine Regierungstätigkeit als „aktive Außenpolitik" bezeichnet. Er ist wie ein Sturmwind über die Steppe gebraust, hat sich seine Gegner gesucht, wo er sie fand, hat gebrandschatzt, geplündert und verwüstet; er hat Gefangene zu Tausenden und Zehntausenden massakriert und auf Pfähle gesetzt. Nirgends trat er aber gleichzeitig als Händler auf. Er hat fast das ganze spätere europäische Rußland in seinen Zügen siegreich durchstreift (vgl. Karte), aber nirgends hat er nach dem Beispiel seiner großen Vorgänger ordnend und gestaltend eingegriffen. Infolgedessen hat er auch nichts Bleibendes geschaffen. Es wird von ihm berichtet, daß er auf seinen Zügen weder Troß noch Küchengeräte mit sich führte, denn er „aß das Fleisch von Pferden, Wild oder Rind auf Kohlen gebraten". In seinem Herumjagen, plötzlichen Auftauchen und Wiederverschwinden, seinen Fahrten auf der Wolga stromauf und stromab, verwegen bis zur Sinnlosigkeit, zäh und verbissen, beispiellos überheblich, erinnert er mehr an Sténka Rásin oder Pugatschów als etwa an die Helden der Nordischen Sagas oder an den Karthager Hannibal. Seine Zeitgenossen verglichen ihn treffend mit einem leise schleichenden Panther. Auch dieses Katzenhafte paßt nicht gut zum Bilde eines Normannen, und mit Recht ist darauf hingewiesen worden, daß der Panther nicht ein Tier des Nordens oder des Waldes, sondern ein Bewohner der Steppe ist. Alles mutet an Swjatosláw sehr östlich an, auch sein Äußeres, über das wir durch Leo Diakonus, der ihn gesehen hat, informiert sind. Er war nicht, wie seine warägischen Vorfahren (nach arabischen Schilderungen) „groß wie die Palmenbäume", sondern mittleren Wuchses mit dichten Brauen über blauen Augen, flacher, breiter Nase, stiernackig und breitschultrig. Er trug über dem rasierten Kinn einen dichten, lang herabhängenden Schnurrbart, an einer Seite des kahl geschorenen Kopfes eine noch länger herabhängende Haarlocke, in einem Ohr einen goldenen Ring mit

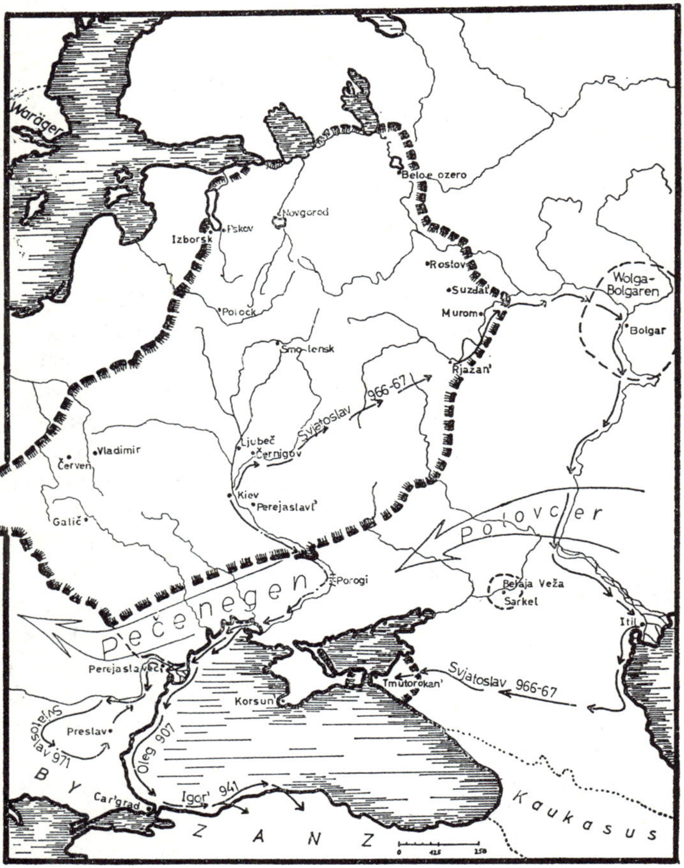

Die Kiewer Rus im 11. Jahrhundert.

Rubinen und Perlen – im ganzen möchte man sagen, das Urbild der Saporoger Kosaken, wie Répin sie auf seinem berühmten Bilde dargestellt hat.

Auf seinen Zügen ist Swjatosláw auch über die Steppe hinaus bis ins Vorgebirge des Kaukasus gelangt. In dem für Rußland wiederholt zum Schicksal gewordenen Raum, wo heute Wolgograd (Stalingrad) liegt, lag die Hauptstadt des immer noch mächtigen Chasarenreiches, Itil, eine Welthandelsstadt, viel prächtiger als das damals noch nicht goldene Kiew. Der Fürst der Chasaren, der Chagan, im Unterschied zum Kiewer Fürsten ein fein gebildeter und hochkultivierter Herr – uns ist seine Korrespondenz mit einem jüdischen Rabbi erhalten –, rühmte sich, über ein Reich zu herrschen, das seinem Umfang und seiner Herrlichkeit nach das eben in jener Zeit neuerrichtete abendländische Kaiserreich Ottos des Großen noch übertraf. Dieses keineswegs aggressive und für Kiew nicht gefährliche Chasarenreich hat Swjatosláw besiegt und zerstört, zuerst seiner Herrlichkeit und dann auch seiner Existenz für alle Zeiten ein Ende gesetzt. Wichtiger als dieses Heldenstück und politisch klüger wäre es gewesen, die Kiew unmittelbar bedrohenden nomadischen Petschenégen zu vernichten, oder zumindest unschädlich zu machen. Aber bei denen gab es nichts zu holen!

Mit der Plünderung und Vernichtung des Chasarenreiches fiel auch die für die Sicherheit Kiews unschätzbare Barriere gegenüber Asien fort, ein wenn auch nicht hermetisch schließender, so doch guten Schutz gewährender Riegel gegenüber den von Osten andringenden Nomaden. Die geradezu selbstmörderische Sprengung dieser Barriere sollte sich bitter rächen. Ähnlich wie mit dem Chasarenreich verfuhr Swjatosláw weiter nördlich mit dem Reich der Bolgaren. Mit diesen militärischen Siegen war aber das wichtige Wolgabecken nicht etwa für die Rus gewonnen, sondern ging für lange Zeit an die gefährlichen Pólowzer verloren.

Auch Swjatosláws Balkanpolitik war im Ergebnis ein Fehlschlag. Der Anlaß zu seinem Vorstoß nach Süden war ein an ihn ergangenes Angebot des Kaisers von Byzanz (968), für viel Geld (15 Zentner Gold) die Balkanbulgaren zu besiegen. Swjatosláw willigte ein und zog auf den Balkan, aber anders als vor ihm Olég und Ígor nicht zu Schiff, sondern auf dem Landweg, auch in diesem Fall nach östlichem Vorbild mit einem Riesenheer. Es war um ein Vielfaches, etwa um das Sechsfache, größer (60 000 Mann) als die abendländischen Ritterheere, mit denen die deutschen Kaiser „über den Berg“ nach Süden zogen. Swjatosláw besiegte zwar die Bulgaren, geriet aber sofort mit den Byzantinern in Krieg.

Nun geschah unter Führung des Kiewer Fürsten Swjatosláw das gleiche, was sich 900 Jahre später unter den russischen Kaisern Nikoláj I. und Alexander II. wiederholen sollte: die Russen überstiegen den Balkan und marschierten auf Konstantinopel. Dabei interessieren zwei Einzelheiten. Erstens, daß der alte Kulturboden des Südens eine so große Anziehungskraft auf Swjatosláw ausübte, daß sogar dieser ewig Schweifende hier erstmalig den Wunsch äußerte zu verweilen. Er wolle ganz auf dem Balkan bleiben und seine Residenz von Kiew nach Perejasláwez an der Donau verlegen, „denn hier fließen alle Reichtümer zusammen: von den Griechen Gold, Gewebe, Wein und Früchte; von den Tschechen und Ungarn Silber und Pferde; aus der Rus Pelze, Wachs, Honig und Sklaven“ (Néstor-Chronik).

Die zweite interessante Einzelheit ist, daß Swjatosláw seine Politik gegenüber Byzanz mit einer Idee rechtfertigte, die an die von Katharina II. 800 Jahre später verfochtene Idee eines von den Russen zu schaffenden balkanischen Kaisertums erinnert. Nach einer byzantinischen Quelle spielte sich der heidnische Swjatosláw dem christlichen Kaiser von Byzanz gegenüber als Verteidiger des (christlichen) Europa gegen das (heidnische) Asien auf. Was suche der Basileus in Europa, das ihm nicht gehöre, ließ er dem Kaiser ausrichten. . . Er möge schleunigst aus Europa verschwinden und nach Asien abziehen. (Καὶ πρὸς τὴν Ἀσίαν μετασκευάζεσθαι.) Selbstverständlich sind die Begriffe „Europa“ und „Asien“ hier nicht kulturell, sondern geographisch zu verstehen, aber gleichwohl wird man aus diesem Zitat auf ein damals in Kiew lebendiges Zugehörigkeitsgefühl zu Europa schließen dürfen.

Verwirklicht hat Swjatosláw auch in diesem Fall von seinen hochfliegenden Plänen nichts. Er kam nicht bis Konstantinopel. Sein Heer wurde geschlagen und in der Donaufestung Dorostolon (Silistria) eingeschlossen. Die christlichen Byzantiner zeigten sich ihm gegenüber großmütig und gewährten ihm in Anerkennung seiner Tapferkeit freien Abzug. Aber jene selben heidnischen Petschenégen, die Swjatosláw unschädlich zu machen versäumt hatte, verlegten ihm jetzt in der südrussischen Steppe den Weg nach Hause, fingen ihn und brachten ihn um (972). Die aktive Außenpolitik Swjatosláws war somit vollständig gescheitert. Es mußte ein Größerer kommen, um das Werk Olégs fortzuführen und ihm die entscheidende Wendung ins Geschichtliche zu geben – Swjatosláws Sohn Wladímir.

2. IM SCHATTEN UND LICHT VON BYZANZ

Wladímir der Heilige und die Christianisierung

Wladímir (geb. 960) ist wohl der erste in der Reihe der großen Herrscher über das russische Land, der den Namen eines Staatsmannes verdient. Während seine Vorgänger in erster Linie die Interessen des Herrscherhauses, bzw. ihre persönlichen, allenfalls die der Drushína vertraten, sehen wir in ihm einen Fürsten, der sein Augenmerk auf die Interessen des Reiches richtet bei betonter Hinwendung zum slawischen Element. Wir finden bei ihm auch zum ersten Mal eine bewußte Abwehr warägischer Traditionen und deren Träger. So berichtet die Néstor-Chronik, Wladímir habe 6000 Waräger in recht hinterhältiger Weise nach Byzanz abgeschoben und den Kaiser gleichzeitig in einer Geheimbotschaft gebeten, sie streng zu bewachen, damit sie „kein Unheil stiften wie hier", jedenfalls keinen von ihnen „hierher zurückzulassen". Die Geschichte, nicht nur die russische, kennt bekanntlich auch andere Beispiele dafür, daß ein Führer Treue verlangt, aber selbst Treue nicht hält.

Wladímir ist von der Nachwelt aus verschiedenen Gründen sehr verherrlicht worden. Die christliche Tradition hat ihm den Beinamen des Apostelgleichen (rawnoapostólnyj) verliehen, und die griechische Kirche hat ihn heiliggesprochen. Auch die römisch-katholische Kirche verehrt ihn als Heiligen. Nicht weniger verherrlicht ihn die national-russische Tradition, weil er als erster der Kiewer Fürsten ausgeprägt slawische Charaktereigenschaften gehabt habe, „die allerlebendigste Verkörperung der slawischen Natur" gewesen sei, wie Danilévskij sich ausgedrückt hat, unausgeglichen und willkürlich, zwar brutal, aber niemals grausam, sondern weich und sentimental, vor allem aber sehr menschlich. Lange Zeit hatte man angenommen, daß seine Mutter eine Slawin gewesen sei, die Magd Malúscha. Nach den neuesten Forschungen ist es aber zweifelhaft; wahrscheinlich ist auch Wladímir blutmäßig ein reiner Waräger gewesen. Allerdings hatte sich bereits damals die warägische Oberschicht schon weitgehend, jedenfalls auch psychisch, der slawischen Umwelt angeglichen. Von der ukrainischen Tradition, die in Wladímir ihren Nationalhelden sieht, ist ihm der Beiname der Große verliehen worden; in der russischen Geschichtsschreibung einschließlich der sowjetischen hat sich das aber nicht durchgesetzt.

Auch in der mündlichen Volksüberlieferung hat Wladímir seinen festen Platz. Als die „herrliche Sonne" (krásnoje sólnyschko) lebt er im Volksmund als eine Art König Artus fort, umgeben von Recken (bogatyrí), die bezeichnenderweise alle rein slawische Namen führen: Iljá Múromez, Dobrýnja Nikítitsch, Aljóscha Popówitsch u. a.

Sieht man von den Ausschmückungen in den Quellen ab, so bleibt gleichwohl ein recht klares Bild seiner Persönlichkeit, als das eines Mannes, der im Unterschied zu seinem Vater einen ausgeprägten politischen Sinn hatte, weitblickend und klar erkannte, welche Möglichkeiten ihm und seinem Reich unter den gegebenen Verhältnissen offenstanden, welche Aufgaben sich daraus herleiten ließen und wie diese Aufgaben zu erfüllen waren, sowohl nach innen wie auch nach außen. Er hat im Innern die Konsolidierung des Staates durch die richtige Erkenntnis gefördert, daß sie, um von Dauer zu sein, sich auf das einheimische slawische Element stützen muß. Nach außen hat er die Rus, nachdem die untere und mittlere Wolga wieder verlorengegangen war, in das Gebiet der oberen Wolga, der Oká und der Kljásma, d. h. in das spätere Kerngebiet des russischen Reiches hinein ausgedehnt und gefestigt und nach Westen hin gegenüber dem dort erwachsenen und erstarkenden Konkurrenten und gefährlichen Feind der Zukunft – Polen – gesichert.

Seine größte und wichtigste Tat bleibt aber die Einführung des Christentums. Bislang hatte das junge Kiew – trotz Olégs Schild – im Schatten der alten herrlichen, prunkvollen Kaiserstadt am Bosporus gestanden; durch die Christianisierung trat es in ihr Licht. Erst damit war die Voraussetzung für ein unerhört rasches Aufblühen der Kiewer Rus gegeben.

Nach dem Tode seines Vaters hatte ein Machtkampf zwischen den, in verschiedenen über das ganze Reich zerstreuten Städten residierenden Söhnen und anderen Verwandten eingesetzt. Diese ebenso langen wie blutigen Kämpfe waren erfüllt von Verwandtenmord, Frauenraub, Verrat, Betrug und anderen Schändlichkeiten, über die die Chronik genau berichtet, deren Einzelheiten aber ohne jedes historische Interesse sind. In diesen Kämpfen behielt Wladímir schließlich allen gegenüber die Oberhand. Zwanzigjährig (980) war er bereits Alleinherrscher in Kiew, d. h. Sieger über seine Verwandten, aber erst sieben Jahre später auch unumstrittener Herr im Lande, d. h. Sieger auch über die verschiedenen sich immer wieder auflehnenden slawischen Stämme.

In der ersten Periode seines Lebens wird Wladímir vom Chronisten als ein Jüngling geschildert, der am liebsten so sein wollte wie sein Vater: mehr Krieger und beutegieriger Räuber als Händler oder gar Staatsmann, ein kraft- und energiestrotzender junger Mann, der es besonders auf die Weiber abgesehen hatte. „Ein Weiberliebhaber wie Salomo“, sagt der russische Chronist; „fornicator immensus et crudelis“ drückt sich drastischer Thietmar von Merseburg aus. Nach der Überlieferung hatte er in dieser Zeit fünf legitime Frauen (drei Warägerinnen, eine Griechin und eine Tschechin) und außerdem noch 800 Nebenfrauen in einem Riesenharem. Die Vielweiberei war in der vorchristlichen Zeit in der Kiewer Rus überhaupt sehr verbreitet. Wladímirs triebhaftes orientalisches Wesen führte aber nicht nur zu sexuellen Exzessen. Zum ersten und einzigen Mal wird aus dieser Zeit bei Néstor von Menschenopfern berichtet; ob diese Nachrichten zuverlässig sind, ist allerdings fraglich.

Als der so geartete Großfürst von Kiew achtundzwanzig Jahre alt war, trat er mit seinem Volk zum Christentum über. Daß diese Tat wohlüberlegt war, geht aus dem ausführlichen Bericht in der Néstor-Chronik hervor. Danach hatte Wladímir zunächst Sendboten der verschiedenen Religionen empfangen – der Mohammedaner aus dem Bolgarenreich, der Katholiken (oder wie es in der Chronik heißt „der Deutschen vom Papst“), der Juden aus dem Chasarenreich und der Griechen aus Byzanz. Um sich über die Eigenschaften und Vorzüge der verschiedenen Religionen besser zu unterrichten, hatte er anschließend eigene Gesandtschaften in die verschiedenen Länder geschickt, bevor er sich schließlich für den griechischen Glauben entschied. Für Wladímir, der jedenfalls kein homo religiosus war und auch die Fragen des Glaubens nüchtern und vom Blickpunkt der Zweckmäßigkeit aus betrachtete, sind offenbar politische Erwägungen ausschlaggebend gewesen.

Es ist gewiß richtig, daß die Übernahme des Christentums an sich kein neues Problem war, es ist auch richtig, daß die Entscheidung für die byzantinische Kirche die nächstliegende und natürlichste Lösung war. Aber die einzige Möglichkeit war sie nicht. Das lehrt die Erzählung von den Gesandtschaften. Die Möglichkeit einer weiteren Orientalisierung durch Übertritt zum Islam war für den Jüngling mit dem Riesenharem selbstverständlich gegeben, desgleichen die Möglichkeit einer Entscheidung für den lateinischen Westen. Wladímir hatte zu wählen und nicht sich einer determinierten Entwicklung zu fügen. Seine subjektive Entscheidung hat der ganzen weiteren Entwicklung der russischen Geschichte die Richtung gegeben.

Die politischen Erwägungen Wladímirs anläßlich seiner Taufe wurden durch seine gleichzeitigen neuerlichen Heiratsabsichten deutlich. Den wilden und zügellosen, wenn auch politisch erfolgreichen Kiewer „fornicator immensus“ gelüstete es nach der Ebenbürtigkeit mit den Kaisern von Byzanz und Rom. Bislang rangierte er nach byzantinischer Etikette nicht sehr hoch, jedenfalls niedriger als der Chasarenchan und der Bulgarenzar (wie aus der jeweiligen Anrede im byzantinischen diplomatischen Verkehr ersichtlich). Nun bewarb er sich um die Schwester der damals in Byzanz regierenden kaiserlichen Brüder Basilius II. und Konstantin VIII., die Prinzessin Anna.

Kurz vorher hatte sich der deutsche König und römische Kaiser Otto der Große für seinen Sohn desgleichen um eine byzantinische Prinzessin beworben, Theóphanu, die bekanntlich auch die Gemahlin Ottos II. geworden ist (972). Das verwandtschaftliche Verhältnis der beiden Prinzessinnen, der Frau des Kiewer Fürsten und der Frau des Deutschen Kaisers, ist nicht ganz geklärt, es ist aber wahrscheinlich, daß sie nicht Schwestern gewesen sind und daß Wladímirs Frau vom dynastischen Gesichtspunkt aus die „bessere“ war, nämlich eine purpurgeborene Tochter des Kaisers, während Theóphanu eine nicht in Purpur geborene kaiserliche Nichte war.

Später (995) haben die Byzantiner dem Deutschen Kaiser – Otto III. – eine purpurgeborene Prinzessin versagt.

Daß Wladímir seine Ansprüche durchsetzen konnte, war ein geradezu unerhörter Erfolg. Seine Gegenleistung war der Übertritt zum Christentum und, im Unterschied zur Zeit Olgas, die Christianisierung des ganzen Landes (988). Es ist wahrscheinlich, daß die byzantinische Diplomatie den für ihren Glauben gewonnenen Russen im letzten Augenblick noch um seine Braut betrügen wollte. Wladímir verlieh aber seinem Begehr durch eine militärische Aktion Nachdruck und besetzte den byzantinischen Chersones auf der Krim. Alle diese Dinge liegen recht im Dunkeln. Möglicherweise waren die kaiserlichen Brüder auf Wladímirs Hilfe gegen einen aufständischen Heerführer angewiesen. Jedenfalls hat Wladímir die gewünschte Prinzessin bekommen und sich taufen lassen.

Über die Bekehrung der Kiewer Bevölkerung zum Christentum sind wir, abgesehen von einzelnen Anekdoten, nicht genau informiert. Von einem Widerstand in der Oberschicht, wie zu Olgas Zeit, hören wir nichts. Auch bei der slawischen Bevölkerung hat sich der Glaubenswechsel so gut wie ganz ohne Widerstände vollzogen; wir hören nur von einem Aufstand in Nówgorod, also in der von Byzanz am weitesten entfernten Region. Das russisch-slawische Heidentum kannte keine Priesterschaft, die einem Abfall vom alten Glauben hätte entgegentreten können, und die Bevölkerung im Süden war, wie wir sahen, bereits mit Christen durchsetzt. Zur Erreichung seines Zieles hat Wladímir recht drastische Mittel angewandt, sich dabei aber ohne Gewalt anzuwenden auf Verunglimpfung und Verhöhnung der alten Götzen beschränkt.

Formell wurde die Christianisierung erstaunlich rasch durchgeführt, in Wirklichkeit war es ein langsam sich vollziehender Prozeß. Alte heidnische Bräuche und Anschauungen lebten weiter fort. Man hat früher von einer Art heidnisch-christlicher Doppelgläubigkeit (dwojewérije) gesprochen; das wird von neuen Forschern abgelehnt. Jedenfalls hat es aber noch Jahrzehnte gedauert, bis die heidnischen Elemente von den christlichen absorbiert waren. Am schnellsten und willigsten nahm die warägische Oberschicht das Christentum an und hat sich auch im Rahmen der

Kirche und Klöster durch viele ihrer Vertreter in den Dienst dieser Entwicklung gestellt. Bei der Masse der slawischen Bevölkerung, die nach slawophiler These von Natur aus eine besondere Affinität zum griechischen Christentum bewiesen habe, setzte sich der neue Glaube dagegen weniger schnell durch. Weitblickend und klug ließ Wladímir seinem Volke Zeit, sehr verschieden vom späteren Vorgehen Peters des Großen bei der forcierten Europäisierung.

Die neubegründete russische Kirche war nicht autokephal. Der im Jahre 1037 eingesetzte Erzbischof von Kiew, ein Grieche, hatte als einundsiebzigster Metropolit einen recht niedrigen Rang in der byzantinischen Hierarchie. Seine Stellung gegenüber dem Patriarchen von Konstantinopel (der die Metropoliten ernannte) war durchaus anders als die Stellung des Großfürsten gegenüber dem Kaiser. Man wird die Christianisierung der Rus zweifellos als einen Erfolg von Byzanz ansehen müssen. Ob man sie allerdings als das Ergebnis einer gesteigerten Anstrengung der byzantinischen Geistlichkeit werten kann, die kurz vor dem erwarteten Weltuntergang (im Jahre 1000) noch eine Gott besonders gefällige Tat zu vollbringen gedachte, und ob die Prinzessin Anna dabei nur ein Werkzeug byzantinischer Kirchenpolitik gewesen ist, mag dahingestellt bleiben. Wahrscheinlich gebührt das Verdienst doch mehr dem Fürsten Wladímir als der byzantinischen Geistlichkeit.

Die geschichtliche Bedeutung dieses Vorganges wird von niemandem bestritten, auch nicht von der sowjetischen Geschichtsschreibung. Sie lag zunächst in der grundlegenden Änderung der Gesamtbeziehungen zu Byzanz. Die offene Gegnerschaft war damit beendet – nur einmal (1043) kam es noch zu einem schnell überwundenen Rückfall in eine kriegerische Auseinandersetzung. Für Byzanz war damit die russische Gefahr gebannt, für Kiew im Kaiser ein Rückhalt der eigenen Position gewonnen.

Die Hauptbedeutung liegt auf der Ebene des Geistig-Kulturellen. Erst hiermit war die Grundlage für eine, zwar stärkstens von Byzanz beeinflußte, aber immerhin eigenständige russische Kulturentwicklung geschaffen. Wladímir war noch Analphabet, aber bereits unter seinem Sohne erlebte Kiew einen steilen kulturellen Aufstieg bis zu einer relativen Höhe, wie sie die russische Kultur wohl erst im 19. Jahrhundert wieder erreicht hat. Jetzt wirkte sich die früher erwähnte, 100 Jahre zurückliegende Missionstätigkeit der Slawenapostel zumindest indirekt auch auf die Kiewer Rus aus, denn unmittelbar wurde von Byzanz eigentlich nur die materielle Kultur übernommen; alles, „was mit dem religiös-geistigen und ethischen Leben zusammenhängt“ (Mirtschúk), kam durch die Vermittlung bulgarischer Klöster, also in bereits slawisierter Form, nach Kiew und konnte infolgedessen um so leichter Eingang finden.

Durch die Christianisierung war die Rus in die christliche Kulturwelt eingegliedert worden und stand damit gemeinsam mit Byzanz und auch mit dem Abendlande in einer Front gegenüber dem heidnischen Asien. Vorstellungen, wie noch Swjatosláw sie hatte, daß es die Aufgabe Kiews sei, Byzanz aus Europa nach Asien zu verdrängen, wären jetzt undenkbar. Die Annahme des Christentums in griechischer Form bedeutete zunächst nicht eine Frontstellung gegenüber den „Lateinern“; auch unter Wladímir und noch mehr unter seinem Sohn Jarosláw wurden die Beziehungen zum Abendlande intensiv weitergepflegt und Gesandtschaften mit dem Vatikan ausgetauscht. Es ist nicht übertrieben, wenn man in diesem Zusammenhang von der „Möglichkeit einer slawisch-griechisch-lateinischen Kulturgemeinschaft“ (Ammann) gesprochen hat. In mancher Hinsicht stand die Kiewer Rus damals dem westlichen Europa näher als dem Byzantinischen Reich. Und die Kirchenspaltung war bekanntlich noch nicht vollzogen, wenn auch latent vorhanden. Die äußere und innere Abgrenzung gegenüber den Lateinern erfolgte in der Rus erst im Laufe der Zeit, obgleich sich Anzeichen dazu sehr bald nach der Christianisierung geltend machten.

Wladímir hat nach seiner Taufe, wie die Chronik berichtet, eine innere Wandlung durchgemacht und seither nur positive Charaktereigenschaften gezeigt. Trotz der unzweifelhaften Übertreibungen der christlichen Überlieferung dürfte ein Kern Wahrheit darin enthalten sein. Der Einfluß seiner christlichen Frau und Umgebung war unverkennbar. Wladímir hat viel für die Festigung der Stellung der Kirche und Geistlichkeit und deren Autorität im Lande getan. Er hat der Kirche große Einkünfte gesichert und damit den Grund zu ihrem späteren ungeheuren Reichtum gelegt; er hat der

Geistlichkeit auch die Gerichtsbarkeit übertragen. Es hing damit übrigens eine Verschärfung des Strafvollzuges zusammen, da ein ständig wachsender Einfluß byzantinischer Rechtsvorstellungen damit verbunden war. Das byzantinische Gesetzesrecht kannte viel härtere Strafen als das altrussische Gewohnheitsrecht, z. B. die Todesstrafe, die die christliche Geistlichkeit gegen den Widerstand Wladímirs anzuwenden verlangte. Der Streit um die Todesstrafe hat übrigens in Rußland bis in die bolschewistische Zeit hinein eine große Rolle gespielt. Im Hinblick auf die immer wieder verlangte und immer wieder (auch von den Bolschewiken) abgeschaffte Todesstrafe darf allerdings ganz allgemein an die geschichtliche Erfahrung erinnert werden, daß es sehr wohl möglich ist, die Tötung als Strafe zu verwerfen und zu verbieten, gleichzeitig aber die Menschen auf anderem Wege vom Leben in den Tod zu befördern.

Blütezeit unter Jarosláw

Wladímir war im Jahre 1015 fünfundfünfzigjährig gestorben. Genauso wie nach dem Tode seines Vaters setzte auch jetzt wieder ein erbitterter Bruderkrieg ein, bei dem sich der älteste, Swjatopólk, besonders hervortat – er hat den Beinamen der Verfluchte (okajánnyj) erhalten – und zunächst drei seiner Brüder, darunter die beiden vom Vater protegierten Söhne der Byzantinerin, Borís und Gleb, ermordete. Als schließlicher Sieger ging aus diesem Kampf aber nicht der Verfluchte, sondern sein jüngerer Bruder Jarosláw hervor, der jedenfalls politisch, vielleicht auch militärisch geschickter und umsichtiger operierte und auch als Persönlichkeit seinem Bruder weit überlegen war. Historisch wichtig wurde, daß bei diesen Kämpfen das warägische Element sich weitgehend aufrieb und gleichzeitig als ein Sprengkörper der Reichseinheit in Erscheinung trat. An diesen Familienkriegen waren im Gefolge der Fürsten viele warägische Söldner beteiligt, die sich immer wieder als ein unruhiges, unbequemes, unzuverlässiges und aufrührerisches Element bemerkbar machten, militärisch aber offenbar unentbehrlich waren. Gerade der spätere Sieger Jarosláw – er ist in die nordischen Sagas als Jarisleifr eingegangen – hat sich stark auf das warägische Element gestützt, wie er überhaupt enge Beziehungen zu Skandinavien unterhielt und sich mit einer Schwedin vermählte, die mit ihrem eigenen kriegerischen Gefolge in Nówgorod erschien. Denn wie sein Vater, so begann auch Jarosláw den Kampf um die Nachfolgeschaft und damit um Kiew von Nówgorod aus, übrigens noch zu Lebzeiten seines Vaters, gegen den er sich empörte.

Während so durch Jarosláw skandinavische Hilfskräfte auf Grund alter und neugeknüpfter Blutsbande in die inneren Streitigkeiten der Kiewer Rus hineingezogen wurden, verbündete sich sein innenpolitischer Widersacher und Bruder Swjatopólk aus politischen Erwägungen mit den Polen – Polen reichte damals von der Ostsee bis an die Elbe und an die Karpaten –, um auch diesen höchst gefährlichen Nachbarn in den Kampf um die Herrschaft in der Rus hineinzuziehen. Hier klang ein Motiv an, das sich noch durch Jahrhunderte russischer Geschichte ziehen sollte: die Auseinandersetzung mit den westlichen Nachbarn Schweden und Polen und deren Bestreben, sich in innerrussische Vorgänge einzumischen.

Zur Festigung des Bündnisses heiratete Swjatopólk die Tochter des polnischen Königs Bolesláw Chróbry. Diese Verbindung erwies sich für die Rus bedenklicher als jene mit Schweden, da Swjatopólk sich im Unterschied zu Jarosláw seinem Verbündeten und Schwiegervater keineswegs gewachsen zeigte, sondern bald zu dessen Werkzeug wurde. Im Zuge dieser Entwicklung wurde Kiew zum ersten Mal von den Polen erobert und erhielt im Jahre 1017 eine polnische Garnison (zu der auch 500 deutsche Ritter gehörten). Swjatopólk empörte sich allerdings gegen die Herrschaft seines Schwiegervaters und entfachte einen Aufstand, verbündete sich aber dabei mit dem damaligen „Erbfeind“ Kiews, den Petschenégen. Die durch Swjatopólks kurzsichtige und egoistische Politik heraufbeschworene tödliche Gefahr für Kiew wurde erst durch den endlichen Sieg Jarosláws über alle seine (noch nicht ermordeten) Brüder beseitigt.

Fast zwanzig Jahre hat es gedauert (von 1015–1034), bis Jarosláw sich die Herrschaft in der Rus sichern konnte; weitere zwanzig Jahre hat er sie ausgeübt. Seine Herrschaft ist sehr segensreich gewesen, und Kiew hat unter ihm politisch und wirtschaftlich und vor allem kulturell eine Blütezeit erlebt, die von seinen Zeitgenossen wie von seinen Nachfahren gleichermaßen bewundert wurde. Er selbst erhielt den Beinamen „der Weise“ (múdryj).

Anknüpfend an seine großen Vorgänger hat er die Rus im Innern konsolidiert und nach außen erweitert. Er verstand es, die immer von neuem aufbrechenden Gegensätze der widerstrebenden Kräfte jedenfalls vorübergehend zu überwinden und hat die Entwicklung eines bewußten nationalen und religiösen Zusammengehörigkeitsgefühls in der Rus – das Bewußtsein russisch zu sein – wesentlich gefördert.

Er drängte die Polen wieder nach Westen zurück, drang im nördlichen Teil seines Reiches weit in das Gebiet der Finnen und Esten vor, ohne allerdings die Ostsee in breiter Front zu erreichen, so daß als Ausgang zur Ostsee nach wie vor nur der Ostzipfel des Finnischen Meerbusens blieb. Er gründete (1030) am Embach die Stadt Jurjew, die später die deutsche Stadt Dorpat wurde, und die noch nach Jahrhunderten zunächst militärisch und schließlich kulturell das russische Einfallstor in den seit dem 12. Jahrhundert vom Deutschen Orden, seit dem 16. Jahrhundert von den Schweden beherrschten und von Deutschen kulturell bestimmten baltischen Raum werden sollte.

Jarosláw hat in unermüdlicher Aufbautätigkeit zahlreiche Städte gegründet und Befestigungen angelegt und besonders den Fernhandel gefördert. Kiew lag am Schnittpunkt des alten nord-südlichen Handelsweges und der neuen west-östlichen Weltverkehrsstraße, auf der sich der Handel zwischen dem Abendlande und dem Orient jetzt intensivierte. Der zwanzigjährige Bruderkrieg hatte die unter Wladímir eingeschlagene Richtung der Gesamtentwicklung des Staates nicht ändern, erstaunlicherweise sogar kaum aufhalten können, und in geradezu unübersehbarer Fülle ergossen sich von allen Seiten, vom persischen Osten und vom lateinischen Westen, aber besonders von Byzanz her die Segnungen der überlegenen materiellen und geistigen Kultur in das Kiewer Reich, dort von einer aufgeschlossenen Bevölkerung willig aufgenommen, gepflegt und gefördert und ins Russische umgeprägt. Hauptträger dieses Prozesses war die immer noch zum großen Teil aus Warägern bestehende Geistlichkeit, und der geistige

Mittelpunkt war das Kiewer Höhlenkloster, „das Zentrum der geistig-religiösen Volksaufklärung des vormongolischen Rußland" (Goetz).

Der allgemeine Aufschwung der Rus unter Jarosláw war so augenfällig, daß abendländische Zeitgenossen (Adam von Bremen) das goldene Kiew als „Rivalin des Szepters von Konstantinopel, das schönste Kleinod Griechenlands" (clarissimum decus Graeciae) bezeichneten. Nach Thietmar von Merseburg war Kiew eine Stadt größten Reichtums und höchster Machtentfaltung mit acht Märkten und 400 Kirchen, von denen Jarosláw allein sechzig gebaut haben soll; unter ihnen die berühmte Sophienkathedrale, eines der großartigsten Werke der Architektur jener Zeit. Dieses herrliche Kiew wurde leidenschaftlich geliebt, es wurde aber – wie später Petersburg! – auch ob seiner Herrlichkeit ebenso leidenschaftlich gehaßt (vgl. S. 63). In einer Lobpreisung der goldenen Stadt aus der Zeit Jarosláws heißt es: „Siehe die Stadt an, die in Erhabenheit leuchtet! Siehe die Kirchen an, die aufblühen; siehe das Christentum an, das wächst. Siehe die ganze Stadt an, die von den Ikonen der Heiligen erleuchtet, glänzt, die von Weihrauch umhüllt ist, die vom Klang der Lobpreisungen und göttlicher Lieder erfüllt ist."

Auch das Bildungsniveau hob sich in steiler Kurve. Bereits Wladímir hatte dafür gesorgt, daß die Kinder der Oberschicht, darunter natürlich seine eigenen Söhne, in der Bücherweisheit unterrichtet wurden. Mit Jarosláw war die gebildete Generation in die maßgebenden Positionen im Staate aufgerückt. Jarosláw selbst beherrschte vier Sprachen, ostslawisch, schwedisch, griechisch und lateinisch. Er zog Gelehrte an seinen Hof, begründete zur weiteren Hebung der Bildung eine öffentliche Bibliothek und zahlreiche Schulen, in denen unter Leitung gebildeter Mönche nach „byzantinischem Programm" unterrichtet wurde. „Er liebte die Kirchensatzungen", – sagte die Néstor-Chronik über ihn – „war fleißig in den Büchern, las bei Tag und bei Nacht; er versammelte viele Schreiber, welche griechische Bücher ins Slawische übersetzten." Hand in Hand damit ging die fortschreitende Durchdringung der überlieferten Lebensformen und Anschauungen mit den Ideen und der Lehre des Christentums und eine Missionstätigkeit, die sich nach wie vor ohne Anwendung von Gewalt vollzog und sehr wenig Opfer verlangte.

Jarosláw hat sich bemüht, die Eigenständigkeit der Kiewer Rus auch Byzanz gegenüber zu wahren, und versucht, die russische Kirche unabhängig zu machen, indem er ohne Zustimmung des Patriarchen von Konstantinopel einen eigenen, russischen Metropoliten in Kiew einsetzte (1051). In diesem Punkt konnte er sich jedoch nicht durchsetzen; die kirchliche Selbständigkeit war nicht von Dauer.

Trotz der auf dem Gebiet des Kirchlich-Religiösen sich verschärfenden Abgrenzung gegenüber dem lateinischen Abendlande ist die Kiewer Rus unter Jarosláw ein europäischer Staat gewesen, der einen Vergleich mit seinen westlichen Nachbarn nicht zu scheuen brauchte, im Kulturellen ihnen sogar in mancher Hinsicht wahrscheinlich überlegen war. Die politischen und wirtschaftlichen, vor allem aber die dynastischen Beziehungen Kiews jener Zeit waren eindeutig nach Westen gerichtet. Der weise Jarosláw betrieb von Kiew aus eine systematische Heiratspolitik, durch die sein Herrscherhaus sich mit den meisten abendländischen Fürstenhäusern – lateinischen Glaubens – verschwägerte. Jarosláw selbst war der Schwiegersohn des schwedischen Königs, die Schwester seiner Frau war Königin von Polen, eine seiner Töchter war Königin von Norwegen, eine andere Königin von Ungarn und eine dritte Königin von Frankreich; sein Sohn Wséwolod war mit einer byzantinischen Prinzessin verheiratet, drei weitere Söhne mit deutschen Prinzessinnen, und seine Enkelin Praxedis ist die Frau des deutschen Königs und römischen Kaisers Heinrich IV. geworden. Dank diesen dynastischen Beziehungen gewann der Kiewer Hof seinen festen Platz im Gesichtskreis der abendländischen Fürsten, und nach der Überlieferung haben viele von ihnen, sei es als Gäste, sei es als Flüchtlinge, im goldenen Kiew geweilt.

Trotz seiner überragenden Stellung war Jarosláw aber in seinem Lande nach wie vor nicht ein Monarch im byzantinischen Verstande. Die Übernahme der oströmischen Kaiseridee in Rußland erfolgte erst 400 Jahre später, nach dem Fall Konstantinopels, unter ganz anderen innen- und außenpolitischen Voraussetzungen. In der Kiewer Rus hatte sich die politische Struktur in den 150

Jahren seit Olég kaum verändert. Die Stellung des Großfürsten war wesentlich durch seine persönlichen Qualitäten, seine Überlegenheit und Autorität bestimmt. Deshalb kommt den einzelnen Fürsten auch eine so große Bedeutung zu. Nach wie vor war die Rus eine Vielheit von Herrschaften, nach wie vor war es selbstverständlich, daß der Vater seine Söhne in die verschiedenen Stadtfürstentümer einsetzte, die ihrerseits immer wieder in Gegensatz zueinander und auch zum Vater gerieten. Auch in seinem eigenen Herrschaftsbereich hatte der Fürst keine selbstherrliche Macht. Wir finden hier bereits jetzt gewisse regionale Unterschiede, so zwischen dem Norden (Nówgorod) und dem Süden (Kiew), dem Nordosten (Súsdal) und dem Südwesten (Gálitsch). Im allgemeinen gilt aber für alle, daß drei politische Faktoren mit im einzelnen unterschiedlicher Machtverteilung nebeneinander bestanden: der fürstlich-monokratische, der aus der Gefolgschaft hervorgegangene aristokratische des Bojarenadels und schließlich der aus den slawischen Ursprüngen weiter fortbestehende demokratische der Volksversammlung, des Wetsche.

Der Gefahr eines Auseinanderfallens des Reiches in verschiedene Fürstentümer wurde zunächst noch erfolgreich durch eine höchst eigenartige, in der Geschichte wohl einzig dastehende Erbordnung entgegengewirkt. Diese Erbordnung – ein Seniorat mit genealogischer Stufenleiter und Kiew als oberster Sprosse – sah einen ständigen Wechsel der Fürsten in ihren Sitzen vor. Diese Fürstensitze (Städte) hatten eine feste Rangordnung: Kiew und Nówgorod hatten den höchsten Rang, es folgten Tschernígow, Perejasláwl, Smolénsk, Wladímir usf. Der Kiewer Fürst war als Großfürst Geschlechtsoberhaupt; seine Brüder bzw. seine Söhne erhielten die anderen Fürstentümer entsprechend deren Rang, je nach dem Alter der Fürsten. Starb ein Fürst, so rückten alle je eine Stufe nach. Theoretisch konnte somit jeder bis zum Großfürst von Kiew aufrücken, allerdings nur dann, wenn er selbst Sohn eines Großfürsten war. Starb ein Fürst, ohne den Thron in Kiew erreicht zu haben, so verloren seine Söhne das Recht auf das gemeinsame Erbe, schieden aus der Stufenleiter aus und galten als Isgói, für die es „keinen Anteil mehr im russischen Lande gab“. Oft empörten sich aber diese Isgói gegen ihr Schicksal und versuchten, sich mit

Gewalt in den Besitz eines Fürstentums zu setzen, um damit wieder in die Stufenleiter einzurücken. Der damit gegebene ständige Wechsel verhinderte aber die Ausbildung partikularer Interessen und begünstigte die Vorstellung von der Ganzheit des russischen Landes als Gemeinbesitz eines Geschlechtes. Das Rjurikidengeschlecht als Ganzes hatte die höchste Macht in der Rus, die einzelnen Fürsten waren zeitweilige Verwalter ihnen dem Alter nach zugeordneter Gebiete. Die Bedenklichkeit dieses Erbfolgesystems wurde in den fortgesetzten Bruderkämpfen und Morden deutlich, da ja jeder unmittelbar am Tode seines älteren Bruders bzw. Vetters interessiert war; die Brüchigkeit dieses Systems sollte sich bald erweisen.

Jarosláw hatte, eingedenk seiner eigenen Mühen beim Kampf um die Macht und um eine Wiederholung dieser häßlichen Dinge zu vermeiden, seinen Söhnen eine im Wortlaut überlieferte Mahnung hinterlassen, in der er sie anwies, sich in diese Ordnung zu fügen. „Lebet in gegenseitiger Liebe, denn Ihr seid Brüder von demselben Vater und derselben Mutter . . . und wenn Ihr in Liebe untereinander lebt, wird Gott mit Euch sein und er wird Eure Feinde untertan machen und Ihr werdet des Friedens genießen: wenn Ihr aber in Haß und Streit leben werdet, so wird Euch der Untergang beschieden sein und auch das Land Eurer Väter und Großväter, das sie mit großer Mühe gewonnen haben, werdet Ihr ins Verderben stürzen. Deshalb lebet in Frieden untereinander und der Bruder soll dem Bruder gehorsam sein." Diese Mahnung ist zwar ein interessantes literarisches Zeugnis aus jener Zeit, aber gefruchtet hat sie gar nicht. Kaum war der Vater tot, so begann der blutige Tanz aufs neue.

Aus der Zeit Jarosláws ist ein weiteres wichtiges Zeugnis überliefert, das sogenannte „Gericht Jarosláws", eine Sammlung von Normen des Gewohnheitsrechts, die „Rússkaja Práwda". Die Aufzeichnung hatte jedenfalls schon unter Wladímir begonnen und ist später durch weitere Zusätze ergänzt worden. Die „Rússkaja Práwda", die sich selbst als ein „Recht des russischen Landes" bezeichnet, hatte, obgleich in Kiew entstanden, in der ganzen Rus Geltung und war mithin auch ein verbindendes Band zwischen den einzelnen Fürstentümern. Im Kapitel über die Kiewer Kultur wird noch darauf zurückzukommen sein. Dieses wahrscheinlich nicht von einem Fürsten, sondern von einem Geistlichen verfaßte Dokument gibt tiefen Einblick in die sozialen und rechtlichen Verhältnisse jener Zeit und zeigt, daß damals in Kiew eine Rechtsordnung Geltung hatte, die der im Abendlande nicht nachstand. Es geht daraus die Überwindung der Blutrache durch das Prinzip des Wergeldes hervor, und wir erfahren die Bemessung der Strafen für verschiedene Verbrechen (Mord, Körperverletzung, Diebstahl), je nach der sozialen Stellung des Geschädigten. Auch in die privatrechtliche Regelung des Erbrechtes, der Darlehensgeschäfte usw. erhalten wir Einblick.

Wladímir Monomách

Nach dem Tode Jarosláws wurde das Reich wieder von Fehden zerrissen. Jeder Fürstensohn strebte nach einem Fürstensitz, auch wenn er keinen Anspruch darauf hatte. Jeder erklärte in immer wiederkehrenden gleichen Wendungen, um „der Ehre und des Ruhmes“ willen und zur „Wiederherstellung der Ehre“ kämpfen zu müssen. Aber in Wirklichkeit bekriegten alle einander fortgesetzt aus rein egoistischem Machtinteresse auf Kosten der Bevölkerung und zum Schaden des Reiches und seiner Einheit. Dabei hausten die jeweiligen Sieger in den Gebieten ihrer Verwandten wie in Feindesland, verwüsteten, brandschatzten, rotteten aus. Die Néstor-Chronik weiß mit großer Ausführlichkeit über diese trostlosen Zustände zu berichten, von denen auch die Zeitgenossen mit Abscheu sagten, daß „dergleichen weder bei unseren Großvätern noch bei unseren Vorfahren vorgekommen“ sei.

Im Zuge dieser Entwicklung verlagerte sich der politische Akzent auf die einzelnen Teile mit ihren lokalen Interessen, so daß sich dort ein territoriales Gefühl zu entwickeln begann mit der Tendenz, die einzelnen Fürsten an die jeweils von ihnen beherrschten Fürstentümer zu binden. Das wurde bereits auf dem Fürstentag in Ljúbetsch (1097) deutlich, wo sich der Grundsatz durchsetzte: „jeder soll sein Vatererbe behalten“. Damit wurde zunächst die bisherige Erbordnung und schließlich die Einheit der Rus gesprengt.

Dabei waren die Russen gerade in jener Zeit auf die Wahrung einer Einheit, die von allen Seiten bedroht schien, besonders angewiesen. Auf geistlicher Ebene versuchte Rom Vorteile aus dem Fürstenhader zu ziehen und entfaltete eine Aktivität, die größer war, als die Quellen erkennen lassen (Winter). Während der Kämpfe war ein Sohn Jarosláws, Jaropólk, nach Deutschland geflohen, um beim Kaiser Heinrich IV. (der mit einer Kiewerin verheiratet war) und auch beim Papst Hilfe zu suchen. Gregor VII. nutzte die Gelegenheit und erklärte sich bereit, Jaropólk die „Herrschaft über Rußland im Namen des Heiligen Petrus" zu übertragen, selbstverständlich unter der Voraussetzung einer Anerkennung der päpstlichen Oberhoheit. Es ist reizvoll sich zu überlegen, welche Richtung die russische Geschichte genommen hätte, wenn dieser Aktion Erfolg beschieden gewesen wäre.

Der gefährlichste militärische Feind stand aber im Osten. An die Stelle der Petschenégen waren etwa seit dem Jahre 1000 die Pólowzer oder Kumánen getreten, ein kriegslustiges Steppenvolk, das den Kiewer Russen über Jahrhunderte keine Ruhe lassen sollte.

Bei ihren fortgesetzten Einfällen beschränkten sich die Pólowzer nicht einmal auf die Steppenzone, die nach und nach in ihre Hand überging, sondern drangen, immer wieder von russischen Fürsten als willkommene Hilfe gegen ihre Verwandten ins Land geführt, auch weit ins Waldgebiet ein, bis hinauf nach Smolénsk. Das Schlimmste bei diesen Überfällen, von denen auch Kiew selbst und das Höhlenkloster nicht verschont blieben, waren nicht einmal die Zerstörungen und Verheerungen, Brandschatzungen und Morde – an die war man auch durch die Fürstenkriege gewöhnt –, sondern der systematisch und in größten Ausmaßen betriebene Menschenraub. Zu Tausenden und gelegentlich zu Zehntausenden sind Russen als Sklaven von den Kumánen nach Osten verschleppt worden. Schon zu Swjatosláws Zeit waren Sklaven die begehrteste Ware aus der Rus, jetzt wurden schätzungsweise jährlich 12 000 Russen in der Krim als Sklaven verkauft; allein bei einem Überfall auf Smolénsk (1160) wurden 10 000 Sklaven verschleppt. Über die furchtbaren Folgen dieser Einfälle klagt die Chronik (zum Jahr 1094): „Die Städte veröden, in den Dörfern brennen Kirchen, Häuser, Hütten und Scheunen. Die Bewohner fallen dem Schwerte

Stammtafel der Rjurikiden in den wichtigsten Zweigen

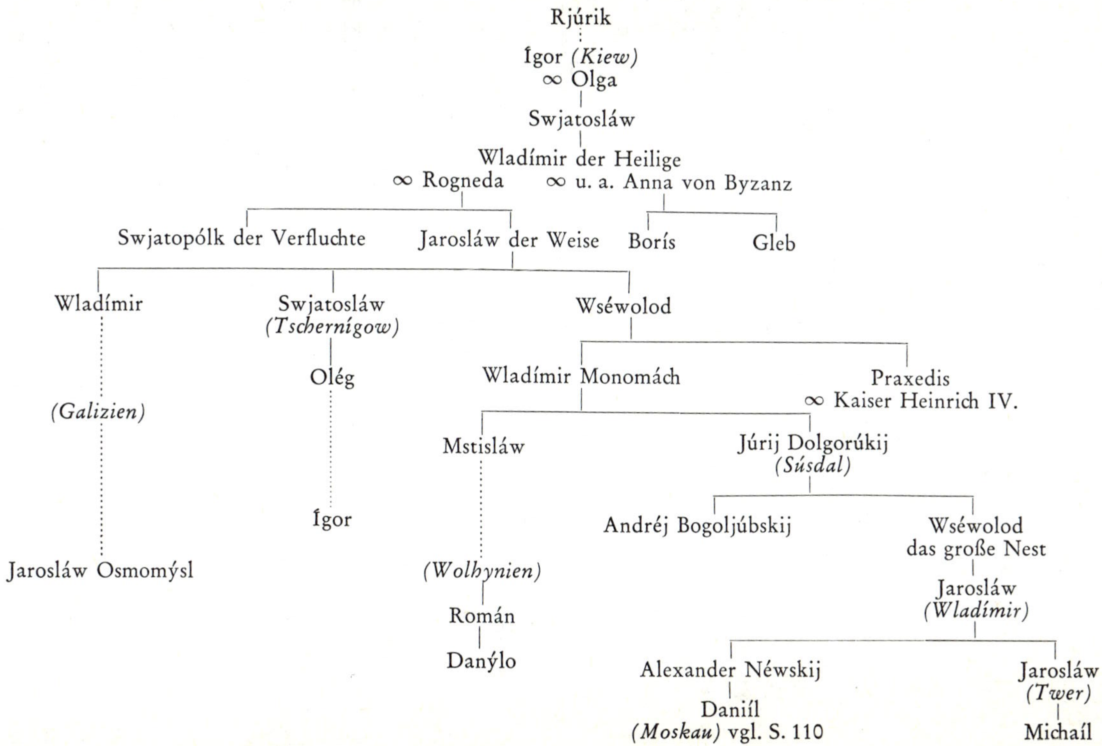

der Feinde zum Opfer, oder erwarten zitternd den Tod. Nackt und barfuß schleppen die Gefangenen ihre Ketten ins Land der Barbaren. Keine Herden sieht man auf den Weiden, die Äcker sind von Unkraut überwuchert und wo Christen wohnten, hausen nun wilde Tiere."

In diesem Zusammenhang kündigte sich bereits jetzt ein allerdings erst in der nächsten Periode aktuell werdendes Problem an, das Gegenstand heftiger Kontroversen geworden ist. Es ist damit die Frage gemeint, wieweit die Russen von ihren östlichen Nachbarn asiatische Elemente, sowohl traditionsmäßig wie blutsmäßig, aufgenommen und in ihre eigene Geschichte mit einbezogen haben. Denn die Politik der Kiewer sogar den fürchterlichen Kumánen gegenüber beruhte nicht nur auf Abwehr. Die Pólowzer, selbst durchaus keine Einheit, sondern in viele einander befehdende Fürstentümer und Chanate gespalten und ihrerseits von anderen asiatischen Völkern bedroht, haben sich der Rus gegenüber keineswegs nur feindlich, sondern im Falle eigener Gefährdung auch freundlich und bündnisfreudig gezeigt. Infolgedessen wechselten die Beziehungen zwischen den russischen und den kumánischen Fürsten; neben blutigen Kämpfen gab es auch freundschaftliches Zusammengehen und eheliche Verbindungen. Ein tiefes Mißtrauen gegenüber den östlichen Nachbarn blieb in Kiew allerdings bestehen, und es ist von Interesse, daß bereits damals im politischen Verkehr mit dem Osten die Frage auftauchte und ausdrücklich besprochen wurde, ob man verpflichtet sei, Verträge und Eide zu halten, wenn der Vertragspartner erfahrungsgemäß alle Verträge und Eide bricht, sobald es ihm paßt.

Auf die Problematik des Verhältnisses Rußlands zu Asien soll erst im Zusammenhang mit der Tatarenherrschaft eingegangen werden. Kurz erwähnt sei hier nur eine weitere von russischer Seite gern angeschnittene Frage, nämlich wieweit die Russen die großartige Entfaltung der abendländischen Kultur erst dadurch ermöglicht haben, daß sie dieses Abendland vor asiatischen Einfällen bewahrten und dadurch in ihrer eigenen politischen und kulturellen Entwicklung schwer belastet und beeinträchtigt wurden. Man wird nicht bezweifeln können, daß die Kiewer Rus für das Abendland eine ähnliche Barriere gegenüber dem asiatischen Osten gewesen ist, wie seinerzeit das Chasarenreich für die Kiewer Rus, ein Riegel, der in beiden Fällen nicht hermetisch schloß, aber weitgehend schützte. Sicherlich haben die Russen „durch Leistungen und Opfer ... nicht wenig zur relativen Sicherheit des abendländischen Westens beigetragen" (Ludat). Was gewesen wäre, wenn dieser Schutz nicht bestanden hätte, können wir nicht wissen.

Bei diesen Kumanenkämpfen zeichnete sich ein Enkel Jarosláws besonders aus, Wladímir, der Sohn einer Griechin, der nach seinem Großvater, Kaiser Konstantin IX., den Beinamen Monomách erhielt. Mit ihm tritt wieder eine jener großen Persönlichkeiten aus dem Geschlechte der Rjurikiden auf die Bühne der Geschichte. Ihm war es beschieden, wenn auch nur für zwölf Jahre (1113–1125), noch einmal auch die politische Einheit der Rus wiederherzustellen und in seiner Person zu symbolisieren, das Kiewer Reich noch einmal – das letzte Mal! – in seiner Größe und in seinem Glanz aller Welt und auch der Nachwelt erkennbar werden zu lassen.

Monomách ist erst in vorgerücktem Alter, sechzigjährig, zur Regierung gelangt; er hat – in der russischen Geschichte eine Seltenheit – als Herrscher ein hohes Alter erreicht (zweiundsiebzig Jahre). Nur ein einziger Herrscher über Rußland ist noch älter geworden und ist damit der den Jahren nach älteste Regent gewesen, den Rußland je gehabt hat – Stalin, der bekanntlich vierundsiebzig Jahre alt wurde[1].

Die Quellen erlauben es, uns über Monomáchs Persönlichkeit ein recht genaues Bild zu machen, um so mehr als seine Memoiren in Kurzform überliefert sind. Er stellt sich uns als eine durch Krieg und Sport (vor allem Jagd) gehärtete und gestählte Persönlichkeit dar, als kräftiger, schöner Mann mit rötlichem, gelocktem Haar, großen, blauen Augen und einem breiten Bart, man möchte sagen,

[1] Nur noch drei sind bis über Mitte sechzig gekommen, Jarosláw (65), Iwán III. (65) und Katharina II. (67). Aber die größten und außer den genannten historisch wichtigsten Herrscher über Rußland, gerade jene, die eines natürlichen Todes starben, sind kaum älter als 50 Jahre geworden: Wladímir (55), Alexander Néwskij (45), Dmítrij Donskój (39), Iwán Grósnyj (54), Borís Godunów (53), Peter der Große (53), Alexander I. (48), Lenin (54).

eine ins Robustere übertragene Barbarossagestalt. Er war – in Rußland sehr selten! – ein Frühaufsteher und rühmte sich dessen; ein Pflichtmensch, rastlos tätig und immer darauf bedacht, soviel als irgend möglich persönlich zu erledigen und nicht anderen zu überlassen, denn in der Trägheit sah er, nach seinen eigenen Worten, „die Mutter aller Laster". Ein Mann mit nicht besonders scharfem Intellekt, aber mit gesundem Menschenverstand, eine in sich selbst ruhende, ausgeglichene, starke Persönlichkeit. Er hatte ein feines politisches Fingerspitzengefühl sowohl für das Notwendige wie für das Mögliche und hatte ein waches Verständnis auch für die Interessen anderer, selbst seiner Gegner, bereit zum Ausgleich und zur Verständigung oder Versöhnung, aber durchaus auch bereit und fähig, gegebenenfalls hart, rücksichtslos und brutal zuzuschlagen. Er war den Bedürfnissen des Volkes aufgeschlossen, gewillt, den christlichen Postulaten zu folgen und sie nach Möglichkeit zu erfüllen, aber durchaus nicht weltfremd, gottesfürchtig und ohne Todesangst, demütig und von der Eitelkeit des irdischen Ruhmes überzeugt. „Was sind wir sündige Menschen?" – hat er einmal geschrieben, – „heute leben wir und morgen sind wir tot; heute stehen wir in Ruhm und Ehre und morgen liegen wir im Grabe und wissen von nichts." Aber seines Wertes war er sich wohl bewußt und bestrebt, den anderen, zumal seinen Söhnen, durch die eigene Lebensführung ein gutes Beispiel zu geben.

Monomách griff nicht erst mit seiner Erhebung zum Großfürsten in den Lauf der Dinge ein, sondern hatte sich vorher schon fast fünfzig Jahre lang an den unseligen Familienkriegen beteiligt, ohne sich dabei von den anderen zu unterscheiden. Auch er hat die Fürstensitze seiner Rivalen fröhlich zerstört und deren Besitztümer nach eigenem Zeugnis in Wüsteneien verwandelt. Und auch er hat es nicht verschmäht, sich gelegentlich mit Pólowzern im Kampf gegen die eigenen Vettern zu verbinden.

Aber bald wuchs er über das Niveau der anderen Fürsten hinaus. Im Unterschied zu ihnen setzte er sich ein überpersönliches Ziel, überwand den fürstlichen Lokalegoismus und stellte sich bewußt in den Dienst der Wahrung der Reichseinheit und deren Schutz gegenüber dem Osten. Etwa seit seinem vierzigsten Lebensjahr hat er systematisch und unermüdlich in dieser Richtung gewirkt.

Wir wissen – aus der Néstor-Chronik und aus dem berühmten Igorlied –, daß der umfassende und vereinheitlichende, man würde heute sagen, nationale Begriff des „russischen Landes“, gleichsam dem fürstlichen Gegeneinander spottend, nach wie vor lebendig war und besonders von geistlicher Seite und im klösterlichen Bereich systematisch gepflegt wurde (vgl. S. 58 f.). Darauf gründete sich auch Monomáchs Politik: er vertrat bewußt die Interessen des „russischen Landes“.

„Weshalb richten wir das russische Land zugrunde“, sprach er zu den auf seine Initiative in Ljúbetsch (1097) versammelten russischen Fürsten. „Weshalb kämpfen wir gegeneinander? Die Pólowzer verheeren das Land, sie freuen sich, wenn wir uns gegenseitig bekriegen. Von jetzt an wollen wir eines Herzens sein; laßt uns unser Erbe in acht nehmen.“ Ohne Zweifel entsprach das dem damaligen Gebot der Stunde. Im gleichen Sinne wandte er sich in einem Sendschreiben an seinen ärgsten persönlichen Widersacher, seinen Vetter, den Fürsten Olég Swjatosláwowitsch und forderte ihn auf, nach Kiew zu kommen und in Gegenwart der Geistlichen und Stadtleute zu beraten, wie das russische Land verteidigt werden solle. „Wir wollen das russische Land nicht verderben!“ Der so gerufene Olég kam jedoch nicht. Wie so mancher andere Fürst widersetzte auch er sich hartnäckig den Bestrebungen Monomáchs. Diesem gelang es schließlich (1103) doch, die russischen Fürsten zu einem gemeinsamen Feldzug gegen die Pólowzer zu bewegen, der auch erfolgreich war; nur derselbe Olég machte nicht mit, sondern schützte Krankheit vor, stellte sich aber nicht auf die Gegenseite. Zehn Jahre später war das Ansehen Monomáchs im ganzen Lande so gestiegen, daß er gegen seinen Willen zum Großfürsten von Kiew erkoren wurde.

Nach der Überlieferung wurde er von der Kiewer Volksversammlung gewählt. Das war ein neuartiger, ganz ungewöhnlicher Vorgang, um so mehr, als Monomách keinen Erbanspruch auf den Kiewer Thron hatte. Man hat diese Erhebung Monomáchs durch Volkswahl als einen revolutionären Vorgang bezeichnet. Auch früher war es immer wieder vorgekommen, daß die Volksversammlung in den einzelnen Fürstensitzen in die Politik eingriff und die Fürsten zu bestimmten Handlungen oder Unterlassungen veranlaßte. Neu war allerdings die Bestellung eines Fürsten, dazu noch des Kiewer Großfürsten, durch Volkswahl. Jedenfalls hatte sich in der Zeit des Niedergangs des fürstlichen Ansehens das politische Schwergewicht im wachsenden Maße auf die Volksversammlung verlagert. Dadurch konnte das Volk selbst stärker als früher in das Geschehen eingreifen. Diese, bei der Wahl Monomáchs deutlich gewordene, politische Gewichtsverlagerung wirkte sich in der Folgezeit noch weiter aus und führte in einzelnen Fürstentümern zur Entwicklung neuer politischer Machtverhältnisse.

Die Folgen der Wiederherstellung der Einheit des „russischen Landes“ entsprachen den Erwartungen: die Pólowzer verhielten sich ruhig, stellten ihre Überfälle ein und erfüllten ihre Verträge. In der Rus herrschte Frieden, und mit erstaunlicher Geschwindigkeit erholte sich das Land und blühte von neuem auf. Nach Osten gedeckt, weitete Monomách das Reich nach Westen hin aus und kam auf seinen Kriegszügen bis ins heutige Schlesien.

Besonderen Wert legte Monomách als Sohn einer griechischen Mutter auf die Pflege enger, auch dynastischer Beziehungen zu Byzanz. Seine Tochter verheiratete er mit dem Sohn des Kaisers Diogenes, die Tochter seines Sohnes wurde die Frau des Kaisers Johannes Komnenos; auch in anderen Zweigen des Rjurikidengeschlechts fanden griechische Heiraten statt. Das gab der Entwicklung in der Rus wieder eine stärkere Wendung nach Byzanz. Die noch zur Zeit Jarosláws vorherrschenden westlichen Einflüsse wurden zurückgedrängt. Noch entschiedener als nach der Taufe Wladímirs des Heiligen lehnte sich das kulturelle Leben Kiews an Byzanz an und löste sich aus dem abendländischen Bereich. Für die religiöse und geistige Entwicklung war dabei folgenreich, daß die damals im Abendlande um sich greifende Kreuzzugsbegeisterung an der Rus ganz vorbeiging und Kiew somit vom „Kreuzzugserlebnis unberührt blieb“ (Ammann).

Monomách hatte, tief und fest im Christentum fußend, einen ausgeprägt sozialen Sinn – „vor allem vergeßt die Armen nicht und ernährt sie“ – und hat unter diesem Gesichtspunkt auch die Rechtsverhältnisse verbessert. Viele Ergänzungen und Zusätze zur Rússkaja Práwda stammen aus seiner Zeit. Ein für das Geistesleben und die persönlichen Anschauungen des Kiewer Großfürsten aufschlußreiches Dokument ist seine berühmt gewordene „Belehrung“ für seine Söhne (poutschénije). (Vgl. S. 57 f.)

Unter Monomách gewann bereits damals eine Erscheinung Bedeutung, die sich auch später in Südrußland als sehr zählebig erweisen sollte, nämlich die Judenfeindschaft. Seine „revolutionäre“ Erhebung hatte im Zuge antijüdischer Ausschreitungen stattgefunden. Zur Regierung gelangt, hat er verschiedene Judengesetze erlassen – Verbot des Wuchers und Regelung der Zinsen. Wenn er sich dabei in erster Linie auch von wirtschaftlichen und sozialen Gesichtspunkten hat leiten lassen, so ist es unverkennbar, daß er den von geistlicher Seite, besonders von den Mönchen geschürten judenfeindlichen Strömungen Rechnung zu tragen bereit war. Er hat zeitweilig auch Judenausweisungen verfügt.

Wladímir Monomách ist von seinen Nachfahren wie kein anderer Kiewer Großfürst gepriesen worden. „Geschmückt durch gute Gemütsart, ruhmvoll durch Siege“, – sagt die Chronik von ihm – „war er dennoch weder hochmütig noch ruhmredig, sondern tat nach den Geboten Gottes Gutes an seinen Feinden. Insbesondere war er aber barmherzig für Bettler, Arme und Bedürftige, denen er, ohne sein Eigentum zu schonen, alles dahingab.“ Er ist Gegenstand vieler Sagen und Legenden geworden. Seine Nachfolger haben ihn und nicht mehr Rjúrik als ihren Stammvater bezeichnet und sich Monomáchowitschi genannt. Offenbar legte man mehr Wert darauf, seine Herkunft von den griechischen Kaisern (Monomáchs Großvater) als von den warägischen Fürsten herzuleiten. Der Sage nach hat Monomách vom byzantinischen Kaiser als Ehrenzeichen eine Zarenkrone erhalten. Darauf geht die Bezeichnung „Mütze Monomáchs“ (schápka Monomácha) für die pelzverbrämte Krone zurück, mit der sich später die Zaren von Moskau krönten. Übrigens wurde Monomách auch von Zeitgenossen gelegentlich als Zar bezeichnet.

Die Kiewer Kultur

Das Verdienst am Aufschwung Kiews und seiner Kultur ist unter dem zweifelhaften Gesichtspunkt nationalen Prestiges rückschauend von den einen dem slawischen Charakter des Gros der

Bevölkerung zugeschrieben worden, von den anderen dem germanischen Blut, das in den Adern der warägischen Oberschicht „gerauscht“ habe, wie deutsche Wissenschaftler in der NS-Zeit sich auszudrücken bevorzugten. In Wirklichkeit haben hier drei ihrem Wesen nach sehr verschiedene Elemente in einem einzigartigen Zusammenspiel eine sich immer mehr festigende Einheit erzeugt: das vorwiegend in der sozial-rechtlichen Sphäre sich äußernde Slawische, das hauptsächlich im Staatlich-Politischen sich auswirkende Warägische und das zunächst nur im geistig-kulturellen Bereich maßgebende, dann aber das gesamte Leben durchdringende Christlich-Byzantinische. Auf dieser Grundlage entfaltete sich die bewußt als einheitlich, nämlich als russisch empfundene Kiewer Kultur. Dieser Ausdruck ist im weitesten Verstande des Wortes unter Einschluß der politischen, wirtschaftlichen, sozialen und rechtlichen Verhältnisse zu verstehen.

Die Rus war nach wie vor ein „Reich der Städte“ geblieben. Die über das weite, zum großen Teil wüste oder höchst kärglich besiedelte Land verstreuten Städte waren die Mittelpunkte des gesamten staatlichen Lebens. Sie bestimmten auch die Denkweise der Menschen, ihre Wertmaßstäbe, ihre Kultur. Sie waren der Sitz der vielen Fürsten, und nach ihnen, nicht etwa nach den Landschaften, waren die Fürstentümer benannt, die sich im Laufe der Zeit bis auf fast 100 vermehrt hatten. In den kleinen Städten, die keine Fürsten hatten, saßen deren Statthalter, die Possádniki. Die Städte waren auch der Sitz der Aristokratie, des aus den Drushínen der Fürsten hervorgegangenen, z. T. aus dem Kaufmannstande aufgestiegenen Bojarenadels.

Der in der Stadt residierende Fürst (Knjas) war militärischer Führer, oberster Richter und, wie gesagt, oberster Kaufherr. Insofern war seine Stellung sehr stark, aber bei den politischen Entscheidungen zeigte sich immer wieder die Einschränkung seiner Macht und seine Abhängigkeit sowohl vom Bojarenadel wie noch mehr vom Volke, genauer von der Volksversammlung. Gleichwohl blieb in dieser Periode der ausschlaggebende politische Faktor der Fürst. In erster Linie sind es die Fürsten gewesen, die der geschichtlichen Entwicklung ihre Richtung gegeben haben.

Seine politischen Entscheidungen traf der Fürst im Einvernehmen mit seiner Drushína. In eigenem Interesse mußte er weitgehend auf sie Rücksicht nehmen, da der Dienst in der Drushína freiwillig war und jederzeit aufgesagt werden konnte, was damals noch – im Gegensatz zu später in Moskau – nicht als Verrat galt. Es ist dabei die ältere Drushína von der jüngeren zu unterscheiden. Zur älteren Fürstendrushína gehörten die Bojaren, die Großen des Reiches, z. T. mächtige Herren, die ein Leben in Wohlstand und Luxus führten. Sie bildeten die Bojarenduma, mit der sich der Fürst in militärischen und kaufmännischen Angelegenheiten beriet. Zur jüngeren Drushína gehörten die sog. Bojarenkinder, die Knappen, auch Knechte. Eine solche Drushína hatte auch jeder Bojar. Eine Fürstendrushína bestand, je nach dem Ansehen und der Macht des Fürsten, aus 2000–3000 Mann, ursprünglich nur aus Warägern. Im Laufe der Zeit hatten die Drushínen aber von allen Seiten Zuzug erhalten und zeigten schließlich eine sehr bunte Zusammensetzung, da mit der Vielzahl der Fürsten auch der Bedarf an Drushínniki stieg und die Fürsten bei Neuaufnahmen nicht sehr wählerisch waren. So fanden bald auch Chasaren und Polen, später auch Pólowzer, Türken, Juden und Finnen Aufnahme in die Fürstendrushinen. Der Dienst in der Drushína war sehr begehrt, denn er gewährte eine bevorzugte soziale Stellung. Nur im Dienste des Fürsten konnte man Bojar werden.

Diese Aristokratie lebte von Beute und Sold; sie erhielt vom Fürsten auch Grundbesitz; es ist aber mißverständlich, wenn man diesen Besitz als Lehen bezeichnet, weil dadurch unzutreffende Analogien zu abendländisch-feudalen Verhältnissen entstehen. Es handelte sich nicht um eine Feudalaristokratie. Die Landgüter wurden nicht als Entgelt für geleistete Dienste verteilt, auch hatte der Grundbesitz infolge des Überflusses an Land und auch infolge der städtisch bestimmten Wirtschaftsstruktur der Rus im Vergleich zum Abendlande einen viel geringeren Wert. Außerdem war die Bindung an einen bestimmten Ort und damit an den Immobilienbesitz desgleichen geringer, da dieser Adel sehr beweglich sein mußte und in der Regel dem Fürsten folgte, wenn er sein Fürstentum wechselte. Verpflichtet war der Drushínnik dazu aber nicht. Der aristokratische Gefolgsmann legte größeren Wert auf Beutegewinn und auf Sold, vor allem auf Sklavenbesitz, als auf Grundbesitz. Denn der Sklavenbesitz war ein wesentlicher Bestandteil des wirtschaftlichen Wohlstandes. Nach der Zahl der Sklaven – wie im 18. Jahrhundert nach der Zahl der leibeigenen Seelen – wurde der Reichtum des Einzelnen bemessen. Sklaven waren auch der Hauptexportartikel in Kiew und seine beliebteste Handelsware.

Politisch wichtiger als die Bojarenduma war das Wetsche, die Volksversammlung, auf der die freie Bevölkerung in den Städten ihren Willen kundtun und gegebenenfalls auch in die politische Waagschale werfen konnte. Das ist auch immer wieder geschehen. Der Fürst mußte mit der Volksversammlung zusammenarbeiten und sich ihrem Willen fügen. Auch so mächtige Fürsten wie Jarosláw und Monomách haben das getan. In den einzelnen Fürstentümern war das Gewicht des Wetsche bereits jetzt verschieden. In Nówgorod und Pskow z. B. konnte es Fürsten als Krieger und Polizeipräfekten in Sold nehmen und selbstverständlich auch wieder entlassen bzw. sie vertreiben. Je nachdem, wie im einzelnen Fall die Gewichtsverteilung zwischen Wetsche und Fürst war, wurden die Beamten entweder vom Wetsche oder vom Fürsten bestimmt und eingesetzt. Auch die Einberufung und Leitung des Wetsche stand entweder dem Wetsche selbst, d. h. seinem Ältestenrat, oder dem Fürsten zu; es tagte aber nicht regelmäßig und trat nur aus besonderem Anlaß zusammen. Die Entscheidung im Wetsche erfolgte grundsätzlich einstimmig oder richtiger einmütig, nicht durch Abstimmung, sondern durch Zuruf, so daß die Opposition überschrien, gegebenenfalls auch mit physischen Mitteln zum Schweigen gebracht werden mußte, ehe die Einmütigkeit überzeugend erzielt war.

Die Masse der Bevölkerung bestand aus Gemeinfreien, Halbfreien und Sklaven. Die Gemeinfreien lebten z. T. in der Stadt, zum Teil auf dem Lande. Die freien Bauern hatten entweder ihr eigenes Feld und ihre eigene Wirtschaft oder sie lebten und arbeiteten auf dem Grundbesitz der Bojaren. Sie hatten ihr „Soll" zur Verfügung des Staates, d. h. des Fürsten in die jeweiligen Städte zu liefern. Im Kriege stellten sie das Fußvolk. Man nannte den Gemeinfreien „smerd". Das Wort hat erst später einen verächtlichen Klang bekommen und ist zum Schimpfwort – der Übelriechende –

geworden. Der Name Smerdjaków, den Dostojéwskij dem üblen illegalen Karamásowsprößling gegeben hat, erinnert daran.

Die benachbarten Bauernhöfe bildeten Flurgemeinschaften, den sog. „Mir“. Das Ackerland war Eigentum der Gemeinde und wurde unter den Großfamilien aufgeteilt. Wald und Weiden wurden gemeinsam genutzt. Die Frage nach dem Alter und der Beschaffenheit des „Mir“ ist sehr umstritten. Im 19. Jahrhundert hat sie im Zusammenhang mit der Bauernbefreiung eine große Bedeutung erlangt. Es wird darauf noch zurückzukommen sein.

Die gemeinfreien Bauern waren fortwährenden Gefahren sowohl bei den Familienkriegen der Fürsten wie vor allem bei den Überfällen der auf Menschenfang ausgehenden Pólowzer ausgesetzt. Sie waren auch die Träger der seit dem 12. Jahrhundert einsetzenden Wanderungsbewegung, die schließlich der Geschichte Rußlands eine neue Richtung gab.

Noch gefährdeter waren die Angehörigen der weniger zahlreichen sozialen Zwischengruppe, die sog. „sákupy“ oder Mietlinge. Das waren jene, die infolge von Verschuldung sich selbst verpfändeten und dadurch in eine Art Hörigkeitsverhältnis traten. Sie konnten nach Bezahlung ihrer Schulden die Freiheit wiedererlangen; wenn sie aber flohen und eingefangen wurden, gerieten sie in Sklaverei.

Die Sklaven schließlich (cholópy) waren völlig rechtlos, faktisch Handelsware. Sie waren entweder in ihren Stand hinuntergedrückt worden oder in ihn hineingeboren: auch die Kinder von Sklaven blieben Sklaven. Die Sklaverei war insofern gesetzlich geschützt, als der Raub von Sklaven bestraft wurde. Dagegen war die Tötung eines eigenen Sklaven straffrei. Über die Zahl und die Rechtslage der Sklaven gehen die Ansichten auseinander. Nach einer sowjetischen These (Grékow) hat die Kiewer Rus „das Stadium der Sklaverei übersprungen“. Grékow leugnet damit nicht das „Vorhandensein von Sklaven“, betont aber, daß sie, im Unterschied zu den antiken Zuständen, nicht „die Grundlage der Produktion“ gewesen seien. Jedenfalls hat sich die soziale Lage der ursprünglich rechtlosen, erblich Unfreien bereits in dieser Periode langsam gebessert. Gefangenschaft bei den Nomaden bedeutete allerdings unausweichlich Sklaverei.

Die öffentliche Bewertung der einzelnen sozialen Schichten geht aus dem Wergeld hervor, das im Falle eines Totschlages gezahlt werden mußte. Danach war der Drushínnik doppelt soviel wert (80 griwny) wie ein Gemeinfreier (40 griwny) und dieser wiederum doppelt soviel wie eine Frau (20 griwny). Da eine Griwna etwa soviel war wie 300 Gramm Silber[1], so ergibt sich daraus, daß die Beträge recht hoch waren.

Trotz ihres niedrigen Wergeldes erfreute sich die Frau in der Kiewer Rus, wie anläßlich der Regententätigkeit Olgas bereits erwähnt wurde, einer angesehenen, z. T. sogar bevorzugten Stellung. Für die Beleidigung einer Frau mußte doppelt soviel Strafe gezahlt werden wie für die Beleidigung eines Mannes, und bei der Hochzeitszeremonie spielte die Mutter eine weit größere Rolle als der Vater. Von ukrainischer Seite ist die These aufgestellt worden, daß diese günstige Stellung der Frau „ein charakteristisches Merkmal für die psychische Struktur der Ukrainer" im Unterschiede zu den Russen sei. Dazu kann festgestellt werden, daß in dieser Periode eine Differenzierung zwischen Russen und Ukrainern noch nicht eingetreten war und daß die spätere, so gut wie vollständige Ausschaltung der russischen Frau aus dem öffentlichen Leben auf orientalische Einflüsse zur Zeit der Tatarenherrschaft zurückgeht.

Die Rechtsverhältnisse und Begriffe waren aus dem slawischen Gewohnheitsrecht erwachsen und waren gleichzeitig – wie sich das an den verschiedenen Redaktionen der „Rússkaja Práwda" zwischen dem 10. und 12. Jahrhundert verfolgen läßt – einer fortschreitenden Wandlung unter dem Einfluß der christlichen Zivilisation und byzantinischer Rechtsvorstellungen unterworfen. Ein besonderer Wesenszug des russischen Rechtes war die außerordentliche Milde der Strafen. Daß es die Todesstrafe nicht kannte, wurde bereits erwähnt, es kannte aber auch keine Körperstrafen. Man hat diese einzigartige Tatsache soziologisch erklärt durch den „stark ausgeprägten Gruppengeist ... das organische Eingebettetsein des Individuums in die Gruppe" (Schultz). Byzantinische Einflüsse haben hier im Laufe der Zeit verschärfend gewirkt.

[1] Die Ansichten der Wirtschaftsfachleute gehen in diesem Punkt auseinander; die Schätzungen liegen zwischen 200 und 400 Gramm.

Im innerkirchlichen wie auch im gemischt staatlich-kirchlichen Bereich war der Einfluß des byzantinischen Rechts noch größer. Das griechische Kirchengesetzbuch, der sog. „Nomokanon“, wurde unter der Bezeichnung „kórmtschaja kníga“ ins Ostslawische übersetzt und in der Rus übernommen, allerdings durch die fortlaufende Aufnahme bodenständig-russischer Elemente auch abgewandelt. Die harten Strafen, wie Verbrennung, Verstümmelung (Abschneiden der Nase bei Ehebruch, Ausstechen der Augen bei Rückfall in Kirchendiebstahl) wurden meist durch Geldstrafen ersetzt.

Die Kultur stand ganz im Zeichen von Byzanz. Für ihr materielles und geistiges Niveau seit ihrem steilen Aufstieg unter Jarosláw haben wir mannigfache Zeugnisse. Zusammen mit dem Christentum verbreitete sich rasch in Kiew die byzantinische Literatur, die zunächst übersetzt und dann nachgeahmt wurde, die byzantinische Architektur, zumal beim Kirchenbau, und die byzantinische Kunst, besonders die Ikonenmalerei. Die materielle Kultur, der zivilisatorisch-technische Fortschritt war nicht nur byzantinisch beeinflußt, sondern schlechthin byzantinisch. Denn die Rus produzierte selbst keine Zivilisationsgüter, sondern führte sie ein.

Es gab zwar eine primitive Industrie, wie neuerdings (Besobrásow) nachgewiesen worden ist, eine eigene Glasfabrikation, aber sie spielte nur eine untergeordnete Rolle. Auch das Handwerk wurde gering geachtet, wie das schlechte Wergeld für die Handwerker – zwölf griwny, also noch weniger als für die Frau des Gemeinfreien – beweist. Nach dem Ergebnis neuer Ausgrabungen hat es gleichwohl auch leistungsfähige Handwerksbetriebe gegeben.

Die Bedeutung des autochthon russischen Elementes in der Kiewer Kultur wird verschieden beurteilt. In der Sowjetunion hat B. D. Grékow mit großer Entschiedenheit die Ansicht vertreten, daß das Kulturschaffen in Kiew, zumal die historische Literatur, nur in den Formen vom byzantinischen Vorbild beeinflußt gewesen sei, „was den Inhalt anbetrifft“, sei Byzanz „ohne jeglichen Einfluß und jegliche Einwirkung“ gewesen. Auch Ammann betont, daß die Rus „schon wegen der stets zunehmenden Unkenntnis der griechischen Sprache nicht im Flusse des byzantinischen Geisteslebens blieb, sondern schon bald ein eigenes Leben begann“.

Die in jener Zeit bereits müde und steril gewordene und sich im Niedergang befindende byzantinische Kultur hat in der Rus dank den autochthon slawischen und den slawisierten russisch-warägischen Kulturelementen gleichsam eine Verjüngung erfahren, wodurch der entscheidende Anstoß – the challenge – zu einer eigenständigen Kulturentwicklung gegeben war. Das äußerte sich aber nicht so sehr in dem importierten und schnell wieder dahinschwindenden äußeren Glanz, sondern in der geistigen Kultur, die erstaunliche Früchte reifen ließ, gleichzeitig aber den Keim zu einer langsamen organischen Kulturentwicklung legte, die aus diesen Grundlagen gewachsen, erst viel später zu ihrer eigentlichen Entfaltung gelangte.

Aus der Blütezeit Kiews sind uns mancherlei schöne Zeugnisse erhalten geblieben. Sie sind vorwiegend kirchlich, zumal klösterlich bestimmt und geben ein lebendiges Bild von der Ausstrahlungskraft des Kiewer Höhlenklosters.

Das Höhlenkloster, die sog. Kíewo-Petschérskaja Láwra, ist von einem Warägerrussen aus Ljúbetsch, wie die im gleichen Kloster entstandene Chronik stolz versichert, unabhängig vom Fürsten „mit Tränen und Fasten, mit Beten und Wachen" begründet worden. Der Gründer war vorher nach dem heiligen Berge Athos gepilgert, dort Mönch geworden und unter dem Namen Antónij wieder nach Kiew zurückgekehrt, entschlossen, dem Beispiel der Höhlenbewohner auf Athos zu folgen und gleichzeitig beispielhaft für seine Kiewer Landsleute zu werden. So wurde von ihm und seinen Nachfolgern der Geist von Athos nach Kiew verpflanzt und hat dort schnell Wurzel gefaßt. Seither blieb die Verbindung zwischen Kiew und Athos sehr eng, und bereits hundert Jahre später (1143) errichteten Mönche der Rus ein eigenes Kloster auf dem heiligen Berg.

Der eigentliche Organisator und Lehrmeister des Klosters wurde zur Regierungszeit Jarosláws ein junger Höhlengefährte des Antónij, Feodósij, auch ein Waräger. Wir sind über ihn sehr gut informiert, denn die erhalten gebliebene Geschichte seines Lebens hat der größte Kiewer Schriftsteller seiner Zeit, auch ein Mönch des Höhlenklosters, nach dem die berühmte altrussische Chronik benannt ist, Néstor, geschrieben. Im Kiewer Höhlenkloster wurden die Grundlagen zu einer zunächst in der Kiewer Rus sich verbreitenden, aber bis in die jüngste Zeit hinein entscheidend nachwirkenden geistigen und geistlichen Tradition gelegt, die für die gesamte russische Geschichte von größter Bedeutung geworden ist. Durch diese Tradition drang die in Athos geprägte Vorstellungswelt ins russische Land, die ganz im Zeichen des asketischen Mönchsideals stand und eine Religiosität unter dem Einfluß einer exklusiv klösterlichen Richtung sich ausbilden ließ. Als das höchste Ideal des Christen galt der von jeglichem Verkehr mit anderen losgelöste Einsiedler, der vollkommene Anachoret und ihm zur Seite die klösterliche Gemeinde der Fastenden und Büßenden. So blieb in den Augen des Volkes Jahrhunderte hindurch das Fasten eines der Hauptmittel zur Erlösung. Auch der Gottesdienst war dem so angepaßt, als ob er ausschließlich für das Klosterleben geschaffen wäre, d. h. er nahm sehr viel Zeit in Anspruch, mit endlosem Stehen und Lesen und Beten, ein Umstand, der später manchen frommen Zar zeitlich über Gebühr in Anspruch genommen und ihn zu einer Lebensführung veranlaßt hat, die nicht ohne Einfluß auf die politische Entwicklung blieb.

Das dem Volke als Ideal vor Augen gestellte Leben der Mönche im Höhlenkloster unter schwersten Entbehrungen in geradezu unvorstellbarem Schmutz – Feodósij hat seinen Körper mit Ausnahme der Hände sein Leben lang nicht gewaschen – und bei ungesunder Ernährung war natürlich nur einer sehr geringen Zahl von Menschen angemessen und überhaupt erträglich.

Man hat gemeint, daß der im Höhlenkloster gepflegte, auf Kontemplation ausgerichtete, grundsätzlich tatabgewandte „Geist von Athos“ zu einer „Gefahr für den Warägerstaat“ geworden sei und im krassen Gegensatz zu dem damals politisch noch vorherrschenden „faustischen“ tatkräftigen, herrschsüchtigen, normannischen Element gestanden habe. Und man hat andererseits behauptet, daß dieser Geist vollkommen der Passivität und Weichheit der slawischen Natur entsprach. Demgegenüber muß festgestellt werden, daß die Heimstätte dieses Geistes in Kiew, das Höhlenkloster, gerade auf die Warägerrussen eine besondere Anziehungskraft ausgeübt hat und von Warägern, jedenfalls in der ersten Zeit, entscheidend gefördert und getragen wurde.

Daß aber in Kiew latente und auch akute Widerstände gegen diesen neuen Geist, vor allem gegen die Lebensführung im Kloster bestanden – wiederum bei der warägischen Oberschicht –, dafür haben wir, trotz der einseitig klosterfreundlichen Überlieferung, mancherlei Zeugnisse. Fortgesetzt wird davon berichtet, wie Angehörige der Mönche, so z. B. die Mutter von Feodósij, sich erbittert, unter Anwendung von List und Gewalt darum bemühten, die Verirrten davon abzuhalten, das Höhlenleben zu führen. Ein Sohn Jarosláws, der Fürst Isjasláw, war schließlich so in Wut über das Kloster geraten, daß er die Höhlen zu zerstören drohte, was er allerdings nicht getan hat.

Im Rahmen des Höhlenklosters entwickelte sich noch eine andere Tradition, die bedeutsam werden sollte, nämlich die Tradition des unbegrenzten Gehorsams, den Feodósij ohne jede Einschränkung verlangte: ein stummer, widerstandsloser Gehorsam dem Abte gegenüber. Feodósij stellte diesen Gehorsam höher als Fasten und als alle Kasteiungen, ja höher als das Gebet. Jede Abweichung vom Willen des Abtes galt nicht als Ungehorsam, sondern als Sünde. Der Gehorsamspflicht blieb auch jener unterworfen, der das Kloster verließ, um etwa ein höheres geistliches Amt zu bekleiden. So war Kiew auch in diesem Betracht der eigentliche Mittelpunkt des Reiches.

Die im Höhlenkloster gepflegte Religiosität grenzte sich betont von der abendländischen ab. Feodósij hat in seinen uns erhaltenen Predigten alle für Feinde Gottes erklärt, die einen falschen Glauben haben. Mit ihnen könne man nicht in Frieden leben: „Einen besseren Glauben als unseren gibt es nicht, er ist rein, kostbar und heilig; wer in diesem Glauben lebt, der kann von den Sünden erlöst, kann des ewigen Lebens teilhaftig werden. Diejenigen aber, welche im lateinischen, armenischen und sarazenischen Glauben verharren, haben weder ein ewiges Leben, noch die Gemeinschaft der Heiligen.“ Ja, Feodósij ging so weit, den Rechtgläubigen zu verbieten, mit den Lateinern in Gevatterschaft zu treten, sie zu küssen, mit ihnen zu speisen oder aus den gleichen Gefäßen mit ihnen zu trinken.

Noch schärfer war Feodósijs Stellung zu den Juden; er war ein überzeugter Judenfeind. Allerdings war die Judenfeindschaft damals nicht rassisch, sondern religiös und in gewisser Hinsicht auch wirtschaftlich bestimmt, wie z. B. bei der Judenpolitik Monomáchs. Bei Feodósij sehen wir aber nicht nur eine Abwehr gegen geschäftliche Praktiken durch Wucher reich gewordener Juden, sondern einen grundsätzlichen Judenhaß. Dieser Mann, der bei all seiner Strenge und Intoleranz doch immer wieder auch Andersgläubigen gegenüber die Nächstenliebe predigte, ist zu den Juden mit dem einzigen Zweck gegangen, sie zu schmähen und hat laut erklärt, daß er um Christi willen von ihnen getötet werden wolle.

Aus dem Höhlenkloster ergoß sich ein Strom kultureller Befruchtung über das ganze Land. Das nicht nur wegen seines Inhalts, sondern auch wegen seines literarischen Wertes wichtigste Zeugnis aus dieser Zeit ist die bereits oft erwähnte sog. Néstor-Chronik. Ob und wieweit Néstor selbst der Verfasser war, ist umstritten, sicher ist, daß die Chronik im Höhlenkloster geschrieben und in der Regierungszeit Monomáchs (1116) vom Abt des Klosters des Heiligen Michael, Silvester, redigiert und ergänzt worden ist.

Die Chronik ist uns in verschiedenen Handschriften überliefert, deren älteste (die sog. Laurentius-Handschrift) aus dem Jahre 1377 stammt. Auf den Wert als historische Quelle braucht hier nicht eingegangen zu werden. In diesem Zusammenhang interessiert sie als Zeugnis für das geistige Niveau in Kiew im 12. Jahrhundert. Dafür sind mehrere, in die Chronik aufgenommene, abgeschlossene Erzählungen von hohem literarischen Wert höchst aufschlußreich. Man hat sogar bezweifelt, ob eine der westlichen Nationalliteraturen aus jener Zeit dem etwas an die Seite stellen könne (Schiemann). Das gilt besonders von der „Belehrung“ Wladímir Monomáchs.

Diese Belehrung gibt – in dem ihr beigefügten autobiographischenTeil – ein lebendiges Bild vom Verfasser selbst, gleichzeitig ist sie ein Ausdruck dessen, wie auch außerhalb der klösterlich-kirchlichen Kreise die Menschen in ihrer Lebensführung bewertet wurden – zumal die Fürsten! – und was man von ihnen verlangte: „Lobet den Herrn, liebe Kinder, und liebet die Menschen. Weder Fasten noch Einsamkeit wird Euch retten, sondern Wohltun ... Vergrabt keine Schätze in der Erde, das ist nicht christlich, seid

Väter den Waisen, sitzt selbst zu Gericht über die Witwen und duldet nicht, daß der Starke den Schwachen verderbe ... Tötet weder Schuldige noch Unschuldige, denn das Leben eines Christen ist geweiht ... Duldet nicht, daß Eure Mannen das Volk beleidigen. Vor allem aber, ehret Eure Gäste, die edlen und die unedlen ... Liebet Eure Frauen, aber laßt Euch nicht von ihnen beherrschen ... Der Mensch soll stets beschäftigt sein. Nie treffe Euch die Sonne im Bett. Zur Mittagszeit aber legt man sich zur Ruhe ... Den Tod fürchtet nicht, weder in der Schlacht, noch von wilden Tieren. Seid Männer, was immer Gott über Euch verhängen mag."

Die Literatur jener Zeit war fast ausschließlich geistlich. Es bestand aber auch eine weltliche Literatur. Wir haben allerdings nur ein einziges, dafür aber hervorragendes Zeugnis davon: das berühmte Ígorlied, genauer die „Mär vom Heereszug Ígors" (slówo o polkú Ígorewe). Es behandelt einen unglücklichen Feldzug des (Tschernígower) Fürsten Ígor Swjatosláwowitsch gegen die Pólowzer aus dem Jahre 1185, also bereits sechzig Jahre nach dem Tode Monomáchs, d. h. aus einer Zeit bereits offenbar gewordenen politischen Verfalls.

Das Ígorlied ist „mit seiner ungetrübten Farbigkeit, seiner Offenheit, Freiheit, seiner unbefangenen Tatkraft und Aufgeschlossenheit" (Meyer) heute allgemein als der Gipfel der gesamten Kiewer und altrussischen Literatur anerkannt und gehört unangefochten zum unvergänglichen Bestande der Weltliteratur. Das künstlerische Niveau des Liedes ist so hoch, daß man gemeint hat, es könne nicht aus dem 12. Jahrhundert stammen, sondern müsse eine Fälschung des 18. Jahrhunderts sein. Das ebenso bezeichnende wie überzeugende Gegenargument ist, daß keiner der uns bekannten russischen Schriftsteller des 18. Jahrhunderts fähig gewesen wäre, ein Werk von solch dichterischer Schönheit zu schaffen. Erst im 19. Jahrhundert kann es aber nicht gefälscht worden sein, da die Handschrift bereits im 18. Jahrhundert (1795) entdeckt wurde.

Nach der heutigen Ansicht kann das Ígorlied nicht isoliert, sondern muß in einer literarischen Tradition gestanden haben, so daß es als ein Ausdruck des geistigen Niveaus der Kiewer Oberschicht im 12. Jahrhundert gelten kann. Wie die Néstor-Chronik, so ist auch das Ígorlied – abgesehen von seinem literarischen Wert – ein Zeugnis für die damals in der Rus verbreitete und jedenfalls auch bewußt gepflegte russisch-patriotische Stimmung. Wie bereits erwähnt, äußerte sich das in der Sorge um das „russische Land“ (rússkaja semljá) und in der Liebe zu ihm. Man kann auch „russische Erde“ sagen, denn semljá bedeutet Land und Erde. Gleich im ersten Satz, mit dem die „Erzählung der vergangenen Jahre“ (pówestj wremenných let) in der Néstor-Chronik beginnt, kommt dieses Wort zweimal vor: „Dieses ist die Geschichte der vergangenen Jahre, wie das russische Land geworden ist, wer in Kiew als erster zu herrschen begann und wie das russische Land anfing zu sein ...“ Bei Monomách kehrt der Begriff wieder, später im Ígorlied und gewinnt seinen festen Platz im russischen Geschichtsdenken durch die Jahrhunderte.

Hierin liegt die besondere geschichtliche Bedeutung des Kulturellen in der Kiewer Periode. Die Kultur war das einigende und verbindende Band in diesem Reich. Ihre Ausdrucksformen hatten für alle Teile der Kiewer Rus gleiche Geltung: die einheitliche Sprache, der einheitliche Glaube und die Kirche, das einheitliche Recht und die Gebräuche, die einheitliche Bildung. Lebensanschauung, Lebensform und Lebensgefühl waren im großen gesehen in der Kiewer Rus einheitlich.

3. NIEDERGANG

Was Monomách angestrebt und erreicht hatte, blieb ohne Bestand. Nach seinem Tode setzte sich gerade das durch, wogegen er sein Leben lang angekämpft hatte. So bedeutet seine Regierung einen Abschluß – den Abschluß der großen Zeit der Kiewer Rus –, nicht einen neuen Anfang. Darin liegt seine Tragik.

Zunächst setzten sich die Teilinteressen der Fürsten durch. Die Bindungen an ihre Territorien festigten sich, und damit bildeten sich partikulare Ansprüche, die jetzt in wachsendem Maße von den verschiedenen Zweigen des immer noch ungewöhnlich männerreichen Rjurikidengeschlechtes geltend gemacht wurden (vgl. Stammtafel.) Trotzdem strebten aber alle danach, Kiew und damit die Großfürstenwürde zu gewinnen. Jeder dachte nur an sich selbst. „Die Fürsten begannen das Kleine für groß zu halten ... die Zeit Jarosláws ist vorbei!“ klagt das Ígorlied.

Den Vorteil daraus zog der auswärtige Feind, die Pólowzer. Ihnen gelang es jetzt, das südrussische Steppengebiet so weit in ihre Hand zu bekommen und zu beherrschen, daß die Verbindung zwischen der Rus und Byzanz zunächst fortgesetzt gefährdet wurde und schließlich ganz abriß. Der alte Weg „von den Warägern zu den Griechen“ wurde dadurch unterbrochen und damit die wirtschaftliche Lebensader durchschnitten, der Kiew seine Existenz verdankte. Die Auswirkungen zeigten sich bald. Zunächst auf wirtschaftlichem Gebiet, dann aber auch auf allen anderen, setzte ein Niedergang ein. Diese Entwicklung wurde beschleunigt, ja nahm für Kiew eine geradezu katastrophale Wendung, als Byzanz von den Kreuzfahrern erobert und in Konstantinopel das lateinische Kaisertum errichtet wurde (1204). Denn das byzantinische Reich, oder was von ihm übriggeblieben war, kehrte nunmehr sein Gesicht und damit seine Wirkungskraft vom Norden ab und dem Mittelmeerraum zu. So schwand in Byzanz das Interesse daran, den Kumanenriegel nördlich des Schwarzen Meeres nach Kiew hin zu durchstoßen oder von Kiew her durchstoßen zu lassen und die alten Beziehungen wiederherzustellen. Um so mehr, als der Fernhandel im Zuge dieser Entwicklung sich auch in den Süden auf das Mittelmeer verlagerte.

Die währende Pólowzer-Gefahr hatte für die Rus noch eine weitere Folge von großer Tragweite. Durch die fortgesetzten Überfälle bedrängt, in der ständigen Furcht, massenweise verschleppt zu werden und in Sklaverei zu geraten, und unfähig, sich selbst zu verteidigen oder wirksam zu schützen, sah die Bevölkerung keinen anderen Ausweg aus der Notlage als auszuweichen, d. h. die gefährdeten Gebiete zu verlassen.

Es setzt nun während des sich allerwegen abzeichnenden Niederganges eine im einzelnen schwer zu verfolgende, weil nicht an bestimmte Ereignisse geknüpfte und nie den Charakter einer „Aktion" annehmende, sondern stille, zunächst fast unmerkliche, aber immer größere Ausmaße gewinnende und sich durch Jahrzehnte hinziehende Wanderungsbewegung der Kiewer Russen, vorwiegend der bäuerlichen Bevölkerung ein. Diese Wanderung geschah in zwei Richtungen. Nach Westen in die viel weniger bzw. überhaupt nicht mehr von den Pólowzern bedrohten unmittelbaren Nachbargebiete des katholischen Abendlandes, Wolhynien und Galizien, d. h. in die Stromgebiete des Dnjestr und Pruth und des nach Westen fließenden und dorthin weisenden Bug. Diese Gebiete hatte Wladímir der Heilige der Rus gewonnen und am Bug die Stadt Wladímir gegründet. In der Folgezeit waren sie zu einem Streitobjekt zwischen den Russen und Polen geworden und waren weitgehend anderen, westlichen Einflüssen ausgesetzt.

Gleichzeitig geschah diese Abwanderung in das zwar unwirtliche, aber durch den dichten Waldgürtel geschützte Gebiet im Norden und das noch weiter nordöstlich liegende „Hinterwaldland" (salésje) im Stromgebiet der oberen Wolga, der Kljásma und Oká. Es war dieses eine Abwanderung oder richtiger eine Flucht aus dem Reichtum in die Kargheit, aus dem Bereich hoher Kultur in die Primitivität.

Dieser stille und währende, vom Gesichtspunkt augenfälliger „Heldentaten" aus gesehen undramatische und unheroische, im buchstäblichen Sinne langweilige und deshalb von Chronisten auch nicht verzeichnete und wahrscheinlich auch kaum bemerkte Entwicklungsprozeß, der aber mit unsäglichen Nöten, Mühen und

Leiden sehr vieler Menschen verbunden und unter dem Blickwinkel des uns unbekannten Einzelschicksals der beteiligten Menschen ohne Zweifel im höchsten Grade dramatisch war, – dieser Prozeß steht am Beginn der wahrscheinlich größten und folgenreichsten geschichtlichen Tat des russischen Volkes überhaupt: der Kolonisierung und allmählichen Zivilisierung des Riesenraumes des späteren Russischen Reiches.

Es kündigt sich hier eine neue Periode der Geschichte Rußlands an, die nicht nur einen Wandel zu etwas anderem, sondern einen neuen Beginn bedeutet. Infolgedessen soll diese Entwicklung auch da, wo ihre Anfänge zeitlich bis in die Kiewer Periode zurückgehen, erst im nächsten Abschnitt behandelt werden.

Dieser historische Prozeß ist von den bisher behandelten Vorgängen in der Kiewer Rus auch dadurch unterschieden, daß er nicht mehr von der warägisch-russischen Oberschicht getragen und auch nicht durch bestimmte politische Maßnahmen hervorgerufen worden ist. Träger dieses Prozesses war das Volk selbst, die slawisch-russische Bevölkerung. Er war nicht an die Namen hervorragender Fürsten gebunden, sondern vollzog sich anonym mit der Gewalt eines Naturereignisses. Allerdings schuf er seinerseits wieder andere Voraussetzungen für die Politik hervorragender Einzelpersönlichkeiten, die dann den weiteren Ablauf der Dinge entscheidend bestimmten.

Hier sei die Entwicklung nur insofern weiter verfolgt, als sie unmittelbaren Bezug auf den Niedergang Kiews hatte. Im nordöstlichen Hinterwaldgebiet, dem Fürstentum Súsdal, saßen die jüngeren Monomáchowitschi. Der Fürst Júrij mit Beinamen Dolgorúkij, der fünfte Sohn Monomáchs, stand Kiew gegenüber noch ganz im Banne der überlieferten Vorstellungen. Er fühlte sich als Fürst von Súsdal sozusagen auf ein totes Gleis geschoben. Seine ganze Sehnsucht war darauf gerichtet, den Großfürstensitz und damit die Großfürstenwürde zu gewinnen. Infolgedessen hatte er sich eifrig an den üblichen Familienkriegen beteiligt und war auch wiederholt in Kiew eingezogen, von dort wieder verjagt worden und wieder dorthin zurückgekehrt.

Sein Sohn Andréj hielt es anders. Er war im Hinterwald bereits heimisch geworden und sah dieses Erbfürstentum nicht nur als ein ihm entsprechendes Wirkungsfeld an, sondern als eigentliche Grundlage seiner Existenz. Er war schon in seiner Jugend ein Verächter des prächtigen, von seinem verbleichenden Glanz und von der Erinnerung an seine große Vergangenheit lebenden Kiew. Als er seinen Vater auf einem seiner Züge nach dessen Sehnsuchtsziel begleitete, hatte Andréj nach der Chronik geäußert: „Wir haben hier nichts zu suchen; machen wir, daß wir schnell wieder fortkommen."

Selbst zur Regierung gelangt, ging er zu einer betont kiewfeindlichen Politik über; der Haß der „Provinz" gegen die goldene Residenz brach jetzt furchtbar aus. So kam es zu jenem dramatischen Vorgang, der als Epoche die eine Periode abschließt und die andere eröffnet. Auch Andréj zog, wie viele andere vor ihm, mit einem Heer nach Kiew, um es zu gewinnen. Das war nicht neu. Neu war, daß ein russischer Fürst die Mutter der russischen Städte eroberte, nicht, um sich an ihre Brust zu legen, und um sich durch ihren Besitz selbst zu erhöhen, sondern, um sie durch Raub und völlige Ausplünderung zu zerstören und ihre Bevölkerung zu verschleppen (1169). Danach zog Andréj wieder ins Hinterland ab und degradierte Kiew durch die Übergabe der Stadt an seinen jüngeren Bruder zur Provinz. Gleichzeitig übernahm er den Großfürstentitel, den er selbstverständlich, auch in Súsdal residierend, weiter beibehielt.

Das Beispiel fand Nachahmer. Vierunddreißig Jahre später (1203) überfiel ein anderer Zweig der Dynastie, die Ólgowitschi – gemeinsam mit Pólowzern – Kiew. Diese russischen Fürsten führten ein Unheil herbei, wie es nach der Chronik noch nie dagewesen war; weder vor Kirchen noch vor Klöstern, weder vor Heiligenbildern noch vor Meßgeräten machte ihre Zerstörungs- und Plünderungswut halt.

Die Häuser der Stadt wurden nach solchen Heimsuchungen immer wieder aufgebaut, die geschändeten Kirchen und Klöster neu geschmückt und ausgestattet, und auch wirtschaftlich erholte sich Kiew immer von neuem. Aber die alte Stellung im Reich hatte es eindeutig und allen Augen erkennbar eingebüßt. Der Großfürstentitel war nicht mehr an Kiew gebunden, sondern wurde nun von jenen in Anspruch genommen, die kraft ihrer Machtstellung sich dazu berechtigt sahen. Bald sollten es gleichzeitig mehrere sein.

Das Schwergewicht – das politische, wirtschaftliche und bald auch das kulturelle – verlagerte sich jetzt von der alten Zentrale am Dnjepr in die verschiedenen Teilfürstentümer, die sich nunmehr fast völlig unabhängig voneinander entwickelten und bald staatliche Gebilde sehr verschiedenen Charakters entstehen ließen. Am längsten wurde die Einheit noch im Kulturellen gewahrt. Während sich aber bereits in der Sprache regionale Verschiedenheiten herausbildeten, aus denen bis zum 14. Jahrhundert drei Einzelsprachen, russisch, ukrainisch und weißruthenisch hervorgingen; während gleichzeitig in den einzelnen Teilfürstentümern auch lokale Literaturen entstanden, blieben doch die Religion und die Kirche – im Westen allerdings nicht ohne Einbußen – als einigendes Band bestehen. Es blieb auch die nicht zu unterschätzende geschichtliche Erinnerung an die glanzvolle Zeit der Kiewer Rus und der schwer zu übersetzende, an das „russische Land“ wie an den „russischen Menschen“ gebundene Begriff „wsejá Russí“ als Ausdruck der Einheit.

Der Niedergang Kiews und die Auflösung der alten Reichseinheit hatte, wie wir sahen, bereits in der Mitte des 12. Jahrhunderts, d. h. also noch vor dem Beginn der Tatarenzeit sehr weite Fortschritte gemacht. Endgültig besiegelt wurde beides allerdings erst durch den Einbruch des neuen Feindes aus dem Osten und die Aufrichtung seiner Herrschaft über das russische Land und die russischen Menschen. Der erste noch ohne Folgen gebliebene Mongoleneinbruch fand im Jahre 1223 statt. Nicht einmal zwanzig Jahre später, im Jahre 1240, wurde Kiew von den Mongolen erobert, zerstört und für lange Zeit ausgelöscht.

Zweiter Abschnitt

DIE PERIODE DER TEILFÜRSTENTÜMER

Unter der Oberherrschaft der Tatarenchane

GESAMTBILD

Das Gesamtbild der zweiten, sich wiederum über rund 300 Jahre erstreckenden Periode ist im Unterschied zu dem der ersten durch Uneinheitlichkeit, Zerrissenheit und Vielgestaltigkeit charakterisiert.

Ein Kennzeichen dieser Periode ist die Entwicklung einzelner Teilfürstentümer zu selbständigen staatlichen Gebilden (udjély) von sehr unterschiedlicher politischer und sozialer Struktur und mit verschiedenem kulturellen Niveau. Die auf Kosten vieler Kleiner erstarkenden wenigen Großen, deren Fürsten eine Rangerhöhung – zum Großfürsten oder auch zum König – erstreben, machen von verschiedenen Seiten her ihren Anspruch auf Führung und Vormachtstellung in den russischen Landen geltend.

In dieser Periode tritt eine volkliche Aufspaltung in drei Teile ein. Im Nordosten entsteht durch Vermischung der slawischen Einwanderer mit den bodenständigen Finnen der großrussische Stamm, der zum eigentlichen Träger der künftigen Geschichte Rußlands wird, während im Süden und Südwesten sich der kleinrussische (ukrainische) und der weißruthenische Stamm bilden, die unter die politische Herrschaft Litauens bzw. Polens geraten und durch Jahrhunderte fast ohne Verbindung mit dem Großrussentum bleiben.

In dieser Periode verlagert sich das politische und wirtschaftliche Schwergewicht aus dem kulturnahen Süden in den kulturfernen Nordosten, aus dem Reich der Städte in das Reich der Dörfer. Auf dem nordöstlichen Kolonialboden entwickeln sich aus primitiven dörflich-bäuerlichen Verhältnissen unter einer starken Für-

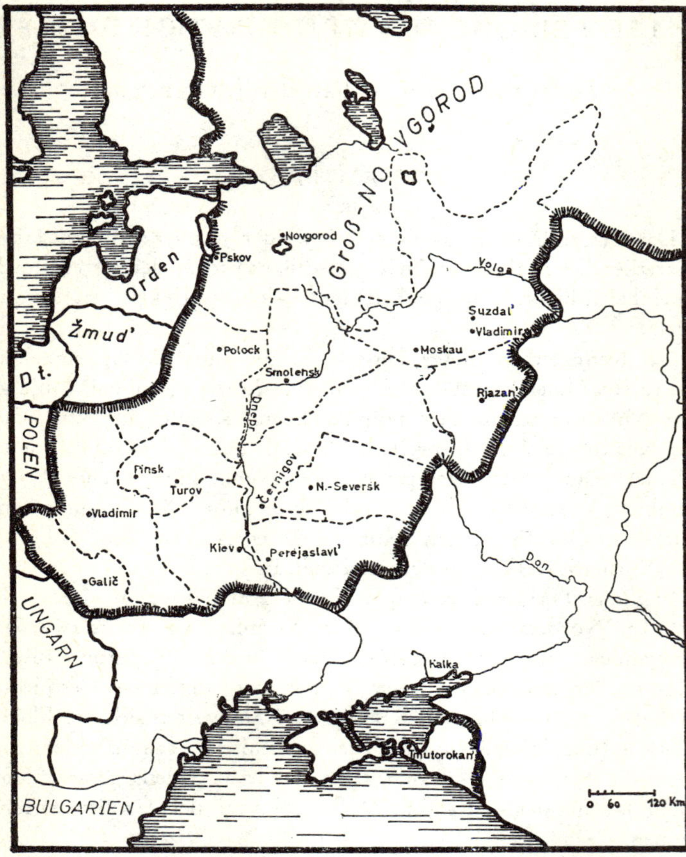

Die russischen Teilfürstentümer im 12. und 13. Jahrhundert.

stengewalt neue Ansätze. Im staatlichen Leben bildet sich ein autokratisches Herrschaftssystem heraus.

Diese Periode erhält ihre unverwechselbare Physiognomie durch den Einbruch der Tataren und die Errichtung der Oberherrschaft der Goldenen Horde über die russischen Fürsten, eine Herrschaft, die in der Steppenzone unmittelbar, im Waldgebiet unter Beibehaltung der politischen Struktur und Stärkung der Fürstengewalt mittelbar im wesentlichen als Tributherrschaft ausgeübt wird. Diese Oberherrschaft wird aber von fortgesetzten Plünderungs- und Menschenraubzügen der Tataren begleitet, unter denen vorwiegend die Ost- und Zentralgebiete zu leiden haben und von denen die westlichen Gebiete zum Teil ganz verschont bleiben.

Innerhalb der russischen Lande kommt es in dieser Periode zu einer scharfen Rivalität zwischen dem, im Zentralgebiet unter der Tatarenherrschaft erstarkenden, kleinen Großfürstentum Moskau und dem großen, aus der Peripherie von Westen her in das russische Land hineinwachsenden, vom Tatarenchan unabhängigen Großfürstentum Litauen.

Ihren Charakter erhält diese Periode durch die weitgehende wenn auch nicht vollständige politische und kulturelle Isolierung der unter der Tatarenherrschaft stehenden Gebiete vom europäischen Bereich und durch ein dadurch hervorgerufenes Zurückbleiben hinter der abendländischen Entwicklung bei gleichzeitiger Annahme verschiedener europafremder Elemente.

Ein Kennzeichen dieser Periode ist die wachsende Bedeutung der russischen Kirche, deren Autorität und Einfluß auch auf das politische Leben trotz und z. T. dank der Tatarenherrschaft erstarken. Denn in dieser Periode ist die Kirche mit dem Moskauer Metropoliten an der Spitze die einzige ganz intakt gebliebene Einrichtung und wird zum festen Band, das in alter Tradition und bei Aufrechterhaltung der organisatorischen und geistigen Bindungen an Byzanz das ganze russische Land umschließt.

1. NEUE POLITISCHE SCHWERPUNKTE

Súsdal-Wladímir. Das Großrussentum

Das Hinterwaldgebiet im Nordosten war bisher von den Fürsten nicht etwa unbeachtet gelassen worden. Gerade dieses Gebiet lag auf der älteren und früher auch wichtigeren Handelsstraße. Erst in der Kiewer Periode wurde dieser Weg durch die von Osten hereinbrechenden Nomaden verschüttet, und wie erinnerlich, blieb der Versuch Swjatosláws im 10. Jahrhundert, den Raum der mittleren und unteren Wolga zu erobern, erfolglos. Seine Nachfolger konnten nicht mehr daran denken, und erst Jahrhunderte später wurde auch der Unterlauf des russischen Schicksalsstromes von Moskau her für Rußland gewonnen.

Das Gebiet der oberen Wolga bis hin zum Finnischen Meerbusen blieb aber Bestandteil der Rus. Die Kiewer Großfürsten hatten sich auch wiederholt seiner angenommen und zu den bestehenden, im Vergleich zu Kiew und Nówgorod, Tschernígow und Perejasláwl primitiven und in der Rangordnung niedriger stehenden Städten neue begründet. Eine der ältesten Städte dieses Gebietes war das von Nówgorodern gegründete Súsdal. Im 11. Jahrhundert wurde es Fürstentum. Dort hatte auch Jarosláw eine nach ihm benannte Stadt an der Wolga und Wladímir eine nach ihm benannte an der Kljasma gegründet, gleichwohl blieb dieses Gebiet aber von den Zentren des politischen, wirtschaftlichen und kulturellen Lebens sehr abgelegen, eben ein Hinterwaldland, das man von Süden nur auf sehr beschwerlichen Wegen durch dichte Wälder erreichen konnte. In diesem Waldgebiet siedelte der slawische Stamm der Wjatitschen, so daß der Weg von Süden in das Hinterland „quer durch die Wjatitschen“ führte. Dieses so geschützte und fruchtbare Gebiet war ursprünglich von primitiven finnischen Stämmen bewohnt. Eine slawisch-russische Besiedlung fand jedenfalls zunächst vom Westen her längs der alten Verkehrsstraße statt. Erst im 12. Jahrhundert setzte dann, ständig an Umfang zunehmend, aus den vorhin erwähnten Gründen die Abwanderung aus dem Süden in dieses Gebiet ein.

Dieser Vorgang zeigte typische Kolonisationserscheinungen: die Neugründungen erhielten in Erinnerung an die Heimat der Neusiedler Namen von Städten im Süden, so Perejasláwl, Starodúb, Gálitsch. Es entstanden aber in diesem Gebiet nicht nur Städte, sondern vor allem bäuerliche Siedlungen in wachsender Zahl. Während der Süden der Rus langsam verödete, wurde dieses Gebiet „peupliert", ja man kann sagen, es peuplierte sich selbst, denn die Siedlungsbewegung war weder geplant noch gelenkt, allerdings von tatkräftigen Fürsten, die dort im Hinterwald saßen, geschickt gefördert, denn am Zuzug von Menschen waren sie natürlich interessiert. Einer dieser Fürsten war Júrij Dolgorúkij, von dem wir schon gehört haben. Im Jahre 1147 gründete er an einem verhältnismäßig kleinen und wenig bedeutenden Nebenfluß der Oká, an der Moskwá, ein neues Städtchen, das er nach dem Fluß benannte. 1947 wurde das 800jährige Bestehen Moskaus in der Sowjetunion groß gefeiert.

Diese russische Kolonisationsbewegung des 12. Jahrhunderts in den finnisch besiedelten Raum hinein fand gleichzeitig mit der weiter westlich sich vollziehenden deutschen Ostkolonisation und Siedlungsbewegung in den slawisch besiedelten Raum hinein statt. Doch sind beide Bewegungen nur sehr bedingt miteinander vergleichbar, eigentlich nur insofern, als es sich in beiden Fällen um eine Bevölkerungsverschiebung von Westen nach Osten, bzw. von Südwesten nach Nordosten handelte. Aber sowohl die Ursachen dieser Bewegung, wie auch der Vorgang selbst waren sehr verschieden.

Von den Ursachen ist bereits die Rede gewesen. Was den Vorgang selbst anlangt, der im Fall der deutschen Siedlungsbewegung sich bekanntlich nicht nur bis an die Grenze der Kiewer Rus (im NO), sondern auch in die Rus hinein erstreckte (im SO), wird der Unterschied am Beispiel der neugegründeten Städte deutlich. Die deutschen Kolonisationsstädte, meist Städte zu deutschem Recht, waren politisch, wirtschaftlich und vor allem soziologisch von den russischen Kolonisationsstädten sehr verschieden. Bekanntlich waren die deutschen Städte sowohl in ihrer äußeren Gestalt wie in ihrer rechtlichen Struktur in sich geschlossene, der ländlichen Umwelt gegenüber deutlich abgegrenzte, in eine feste Form gekleidete

Gemeinwesen, bewohnt von einem gegenüber den anderen Ständen abgegrenzten Bürgerstand, der sich seinerseits in ständisch abgegrenzte, aber in sich geschlossene korporative Gemeinschaften aufgliederte. Die im russischen Kolonisationsgebiet entstehenden Städte waren dagegen primitive, von der ländlichen Umwelt sowohl wirtschaftlich, wie politisch, wie sozial kaum, rechtlich zunächst überhaupt nicht abgegrenzte Siedlungen, deren Einwohner sich zum großen Teil mit Ackerbau beschäftigten und die ihre Erzeugnisse als Tribute in Form von Naturalabgaben ablieferten oder gegeneinander tauschten. Zwar waren diese Städte, jedenfalls die größeren unter ihnen, auch Verwaltungszentren und für den nur spärlich entwickelten Handel auch Stapel- und Umschlagplätze, aber sie blieben wie im Orient „Vororte eines Landgebietes, Sitz von Handel und Gewerbe, ohne rechtliche Einheit und ohne Sonderung vom Land“ (Brunner). Auch die sehr primitiven, z. T. winzig kleinen dörflichen Siedlungen, bzw. einzelne Höfe, die in völliger Abgeschiedenheit voneinander meist als Selbstversorger ganz auf sich selbst gestellt waren, zudem noch von den Bauern nach Erschöpfung des Bodens oft wieder verlassen wurden, lassen einen Vergleich mit den deutschen Kolonisationsdörfern nur sehr bedingt zu.

Was hier im Hinterwaldgebiet aus primitivsten Anfängen neu entstand, war nicht minder verschieden von dem, was sich in den Zentralgebieten der Rus bisher herausgebildet hatte. Gegenüber dem Reich der Städte im Wolchow-Dnjepr-Gebiet war das hinterwäldlerische „Reich der Dörfer“, wie man es genannt hat, in jedem Betracht weit zurück. Gleichwohl war es die Wiege der Zukunft. Denn hier setzten für die weitere Entwicklung der Geschichte Rußlands entscheidend werdende Neubildungen ein.

Auf dem Wege der Kolonisierung und Besiedlung entstand hier in einem langsam sich vollziehenden – und selbstverständlich in keiner Chronik verzeichneten – Entwicklungsprozeß durch die Vermischung der eingewanderten Slawen mit der ansässigen finnischen Bevölkerung ein neues Volkstum, das großrussische.

Die Großrussen haben von fremden Beobachtern schon früh als solche erkannte und in ungezählten Berichten und Betrachtungen immer von neuem hervorgehobene physische und psychische Eigenschaften gezeigt, die durch die Jahrhunderte, bis in unsere Tage hinein, erstaunlich konstant geblieben sind. Es ist dabei gleichgültig, ob sie mehr blutmäßig – slawisch oder finnisch – oder mehr durch den Raum, die Landschaft und das Klima bestimmt wurden; wichtig ist, daß sie in hohem Grade geschichtsbildend geworden sind. Ein typisches Kennzeichen des russischen Menschen ist seine Widerstandsfähigkeit, seine Ausdauer und sein Vermögen zu starker konzentrierter Arbeitsleistung bei gleichzeitiger Unfähigkeit zu gleichmäßigem Fleiß (Kljutschéwskij), seine starke natürliche Begabung, die sich in einer von aller Vorbildung unabhängigen Findigkeit äußert und gleichzeitig sein überquellendes und unausgeglichenes, zu extremen Ausschlägen neigendes Gefühlsleben, eine, besonders Fremden gegenüber mißtrauische, wortkarge Verschlossenheit, die abrupt in ein überströmendes Sichaufschließen umschlagen kann. Die bis in die jüngste Zeit hinein zu beobachtende Fügsamkeit gegenüber dem Schicksal, verbunden mit einem weit verbreiteten Mangel an Gewinnstreben und mit einer fröhlichen, jederzeit zum Verjubeln des Erworbenen bereiten Gleichgültigkeit gegenüber Besitz, jenem berühmten „Nitschewó", das skrupel- und rücksichtslosen, extrem eigennützigen Naturen in Rußland immer eine große Chance gegeben hat; die Fähigkeit, Leiden mit großer Geduld zu ertragen bei jederzeitiger Bereitschaft zu einem jähen Aufbäumen; das nahe Beieinander extremer Gegensätze, Schaffensfreude und Zerstörungslust, Güte und Brutalität, Sinnesrausch und Askese, Beschränkung und Maßlosigkeit – das alles gehört zum Bilde des russischen Menschen. Es ist hier absichtlich nicht die oft beschworene russische Passivität genannt worden. In jüngster Zeit ist mit einer gewissen Erbitterung und nicht ohne Berechtigung Einspruch dagegen erhoben worden, die Russen als ihrem Wesen nach passiv zu bezeichnen, da die große geschichtliche Leistung nicht nur einzelner Russen, sondern des russischen Volkes schlechthin diese „banale Redensart" (Weidlé) widerlege.

Diese russischen Volkseigenschaften haben sich im Laufe der Jahrhunderte ungehemmt ausleben können. Sie haben einerseits den geschichtlichen Ablauf beeinflußt und sind andrerseits wieder durch ihn mit seinen jähen Aufschwüngen und Niederbrüchen gefördert worden. Erst in unseren Tagen nach der bolschewistischen

Revolution haben die Machthaber in Rußland sich zum Ziel gesetzt, sie systematisch und unerbittlich zu bekämpfen und den russischen Menschen zu verändern, so daß die Bolschewiken von diesem Gesichtspunkt aus geradezu als „gegenrussisch" bezeichnet worden sind (Mehnert).

Sehr augenfällig zeichnete sich das Neue auch auf dem Gebiete des Staatlichen ab. Dem persönlichen Wirken des Fürsten war im Kolonisationsbereich von vornherein eine größere Entfaltungsmöglichkeit gegeben. Sein Anspruch auf Führung wurde hier weniger oder gar nicht vom Fortbestand alter Überlieferungen, wie z. B. vom Wetsche oder vom Bojarenrat eingeengt. So konnte sich hier im Zeichen der fürstlichen Macht eine neue politische Ordnung entwickeln, die im Unterschied zu den Verhältnissen in Kiew von vornherein autokratische Züge erkennen ließ. Diese zukunftsträchtige Entwicklung zeichnete sich bereits während der Kiewer Periode seit dem 12. Jahrhundert deutlich ab. Ihre Träger waren die Fürsten aus der Linie der jüngeren Monomáchowitschi, die Ahnen der späteren Moskauer Zaren, und ihr erster prominenter Vertreter und gleichsam der erste russische Autokrat war der Fürst Andréj Bogoljúbskij, derselbe, der 1169 Kiew eroberte und der Mutter der russischen Städte den Todesstoß gab.

Dieser Andréj war eine Gestalt von unbezweifelbarer geschichtlicher Wichtigkeit, denn er hat Schule gemacht, aber Größe wird man ihm nicht zubilligen können. Er hat insofern in der Geschichte Rußlands viele Nachfolger gehabt, als er erstmalig den Typus eines Despoten verkörperte, dem es bei seiner Herrschaftsführung in erster Linie darum ging, alle anderen – die Großen in seiner Umgebung wie die Kleinen im Volke – immer von neuem spüren zu lassen, daß alles, worüber der Mensch verfügt, sein Leben und sein Besitz, seine politische und seine soziale Stellung, seine Lebensführung bis in Einzelheiten hinein, ja der Gebrauch seiner Augen, seiner Zunge, seiner Hände einzig und allein vom Gutdünken des Herrschers abhängig ist. Bogoljúbskij hat die in seinem Kolonialland gegebenen realen Voraussetzungen sehr geschickt in diesem Sinne zu nutzen verstanden und hat das ganze seiner Gewalt unterstehende Land – auch darin hat er Schule gemacht – ausdrücklich als sein persönliches, erbliches Eigentum betrachtet (wóttschina).

Er hat eine Willkür- und Terrorherrschaft ausgeübt, die einen Vergleich mit der Grósnyjs oder Stalins nicht zu scheuen braucht – selbstverständlich ohne dabei Weiber und Kinder zu schonen, wie in den Quellen ausdrücklich verzeichnet wird. – Ebenso selbstverständlich folgten die Großen seiner Umgebung, auch die Geistlichen, gerne seinem Beispiel, solange sie selbst in Gunst standen; sie wüteten nicht weniger arg als er. Die Überlieferung weiß über viele Greuelgeschichten zu berichten, Bärte ausreißen, Augen ausbrennen, Zungen abschneiden, Köpfe abschlagen usw. Dabei war Andréj fromm, oder besser ausgedrückt – da wir über seine Seelenverfassung nicht genügend Kenntnis haben – betont kirchlich gesinnt. Er hat seine Herrschaftsmethoden religiös verbrämt und es sehr geschickt verstanden, Kirche und Religion seiner Politik dienstbar zu machen. Heimlich hat er eine als heilig und wundertätig geltende Ikone – ein Muttergottesbild, das aus Konstantinopel stammte und später nach seinem Bewahrungsort Wladímirskaja Ikona genannt worden ist – aus Kiew in seinen Hinterwald entführt. Das Bild hat auch nach dem Raub noch viele Wunder getan – immer im Sinne der Politik Andréjs. Ihm zu Ehren hat der Fürst mit großem Kostenaufwand auf freiem Felde eine steinerne Kirche und ein ganzes Dorf anlegen lassen, das er Bogoljúbowo (das Gottgeliebte) nannte. Von diesem Ort hat Andréj seinen Beinamen.

In seiner Jugend hatte Andréj es verstanden, sich bei der Bevölkerung beliebt zu machen und war vom Wetsche der beiden ältesten Städte dieses Gebietes, Rostów und Súsdal, zum Fürsten gewählt worden (1161). Sehr bald erhielten sie ihre Quittung. Denn gerade wegen der Existenz dieser demokratischen Institution und der dadurch gegebenen Möglichkeit, einen politischen Eigenwillen zu äußern, degradierte Andréj diese Städte zur Provinz und machte das bisher kleine und nur auf die Gunst des Fürsten angewiesene und durch ihn seither emporkommende Wladímir, das kein Wetsche besaß, zu seiner Residenz. Er ließ es mit verschiedenen, meist aus Kiew verschleppten Schätzen ausschmücken und durch eigene Neubauten, hauptsächlich Kirchen, verschönen.

Er begann seine Regierung mit der üblichen Auseinandersetzung mit seinen potentiellen Rivalen, d. h. seinen nächsten Verwandten, die er „entschlossen in allem, was er tat“, wie üblich, vertrieb, aber anders als üblich, nicht nur in die benachbarten Fürstentümer, sondern gleich bis Konstantinopel. Überall wo er die Möglichkeit eines Widerstandes gegen sich oder auch nur eine Beschränkung seiner Autorität sah, z. B. bei einzelnen Bojaren, hat er sogleich entsprechend durchgegriffen und sich dabei auf eine von der Aristokratie unabhängige Spezialtruppe gestützt, die sich aus den niederen Volksschichten rekrutierte. Auch darin hat er später in Moskau Nachfolger gefunden.

Er erhob auch Anspruch darauf, seinen Willen in den anderen Fürstentümern durchzusetzen. Auch das machte Schule. Nachdem er Kiew erobert und zerstört hatte, nannte er sich Großfürst, fühlte sich als solcher den anderen Fürsten übergeordnet und hat in fortgesetztem Wechsel, willkürlich und ohne erkennbare politische Idee, die kleinen Fürsten hin und her dirigiert, sie ein- und ab- und wieder eingesetzt, offenbar nur, um sie ihre völlige Abhängigkeit von ihm spüren zu lassen. Der Erfolg war dabei keineswegs immer durchschlagend. So erlitt er z. B. einen völligen Mißerfolg bei dem Versuch, auch das große, seit dem Niedergang Kiews stark emporstrebende Nówgorod seiner Herrschaft zu unterstellen: „Es sei Euch kund getan, daß ich im Guten oder Bösen Nówgorod zu besitzen trachte, und daß Ihr mir, als Eurem Fürsten, das Kreuz küssen sollt.“ Auch durch seine Nówgorod-Politik hat Andréj seinen späteren Nachfolgern in Moskau ein Beispiel gegeben. Ihm selbst war aber der Erfolg versagt. Die Nówgoroder wagten es, sich ihm mit Kriegsgewalt zu widersetzen und errangen einen großen Sieg über ihn (1170). Dabei machten sie so viele Gefangene, daß auf dem Sklavenmarkt in Anbetracht des großen Angebotes ein Preissturz erfolgte und man drei Sklaven für ein Schaf haben konnte. Das große Nówgorod hat erst 300 Jahre später vor Moskau kapituliert.

Im Zuge seiner Politik der Zentralisierung der Macht in seinen Händen hat Andréj auch versucht, sein Fürstentum in der kirchlichen Hierarchie selbständig zu machen, die Oberherrschaft des Metropoliten von Kiew abzuschütteln und einen eigenen Günstling zum Metropoliten von Wladímir zu erheben. Auch damit ist er gescheitert.

Bezeichnend für die Ausübung der Herrschaft durch Andréj war, daß zu seiner Zeit zum ersten Mal ein Wort und damit ein Begriff aufkam, der eine typisch werdende Erscheinung charakterisierte, nämlich „podrútschnik“ (Handlanger). Wörtlich übersetzt: ein unter der Hand – wir würden sagen, unter dem Daumen – Gehaltener. Unter Verwendung dieser neuen Vokabel begehrten einige Fürsten, von denen er Gehorsam verlangte, gegen ihn auf und weigerten sich, von ihm als „podrútschniki“ behandelt zu werden.

Der Widerstand gegen das von Andréj angestrebte Herrschaftssystem regte sich aber nicht nur unter den gekränkten Fürsten. Er erfaßte auch weitere Kreise des Volkes, vor allem auch Andréjs nächste Umgebung, in der sich niemand mehr seines Lebens sicher fühlte. Unter der Parole: „Heute läßt er diesen hinrichten und morgen kommt die Reihe an uns; laßt uns mit ihm abrechnen“, kam es zu einer Palastrevolution. Auch damit war ein Motiv angeschlagen, das noch lange in der russischen Geschichte nachklingen sollte. Die Verschwörer, eine jedenfalls kleine und bunt zusammengesetzte Gruppe, zu der sowohl Bojaren wie auch Knechte gehörten – ausdrücklich ist die Beteiligung eines Kaukasiers und eines Juden überliefert –, drangen eines Nachts in sein Schlafgemach und ermordeten ihn. Die nackte Leiche wurde aus dem Fenster geworfen und blieb tagelang unbestattet liegen (1174).

Andréj Bogoljúbskij ist später von den Anhängern der Autokratie (z. T. auch heute noch von russischen Monarchisten in der Emigration) sehr verherrlicht und als erster Träger der Idee der Selbstherrschaft – als ein „echter Zar“ – gepriesen worden. Ein Wegweiser in dieser Richtung ist er ohne Zweifel gewesen. Aber durchgesetzt hat sich das autokratische Regime erst während der diese Entwicklung begünstigenden Tatarenzeit.

Nach Andréj regierte sein jüngerer Bruder Wséwolod als Fürst von Súsdal-Wladímir (1175–1212). Diese Zeit gilt als Blütezeit des Fürstentums. Wséwolod führte das Regiment mit mehr politischem Fingerspitzengefühl, ohne Anmaßung, aber mit Autorität auch gegenüber den anderen Fürsten, die ihn „als den Ältesten anerkannten“.

Auch der von Andréj gemachte Versuch, mit der Tradition der Aufteilung des Fürstentums unter die Söhne zu brechen, führte zunächst zu keinem Erfolg, im Gegenteil, der Prozeß der weiteren Aufsplitterung in Teilfürstentümer setzte sich fort. Das gilt für die anderen russischen Fürstentümer noch mehr als für Súsdal-Wladímir. Und so ergab sich bald der Zustand, daß das ganze russische Land von einer Vielzahl kleiner und kleinster Fürstentümer geradezu übersät war. Die Fürsten selbst, die in fortgesetzten Fehden lagen, waren zum großen Teil nichts mehr als nur militärische Führer, die man nach ihren Fähigkeiten bewertete und entsprechend auch auswechselte, bzw. sich gegenseitig „abwarb". So kam es, daß besonders die militärisch tüchtigen Fürsten ihre Sitze fortgesetzt wechselten.

Mstisláw der Kühne (Udalój) ist nacheinander Fürst von Nówgorod, Pólozk und Gálitsch gewesen, und Alexander Néwskij war nacheinander Fürst von Nówgorod, Großfürst von Kiew und Großfürst von Wladímir.

Der Große Herr Nówgorod

Nówgorod nahm unter den russischen Fürstentümern eine Sonderstellung ein, in zweierlei Hinsicht, erstens durch seinen Rang als die nach dem Niedergang Kiews größte und angesehenste Fernhandelsstadt und zweitens infolge seiner politisch-sozialen Struktur. Beides, der Fernhandel und die Verfassung, hat Nówgorod groß, stolz und selbstbewußt gemacht und hat russische und nichtrussische, zumal deutsche Historiker veranlaßt, in geradezu enthusiastischer Weise seinen Aufstieg zum „Großen Herrn Nówgorod" (Gospodín Welíkij Nówgorod) zu preisen. Denn dieses Nówgorod läßt wie sonst keine russische Stadt einen Vergleich mit deutschen Handelsstädten zu. Was oben von den russischen Städten gesagt worden ist, gilt für Nówgorod nur bedingt. Nówgorod war ein Sonderfall nicht nur in bezug auf russische Verhältnisse. Auch für abendländische Begriffe war der Große Herr Nówgorod im späteren Mittelalter eine Riesenstadt. Nach neueren Schätzungen (Brunner) betrug ihre Einwohnerzahl im 15. Jahrhundert etwa 50 000. Demnach wäre Nówgorod größer als Rom (35 000), Köln (30 000), Nürnberg (22 000) und Lübeck (21 000) gewesen und wäre von keiner Stadt nördlich der Alpen und östlich des Rheines erreicht und nur von ganz wenigen Städten der Zeit (Paris, Venedig, Neapel, London, Bologna) übertroffen worden. Nach anderen Schätzungen (Johansen) war Nówgorod allerdings nicht größer als Lübeck, „machte aber einen weitaus größeren Eindruck“. Aber auch in dem Fall war es noch eine Riesenstadt.

Gleichwohl, oder eben deshalb, ist Nówgorod trotz seiner stolzen aber jäh unterbrochenen Entwicklung für die russische Geschichte doch nur eine Episode geblieben. Gerade wegen seiner Sonderstellung blieb es eine Art Fremdkörper im gesamtrussischen Organismus und wurde – zumal vom Blickpunkt Moskaus aus – auch als solcher empfunden und entsprechend behandelt. Nówgorod war weder eine typisch russische Stadt, noch ist es typenbildend geworden. Darin liegt seine Tragik. Was sich in diesem Gemeinwesen in engster Anlehnung an westliche Verhältnisse vom 12. bis zum 15. Jahrhundert entwickelt und ausgebildet hatte, blieb ohne Nachwirkung.

Nówgorod wurde vom Niedergang Kiews direkt und auch indirekt weniger berührt als die anderen russischen Fürstentümer. Weil es schon seit Wladímir Monomách ein sehr ausgeprägtes Eigenleben geführt hatte, selbst kein Aufnahmegebiet für Kolonisten aus dem Süden war, wohl aber seinerseits eine eigene großangelegte Kolonisation betrieb, verlief die Entwicklung dort gleichmäßiger, ohne Bruch. Es entwickelte sich dort das Neue organisch aus den Verhältnissen der Kiewer Periode heraus, ohne neue Ansätze aus dem Primitiven und auch ohne Rückfall ins Primitive.

In Nówgorod hatte sich schon früh ein wirtschaftlich kräftiger, politisch einflußreicher und sehr selbstbewußter Kaufmannsstand entwickelt, eine Handelsaristokratie mit ausgeprägtem Solidaritätsgefühl und mit korporativen Gemeinschaftsformen. Von den Nówgorodern hat man mit Recht gesagt, daß sie sich als etwas Besonderes fühlten, sehr bedacht auf die Wahrung ihrer Freiheit, nicht nur im wirtschaftlichen, sondern auch im politischen Verstande, sowohl gegenüber ihrem eigenen Fürsten wie gegenüber den Ansprüchen anderer. Die selbstbewußten Nówgoroder nannten ihre Stadt „der Große Herr Nówgorod“, und in der Blütezeit der Stadt im 12. und 13. Jahrhundert kam das Wort auf: wer kann wider Gott und Großnówgorod!

Infolgedessen war die Stellung des Fürsten in Nówgorod viel schwächer als in den anderen Teilfürstentümern, und bereits im 12. Jahrhundert weigerten sich die Nówgoroder, einen Fürsten anzuerkennen, der ihnen nicht gefiel. So bildete sich das Gewohnheitsrecht aus, den Fürsten nicht nur zu wählen, sondern ihn gegebenenfalls auch zu verjagen. Daß als Kandidat für einen Fürsten nur ein Angehöriger des Rjurikidengeschlechtes in Frage kam, war nach den damaligen Vorstellungen selbstverständlich.

Um sich gegen Übergriffe des Fürsten zu sichern, schlossen die Nówgoroder Kaufleute mit ihm Verträge ab, die ihn verpflichteten, gleichsam einen Eid auf die Verfassung abzulegen, d. h. nach altem Brauch zu regieren und die Rechte, vor allem die Handelsrechte der Kaufleute nicht einzuengen. Der Fürst selbst durfte nicht Handel treiben – ein sehr wesentlicher Unterschied zu den Verhältnissen zuerst in Kiew und später in Moskau. Der Fürst erhielt auch nicht das Bürgerrecht in der Stadt, durfte nicht in der Stadt wohnen, sondern residierte drei Kilometer entfernt im sog. „gorodíschtsche“. Dem Fürsten blieb der Oberbefehl über die Truppen und gewisse – kontrollierte! – Verwaltungsfunktionen. Dafür erhielt er „Tribut“, den man auch als Sold bezeichnen kann.

Verträge zwischen der Stadt und ihrem Fürsten sind erhalten geblieben. Sie legten genau fest, was der Fürst durfte und was nicht, was er an Abgaben beanspruchen konnte – „bei den Schlagbäumen von Nówgorod und Nówyj Torshók sollst Du von jeder Fuhre zwei Körbe haben und vom Hopfen einen Korb“ –, wo und was zu jagen ihm erlaubt war usw. So war der Fürst in Nówgorod tatsächlich ein Angestellter des Gemeinwesens. Immerhin behielt er dank dem Oberbefehl über die Truppen eine Stellung, die die Möglichkeit in sich barg, zu einer starken Machtposition ausgebaut zu werden.

Zwischen dem Fürsten und den Bürgern ist es in Nówgorod zu fortgesetzten Konflikten gekommen, die fast immer zuungunsten des Fürsten endeten. Wenn er klug war, trug er den besonderen Verhältnissen in dieser Stadt Rechnung. „Die Bürger von Nówgorod herrschten über das Land" – berichtet die Chronik –, „und die Fürsten hielten sich nach ihrem Willen."

Die Stadt selbst hatte auch äußerlich eine festumrissene Gestalt. Sie zerfiel, durch den Wolchowfluß geteilt, in zwei Seiten, die Handelsseite mit dem Markt als Zentrum und die Sophienseite mit der vom Großfürsten Jarosláw erbauten Sophienkathedrale als Mittelpunkt. Diese Seiten waren wiederum in einzelne Bezirke – wörtlich Enden (konzý) – mit weitgehender Selbstverwaltung und großem Hinterland aufgegliedert. Nach ihrer Anzahl – fünf (pjatj) – wurden diese Bezirke Pjatinen genannt.

Die oberste Gewalt in dieser Stadtrepublik hatte das Wetsche, die Volksversammlung – besser Stadtversammlung –, das hier mit seinem ganzen Gewicht erhaltene, aus altslawischer Tradition überkommene, demokratische Institut. Das Wetsche wählte den Fürsten. Es wählte seit 1156 auch den Erzbischof – ein für russische (und nicht nur für russische) Verhältnisse geradezu unerhörtes Recht. Es wählte schließlich den Possádnik, eine Art Oberbürgermeister, der notwendig ein Nówgoroder sein mußte und ohne dessen Einvernehmen der Fürst keine Maßnahmen treffen durfte, auch nicht im Kriege. Das Wetsche, in seinen Rechten und seiner Funktion durchaus mit einem modernen Parlament vergleichbar, war Träger der gesetzgebenden Gewalt, es ratifizierte Verträge, es entschied über Krieg und Frieden, und es hielt über leitende Persönlichkeiten Gericht. Das Recht der Teilnahme am Wetsche hatte jeder freie Bürger mit eigenem Hausstand; es trat auf dem Marktplatz zusammen, und zur Versammlung wurden die Bürger durch die Wetscheglocke gerufen, das eifersüchtig gehütete Wahrzeichen der Freiheit der Stadt. Der wundeste Punkt in der Verfassung war die notwendige Einstimmigkeit bei Beschlußfassungen des Wetsche. In Wirklichkeit lag eine Einstimmigkeit natürlich so gut wie nie vor, und um sie zu erzielen oder vorzutäuschen, wurden die verschiedensten Methoden vom wirtschaftlichen Druck bis zur offenen Gewalt angewandt. Nicht selten, zumal in der letzten Zeit vor dem Verlust der Selbständigkeit, arteten solche Volksversammlungen in regelrechte Bürgerkämpfe aus.

Das eigentliche Oberhaupt der Stadt war der – gewählte – Erzbischof, der hier eine ganz einzigartige Stellung einnahm. Er führte den Vorsitz im Ratskollegium, einer vom Wetsche unabhängigen „Regierung“, der die hohen Würdenträger angehörten und in deren Händen die ausführende Gewalt lag. Der Erzbischof war auch der oberste Richter und Vertrauensmann der ausländischen Kaufleute, die ihm die Schlüssel ihrer Warenkeller übergaben, wenn sie die Stadt verließen. Schließlich hatte er auch diplomatische Funktionen, da die Verhandlungen mit Ausländern oft von ihm geführt wurden.

Obgleich das politische Schwergewicht rechtlich beim demokratischen Institut des Wetsche lag, war Nówgorod faktisch nicht eine Demokratie, sondern eine Oligarchie. Das hing an den sozialen Verhältnissen. Auch in diesem Betracht waren die westlichen Einflüsse unverkennbar und führten hier zu einer ständischen Gliederung der Bevölkerung z. T. auf korporativer Grundlage.

In Nówgorod lag die faktische wirtschaftliche und politische Macht in den Händen des städtischen Patriziats, der reichen Kaufleute und Bankiers – auch hier Bojaren genannt –, die gleichzeitig auch Grundbesitzer waren und z. T. riesenhafte Ländereien im Nówgoroder Kolonisationsgebiet besaßen. Die gewöhnlichen oder guten Kaufleute (dóbryje kupzý) bildeten einen verhältnismäßig starken, sonst in den russischen Städten so gut wie ganz fehlenden Mittelstand; die untere Schicht, die kleinen oder schwarzen Leute (tschórnyje ljúdi), Handwerker, Tagelöhner usw. waren politisch zwar gleichberechtigt, wirtschaftlich aber völlig abhängig von den Bojaren, zu denen sie in einer Art Klientelverhältnis standen. Entweder direkt durch ihren persönlichen Einfluß und ihre wirtschaftliche Machtstellung oder indirekt über ihr Klientel sicherte sich die Handelsaristokratie in der Volksversammlung ihren ausschlaggebenden Einfluß.

In dem Bereich des Wolchowbeckens und des Ilmensees und weiter westlich bis zur Narowa und dem Peipussee hatte Nówgorod eine Reihe von Tochterstädten gegründet – Isborsk, Stáraja Rússa, Welíkije Lúki, Torshók, Ládoga, unter ihnen als die größte und mächtigste Pskow (Pleskau) –, die aber nicht zu eigenen Fürstensitzen erhoben wurden, meist unbedeutend blieben, aber befestigt waren und das große Nówgorod nach Westen gegen Angriffe abschirmten. Nach Osten und Nordosten blieb aber das

Land offen, und dahinein in die unermeßlichen Waldgebiete erweiterte Nówgorod seinen Herrschaftsbereich geradezu ins Grenzenlose durch Gewinnung und Erschließung neuer Rohstoffgebiete.

Bereits im 12. Jahrhundert hatte Nowgorod im Norden das Weiße Meer sowie das Eismeer erreicht und im Osten den Ural überschritten, so daß es die anderen Fürstentümer territorial um ein Vielfaches übertraf und etwa so groß war wie alle anderen zusammen. Der Antrieb zu dieser Ausweitung war die Handelspolitik Großnówgorods und der Unternehmergeist seiner Kaufleute, der die Größe der Stadt selbst überdauern und noch nach der Zerstörung Nówgorods und seiner völligen Gleichschaltung durch Moskau in der großartigen Erschließung Sibiriens durch die Nówgoroder Kaufmannsfamilie Stróganow seinen Ausdruck finden sollte.

Nówgorod nutzte seinen Riesenbesitz als Rohstoffgebiet; seine wichtigsten Exportgüter waren Waldprodukte, Honig, Wachs, Tran und Felle von Zobel, Biber, Marder und Fuchs. Mit der wirtschaftlichen Ausbeutung dieses Gebietes war im geringen Umfang auch seine Besiedlung verbunden. So vollzog sich hier von Nówgorod aus, wie 1000 Kilometer südlich von Kiew aus, in der gleichen nordöstlichen Richtung ein Prozeß, der, aus völlig verschiedenen Ursachen entstanden und in sehr unterschiedlicher Art sich vollziehend, einmal als unorganisierte bäuerliche Fluchtbewegung, das andere Mal als geplantes und gelenktes wirtschaftspolitisches Risikounternehmen, im großen gesehen, doch zum gleichen Ergebnis führte: zur Erschließung und Kolonisierung riesenhafter Räume. In diesem Sinn ist die Leistung Großnówgorods allerdings nicht ohne Bestand und ohne fortwirkende Folgen geblieben. Denn in dieser Hinsicht hat Moskau später das von Nówgorod Aufgebaute nicht zerstört, sondern als sein Erbe übernommen und zu nutzen verstanden.

Seine günstige Wirtschaftslage gab Nówgorod den anderen russischen Fürstentümern gegenüber eine starke, offenbar selbst überschätzte Stellung, die die mächtige Stadt geradezu als unverwundbar erscheinen ließ. Wer kann wider Gott und Großnówgorod! Nówgorod war aber an einer Stelle verwundbar; es besaß kein Brot, da das sumpfige und bewaldete „Land der Heiligen Sophie“ sich für den Ackerbau nicht eignete. Zwar exportierte Nówgorod auch Getreide, aber fremdes; das Brotgetreide mußte aus dem Hinterland eingeführt werden. Das gab den Fürsten bzw. den Großfürsten von Wladímir – später von Moskau – bei ihrem ausgeprägten Machtinstinkt Nówgorod gegenüber Trümpfe in die Hand, die sie immer wieder geschickt auszuspielen verstanden.

Nicht nur die weitreichenden Handelsbeziehungen und der Reichtum Großnówgorods waren den östlichen Nachbarn ein Dorn im Auge – es war auch seine republikanische Verfassung. Seit Andréj Bogoljúbskij wurde von Súsdal-Wladímir aus wiederholt der Versuch gemacht, Nówgorod der Großfürstengewalt so zu unterstellen, wie man es in Súsdal-Wladímir gewöhnt war und als natürlichen Zustand ansah. Bei diesem, sich durch Jahrhunderte hinziehenden Kampf der beiden ungleichen Nachbarn wurde von Wladimir bzw. Moskau immer wieder das Druckmittel der Getreidesperre angewandt. Aber zum eigenen Unglück und zum Glück für Nówgorod war der Großfürst selbst am Verkauf seines Getreides so interessiert, daß die Waffe des Wirtschaftskrieges allein sich schließlich als zu stumpf erwies.

Die Handelspartner Nówgorods waren die Kaufleute der Ostseeländer, zuerst (im 11. Jahrhundert) die Schweden auf Gotland, dann (im 12. Jahrhundert) die Dänen und die Deutschen. In diesem Jahrhundert des großen Aufschwungs des Ostseehandels wurde in Nówgorod ein „gotisches" Handelskontor begründet. Ende des Jahrhunderts war die Zahl der Deutschen in Nówgorod bereits so groß, daß dort eine deutsche Kirche errichtet wurde (1185); aus dem Jahre 1225 stammt der älteste Schragen des „Deutschen Hofes". Die Nówgoroder Kaufleute zogen es vor, ihre Geschäfte in der eigenen Stadt abzuwickeln und fuhren selbst wenig bzw. gar nicht ins Ausland. Eine im Zusammenhang mit den Machtkämpfen um die Herrschaft über die Ostsee bald wichtig werdende Kriegsflotte zum Schutze der Handelsschiffe besaßen die Nówgoroder nicht. Um so größeren Wert legten sie auf diesen Handelsplatz und verlangten – gegebenenfalls vertraglich – eine entsprechende Zusicherung ihres Fürsten dafür, daß „die Goten und Deutschen ohne Beschwer und Beleidigung nach Nowgorod ziehen" konnten.

So vielversprechende Ansätze bestanden bereits vor dem Tatareneinbruch nach Rußland. Gleichzeitig mit dieser von Osten hereinbrechenden Gefahr war Nówgorod aber einer anderen, ernsteren, weil die Stadt unmittelbar bedrohenden Gefahr aus dem Westen ausgesetzt. Seit dem Ende des 12. Jahrhunderts hatte das Abendland ein wachsendes Interesse für das Nówgorod benachbarte baltische Gebiet gezeigt und damit begonnen, es auf dem Wege einer systematisch betriebenen Missions- und Eroberungspolitik, die schließlich Kreuzzugscharakter annahm, in seinen Kultur- und Machtbereich einzubeziehen. Träger dieser Aktion waren Schweden, Dänen und Deutsche, und im Hintergrunde stand, diese Aktion politisch und militärisch fördernd und sie ideologisch rechtfertigend und verklärend, die katholische Kirche.

So waren den Nówgorodern neben den willkommenen Handelspartnern höchst unwillkommene Gegner und Rivalen in der unmittelbaren Nachbarschaft erstanden, von denen angenommen werden mußte, daß sie an den Grenzen des eigenen Gebietes nicht haltmachen, sondern versuchen würden, weiter nach Osten vorzudringen. Diese latente Spannung nahm am Anfang des 13. Jahrhunderts akuten Charakter an, als das ganze baltische Land – damals Livland genannt – vom Livländischen Orden, einem Zweige des Deutschen Ordens in Preußen, erobert, dadurch dem Deutschen Reich angegliedert und gleichzeitig als „Marienland" der Macht des Papstes unterstellt wurde. Um dieselbe Zeit drangen die Schweden über Finnland weiter nach Osten vor. Durch diese bedrohliche Lage war die Handelsrepublik Nówgorod in einem bisher nicht gekannten Grade auf ihren Fürsten angewiesen, in dessen Händen der militärische Schutz ja lag.

Nówgorod hatte das Glück, einen der bedeutendsten Fürsten seiner Zeit für sich gewinnen zu können, der nicht nur als militärischer Oberbefehlshaber, sondern als Politiker das weitere Schicksal der Stadt bestimmen sollte – Alexander Néwskij.

Galizien–Wolhynien. Die Ukrainer

In einer ähnlichen Lage wie Nówgorod waren die südwestlichen Fürstentümer Wladímir–Wolynskij und Gálitsch. Auch hier waren die Beziehungen zum Abendlande sehr eng und dessen Einfluß stark, noch stärker als in Nówgorod, da diese Fürstentümer unmittelbarer und in breiterer Front an lateinisch-katholische Staaten (Ungarn, Polen) grenzten und dem Eindringen abendländischer politisch-sozialer, religiös-kirchlicher und auch ethnischer Einflüsse mehr ausgesetzt und ihnen auch zugänglicher waren.

Anders als Nówgorod waren die südwestlichen Fürstentümer durch den Niedergang Kiews in hohem Grade berührt: sie profitierten unmittelbar davon. Erstens erhielten sie einen laufenden Bevölkerungszuzug, der zusammen mit der günstigen Verkehrslage am Rande des Abendlandes diese Fürstentümer bereits im 12. Jahrhundert rasch aufblühen ließ. Zweitens gewannen diese ursprünglich vom Zentrum abgelegenen und für die Kiewer Großfürsten wenig interessanten Teilfürstentümer mit der Verlagerung des wirtschaftlichen Schwergewichts auch politisch an Gewicht.

Im größeren dieser Fürstentümer, Wolhynien, mit der Hauptstadt Wladímir am Bug, herrschten die älteren Monomáchowitschi und im kleineren noch weiter westlich gelegenen Galizien, mit Gálitsch am Pruth als Hauptstadt, ein anderer Zweig des Rjurikidengeschlechtes (vgl. Stammtafel). Hier hatte sich früher als in den Zentralgebieten und nicht unbeeinflußt durch die abendländischen Verhältnisse der Erbgedanke im regierenden Fürstenhause durchgesetzt, so daß eine Dynastiebildung stattfand. Durch ihre abgelegene Lage, vor allem aber infolge der Verödung des angrenzenden Kiewer Gebietes lösten sich diese Fürstentümer stärker als Nówgorod aus der alten Gemeinschaft der Rus und verloren allmählich die Verbindung zu den anderen russischen Fürstentümern. Dabei kamen sie in so enge Beziehung zum Abendland, daß Galizien unter seinem bedeutenden Fürsten Jarosláw Osmomýsl, im 12. Jahrhundert jedenfalls – die Quellen geben davon kein klares Bild – vorübergehend die Lehnsoberhoheit des Deutschen Kaisers (Barbarossa) anerkannte. In der nach Westen tendierenden Sonderentwicklung dieser Gebiete kündigte sich bereits ihr künftiges Schicksal an, das sich sowohl staatlich wie auch volklich außerhalb Rußlands im Rahmen des polnisch-litauischen Bereiches vollzog. Am Ende des 12. Jahrhunderts (1199) wurden beide Fürstentümer durch Heirat vereinigt, und der erste Fürst dieses mächtigen wolhynisch-galizischen Staates – er hieß Román –

strebte seinerseits danach, das Erbe Kiews anzutreten. Im Jahre 1200 eroberte er die ehemals goldene Stadt und legte sich den Großfürstentitel bei.

Die volkliche Entwicklung ist insofern geschichtlich bedeutsam geworden, als gleichzeitig mit der Entstehung des großrussischen Volkstums im Nordosten sich hier im Südwesten ein biologisch, sprachlich und bewußtseinsmäßig davon verschiedenes Volkstum, das ukrainische oder kleinrussische, herausbildete, dessen Schwergewicht sich vom Dnjepr- in das Dnjestrbecken verlagerte. In der Mitte des 14. Jahrhunderts nannte sich der galizische Fürst Bolesláw, in Abgrenzung gegenüber den Großrussen, Fürst von ganz Kleinrußland.

Die Nähe zum Abendlande und dessen unmittelbare Einflüsse wirkten sich naturgemäß auch auf die innere Struktur des galizisch-wolhynischen Fürstentums aus. Während in Súsdal-Wladímir das monokratische Element (der Fürst), in Nówgorod das demokratische (das Wetsche) die innere Entwicklung bestimmte, so verlagerte sich hier das politische Schwergewicht auf das aristokratische Element, die Bojaren. Sehr ähnlich den Nachbarstaaten Polen und Ungarn entstand hier ein starker, politisch einflußreicher grundbesitzender Adel, der auf ständischer Grundlage in fortgesetzten, z. T. sehr blutigen Kämpfen die fürstliche Macht einzuschränken bestrebt war, andererseits aber das Institut des Wetsche in seiner Bedeutung ganz in den Hintergrund treten ließ, z. T. ausschaltete.

Die Zwischenlage dieser Fürstentümer zwischen Rußland und dem Abendlande wirkte sich günstig aus, solange sie als solche erhalten werden konnte. Die Situation wurde kritisch, als die Verhältnisse mit dem Tatareneinfall eine Entscheidung zwischen West und Ost verlangten. Auch dieses Fürstentum hat in der Zeit einen bedeutenden Herrscher gehabt, den Fürsten Danýlo.

2. UNTER DEM TATARENJOCH

Der Einfall der Mongolen

Als im 13. Jahrhundert erstmalig die Mongolen, von Asien hereinbrechend, zunächst in der Steppenzone auftauchten und in den Gesichtskreis der Russen traten, wurde darin keine besondere Gefahr gesehen. Die russischen Fürsten meinten, sie hätten wieder einmal einen neuen Steppennachbarn bekommen, irgendein Nomadenvolk wie die anderen auch. Nach den bisher gemachten Erfahrungen, so konnte man annehmen, würde auch dieses Volk früher oder später seßhaft werden, und die Beziehungen zueinander würden, wie im Falle der Pólowzer, sei es durch Verträge, sei es durch eheliche Verbindungen, mit der Zeit normalisiert werden können. Wer die fremden Reiter waren, „woher sie gekommen, welche Sprache sie reden, zu welchem Stamm sie gehören, und welchen Glauben sie haben", darüber wußte nach dem Bericht des Chronisten niemand etwas Gewisses. Und nach den dürftigen Nachrichten in den zeitgenössischen Quellen zu schließen, war auch das Interesse dafür nur gering.

In Wirklichkeit hatte sich aber in Asien inzwischen eine Entwicklung vollzogen, die das angespannteste Interesse der Russen wohl gerechtfertigt hätte. Denn was jetzt hier vor sich ging, war keineswegs eine Wiederholung des Früheren, sondern etwas ganz Neues, ja es war ein bis dahin noch nicht dagewesener Vorgang in der Geschichte, der sich in diesen Ausmaßen erst in unseren Tagen wiederholen und schließlich noch übertroffen werden sollte: die Unterstellung fast des gesamten asiatischen Kontinents einschließlich großer Teile von China und der gesamten mittelasiatischen Gebiete unter eine Zentralherrschaft und die sich daraus ergebende Begründung des größten, territorial geschlossenen Reiches, das die Welt – soweit unsere Kenntnis reicht – je gesehen hat.

Das Zentrum dieses Riesenreiches war die Mongolei, sein Begründer und Herr trug einen Beinamen, der das Gleiche bedeutet, wie der Wahlname des Herrn über das Riesenreich im Jahre 1950, nämlich „der Mann aus Stahl". Im 13. Jahrhundert hieß er Temudschin, d. h. bestes Eisen, im 20. Jahrhundert hieß er Stalin. Als Ausdruck seiner Würde und Machtstellung hatte Temudschin den Titel Dschingis-Chan angenommen.

. Das Volk, mit dem er seine gewaltigen Siege erfocht, wurde bereits in Asien Ta-ta-er genannt und später allgemein als Tataren bezeichnet[1]. Dank seiner kriegerischen Veranlagung hatte dieses Volk nach dem Worte mongu, d. h. kühn, den Ehrennamen Mongolen erhalten.

Selbst an Zahl verhältnismäßig gering, hatten die Mongolen verschiedene Turkvölker nicht nur besiegt, sondern überschichtet, politisch organisiert und weitgehend assimiliert und damit ihr Menschenreservoir gewaltig erweitert, so daß sie mit zahlenmäßig sehr starken, straff organisierten und bestens disziplinierten, dazu noch ausgezeichnet geführten Heeresmassen operieren konnten. Dschingis-Chan hatte es sehr geschickt verstanden, in den von ihm unterworfenen hochkultivierten Ländern sich deren zivilisatorische, vor allem technische Errungenschaften weitestgehend zunutze zu machen, so daß seine, nach wie vor primitive, ebenso bedürfnislose wie strapazierfähige Truppe mit Artillerie – auch Pulverkanonen! – Schleudermaschinen, Brandbomben (Töpfe, die nach dem Aufschlag zerbrachen und eine brennende Flüssigkeit ausspritzten) ausgerüstet war. Dschingis-Chan verfügte außerdem über ausgezeichnet geschulte, z. T. chinesische, z. T. sarazenische Verwaltungsbeamte, erfahrene Verkehrstechniker, einen hervorragenden Nachrichten- und Kundschafterdienst und nicht zuletzt über bedeutende Strategen und Heerführer. Die organisatorisch-technische Stärke der Tataren wurde durch den Geist religiöser Missionsgläubigkeit noch erhöht und gleichzeitig radikalisiert. Dschingis-Chan war Heide, aber Monotheist und hatte „das schreckliche Bewußtsein, im Auftrage Gottes als Rächer zu erscheinen" (Schiemann). Er hat sich selbst als Geißel Gottes bezeich-

[1] Erst nachträglich wurde dieser Name in Europa mit Tartarus in Verbindung gebracht in akustischem Anklang und weil die Qualen, die die Tataren anderen bereiteten, nur mit Tartarusqualen vergleichbar schienen; so werden sie bekanntlich z. T. bis auf den heutigen Tag auch Tartaren genannt (à la tartar).

net und die fürchterlichsten Schreckenstaten und Massenmorde im Namen Gottes vollzogen; nach neuen Schätzungen hat er etwa 20 Millionen Menschen umgebracht. Bei seinen mitleidslosen Eroberungszügen ging Dschingis-Chan, um es zugespitzt auf eine Formel zu bringen, nach folgendem System vor: Techniker, Künstler und junge Frauen wurden gefangengenommen und entsprechend benutzt, wehrfähige Männer wurden ins Heer eingereiht, alles andere wurde niedergemacht.

Es waren also keineswegs irgendwelche, so oder anders zu bändigende oder zu gewinnende Nomaden, mit denen es die Russen am Anfang des 13. Jahrhunderts zu tun bekamen, sondern es war das bestdisziplinierte, hervorragend ausgerüstete Heer eines zentralistisch verwalteten und zielsicher geführten, über die Weltverhältnisse, auch über die europäischen, sehr gut informierten Weltreichs.

Im Jahre 1223 fand in der südrussischen Steppe an einem kleinen Nebenfluß des Donez, Kalka, der erste Zusammenstoß statt. Von den Tataren aus gesehen, handelte es sich nur um einen Streifzug einer für ihre Verhältnisse nicht großen Vorausabteilung von 30 000 Mann unter der Führung des Generals Sabutai, um die Verhältnisse in Europa zu erkunden. Den russischen Fürsten kam dieser Angriff nicht ganz unerwartet. Sie waren nämlich vom Kumánen-Chan Kotján, dem Schwiegervater eines der angesehensten Teilfürsten in Rußland, Mstisláw des Kühnen, gewarnt und von diesem zur gemeinsamen Abwehr der Gefahr aufgerufen worden.

Die russischen Fürsten hatten damals eine für ihre Verhältnisse erstaunliche Solidarität gezeigt und unter der Führung der Fürsten von Gálitsch, von Kiew und von Tschernígow (alle drei hießen Mstisláw) und unter Beteiligung von noch sechs anderen Fürsten, gemeinsam mit den Kumánen ein Heer von etwa 80 000 Mann aufgestellt, so daß sie sich der viel geringeren Zahl der Gegner stark überlegen fühlten. Schon bei dem ersten Treffen mußten sie aber die Erfahrung machen – aus der sie übrigens nichts lernen sollten –, daß dieser unbekannte Feind ganz anders geartet war als erwartet. Wir sind über die Vorgänge durch arabische Quellen verhältnismäßig gut informiert. Die Russen wurden vollständig geschlagen; sechs Fürsten und siebzig Bojaren fielen, das Kiewer Aufgebot von 11 000 Mann wurde vollständig aufgerieben; vom ganzen Heer konnten sich nur einige tausend retten.

Die Tataren nutzten den Sieg nicht aus, sondern zogen sich entsprechend dem Streifzugcharakter ihres Unternehmens wieder zurück. Die Russen freuten sich dieses Verschwindens und blieben erstaunlich unbesorgt.

Die Entscheidung über Rußland fiel elf Jahre später in Karakorum (1235), dem Sitz des Großchans in der Mongolei. Inzwischen war Dschingis-Chan gestorben (1227). Er hatte als Vermächtnis die Weisung an seine Nachkommen hinterlassen, die Welteroberung zu vollenden. Unter seinem Nachfolger – seinem dritten Sohn Ugedéj – beschloß die Reichsversammlung der Großen, der Kuriltai, drei neue Kriegszüge zu unternehmen, einen nach Korea, einen nach Südchina und einen nach Europa. Den Oberbefehl über den europäischen Feldzug erhielt ein Enkel Dschingis-Chans, Batú. Ein halbes Jahr darauf stand Batú mit 150 000 Reitern (nach sowjetischen Schätzungen mit 300 000 Mann) bereits an der Grenze von Europa am Jaik (Uralfluß).

Für die Eroberung Europas hatte der Kuriltai vorsichtig achtzehn Jahre veranschlagt, aber die Eroberung Rußlands war schon in vier Jahren beendet. Dabei sahen die immer weiter miteinander streitenden und zu einem solidarischen Vorgehen unfähigen russischen Fürsten nicht nur in bezug auf die Kampfkraft und zahlenmäßige Stärke des Feindes sich vor eine neue Situation gestellt, sondern auch in bezug auf die Strategie. Im Unterschied zu den früheren Feinden aus dem Osten zeigten sich die Tataren bei ihrer Kriegführung weder an die Steppe noch an die Jahreszeit – den Sommer – gebunden. Ihr erster Einbruch war über den Kaukasus erfolgt; jetzt brachen sie nach einem wohlerwogenen Kriegsplan Batús, völlig unerwartet und dazu noch im Winter, in die Waldzone ein und drangen durch die dichtesten Wälder bis in das Hinterwaldgebiet von Súsdal-Wladímir vor, um „das Wild aus dem Walde in die offene Steppe zu treiben und es dort zu vernichten“.

Das erste Opfer waren die Bolgaren (1236). Im Winter 1237/1238 kamen zunächst das östlichste Fürstentum Rjasán und dann das Fürstentum Súsdal-Wladímir an die Reihe. Die russischen Chroniken sind reich an Schilderungen der fürchterlichen Greuel, vor allem der Massenschlachtungen von Menschen. „Die Häupter der Russen fielen wie vor der Sichel“, berichtet die Chronik von Kostromá, „der Fürst Wassílij ertrank im Blute, denn er war noch klein.“ In Wladímir hatten sich die Frauen und Bojaren und andere in die Kirche geflüchtet; sie wurden zusammen mit der Kirche verbrannt. Die Städte wurden verwüstet und ausgeplündert, so vor allem Wladímir und Súsdal; unterwegs wurde auch das kleine Moskau zerstört.

Im März 1238 stießen die Mongolen über Twer weiter westlich nach Nówgorod vor. Es wurde als ein Wunder angesehen, daß sie kurz vor Nówgorod kehrtmachten, auf diese besonders verlockende Beute verzichteten und sich weiter südwärts wandten. In Wirklichkeit hatte nicht ein Wunder die stolze Handelsstadt gerettet, sondern des Tatarenfeldherrn Sabutái genaue Kenntnis der Klima- und Bodenverhältnisse Rußlands. Er fürchtete mit Recht, daß das eintretende Tauwetter seine Truppe, vor allem die Artillerie, auf dem aufgeweichten Boden manövrierunfähig machen würde.

In den nächsten beiden Jahren folgten Vorstöße in den Süden, zunächst nach Perejasláwl und Tschernígow; beide Städte wurden niedergebrannt. Am 6. Dezember 1240 fiel Kiew und wurde von den Tataren noch gründlicher zerstört als je von den streitenden russischen Fürsten oder den Steppennomaden. Andréj Bogoljúbskij und später die Ólgowitschi hatten Kiew geschändet, entmachtet und ausgeplündert, aber es war immerhin noch bestehen geblieben, es war auch der Sitz eines Fürsten geblieben. Durch die Tataren wurde die „Mutter der russischen Städte“ ausgelöscht. Fünf Jahre später kam ein päpstlicher Gesandter, Piano Carpini, auf dem Wege zum Tatarenchan durch Kiew. Er berichtete, daß in der Stadt, die einst 400 Kirchen und acht Märkte gehabt hatte, kaum noch 200 Häuser ständen und auf den Feldern Schädel und Gebeine herumlägen. „Fuerat enim urbs magna et populosa, nunc quasi ad nihilum est redacta.“

In diesem traurigen Zustand blieb das ehemals goldene Kiew noch Jahrhunderte. Im Jahre 1594 bezeichnete ein österreichischer Diplomat es als eine trostlose Ruinenstadt. Noch am Ende des 18. Jahrhunderts war Kiew „eine Stadt der Erinnerungen und Hoffnungen“ (Ségur), und erst im 19. Jahrhundert begann es wieder zu neuem Leben zu erwachen.

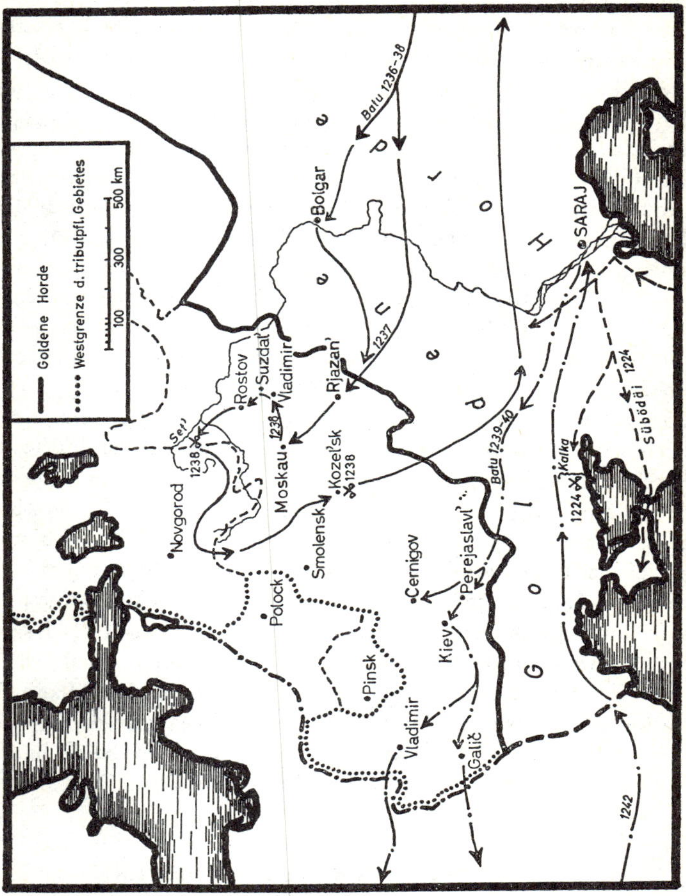

Tatarenzüge und Goldene Horde im 13. und 14. Jahrhundert.

Das ganze russische Land mit Ausnahme seiner westlichen Teile war damit unter die Herrschaft der Tataren geraten, zwar ohne eine geschlossene Abwehr von russischer Seite, aber gleichwohl nicht kampflos. Im einzelnen war an verschiedenen Stellen zäher Widerstand geleistet worden, und das kleine Städtchen Kosjólsk hatte allein drei Wochen lang der Belagerung standgehalten. Aber die Russen waren diesem Ansturm, der wie eine Naturkatastrophe über sie hereinbrach, nicht gewachsen. Sie erlagen. Für Europa war damit aber die Barriere gefallen, die es nach Osten hin abschirmte, und unmittelbar auf den Fall von Kiew folgte bekanntlich über Wolhynien und Galizien der Einbruch der Tataren nach Europa hinein, nach Polen, Schlesien und Ungarn. Es war nicht der Erfolg auf dem Schlachtfelde, der damals das Schicksal Europas entschied, sondern der plötzliche Tod des Groß-Chan in Karakorum, der zum Unglück für die Mongolen und zum Glück für die Europäer ein Säufer war und 1241 einer Alkoholvergiftung erlag. Dieser Tod bewog den Abkömmling der älteren Linie der Dschingisiden, den in Europa kommandierenden Batú, unverzüglich quer durch ganz Europa und Asien nach Karakorum zu reiten, um bei der Regelung der Nachfolgefrage mit dabei zu sein. Der Europafeldzug der Mongolen wurde gestoppt, Rußland blieb aber unter dem Tatarenjoch.

Die Nachfolge wurde in Karakorum so geregelt, daß Batú das westliche Teilreich im Verbande des mongolischen Großreiches, das sogenannte Reich der Goldenen Horde von Kiptschák als Regent erhielt. Als Chan – von den Russen Zar genannt – war er der Herr über die russischen Fürsten und über das russische Land. Er machte den russischen Schicksalsstrom, die Wolga, zur Achse seines Herrschaftsbereiches und schlug seine Residenz in Sarái in der Gegend des heutigen Wolgograd (Stalingrad) auf.

Zwischen Ost und West, Alexander und Danýlo

Die Aufrichtung der Tatarenherrschaft hatte die russischen Fürsten vor die Frage gestellt, wie sie sich damit abfinden sollten. Im Zentralgebiet und in den östlichen Teilen des russischen Landes hatten sie eigentlich gar keine Wahl: sie mußten den Realitäten

Rechnung tragen und sich fügen. Anders die Fürsten in den westlichen Teilen, deren Herrschaftsgebiet an das Abendland grenzte und für die die Möglichkeit bestand, gegebenenfalls mit westlicher Hilfe den Kampf gegen den Feind aus dem Osten aufzunehmen. Diese Fürsten mußten sich jetzt zwischen West und Ost entscheiden. In Nówgorod fiel die Entscheidung dem Fürsten Alexander Jarosláwowitsch zu.

Auch Alexanders Vater war Fürst von Nówgorod gewesen. Er stammte aus Súsdal und hatte versucht, in Nówgorod nach Súsdaler Manier zu herrschen, doch hatte er damit wenig Freude gehabt; die Nówgoroder verjagten ihn wiederholt. Sein Sohn war geschickter. Es ist zweifellos nicht nur den militärischen, sondern sehr wesentlich den politischen Fähigkeiten dieses Fürsten zu danken, daß er sich, obgleich sehr selbstbewußt, energisch und zielsicher, sogar in Nówgorod, wenn auch nicht ohne Konflikte mit der Bevölkerung, zu halten vermochte. – Übrigens hat auch er vorübergehend aus der Stadt weichen müssen.

Alexander, dessen Äußeres als sehr ansprechend geschildert wird – zumal seine tönende Stimme wird gerühmt, die „wie eine Trompete vor dem Volk“ geklungen habe –, wollte mehr als nur Fürst von Nówgorod sein und verfolgte ausdrücklich und betonterweise eine gesamtrussische Politik. Von seinen Zeitgenossen wurde er „die Sonne des russischen Landes“ genannt, und die Nachfahren haben ihn bis in die jüngste Zeit als russischen Nationalhelden gepriesen und in vielen Liedern besungen. Die Kirche hat ihn heiliggesprochen. Er gilt als der Schutzheilige Rußlands; ihm zu Ehren wurde im 18. Jahrhundert ein Orden begründet, und während des Zweiten Weltkrieges (November 1941) hat Stalin ihn erneuert; alle russischen Herrscher einschließlich der Bolschewiken haben sich zu ihm und seinem Werk bekannt.

Wie bereits erwähnt, sah sich Nówgorod, als die Tataren von Osten her ins russische Land einbrachen, auch von Westen her bedroht. Die Schweden, Dänen und Deutschen im baltischen Raum erkannten in der Schwächung der Russen durch die Tataren eine Chance für sich. In der Mitte des 13. Jahrhunderts waren die Schweden über Finnland bereits in das Nówgoroder Gebiet bis an die Newa, die Deutschen weiter südlich über Isborsk vorgedrungen und hatten sich Pleskaus bemächtigt. Gleichzeitig aktivierte der Vatikan seine Politik.

Der Papst bot Alexander Hilfe gegen die Tataren an. Aber gerade darin sah der Fürst von Nówgorod eine Gefahr für den russischen Glauben. Der Glaube wurde durch die Tataren nicht bedroht, durch die Lateiner wohl. In diesem Konflikt entschied sich Alexander für den Osten und unterstellte sich dem Tatarenchan, um den Kampf gegen den Westen zur Verteidigung des russischen Landes und gleichzeitig des russischen Glaubens um so entschiedener aufnehmen zu können. Zweifellos ist diese Entscheidung für den weiteren Gang der russischen Geschichte von größter Bedeutung geworden.

Im gleichen Jahre, in dem die Tataren ihren entscheidenden Schlag gegen den Süden Rußlands führten und das Lebenslicht Kiews auslöschten (1240), hat Alexander die Schweden an der Newa besiegt und damit den für Nówgorod so wichtigen Ausgang zum Finnischen Meerbusen freigekämpft. Seither trug er den Beinamen Néwskij. Zwei Jahre später besiegte er den für Nówgorod noch gefährlicheren Livländischen Orden auf dem Eise des Peipussees (1242). Seitdem blieben der Peipussee und sein nördlicher Ausfluß, die Narowa, für Jahrhunderte die Grenze zwischen Westen und Osten. Für die Russen bedeutete das insofern eine Zurücknahme ihrer Grenze, als das von ihnen begründete Jurjew (Dorpat) im deutschen Bereich verblieb, wogegen Pskow wieder unter russische Herrschaft kam. Der Orden hat später nicht mehr versucht, weiter in das Nówgoroder Gebiet vorzudringen; die entsprechenden Versuche der Russen in umgekehrter Richtung wurden erst nach dem Ende der Tatarenzeit, dann allerdings um so intensiver, aber nicht mehr von Nówgorodern, sondern von den Moskowitern aufgenommen.

Der Politik Papst Innozenz' IV. begegnete Alexander mit schroffer Ablehnung. „Was das Alte und Neue Testament sagt, wissen wir selbst" – ließ er selbstbewußt dem Papst übermitteln – „und kennen die wahre Lehre der Kirche. Die Eure wollen wir aber nicht annehmen." Von sowjetischer Seite ist später mit deutlicher Anspielung auf die Zeit des Zweiten Weltkrieges das Ergebnis dieser Politik dahin zusammengefaßt worden, daß „die russischen Menschen damit das furchtbare Los von sich abgewendet hatten, germanisiert zu werden“ (Pankrátowa). Auch wenn man einer anderen Formulierung dieses Gedankens den Vorzug geben würde, wird man seine Richtigkeit nicht leugnen können. Bei der damaligen Lage der Dinge hat die Möglichkeit einer Loslösung Nówgorods aus dem russischen und seine Eingliederung in den abendländisch-deutschen Bereich ohne Zweifel bestanden.

Die Folgerungen aus dieser Politik dem Westen gegenüber hat Alexander folgerichtig und kompromißlos auch für Nówgorod gezogen und gegen manche Widerstände durchgesetzt. Eine Politik der Neutralität zwischen West und Ost wäre ganz unrealistisch gewesen und kam für Alexander nicht in Frage. Es blieb ihm nur der Anschluß an den Osten.

Alexander verlangte von seinen Nówgorodern, daß sie den Chan als Zar, d. h. seine Oberhoheit anerkennen und ihm die geforderten Tribute zahlen, obgleich Nówgorod von den Tataren nicht erobert war; das kam die Bürger der stolzen Stadt hart an. Nach der Chronik hätten sich besonders die unteren Schichten des Volkes dem widersetzt und erklärt, „in Ehren für die Heilige Sophie sterben“ zu wollen, während die Vornehmen und Reichen sich leichter ins Unvermeidliche fügten. In der Überzeugung, damit ein sonst unabwendbares Elend gleichwohl abzuwenden, zwang Alexander die Nówgoroder mit allen ihm zu Gebote stehenden Mitteln, es zu dulden, daß die tatarischen Steuereinnehmer „mit ihren Weibern und großem tatarischen Gefolge“ in Nówgorod erschienen, und ihre Beamten durch die Straßen der Stadt ritten, um die Höfe zu zählen und den Tribut einzutreiben.

Alexander wußte, daß die Tataren erbarmungslos jeden Widerstand niedertraten und richtete sich nach dem Grundsatz des Chans: „Willst Du Dein Land behalten, so komme und beuge Dich vor mir.“ Er ist oftmals zum Chan der Goldenen Horde und auch bis nach Karakorum zum Groß-Chan gereist, um sich vor ihm zu beugen, und er hat in geschickt geführten Verhandlungen viel für sein Land erreicht und manches Unheil verhindern können. Er hat mit verbissener Energie, drohend und strafend, seine einmal für richtig und notwendig erkannte Politik im russischen Lande durchgesetzt und ist nicht einmal davor zurückgeschreckt, auch tatarische bewaffnete Hilfe gegen seinen eigenen Bruder in Anspruch zu nehmen, der sich ihm nicht fügen wollte, wie seinerzeit sein großer Vorfahre Wladímir Monomách seine russischen Widersacher mit Hilfe der Pólowzer niedergeworfen hatte.

Ohne Zweifel ist Alexander am Hofe von Sarái, wo er sich gelegentlich monatelang aufhielt, persona grata gewesen. Der Chan belohnte ihn für seine Haltung und setzte ihn als Großfürsten in Kiew ein. Das sah fast wie eine Verhöhnung aus, denn Kiew war damals eine einzige große Ruine und das Kiewer Land menschenleer und verödet. Infolgedessen ging Alexander auch gar nicht hin, sondern – nunmehr mit dem Großfürstentitel – nach Nówgorod zurück. Nicht lange darauf (1252) wurde er durch die Gnade und Gunst des Chans mit der Würde des „Ältesten unter den Fürsten" und dem Großfürstensitz von Wladímir beehrt. In seiner großen politischen Wendigkeit hat Alexander sich in Wladímir der Susdaler fürstlichen Tradition angepaßt und dort, gestützt von der Autorität des Chans, die autokratische Herrschaftsform weiter ausgebaut und gefestigt.

Seine tatarenfreundliche Politik fand allerdings in manchen Eigenheiten des tatarischen Herrschaftssystems eine Stütze, vielleicht auch eine Rechtfertigung, vor allem in der Toleranz der Tataren gegenüber Religion und Kirche. Infolgedessen konnte er einer Unterstützung seiner Politik durch die Geistlichkeit – auch vom Ideologischen her – sicher sein. Denn sein Verhalten stand „in vollständiger Übereinstimmung mit derjenigen Lehre, welche von den Priestern der rechtgläubigen Kirche stets gepredigt wurde, daß wir nämlich als Ziel unseres irdischen Daseins das jenseitige Leben anzusehen haben und daß wir ohne zu murren ... uns jeder Macht, auch der fremden und aufgezwungenen, unterwerfen und beugen sollen" (Kostomárow).

Sein altes Fürstentum Nówgorod hat die Periode der Tatarenherrschaft nicht nur überstanden, sondern in dieser Zeit einen weiteren Aufschwung genommen. Die Blütezeit Nówgorods fällt in die Zeit seiner Tributpflicht gegenüber dem Tatarenchan. Die Handelsbeziehungen nach dem Westen wurden fortgesetzt ausgeweitet, so daß an dieser Stelle kein „Eiserner Vorhang" zwischen der östlichen Welt unter dem Tatarenjoch und dem westlichen Abendland niederging. Das Aufblühen der deutschen Handelsstädte im benachbarten Ordensland Livland und die unmittelbare Einbeziehung Nówgorods in den Hansehandel wirkten sich positiv nicht nur auf das Wirtschaftsleben der Stadt aus, sondern gleichermaßen auch auf die innere Struktur und den weiteren Ausbau seiner eifersüchtig gehüteten freiheitlichen Rechtsformen. Gleichzeitig stand Nówgorod in regen wirtschaftlichen und kulturellen Beziehung zu Byzanz. Insofern blieb es in der russisch-kiewer Tradition. Im 14. und 15. Jahrhundert gab es in Konstantinopel eine große Nówgoroder Kolonie.

In ähnlicher Lage wie Alexander als Fürst von Nówgorod war sein Zeitgenosse, der Fürst von Galizien-Wolhynien Danýlo (1205 bis 1264). Auch er sah sich gezwungen, eine Entscheidung zwischen West und Ost zu treffen.

Die Politik Danýlos unterschied sich aber von der Alexanders. Danýlo war – anders als Alexander – westlich orientiert; er fürchtete abendländische Einflüsse nicht und öffnete ihnen willig sein Land, auch der Einwanderung aus dem Westen. Er war auch bereit, westliche Hilfe gegen den Osten anzunehmen. Aber Danýlo war – ebenso wie Alexander – Realpolitiker und machte die Aufnahme des Kampfes von der tatsächlichen Gewährung einer Hilfe abhängig. Als die Tataren nach dem Fall Kiews auch in sein Land einfielen, sah er sich zum bewaffneten Widerstand nicht in der Lage, zog die Konsequenzen daraus, erkannte die Oberhoheit Batús an und erklärte sich auch zur Tributzahlung bereit. Wie Alexander war auch er ein geschickter Unterhändler und wurde vom Chan glimpflich behandelt; die verlangten Tribute waren verhältnismäßig gering. Aber Danýlo hat – anders als Alexander – den Plan, sich mit westlicher Hilfe von der Tatarenherrschaft wieder zu befreien, nie aufgegeben und fortgesetzt Verhandlungen mit dem Westen in dieser Richtung geführt.

Papst Innozenz IV. versuchte auch in diesem Fall, aus der Notlage der russischen Fürsten Gewinn für die katholische Kirche zu ziehen und stieß bei Danýlo auf viel mehr Verständnis als bei Alexander. Der Papst bediente sich dabei außer dem Versprechen militärischer Hilfe – er erklärte sich bereit, die Polen, Böhmen und

Serben zu einem Kreuzzug gegen die Heiden aufzurufen – noch eines anderen Mittels, das sich Danýlo gegenüber als höchst wirkungsvoll erwies: er stellte dem ehrgeizigen Fürsten eine Königskrone in Aussicht. Schon Innozenz III. hatte den Vater Danýlos, Román, damit gelockt, ihm „Städte zu geben und ihn zum König der Rus zu machen", wenn er den lateinischen Glauben annehme; dabei hatte er sich auf das Schwert Petri berufen. Der Fürst Román hatte der Versuchung widerstanden, nach dem Bericht der Chronik sein eigenes Schwert gezogen und den päpstlichen Unterhändler herausfordernd gefragt: „Ist Petri Schwert, das der Papst hat, so wie dieses?" – Man wird hierbei an die Frage erinnert, die siebeneinhalb Jahrhunderte später Stalin auf eine Bemerkung Churchills über die Macht der katholischen Kirche stellte: „Wieviel Divisionen hat eigentlich der Papst?"

Die Situation Danýlos als Tributär der Tataren war aber viel gefährdeter als die seines Vaters. Weder konnte er sich derlei herausfordernde Bemerkungen erlauben, noch wollte er darauf verzichten, König der Rus zu werden. Ein Übertritt zum lateinischen Glauben war ihm allerdings ein zu hoher Preis, und Innozenz IV. war geschickt genug, ihn auch nicht zu verlangen. Der Papst bot ihm eine Union der Kirchen an mit der Verpflichtung, seinerseits sich jeder Feindschaft gegen die Orthodoxie zu enthalten. Auf dieser Grundlage erfolgte die Einigung (1254). „Danýlo nahm die Krone an" – berichtet die wolhynische Chronik – „von der Kirche der Heiligen Apostel und vom Stuhl des Heiligen Petrus und von seinem Vater dem Papst Innozenz und von allen seinen Bischöfen. Innozenz aber verfluchte diejenigen, welche die griechische Kirche eine irrgläubige nannten und wollte ein Konzil einberufen zur Festsetzung des rechten Glaubens und zur Einigung der Kirche. So nahm Danýlo von Gott die Krone in der Stadt Dorotschin."

Das Ergebnis war für beide Teile gleichermaßen unerfreulich. Die versprochene päpstliche Hilfe blieb aus, und dadurch wurde die Aufnahme des Kampfes gegen die Tataren unmöglich. Daraufhin kam es zum Bruch (1257), und die Union wurde wieder aufgelöst. Danýlo behielt allerdings seine Königskrone. Den Tataren gegenüber half ihm das wenig; er wurde von ihnen vollständig überspielt und hat alle seine Hoffnungen, sich gegebenenfalls auch ohne westliche Hilfe zu befreien, aufgeben müssen. Seither war an einen Widerstand nicht mehr zu denken. Es endete damit, daß Danýlo zu den Polen floh.

Bald darauf setzte ein schneller Niedergang des Fürstentums Galizien-Wolhynien ein, obgleich die Tataren wieder abzogen. Im Innern stärkte die eigensüchtige Bojarenaristokratie ihre Macht gegenüber dem Fürsten, und im 14. Jahrhundert wurde der letzte Rjurikide – er hieß Bolesláw – von den Bojaren vergiftet (1340). Von außen erhoben mächtige Nachbarn – Polen, Böhmen, Litauen – Anspruch auf das Land. Das vom russischen Kerngebiet abgetrennte, auf sich selbst gestellte Fürstentum konnte auf die Dauer dem Druck nicht standhalten. Die weitere Entwicklung des Fürstentums vollzog sich im Rahmen des polnisch-litauischen Staates.

Die Herrschaft der Goldenen Horde

Die Herrschaft des Chans der Goldenen Horde – von den Russen als Tatarenjoch (tatárskoje ígo) bezeichnet – hat rund 240 Jahre gewährt. In dieser Zeit hat die Horde selbst in mancher Hinsicht eine Wandlung durchgemacht, die natürlich auf die russischen Verhältnisse rückwirkte. Ihr Abhängigkeitsverhältnis vom Groß-Chan in Karakorum lockerte sich schnell, und bereits seit der Zweiten Hälfte des 13. Jahrhunderts (etwa seit 1260) war der Chan der Goldenen Horde souveräner Träger der Herrschaft. Das russische Land unterstand – als sog. Ulús – der Oberherrschaft des Chans in Sarái, gehörte aber nicht unmittelbar zum Reich der Goldenen Horde, das sich auf das Steppengebiet beschränkte und sich nach Osten weit über das damalige Rußland hinaus über die Wolga und den Ural bis nach Sibirien hinein erstreckte.

Der erste Zar-Chan der Goldenen Horde, Batú, hatte noch die nomadische Lebensweise seiner Ahnen und seines Volkes beibehalten. Seine Residenz Sarái an der unteren Wolga war eine Zeltstadt aus Jurten und Wagenburgen. Wir sind durch abendländische Berichterstatter darüber recht gut informiert. Diese Jurten waren zylindrisch geflochtene, oben in einem abgestumpften Kegel mit

Rauchfang auslaufende Wohnstätten. Das Leinenzelt Batús war trotz aller Primitivität mit orientalischem Prunk reich ausgestattet. „Gar prächtig hält Batú Hof" – berichtet aus dem Jahre 1246 der Italiener Piano Carpini –. „Er hat Türwächter und Hofbeamte wie ein Kaiser und sitzt an erhöhtem Ort wie auf einem Thron mit seinen Gattinnen. Die anderen aber, seine Brüder und seine Söhne sowie andere Große sitzen tiefer unten auf einer Bank in der Mitte, die übrigen alle auf bloßer Erde, die Männer zur Rechten, die Weiber zur Linken ... und es wagt keiner außer seinen nächsten Verwandten, wie mächtig und groß er auch sei, ungerufen ins Zelt zu kommen, wenn er nicht vorher genau weiß, daß der Chan es will ... Nie trinkt Batú, namentlich wenn andere zugegen sind, ohne daß dabei gesungen und zur Zither gespielt wird. Wenn er aber reitet, wird ein Schirm in der Art eines kleinen Zeltes über seinem Haupte gehalten. So tun alle größeren Fürsten der Tataren und auch ihre Frauen."

Die Zeltstadt, in der der neue Herr der russischen Fürsten residierte, wurde im Sommer abgebrochen und wolgaaufwärts verlegt, im Winter wieder nach Süden. In endlosen Zügen zogen dann die riesigen Wagenreihen von vielen tausend Fahrzeugen, vor die bis zu zweiundzwanzig Ochsen gespannt waren, durch die Steppe.

Den Tataren war es erstaunlicherweise gelungen, auf nomadischer Grundlage eine feste staatliche Ordnung mit ständischer Gliederung und straffer Organisation zu errichten, mit einem sehr komplizierten und durchgebildeten Finanzverwaltungsapparat – es gab 14 verschiedene Steuern –, der ein wesentliches Instrument ihrer Herrschaftspraxis war.

Die staatliche Ordnung festigte sich noch mit dem schnellen Eindringen islamitischer Kultureinflüsse und dem Übergang der Tataren zu einer seßhaften Lebensweise, während sich gleichzeitig die mongolische Bevölkerung mit verschiedenen Turkvölkern vermischte, so daß bereits im 13. Jahrhundert die Tataren nicht mehr reine Mongolen waren. Im 14. Jahrhundert nahm die Oberschicht des Tatarenreiches mit dem Chan an der Spitze unter der machtvollen Herrschaft Usbéks (1314-1341) den islamitischen Glauben an, und die Goldene Horde entwickelte sich in schnellem politischen, wirtschaftlichen und kulturellen Aufblühen zu einer vorderasiatischen Großmacht mit türkischer Staatssprache und weitverzweigten diplomatischen und wirtschaftlichen Beziehungen, sowohl nach Osten und Süden – mit Persien und Ägypten –, wie nach Westen – mit Byzanz, Venedig und Genua bis nach Spanien. Der Zar-Chan der Tataren galt in der Blütezeit der Goldenen Horde – unter Usbék und Dschanibek (1341–1357) – als den anderen mächtigen Fürsten seiner Zeit ebenbürtig; Usbék war mit einer griechischen Kaisertochter vermählt. Die neue Residenz, Neu-Sarái, bestand im 14. Jahrhundert nicht mehr aus Zelten, sondern war eine herrliche Stadt der Paläste, Moscheen und Bäder aus Marmor und Porphyr.

Natürlich wirkte sich diese Wandlung politisch und psychologisch auch auf die russischen Fürsten aus. Bald galt es für diese als eine Auszeichnung und als erstrebenswerter Vorteil, sich ehelich mit dem Geschlechte der Dschingisiden zu verbinden. Wäre Usbék nicht zum Islam, sondern zum Christentum übergetreten, so wäre es sehr wohl möglich gewesen, daß die weitere Entwicklung Rußlands sich unter einer tatarischen Dynastie vollzogen hätte. Diese Möglichkeit hat durchaus bestanden; ein Sohn Usbéks war tatsächlich Christ. Er konnte sich aber nicht durchsetzen und wurde ermordet. Sein Nachfolger Dschanibek war wieder Islamite.

Für die Tataren war ihr russischer Ulús primär ein Ausbeutungsgebiet. Ihr Hauptinteresse lag darin, das ganze Land in Gehorsam und völliger Unterwerfung zu halten, sich die Großen im Lande, also in erster Linie die Fürsten gefügig zu machen, um ungestört durch sie, nach Möglichkeit mit ihrer Unterstützung, um so leichter ihre mannigfachen Tribute und Abgaben einzutreiben. Gegen jeden, der sich ihrem Willen widersetzte, gingen sie ohne jede Schonung vor. Nur Unterwürfigkeit schützte vor Vernichtung. Danach hatten sich die Beherrschten zu richten. Und sie richteten sich auch danach.

Die Tataren bedienten sich bei ihrer Tributeintreibung eines noch von Dschingis-Chan nach chinesischem Muster aufgebauten Beamtenapparates, dessen Funktionäre – Baskaken und Oberbaskaken, denen gratis Unterkunft, Verpflegung und Transportmittel (Pferde) gewährt werden mußten – auf Grund genauer statistischer Daten (Zählung der Höfe und der Menschen) die

Steuern einzutreiben hatten. Diese Steuereintreibung konnte auch an nichttatarische Geschäftsleute – Sarazenen, Chinesen, Juden – verpachtet werden, die ihrerseits am Aufkommen finanziell interessiert wurden und infolgedessen mit entsprechender Rücksichtslosigkeit zu Werke gingen. Wer sich weigerte zu zahlen, wurde mit Feuer und Schwert vernichtet, wer sich als zahlungsunfähig erwies, mit seinen Kindern verschleppt. Der Abgaben waren sehr viele – es gab Hof-, Pflug-, Brücken- und Warensteuer; am härtesten aber wurde die hohe, auch für alle Kinder geltende Kopfsteuer empfunden. Gezahlt wurde mit Waren, vorwiegend mit Fellen (Bären, Biber, Zobel, Iltis, Fuchs). Es gab auch eine Abgabe an Menschen – Rekruten für das Heer und Frauen für die Harems. Als selbstverständlich wurde angesehen, daß die Eintreibungsbeamten Geschenke erhielten, vorzüglich in Gestalt hübscher Mädchen.

Die politische Struktur des Landes ließen die Tataren – gleichfalls nach chinesischen Grundsätzen – unangetastet. Aber jeder Fürst bedurfte, um seine Herrschaft auszuüben, eines Gnadenbriefes – Jarlýk – des Chans. Infolgedessen bemühten sich die russischen Fürsten sehr um die Gunst des Zar-Chan, der ihr oberster Richter war, d. h. dessen Willkür sie sich ausgesetzt sahen. So kam es zu einem förmlichen Wettrennen der Fürsten nach Sarai. Einige begnügten sich damit nicht und nahmen – wie Alexander Néwskij – die beschwerliche Reise bis nach Karakorum auf sich, um auch vor dem Groß-Chan „die Stirn zu schlagen". Dabei konnten weitgehende Vorteile erlangt werden, sowohl im Interesse der Bevölkerung, wie vor allem im eigenen fürstlichen Machtinteresse.

Daraus ergaben sich höchst unerfreuliche Zustände. Die der Gnade ihres Oberherrn ausgelieferten russischen Fürsten denunzierten sich gegenseitig vor dem Zar-Chan, suchten die Unterstützung der Tataren im Kampf gegeneinander und bemühten sich, einander zu übervorteilen. Manche haben dabei geschickt zu operieren verstanden, ohne sich etwas zu vergeben, und so manche haben auch der Versuchung einer „Kollaboration" widerstanden und mehr Rückgrat gezeigt, als es bei den gegebenen Umständen klug war. Viele russische Fürsten sind dem zum Opfer gefallen, denn wer sich nicht gefügig zeigte oder als gefügig galt, wurde kurzerhand liquidiert. Allein Usbék hat neun russische Fürsten wegen Unbotmäßigkeit hinrichten lassen.

Die Rußlandpolitik der Tataren lief auf eine Stärkung der Fürstengewalt hinaus und förderte insofern gerade jene Tendenzen, die sich schon früher im Großfürstentum Súsdal-Wladímir herausgebildet hatten. Das haben die Fürsten von Súsdal-Wladímir und später auch die Großfürsten von Moskau sehr schnell erfaßt und diese Chance in ihrem Interesse skrupellos und geschickt zu nutzen verstanden, so daß das Emporkommen dieses Fürstentums bei gleichzeitiger Festigung seines zentralistischen Herrschaftssystems nach tatarischem Bilde nicht nur zeitlich in die Tatarenherrschaft fällt, sondern auch durch diese gefördert wurde.

Von Sarái aus gesehen, blieb aber dieses Großfürstentum gleichwohl nur eines unter vielen Teilfürstentümern, und es wäre falsch anzunehmen, daß die Tataren sein Emporkommen zur russischen Vormacht bewußt gefördert hätten.

Die Bestätigung des Großfürstentitels durch die Tataren bedeutete nicht eine Anerkennung des Moskauer Fürsten als Repräsentanten des ganzen russischen Landes. Der Chan bestätigte auch den Fürsten von Twer, Perejasláwl und Rjasán diesen Titel. Wie von sowjetischer Seite mit Recht betont worden ist (Nasónow), war das Ziel der tatarischen Rußlandpolitik die Verhinderung einer Konsolidierung, aber Förderung der Lokalinteressen der Teilfürsten und deren Streitigkeiten miteinander. Der spätere Aufstieg Moskaus zur Großmacht erfolgte gegen die Tataren.

Sehr wichtig für die weitere Entwicklung Rußlands wurde die tolerante Kirchen- und Religionspolitik der Tataren. Noch im 13. Jahrhundert hatte der Groß-Chan ganz im Sinne Dschingis-Chans dem abendländischen Mönch Rubruk erklärt: „Wir Mongolen glauben, daß es nur einen Gott gibt, durch den wir leben und sterben, und zu ihm haben wir ein aufrichtiges Herz. Wie Gott der Hand mehrere Finger gegeben hat, so gab er den Menschen auch verschiedene Wege.“ Dieser Grundsatz wurde von den Tataren nicht nur verkündet, sondern es wurde, abgesehen von gelegentlichen Ausnahmen, auch danach gehandelt. Zwar ist es auch vorgekommen, daß russische Fürsten um ihres Glaubens willen getötet wurden – so Michaíl von Twer (1245) –, auch scheint vorübergehend die Gefahr einer Mohammedanisierung bestanden zu haben (Ammann). Auf das Ganze gesehen, blieben aber die Tataren bei ihrem Grundsatz religiöser und kirchlicher Toleranz. Dabei erfreuten sich Kirche, Klöster, Priester, Mönche und sog. Kirchenleute nicht nur weitgehender Duldung, sondern auch direkter Förderung. Die Geistlichkeit war steuerfrei, – auch das entsprach einem Grundsatz Dschingis-Chans, von dem die Herren in Sarái nur gelegentlich abwichen. Die Geistlichkeit war auch von jedem Zwang zur Arbeit befreit. Die einzige von ihr allerdings kompromißlos verlangte Gegenleistung war, für die Obrigkeit beten zu müssen, d. h. sie anzuerkennen und ihr loyal untertan zu sein. Das hat die russische Geistlichkeit auch getan. Dafür wurde von den Tataren der Anhäufung von Reichtümern in den Kirchen und Klöstern nichts in die Wege gelegt, die Schädigung kirchlichen bzw. klösterlichen Besitzes sogar mit dem Tode bestraft, desgleichen die Beschädigung bzw. Vernichtung sakraler Dinge, wie z. B. Ikonen.

So konnte die Kirche in dieser Periode ihre Stellung festigen und ihr Ansehen erhöhen – nicht im Kampf gegen die Tataren, sondern mit deren Hilfe. Sie erhielt dank der Tataren gegenüber allen Gewalten ein entscheidendes Übergewicht und wurde zu einem auch für den Fürsten unantastbaren Verwaltungskörper, der nicht nur über sehr große Liegenschaften, sondern auch über entsprechend große Einkünfte verfügte. In dieser Zeit ist die Kirche „eigentlich die einzige Einrichtung gewesen, welche sich ihre Eigenständigkeit im großen ganzen bewahren konnte" (Ammann). Das ist für die weitere Geschichte Rußlands sehr bedeutsam geworden.

Die *eine* Kirche, nicht die vielen Fürsten, wurde zum Symbol des russischen Landes und zur Trägerin des Einheitsbewußtseins. Denn die Autorität der Kirche erstreckte sich über die Grenzen der Teilfürstentümer hinweg auf das ganze Land, und so wurde die Religion zu dem Bande, das die Russen zusammenhielt, und gleichzeitig zur Scheidewand gegenüber den nichtchristlichen Tataren. Die Begriffe „Russe" und „Christ" fielen zusammen, und den russischen Bauern bezeichnete man damals und übrigens auch heute noch schlechthin mit dem Worte Christ (krestjánin).

Allerdings wurde die Kirche selbst durch diese Politik dazu erzogen, sich der Staatsgewalt gegen die Zusicherung von Privilegien zu fügen. So ist sie auch die stärkste Stütze gerade jener Fürsten gewesen, die sich willig dem Chan unterwarfen. Sie hat auch das Volk zur Unterwürfigkeit gegenüber den Herren erzogen.

Die Bedeutung der Tatarenherrschaft für die weitere Geschichte Rußlands sowohl für den russischen Staat und sein Herrschaftssystem wie auch für das russische Volk und seine Charaktereigenschaften ist seit langem Gegenstand eines heftigen Meinungsstreites. Von einer betonten Bagatellisierung tatarischer Einflüsse, ja deren Leugnung, bis zur Behauptung eines vollkommenen historischen Gesichtswandels infolge der Tatarenherrschaft und der Herleitung gerade in jüngster Zeit augenfällig gewordener Erscheinungsformen aus tatarischen Traditionen, zumal Herrschaftstraditionen, sind alle denkbaren Ansichten zu dieser Frage z. T. mit großer Leidenschaft vertreten worden.

Daß die Tatarenherrschaft in der russischen Staats- und Volksgeschichte tiefe Spuren hinterlassen hat, ist nicht zu bestreiten; desgleichen nicht, daß in späterer Zeit in Rußland bewußt auf manche aus dieser Periode stammenden Traditionen zurückgegriffen worden ist, wie z. B. durch die Betonung der Herrschaftsaufgaben des russischen Reiches bzw. der Sowjetunion in Asien. Andererseits ist es nicht angängig, das weitere Geschick Rußlands allein aus der Tatarenherrschaft herzuleiten, auch nicht das Herrschaftssystem, das sich bekanntlich über das Großfürstentum Moskau im russischen Lande durchgesetzt hat, das aber, wie wir sahen, in der Súsdal-Wladímirschen Keimzelle dieses Fürstentums bereits alte autochthone vortatarische Ansätze zu eben dieser Entwicklung zeigte.

Die Frage nach der Bedeutung der Tatarenherrschaft für die russische Geschichte gewinnt deshalb ein besonderes Gewicht, weil damit die bereits angeschnittene Frage des äußeren und inneren Verhältnisses zum Abendlande berührt wird. Daß Rußland während der Tatarenherrschaft abendlandfremden, asiatischen Einflüssen ausgesetzt war, ist nicht zu bezweifeln, ebenso nicht, daß das Abendland sich unberührt von ihnen und auch ungestört durch sie hat entwickeln können. Es ist auch nicht zu bezweifeln, daß während dieser Periode das unter der Tatarenherrschaft stehende russische Land vom Abendlande fast ganz abgeschnitten und somit auf sich selbst gestellt war.

Wenn in bezug auf die staatliche Entwicklung in Rußland mit Recht – sehr entschieden von Stökl – betont worden ist, „daß eine direkte Entlehnung von Ideen und Institutionen" der Tataren von russischen Fürsten nicht nachweisbar, ja nicht einmal wahrscheinlich sei – im Unterschied zur späteren Übernahme der byzantinischen Staats- und Herrschaftsidee durch Moskau – und daß es keinen Beleg dafür gäbe, „daß ein russischer Fürst sich für die Idee eines tatarischen Weltreiches begeistert oder die Herrschaftsausübung des Tataren-Chans als Vorbild" anerkannt hätte, so bleibt doch die Tatsache bestehen, daß das lebendige Beispiel des Tataren-Chans den russischen Fürsten ständig vor Augen war. Wie stark ein Vorbild, auch ein fremdes, zumal wenn dessen Nachahmung im eigenen Interesse liegt, sich auf Beherrschte bei einer lange währenden Fremdherrschaft auswirken kann, dafür dürften wir nicht nur in der Vergangenheit genügend Beispiele haben.

Die russischen Fürsten guckten, auch ohne Begeisterung für Idee und Ideologie, ihrem tatarischen Herrn nicht nur ab, wie er sich räuspert und wie er spuckt, sie lernten nicht nur die Vokabeln der Herrschafts- und Verwaltungspraxis, die bekanntlich in großer Zahl in die russische Sprache eingegangen sind[1], sondern sie übernahmen auch die Herrschafts-, Verwaltungs- und Strafvollzugspraxis selbst. Sie lernten und übernahmen noch mehr. Sie sahen z. B., wie die Tataren die Masse des Volkes niederzuhalten verstanden und erfaßten sehr schnell die darin liegenden praktischen Vorteile für die eigene Herrschaftsausübung. Sie sahen auch, wie die Tataren ihre Frauen behandelten, sehr anders, als es der slawisch-russischen Tradition entsprach. Es ist von russischer Seite die Ansicht geäußert worden, daß die veränderte Stellung der Frau in Rußland nicht durch das tatarische Vorbild bestimmt gewesen sei. Tatsache ist aber, daß gerade die Frau der höheren Schichten in ihrer

[1] déngi (Geld), tamgá (Zoll), towár (Ware), kasná (Fiskus); aber auch aus dem Strafvollzug: Kandály (Ketten), kat (Henker), karaúl (Wache); auch kabák (Schnapsbude) ist ein tatarisches Wort.

sozialen Stellung während der Tatarenherrschaft heruntergedrückt, nach orientalischer Sitte aus dem öffentlichen und geistigen Leben ausgeschaltet und auf ihr Gemach – den Tjérem – beschränkt wurde. Dieses wirkte sich allerdings auch positiv im Sinne einer weitgehenden Erhaltung der Sittenreinheit in der Familie aus.

Die Russen lernten von den Tataren auch, sich anders zu kleiden, zu singen, zu tanzen. Denn auch in dieser Hinsicht übernahmen sie nicht nur die tatarischen Worte in ihre Sprache – kaftán, chalát, kolpák, baschmák, armják, baschlýk usw. –, sondern zugleich natürlich auch das, was sie damit bezeichneten.

Auf das Ganze gesehen erscheint es dabei unerheblich, ob der tatarische Einfluß bereits im 13. und 14. Jahrhundert einsetzte oder sich erst, wie neuerdings angenommen wird (Kaschtánow), im 15. und 16. Jahrhundert infolge der Tatarenemigration nach Rußland geltend machte.

Noch schwerer als diese Äußerlichkeiten wog die Wirkung des mit der Fremdherrschaft verbundenen tatarischen Beispiels auf die „Haltung" des einzelnen. Es mag richtig sein, daß eine jede Fremdherrschaft korrumpierend wirkt. Im Falle der Tatarenherrschaft galt das aber in besonderem Maße. Das tatarische, auf einer brutalen Erniedrigung des Menschen beruhende Herrschaftssystem mit seinem Zwang zur unbedingten Unterwürfigkeit und völliger Rechtlosigkeit und seiner Begünstigung der Würdelosigkeit untergrub systematisch die innere Bindung an das Rechts- und Sittlichkeitsgefühl und nährte die minderwertigen Instinkte, wie Kleinlichkeit, Selbstsucht, Skrupellosigkeit, Geldgier, so daß die Zustände unter der Tatarenherrschaft auch in diesem Betracht ein recht trübes Bild ergeben.

Denn das Tatarenjoch lastete ungleich schwerer auf der Masse des Volkes als auf den Fürsten, die sich immerhin den Verhältnissen anzupassen verstanden. Das russische Volk war nach wie vor direkt oder indirekt den fürchterlichsten Sklavenjagden ausgesetzt und lieferte mit seinen Menschen immer noch die beliebteste Handelsware auf den internationalen Sklavenmärkten.

Von russischer Seite ist die damalige Situation, wie bereits in anderem Zusammenhang erwähnt wurde, gerne so ausgelegt worden, als habe Rußland sich für das Abendland geopfert, indem es das Tatarenjoch auf sich nahm und dadurch die europäische Kulturentfaltung ermöglichte. Von einem bewußten Opfergang in diesem Sinne kann gewiß nicht die Rede sein, aber eine dadurch gegebene, jedenfalls für diese Zeit geltende Bevorzugung des Abendlandes vor Rußland durch das geschichtliche Schicksal wird man nicht leugnen können.

Trotz allem blieb aber die Eigenständigkeit der Entwicklung des russischen Landes auch gegenüber dem asiatischen Osten unverkennbar bestehen. Bei aller Beeinflussung durch die Tataren auf einzelnen Gebieten wurde Rußland im ganzen gesehen weder in den vorderasiatischen, noch in den mittelasiatischen und schon gar nicht in den fernöstlichen Entwicklungsprozeß miteinbezogen. Es ging seinen eigenen, in hohem Maße von der intakt gebliebenen Kirche beherrschten Weg.

Wichtig war dabei, daß die Tataren über das russische Land nur ein verhältnismäßig weitmaschiges Netz von Verwaltungsbeamten gespannt, aber keine Kolonisationspolitik betrieben hatten. Infolgedessen konnte auch unter der Tatarenherrschaft die russische Kolonisation, zumal im Nordosten, langsam und stetig ihren Fortgang nehmen.

Die Masse des Volkes blieb von der Tatarenherrschaft biologisch so gut wie ganz unberührt. Anders die oberen Schichten. Die Aufnahme tatarischen Blutes in das Fürstengeschlecht war nachweislich nur gering. In bezug auf die Bojarenaristokratie ist sie schwer zu überprüfen. Jedenfalls ist sie aber größer gewesen, als meist angenommen wird, denn sie erfolgte nicht nur durch Heirat russischer Aristokraten mit Tatarinnen, sondern – zumal in der Zeit des Niederganges der tatarischen Macht – durch die Aufnahme tatarischer Emigranten in die russische Aristokratie. Eine ganze Reihe später in der russischen Geschichte bedeutsam gewordene Adelsgeschlechter ist tatarischen Ursprungs, wie die Apráksin, Arsénjew, Glínskij, Godunów, Golowín, Lopuchín, Meschtschérskij, Narýschkin, Sabúrow, Turgénjew, Uwárow, Urússow, Jussúpow, Juschków u. a.

Damit soll nicht gesagt sein, daß diese Blutmischung sich nachteilig oder im Sinne einer Asiatisierung ausgewirkt hätte. In der Geschichte Rußlands haben sich die Adelsgeschlechter tatarischer

Herkunft in nichts von denen russischer oder abendländischer Herkunft unterschieden, und es wäre nicht schwer, eine Fülle von Einzelbeispielen dafür anzuführen, daß die Russen mit der Aufnahme nichtslawischen oder auch nichteuropäischen Blutes – Púschkin! – recht gute Erfahrungen gemacht haben. Die im Abendlande – und auch in Rußland – lange allgemein gewesene, von bedauerlicher Unbildung zeugende Gleichsetzung von asiatisch und inferior dürfte heute wohl überwunden sein.

Seit dem Ende des 14. Jahrhunderts setzte allmählich ein Niedergang der Goldenen Horde ein. Sie zerfiel in mehrere Teilchanate, die sich befehdeten und den Russen die Möglichkeit gaben, sich diesen Umstand entsprechend zunutze zu machen, so daß die Zeit der langsamen Auflösung und schließlichen Beseitigung der Tatarenherrschaft im 15. Jahrhundert bereits vom Blickpunkt des emporkommenden und sich von der tatarischen Oberherrschaft befreienden Großfürstentums Moskau behandelt werden kann.

Der Aufstieg Moskaus

Das Großfürstentum Moskau ist aus dem Fürstentum Súsdal-Wladímir hervorgegangen und hat dessen unmittelbare Erbschaft nicht nur territorial, sondern auch dem Regierungssystem nach angetreten. Ursprünglich ein kleiner Fürstensitz, umgeben von so mächtigen Teilfürstentümern wie Rjasán, Twer, Níshnij-Nówgorod, Litauen, deren Herrscher alle den Großfürstentitel führten, ist es seit der zweiten Hälfte des 13. Jahrhunderts, vorwiegend im 14. Jahrhundert, schnell emporgekommen. Seinen Aufstieg verdankte Moskau der günstigen geographischen Lage im Mittelpunkt des neuen Kolonisationsgebietes, dem fruchtbaren Boden, der die Siedler anzog, und einer infolgedessen verhältnismäßig dichten Bevölkerung, schließlich der durch diese Mittellage im Hinterwald bedingten größeren Sicherheit und nicht zuletzt mehreren, wenn auch nicht gerade bedeutenden, so doch zielsicheren Fürsten, die sich der Situation geschickt und skrupellos anzupassen verstanden.

Der Stammvater der Moskauer Linie der jüngeren Monomáchowitschi war ein Sohn Alexander Néwskijs, Daniíl. Bereits er hat,

Moskauer Linie der jüngeren Monomáchowitschi (vgl. S. 41)

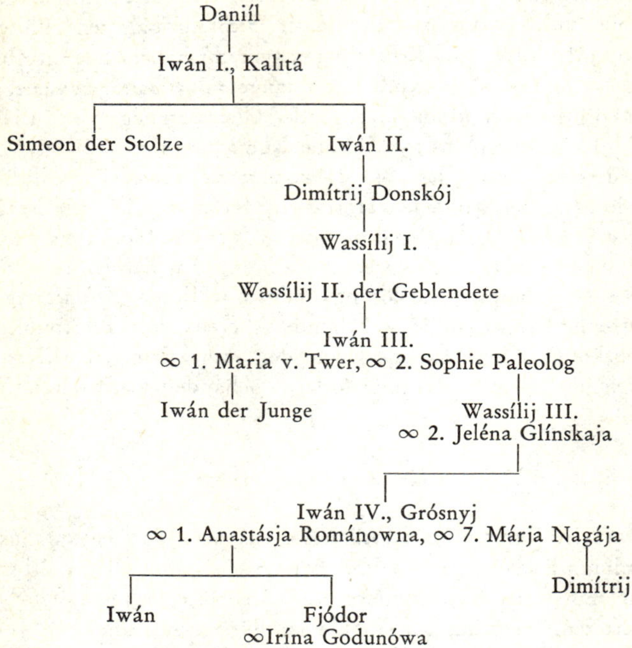

in der Tradition Bogoljúbskijs und auf die Protektion des Tataren-Chans gestützt, höchst anspruchsvoll im Konkurrenzkampf mit seinen größeren Nachbarn und Vettern – zumal mit seinem Vetter Michaíl von Twer – den Großfürstentitel angestrebt und sich in Sarái um einen entsprechenden Jarlýk beworben. Der wenig würdige, mit allen Mitteln der Intrige und der Gewalt „auf den Hintertreppen der Horde“ geführte Kampf zwischen Moskau und Twer um Titel und Rang wurde von den Söhnen Daniíls und Michaíls weitergeführt, hat einigen der streitenden Fürsten das Leben gekostet und endete schließlich damit, daß der Fürst von Moskau Iwán Danílowitsch vom Zar-Chan das Recht erhielt, sich Großfürst von ganz Rußland (wsejá Russí) zu nennen (1328).

Dieser Iwán mit dem Beinamen „der Geldbeutel“ – Kalitá – (1325–1341) ist für den Aufstieg Moskaus eine sehr wichtige Persönlichkeit geworden. Zwar wissen wir über seine verhältnismäßig kurze Regierung nur wenig, sicher ist aber, daß seine Politik ganz nach Sarái orientiert war, und daß er, ein Kaufmannstyp, schlau, durchtrieben, geschäftstüchtig und weitschauend, gestützt auf die Gunst des Chans, gegebenenfalls auch auf tatarische Hilfstruppen, ein erfolgreicher „Sammler russischen Landes“ gewesen ist. Er hat vom Chan das wichtige und finanziell höchst einträgliche Recht der Steuereintreibung für die Goldene Horde in seinem Fürstentum für sich selbst erwirkt. Infolgedessen, wie auch infolge einer sparsamen Finanzpolitik, verfügte er bald über große Mittel und konnte es sich leisten, kleinere Fürstentümer der Nachbarschaft – Úglitsch, Beloósero, Gálitsch – einfach zu kaufen. Er kaufte auch von den Tataren Tausende russischer Kriegsgefangener, die er dadurch vom Sklavenschicksal erlöste und deren Arbeitskraft er durch Ansiedlung als freie Bauern in seinem Großfürstentum entsprechend zu nutzen verstand.

Für die weitere Entwicklung seines Großfürstentums wie für das Ansehen Moskaus im russischen Lande wurde aber entscheidend, daß es seinem Geschick gelang, das Oberhaupt der russischen Kirche, den Metropoliten, zu veranlassen, von Wladímir nach Moskau überzusiedeln (1326). Wie bereits erwähnt, war die Kirche seit der Kiewer Zeit über alle Fürstenfehden und -teilungen hinweg die Repräsentantin der Einheit des russischen Landes geblieben. Als Residenz des Metropoliten, der sich auch „von ganz Rußland“ nannte (wsejá Russí) wurde nun Moskau zur unmittelbaren Nachfolgestadt des einst goldenen Kiew. Gleichzeitig wurde es damit auch zum geistigen Mittelpunkt. Das Zwischenspiel in Wladímir, wohin der Metropolit nach einer neuerlichen Zerstörung Kiews durch die Tataren (1299) zunächst übergesiedelt war, hatte nur siebenundzwanzig Jahre gedauert. Durch diesen Vorgang wurde das Ansehen nicht nur der Stadt Moskau, sondern auch seines Großfürsten gehoben, der jetzt um so mehr seinen Anspruch zu rechtfertigen schien, nicht ein Großfürst unter anderen, sondern *der* Großfürst in Rußland zu sein.

Kalitá verstand es, die Übersiedlung des Metropoliten auch propagandistisch zu seinen Gunsten auszuschlachten, indem er das Haupt der Geistlichkeit zu einer öffentlichen Weissagung über die künftige Größe Moskaus veranlaßte: „Diese Stadt wird berühmt sein vor allen Städten Rußlands" – erklärte der Kirchenfürst – „die Metropoliten werden in ihr wohnen, und sie wird ihre Hände auf die Schultern der Feinde legen. Gott wird in ihr gepriesen werden, und auch meine Gebeine werden in ihr ruhen." Als sichtbares Zeichen dafür errichtete er in Moskau zwei große Kathedralen, die Kathedrale zu Mariä Himmelfahrt (Uspénskij Sobór) als Grabstätte für die Metropoliten, und die Erzengelkathedrale (Archángelskij Sobór) als Grabstätte der Großfürsten. Die symbolische Bedeutung der Kirchen war zweifellos groß, ihr reales Bestehen allerdings nicht dauerhaft, da sie so schlecht gebaut waren, daß sie bald baufällig wurden und neu errichtet werden mußten.

Die Kirche hat sehr viel zum Aufstieg Moskaus und zur Gewinnung seiner Vormachtstellung im russischen Lande beigetragen. Die Unterstützung der großfürstlichen Politik durch die Geistlichkeit wurde bereits erwähnt. Andererseits hat die Geistlichkeit auch über den kirchlichen Bereich hinaus die traditionelle Bindung an Byzanz gewahrt. Die russische Kirche hielt an der byzantinischen Großkirche fest; der Metropolit von ganz Rußland blieb dem Patriarchen von Konstantinopel unterstellt. Dieser hat es übrigens durchgesetzt, daß in der Liturgie der russischen Kirche vor dem Namen des Großfürsten der des byzantinischen Kaisers und des Patriarchen genannt werden mußte. Kalitá hatte auch – als einziger russischer Fürst – einen offiziellen Rang am Hofe des byzantinischen Kaisers. Nach byzantinischer Auffassung konnte die Kirche nur in Zusammenarbeit mit dem Staat gefördert werden. Diese Zusammenarbeit hatte noch den Vorteil, daß im Falle schwacher oder unfähiger Fürsten der Metropolit auch die politische Leitung in seine Hände nehmen und als der eigentliche Regent des Landes in die Bresche treten konnte. Das geschah z. B. nach dem Tode Kalitás unter seinen unbedeutenden Söhnen, als der sehr fähige Metropolit Alekséj, der dank seiner medizinischen Kenntnisse in hohem Ansehen bei den Tataren stand – er hatte die Frau des Chans von einem Augenleiden geheilt –, die faktische

Leitung des Staates übernahm. So blieb die Kontinuität der im einzelnen noch manchen Erschütterungen ausgesetzten Entwicklung des Moskauer Großfürstentums gewahrt.

Wir sehen in der Geschichte Moskaus eine wichtige historische Tatsache immer von neuem bestätigt, die sich durch keinerlei Theorien über die Verwerflichkeit einer Gewaltherrschaft und auch kaum durch Erfahrungen mit einer Gewaltausübung oder durch deren Opfer beeinträchtigen läßt, nämlich die Tatsache der Anziehungskraft der Macht. Man wird ohne Übertreibung sagen können, daß Moskau, wie noch an vielen Beispielen zu zeigen sein wird, gerade infolge der starken Machtstellung seines Herrschers zu allen Zeiten, auch dann, wenn die Gewalt- und Willkürherrschaft den Schrecken und das Grauen der ganzen Welt auslöste – wie unter Iwán IV. oder unter Stalin – eine erstaunliche Anziehungskraft auf andere ausgeübt hat.

Fürstliche Machtherrschaft kann für den einzelnen, zumindest potentiell, zweierlei bedeuten: Bedrückung und Schutz. In diesem Fall bedeutete die Machtsteigerung des Moskauer Großfürsten für den, der sich ihm unterstellte, die Hoffnung auf Schutz und damit auf größere Sicherheit. So sehen wir jetzt eine Entwicklung einsetzen, die sich durch Jahrhunderte hinziehen sollte und dahin ging, daß einzelne Große aus anderen russischen Fürstentümern, die dort eine z. T. sehr unabhängige Stellung hatten, wie z. B. in Litauen, sich freiwillig dem Moskauer Großfürsten als dessen „getreuen Diener" unterstellten und damit in den Genuß seines Schutzes traten. Auf diese Weise wurde der Moskauer Bojarenadel laufend durch Zuzug verstärkt. Einerseits handelte es sich dabei um Bojaren aus den russischen Teilen des Großfürstentums Litauen, andererseits um tatarische Große, die Opfer der inneren Kämpfe in der Horde geworden waren. Das führte zu einer langsamen Verschiebung auch der psychologischen Einstellung zu den Tataren.

In der Goldenen Horde hatten sich, wie bereits erwähnt, nach dem Tode Usbéks (1341) in zunehmendem Maße Zerfallserscheinungen gezeigt, innere Kämpfe, Thronstreitigkeiten, separatistische Bestrebungen von Teil-Chanen. Das hatte zur Folge, daß sich dort einzelne, der Zentralgewalt nicht mehr unterstellte Banden bildeten, die in das russische Land plündernd einfielen und die russischen Fürsten zwangen, sich zu verteidigen. So erhielt die im russischen Lande vom Volk und auch von einzelnen Fürsten nie aufgegebene Hoffnung, sich eines Tages vom Joch der Tataren zu befreien, neue Nahrung. Die Aufnahme eines bewaffneten Widerstandes lag gleichsam in der Luft, als der Großfürst Dimítrij von Moskau sich zu einem solchen Waffengang entschloß.

Dimítrij (geb. 1350), ein Enkel Kalitás, ist von der patriotischen russischen Geschichtsschreibung einschließlich der sowjetischen, besonders in der Kriegs- und unmittelbaren Nachkriegszeit (Pankrátowa) wegen seines Sieges über die Tataren als hochbedeutende und machtvolle Persönlichkeit und schließlich als russischer Nationalheld gerühmt worden. Er hat diese Hochschätzung zumindest teilweise einer nachträglich entstandenen Legende zu verdanken, die ihn allein nach dem Ergebnis einer Schlacht – auf dem Kulikówer Felde – wertet. Die Quellen vermitteln keineswegs ein so eindeutig positives Bild von ihm, und wenn man alles in allem nimmt, so erscheint er eher als eine „Mischung von Kühnheit und Unentschlossenheit, Tapferkeit und Feigheit, Verstand und Taktlosigkeit, Geradheit und Hinterlist“ (Kostomárow). Jedenfalls ist er keine überragende Persönlichkeit gewesen, sondern wie seine Vorfahren und Nachkommen in Moskau – bis Iwán III. – ein Mann „hartnäckiger Mittelmäßigkeit“ (Prawdín), bei dem allerdings die typischen Familieneigenschaften der Moskauer Dynastie besonders klar hervortraten, jene Eigenschaften, die den Großfürsten von Moskau ihren Erfolg sicherten.

Dimítrij ist es auch gewesen, der mit den auch in Moskau noch üblichen Teilungen des Fürstentums endgültig Schluß machte und sein Großfürstentum als Ganzes einem seiner Söhne übergab.

Seine ganze Regierungszeit (1359–1389) ist mit fortgesetzten Zwistigkeiten und Rangstreitigkeiten zwischen den fürstlichen Verwandten angefüllt, mit Überfällen aufeinander, Verwüstungen der Ländereien der jeweiligen Gegner, Verschleppung von Menschen und Vieh; dabei ist er nicht – auch nicht den Tataren gegenüber – immer erfolgreich gewesen.

Gleichwohl hat er es verstanden, seine im Vergleich mit den anderen russischen Fürsten immer noch günstigere Lage geschickt zu nutzen und jedenfalls ihnen gegenüber gestärkt aus dem Kampf hervorzugehen. Er profitierte von dem relativen Volkreichtum seines Großfürstentums, der ihn befähigte, ein sehr zahlreiches Heer aufzustellen. Er verstand es, die aus anderen Fürstentümern nach Moskau hinübergewechselten Bojaren militärisch einzusetzen und, mit einem in Moskau traditionellen sicheren Instinkt für die Macht, allen Schwachen gegenüber seine stärkere Stellung zur Geltung zu bringen. Von vornherein trat er mit dem Anspruch auf, die anderen russischen Fürsten unter seinen Willen zu bringen, und hat diesen Anspruch nicht nur den Kleinen gegenüber durchgesetzt, die während seiner Minderjährigkeit versucht hatten, sich gegen Moskau aufzubäumen und ihren alten Rang wiederzugewinnen, wie Wladímir und sogar Súsdal, sondern auch seinen großen Nachbarn gegenüber, wie Níshnij-Nówgorod und Rjasán, bis zu einem gewissen Grade auch gegenüber seinem erbittertsten Feind und nächsten Nachbarn, Twer. Sogar das große Nówgorod hat er sich – vorübergehend – gefügig gemacht und zu Tributzahlungen gezwungen. Auch die Bolgaren hat er veranlaßt – desgleichen vorübergehend –, seine Oberherrschaft anzuerkennen. Es sind dieses alles Ansätze zu einer Machtausweitung Moskaus, die z. T. erst über ein Jahrhundert später von seinen Nachfahren realisiert wurden.

Nur dem inzwischen zu einer Großmacht emporgewachsenen Litauen gegenüber konnte er solche Ansprüche auch nicht im Ansatz geltend machen. Litauen, das sich damals anschickte, die politische Führung im russischen Lande an sich zu reißen und das sich noch während der Regierungszeit Dimítrijs zu einer Personalunion mit Polen vereinigte (1386), hatte Moskau bereits vorher tödlich bedroht. Es war (1370) unter seinem kriegslustigen Fürsten Olgert ins Moskauer Gebiet eingefallen und hatte auch die Stadt Moskau besetzt und angezündet. Nur der Kreml, dessen hölzerne Schutzwand kurz vorher durch eine massive Steinmauer ersetzt worden war, hatte den Feinden standgehalten. Es war nicht Dimítrijs Verdienst, sondern sein Glück, daß die Litauer damals so stark mit eigenen Angelegenheiten beschäftigt waren – ihre Rivalität mit den Polen und der Kampf mit dem Deutschen Orden –, daß sie wieder abzogen, ohne zunächst wiederzukommen.

Die Errettung vor der litauischen Gefahr führte Dimítrij offenbar zu einer Überschätzung seiner Macht. Ermutigt durch die vorher erwähnten Zerfallserscheinungen in der Horde, angefeuert durch die faktisch bereits allenthalben stattfindenden Kämpfe mit Tatarenbanden, aber in falscher Einschätzung seiner eigenen Autorität gegenüber den anderen russischen Fürsten, von denen er annahm, sie würden sich ihm bedenkenlos anschließen und sich ihm unterstellen – der Großfürst von Twer hatte sich (1368) vertraglich dazu verpflichtet –, entschloß sich Dimítrij, den Kampf mit der Goldenen Horde aufzunehmen.

Diese Politik war neu, aber sie war im russischen Lande (entgegen späteren Behauptungen) nicht populär. Sie war kühn, aber es ist zweifelhaft, ob sie klug und der damaligen Situation angemessen war. Zwar nicht der Moskauer Großfürst, wohl aber das Volk von Moskau hat später sehr schwer dafür büßen müssen. In der patriotischen russischen Geschichtsschreibung, während des Zweiten Weltkrieges u. a. auch von Stalin persönlich, wurden diese Vorgänge als ein großes nationales Aufbäumen des ganzen russischen Landes gegen die Tataren dargestellt, als eine Art russischen Befreiungskrieges unter der Führung Dimítrijs. So ist es aber nicht gewesen.

In der Goldenen Horde war damals ein Usurpator, Mamái, zur Herrschaft gelangt, der von vielen Russen sehr gefürchtet wurde. Gerade die wichtigsten russischen Fürsten – außer Moskau – wollten nicht das Risiko auf sich nehmen, den Krieg mit ihm zu beginnen. Der Fürst von Rjasán, der als unmittelbarer Nachbar der Goldenen Horde der Gefahr eines Einfalls der Tataren besonders ausgesetzt war, knüpfte, um sich aus dem Krieg herauszuhalten, mit Mamái Verhandlungen an; die Fürsten von Níshnij-Nówgorod und Twer verhielten sich abwartend; auch Groß-Nówgorod zeigte kein Interesse. So blieben als Mitstreiter Moskaus nur die von ihm ohnehin abhängigen kleinen Fürsten. Gleichwohl konnte Dimítrij eine stattliche Heeresmacht aufbieten, deren Stärke nach neueren Schätzungen etwa 150 000 Mann betrug.

Aber die Lage für den Großfürsten blieb sehr gefährlich, denn Mamái hatte sich mit den Litauern verbündet, um mit ihnen zusammen Moskau zu stürmen. Dimítrij hat das zu verhindern vermocht, indem er den Angriff nicht auf eigenem Gebiet erwartete, sondern den Tataren entgegenzog und sie vor ihrer Vereinigung mit den Litauern in einer blutigen Schlacht am oberen Don auf dem Schnepfenfelde besiegte (1380). Die Schlacht wurde nach diesem Felde Kulikówer Schlacht benannt, und Dimítrij bekam den Ehrennamen Donskój. Wieweit das Verdienst an diesem Siege ihm gebührt, sei dahingestellt. Über sein persönliches Verhalten weiß eine in mehreren Handschriften überlieferte „Erzählung von der Schlacht gegen Mamái“ nicht gerade Rühmliches zu berichten. Danach hätte Dimítrij, um sich zu tarnen, seinen Fürstenmantel einem Günstling umgehängt, der in der Schlacht auch prompt erschlagen wurde, und am Ende des Kampfes fand man den damals dreißigjährigen Großfürsten unverwundet unter den tief herabhängenden Zweigen eines Baumes liegen. Immerhin – die Schlacht war gewonnen, und der Nachruhm fiel Dimítrij Donskój zu.

In der russischen, auch in der sowjetischen Geschichtsschreibung wird dieser Sieg als „entscheidende Wende im Kampf des russischen Volkes gegen das Tatarenjoch“gepriesen. In Wirklichkeit hat er durchaus keine Entscheidung gebracht (wie kürzlich wieder überzeugend von Spuler nachgewiesen wurde) und ist auch von den Zeitgenossen nicht als eine solche empfunden worden. Er löste weniger Jubel als Schrecken und berechtigte Angst vor einem Gegenschlag der immer noch sehr mächtigen Tataren aus. Gewonnen war in Kulikówo zwar eine Schlacht, nicht der Krieg und schon gar nicht die Befreiung vom Tatarenjoch.

In Sarái hatte unmittelbar darauf ein energischer und tatkräftiger Nebenbuhler Mamáis, Tochtamýsch, sich des Thrones bemächtigt und den Krieg wieder aufgenommen. Zwei Jahre nach der Schlacht am Don marschierten die Tataren erneut auf Moskau. Nun versuchte Dimítrij nicht einmal einen Widerstand; er überließ Moskau seinem Schicksal und floh zuerst nach Perejasláwl, dann nach Rostów und schließlich nach Kostromá. Dem Metropoliten, der gleichfalls geflohen war, hat Dimítrij später wegen dessen Kleinmütigkeit die bittersten Vorwürfe gemacht!

Das Schicksal, das nun über Moskau hereinbrach, war furchtbar. Tochtamýsch wütete schlimmer als 150 Jahre früher Batú. Alles wurde ausnahmslos niedergemacht, so gründlich, daß nach Berichten sich schließlich – nach Abzug der Tataren – in Moskau keine einzige lebende Seele mehr befand. Alles wurde geplündert und zerstört und schließlich wie üblich die Stadt angezündet. Jedenfalls ist damals auch viel wichtiges Material vernichtet worden, das geeignet gewesen wäre, unsere Kenntnis nicht nur dieser Vorgänge erheblich zu erweitern. Im Ergebnis mußte der Großfürst von Moskau dem Chan einen erhöhten Tribut zahlen und ihm dazu noch seinen Sohn als Geisel stellen. Damit, und nicht mit dem Sieg am Don, endete die Auflehnung gegen die Tataren.

Die psychologische Wirkung der Schlacht von Kulikówo ist allerdings nicht zu unterschätzen. Einen literarischen Niederschlag fand sie bald nach dem Tode Dimítrijs in einem an das Vorbild des Ígorliedes angelehnten Gedicht, der sogenannten Sadónschtschina (Die Sache jenseits des Don). Als man hundert Jahre später anläßlich der tatsächlichen Befreiung vom Tatarenjoch sich dieses ersten Sieges wieder erinnerte, zeigte sich, daß im Bewußtsein des Volkes die Nachwirkungen lebendiger geblieben waren als der Sieg selbst. Damals, in der Mitte des 15. Jahrhunderts, ist die „Erzählung von der Schlacht gegen Mamái" entstanden, aber erst im 16., 17. und 18. Jahrhundert hat sie in verschiedenen Umarbeitungen wirklich weite Verbreitung gefunden, zu einer Zeit, als man des Gegenschlages der Tataren nicht mehr gedachte.

Wie trostlos es damals nach Tochtamýschs Einfall im Lande wirklich aussah, lehrt ein Reisebericht des Metropoliten Pímen aus dem Jahre 1389. Die Schilderung bezieht sich auf das Flußbecken des Don. Es heißt da: „Man kann nichts Traurigeres denken. Unübersehbare nackte Einöde, weder Häuser noch Menschen, nur wilde Tiere, Bären, Wölfe, Biber, Adler, wilde Schwäne und Gänse... Hier blühten einst berühmte Städte, jetzt sind keine Spuren von ihnen bemerkbar."

Diese trüben Zustände waren aber nicht nur das Ergebnis tatarischer Vernichtungswut, sondern jedenfalls z. T. auch die Folge der Herrschaftspolitik russischer Fürsten. Je mehr man selbst und das eigene Land unter den Tataren gelitten hatte, um so gründlicher versuchte man, sich bei seinem russischen Nachbarn schadlos zu halten. Das galt in erster Linie vom Moskauer Großfürsten, der es sich als der Stärkste leisten konnte, die Nachbarfürstentümer für die Leiden des eigenen büßen zu lassen. Nach dem Abzug der Tataren fiel Dimítrij seinerseits in das Rjasáner, das Twerer und das Großnówgoroder Gebiet ein, verheerte sie nach dem Vorbilde der Tataren, ja wütete zumal im Rjasaner Gebiet, wie die Quellen berichten, noch ärger als diese, entführte die Menschen, deren er im eigenen verödeten Gebiet dringend bedurfte und begann auch im Innern seines Fürstentums mit einer Methode zu herrschen, die unter seinen großen Nachkommen Iwán III. und Iwán IV. für Moskau typisch werden sollte. Aus der Regierungszeit Dimítrijs ist uns erstmalig eine öffentliche Hinrichtung zweier russischer Fürsten überliefert; aus seiner Zeit sind auch die ersten Akte großfürstlicher Willkür gegenüber der hohen Geistlichkeit bekannt.

Was das Volk bei den unaufhörlichen feindlichen Einfällen und Verheerungen auszustehen und zu dulden hatte, ist kaum vorstellbar. Wir erfahren aus den Quellen nur wenig darüber, da die Chronisten sich mehr für die gegenseitige Behandlung der Fürsten interessierten. Man kann nur über die innere Kraft und den Lebenswillen dieses unverbrauchten Volkes staunen, das ein solches Schicksal zu ertragen und zu überstehen und nach jedem Rückfall in tiefste Not sich überraschend schnell wieder aufzurichten fähig war. Denn dieses Wüten der fremden und eigenen Herren ging keineswegs nur auf Kosten von Sachwerten, es ging in hohem Grade auf Kosten der lebendigen Substanz des Volkes und war, von ständigen Metzeleien begleitet, nicht auf eine kurze Zeit des Schreckens beschränkt, sondern hat sich durch Jahrhunderte fortgesetzt. Die Grade des Leidens und der Not wechselten allerdings.

Die innere Entwicklung des Großfürstentums unter dem Sohn und dem Enkel Dimítrijs – sie hießen beide Wassílij – ergibt ein im wesentlichen unverändertes, recht trübes Bild. Die dauernden, mit wachsender Roheit und Grausamkeit geführten Kämpfe der Fürsten gegeneinander schleppten sich durch Jahrzehnte hin. Der zweite Wassílij hat viermal den Thron von Moskau bestiegen, bis er schließlich, von seinen Gegnern des Augenlichts beraubt, sich durchsetzen konnte. Der im Sinne der großfürstlichen Tradition konsequent in hartnäckiger Mittelmäßigkeit weitergeführten Politik gelang es aber, auch aus diesen trostlosen Verhältnissen weitere

Vorteile für Moskau zu ziehen. Im Zuge dieser Entwicklung fielen im 14. und in der ersten Hälfte des 15. Jahrhunderts auch Níshnij-Nówgorod, Súsdal und verschiedene kleine Fürstentümer an Moskau, während sich gleichzeitig das Moskauer Machtgebiet nach Nordosten in den ehemaligen Großnówgoroder Ausbeutungsraum hinein ausdehnte.

Von außen brach bald nach dem Tode Dimítrijs das Verhängnis erneut in seiner furchtbarsten Form über das russische Land herein. Es ist dieses eines jener Kapitel der russischen Geschichte, über die man, wie Pasternák in anderem Zusammenhang sagt, „so schreiben müßte, daß das Herz erstarrt und die Haare zu Berge stehen". In diesem Fall war das Kapitel zum Glück der Russen allerdings nur kurz.

In den neunziger Jahren des 14. Jahrhunderts kam eine neue Geißel Gottes aus dem Osten über Rußland – Tímur Lenk, den die Russen Tamerlán nennen. Tímurs Ziel war es, ein zweiter Dschingis-Chan zu werden, aber er war ein ganz anderer Typ als jener, und auch seine Methode zu vernichten und auszurotten war anders. Nicht ein aus der Primitivität der Mongolei erwachsenes Genie, das in naivem Herrschaftstrieb und im eigenen Überlegenheitsgefühl, im Glauben, Werkzeug einer Gottheit zu sein, über die Welt braust, um sie sich untertan zu machen, sondern ein hochkultivierter Zivilisationsmensch aus dem Turkestan, zynischer Menschenverächter und kühler Rechner, ein raffinierter Henker mit manikürten Fingernägeln und sorgfältig gepflegtem Äußeren, ein Massenmörder mit Methode. Tamerlán war der Mann der Schädelpyramiden; er war es, der die Menschen hinschlachten ließ, unabhängig von ihrer Schuld (etwa eines Widerstandes) und auch unabhängig von praktischen Notwendigkeiten, nur weil sie etwas anderes waren als er, z. B. Christen. Tamerlán und nicht Dschingis-Chan lebt in der Erinnerung des russischen Volkes als die Personifikation des Fürchterlichen schlechthin fort. Es war für Rußland ein Glück, daß es ihn nur am Rande interessierte. Jedenfalls hat er nicht beabsichtigt, Rußland dauernd zu unterjochen. Aber sein vorübergehender Einfall war schlimm genug, zumal er – grundsätzlich anders als zur Zeit Dschingis-Chans – mit einer systematischen Christenverfolgung und -vertilgung verbunden war.

Tímur begann mit der Niederwerfung der Goldenen Horde. Er eroberte und zerstörte zunächst Sarái. Übrigens wirkte sich diese weitere Schwächung der Horde indirekt später zu Rußlands Gunsten aus. Dann brach er nach Rußland ein und stieß bis Moskau vor (1395). Er hat aber die Stadt nicht erobert. Die christliche Überlieferung führt die Errettung Moskaus von diesem Christenverfolger auf die wundertätige Wirkung der heiligen Ikone von Wladímir zurück, die inzwischen nach Moskau gebracht worden war. Um so gründlicher verwüstete Tímur das von ihm besetzte Land und zog dann wieder ab.

Mit seinem Rückzug nach Mittelasien war aber auch die Horde wieder gerettet, und das Verhältnis zwischen den russischen Fürsten, zumal den Großfürsten von Moskau und dem Chan in Sarái wurde genau wieder so, wie es in der ersten Zeit der Tatarenherrschaft gewesen war: man unterwarf sich und bemühte sich um die Gunst des Zar-Chan. Wenn aber ein Großfürst, wie z. B. Dimítrijs Sohn Wassílij, versuchte, den Tribut hinunterzudrücken oder ihn durch Geschenke zu ersetzen, griff der Chan sofort wieder zur Anwendung von Waffengewalt. Bereits im Jahre 1408 stand ein tatarischer Feldherr wieder vor den Mauern des Kreml. Fast hundert Jahre sollte die Tatarenherrschaft noch währen, ehe die sich langsam verschiebenden Machtverhältnisse zuungunsten der Horde eine faktische Befreiung Rußlands erlaubten. Damit beginnt dann bei fortschreitender Unterstellung weiterer russischer Fürstentümer unter die Zentralgewalt Moskaus eine neue Periode in der russischen Geschichte.

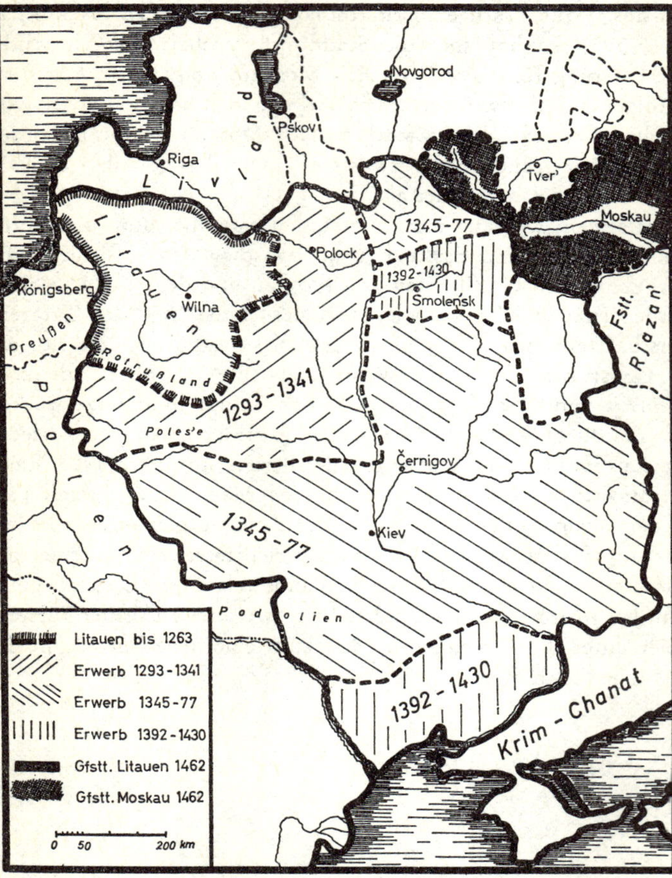

Litauen und Moskau im 14. und 15. Jahrhundert.

3. LITAUEN ALS GEWINNER

Die westlichen Fürstentümer der ehemaligen Kiewer Rus, Galizien-Wolhynien und vor allem Nówgorod, waren von der Tatarenherrschaft am wenigsten betroffen. In Mitleidenschaft gezogen waren diese Fürstentümer gleichwohl. Dagegen hat das zunächst außerhalb der Rus gelegene litauische Fürstentum aus dieser Entwicklung Gewinn gezogen. Das Kerngebiet Litauens lag in einem nach Osten durch Sümpfe und Wälder abgeschirmten unwirtlichen Gebiet. Seit dem 12. Jahrhundert sah sich die auf primitiver Kulturstufe lebende, ackerbautreibende, heidnische, von Stammeshäuptlingen regierte Bevölkerung im steigenden Maße von Westen her dem Druck und Expansionswillen sowohl der Polen wie des Deutschen Ordens ausgesetzt, so daß sich bei ihr die Tendenz geltend machte, diesem Druck nach Osten hin, d. h. in das Gebiet des russischen Landes hinein, nachzugeben. Dadurch gewann Litauen unmittelbaren Anteil an der Geschichte Rußlands.

Zur Zeit des großen Tatareneinbruches im 13. Jahrhundert gelang es dem tatkräftigen und geschickten Fürsten Mindowg (lit. Mindaugas), die litauischen Stämme unter seiner Gewalt zu einigen und gleichzeitig seine Herrschaft über jene russischen Gebiete auszudehnen, die noch frei von der Tatarenherrschaft waren. So wurde dieser Zeitgenosse Alexanders und Danýlos zum Begründer eines selbständigen litauischen Staates außerhalb des tatarischen Herrschaftsbereiches und damit, mehr durch Schicksal als durch Verdienst, zum Exponenten eines möglichen Widerstandes gegen die Tataren. Das in fortgesetzten Kämpfen mit russischen Teilfürsten – auch mit Alexander und Danýlo – sich immer tiefer ins russische Land hinein ausweitende Litauen geriet dadurch kulturell unter russischen Einfluß und machte sich zum Träger altkiewer Traditionen. Die Hof- und Gerichtssprache war russisch; russisch waren auch die Sitten und Gebräuche, und schließlich, sofern die Bevölkerung nicht am Heidentum festhielt, war es auch die Religion. Der Fürst nannte sich Großfürst von Litauen und Rußland. So kann dieses Staatswesen als ein russisches Teilfürstentum unter litauischer Dynastie betrachtet werden.

Im 14. Jahrhundert erreichte das russisch-litauische Großfürstentum unter Gedimín (1316–1341), der sich Rex Litvinorum Ruthenorumque nannte und der Stammvater einer hochbegabten und sehr angesehenen, im Rang sogar den Rjurikiden gleichgesetzten Dynastie wurde, eine gewaltige territoriale Ausdehnung vor allem in südöstlicher Richtung. Diese Entwicklung vollzog sich z. T. ohne Gewaltanwendung, indem sich verschiedene russische Teilfürsten dem litauischen Großfürsten unterstellten, und setzte sich unter Gedimíns Nachfolgern in der zweiten Hälfte des 14. Jahrhunderts weiter fort, so daß schließlich nicht nur Wolhynien mit Kiew, sondern das ganze Stromgebiet des Dnjepr zu dem neuen Großstaat gehörte, der mit der Stadt Wilna als Mittelpunkt von der Ostsee bis zum Schwarzen Meer reichte, allerdings ohne einen eigentlichen Ausgang zur See und auch ohne Wert darauf zu legen, da er seiner Struktur nach ein reiner Binnenstaat blieb (vgl. Karte). Die Bevölkerung des russisch-litauischen Großfürstentums bestand in überwiegender Mehrheit aus Ukrainern und Weißruthenen und nur etwa zu 10 % aus Litauern.

Das so ausgedehnte und ständig an Macht gewinnende litauische Rußland trat im Laufe des 14. Jahrhunderts in Konkurrenz zu dem vergleichsweise sehr kleinen Großfürstentum Moskau. Von der „Geschichte“ war es damals keineswegs vorgezeichnet, welches dieser beiden Großfürstentümer das Übergewicht gewinnen werde, und es bestand durchaus die Möglichkeit, daß es den Großfürsten von Litauen gelingen würde, alle russischen Teilfürstentümer unter ihrer Herrschaft zusammenzufassen. Dann hätte das ukrainisch-weißruthenische, Europa benachbarte Großfürstentum unter einer litauischen Dynastie und nicht das großrussische, kulturell gegenüber Großlitauen rückständige, abgelegene Moskauer Großfürstentum die weiteren Geschicke Rußlands bestimmt. Der Großfürst von Moskau war damals ein Exponent der Goldenen Horde und wurde auch von den anderen als solcher empfunden, während die nie in Abhängigkeit vom Chan geratenen Gedimínowitschi zumindest als potentielle Befreier vom Joch der Tataren – und von der Oberherrschaft Moskaus! – erscheinen konnten. Im Jahre

1362 stand erstmalig ein Litauer, wie wir sahen, mit einem Heer als Sieger in Moskau und verbrannte die Hauptstadt seines großen Rivalen.

Seine größte Ausdehnung erreichte Litauen am Ende des 14. Jahrhunderts und am Anfang des 15. Jahrhunderts dank einer sehr aktiven, nun auch zur Offensive gegen die Tataren übergehenden Ostpolitik unter dem Enkel Gedimíns Wítowd (Wytáutas) und schob seine Grenze in nordöstlicher Richtung bis neunzig Kilometer vor Moskau vor. Wítowd war im osteuropäischen Raum ein so mächtiger politischer Faktor geworden, daß er – wie seinerzeit Danýlo von Gálitsch – den Anspruch auf eine Königskrone erhob. Es waren bereits alle Vorbereitungen für eine Krönung getroffen. Aber seinen eifersüchtigen Verwandten in Polen gelang es, sich der Krone zu bemächtigen und damit eine Krönung Wítowds zu verhindern.

Inzwischen war im Verhältnis des Großfürstentums Litauen zu Polen die entscheidende Wendung eingetreten, die der weiteren Entwicklung eine ganz andere Richtung gab. Der innenpolitische Gegenspieler Wítowds, sein Vetter Jagiello, desgleichen ein Enkel Gedimíns, hatte sich mit der polnischen Königin Jadwíga verheiratet und war König von Polen geworden (1386). Es gelang ihm, gegenüber der östlich orientierten litauisch-russischen Politik Wítowds und dessen Selbständigkeitsbestrebungen seine eigene, westlich orientierte, litautisch-polnische Politik durchzusetzen und Litauen nicht nur machtpolitisch, sondern auch kulturell auf das engste mit Polen zu verbinden. Das ehemals litauisch-russische Großfürstentum ging nun im litauisch-polnischen Königreich auf – die Entwicklung wurde durch die polnisch-litauische Realunion besiegelt (1569) – und wurde von Rußland her gesehen aus einem Teilfürstentum besonderen, aber immerhin russischen Gepräges zu einem auswärtigen Feind im abendländisch-lateinisch-katholisch-polnischen Macht- und Kulturbereich.

Damit schied Litauen aus der Geschichte Rußlands aus und wurde zu einem, allerdings sehr gefährlichen, staatspolitisch mit Polen identifizierten Nachbarn. Volks-, kultur- und vor allem religionspolitisch lagen die Dinge allerdings nicht so klar. In dieser Hinsicht war eine Identifizierung mit Polen nicht unbedingt gegeben, und es wird noch zu zeigen sein, was für eine Bedeutung eben dieser Umstand bei der späteren allmählichen Wiedereingliederung der damals zu Litauen gehörenden russischen Gebiete in das aufstrebende Großfürstentum Moskau gewann.

4. DIE MOSKOWITISCHE KULTUR

Der Ausdruck „Kultur" wird auch hier, wie im Kapitel über die Kiewer Rus, im weitesten Verstande des Wortes unter Einschluß der politischen und sozialen Verhältnisse gebraucht.

Die politische Einheit war verlorengegangen, die Rus (wsejá Russí) lebte als alter, an die Vorstellung des russischen Landes gebundener, Traditionsbegriff weiter fort. Aber der Begriff des Staatlichen haftete am Teilfürstentum, das als Privatbesitz des Fürsten angesehen wurde, und der Anteil der kleineren Fürsten wurde zu einem vom Großfürsten verliehenen Herrschaftsrecht. Sein Herrschaftsrecht konnte sich der Großfürst auch selbst nehmen, entweder durch Vertrag – gewöhnlich durch Kauf – oder durch Gewalt. Die ehemaligen kleinen Teilfürsten gingen dann im Moskauer Bojarenadel auf, in dem sie den höchsten Rang hatten.

Den gleich hohen Rang hatten jene Bojaren, die – sei es aus Litauen, sei es aus der Goldenen Horde – nach Moskau hinübergewechselt waren. Dieser Wechsel fand zunächst noch in recht großem Umfange statt, da im ganzen russischen Lande der Grundsatz der Freizügigkeit fortbestand. Theoretisch konnten die Bojaren beim Wechsel außer ihren Drushinen – ihrem sog. „Hof", zu dem Freie und Sklaven gehörten – auch ihren Landbesitz mitbringen. Praktisch ging die Politik des Großfürsten von Moskau natürlich dahin, den Zuzug ins eigene Gebiet möglichst zu fördern, dagegen den Abzug eigener Bojaren in andere Fürstentümer nach Möglichkeit zu verhindern (durch widerrechtliche Konfiskation).

Im Großfürstentum hatten die Bojaren gleichzeitig eine Art Beamtenstellung, da sie vom Fürsten die Statthalterschaft über Städte oder Landkreise erhielten. Diese Staatsstellung wurde als „Fütterung" (kormlénije) bezeichnet, weil deren Inhaber aus den von ihnen verwalteten Gebieten ihre Unterhaltsmittel bezogen. Außerdem waren die Bojaren zum Kriegsdienst verpflichtet, sie bildeten auch die in Moskau noch fortbestehende Bojarenduma. Diese bedeutete nicht eine Einschränkung der großfürstlichen, später zarischen, Gewalt. Sie hatte überhaupt keine festumrissenen Zuständigkeiten und war politisch bedeutungslos. „Sie kann kaum als staatsrechtliches Institut verstanden werden" (Neubauer). In dieser Duma saßen desgleichen, aber mit niederem Rang, die sog. Okólnitschije, Vertreter des sich neubildenden und in der Folgezeit immer größere Bedeutung gewinnenden niederen Adels, in dessen Hände in steigendem Maße der Landbesitz überging.

Gleichzeitig trat eine allmähliche Differenzierung zwischen dörflicher und städtischer Bevölkerung ein. Trotz der fortgesetzten Kämpfe, Kriege und Verwüstungen hatten sich Handel und Gewerbe langsam weiter entfalten können. Die sich damit beschäftigenden Bewohner der befestigten Plätze – der Possáden – wurden Possádniki genannt. Der soziale Unterschied zwischen dieser städtischen und der bäuerlichen Bevölkerung blieb aber sehr gering, da es jedem freigestellt war, sich als Händler zu betätigen, und da Possádniki auch in den Dörfern wohnten, während andererseits Bauern mit ihrem Ackerland zu dem Bereich auch größerer Städte gehörten. Allerdings schälte sich aus der Possádbevölkerung bereits jetzt eine obere Schicht vermögender, z. T. reicher Kaufleute heraus, Fernhändler und Unternehmer mit weiten Verbindungen nach den Ländern des Westens und des Ostens – die Surosháne betrieben ihren Seidenhandel über die Stadt Súrosch in der Krim, die Sukónniki handelten mit flandrischen Tuchen –, die ihrerseits desgleichen in unmittelbarem Dienst des Großfürsten vorwiegend in der Finanzverwaltung standen und infolgedessen auch eine Art Beamtenstellung einnahmen. So wurden die großen Kaufleute in Moskau – ganz anders als z. B. in Nówgorod – zu Exponenten der Handels- und Finanzpolitik des Großfürsten, der sie auch in seine nächste Umgebung zog und seinerseits selbst oberster Handelsherr blieb.

Die große Masse der bäuerlichen Bevölkerung – die Christenheit (krestjánstwo) – war persönlich frei. Ihre Rechtslage, und in abgelegenen, den Überfällen weniger ausgesetzten Gegenden auch ihre Wirtschaftslage, war verhältnismäßig gut. Der Fürst war an den Bauern und an ihrem Verbleiben im Lande sehr interessiert, denn sie bildeten die Hauptmasse der Besteuerten und hatten die, in der Tatarenzeit auch für die Stellung des Fürsten in Sarái so wichtigen Abgaben aufzubringen; sie wurden deshalb auch die

„Gezählten“ genannt. Im Unterschied zu weiten Gebieten des Abendlandes und auch zu Litauen, wo sich bereits die Leibeigenschaft entwickelte, erfreuten sich auch die Bauern in Moskau einer nicht nur rechtlichen, sondern auch faktischen Freizügigkeit. Das hat viel zur vorhin erwähnten Anziehungskraft Moskaus beigetragen. Man fühlte sich dort noch am ehesten in Sicherheit – auch vor dem Moskauer Großfürsten!

Im einzelnen gab es auch unter der freien bäuerlichen Bevölkerung Unterschiede, je nachdem, ob sie kleine bäuerliche Eigner – sog. Schwarze (tschórnyje) – waren, oder auf Kloster- oder Bojarenland oder auf dem Privatbesitz des niederen Adels saßen. In dem Fall hatten sie dem Eigentümer als Entgelt für die Nutznießung den „obrók“ in natura zu zahlen, gelegentlich auch Frondienst zu leisten. Auch die gemeindliche Selbstverwaltung im „Mir“ bestand noch fort mit dem Recht der Wahl des Ältesten (starschiná) und des Popen und auch mit einer beschränkten Gerichtsbarkeit.

Im Laufe dieser Periode verschlechterte sich aber sowohl die Rechtslage wie die Wirtschaftslage der Bauern auch unabhängig von den unmittelbaren Kriegsnöten. Das mit Landübereignungen verbundene Emporkommen des niederen Adels ging zum großen Teil auf Kosten bäuerlichen Besitzes; die Selbstverwaltung der Gemeinde wurde laufend eingeschränkt, indem die Gemeinden in der Person eines Prikástschik unmittelbar der Botmäßigkeit des Landeigners unterstellt wurden, und schließlich machte sich die Tendenz immer stärker bemerkbar, das freie Abzugsrecht der Bauern einzuschränken. In der Mitte des 15. Jahrhunderts führte der Moskauer Großfürst einen einheitlichen Aufsagetermin ein, den 26. November, den sog. Júrjew denj (Georgi). In der gleichen Zeit (1455) wurde durch Erlaß des Großfürsten den Einwohnern einiger Klosterdörfer das Abzugsrecht völlig genommen. Damit kündigte sich bereits die künftige Entwicklung in der Richtung bäuerlicher Schollengebundenheit an.

Von der Verschlechterung der sozialen Stellung der Frau und ihrer völligen Ausschaltung aus dem öffentlichen und geistigen Leben war bereits die Rede.

Dagegen verbesserte sich allmählich die Stellung der Sklaven. Die Sklaverei hörte auf, erblich zu sein und endete mit dem Tode des Herrn; auch bedeutete Kriegsgefangenschaft bei den Kämpfen russischer Fürsten gegeneinander nicht mehr Versklavung. Es war bereits darauf hingewiesen worden, daß der Moskauer Großfürst dazu überging, Gefangene in größerer Zahl loszukaufen und sie bei sich als Freie anzusiedeln; es kam auch vor, daß Gefangene unentgeltlich getauscht wurden. So verwischte sich allmählich der Unterschied zwischen den ehemals Unfreien und den Freien, indem die soziale Lage der einen sich besserte und die der anderen schlechter wurde. Aufs Ganze gesehen blieb aber die Masse der bäuerlichen Bevölkerung Objekt der geschichtlichen Entwicklung, ohne selbst in sie eingreifen zu können.

Aber das Volk hat nicht nur geduldet, gelitten und sein Schicksal getragen. Gelegentlich bäumte es sich auch dagegen auf. Bereits in dieser Periode kam es zwar selten, aber doch zu (von der bolschewistischen Geschichtsschreibung stark hervorgehobenen) Unruhen, so z. B. in Rostow und Súsdal (1262), in Twer (1293 und 1327), die aber ohne Folgen blieben. Folgenreich war dagegen eine andere Art, sich gegen sein Schicksal aufzulehnen und sich gleichzeitig allen Lasten zu entziehen: die infolge des Zerfalls der Tatarenmacht immer verlockender werdende Flucht in das „freie Feld", in die Steppe, um dort ein ungebundenes, von allem staatlichen Zwang freies Abenteurerleben zu führen. Die Anfänge des so entstehenden Kosakentums lagen bereits in dieser Periode; eine größere Bedeutung gewann es allerdings erst im 16. Jahrhundert, so daß noch darauf zurückzukommen sein wird (vgl. S. 165).

Das allgemeine Niveau der Moskauer Bevölkerung befand sich nach wie vor auf recht niedriger Stufe. In dieser Hinsicht wirkte sich die Tatarenherrschaft eindeutig kulturfeindlich aus. Die Lebensverhältnisse des Volkes waren sehr primitiv, die Sitten und Gebräuche roh. Die nach tatarischem Bilde üblich gewordenen grausamen Strafmethoden, die Anwendung mannigfacher Folterinstrumente, die zu körperlichen Verstümmelungen führte, trugen das ihre dazu bei; sie wurden keineswegs nur bei Sklaven, sondern bei allen Ständen angewendet.

Auch die höheren Schichten, der Bojarenadel, z. T. auch die Geistlichkeit befanden sich moralisch und geistig auf einem nur wenig höheren Stand. Einzelne Geistliche – sofern ihre Stimme uns erreicht – beklagen sich über Aberglaube, Zauberei, Hexenwesen, auch Vielweiberei – übrigens auch über bis in den Sonntag hinein ausgedehnte Tanzvergnügen an Samstagen und über unmoralische Schauspiele. In den Kreisen der Bojarenaristokratie stand oft großer Reichtum unmittelbar neben primitivster Lebensweise; es gab Bojaren und auch Fürsten, die den Klöstern und Kirchen große Schenkungen machten, selbst aber auf Stroh schliefen.

Das Kulturleben war nach wie vor in den Klöstern konzentriert. In der Zeit der Tatarenherrschaft entstanden auch jene großen Klöster, die für die weitere Geschichte Rußlands von großer Bedeutung werden sollten, vor allem die vom heiligen Sergéj von Rádonesh (1354) begründete Tróizo-Sérgijewskaja Láwra, sechzig Kilometer nordöstlich von Moskau; ferner das Kloster in Belosérsk (1397) und das Therapont-Kloster. Schon vorher war auf einer Inselgruppe im Ladogasee das Walamo-Kloster entstanden. Diese Klöster unterschieden sich von den früheren dadurch, daß sie nicht mehr im Bereich von Städten und unter deren Einfluß standen, sondern bewußt in die Wildnis gelegt waren. Es kam häufig vor, daß führende Männer geistlichen und weltlichen Standes sich im Alter dorthin zurückzogen, um als Starzy (Singular: Stárez) dort ein mit Gott verbundenes Leben zu führen. Diese Klöster konnten aber auch im Zusammenhang mit politischen und militärischen Ereignissen als Zufluchts- und Ausweichstellen auch für den Großfürsten selbst dienen und damit eine unmittelbare politische Bedeutung gewinnen. Ein unermüdlicher Klostergründer war der heilige Sergéj, ein Zeitgenosse Dimítrij Donskójs, der als einer der größten Mönche gilt, die Rußland je hervorgebracht hat. Ins 14. Jahrhundert fällt auch die Begründung des Tschúdow (Wunder-)Klosters im Moskauer Kreml (1365). Die enge Bindung des Großfürsten an das klösterliche Leben wurde unter anderem im Brauch der Großfürsten deutlich, sich vor dem Tode zum Mönch scheren zu lassen.

Die literarische Entwicklung jener Zeit gibt ein trübes Bild. Der Mangel an Literaturdenkmälern ist jedenfalls nicht nur auf deren Vernichtung durch die Tataren zurückzuführen. Aus dem Moskauer Großfürstentum ist bis zum Ende des 14. Jahrhunderts kein erwähnenswerter Schriftsteller bekanntgeworden. Übersetzungen aus dem Griechischen wurden auch weiterhin angefertigt und Heiligenleben geschrieben. Desgleichen wurde die Arbeit an den Chroniken, wie in Nówgorod und Pskow, so auch in Moskau, Twer und Rostow fortgesetzt und uns damit eine unschätzbare Geschichtsquelle in die Hand gegeben. Doch auch diese Chroniken waren ihrem Niveau nach von jenen des alten Kiew recht unterschieden. Sehr schön sagt darüber Sergéj Solowjów: „In den nördlichen Chroniken handeln die Menschen schweigend. Sie führen Krieg, sie schließen Frieden, aber weder sie selbst sagen, noch fügt der Chronist von sich aus hinzu, weshalb sie Krieg führen, aus welchen Ursachen sie Frieden schließen. In der Stadt, am Fürstenhof ist nichts zu hören, ist alles still; alle sitzen hinter verschlossenen Türen und beraten für sich; die Türen öffnen sich, die Menschen treten auf die Bühne hinaus, sie vollbringen irgendeine Handlung, aber sie handeln schweigend."

Nicht nur viele Bojaren, auch manche Großfürsten jener Zeit waren Analphabeten. Gleichwohl sind auch aus dieser Zeit Denkmäler auf uns gekommen, die von der Schöpferkraft des russischen Volkes zunächst eine Ahnung geben und die das Schweigen durchbrechen, sofern man deren wortlose Sprache zu vernehmen versteht. Es ist damit die Malerei gemeint, bis zu einem gewissen Grade auch die Architektur, obgleich auch das technische Können nur langsam Fortschritt machte. Am Ende des 13. Jahrhunderts begann man in Twer und am Anfang des 14. Jahrhunderts in Moskau steinerne Bauten zu errichten. Dabei zeigte der architektonische Stil deutliche Ansätze dazu, eigene Wege zu gehen. In der Malerei hat das 15. Jahrhundert einen so großen Künstler wie Rubljów (1360? bis 1430) hervorgebracht. Es war ein Mönch des Andrónikow-Klosters bei Moskau, und seine Werke sind mit Ausnahme einer Ikone erst nach der bolschewistischen Revolution bekanntgeworden, da sie – in erster Linie die Malereien im Blagoweschtschénskij Sobór im Kreml – übermalt waren und erst von den Sowjets freigelegt wurden. Heute gilt Rubljów als einer der größten Maler Rußlands.

Aufs Ganze gesehen wird man feststellen müssen, daß die kulturelle Gesamtentwicklung in Rußland stagnierte und gegenüber der sich gerade in diesen Jahrhunderten reich entfaltenden abendländischen Kultur zurückgeworfen wurde. So trat auch abgesehen von unmittelbaren asiatischen Einflüssen allein im Tempo der geschichtlichen Entwicklung ein sich ständig vergrößernder Abstand zwischen Rußland und dem Abendlande ein. Die Zeit lief in Rußland dank des Tatarenjochs langsamer als im Abendlande. Das wirkte sich zunächst eindeutig zum Nachteil Rußlands aus, das bis ins 19. Jahrhundert hinein mit der Entwicklung des Abendlandes nicht Schritt halten konnte. Aber aus der Perspektive unserer hektischen Gegenwart aus gesehen erscheint es fraglich, ob dieses Zeit-Haben und Sich-Zeit-nehmen-Können nicht für Rußland auch ein Vorteil gewesen ist.

Dritter Abschnitt

DIE ERSTE MOSKAUER PERIODE

Unter der Alleinherrschaft der Moskauer Großfürsten und Zaren

GESAMTBILD

Das Gesamtbild der Dritten Periode, die rund 250 Jahre umfaßt, ist durch die nunmehr unbestrittene Führungsstellung Moskaus innerhalb der russischen Lande gekennzeichnet und durch den realisierten Anspruch des Moskauer Großfürsten auf Alleinherrschaft, womit die geschichtliche Entwicklung einen neuen Mittelpunkt gewinnt.

In dieser Periode weitet sich der Moskauer Herrschaftsbereich zunächst über die übrigen Teilfürstentümer, dann über die russischen Teile Litauens und schließlich über die bislang unmittelbar von den Tataren beherrschten Steppengebiete im mittleren und unteren Wolgabecken aus. Der Moskauer Staat gewinnt in dieser Periode den Ausgang zum Meer zunächst im Norden zum Nördlichen Eismeer und durch eine ins Riesenhafte gehende Ausdehnung über ganz Sibirien auch im Osten zum Stillen Ozean.

Gleichzeitig setzt sich in dieser Periode die Kolonisations- und Siedlungstätigkeit des russischen Volkes zunächst in die neugewonnenen Gebiete des Nordens und Nordostens hinein fort, später durch einen Rückstrom der Bevölkerung in die im Süden wiedergewonnenen ehemaligen Kerngebiete der Kiewer Rus.

In dieser Periode emanzipiert Moskau sich politisch von der Oberherrschaft der Tataren, obgleich die Tatarengefahr weiter fortbesteht, und emanzipiert sich religiös-kirchlich von der Abhängigkeit von Konstantinopel durch die Verselbständigung der russischen Kirche und die Erhebung des Metropoliten von Moskau zum Patriarchen.

In dieser Periode wird vom Moskauer Großfürsten gleichzeitig das Erbe des Zar-Chan der Goldenen Horde und des Kaisers von

Byzanz zusammen mit der byzantinischen Herrschaftsideologie übernommen. Es bildet sich ein theoretisch entsprechend untermauertes autokratisches Herrschaftssystem aus, das alle Krisen der Notzeit überdauert und die Gefahr einer Begrenzung seiner Macht durch eine Repräsentation der Stände (Semskíj Sobór) überwindet und, nur in den Herrschaftsmethoden gewandelt, seinem Wesen nach unverändert bestehen bleibt.

Diese Periode ist in ihrer Mitte durch einen tiefen Einschnitt gekennzeichnet, der die Entwicklung jäh unterbricht und in blutigen Kämpfen im Innern und gegenüber dem auswärtigen Feind zu einer vorübergehenden Fremdherrschaft und zu einer Gefährdung der staatlichen Existenz führt. Nach Überwindung der Notzeit wird die Entwicklung unter einer neuen Dynastie erstaunlich schnell in die alte Richtung wieder zurückgeleitet.

In dieser Periode erfolgt eine z. T. durch Terror beschleunigte soziale Umschichtung, durch die auf Kosten des politisch entmachteten bzw. physisch beseitigten alten Udjél-Adels ein neuer Stand des Dienstadels emporkommt bei gleichzeitiger Verschlechterung der sozialen Lage der Bauern, die im wachsenden Maße ihre Freiheit verlieren und an die Scholle gefesselt werden.

In dieser Periode entstehen im Steppengebiet Südrußlands durch eine fortgesetzte Fluchtbewegung der Bauern ins „freie Feld“, z. T. am tatarischen Beispiel ausgerichtet, Kosakengemeinschaften, die einerseits einen Schutz gegenüber den Tataren bilden, andererseits als ewig unruhiges und aufrührerisches Element sich zu Anführern der Unzufriedenen machen und durch Aufstände die politische und soziale Ordnung im Staate bedrohen.

In dieser Periode kommt es zu einer Intensivierung der politischen, wirtschaftlichen und kulturellen Beziehungen zu Europa, zu einem wachsenden, vor allem wirtschaftlichen, Interesse der Europäer an Moskau und zu einem von den Herrschern z. T. begünstigten und systematisch geförderten Eindringen europäischer Einflüsse nach Moskau, ohne daß zunächst die altmoskowitische Kultureinheit gesprengt wird. Gleichzeitig kommt es in dieser Periode zur Aufnahme ordentlicher diplomatischer Beziehungen zwischen Moskau und dem Westen und damit zum Beginn einer moskowitischen Außenpolitik gegenüber Europa.

1. IWAN III.

Der Gossudár

Am Anfang der neuen Periode stand der Großfürst Iwán III. (geb. 1440). Er gehört zu den wenigen Herrschern über Rußland, die ein verhältnismäßig hohes Alter erreicht haben – 65 Jahre. Kein einziger Großfürst von Moskau und auch später kein einziger Kaiser von Rußland hat so lange selbständig regiert wie er, dreiundvierzig Jahre (1462–1505), und allein dieser Umstand gab seiner Regierung und seiner Person ein besonderes Gewicht. Eine eigentliche Wende setzte mit ihm nicht ein, die Entwicklung verlief im großen in der gleichen Richtung, nur wurde jetzt vieles von dem, was in Ansätzen schon vorhanden war, erfüllt, und die traditionelle hartnäckige Mittelmäßigkeit gewann unter ihm Format. Überall finden wir bei ihm einen Zug ins Große; er gilt mit Recht als der bedeutendste moskowitische Staatsmann vor Peter dem Großen und als der eigentliche Begründer des großrussischen Einheitsstaates. Immer wieder haben Historiker sich bemüht (zuletzt W. Kirchner), ihm den Beinamen „der Große" zu sichern, aber bezeichnenderweise immer ohne Erfolg. Wirklich neue Impulse, die den Beinamen gerechtfertigt hätten, hat er der Geschichte nicht gegeben, aber um so geschickter die Chance zu nutzen verstanden, die ihm die Entwicklung seiner Zeit bot.

Er war eine Persönlichkeit von so starker Wirkung, daß – nach dem Bericht Herbersteins – Frauen allein durch seinen Anblick ins Zittern gerieten und in Ohnmacht fielen. Eine imposante Erscheinung, schön, hochgewachsen und hager – so schildert ihn sein Zeitgenosse, der Venezianer Contarini –, hat er es sich bewußt angelegen sein lassen, den Eindruck seines Äußeren durch ein entsprechendes feierliches Zeremoniell und durch ein stets zur Schau getragenes übersteigertes Selbstbewußtsein entsprechend zu unterstreichen. Die „Majestät des Auftretens" war ihm in hohem Grade gegeben. Er entsprach wie kein anderer vor ihm dem Bilde und den Vorstellungen eines Gossudár, wie er sich erstmals nannte (1485) und auch von anderen genannt sein wollte.

Um ihm als historischer Gestalt gerecht zu werden, wird man ihn nicht mit abendländischem Maßstab messen dürfen. Gerade bei ihm und der mit ihm einsetzenden Periode, in der die Kontakte Moskaus zum Abendlande wieder aufgenommen und stark intensiviert wurden, wird es deutlich, daß die russische Entwicklung aus sich selbst heraus verstanden werden muß.

Iwán III. war die Personifikation altmoskauer Traditionen, in die tatarische Einflüsse bereits weitgehend integriert waren und neue byzantinische Einflüsse integriert wurden. Willensstark und klug, geschäftstüchtig und verschlagen, ist er nicht eigentlich tatkräftig gewesen, durchaus unheroisch, keine militärische Natur, aber jederzeit bereit, bei sich bietender Gelegenheit mit kalter Berechnung brutale Gewalt unbedenklich anzuwenden, oder aber, wenn die Situation es erforderte, eine schwerfällige elefantenhafte Geduld und Langmut an den Tag zu legen. Der Vater seiner Schwiegertochter, der Fürst von Moldau, hat von ihm gesagt, daß er „zu Hause sitzend und schlafend sein Reich gemehrt“ habe. Aber dieses Sitzen und Schlafen, gelegentlich auch tagelang untätig im Bett liegend Sichkrankstellen, war bei ihm Taktik, eine bewußt angewandte Methode, um den Partner bei diplomatischen Verhandlungen zu erschöpfen und zu zermürben.

Iwán III. war der Sohn des geblendeten Wassílij. Er hatte von Kind an tiefe Einblicke in die Machtverhältnisse seiner Zeit und seiner Umgebung gewonnen und war vom blinden Vater früh zu den Regierungsgeschäften herangezogen worden. Als er zweiundzwanzigjährig zur Regierung kam (1462), sah er seine erste Aufgabe darin, sich zunächst in der eigenen Familie, d. h. gegenüber den Brüdern und Vettern verschiedenen Grades durchzusetzen, was er zielsicher und skrupellos tat, wenn sich der Kampf auch durch Jahrzehnte hinzog. Seinen letzten, den zähesten Bruder hat er erst nach fast dreißigjähriger Regierung erledigt (1491).

In Fortsetzung der Politik seines Vaters führte er das „Sammeln russischen Landes“, d. h. die Einbeziehung weiterer Nachbarfürstentümer in den Machtbereich Moskaus fort. Auch darin ist er sehr erfolgreich gewesen. Er hat das Territorium seines Großfürstentums, das von jetzt an als Moskauer Staat bezeichnet werden kann, um das vierfache vergrößert und hat schließlich über ein riesiges Gebiet geherrscht, das in breiter Front an das Nördliche Eismeer grenzte und über den Ural hinausreichte, dessen Einwohnerzahl allerdings nicht mehr als drei Millionen betrug.

Als Iwán zur Regierung kam, war Moskau zwar das stärkste und wichtigste russische Fürstentum, aber immerhin doch nur ein Teilfürstentum unter anderen; es grenzte ausschließlich an russische griechisch-orthodoxe Gebiete: Groß-Nówgorod, Twer, Rostów, Jarosláwl, Rjasán, Russisch-Litauen. Am Ende seiner Regierung waren mit einer Ausnahme (Nówgorod-Séwersk) alle russischen Fürstentümer von ihm unterworfen, und sein erweiterter Staat grenzte an die Siedlungs- und Herrschaftsgebiete nichtrussischer, andersgläubiger Nachbarn, der Schweden, Deutschen, Polen, Tataren. Dadurch hatte sich einerseits seine Stellung im Innern des russischen Landes von einem nominellen zu einem tatsächlichen Herrn, zu einem „Gossudár", d. h. Alleinherrscher über „ganz Rußland" gewandelt, andererseits sah er sich dadurch vor erweiterte, im Vergleich zu früher in höherem Grade gesamtrussische politische Aufgaben gestellt.

Sich dieser Alleinherrschaft zu bemächtigen gelang ihm, mit Ausnahme Großnówgorods, erstaunlich leicht. Er konnte dabei weitgehend von der bereits erwähnten Anziehungskraft Moskaus profitieren. In allen Nachbarfürstentümern befand sich bereits vorher eine moskowitische Partei, zumindest eine politische Gruppe – eine „Fünfte Kolonne" würden wir heute sagen – mit deren Hilfe, vom Gesichtspunkt der anderen Fürstentümer durch deren Verrat, die Widerstände gegen eine Angliederung an Moskau leicht, z. T. kampflos, gebrochen wurden. Einige Teilfürsten, zumal die kleinen, wie Rostów und Jarosláwl, gaben freiwillig ihre Selbständigkeit auf und traten in den Dienst des Großfürsten, andere wurden nach bewährter Methode gekauft. Den erbitterten Erbrivalen Twer, das wie Moskau nach einer Hegemoniestellung in den russischen Landen strebte, suchte Iwan zunächst durch eine eheliche Verbindung zu gewinnen – er heiratete in erster Ehe Márja von Twer –, und als das nicht zum Ziele führte, eroberte er es mit Waffengewalt (1485). Rjasán war bereits völlig abhängig von ihm; die endgültige, gewaltsame, Eingliederung erfolgte unter seinem Sohn Wassílij (1517). Die Gleichschaltung Nówgorods wird gesondert behandelt.

Das Ende des Tatarenjochs

Mehr Ruhm als alle anderen Erfolge brachte dem Großfürsten Iwán III. die sog. „Abschüttelung des Tatarenjoches" ein, und gerade dieses war nicht eben ein rühmlicher Vorgang. Als Datum gilt dafür das Jahr 1480 – genau 100 Jahre nach der Schlacht bei Kulikówo. In Wirklichkeit war die Beendigung des Tatarenjoches aber nicht ein einzelner, auf ein bestimmtes Jahr begrenzter Vorgang, sondern das Ergebnis eines sich über viele Jahrzehnte hinziehenden Prozesses.

Seit der Mitte des 15. Jahrhunderts war der Zerfall der Goldenen Horde so weit fortgeschritten, daß bereits drei sich bitter befehdende Horden bestanden: die Goldene Horde im (unteren) Wolga- und Dongebiet, die Kasan-Horde an der mittleren Wolga und die Krim-Horde. Jede hatte ihren eigenen Chan-Zar, und da diese fortgesetzt miteinander Krieg führten, konnte Iwán das ehemalig russisch-tatarische Verhältnis umkehren und sich nun seinerseits in die inneren Streitigkeiten der Tataren einmischen, mit dem Ergebnis, daß einige Chane so weit von ihm abhängig wurden, daß sie ihm, jedenfalls vorübergehend, ihrerseits Tribut zahlten. In Kasan hat Iwán III. auch gelegentlich den Chan abund wieder eingesetzt (1467 und 1487).

Die mächtigste der Teilhorden war die Krim-Horde unter der sehr begabten Dynastie der Giréj; in den deutschen Quellen jener Zeit wird der Krim-Chan der „krimische Kaiser" genannt. Aber die tributäre Abhängigkeit Moskaus von der Goldenen Horde unter dem unfähigen Chan Achmed bestand weiter. Iwán tat nur das gleiche, was manche seiner Vorgänger allerdings ohne Erfolg zu tun versucht hatten, er setzte mit den Zahlungen aus und weigerte sich, vor dem Chan zu erscheinen. Mit dem Rivalen Achmeds, dem Krim-Chan, stellte sich der Moskauer Großfürst um so besser und bat diesen in einem unterwürfigen Schreiben um seine, durch einen Nichtangriffspakt zu befestigende, Freundschaft: „Der Großfürst Iwán schlägt mit der Stirn: ... daß Du mir gnädig gewähren wolltest, mit mir in Bruderschaft, Freundschaft und Liebe zu leben ... und die begonnene Gnade mir bis zum Ende erhaltest." Darauf der Krim-Chan in ganz anderem Ton: „Ich, Zar Méngli-Giréj habe gnädig gewährt, mit meinem Bruder, dem Großfürsten Iwán Liebe und Bruderschaft zu vereinbaren und ewigen Frieden ... Wir wollen überall zusammenstehen. Ich, Zar Méngli-Giréj, soll gegen Dein Land und gegen die Fürsten, die Dir gehorchen, keinen Krieg führen ..."

Der „ewige" Friede mit dem Krim-Chan ist alles andere als ewig gewesen. Damals kam er Iwán aber sehr zustatten, zumal der Chan der Goldenen Horde in arger Überschätzung der eigenen Macht die Tributzahlungen Moskaus verlangte, und als das nicht geschah, zunächst (seit 1476) in das russische Land plündernd einfiel und schließlich direkt auf Moskau marschierte.

Die Vorgänge des Jahres 1480 sind später stark dramatisiert und heroisiert worden. In Wirklichkeit waren sie für keinen der Beteiligten ein Heldenstück. Die Tataren, nach alter Tradition mit den Litauern verbündet und nach alter Erfahrung ohne faktische litauische Hilfe geblieben, waren bis zum Fluß Ugra an der moskauer-litauischen Grenze 100 Kilometer von Moskau entfernt gekommen und dort auf das Heer Iwáns gestoßen. Keine Seite riskierte jedoch einen Angriff, so daß die beiden Heere monatelang untätig einander gegenüberstanden, bis schließlich eine aus irgendeinem Anlaß entstandene Staubwolke die Befürchtung von Angriffsvorbereitungen auf beiden Seiten aufkommen ließ, was zu einem schleunigen Rückzug beider Heere führte.

Damit war der Krieg – im Sinne Iwáns III.! – beendet, denn der Angriff auf Moskau fand nicht statt. Zu Iwáns Unglück ist aber ein Sendschreiben seines Beichtvaters, des Erzbischofs von Rostów überliefert, aus dem einige peinliche Einzelheiten über das Verhalten des Großfürsten selbst in dieser kritischen Zeit hervorgehen. Die Kirche setzte sich damals leidenschaftlich für ein energisches Vorgehen gegen die ungläubigen Tataren ein, während Iwán nicht nur einen Angriff gegen den viel schwächeren Feind ablehnte, sondern für sich selbst und die Seinen alle Vorbereitungen zur Flucht traf. Er hatte sich von der Front nach Moskau begeben, bereit, jederzeit weiter zu fliehen. Dieses wurde ihm von seiner Umgebung, zumal von der Geistlichkeit, schwer verdacht. „Alles Christenblut wird über Dich kommen, weil Du die Deinen preisgegeben hast und fortgelaufen bist, ohne Dich zur Schlacht gestellt zu haben", schrieb ihm sein mutiger Beichtvater und wies auf Dimítrij Donskój als Vorbild: „Der erschrak nicht vor den Tataren und sagte nicht zu sich selbst: ich habe Frau und Kinder und Reichtümer viel, wenn sie mein Land nehmen, dann werde ich mich woanders ansiedeln, sondern schritt mutig zur Tat." Zu Iwáns Glück war aber auch sein Gegner Achmed nicht zur mutigen Tat geschritten, und das Ergebnis des Ganzen war – „die Abschüttelung des Tatarenjoches".

Die Tatarengefahr war damit allerdings nicht beseitigt. Zwar zerfiel die goldene Horde nach der Ermordung Achmeds gänzlich und löste sich auf (1502), aber die Krimtataren, die sich inzwischen unter die Oberhoheit des türkischen Sultans gestellt hatten, blieben noch fast 300 Jahre lang eine akute Bedrohung für Moskau.

Die Befreiung von der Oberherrschaft der Goldenen Horde hatte für Iwán schwerwiegende und geschickt genutzte außenpolitische Folgen. Er war jetzt souverän. Jetzt legte er sich auch, zunächst nur gelegentlich und vorsichtig die politische Wirkung prüfend, seinerseits den Zarentitel zu. Hier spielte allerdings auch die gleichzeitige Übernahme des byzantinischen Erbes mit hinein, so daß in diesem Titel in sonderbarem Gleichklang der Anspruch auf eine zwiefache Erbschaft, die tatarische und die byzantinische, zum Ausdruck kam. Iwán III. hat den Zarentitel nur Schwächeren gegenüber angewandt, an die er Herrschaftsansprüche stellte, so z. B. dem livländischen Ordensmeister gegenüber. Im diplomatischen Verkehr mit dem Deutschen Kaiser hat er sich immer als Großfürst bezeichnet, was allerdings nicht ausschloß, daß auch kaiserliche Gesandte, wenn sie dem Großfürsten schmeicheln wollten, ihn gelegentlich Zar nannten. Die einheimische Geistlichkeit hat ihn nie anders als Zar genannt.

Gleichschaltung Groß-Nówgorods. Umsiedlung

Der Kampf zwischen Groß-Nówgorod und Moskau zog sich durch Jahrhunderte. Es war nicht nur ein Kampf um Territorialbesitz – vorwiegend im Norden Rußlands –, es war auch nicht nur ein Kampf um die Anerkennung der großfürstlichen Oberhoheit, sondern auch ein Kampf zwischen den Regierungssystemen. Für Nówgorod ging es dabei um seine freiheitliche Verfassung. Der angreifende Teil war Moskau.

Immer wieder seit der Zeit Andréj Bogoljúbskijs hatten die Herren des Hinterwaldes Vorstöße in jenes verlockende Tor nach dem Westen gemacht, waren immer wieder siegreich in die Stadt eingezogen, hatten ihren Herrschaftsanspruch geltend gemacht und Geldzahlungen erpreßt, aber nie hatten sie sich auf die Dauer durchsetzen können. Wenn jetzt in der zweiten Hälfte des 15. Jahrhunderts darin eine Änderung eintrat, so lag das nicht allein an der inzwischen erfolgten Machtsteigerung und verstärkten Initiative Moskaus, sondern an Groß-Nówgorod selbst. Die stolze Fernhandelsstadt, deren Stärke auf dem Gemeinsinn und der Opferbereitschaft der Bürger beruht hatte, war von innen heraus geschwächt. Nówgorod ist eines jener zahlreichen Beispiele aus der Geschichte für die Gefahren, die großer und wachsender Wohlstand in sich birgt.

Der wirtschaftliche Aufschwung hatte zu einer Verschärfung der sozialen Gegensätze und jedenfalls auch zu einer Schwächung der Tatkraft in der Oberschicht geführt. Die großen Kaufleute hörten auf, selbst Handel zu treiben und begnügten sich mit seiner Finanzierung, die kleinen Kaufleute und Handwerker wurden zu Schuldnern der Bankiers. Das Übergewicht der wirtschaftlich Starken über die wirtschaftlich Schwachen verlieh der nach wie vor demokratischen Grundstruktur des Gemeinwesens den immer krasser in Erscheinung tretenden Charakter einer Oligarchie. Die längst bestehenden sozialen Spannungen, die sich in der Wetsche-Versammlung jederzeit entladen konnten und auch entluden, nahmen jetzt die Form von Klassengegensätzen an, führten zu Parteibildungen und schließlich zum Bestreben der einzelnen Parteien bzw. Klassen, außerhalb der Heimatstadt eine Rückendeckung bei den benachbarten Fürstentümern zu finden. So begann der Egoismus der einzelnen Gruppen oder auch Personen über den alten Gemeinsinn zu triumphieren.

Das vermögende Stadtpatriziat der Bojaren tendierte nach Polen-Litauen; die kleinen, abhängigen Leute sympathisierten mit Moskau. Zudem zeigte sich in Nówgorod eine Entartungserscheinung, die man heute als Halbstarkenunwesen bezeichnen würde. Es handelte sich dabei um Banden junger Leute – der sog. Uschkújniki –, die auf flachen Boten Flußpiraterie trieben und selbstverständlich auch die Randgebiete des benachbarten Moskauer Großfürstentums heimsuchten, Zustände, die sich sehr zum Nachteil der Stadt und ihres guten Rufes auswirkten und die zu beheben die Obrigkeit sich nicht fähig zeigte. Schon ein Jahrzehnt vor dem Fall Nówgorods klagte der Chronist darüber, daß es dort kein Recht und Gesetz mehr gebe und die Stadt jedes Ansehen eingebüßt habe. Hinzu kam, das Nówgorod auch wirtschaftlich in steigendem Maße von Moskau abhängig wurde, sowohl infolge des aus Moskau bezogenen Getreides wie auch deshalb, weil das Großfürstentum mit dem Niedergang und Zerfall der Horde eine immer größere Bedeutung als Absatzmarkt für die von den Nówgorodern aus dem Westen importierten Waren gewann.

Diese Zerfallserscheinungen erleichterten es dem Großfürsten, sich im Norden und Nordosten Rußlands laufend in den Besitz bislang zu Nówgorod gehörender Gebiete zu setzen – die wichtigsten waren Wjatka und Perm – und auf diese Weise seinen Machtbereich bis hinter den Ural hinaus auszudehnen.

So war die innere und äußere Widerstandskraft Nówgorods bereits geschwächt, als Iwán III. zur entscheidenden Offensive überging. Die Eroberung geschah nicht mit einem vernichtenden Schlage; sie war im Gegenteil ein langwieriger, sich durch Jahrzehnte hinziehender Prozeß, der, in den sechziger Jahren des 15. Jahrhunderts vorsichtig diplomatisch eingeleitet, in den siebziger und achtziger Jahren zu mehreren zeitlich recht weit auseinanderliegenden militärischen Aktionen führte und schließlich erst im Jahre 1494 durch Verwaltungsmaßnahmen seinen Abschluß fand.

Wie erinnerlich, war Moskau schon früher mit wechselndem Erfolg bestrebt gewesen, seinen Kandidaten in Nówgorod zum Fürsten wählen zu lassen. Schließlich hat es der Großfürst erreicht, selbst gewählt zu werden. Diplomatisch ging Iwán so vor, daß er bei jeder Gelegenheit mit zäher Verbissenheit darauf bestand, daß Nówgorod „sein Erbland" (wóttschina) sei und die Nówgoroder ermahnte, „sich zu bessern", d. h. diese These anzuerkennen. „Du mein Erbland Nówgorod und Ihr Nówgoroder Männer bessert Euch ... Haltet meinen Namen in Furcht und Ehren! Demütigt Euch vor mir und ich werde meinem Erblande nach altem Brauche gnädig sein." An solche Forderungen knüpfte er das unmißverständliche Versprechen, die überlieferten Rechte Nówgorods zu respektieren.

Die Nówgoroder erwiderten in offenbarer Verkennung der realen Gegebenheiten ebenso verbissen und unnachgiebig, sowohl auf ihrer Wetsche-Versammlung wie bei Verhandlungen mit dem Großfürsten: „Wir sind kein Erbland des Großfürsten. Groß-Nówgorod war von jeher ein freies Land. Groß-Nówgorod ist sein eigener Herr."

An der Spitze der polenfreundlichen aristokratischen Partei in Nówgorod stand in der Zeit der Verschärfung des Konfliktes eine Frau, Marfa Borézkaja, die Witwe eines Possádniks. Allein diese Tatsache war schon unmoskowitisch und in damaliger Zeit im ganzen russischen Lande wohl nur noch in Nówgorod möglich. Über Marfa Borézkaja wissen wir leider verhältnismäßig wenig, so viel aber wohl, daß sie, selbst sehr reich und Mutter mehrerer im öffentlichen Leben stehender Söhne, die Seele des Widerstandes gegen Moskau war und sich mit ihren Anhängern zum Ziel gesetzt hatte, gestützt auf den polnisch-litauischen Nachbarn, die alte Nówgoroder Freiheit – das bedeutete damals praktisch die oligarchische Herrschaft des Patriziats – mit allen Mitteln zu verteidigen.

Gerade dieser Umstand bot aber Iwán die Möglichkeit, seinen Angriff von außen, durch die Aktivierung einer „Fünften Kolonne", d. h. der moskaufreundlichen, sich wirtschaftlich ausgebeutet fühlenden niederen Schichten des Volkes – des „Proletariats" – auch nach innen zu tragen. Er konnte sich dabei neben den sozialen auch die religiösen Gegensätze zunutze machen.

Indem er die polenfreundliche Partei der Borézkaja der Sympathien für den Katholizismus verdächtigte, warf er sich, entsprechend von der griechisch-orthodoxen Geistlichkeit unterstützt, sowohl zum Beschützer der Armen gegenüber den Reichen wie auch zum Beschützer des wahren Glaubens gegen die Verbündeten des Papstes auf.

Die beiden Feldzüge Iwáns gegen Nówgorod (1471 und 1477) sind weniger durch militärische Taten bemerkenswert – beim ersten Feldzug hatte die moskaufreundliche Volkspartei in Nówgorod die Verteidigung sabotiert und u. a. die Kanonen vernagelt – als durch fürchterliche Verwüstungen, Zerstörungen und Grausamkeiten. Was die Moskowiter früher von den Tataren zu erdulden hatten, das ließen sie jetzt die Nówgoroder entgelten. Den Vorstellungen Iwáns von der Majestät des Auftretens entsprach es, überall dort, wo er seinen Fuß hinsetzte, Schrecken zu verbreiten. Er, nicht erst sein Enkel, ist der erste Großfürst von Moskau gewesen, der den Beinamen „Grósnyj" erhielt.

Die Nówgoroder haben schließlich (1478) kapituliert. Noch vier Jahre vorher hatten sie sich geweigert, Iwán als Gossudár, d. h. als Alleinherrscher, anzuerkennen und wollten ihm nur als ihrem Herrn (Gospodín) huldigen. Jetzt erklärten sie sich bereit, in der offenbaren Hoffnung, den Großfürsten gnädig zu stimmen, ihm den Titel Gossudár zuzubilligen und Nówgorod auch als sein Erbland anzuerkennen. „Erweise Deinem Erbland, Gossudár, Barmherzigkeit; höre auf, Feuer und Schwert wüten zu lassen, versündige Dich nicht an Deinem alten Lande und schenke Deinen schuldbewußten Leuten einen Lichtblick ..." Iwán hat ihnen eine Zusicherung nach der anderen gemacht – ihre Verfassung zu respektieren, keine Gewaltmaßnahmen anzuwenden, die Gefangenen ohne Lösegeld freizugeben – und hat später keine dieser Zusicherungen erfüllt. Entgegen allen Versprechungen wurden die führenden Persönlichkeiten der aristokratischen Partei exekutiert, Marfa Borézkaja und ihre Anhänger in Fesseln geschlagen und verschickt; ihr letzter noch lebender Sohn wurde enthauptet, der Besitz der Geächteten „zugunsten des Gossudár" konfisziert. Auch die übrige Bevölkerung wurde ausgeraubt; nach der Chronik fuhren damals 300 Wagenladungen mit Beute nach Moskau ab. Wer früher eine negative Einstellung zur Herrschaft des Großfürsten bekundet hatte, mußte das selbstverständlich mit dem Tode büßen. Das für die Existenz Nówgorods Entscheidende lag aber nicht in den persönlichen, sondern in den politischen Maßnahmen.

Die Nówgoroder wurden aller ihrer Freiheitsrechte beraubt; gleichzeitig wurden sie korrumpiert, indem sie ausdrücklich dazu verpflichtet wurden, einander zu denunzieren. Das Herrschaftssystem wurde dem Moskauer ganz angeglichen. Zum äußeren Zeichen dafür wurde die Wetsche-Glocke, das Symbol der Stadtfreiheit, nach Moskau verbracht und dort als eine unter vielen anderen Glocken ohne Symbolkraft wieder aufgehängt. Der vielzitierte Machtspruch Iwáns III. über Nówgorod wirkt in der Übersetzung zu blaß, weil dabei meist die lapidare Kürze der Sätze verlorengeht, die wie Hammerschläge auf die Nówgoroder herniedersausten: Gossudárstwo násche takowó: wetschewómu kólokolu ne bytj; possádniku ne bytj, a gossudárstwo wsjo nam dershátj." – „Unsere Herrschaft ist so: eine Wetsche-Glocke hat nicht zu sein; ein Possádnik hat nicht zu sein, aber die Herrschaft halten wir uns." Selbstverständlich war mit der Kapitulation Nówgorods auch sein riesiges Ausbeutungsgebiet in Nordrußland an Moskau gefallen, so daß dessen Macht jetzt bis ans Eismeer reichte.

Damit war die Tragödie Nówgorods aber noch nicht beendet. Die Bürger der stolzen Stadt haben immer wieder versucht, sobald sie etwas zu Atem kamen, ihr Los zu erleichtern und auch auswärtige Hilfe bei Polen-Litauen zu finden. Die Gegenschläge Moskaus waren (seit 1480) um so härter. Schließlich führte Iwán, durch Denunzianten in den Besitz der Namen der besonders in der Bojarenaristokratie zahlreichen „Verräter" gelangt, zu denen übrigens auch der Metropolit gehörte, den Todesstoß mit einer von den Tataren immer gerne gehandhabten, seither von den Russen übernommenen und im Laufe der Jahrhunderte oft angewandten – und endlich im fortschrittlichen 20. Jahrhundert sogar im Abendland beliebt gewordenen – Methode, nämlich der Massendeportation. Vorher (1478) hatte der Großfürst den Nówgorodern feierlich zugesichert, daß sie eine Austreibung aus der Heimat nicht zu befürchten hätten: „wýwoda ne bójtesj." Jetzt ließ er allein aus der Stadt Nówgorod 8000 Familien, davon 1000 Bojaren- und Kaufmannsfamilien, d. h. so gut wie die ganze Oberschicht, zwangsweise in das Innere seines Großfürstentums – nach Perejasláwl, Wladímir, Múrom, Rostów, Kostromá, Níshnij-Nówgorod – umsiedeln und dabei selbstverständlich deren gesamte Habe zu eigenen Gunsten konfiszieren (1488). Um die ehemals mächtige und blühende Stadt und das Nówgoroder Land nicht ganz zu entvölkern, hatte er gleichzeitig nach den Worten des moskaufreundlichen Chronisten „auf den beschlagnahmten Gütern viele gute Leute aus Moskau angesiedelt, Großkaufleute und Bojarenkinder, auch aus anderen Städten, und hat ihnen Rechte verliehen".

Der Schlußakt erfolgte sechs Jahre später, als auch die deutschen Kaufleute Nówgorods veranlaßt werden sollten, nach Moskau überzusiedeln. Diese weigerten sich, worauf sie gefangengesetzt wurden; ihre Habe (im Wert von 96 000 Mark) wurde konfisziert. Das deutsche Handelskontor in Nówgorod wie auch die deutsche Kirche wurden geschlossen (1494).

Mit Nówgorod war auch die zweite der beiden Mütter der russischen Städte untergegangen. Das große Kiew hatte den Todesstoß durch die Tataren, das große Nówgorod hatte ihn durch Moskau erhalten. Von sowjetischer Seite ist mit Nachdruck darauf hingewiesen worden (Pronschtein), daß dieser Untergang sich nur auf die politische Selbständigkeit der Stadt bezogen und daß Nówgorod wirtschaftlich nach dem Anschluß an Moskau einen neuen Aufschwung genommen habe. Wenn das – zeitlich beschränkt – zutrifft, so nur unter dem Gesichtspunkt einer Prosperität der nach Nówgorod umgesiedelten Moskauer Kaufleute. Aber bereits zwei Menschenalter später (1570) hat Iwáns Enkel gleichen Namens, gerade um ein neues Emporkommen zu verhindern, jedes Eigenleben der Stadt, auch das wirtschaftliche, vollkommen ausgelöscht. Mehr als eine Moskauer Provinzstadt ist Nówgorod seither nie mehr gewesen.

Die Ironie des Schicksals hat es gewollt, daß Pskow, die ehemalige Tochterstadt Nówgorods, die sich zuerst zu deren „jüngerem Bruder" und schließlich zum Rivalen emanzipierte, in völliger Verkennung der Situation, den Moskowitern bei der Zerschlagung Nówgorods half. Nur ein Menschenalter später hat der Sohn

Iwáns, Wassílij III., der in mancherlei Hinsicht zum Vollender des Werkes seines Vaters werden sollte, gegen das kleine und schwache Pskow genau die gleiche Methode angewandt wie sein Vater gegen Nówgorod, und auch mit genau dem gleichen Erfolg (1510). Die Chronik berichtet darüber: „Schrecken und Zittern und Jammern überfiel sie (die Pskower); ihre Kehlen trockneten aus vor Kummer und Traurigkeit und ihre Lippen überzogen sich mit Schorf." Auch in Rjasán brachte Wassílij das Werk seines Vaters zum Abschluß (1517); auch hier fanden, wie zuerst in Nówgorod und dann in Pskow, Zwangsdeportationen eines großen Teiles der Bevölkerung in das Moskauer Gebiet statt.

Die geschichtliche Bedeutung der Eingliederung Nówgorods in das Großfürstentum Moskau geht über die einer gewöhnlichen Eroberung weit hinaus. Sie beschränkt sich nicht auf den Territorialzuwachs. Die besondere Bedeutung des Untergangs Nówgorods liegt in der Gleichschaltung. Dieses moderne Wort kennzeichnet jenen Vorgang sehr treffend. Iwán III. war dabei vom Moskauer Gesichtspunkt aus ohne Zweifel folgerichtig vorgegangen. Die Gleichschaltung Nówgorods entsprach einer inneren Notwendigkeit, die im Wesen der Moskauer Herrschaftsstruktur lag und die von Iwán III. richtig als solche erkannt worden ist.

Ein Herrschaftssystem wie das moskowitische vertrug es nicht, in seinem Machtbereich ein Gebiet zu haben, dessen innere Struktur anders und dessen Niveau höher war als das eigene. Auch der Erfolg der Zwangsumsiedlung entsprach durchaus den Erwartungen Iwáns, denn die ins Moskauer Land deportierten, völlig verarmten und ihres Einflusses beraubten, ganz und gar auf die Gunst und Gnade des Großfürsten angewiesenen Umsiedler erwiesen sich später – wie besonders von sowjetischer Seite hervorgehoben worden ist (Wipper) – als die besten und zuverlässigsten Stützen der Moskauer Zentralgewalt.

Kampf um Livland und Litauen

Durch die Einverleibung Nówgorods und Pskows war Moskau unmittelbarer Nachbar des Deutschen Reiches geworden. Denn das Ordensland Livland, in seiner politisch-sozial-kulturellen Struktur ein rein abendländisches Gebiet, gehörte damals zum Römischen Reich deutscher Nation.

Natürlich wollte Iwán III. den Livländern das gleiche Schicksal bereiten wie den Nówgorodern. So versuchte er mit den gleichen Mitteln und Argumenten, die bei Nówgorod zu einem so vollständigen Erfolge geführt hatten, auch das Ordensland zu gewinnen. Er erklärte auch Livland zu seinem Erbland, das ihm rechtmäßig gehöre, bediente sich auch hier der Taktik, durch Herabsetzung des Ranges seines Verhandlungspartners die eigene Stellung zu erhöhen und dadurch seine Verhandlungsposition zu stärken, wobei er sich eines erstaunlich hochfahrenden Tones bediente: „Wißt Ihr denn nicht" – ließ er den Livländern sagen –, „daß unser Herr, der Großfürst, der mächtigste Herr unter der Sonne ist ... Ihr aber alle in Livland sitzt wie die Schweine in einem Schweinetrog. Ihm gehört das Land, und er wird alle Ritter mit Ruten aus dem Lande jagen!"

Diese Methode verfing aber bei den Livländern nicht, und so versuchte Iwán es auch dieses Mal mit Waffengewalt (1501). Sein Angriff auf Livland war der erste Waffengang Moskaus mit dem Abendlande, er endete mit einer schweren Niederlage der Moskowiter (1502 am See Smolina). Für Livland hatte dieser Sieg eine sehr große, auch von den Zeitgenossen als solche erkannte Bedeutung. Es war dadurch nicht nur für den Augenblick vor dem Schicksal einer Gleichschaltung bewahrt, sondern blieb es bis in die Zeit des Zweiten Weltkrieges hinein. Denn als es 200 Jahre später unter Peter dem Großen doch an Rußland fiel, erfolgte die Eingliederung in das Russische Reich nicht mehr auf dem Wege einer mit Deportationen verbundenen Gleichschaltung. Für Moskau bedeutete aber diese Niederlage, daß der abendländische Riegel, der es von der Ostsee trennte, weiter bestehenblieb. In jahrzehntelangem erbitterten Ringen haben die Nachfahren Iwáns III., vor allem sein gleichnamiger Enkel, sich vergeblich bemüht, diesen Riegel zu durchstoßen und sich dadurch gezwungen gesehen, zunächst den Ausweg nach einem anderen, dem Schwarzen Meer zu suchen.

Mehr Erfolg war Iwán gegenüber Litauen beschieden. Die Voraussetzungen waren dort allerdings auch ganz andere. Wie wir sahen, hatte Litauen sich in das russische Land hinein ausgedehnt.

Die Bevölkerung seiner Ostgebiete, die früher zur Rus gehört hatten, bestand zum großen Teil aus Russen – Weißruthenen und Ukrainern – und war vorwiegend griechisch-orthodox. Hier fiel Iwáns bevorzugtes Argument, das zu erobernde Land sei sein Erbgut, schwerer ins Gewicht, und hier konnte er auch bei der Bevölkerung, zumal bei den Bojaren, mit einer anderen Resonanz rechnen. Die fortschreitende Polonisierung und Katholisierung Litauens hatte bei vielen griechisch-orthodoxen Fürsten wachsende Unzufriedenheit erregt und sie dazu veranlaßt, von ihrem Recht der Freizügigkeit Gebrauch zu machen, d. h. sich vom eigenen Großfürsten loszusagen und in die Dienste Moskaus zu treten, eine Entwicklung, die von Moskau durch geschickte Propaganda und militärischen Druck entsprechend gefördert wurde.

Da diese Bojaren über einen z. T. sehr beträchtlichen Landbesitz als ihr Privateigentum verfügten und dieser mit ihrem Übertritt auch an Moskau fiel, so war die Grenze zwischen Moskau und Litauen ins Fließen gekommen und verschob sich langsam immer weiter nach Westen. In diesem Fall übte Moskau seine Anziehungskraft nicht auf das Proletariat, sondern auf die Hocharistokratie aus. Im Zuge dieser Entwicklung waren für die künftige Geschichte Rußlands so bedeutsame Fürstengeschlechter wie die Wjásemski, Odójewskij, Glínskij, Worotýnskij, Nowossílskij von Litauen nach Moskau hinübergewechselt. Der Übertritt nahm aber unter Iwán III. solche Ausmaße an, daß Litauen ihn zu unterbinden versuchte und dadurch in einen offenen Konflikt mit Moskau geriet.

In Polen-Litauen hatte nach dem Tode Kasimirs IV. (1492) vorübergehend eine Trennung der beiden Teile stattgefunden, indem einer seiner Söhne (Jan Albrecht) König von Polen und ein anderer (Alexander) Großfürst von Litauen wurde. Diesen Umstand versuchte Iwán sich durch eine eheliche Verbindung zunutze zu machen: er vermählte seine Tochter Jeléna mit dem Großfürsten Alexander. Daraus entstanden allerdings Komplikationen, weil Alexander katholisch war. Das Verhalten Iwáns bei diesem Dilemma ist für die spätere Moskauer wie auch für die Petersburger Politik richtunggebend gewesen. Iwán sah es als selbstverständlich an, daß jede Prinzessin, die einen russischen Herrscher heiratete, zum griechisch-orthodoxen Glauben übertrat; ebenso selbstverständlich war es für ihn aber, daß eine russische Prinzessin, die einen ausländischen Herrscher heiratete, ihren Glauben behielt. Iwáns Tochter geriet dadurch in eine schwierige Lage, zumal ihr Mann bald darauf König von Polen wurde. Für Iwán blieb aber seine Tochter auch als polnische Königin in erster Linie ein Werkzeug Moskauer Politik, aber Jeléna wollte sich in eine Agentenrolle nicht finden.

Wir sind über diesen Konflikt recht gut informiert, da die Korrespondenz zwischen Vater und Tochter z. T. erhalten ist. „Alle sagen hier" – schrieb Jeléna –, „er hat seine Tochter nur darum nach Litauen gegeben, weil es ihm so bequem ist, Land und Leute auszukundschaften." Da Iwán sehr wohl wußte, daß er seine Tochter nur so lange in einem Abhängigkeitsverhältnis von ihm halten würde, als sie die Zugehörigkeit zur Kirche wahrte, so drohte er ihr fortgesetzt mit der Vernichtung ihrer Seele durch Gott, wenn sie „das römische Gesetz" annehmen würde. Wieweit ihm seine Tochter tatsächlich als Agentin gedient hat, wissen wir nicht, aber der Krieg, der nun zwischen ihm und seinem Schwiegersohn ausbrach und drei Jahre währte (1500–1503), endete schließlich mit einem eindeutigen Erfolg für Iwán: Im Waffenstillstand wurden ihm alle Besitzungen der aus Litauen übergetretenen Bojaren feierlich zugesprochen.

Die Auseinandersetzung Moskaus mit Polen-Litauen sollte sich noch durch Jahrhunderte hinziehen, zunächst zugunsten Moskaus. Dem Sohne Iwáns, Wassílij III., gelang es, das sehr wichtige Smolensk für Moskau zu gewinnen (1514) und im Desná-Becken das letzte bis dahin von Moskau noch unabhängige russische Fürstentum Nówgorod-Séwersk, ein altes Kerngebiet der Kiewer Rus, dem Moskauer Staat einzuverleiben (1523).

Moskau das Dritte Rom

Während der Regierungszeit Iwáns III. hat sich in Moskau eine neue Herrschaftspraxis herausgebildet; gleichzeitig wurde eine neue Herrschaftsideologie übernommen. Diese Ideologie stammte aus Byzanz.

Wie wir sahen, lagen die byzantinischen Einflüsse bisher auf kulturellem, vorwiegend kirchlichem Gebiet. Jetzt wurden sie bewußt auch in die politisch-staatliche Sphäre getragen und gleichzeitig das politische Erbe Ostroms mit der ebenso lapidaren wie apodiktischen Behauptung angetreten, Moskau sei – nach dem Fall Konstantinopels – das Dritte Rom.

Dieser für die weitere Entwicklung hochbedeutsame Vorgang hatte ein kurzes Vorspiel. Der Übernahme des politischen Erbes von Byzanz ging die kirchliche Emanzipation voraus. Unter der ständig zunehmenden Bedrohung durch die Türken hatten die Byzantiner sich auf abendländische Unterstützung angewiesen gesehen. Der griechische Kaiser und der Patriarch von Konstantinopel bemühten sich, auf dem Wege einer Kirchenunion von Rom Hilfe zu gewinnen, wobei sie sich in ihrer Notlage zu weitgehenden Konzessionen bereitfanden. Im Zuge dieser Entwicklung wurde auf einem Konzil in Florenz (1439) eine Union zwischen der westlichen und östlichen Kirche beschlossen. Das war ein großer Erfolg für die Politik der Kurie, denn die Byzantiner sahen sich veranlaßt, alle Dogmen der katholischen Kirche und die Oberherrschaft des Papstes anzuerkennen; nur ihre Riten durften sie beibehalten. Selbstverständlich hatte dieses Ereignis auch eine unmittelbare Auswirkung auf die dem Patriarchat von Konstantinopel unterstellte russische Geistlichkeit und Kirche.

Metropolit von ganz Rußland war damals ein Grieche, Isidór, der sich mit großem Gefolge an dem Florenzer Konzil beteiligte. Er erwies sich als leidenschaftlicher Anhänger des Unionsgedankens und kehrte (1441) als Exponent der neuen Unionskirche – mit dem lateinischen Kreuz! – nach Moskau zurück. Die Reaktion darauf in Moskau war sehr bezeichnend. Hier, wo keine unmittelbare Bedrohung von außen bestand, war man zu Konzessionen keineswegs bereit. Das Verhalten Isidórs löste in Moskau geradezu Empörung aus; es wurde als ein Verrat an der orthodoxen Kirche empfunden. Der Großfürst stellte sich persönlich an die Spitze des Widerstandes gegen die Union, Isidór wurde abgesetzt und verhaftet – er ist später nach Rom entflohen – und durch ein Konzil russischer Bischöfe ein neuer Metropolit, der Bischof von Rjasan, Jonas, gewählt (1449). Das bedeutete die Emanzipation der russischen Kirche vom Patriarchat Konstantinopel. Moskau sah sich nunmehr als Haupt der Rechtgläubigen an, und seither ist nie mehr ein Grieche zum Metropoliten – und später zum Patriarchen – der autokephalen russischen Kirche gewählt worden. Die seit jeher stärker an Byzanz gebundene Kiewer Diözese blieb allerdings nach wie vor von Byzanz abhängig, und die Metropoliten von Kiew wurden auch weiterhin vom Patriarchen von Konstantinopel eingesetzt.

Später verwarfen auch die Byzantiner die Union wieder, aber das blieb für Moskau bedeutungslos. Nach vier Jahren fiel Konstantinopel in die Hände der Türken (1453). In Moskau wurde der Fall Konstantinopels als eine gerechte Strafe für die Kapitulation vor Rom angesehen. „Die vormals in Frömmigkeit herrschende große Stadt Konstantinopel ging um der lateinischen Verführung willen zugrunde" – heißt es in der Moskauer Chronik – „sie ist von der Frömmigkeit abgefallen und nunmehr von den heidnischen Türken überwältigt worden."

Nach einem halben Jahrtausend – im Jahre 1949 – ist die kirchliche Emanzipation Rußlands von Byzanz im bolschewistischen Moskau mit starken politischen Akzenten und großem Zeremoniell, unter Beteiligung der sowjetischen Geistlichkeit groß gefeiert worden.

Papst Sixtus IV. gab aber seine Hoffnung, Moskau eines Tages doch für die Union zu gewinnen, auch nach dem Fall von Konstantinopel nicht auf und leitete zu diesem Zweck eine Aktion ein, die allerdings das gegenteilige Ergebnis haben sollte. In Italien lebte unter seiner Fürsorge, von ihrer italienischen Mutter im Geiste der Union erzogen, die Nichte des letzten byzantinischen Kaisers, Sophia (Zoe) Paleolog. Der Plan des Papstes bestand darin, seinen Schützling mit dem (inzwischen verwitweten) Großfürsten von Moskau zu vermählen, um dadurch den römischen Einfluß in Moskau zu stärken. Iwán, der seinerseits ganz andere Ziele verfolgte, erklärte sich einverstanden, und die Heirat fand in Moskau statt (1472). Da aber die Kurie ihr Ziel höchst ungeschickt und in aufdringlicher Weise verfolgte – die Prinzessin wurde von italienischen Geistlichen begleitet, die aus ihren Absichten kein Hehl machten –, so regte sich in Moskau ähnlich wie seinerzeit bei der Rückkehr Isidórs eine scharfe Opposition gegen die Lateiner. Die junge, damals erst zwanzigjährige, kluge und energische Prinzessin Sophia identifizierte sich ihrerseits keineswegs mit ihrer lateinischen Begleitung, zeigte auch für den Unionsgedanken kein Interesse und entpuppte sich bald als eine echte und jedenfalls auch überzeugte Repräsentantin von Byzanz und der griechisch-orthodoxen Kirche. Sie hat nicht nur symbolisch (durch ihre Verheiratung), sondern auch persönlich durch ihre Haltung und ihren Einfluß die Übernahme der byzantinischen Herrschaftsideologie durch Moskau wesentlich gefördert.

Äußerlich fand das im neuen Hofzeremoniell seinen Niederschlag, durch das die Herausgehobenheit des Herrschers über alle anderen sinnfällig gemacht wurde, und von Byzanz wurde der Doppeladler in das russische Staatswappen übernommen. Man hat diese Neuerungen in Moskau zunächst als fremd und unliebsam empfunden, als Ausdruck eines unzulässigen Einflusses einer ausländischen Prinzessin, zumal sie dabei auch persönlich in ungewohnter Weise in den Vordergrund trat, Repräsentationspflichten erfüllte, ausländische Gesandtschaften empfing und auch sonst den Großfürsten vertrat. Aber diese Neuerungen lagen unverkennbar auf der Linie der eigenen Zielsetzungen und Absichten Iwáns; sie stärkten seine Stellung im Innern gegenüber den Bojaren und nach außen gegenüber den Tataren, sie hoben sein Selbstbewußtsein und seine ohnehin hohe Auffassung von der eigenen Macht. Auch die Initiative zu seiner Auflehnung gegen den Chan wird Sophia zugeschrieben, die sich als byzantinische Kaisertochter „Zarewna Zargrada“ nannte und es unerträglich gefunden habe, Gattin eines vom Chan abhängigen Fürsten zu sein.

Die Übernahme der neuen theokratischen Staatsauffassung war zum großen Teil das Werk der russischen Geistlichkeit unter dem Einfluß von Flüchtlingen aus dem Balkan. Die alte, auch in Rußland von der Kirche verbreitete Vorstellung, daß es unmöglich sei, eine Kirche zu haben und keinen Zaren, weil beide ein Ganzes und voneinander untrennbar seien, wirkte sich jetzt unmittelbar politisch zugunsten Iwáns als Erbe des nicht mehr existenten byzantinischen Kaisers aus. Der Metropolit von Moskau, Sósima, als das Haupt der nunmehr autokephalen russischen Kirche, erklärte jetzt: „Zar Konstantin schuf das neue Rom-Zargrad; der Herr und Selbstherrscher von ganz Rußland Iwán Wassíljewitsch, der neue Zar Konstantin, legte den Grund zu einem neuen Konstantinopel – Moskau." Zahlreiche russische geistliche Theoretiker wirkten systematisch in der gleichen Richtung, so der Starez Filoféj (geb. 1455), jedenfalls der Erfinder der Formel vom „Dritten Rom", ein Mönch und zeitweise Abt eines Klosters in Pskow, der durch Sendschreiben in das öffentliche Leben eingriff. Von ihm stammt die mit Recht immer wieder zitierte, klassisch gewordene, suggestiv wirkende Formulierung der neuen Staatstheorie:

„Wisse Du Frommer: Alle christlichen Reiche sind vergangen, statt ihrer aller steht allein das Reich unseres Herrschers gemäß den prophetischen Büchern: das ist das russische Zartum. Zwei Rome sind gefallen, aber ein Drittes steht, und ein Viertes wird es nicht geben!" Es ist jüngst mit Recht auf die „beklemmende Parallele" (Stökl) zwischen dieser Geschichtsideologie, die Moskau an das Ende einer gesetzmäßigen historischen Entwicklung setzt, und der auf dem historischen Materialismus beruhenden sowjetischen Geschichtsauffassung hingewiesen worden. Über Iwán selbst sagte Filoféj: „Er ist auf der Erde der einzige Zar über die Christen, der Führer der apostolischen Kirche, die anstatt in Rom und in Konstantinopel in der gesegneten Stadt Moskau steht. Sie allein leuchtet in der ganzen Welt heller als die Sonne."

Die darin zum Ausdruck kommende historische Missionsidee geht interessanterweise jedenfalls auf einen orthographischen Fehler zurück. Wie Miljuków annimmt, ist aus rusyj narod (blondes Volk, das nach byzantinischer Tradition als der große Befreier auftreten werde) rússkij naród (russisches Volk) gemacht worden.

Ein leidenschaftlicher Verfechter der Autokratie war Jossíf Sánin (geb. 1440), Abt des Klosters Wolokolámsk, ein radikaler Eiferer und erbitterter Gegner des Metropoliten Sósima. Auf Jossíf geht die denkwürdige Feststellung zurück: „Aller Leidenschaften Mutter ist die Meinung; die Meinung ist der zweite Sündenfall", so daß man aus der heutigen Situation heraus, rückschauend sein Auftreten als „eine der Sternstunden der russischen Geistesgeschichte überhaupt" (Winkler) bezeichnet hat. In seiner

Schrift „Proswetitelj“ (der Erleuchtete), einer Mahnung an Iwán, seiner höchsten Pflicht, der Erhaltung der Glaubenseinheit, eingedenk zu sein, schrieb Jossíf:

„Wenn Du einem Zaren oder Fürsten oder Herrn untertan bist, so sollst Du ihm dienen, weil Unterordnung und Gehorsam gegen die Macht Gott wohlgefällig sind. Der Zar ist Gottes Diener, den Menschen eine Gnade und eine Zucht ... Das Amt des Zaren ist Sorge zu tragen für alle seine Untertanen ... Du, Zar, hast das Zepter von Gott empfangen, habe acht, wie Du IHM, der es Dir gab, Genüge tust. Und nicht nur für Dich wirst Du Rechenschaft geben: wenn irgendeiner sündigt, wirst Du es vor Gott verantworten ... Der Zar ist von Natur einem jeden Menschen, an Macht (wlástju) und Amt aber dem höchsten Gott gleich!“

Iwán hat die sich ihm durch diese geistige Rückendeckung bietenden politischen Möglichkeiten sehr wohl zu nutzen verstanden. Daß seine Ratgeber dabei immer gute Erfahrungen gemacht hätten, wird man nicht sagen können, auch nicht seine Frau Sophia. Nachdem sie zu seiner persönlichen Erhöhung entscheidend beigetragen hatte, behandelte er sie seinerseits entsprechend schlecht; schließlich überwarf er sich ganz mit ihr und entfernte sie aus seiner Umgebung. Gleichwohl hat er zu seinem Nachfolger nicht den Sohn seines ältesten Sohnes designiert, wie er ursprünglich gewollt hatte und wie es den Traditionen entsprochen hätte, sondern seinen jüngeren Sohn aus der Ehe mit ihr, Wassílij, den Abkömmling der griechischen Kaiser. Sein willkürliches Vorgehen in der so wichtigen Nachfolgefrage, der schnelle Wechsel seiner Gunstbezeugungen, von dem auch viele seiner Hofleute und Bojaren in Mitleidenschaft gezogen wurden, zeugten von seiner allmählich ins Maßlose sich steigernden Herrschsucht, die für seine Umgebung einen höchst gefährlichen Grad erreichte. Alle zitterten vor ihm.

Die Ehe mit Sophia und der Anspruch auf das Erbe von Byzanz haben die Beziehungen Moskaus zum Auslande stark intensiviert. Auch während der Tatarenherrschaft war das russische Land nicht hermetisch vom Abendlande abgeschlossen gewesen, über Nówgorod und Pskow, aber auch über Litauen-Polen blieben Kontakte erhalten. Sie waren aber doch sehr spärlich. Jetzt trat Moskau als etwas Fremdes, weitgehend Unbekanntes in den Gesichtskreis des Abendlandes und wurde in einem sich durch Jahrzehnte ziehenden Prozeß vom Westen wie ein Wunderland neu entdeckt.

Unter Iwán III. wurden auch amtliche diplomatische Beziehungen zwischen Moskau und den europäischen Mächten aufgenommen – mit Deutschland im Jahre 1489 durch die Entsendung des kaiserlichen Gesandten Nikolaus Poppel nach Moskowien –, und erst von dieser Zeit an kann man von einer Moskauer Außenpolitik sprechen. Iwán hat Gesandtschaften zu den Deutschen Kaisern Friedrich III. und Maximilian, zum Sultan, zum Dogen und zum Papst geschickt. Seine Außenpolitik gegenüber den europäischen Mächten war der Sache nach vorsichtig und zurückhaltend, der Form nach, in Etiketten und Rangfragen, höchst anspruchsvoll und anmaßend. Er verlangte grundsätzlich, wie von sowjetischer Seite (Wipper) besonders betont wird, bei allen Empfängen an fremden Höfen, bei Zeremonien und auch bei Gottesdiensten in der Kirche für seine Gesandten stets den ersten Platz. Wurde das den Russen nicht zugebilligt, so nahmen sie an der Veranstaltung nicht teil; fanden sie Gesandte anderer Großmächte bereits auf einem besseren Platz sitzen, so verließen sie den Raum. Das eifersüchtig gehütete Prestige Moskaus den anderen Mächten gegenüber wurde „nach Zentimeter- und Millimeterlängen gemessen, nach dem Abstand der Gesandtenbank von den empfangenden Monarchen, nach der Entfernung des gelüfteten Hutes vom Haupte des Herrschers“ (Fleischhacker).

Sehr vorsichtig war Iwáns Politik gegenüber der Pforte. Er zog aus der Übernahme des byzantinischen Erbes, entgegen manchen Erwartungen und Hoffnungen in Europa, keine türkenfeindlichen Folgerungen. Er legte im Gegenteil auf die Freundschaft der Türkei großen Wert, vor allem wegen der Feindschaft zu Polen-Litauen und um einen Zweifrontenkrieg zu vermeiden. Eine Beteiligung an dem gegen die Türken gerichteten Plan des Papstes und Venedigs lehnte er ab. Gleichzeitig zeigte er sich nach wie vor sehr empfindlich in bezug auf eine Aktivierung der abendländischen Politik gegenüber Moskau, sei es durch den Papst, sei es durch den Kaiser. Die Zurückweisung der päpstlichen Absichten anläßlich seiner Heirat wurde bereits erwähnt. Als ihm der deutsche

Kaiser eine Königskrone anbieten ließ, lehnte er, der sich im Rang über den Königen und dem Kaiser ebenbürtig fühlte, die Annahme geradezu höhnisch und mit offenbarer Anspielung auf die Wahl des Kaisers durch die Kurfürsten ab mit den von Poppel in deutscher Sprache überlieferten Worten: „Wir seyen, wie unsere Urahnen in Gottes Gnaden von aller Anfang in unserem Land, wie unsere Urahnen, dazu von Gott berufen. Item, wir eine solche Berufung nimmer und von niemand anders haben wollten, brauchen wir sie auch heute nicht!"

Der deutsche Kaiser hat übrigens damals, der späteren Entwicklung weit vorgreifend, auch an eine dynastisch deutsch-russische Verbindung gedacht, indem er seinen Neffen, den Markgrafen Albrecht von Baden, mit einer Tochter Iwáns vermählen wollte. Aber das Projekt zerschlug sich.

2. EINHEITSSTAAT MOSKOWIEN

Der von Iwán begründete Moskauer Einheitsstaat, von deutschen Zeitgenossen in der Regel „Moskowien" oder „die Muskau" genannt, unterschied sich von den anderen, zumal den europäischen Staaten seiner Zeit recht erheblich; seiner politischen Struktur nach ließe er sich am ehesten mit dem Osmanischen Reich vergleichen. Die Ähnlichkeit zwischen Moskowien und der Türkei ist damals nicht nur Ausländern aufgefallen, sie wurde auch in Moskau selbst empfunden. Das türkische Regime ist z. B. von dem einflußreichen politischen Schriftsteller Iwán Pereswétow, einem aus Litauen (1538) nach Moskau hinübergewechselten Adligen, ausdrücklich als für Moskau vorbildlich hingestellt worden. Das moskowitische Herrschaftssystem war seinem Wesen nach europafremd. Drei ihrem Ursprung nach völlig verschiedene Faktoren, die hinterwäldlerische kolonisatorische Herrschaftstradition, tatarische Einflüsse der Verwaltungspraxis und die byzantinische Staatsideologie, hatten zur Stärkung der Zentralgewalt und bei der Ausbildung des autokratischen Systems mitgewirkt.

Der Herrscher war in Moskau der alleinige Träger des Staates, die einzige Rechtsquelle seines Reiches, auch im Falle seiner Minderjährigkeit. Die Unbeschränktheit und Unteilbarkeit der Gewalt des Alleinherrschers war der oberste, mit besonderem Nachdruck im Ausland vertretene Grundsatz. Der in der Person seines Alleinherrschers personifizierte Einheitsstaat Moskau wurde unter Iwáns Nachfolger, seinem Sohne Wassílij III. (1505–1533), weiter gefestigt. Wassílij, als Herrschertypus seinem Vater sehr ähnlich, aber ohne dessen Format, verlieh eben deshalb dem Institutionellen eine noch schärfere Ausprägung und gleichzeitig eine sonderbare Starre. Das neue Moskauer Herrschaftssystem hat eine besonders positive Würdigung durch die sowjetische Geschichtsschreibung erfahren, die es als ein „weit ausgebautes, harmonisches System der Zentralisierung der Macht" (Wipper) bezeichnet. Dieses System „zwang alles in den Dienst der Staatsidee und des Staatsregimes" und ließ keine ständischen Sonderinteressen aufkommen. So wurde auch der im Kriegsdienst stehende Adel nicht zum Träger autonomer Bestrebungen, sondern zum „Vollzugsorgan der Zentralgewalt", zu einem „Werkzeug der Staatsdisziplin". Eben dieses Herrschaftssystem ist es, das die sowjetische Geschichtsschreibung veranlaßt hat, „den oberflächlichen Gedanken einer kulturellen Rückständigkeit der Russen" scharf abzulehnen. „Mochte die Technik noch wenig entwickelt sein" – schreibt Wipper –, „auf dem Gebiet der Politik können die Russen (des 15. und 16. Jahrhunderts) keineswegs als rückständig bezeichnet werden."

Wir hatten bereits gesehen, daß die Moskauer Bojarenaristokratie durch freiwilligen Übertritt einzelner Großer laufend Zuzug erhielt. Während die großen Herren sich einerseits der autokratischen Gewalt des Großfürsten unterstellten und sich verpflichteten, ihm jeden Dienst, in erster Linie Heeresdienst zu leisten, erhoben sie gleichzeitig Anspruch auf eine entsprechend autokratische Stellung ihren eigenen Leuten gegenüber und übten ihrerseits in ihren z. T. sehr ausgedehnten Ländereien eine nicht minder despotische Herrschaft aus.

Die Eingliederung der Bojaren in den zentral gelenkten Staatsapparat als „Werkzeug der Staatsdisziplin" verlief jedoch keineswegs konfliktlos, da manche alte Traditionen und fest verwurzelte Anschauungen dem entgegenstanden. Die Fürstenabkömmlinge unter den Bojaren legten auch nach ihrer Eingliederung entscheidenden Wert auf die Vererbung nicht nur eines höheren Ranges, sondern auch einer damit verbundenen höheren Dienststellung im Staate und sicherten sich und ihren Nachkommen auf diese Weise im Staatsapparat – und auch bei der sehr wichtig genommenen Tischordnung bei Hofe – einen bestimmten Platz (mésto). Daraus ergab sich die „seltsamste und pedantischste Rangordnung, die die Welt je gesehen hat" (Stählin), das Méstnitschestwo, eine erbliche Platzordnung nach genealogischen Regeln. Nach dieser Ordnung durfte niemand gezwungen werden, unter einem anderen zu dienen, dessen Vorfahren einen geringeren Platz hatten als die eigenen. Man war zwar bereit, den Großfürsten über sein Leben und seinen Besitz, nicht aber über seinen „Platz" in der Dienstleiter und bei Tisch verfügen zu lassen. „Der Gossudár kann mir den Kopf abhauen, aber tiefer als dieser werde ich nicht sitzen!"

So war an dieser Stelle tatsächlich der unumschränkten Gewalt des Großfürsten eine anscheinend unübersteigbare Schranke gesetzt. Es war klar, daß das in das „harmonische System der Zentralisierung der Macht" nicht recht hineinpassen wollte und zu Konflikten führen mußte.

Im Zuge der sich festigenden Autokratie wurde das Beratungsrecht der Bojaren laufend eingeschränkt. Die Bojarenduma bestand zwar weiter, aber ihre Mitglieder waren „endgültig in eine Sackgasse gelangt, aus der sie nie wieder mehr auf die freie Bahn selbständiger Rechte ... hinausgelangten" (Fleischhacker). Ihr Rat hatte allenfalls sachliches, aber kein politisches Gewicht. Bereits unter Iwán III. hören wir Klagen darüber, daß der Großfürst sich nicht mehr mit Bojaren, sondern mit einigen Räten – oder mit seiner Frau! – „selbdritt im Schlafgemach" berät und die aus sämtlichen Diktaturen bekannten einsamen Entschlüsse fällt.

Auch die Einschränkung bzw. Beseitigung des Rechts der Freizügigkeit, zunächst der großen Herren, lag im Interesse des Großfürsten, sofern es sich um das Abzugsrecht handelte. In dieser Beziehung war er allerdings durch das Schicksal verwöhnt worden: das Recht der Freizügigkeit wurde ausgiebig im Interesse Moskowiens genutzt; durch Jahrhunderte ist aber kein Fall des Abzuges eines Großen aus Moskau bekannt. Unter Iwán IV. wurde diese Frage allerdings sehr akut.

Neben der Bojarenaristokratie entstand, wie wir bereits sahen, eine neue soziale Schicht, die des niederen Adels, der Dienstmannen. Diese Entwicklung begann jetzt eine steigende Bedeutung zu gewinnen. Infolge des Ausbaus des Heerwesens sah sich Moskau veranlaßt, auch den niederen Adel in den Militärapparat einzubauen. Der den Bojaren gegenüber angewandte Grundsatz: wer Land besitzt, muß auch an der Landesverteidigung teilnehmen, wurde jetzt auch auf den – landbesitzenden – Kleinadel ausgedehnt. Der Grundsatz konnte auch umgekehrt werden: wer sich an der Landesverteidigung beteiligt, hat Anspruch auf Land. So wurde es üblich, im Kriegsdienst stehenden Leuten als Entgelt zeitweise Staatsland zu vergeben, eine Übung, die mit besonderem Erfolg bei den ihres Besitzes beraubten Zwangsumgesiedelten angewandt werden konnte. Die so vergebenen Ländereien hießen

Poméstje und ihre Besitzer Poméschtschiki. Da es sich dabei zum großen Teil um Leute handelte, die zum Hofe der Bojaren gehörten, wurden sie auch Hofleute (dworjáne) genannt. Mit diesem Ausdruck wurde später der Adel allgemein bezeichnet. Seit den dreißiger Jahren des 16. Jahrhunderts fanden die Dworjáne auch Zutritt zur Bojarenduma, die ihnen ursprünglich verschlossen war.

Die Poméstje-Güter gehörten im Unterschied zum erblichen Privateigentum der Bojaren (wóttschina-Besitz) ihren Besitzern nur solange sie im Dienst standen, sie konnten jederzeit eingezogen und neu verteilt werden. Die Dienstmannen konnten außer mit Ländereien auch mit Geld entlohnt werden; bei den Vornehmen unter ihnen blieb auch die alte Form des Kormlénije (vgl. S. 127) in Brauch. Dieses sich neu entwickelnde Poméstjesystem ist nur sehr bedingt mit dem abendländischen Lehnssystem vergleichbar, denn das persönliche Verhältnis zwischen Lehnsherrn und Lehnsmann war im Westen ein anderes; in Rußland beruhte es nicht auf gegenseitiger Treueverpflichtung, sondern auf einseitiger Abhängigkeit.

Das Poméstjesystem steigerte laufend den Bedarf an Land. Der dafür in Anspruch genommene bäuerliche Besitz reichte aber nicht entfernt aus. Der Staat griff zunächst in den neuerworbenen, also peripheren Gebieten auf die Ländereien der enteigneten Umsiedler zurück, bald aber auch auf Bojarenbesitz in den Zentralgebieten, da der Großfürst in wachsendem Maße seinen Anspruch durchsetzte, auch über Bojarengebiete zu verfügen. Schließlich machte Iwán III. den Versuch, auch den ausgedehnten Klosterbesitz dafür nutzbar zu machen. Er scheiterte dabei allerdings am Widerstand der Geistlichkeit, die auf einem Kirchenkonzil (1503) mit großer Mehrheit für die Beibehaltung des Klosterbesitzes entschied. Um so größeres Interesse gewann der Großfürst an den noch im weltlichen Besitz befindlichen Ländereien, und so wurde von Staats wegen eine weitere Umwandlung weltlichen Besitzes in Klostergut – durch entsprechende Schenkungen um des eigenen Seelenheiles willen – nach Möglichkeit verhindert. Der sowjetische Historiker Wipper sagt in diesem Zusammenhang in offenbarer Anspielung auf aktuelle Zustände: „Der Zar ließ ein freies Mobilisieren des Bodens nicht zu; er duldete keine Willkür der Gutsbesitzer bei der

Ausnutzung des ihnen überlassenen Landes, er erlaubte nicht, es brachliegen zu lassen, hielt die Besitzer unter Kontrolle, siedelte sie nach eigenem Ermessen aus einem Gebiet ins andere um, vergrößerte ihre Lehen je nach Verdienst, erklärte sie in Bann und entzog ihnen die Güter im Falle des Mißbrauchs."

Selbstverständlich wirkte sich das Poméstje-System entsprechend auf die Bauern aus. Auch die Bauern hatten wie bereits erwähnt das Recht der Freizügigkeit. Aber die im Dienste des Staates stehenden Grundbesitzer waren sehr daran interessiert, die ihnen dienstleistenden und zinszahlenden Bauern auf ihrem Besitz zu halten. Sie versuchten die Bauern durch Eintragung in besondere Bücher (pistschewýje knígi) an die Scholle zu binden. Das lag auch im Interesse der Bauerngemeinden, die ihre Abgaben kollektiv entrichteten (von einem Abgezogenen konnte die Gemeinde den Zins nicht eintreiben, mußte aber für ihn dem Herrn Abgaben zahlen). Schließlich war auch der Großfürst selbst am ordnungsgemäßen Eingang der Abgaben interessiert, und so begünstigte auch er die Bindung der Bauern an die Scholle. Obgleich grundsätzlich das Recht des Abzuges am Georgstag für die Bauern zunächst noch bestehen blieb, verwandelte sich gleichwohl die Bauernschaft in einen seßhaften, an die Scholle gebundenen, steuerpflichtigen Stand. Man darf dabei aber nicht übersehen, daß in dieser Bindung des Bauern an das Land und an eine Dienstleistung für seinen Herrn auch insofern ein staatsethischer Sinn lag, als der Herr selbst zu Dienstleistungen für den Staat verpflichtet war. Die Dienstpflicht des Adels rechtfertigte die Verpflichtung des Bauern ihm gegenüber. Das galt bis in die Zeit Peters des Großen und wurde erst unter Peter III. und Katharina II. durch die Aufhebung der Dienstpflicht für den Adel geändert.

Je mehr die großen Herren praktisch zu Knechten ihres Zaren wurden, um so mehr neigten sie ihrerseits dazu, die Bauern zu knechten. Sie begnügten sich nicht damit, von den Bauern die Staatssteuern und den Bodenzins einzutreiben, sondern belegten sie nach eigenem Gutdünken und zu eigenem Vorteil mit neuen Lasten. „Die Bojaren quälen die Bauern und treiben das Geld ohne Gnade ein", kritisierte diese Zustände in der Mitte des 15. Jahrhunderts Iwán Pereswétow, „über uns ist Gott und wir sind seine Knechte. Diejenigen aber, die andere Leute auf ewig zur Fronarbeit zwingen, sind dem Teufel gefällig."

Es war bereits darauf hingewiesen worden, daß sich den Bauern im Zusammenhang mit dem Zerfall der Tatarenmacht in wachsendem Maße Gelegenheit bot, sich dem sozialen und politischen Druck durch die Flucht „ins freie Feld", d. h. in die Steppe, zu entziehen. So kam es zu einer Erscheinung, die den südrussischen Verhältnissen durch Jahrhunderte ihren Stempel aufdrücken sollte. In der Steppe hatten sich unter tatarischer Oberherrschaft der staatlichen Disziplin und Kontrolle entzogene Reitertrupps gebildet, die auf eigene Faust Überfälle und Raubzüge verübten, z. T. mit ihren Führern als tatarische Emigranten in russische Dienste traten und von russischen Fürsten seit der Mitte des 15. Jahrhunderts gelegentlich auch als Grenzschutz gegen die noch staatlich organisierten Tataren verwandt wurden. Man nannte sie – mit einem tatarischen Wort – Kosaken.

Offenbar durch das Beispiel dieser freien tatarischen Kosaken angezogen, bildeten sich zunächst in den an die Steppe grenzenden Gebieten (Rjasán) ähnliche Trupps auch unter den Russen, die ihrerseits in „das wilde Feld" auswichen, in erster Linie in das Dongebiet, um dort das oft idealisierte freie Leben echter, herumschweifender Kosaken zu führen, ohne Bindung an Haus und Hof, an Acker und Familie, ohne feste Ordnung, aber gleichwohl in strenger Bandendisziplin unter gewählten Atamanen. Diese Kosaken, die ein Zwischending zwischen Soldaten, Gelegenheitsbauern und Räubern waren, wurden zur Verkörperung eines tief im Russentum steckenden und jedenfalls durch das moskowitische Herrschaftssystem genährten anarchistischen Freiheitsideals. Je stärker der staatliche und soziale Druck in Moskowien auf den Bauern lastete, um so sicherer konnten die Kosaken in der Steppe eines fortlaufenden Zuzugs sein.

Ein paralleler Vorgang ereignete sich weiter westlich im Grenzgebiet der Steppe und Polen-Litauens, wo die soziale Lage der Bauern noch härter war. Die Flüchtlinge aus den ukrainischen Gebieten Polen-Litauens legten den Grund zum Dnjepr-Kosakentum, das in der Folgezeit sehr erstarkte und schließlich an den Dnjeprstromschnellen (porógi) einen Kosakenstaat, die Saporoger

Setsch, entstehen ließen (vgl. S. 250). So war das großrussische und ukrainische Kosakentum in langsam fortschreitender Entwicklung im Jahrhundert zwischen 1450 und 1550, zwar nicht direkt aus dem tatarischen heraus, wohl aber in unmittelbarer Daseinsgemeinschaft mit ihm entstanden. Seit der Mitte des 16. Jahrhunderts war es bereits eine wichtige Erscheinungsform im politisch-sozialen Gefüge des russischen Volkes, mit der so oder anders gerechnet werden mußte und der es beschieden war, in der Geschichte Rußlands eine nicht unerhebliche Rolle zu spielen.

Im Zusammenhang mit der „Entdeckung Moskowiens“ durch Europa begannen immer reichlicher die für unsere Kenntnis Rußlands sehr aufschlußreichen abendländischen Quellen zu fließen, Reisebeschreibungen und Berichte von Diplomaten und Wissenschaftlern. Das erste grundlegende Werk dieser Art stammt vom österreichischen Staatsmann und Historiker Sigmund Freiherr von Herberstein: „Rerum Moskovitarum Commentarii“, in deutscher Übersetzung unter dem Titel „Moskowiter sonderbare Historien“ erschienen. Herberstein hat auf seinen weit ausgedehnten Reisen durch ganz Europa zweimal – in den Jahren 1517/18 und 1526/27, also in der Regierungszeit Wassílijs III. – Moskau besucht und ausführlich und im wesentlichen auch zuverlässig darüber berichtet. Selbstverständlich legte er an die russischen Verhältnisse und Zustände abendländische Maßstäbe an, und seine gelegentlich harten Urteile, zumal über das Herrschaftssystem und darüber, wie es in Moskau ertragen wurde, sind von diesem Gesichtspunkt aus zu werten. „Der Fürst braucht seine Autorität gegen alle weltlichen und geistlichen Personen, handelt auch nach seinem Willen und Wohlgefallen von eines jeden Leib und Gut. Es hat keiner unter seinen Räten so viel Ansehen, welcher sich ihm widersetzen oder eine andere Meinung denn er dürfte haben. Sie bekennen frei öffentlich: des Fürsten Wille sei der Wille Gottes; was auch der Fürst vollbringe, das geschehe aus dem Willen Gottes ...“ Und an anderer Stelle: „Das Volck ist von solcher Natur, daß es größere Freude an der Sklaverei als an der Freiheit hat ... Ich weiß nit eigentlich, ob dises unbarmhertzig Volck eines solichen Tyrannen zu einem Fürsten bedarfe, oder ob durch des Fürsten Tyrannei das Volck also unmilt und grausamlich wirdt.“

Es kamen aber nicht nur Diplomaten und Reisende nach Rußland, die wieder zurückfuhren, es kamen auch viele andere, die in Moskowien blieben: Techniker, Architekten. Baumeister, Stukkateure, Münzmeister, Geschützgießer, Buchdrucker, Goldmacher, auch Ärzte, vorwiegend Italiener und Griechen. Als erster Deutscher wird ein Albert aus Lübeck erwähnt. Diese Ausländer waren in Moskau willkommen, denn im Technischen war man noch sehr im Rückstand. Damals (noch unter Iwán III.) ist der Moskauer Kreml von italienischen Meistern, von denen Aristoteles Fioraventi den größten Ruhm gewann, durch zahlreiche Um- und Neubauten verschönt worden. Fioraventi hat die berühmte „Granowítaja Paláta“, die zarische Prunkhalle (wörtlich „eckige Rüstkammer“) im Kreml geschaffen; er hat auch den baufälligen Uspénskij Sobór neu errichtet. Die Kremlmauern wurden damals mit Ziegeln an Stelle der alten weißen Steine, fester und höher, so wie sie heute noch stehen, erbaut. Auch in der Stadt wurden Steinbauten errichtet.

Da sich das gesamte staatliche Leben in Moskau konzentrierte, so wuchs die Stadt mit großer Geschwindigkeit, sowohl an Einwohnerzahl wie an räumlichem Umfang, zu einer von Ausländern immer wieder bestaunten Größe heran. In der zweiten Hälfte des 16. Jahrhunderts war Moskau nach englischen Berichten bereits größer als die damals größte Stadt der Welt, London. Nur hatte Moskau nicht den Charakter einer Stadt im abendländischen Sinne, sondern war ein „Komplex von Siedlungen“ um den Kreml herum. Bis ins Ende des 17. Jahrhunderts hatte Moskau mehr Einwohner als alle anderen Städte des Reiches zusammen.

Die europäischen Ausländer wurden in Moskau in der Regel Frjásin genannt (jedenfalls von Franke abgeleitet). Es wurden ihnen gelegentlich auch diplomatische Missionen anvertraut; so wurden die Verhandlungen mit dem Papst über die Ehe Iwáns von einem Frjasin geführt. Eine Niederlassung in Moskau war für die Ausländer mit manchem Risiko verbunden – sie mußten damit rechnen, Moskowien nie mehr verlassen zu dürfen und mußten auch dessen gewärtig sein, für eine nicht als ausreichend empfundene Leistung eingekerkert bzw. hingerichtet zu werden. Das riskierte z. B. ein Arzt, wenn er einen hochgestellten Patienten nicht heilen konnte und dieser starb. Trotz dieses Risikos setzte der Strom der Ausländer nach Moskau nicht aus.

Die Gegenwart und die Tätigkeit dieser Ausländer haben sich zumindest indirekt auch auf das geistige Leben ausgewirkt, aber zunächst doch nur sehr bedingt. Es bestand betonterweise in Moskau kein Verlangen nach der Übernahme der abendländisch-lateinischen Kultur. Man wollte nur in technischer und verwaltungstechnischer Hinsicht profitieren; was man sonst übernahm, wurde ins Moskowitische umgeprägt. Infolgedessen kann man allenfalls von einem Ansatz in der Richtung einer späteren Europäisierung Rußlands sprechen, nicht aber von deren Anfang. So hat das Wirken der Ausländer in Moskowien auch nicht zu einer Renaissance weder im Geistigen noch im Künstlerischen geführt.

Der Ausdruck erhöhten Selbstbewußtseins und gesteigerter Macht wurde von den Zaren besonders Ausländern gegenüber in aufdringlicher Weise durch betonte Zurschaustellung des eigenen Reichtums besonders an Gold und Edelsteinen unterstrichen. Nach dem Bericht des Engländers Jenkinson (1557) speisten in Gegenwart des Zaren 500 Ausländer und 200 Russen. „Vor jedem stand goldenes Geschirr so viel wie aufzustellen möglich war, wenn man eines neben das andere setzte. Außerdem waren viele Schränke da, voll von Gold und Silbergeschirr"; u. a. wird ein Tafelaufsatz aus purem Gold erwähnt, der zwei Arschin (anderthalb Meter) lang und mit Türmchen und Drachenköpfen geschmückt war.

Die geistige Kultur blieb unter vorwiegend byzantinischem Einfluß. Ihre Pflege lag nach wie vor in den Händen der Geistlichkeit. Die Bildung war ausschließlich kirchlich. Das religiöse Schrifttum stand ganz im Vordergrund und verdrängte das weltliche nicht nur im geistigen, sondern auch im politischen Bereich. Alles wurde sakralisiert. Auch das bürgerliche tägliche Leben des gewöhnlichen Menschen wurde mit kirchlich-religiösen, z. T. asketisch-mönchischen Maßen gemessen; Tanz, Gesang, Musik erschienen als Teufelswerk, Fröhlichkeit als Sünde.

In dieser Zeit traten in Moskowien zahlreiche bedeutende Schriftsteller auf – alles Geistliche, die wir z. T. als Theoretiker des „Dritten Rom" bereits kennengelernt haben; viele waren unmittelbar auf Athos geschult (Maksim Grek, Nil Sórskij). Die von

Geistlichen geführte Auseinandersetzung wuchs sich bei einem konkreten Anlaß – es handelte sich um die von Iwan geplante Einziehung der Klostergüter – von einer praktisch-politischen zu einer ins Grundsätzliche vorstoßenden Kontroverse aus. Auf der einen Seite stand als Vertreter der asketischen Richtung das Haupt der sogenannten „Starzen hinter der Wolga“, der einer adligen Familie entstammende Nil Sórskij (geb. 1433), Begründer einer Einsiedelei an der Sora (daher der Name), wo er in der Abgeschiedenheit des Waldes wohnte. Nil vertrat mit Nachdruck die Ansicht und kam damit den praktischen Absichten des Großfürsten entgegen, daß es den Klöstern nicht anstehe, über Dörfer und Bauern zu herrschen. Er wurde darin von dem aus Albanien stammenden, kulturell im Griechentum fußenden, religiös in Athos geschulten Gelehrten Maksim Grek (der Grieche) unterstützt.

Auf der anderen Seite stand der bereits erwähnte streitbare und in der hohen Geistlichkeit einflußreiche Jossíf von Wolokolámsk, als Vertreter der mehr weltlichen Richtung, der mit nicht weniger Nachdruck den Klosterbesitz verteidigte als unerläßliche Voraussetzung für die Erhaltung des Mönchsstandes auf seinem Niveau. Es ist dabei zu erwähnen, daß die höhere russische Geistlichkeit im Unterschied zur niederen mönchisch war. „Wenn die Klöster keine Dörfer mehr besitzen“ – erklärte Jossíf –, „wie soll dann ein ehrbarer und wohlgeborener Mensch sich noch entschließen, Mönch zu werden? . . . Wenn es keine ehrbaren und wohlgeborenen Mönche mehr gibt, muß auch der Glauben ins Wanken kommen.“ Jossíf war auch ein erbitterter Gegner einer in jener Zeit von Nówgorod und Pskow her sich ausbreitenden religiösen Sektenbildung, der Bewegung der (in der Bibelkenntnis den Geistlichen oft überlegenen) sogenannten „Judaisierenden“.

Zu den bedeutendsten Schriftstellern des 16. Jahrhunderts gehörte bekanntlich der Zar selbst, Iwán IV. Grósnyj. Aber auch seine meist aus politischem Anlaß verfaßten Schriften stehen ganz im Zeichen der Sakralisierung des Denkens.

Die ihrem Ursprung nach so verschiedenen Elemente der geistigen und materiellen Kultur verschmolzen dank der offenbar sehr großen Prägekraft des Moskowitisch-Russischen erstaunlich schnell zu einer Einheit, und manches, zunächst als fremd Abgelehnte wurde bald als typisch moskowitisch empfunden, so daß man wohl von einer organisch gewachsenen Kultureinheit des vorpetrinischen Moskauer Staates sprechen kann, die „geschlossen in sich selbst ruhte“ (Stender-Petersen). Der überlieferte Geist und auch die Form in Moskau erwiesen sich substanzstark genug, um die fremden Einflüsse als Bereicherung in sich aufzunehmen, ohne sich selbst dabei entscheidend zu ändern. Das gilt auch für das „byzantinische Erbe“, dessen Bedeutung in der abendländischen Geschichtsschreibung oft überbetont worden ist. Wenn man in Moskau auch mit „griechischen Argumenten“ arbeitete und sich das „Griechische“ zum Vorbild nahm, so „blieb man sich doch dessen bewußt, daß die eigene Kraft des Landes und die Macht des Selbstherrschers nicht darauf beruhten“ (Neubauer). Dabei darf man allerdings nicht übersehen, daß die Masse der Bauern von alledem so gut wie ganz ausgeschlossen war. Ihre primitiv ländlichen Organisationsformen, symbolisiert durch das Wort „Mir“ – das im Russischen sowohl die Dorfgemeinde wie auch die Welt und den Frieden bedeutet –, waren in den zentralisierten autokratischen Staat nicht organisch eingebaut. „Das Volk stand immer wie vor der verschlossenen Tür seines eigenen Hauses“ (Weidlé). Es lebte sein bäuerliches Leben weiter in seiner Mir-Gemeinschaft, seiner eigenen Welt und wenn die Umstände günstig waren auch in seinem Frieden.

Dieses Neben- und Übereinander der in den Staat integrierten Schicht der Staatsdiener verschiedenen Grades auf der einen Seite und des weitgehend abseits vom Staate in der unermeßlichen Weite des Landes dahinlebenden Volkes auf der anderen, war bereits vor der Europäisierung eines der wichtigsten Kennzeichen der russischen Geschichte und ist es bis in die jüngste Zeit hinein geblieben. Wahrscheinlich liegt hier der Schlüssel zu ihrem Verständnis.

3. IWAN GROSNYJ

Der Zar

Iwán IV. hat schon bei seinen Zeitgenossen und seither fortgesetzt bis auf den heutigen Tag ein besonderes Interesse erweckt. Historiker und Politiker, Dichter und bildende Künstler, Psychologen und Mediziner haben sich mit ihm befaßt. Das Urteil über ihn ist dadurch nicht einheitlicher geworden, und bis heute wird er sowohl als Persönlichkeit wie als Staatsmann sehr verschieden bewertet. Einheitlichkeit besteht eigentlich nur in bezug auf seine ungewöhnlichen geistigen Gaben. Gleichwohl wird man aufs Ganze gesehen sagen können, daß das Urteil über ihn besonders bei ausländischen Beobachtern lange einseitig im Zeichen der von ihm angewandten, alles Maß übersteigenden, wahnwitzig und sinnlos erscheinenden Methode des Massenterrors gestanden hat, eines zerstörerischen Wütens auf Kosten der menschlichen und materiellen Substanz seines eigenen Volkes und Reiches, eines Terrors, der bis ins 20. Jahrhundert schlechterdings unbegreiflich gewesen, seit den zwanziger und besonders den dreißiger Jahren unseres Jahrhunderts aber so manchem leichter begreiflich geworden sein mag.

Schon früh hat man die einzige Erklärung für das Verhalten Iwáns darin zu sehen geglaubt, daß er geisteskrank gewesen sei, eine Auffassung, die sich heute nicht mehr aufrechterhalten läßt. Trotz körperlichen Verfalls infolge eines ausschweifenden Lebens ist er nachweislich bis zu seinem Tode im Vollbesitz seiner geistigen Kräfte gewesen. Während die russische Geschichtsschreibung, jedenfalls in ihren prominentesten Vertretern, ihn seit Karamsín im wesentlichen negativ beurteilt, ist er bezeichnenderweise während der Regierungszeit Peters des Großen und in der Sowjetzeit während der Stalinära sehr positiv beurteilt, z. T. kritiklos verherrlicht worden. Die betont positiven Wertakzente bei den Sowjethistorikern sind auch für die neuere Zeit nicht neu und sind durchaus nicht etwa das Ergebnis der in unserem Jahrhundert wieder mit Erfolg angewandten Terrormethoden. Bereits am Ende des vorigen Jahrhunderts schrieb der deutsche Rußlandhistoriker Th. Schiemann, der Grósnyj schärfstens verurteilt und sogar die Untaten Tímur Lenks als „gnädig vollzogen“ bezeichnet im Vergleich zu dem, was Iwán IV. tat, die nachdenklichen Worte: „Wenn es heute (1887) aufgekommen ist, Iwán nicht nur zu entschuldigen, sondern gar zu verherrlichen, so läßt sich daraus der Schluß ziehen, daß ein neuer Iwán Grósnyj noch Raum auf dem Boden des alten Moskau finden würde.“

Als historische Persönlichkeit ist Iwán gewiß nicht allein nach seinem Charakter zu beurteilen, sondern nach seiner Regententätigkeit und deren Ergebnis. Infolge seiner autokratischen Stellung und der engen Bindung des öffentlichen Geschehens an seine Person ist aber das eine vom anderen nicht zu trennen. So erscheint es gerechtfertigt, auch in einer Darstellung des geschichtlichen Ablaufs sich mit seiner Person zu befassen, um so mehr, als seine Persönlichkeit und die Erinnerung an sie unverkennbare geschichtliche Nachwirkungen gezeitigt haben, die vielleicht nachhaltiger waren als die Wirkung seiner konkreten Maßnahmen.

Man hat in der Charakterentwicklung Iwáns einen Bruch festzustellen versucht (so wie in seiner Regierungstätigkeit in der Tat ein Bruch zu erkennen ist) und eine gute Zeit von einer schlechten, „da er sich dem Teufel verschrieben“, unterschieden. Doch das erscheint nicht gerechtfertigt. Seine Charakterentwicklung zeigt im Gegenteil eine ungebrochene Linie.

Iwán war ein Intellektueller, ein hochbegabter Literat und ausgezeichneter Schriftsteller, außerdem Komponist, allem Geistigen, insbesondere dem Theologischen aufgeschlossen und leidenschaftlich daran interessiert. Er war ein Grübler, der sich mit seinen Gedanken herumquälte, ein Mann den das Denken schmerzte (wie Walther Rathenau von sich gesagt hat) und dem es – sehr russisch! – mehr um Wahrheiten ging als um die Wirklichkeit. Allerdings hat er es dabei sehr wohl verstanden, seine grundsätzlich-theoretischen Erwägungen mit dem eigenen Machtinteresse zu verquicken. Kljutschéwskij bescheinigt ihm einen „echt großrussischen moskowitischen Verstand“. Mit wahrer Leidenschaft hat er theologische Diskussionen mit Katholiken und Protestanten geführt, was übrigens für seine Gesprächspartner gelegentlich lebensgefährlich werden konnte. Denn Grósnyj war dabei jederzeit bereit, seine Argumente mit dem stets griffbereit gehaltenen eisernen Spitzstab (shesl) zu unterstreichen.

Iwán hatte sehr starke, von ihm selbst immer wieder betonte religiöse und kirchliche Bindungen; aber auch diese erscheinen bei ihm sonderbar intellektualisiert. In seinem hemmungslosen Hang zur Selbstanklage und Selbsterniedrigung gefiel er sich in der Rolle eines jederzeit zur Buße bereiten Sünders, einer leidenden, mitleidheischenden Kreatur. Aber die seelischen und körperlichen Leiden dieses verrannten Wahrheitsfanatikers und Gottsuchers auf dem Zarenthron sind seinem Reich und seinem Volk sehr teuer zu stehen gekommen.

Er hat sadistische Handlungen, Perversitäten und sexuelle Ausschweifungen mit einem zuzeiten asketisch-mönchischen Leben im Kloster zu vereinen vermocht und Massenmorde mit einer betont hilfreichen Hinwendung zu den Erniedrigten und Beleidigten. Dabei gehörten zu seinen Opfern keineswegs nur politische Gegner oder Verschwörer, sondern gewöhnliche, unschuldige Menschen aus dem Volk, darunter sehr viele Frauen und Kinder. Sein Terror war nicht – wie der moderne Terror des 20. Jahrhunderts – ein Ausdruck des Abfalls von Gott. Iwán Grósnyj mordete um Gottes willen, besorgt um das eigene Seelenheil wie um das Seelenheil der von ihm Getöteten. Er hat sich selbst öffentlich aller Laster und Sünden geziehen, nur einer einzigen Sünde nicht: nicht des Abfalls von Gott. Grósnyj mordete und raubte auch um der „Wahrheit" willen, der Wahrheit (práwda) im Sinne von Gerechtigkeit. „Man bekommt den Eindruck", – sagte ein deutscher Zeitgenosse von ihm – „daß der Zar um der Gerechtigkeit willen beschlossen habe, sein eigenes Reich auszuplündern."

In seiner inneren Zerrissenheit, man möchte sagen Zerklüftetheit, seinem völligen Mangel an Zucht und Maß, an Harmonie und wohl auch an Glück, seinem haltlosen, unbezähmbaren Hang „bis zum Letzten zu gehen", wirkt er wie ein Erzeugnis Dostojéwskischer Phantasie. Und wie bei den Romangestalten des großen russischen Dichters erscheint auch bei diesem russischen Zaren sein Wesen primär durch Leid und Qual bestimmt. Es zieht sich das in ungebrochener Linie durch sein ganzes Leben. Als Beispiel seien vier Zitate aus verschiedenen Perioden seines Lebens angeführt, die sogar in der Übersetzung und trotz der stilistischen Anlehnung an die Bibel den hohen Grad seiner schriftstellerischen Begabung erkennen lassen:

Der Zwanzigjährige: „Mit welchen Sünden beleidigte ich Gott von jener Zeit bis heute. Mit welchen Züchtigungen suchte Er uns heim, um uns zur Buße zu führen. Wir fühlten nicht, daß unser Unglück eine Strafe Gottes war; die schweren Züchtigungen führten uns nicht zur Buße ... und Gott in seinem Erbarmen züchtigte unsere zahllosen Sünden mit Überschwemmungen, Pest und Seuchen ... Da fuhr Schrecken in meine Seele und Furcht überfiel mein Gebein. Es demütigte sich mein Geist, und ich erkannte meine Sünden."

Der Fünfunddreißigjährige: „Ich erinnere Dich, o Fürst, mit Demut: Sieh die Größe der Vorsehung Gottes, welche meine Umkehr von meinen Sünden, ja meinen Freveltaten erwartet, der ich mehr als Manasse Freveltaten beging ... denn, wenn auch meine Freveltaten mehr sind als der Sand des Meeres, so hoffe ich doch auf die Gnade der Barmherzigkeit Gottes. Er kann im Abgrund seiner Gnade meine Freveltaten ertränken, wie er mich, der ich ein Sünder und Buhler und Peiniger bin, auch jetzt begnadigte durch sein lebenschaffendes Kreuz."

Der Vierundfünfzigjährige: „Was wir infolge unserer Sünden Übles getan haben, das sollt Ihr uns verzeihen und für uns fleißig beten zu Gott ... worin wir aber vor Euch schuldig sind, darin seid uns gnädig und verzeiht. Gott wird euch dagegen alles verzeihen, was Ihr an mir verschuldet habt."

Kurz vor seinem Tode: „Der Körper ist geschwächt, und es krankt der Geist. Die Wunden der Seele und die des Körpers mehren sich, aber es ist kein Arzt, der mir helfen könnte. Ich wartete auf einen, der Mitleid mit mir hätte, aber es erschien niemand; ich fand keinen, der mich tröstete. Man hat mir mit Bosheit für Güte bezahlt, mit Haß für Liebe."

So stark bei diesem Zaren sein Intellekt war, so schwach waren seine Nerven. Immer wieder konnte er Dinge tun, die er unmittelbar danach schwer bereute. Seine Nerven verlierend hat er im Affekt seinen Sohn erschlagen und damit faktisch sein Geschlecht ausgerottet. Denn dieser, sein ältester Sohn Iwán, war der einzige, der fähig gewesen wäre, die Dynastie und die Tradition fortzusetzen. Sein zweiter Sohn war ein freundlich-blöder Kretin, und der dritte ein Epileptiker. Auch Peter der Große hat seinen ältesten Sohn getötet. Grósnyj hat aber – im Unterschied zu Peter – die furchtbare Tat tief bereut und danach harte Buße getan.

Sowohl der Charakter Iwáns wie sein terroristisches Wüten blieben selbstverständlich den Zeitgenossen nicht verborgen; der Zar legte geradezu Wert darauf, sich seinem Volke so zu zeigen, wie er war. Der Terror wurde – im Unterschied zum modernen – nicht getarnt, sondern in aller Öffentlichkeit vollzogen, und für die Opfer des Terrors wurden (wie es im sogenannten „Synodik", in den sie namentlich eingetragen wurden, wörtlich hieß) „für die Geächteten, für die Erschlagenen, für die Ertränkten und Verbannten mit ihren Frauen, Kindern und ihrem Gesinde" Seelenmessen gelesen. Der Zar wies dazu die entsprechenden Mittel an.

Man wird Iwán aber nicht gerecht, ja man erschwert das Verständnis für ihn, wenn man seinen Terror als Ausdruck überlegter politischer Maßnahmen begreift und zu rechtfertigen versucht. Gerade weil dieser Terror, anders als der moderne, nicht als kühl errechnetes System, sondern weitgehend als reine Willkür in Erscheinung trat, ausgeführt nicht durch einen gut funktionierenden Apparat, sondern durch einen sündigen, schwachen, lasterhaften Menschen, so haftete diesem unmenschlichen Wüten gleichwohl etwas sehr Menschliches an. Nur so scheint es erklärlich, daß dieses fürchterliche Treiben keineswegs nur Schrecken und Angst, sondern Ehrfurcht und Liebe auslöste. Iwán Grósnyj wurde von seinem Volke, jedenfalls von einem großen Teil, leidenschaftlich geliebt.

Das wird durch zahlreiche zuverlässige Zeugnisse von Ausländern bestätigt, die diese Tatsache geradezu fassungslos registrierten und damit zeigten, wie schwer es auch für die Zeitgenossen war zu begreifen, was sich hier in Moskowien tat. Bezeichnenderweise ist im krassen Gegensatz dazu 150 Jahre später das Wesen und Wirken Peters des Großen von den Ausländern sofort richtig verstanden worden. Andererseits ist Grósnyj von seinem eigenen

Volk – auch dieses im Unterschied zu Peter dem Großen! – nie als ein Fremder empfunden worden.

Iwán IV. ist mit dem Beinamen Grósnyj in die Geschichte eingegangen. Es ist besonders in jüngster Zeit immer wieder darauf hingewiesen worden, daß die richtige Übersetzung dieses Namens weder der Schreckliche, noch der Grausame ist (für beides gibt es im Russischen andere Vokabeln: ushásnyj, shestókij), weil im Worte „Grósnyj" auch eine positive Wertsetzung liegt. Aber die vielfältigen Vorschläge, den Beinamen anders zu übersetzen – der Dräuende, der Schreckenerregende, der Gestrenge, der Grimme, der Grause usw. – erscheinen noch unzulänglicher, und es möchte scheinen, daß man (wenn man sich nicht mit dem russischen Wort Grósnyj begnügen will) nicht davor zurückweichen sollte, Iwán nach wie vor den Schrecklichen zu heißen. Es lag schon viel Schreckliches nicht nur in seinen Maßnahmen, sondern auch in seinem Wesen.

Vorstoß ins Wolgabecken und nach Sibirien

Iwán IV. hat den Moskauer Thron von seinem dritten Lebensjahr an, im ganzen einundfünfzig Jahre lang (1533–1584), also länger als sein Großvater, innegehabt, aber seine selbständige Regierung war kürzer; immerhin währte sie achtunddreißig Jahre.

Während seiner Unmündigkeit zeigte es sich, daß das Regierungssystem des neuen Moskauer Staates institutionell noch nicht so gefestigt war, um eines kraftvollen Monarchen entbehren zu können. Die praktische Lehre, die die Moskauer Großfürsten ihrer Umgebung gegeben hatten, nämlich, daß der Besitz der Macht so gut wie zu allem befähigt und auch so gut wie alles rechtfertigt, wurde nun von den Bojaren in ihrem eigenen egoistischen Interesse praktiziert. Es begann nach dem Tode Wassílijs III. ein wüstes und blutiges Treiben der Großen in Moskau auf Kosten der Bevölkerung, die die ungebändigte Macht ihrer Herren um so schmerzlicher zu spüren bekam. Dabei wurde der großfürstliche Knabe zum Spielball bzw. zum Werkzeug bojarischer Rivalitäten. Es beteiligten sich daran in erster Linie die Vornehmsten der

Moskaus territoriale Ausdehnung im 15. und 16. Jahrhundert.

Bojarenaristokratie, z. T. Rjurikiden, wie die Fürsten Schújskij oder die Verwandten des Knaben auf dem Thron. Gegen alles Herkommen war die Witwe des verstorbenen Großfürsten, Jeléna Glínskaja (aus einem russisch-litauischen, nach Moskau hinübergewechselten Geschlecht tatarischer Abkunft), zur Regentin ihres Sohnes bestimmt worden. Durch seine Mutter hatte Grósnyj mithin (wie Peter der Große) auch tatarisches Blut. Fünf Jahre, bis zu ihrem wahrscheinlich gewaltsamen Tode (1538), hat die kluge und energische Frau sich erbittert gegen das Aufbegehren der Großen zur Wehr gesetzt und die großfürstliche Autorität zu wahren gesucht, sich an dem blutigen Treiben „nach der Methode der Borgia" eifrig beteiligt und hat dabei auch die Verwandten des kleinen Iwán (seinen Onkel Michaíl Glínskij, einen der mächtigsten und reichsten Herren, wie auch die beiden Brüder ihres verstorbenen Gatten) beseitigen lassen.

Bei ihrem Tode war Iwán aber erst sieben Jahre alt und nun ohne jeden Schutz vollends der Willkür der Bojaren ausgeliefert. Wir sind über diese Zeit im einzelnen schlecht informiert, aber so viel ist bekannt, daß der junge Großfürst bereits als Knabe eine frühreife, starke Intelligenz gezeigt hat. Nach der Überlieferung seien sogar die verrohten Bojaren darüber in Tränen ausgebrochen, daß er „in so früher Jugend schon über so vieles nachgedacht hat". Aber schon damals, als Dreizehnjähriger, schreckte er vor keiner Grausamkeit zurück. Für seine spätere Regierungstätigkeit sind seine Erlebnisse und Erfahrungen aus seiner Kindheit insofern wichtig geworden, als sie einen erbitterten, nie überwundenen oder bezähmten Haß gegen die Bojaren in ihm hervorgerufen haben und den Vorsatz, sich ohne jede Schonung an ihnen zu rächen.

Siebzehnjährig (1547) übernahm Iwán die Regierung selbst. Er fing gleich damit an, daß er den vom Großvater gelegentlich geführten Titel nun auch offiziell übernahm, sich „Heiliger von Gott gekrönter Zar und Selbstherrscher" (samodérshez) nannte und die internationale Anerkennung des neuen Titels gegen mancherlei Widerstände auch durchsetzte.

Als Regent seines Landes stand Grósnyj auf den Schultern seines Vaters und Großvaters. Die Richtung seiner Politik sowohl nach außen wie im Innern blieb im wesentlichen die gleiche. Im ersten Jahrzehnt ist er auch zweifellos erfolgreich gewesen. Durch die Wiederaufrichtung und Durchsetzung der Selbstherrschaft hat er die Ordnung im Staate gefestigt und durch seinen Vorstoß nach Süden und Osten bleibende Erfolge erzielt.

In Kasan war die Tatarenmacht seit Jahrzehnten im Niedergang. Der junge Zar nutzte die sich ihm dort bietende Chance und holte in richtiger Erkenntnis der Bedeutung des Wolgabeckens für den Moskauer Staat zum entscheidenden Schlag aus. Im fünften Jahr seiner selbständigen Regierung (1552) eroberte er Kasan und einverleibte das ganze Gebiet der mittleren Wolga seinem Reiche. Nach bewährtem Vorbild wurde wieder ein Teil der Bevölkerung zwangsumgesiedelt, ohne daß es dabei zunächst zu besonderen Grausamkeiten gekommen wäre. Die militärische, zumal die militärtechnische Durchführung der Eroberung Kasans brachte ihm besonderen Ruhm ein. Nach sowjetischer Darstellung hat er erstmalig jene Belagerungstaktik angewandt, die ein halbes Jahrhundert später Vauban berühmt gemacht hat.

Grósnyj begnügte sich nicht mit diesem Siege, sondern stieß längs des Flußlaufes in das ehemalige Zentralgebiet der Goldenen Horde vor und eroberte im Laufe der nächsten zwei Jahre auch das ganze Gebiet der unteren Wolga bis nach Astrachan, das 1556 Moskau einverleibt wurde. Wegen dieses Sieges wurde der Zar von seinen Untertanen mit Wladímir dem Heiligen, Alexander Néwskij und Konstantin dem Großen verglichen.

Die mit gewaltigem Gebietszuwachs verbundenen Erfolge gewannen für die weitere geschichtliche Entwicklung Moskowiens eine sehr große Bedeutung. Moskau wurde dadurch zu einem der territorial größten Staaten seiner Zeit und geriet gleichzeitig in den Besitz der wichtigsten Verkehrs- und Handelsstraße nach den großen orientalischen Reichen. Gleichzeitig wurden zahlreiche nichtrussische und nichtgriechisch-orthodoxe Völkerschaften – Tscheremissen, Mordwinen, Wotjaken, Tschuwaschen, Baschkiren – dem Staat einverleibt. Die im russischen Zentralgebiet seinerzeit siedelnden finnisch-ugrischen Völkerschaften, wie auch tatarische Volkssplitter, waren im Laufe der Zeit vom Großrussentum absorbiert worden; seit dieser Zeit aber war Moskau nicht mehr ein rein großrussischer, sondern ein Vielvölkerstaat unter großrussischer

Herrschaft. Seither hatte Moskau ein bemerkenswertes, später immer wieder bewährtes Geschick in der Behandlung, Gewinnung und Beherrschung anderer, zumal östlicher Völker bewiesen, denen gegenüber die Großrussen als Kulturträger auftreten konnten.

Schließlich war damit ein neues großes Siedlungsgebiet für das russische Volk gewonnen. Es setzte damit eine für die spätere Entwicklung Rußlands sehr wichtig werdende Rückwanderung der Bevölkerung aus dem Norden wieder in den Süden ein, jetzt in den Südosten, und ein allmähliches Vordringen der Bauern aus dem Waldgebiet in die Steppenzone. Die Wanderungen hatten sich die ganze Zeit über fortgesetzt und zunächst in die weiten Gebiete des Nordens und Nordostens erstreckt, nun wurde der Siedlungsstrom wolgaabwärts nach Süden abgebogen und damit das Wolgabecken und die Südrussische Steppe auch als Volksboden gewonnen. Parallel dazu ging die Wiederbesiedlung des Dnjeprbeckens durch Ukrainer von Polen aus.

Durch diese Entwicklung war aber die Macht und damit die Gefahr der Tataren noch nicht beseitigt. Die Krimhorde unter der Dynastie der Giréjs bestand als sehr gefährlicher Nachbar weiter fort. Bereits 1521 war Moskau einem Angriff der Krimtataren ausgesetzt gewesen; 1571 standen sie wieder vor dem Moskauer Kreml. Es wiederholte sich das Schauspiel aus der Zeit Iwáns III.: der Zar floh, eine Verteidigung fand nicht statt. Die Tataren plünderten die Stadt, zündeten sie an, verschleppten viele Tausende – angeblich 100 000 – als Sklaven und zogen dann wieder ab. Grósnyj sah sich gezwungen, die Tributzahlungen wiederaufzunehmen, konnte sie allerdings ein Jahr später wieder einstellen. Doch auch dieses war nicht die letzte Tatareninvasion.

Schließlich wurde die Einbeziehung des Wolgabeckens zur Voraussetzung für die noch unter Grósnyj einsetzende und später gigantische Ausmaße annehmende Eroberung und Erschließung Sibiriens. Der Vorstoß nach Asien hinein erfolgte allerdings viel weiter nördlich die Kama hinauf bis zum Ural und dann wieder hinab bis ins Strombecken des Tobolj, Irtysch und Ob. Doch auch zu dieser Entwicklung hatte bereits Iwán III. durch die Eingliederung des ehemaligen Nówgoroder Gebietes die Voraussetzung geschaffen.

Die Eroberung Sibiriens begann nicht auf dem Wege Moskauer staatlicher Maßnahmen, sondern dank der Initiative der Abkömmlinge eines Nówgoroder Bojarengeschlechtes, der Großunternehmer Stróganow. Die Stróganows hatten bereits im 15. Jahrhundert an der oberen Kama riesige Gebiete erworben, einen ausgedehnten Pelzhandel betrieben und Salzsiedereien im großen Maßstabe angelegt. Um ihre Besitzungen vor den wilden Völkerschaften der Gegend zu schützen, nahmen sie Kosakenbanden in Sold. Im Jahre 1558 erreichte es der bedeutendste Vertreter dieser Unternehmerdynastie, Antíka Stróganow, daß der Zar den gewaltigen, selbstverständlich weder vermessenen noch genau begrenzten Besitz der Stróganows für zwanzig Jahre bestätigte und ihnen gleichzeitig das Recht gewährte, Städte und Klöster zu bauen, Befestigungen anzulegen, Truppen zu halten und Kanonen zu gießen. Auf dieser Grundlage schufen die Stróganows sich eigene Kosakentruppen. Bereits in den sechziger Jahren stießen einige wagemutige Kosaken durch ganz Sibirien hindurch bis nach Korea vor. In den siebziger Jahren hat dann eine Kosakenabteilung von nur 850 Mann unter der militärisch wie diplomatisch geschickten Führung ihres Atamans Jermák Timoféjew das jenseits des Urals gelegene, von Chan Kutschum beherrschte Chanat Sibirien besiegt, erobert und zerschlagen. Das neuerworbene, unermeßlich große Gebiet wurde dem Zaren zu Füßen gelegt (1582), der seinerseits die notwendige Waffenhilfe zur Verfügung stellte, um es endgültig zu befestigen und den Besitz zu sichern. Das war der Beginn der sich mit erstaunlicher Geschwindigkeit vollziehenden Eroberung Sibiriens bis hin zum Stillen Ozean, der in fortgesetztem Vordringen über Tobolsk (1587), Tomsk (1604), Jenissejsk (1619), Jakutsk (1632) nach nicht einmal siebzig Jahren bei Ochotsk erreicht wurde (1649). Anschließend wurde das Ostkap Sibiriens zum erstenmal umschifft und später (1741) auch über die Beringstraße auf den amerikanischen Kontinent hinübergegriffen.

Der Zar war auf diese Weise Nachfolger eines asiatischen Chans nach dem anderen geworden, um schließlich das Erbe Dschingis-Chans anzutreten, ein Vorgang, der in der Petersburger Periode von der Europäisierung weitgehend überschattet wurde und dessen volle Bedeutung wohl erst in jüngster Zeit erkennbar geworden ist, als zunächst das russische und dann das sowjetische Reich nicht nur im territorialen Verstande immer tiefer nach Asien hineinwuchs und dort heimisch wurde.

Die Oprítschnina

Im Innern begann Grósnyj seine selbständige Regierung mit Reformen. Sie lagen auf der Ebene der bisherigen Entwicklung, d. h. der Stärkung des Kleinadels auf Kosten der alten Bojarenaristokratie und des weiteren Ausbaues der Militärverfassung, bei gleichzeitiger Vergrößerung des Heeres. Die Reformen waren zunächst weder radikal noch überspitzt, ließen aber schon damals eine Tendenz erkennen, die später noch stärker in den Vordergrund treten sollte, nämlich einen für Grósnyjs Politik typischen sozialen, von den Russen als „demokratisch" bezeichneten, Zug im Sinne einer betonten Hinwendung zum Volk, bei einer gleichzeitigen sowohl sachlich wie persönlich bestimmten Ablehnung des aristokratischen Elementes.

Wir sehen hier mehr als nur eine Interessengemeinschaft zwischen Fürst und Volk gegenüber den Bojaren. Es war gleichzeitig ein Ausdruck der in Rußland bis in die jüngste Zeit hinein vertretenen Auffassung, daß das autokratische und das (im russischen Verstande) demokratische Prinzip sehr wohl miteinander vereinbar sind, daß beide aber in unüberbrückbarem Gegensatz zum aristokratischen Prinzip stehen. Das steht in engem Zusammenhang mit dem Fehlen korporativer Gemeinschaftsformen und einer durchgebildeten ständischen Gliederung in Rußland.

In der ersten Zeit seiner Regierung zeigte sich Grósnyj in seinem Kampf gegen die Bojaren noch temperiert. Jedenfalls war das darauf zurückzuführen, daß der junge Zar damals noch dem Einfluß und dem Rat erfahrener Männer seiner Umgebung zugänglich war. Unter seinen Ratgebern, die eine Art Regierung bildeten, ragten drei Männer hervor: der Metropolit Makárij, ein belesener Gelehrter, der an einer Sammlung von Heiligenleben und Predigten, den Tschétji-Minéji, arbeitete und dem Iwán seine Bibelkenntnis und seine geistige Bildung zu verdanken hatte; der aus

Nówgorod stammende Priester Silvester, von dem die Chronik berichtet, daß ihm alle gehorchten und er alles konnte, und der dem niederen Adel entstammende Alekséj Adáschew, dem Iwán seine oft bewiesene gute Kenntnis des Volkes und seiner Sitten und Unsitten zu danken hatte. Adáschew befaßte sich speziell mit Fragen der Volkswohlfahrt und wurde wegen seiner sozialen Tätigkeit von seinen Zeitgenossen als ein Mann gepriesen, der den Engeln gleich sei.

Zu den Menschen, die in der ersten Zeit der Regierung Grósnyjs einen wohltuenden und seine Leidenschaften zügelnden Einfluß auf ihn ausübten, gehörte auch seine erste Frau Anastásja Románowna. Sie entstammte keinem Fürstengeschlecht, sondern einer Moskauer Bojarenfamilie, die erst in dieser Zeit in den Vordergrund trat und später in die Geschicke Rußlands bestimmend eingreifen sollte.

In seiner volksfreundlichen und bojarenfeindlichen Haltung wurde der Zar auch durch einige bedeutende Publizisten seiner Zeit bestärkt, die in ihren Schriften eben diese Politik theoretisch rechtfertigten. So verfaßte ein Mönch namens Jermoláj eine Denkschrift „über die Verbesserung und Ordnung des Staates", die sich durch betonte Bauernfreundlichkeit auszeichnete. Jermoláj ging so weit, den Bauern für das Leben des Staates eine größere Bedeutung zuzumessen als den hohen Würdenträgern, „denn von der Arbeit der Bauern kommt das Brot, das das wichtigste aller Güter ist". Der Verfasser schlug vor, die Bauern ganz von Geldabgaben zu befreien und ihnen größere Bodenflächen einzuräumen, wobei hier bereits klar der vorhin erwähnte staatsethische Grundsatz erkennbar wurde, nach dem die Bojaren und Dienstleute dem Staat Kriegsdienste leisten müßten, dafür aber von den Bauern „durch ihrer Hände Arbeit" ernährt werden sollten.

Bezeichnenderweise sahen auch die Theoretiker den Weg zur Besserung der Lage des Volkes in einer Stärkung der zarischen Macht gegenüber den großen Herren. Das wurde in einer extrem bojarenfeindlichen Schrift des bereits erwähnten Iwán Pereswétow deutlich, die neuerdings mit dem „Principe" Machiavellis verglichen worden ist. Pereswétow war, bevor er nach Moskau kam, in polnischen, ungarischen und kaiserlichen Diensten gewesen und hatte gute Kenntnisse der politischen Verhältnisse seiner Zeit. Das von ihm oft gerühmte Ideal eines Fürsten war der türkische Sultan. So wie jener sollte auch der Moskauer Zar herrschen: „Regiert ein Zar milde und sanft, so verarmt sein Reich, und sein Ruhm wird geschmälert", schrieb Pereswétow, „ist der Zar streng und weise, so vergrößert er sein Reich, und sein Name wird über alle Länder berühmt. Wie ein Roß ohne Zügel ist ein Staat ohne Strenge." Deshalb solle der Zar sich von seinen Bojaren unabhängig machen, die „ihre Kassen mit großem Reichtum aus der Not, den Tränen der Christenheit füllen und weder an Gott denken und an den Zaren noch an das Kriegswesen, sondern nur an ihre eigenen Leute." Der Zar solle sich auf seine Kriegsleute stützen, „durch das Heer ist der Zar stark und berühmt". Grósnyj hörte so etwas gerne.

Bemerkenswert ist dabei, daß die zarische Selbstherrschaft von Pereswétow im Unterschied zu den Theoretikern des Dritten Rom nicht theologisch begründet wurde. Der leitende Grundsatz des Herrschers solle nicht der Glaube, sondern die Gerechtigkeit sein. Als Ideal erscheint hier eine „soziale Monarchie", an deren Spitze ein Autokrat steht, der „türkische Gerechtigkeit übt".

Im Zeichen solcher Tendenzen und Zielsetzungen standen die ersten Jahre der selbständigen Regierung Grósnyjs. Das Kormlénije (vgl. S. 127) wurde abgeschafft, die Umwandlung der alten Erbgüter in Dienstgüter fortgesetzt, das Heer durch die Bildung besonderer mit Feuerwaffen versehener Schützenregimenter, der Strelzý, verstärkt, eine Elitetruppe aus tausend in der Umgebung Moskaus angesiedelten zuverlässigen Dienstleuten gebildet und die unteren Schichten der Bevölkerung, zumal in den Städten, zur Verwaltung herangezogen. In seinen Erlassen wandte sich der Zar ausdrücklich „an alle ohne Ausnahme, wer es auch sein mag", und zählte dabei die verschiedenen Bevölkerungsschichten auf, neben Fürsten- und Bojarensöhnen auch Vogelsteller, Fischer, Biberjäger usw. Im Zuge dieser Demokratisierungspolitik wurden in den Gemeinden auch Wahlen der Ältesten vorgesehen, „nachdem sie alle miteinander beraten haben".

Im Jahre 1550 berief der zwanzigjährige Zar eine Landesversammlung (Sémskij Sobór) aus weltlichen und geistlichen Würdenträgern, denen er sein Reformprogramm vorlegte. Ähnliche Versammlungen hatten schon früher stattgefunden, aber unter Grósnyj gewannen sie als lebendiger Ausdruck seiner Volksfreundlichkeit besonderes Gewicht. Die Sobory traten öffentlich unter freiem Himmel – auf dem Roten Platz in Moskau – zusammen. Sie hatten keine politischen Rechte, aber der Zar ließ durch sie seine Maßnahmen öffentlich billigen und verschaffte ihnen dadurch entsprechende Popularität. Sehr ähnlich verfuhren moderne Diktatoren mit ihren zum Zweck einer öffentlichen Billigung einberufenen sogenannten Parlamenten.

Die öffentliche Zustimmung war dem Zaren Iwán in späteren Jahren bei seiner das Land und die Menschen immer schwerer bedrückenden Kriegspolitik äußerst wichtig, und seine unmittelbaren, meist mit theatralischen Bekenntnissen und Selbstbezichtigungen verbundenen Appelle an das Volk haben immer wieder die gewünschten Ergebnisse erzielt. Auch die Zusammensetzung der Sobory wurde im Laufe der Zeit erweitert. Als erster „echter" Sémskij Sobór gilt die Landesversammlung von 1566, an der neben weltlichen und geistlichen Würdenträgern auch Possadleute in großer Zahl teilnahmen.

Ein Jahr nach dem ersten Sobór trat ein Kirchenkonzil zusammen, das eine in 100 Kapitel gefaßte und deshalb Stogláw genannte Kirchenordnung ausarbeitete mit dem Ziel, den weitverbreiteten Mißständen im kirchlichen und klösterlichen Leben zu steuern. Auch hierbei wurde eine betont soziale Tendenz erkennbar.

Aber sehr bald nachher setzte eine Radikalisierung in der Regierungsführung Grósnyjs ein, die um so krasser wurde, je mehr er sich vom Einfluß anderer emanzipierte. Die junge sympathische Zarin, die Iwán seinen Trost und seine Taube nannte, starb nach 13jähriger glücklicher Ehe im Jahre 1560; ihre vier Kinder, darunter der Thronfolger, waren schon früher gestorben. Der Tod seiner Frau hat den Zar schwer getroffen und hat seinem stets wachen Mißtrauen seiner Umgebung gegenüber neue Nahrung gegeben. Er war – jedenfalls zu Unrecht – davon überzeugt, daß sie ermordet worden war. – Unmittelbar nach dem Tode Anastásjas beseitigte der inzwischen dreißig Jahre alt gewordene Zar auch seine bisherigen Ratgeber. Silvester wurde der Hexerei angeklagt und verbannt. Adáschew wurde ins Gefängnis geworfen. Wer sich für die Gestürzten einsetzen wollte, dem erging es ebenso.

Der Witwer heiratete jetzt eine Tscherkessin und später in rascher Folge noch fünf weitere Frauen, obgleich die russische Kirche nur eine dreimalige Verehelichung gestattet. In seinem persönlichen Leben begannen seit jener Zeit Ausschweifung und Lasterhaftigkeit überhandzunehmen. Gleichzeitig setzte eine durch keinerlei Skrupel gemilderte Verfolgung wirklicher oder vermeintlicher Gegner ein mit Hilfe eines Systems tatsächlicher oder stets bereiter Gewaltanwendung. In richtiger Erkenntnis, daß die Verfolgten es versuchen würden, sich der Rache ihres Herrn durch Flucht zu entziehen, verpflichtete der Zar seine Untertanen, Moskau nie zu verlassen und auch keinen Briefwechsel mit dem Auslande zu führen.

Nicht alle Großen, zumal jene nicht, die über den Durchschnitt hinausragten, ließen sich diese Behandlung gefallen. Der prominenteste von jenen, die sich dagegen aufbäumten, und gleichzeitig wohl der bedeutendste unter den Bojaren höchsten Ranges war der Fürst Andréj Micháilowitsch Kúrbskij, wie der Zar selbst ein Rjurikide. Kúrbskij hatte sich Verdienste erworben und auch persönlich dem Zaren nahegestanden; er war Iwán geistig und auch an literarischer Begabung ebenbürtig, an allgemeiner Bildung jedenfalls überlegen.

Im Jahre 1564 nahm er das traditionelle Recht bojarischer Freizügigkeit für sich in Anspruch, sagte dem Zaren aus Protest gegen dessen Gewaltpolitik den Dienst auf und wechselte nach Polen hinüber, nicht anders als viele litauische Großen früher nach Moskau hinübergewechselt waren. Über die Motive Kúrbskijs sind wir genau informiert, denn er hat sie in einer ausführlichen, an den Zaren gerichteten Denkschrift voll bitterer Anklage gegen seinen ehemaligen Herrn niedergelegt. Wir kennen auch Iwáns Beurteilung der Dinge, der im Verhalten Kúrbskijs nichts anderes als einen Landesverrat sah. Interessanterweise hat der Zar auf den Angriff Kúrbskijs sehr ausführlich in einer Gegendarstellung – sie umfaßt in einer modernen Ausgabe zweiundsiebzig Druckseiten – geantwortet und sich gerechtfertigt. Dieser berühmt gewordene sogenannte Briefwechsel zwischen Grósnyj und Kúrbskij, der sich durch fünfzehn Jahre gezogen hat (1564–1579), ist in biographischer und in sachlicher Hinsicht ungeheuer aufschlußreich und für uns Heutige von einer geradezu beklemmenden Aktualität.

Der „Landesverräter" begründete seine Absage an ein System, das er als verabscheuungswürdig und als verhängnisvoll ansah, und in dessen Diensten zu verharren er sich weigerte, während der Autokrat eine Apologie des Systems der Selbstherrschaft gab. Die scharf zugespitzte, mit zahlreichen biblischen Zitaten belegte Selbstrechtfertigung Grósnyjs ist glänzend geschrieben, aber in der Gedankenführung sprunghaft und ermangelt trotz fortgesetzter Selbstbezichtigungen jeder echten Selbstkritik. Wie Kljutschéwskij es formulierte, hat Grósnyj hier eine „Theologie politischer Selbstvergöttlichung" erzeugt und ist „sich selbst zum Heiligtum geworden".

Kúrbskij reagierte mit beißendem Sarkasmus auf das „breit verkündete und viel lärmende Schreiben" des Zaren und erklärte dessen Art zu argumentieren für „so barbarisch, daß nicht nur gebildete und kundige Männer, sondern auch einfältige Menschen und Kinder darüber erstaunen und lachen müßten". In dem berühmten Briefwechsel fand der Todeskampf der russischen Bojarenaristokratie gegen das Moskauer Selbstherrschertum seinen denkwürdigen Niederschlag. Politisch focht Kúrbskij für eine verlorene Sache. Die alte Bojarenaristokratie hatte, zum großen Teil infolge eigenen Versagens, ihre Rolle ausgespielt. Gleichwohl muß bezweifelt werden, daß die „blutige Umgestaltung" unter Grósnyj eine „historische Notwendigkeit" gewesen sei, wie nicht nur von sowjetischer Seite gemeint worden ist. Nicht nur Grósnyj hat bei dieser Auseinandersetzung in einer Moskauer Tradition – der autokratisch-zarischen – gestanden. Auch Kúrbskij stand in einer altrussischen Tradition, der aristokratisch-bojarischen. Nach neuerdings in Anknüpfung an frühere Auffassungen von russischen Emigranten geäußerten Ansichten (Kowaléwskij) hat Grósnyj und haben die Theoretiker der Selbstherrschaft, vor allem Peroswétow, die „echte" moskowitische Tradition nicht verwirklicht oder gefestigt, sondern verfälscht und eben dadurch Moskau ins Unglück gestürzt.

Nach der Flucht Kúrbskijs sah sich Grósnyj auf der Höhe eigener Selbstübersteigerung bald vollends vereinsamt. Das Jahr 1564 gilt in der Regel als das Ende seiner „guten“ und der Beginn seiner „bösen“ Zeit, wobei allerdings nicht übersehen werden darf, daß das „Böse“ schon viel früher eingesetzt hatte, jetzt allerdings voll zum Durchbruch kam. Im Bewußtsein – oder in der Einbildung – völliger Einsamkeit und in der wohl allen Terroristen eigenen Überzeugung, sich auf niemanden als nur auf sich selbst verlassen zu können, vollzog der Zar seinen „Staatsstreich“, der ihm den Weg zur Anwendung eines blindwütigen Terrors frei machte.

Die von ihm dabei angewendete Taktik war höchst ungewöhnlich, zeugte aber von einer genauen Kenntnis der Psychologie seines Volkes und der richtigen Einschätzung dessen, was er ihm zumuten konnte. Der Zar streikte. Aber da alles an ihm hing, so legte er damit, wie ein jeder Streikende es beabsichtigt, den Betrieb, in diesem Falle den Staatsbetrieb lahm. Am 3. Dezember 1564 verließ er plötzlich mit Frau, Kindern, Hof und Gefolge, mit dem ganzen Staatsschatz und sehr vielen Wertgegenständen Moskau, begab sich in die Alexandrower Slobode, etwa siebzig Kilometer von Moskau entfernt, und erklärte in einem Schreiben an den Metropoliten, daß er in „seines Herzens großem Jammer“ nicht mehr die Regierung ausüben wolle, weil die Bojaren ihn verraten hätten. In einem zweiten Schreiben, das er im Zuge seiner demokratischen Tendenzen bezeichnenderweise an das „ganze rechtgläubige Christenvolk“ richtete, appellierte er, wie so oft, an das Mitleid und an die Treue des einfachen Volkes, indem er in gewohnter Weise die Bojaren anklagte.

Das Ergebnis war genau so, wie er es erwartet hatte. Das Volk, vor die Frage gestellt: ein Zar oder viele Bojaren, entschied sich unbedenklich für den Zaren. Von einer Deputation, die von Geistlichen geführt wurde und an der sich auch Bojaren beteiligten, wurde Iwán flehentlich gebeten, zurückzukehren und die Regierung wiederaufzunehmen. Der Zar ließ aber die Bittenden warten und nahm sich mit seiner Antwort einen ganzen Monat Zeit. Dadurch steigerte er nicht nur die Ungeduld, sondern auch das Verlangen nach seiner Rückkehr so, daß er die Wiederaufnahme der Regierung von einem Freibrief für sich selbst abhängig machen konnte. Er verlangte und erhielt die Zusicherung, jede von ihm als notwendig und wichtig erachtete Vergeltung an allen, die ihm im Wege stünden, jederzeit durchführen zu können. Seine Bedingung für die Rückkehr nach Moskau war, „daß alle, die ihn verraten haben und ihm in irgendeiner Weise ungehorsam gewesen sind", gerichtet würden ... daß einige hingerichtet und ihr Hab und Gut eingezogen würde und schließlich, daß der Zar sich eine besondere Leibwache schaffen und sich einen besonderen Hof und eine Hofhaltung einrichten werde.

Das war der Anfang der sogenannten Oprítschnina. Es ist erstaunlich, daß die Moskowiter, einschließlich der Bojaren, auf diese Bedingungen eingegangen sind. Denn was jetzt vom Zaren zu gewärtigen war, darüber konnte ein Zweifel kaum bestehen.

Das Wort „Oprítschnina" hat eine zwiefache Bedeutung, eine personelle und eine territoriale. Einerseits wurde damit die Leibwache von zunächst 1000 Mann bezeichnet, die schnell zu einer politischen Sondertruppe in der Stärke von etwa 6000 Mann anwuchs und zum Werkzeug der Terrorpolitik wurde. Diese Truppe, von vornherein als eine Elite gedacht, war besonders strengen Bestimmungen unterworfen, deren Übertretung mit dem Tode bestraft wurde. Der Opríschnik wurde bewußt aus der Gemeinschaft der übrigen ausgesondert, durfte mit einem Nichtopríschnik keinen Umgang pflegen, auch nicht mit den eigenen Eltern, durfte weder Freunde noch Brüder kennen und war zu bedingungslosem Gehorsam und auch zur Denunziation von Verrätern verpflichtet. Äußerlich war der Opríschnik durch eine besondere – schwarze – Uniform gekennzeichnet; seine symbolisch zu verstehenden Embleme waren Hundekopf und Besen.

Diese Truppe hatte den Nichtopríschniki gegenüber volle Handlungsfreiheit; sie konnte nach eigenem Ermessen und Gutdünken tun, was sie wollte – und hat es auch getan –, rauben, morden, plündern, vergewaltigen, ohne befürchten zu müssen, zur Verantwortung gezogen zu werden. Selbstverständlich galt es als eine hohe Auszeichnung, zur Opríschnina zu gehören. Sie rekrutierte sich in erster Linie aus den niederen Schichten des Volkes, aber auch Fürsten und Bojaren suchten, z. T. wohl aus persönlichen

Sicherheitsgründen, und fanden in der Opritschnina Aufnahme, wie z. B. der spätere Zar Borís Godunów und der Großunternehmer Stróganow. Eine unverkennbare Anziehungskraft übte die privilegierte Elitetruppe auf Ausländer aus, die infolge ihrer naturgemäß isolierten Stellung im fremden Lande vom Zaren auch gerne als Oprítschniki gesehen wurden. Gerade durch Deutsche, die in der Oprítschnina gedient hatten und denen es später gelungen war zu fliehen und dann darüber zu berichten – (z. B. Heinrich von Staden) –, sind wir über das blutige Treiben der Oprítschniki, z. T. bis in die kleinsten Einzelheiten hinein, informiert.

Oprítschnina bedeutete gleichzeitig ein Territorium, große Ländereien, die als wirtschaftliche Grundlage für die Truppe aus dem Staatsgebiet ausgesondert und einer eigenen Verwaltung – der von Grósnyj verlangten „besonderen Hofhaltung" – unterstellt wurden. Dadurch wurde das Staatsgebiet in zwei voneinander scharf abgegrenzte Teile aufgespalten: die unmittelbar der zarischen Hofhaltung unterstellte Oprítschnina, die die zentralen und nördlichen Gebiete einnahm und schließlich etwa die Hälfte des gesamten Staatsterritoriums umfaßte, und die sogenannte Sémschtschina, d. h. die peripheren Gebiete des Westens und Südens, die verwaltungsmäßig noch unter der Leitung der Bojarenduma blieben.

Mit Hilfe der Oprítschnina hat Grósnyj seinen blutigen, religiös verbrämten Terror ausgeübt, dem zum größten Teil völlig unschuldige Menschen zum Opfer fielen. Wer es wagte, gegen dieses Herrschaftssystem etwas einzuwenden, mußte es mit dem Leben bezahlen, wie der Metropolit Filíp, der sich für die Auflösung der makabren Einrichtung eingesetzt hatte und dafür von einem der brutalsten Schergen Iwáns, Maljúta Skurátow, erwürgt wurde. Selbstverständlich gehörten auch führende wie gewöhnliche Oprítschniki, an deren Treue und Ergebenheit aus irgendeinem Grunde Zweifel bestanden, zu den Opfern des Terrors.

Die Zeit des schlimmsten Wütens waren die Jahre 1566–1572, d. h. vom fünfunddreißigsten bis zum zweiundvierzigsten Lebensjahr des Zaren. Dann fand eine spürbare Milderung des Terrors statt, der in den letzten acht Jahren der Regierung Grósnyjs ganz aussetzte. Mit vierundfünfzig Jahren ist Iwán IV. gestorben.

Das große außenpolitische Anliegen Iwáns IV. – die Sache seines Lebens – war sein Livländischer Krieg. Dieser Krieg, der sich durch fünfundzwanzig Jahre hinzog (1557–1582), ist durch die zähe Erbitterung, mit der Grósnyj ihn führte und durch die unerhörten Belastungen, die er deswegen seinem Lande auferlegte, für die innere Entwicklung Moskaus nicht weniger wichtig geworden als für die äußere.

Aufs Ganze gesehen ist der Krieg unglücklich verlaufen; das gesteckte Ziel – der Durchbruch zur Ostsee – wurde nicht erreicht, und schließlich mußte der Zar froh sein, daß Moskau der Vernichtung entgangen, die Dynastie gerettet und die zarische Macht unangetastet geblieben war. Andererseits hat dieser Krieg zu großen Erfolgen seiner beiden Gegner in Nordosteuropa, Polen und Schweden, geführt und wäre somit in erster Linie in der Geschichte dieser Völker zu behandeln. Nur auf das Wichtigste soll auch hier eingegangen werden.

Grósnyjs Anspruch auf Livland war der gleiche wie der seines Großvaters; auch seine Argumente waren die gleichen. „Das livländische Land ist unser Erbgut ... das ganze Land muß unserem Reich angehören“, war die immer wiederkehrende Moskauer Forderung, gestützt auf die – sachlich nicht zutreffende – Behauptung, daß die Livländer seit Rjúriks Zeiten den Russen Tribut gezahlt hätten. Als Grósnyj über das traditionelle Einfallstor Dorpat zum Angriff ansetzte, herrschte in Livland noch der Orden. Im Innern zerrüttet, durch die Reformation in eine schwere Krise geraten, vom Deutschen Kaiser und Reich im Stich gelassen, dazu noch schlecht gerüstet und ebenso schlecht geführt, erwies sich der Orden zu einem wirksamen Widerstand nicht fähig. Grósnyj erzielte in den ersten Jahren des Krieges große militärische Erfolge. Die Russen, verstärkt durch tatarische Hilfskontingente und geführt vom fähigen und energischen Fürsten Kúrbskij, besetzten Narwa, Dorpat, Wolmar und stießen bis Riga vor. Der Ordensmeister und der Landmarschall wurden gefangengenommen und verschleppt; der eine starb in der Gefangenschaft, der andere wurde hingerichtet.

Grósnyj schien unmittelbar vor dem Endsieg zu stehen, als die großen Ostseemächte Schweden, Polen und Dänemark sich einmischten, nicht gewillt, eine Festsetzung Moskaus an der Ostsee zu dulden. Im Jahre 1561 wurde das Ordensland zwischen Schweden (das Estland erhielt) und Polen (an das Livland und in Form eines Herzogtums Kurland fielen) aufgeteilt und nunmehr der Krieg von diesen Mächten als Verteidigung des Abendlandes gegen den Osten weitergeführt. Zunächst schleppten sich die Kampfhandlungen ohne Ergebnisse hin. Nachdem aber in Schweden der geisteskranke König Erich IV. von seinem Bruder Johann abgesetzt worden (1568) und in Polen der letzte Jagellone Sigismund II. August gestorben (1572) und schließlich der Wojewode von Siebenbürgen Stefan Bathory zum König gewählt worden war (1575), wurde der Krieg durch den als Staatsmann wie als Feldherrn gleichermaßen bedeutenden Bathory stark intensiviert und Iwán so bedrängt, daß er sich in seiner Not sogar veranlaßt sah, den Papst um Vermittlung zu bitten. Im Ergebnis hat Iwán im Frieden von Jam Sapolski auf alle seine Ansprüche in bezug auf Livland verzichten müssen (1582).

Bei dieser Gelegenheit hat er allerdings großes diplomatisches Geschick gezeigt. Dabei erwies sich, daß er keineswegs nur hochfahrend und stur, sondern gegebenenfalls auch sehr geschmeidig, fast bescheiden sein und im Notfall sogar auf die in Moskau so beliebten übertriebenen Etiketteansprüche verzichten konnte. So forderte er von den Livländern keineswegs deren Gleichschaltung, sondern versuchte auf anderem Wege sein Ziel zu erreichen und hat nach altbewährter moskowitischer Methode mit Hilfe geschickt geworbener Agenten – zwei livländische Edelleute waren für reichliches Entgelt in seine Dienste getreten – vorübergehend die Idee eines Ordensstaates unter russischem Protektorat vertreten. Als das mißlang, machte er den Versuch, durch Erhebung eines dänischen Prinzen, Magnus von Holstein, zum König von Livland und dessen Verheiratung mit einer russischen Prinzessin Livland zu einem russischen „Satelliten“ zu machen. Allerdings blieben alle diese Versuche im Ergebnis ohne Erfolg. Als politisches Fernziel blieb gleichwohl die Gewinnung der Ostseeküste auch nach dem erzwungenen Verzicht in Moskau bestehen.

Seine diplomatische Konzilianz war aber natürlich nur Taktik, grundsätzlich blieb Iwan dem Westen gegenüber nach wie vor überheblich und hochfahrend. Es ist dabei festzustellen, daß er die Legitimation dazu keineswegs nur in der Größe und Macht seines Staates sah, dessen faktische Schwäche und Zerrüttung ihm sehr wohl bekannt waren, sondern vorwiegend im Moskauer Herrschaftssystem. Er verachtete die politischen Zustände in den europäischen Staaten und hat immer wieder höhnische und verächtliche Bemerkungen darüber gemacht, daß die Fürsten des Abendlandes „eingesetzt" seien und daß „andere Leute" über ihren Kopf hinweg herrschen, ohne sie zu befragen. So hat er z. B. in einem Schreiben an die Königin Elisabeth von England (1570) sich darüber aufgehalten, daß sie von „handeltreibenden Bauern" abhängig sei. „Große Herrscher lassen ihre Urkunden nicht gegenzeichnen", ließ er die Schweden wissen. Seinem großen Gegner, dem polnischen Wahlkönig Stefan Bathory gegenüber bezeichnete er sich selbst als „Zar nach Gottes Ratschluß, aber nicht nach des vielaufrührerischen menschlichen Wollens" (po mnogomjatjéshnomu tschelowétscheskomu chotjéniju). Die Kalamität bestand für Iwán aber darin, daß er sich weitgehend auf die westlichen Staaten angewiesen sah und infolgedessen Kontakte mit ihnen suchen und sich zu Konzessionen bequemen mußte.

Grósnyj war anglophil. Allenthalben, besonders in seiner Außenhandelspolitik, bevorzugte er die Engländer. Er trug sich auch mit dem – nicht realisierten – Plan, die Nichte der Königin Elisabeth Mary Hastings zu heiraten, und hat Vorbereitungen dazu getroffen, nach England überzusiedeln, falls er genötigt sein sollte, seine eigene Heimat zu verlassen. Wegen seiner Vorliebe für die Engländer ist er nach seinem Tode in Moskau ironisch gelegentlich als „englischer Zar" bezeichnet worden. Aber seine wiederholt gemachten Versuche, England zu einem Bündnis gegen die Polen zu gewinnen, fielen in London nicht auf fruchtbaren Boden und scheiterten. Wie sich erwies, waren die Engländer zwar wirtschaftlich in hohem Grade, nicht aber politisch an Moskau interessiert.

Im Jahre 1553 war Richard Chancellor, der Kapitän eines Schiffes der in London begründeten Compagnie "Merchants Adventurers of England for the discovery of lands territories isles dominions and seignories unknown, and not before that late adventure or enterprize commonly frequented", bei dem Versuch, den nördlichen Seeweg nach China zu finden, an der Mündung der nördlichen Dwiná gelandet und hatte sich von dort nach Moskau begeben. Das war der Beginn der Aufnahme englisch-russischer Handelsbeziehungen über das Nördliche Eismeer zunächst über Cholmogóry, dann über Archangelsk (gegründet 1584). Im Jahre darauf gelang es Chancellor, sich umfassende Handelsprivilegien für die englische Compagnie, die auch kurz "Russian Company" oder "Muscovy Company" genannt wurde, vertraglich zu sichern, nämlich zollfreien Handel, Steuerfreiheit für die englischen Kaufleute in Cholmogóry, Wológda und Moskau, Recht auf eigene Justiz für alle unter Engländern entstehenden Prozesse und – was praktisch für den einzelnen Kaufmann sehr wichtig war – Ermächtigung zur Ausreise zur beliebigen Zeit und über beliebige Grenzen.

Es war damals sehr vorteilhaft, mit Moskowien Handel zu treiben, da die europäischen Waren – in erster Linie Textil- und Eisenwaren, aber auch Luxusgüter, Weine und Gewürze – zu stark überhöhten Preisen in Moskau abgesetzt wurden, während umgekehrt für billige russische Naturprodukte – Pelze, Häute, Hanf, Flachs, Holz, Fische, Kaviar – in Europa sehr gute Preise erzielt werden konnten, so daß dieser Handel enorme Gewinne – Reingewinne bis zu 200 % – einbrachte. Natürlich profitierte er davon, daß nach der Gleichschaltung Nowgorods der ehemals blühende Hansehandel völlig darniederlag.

Grósnyj war nicht nur am Handel selbst, sondern an seiner Konzentration in bestimmten Händen und damit an seiner Überschaubarkeit interessiert, da auf Moskauer Seite der Außenhandel nach alter Tradition in den Händen des Staates lag. Der erste Handelsherr war noch immer der Zar selbst, und die Kaufleute waren faktisch seine Beamten und Agenten. Infolgedessen stand bei der Handelspolitik das Interesse des Staatsfiskus an erster Stelle, und gerade dieses Interesse verstand Grósnyj nicht weniger geschickt als seine Vorfahren zu wahren. Der englische Handel in Rußland nahm einen schnellen Aufschwung und wurde auch bald durch einen Transithandel über Moskau nach Buchara und

Persien erweitert. Natürlich erregte die Privilegierung der Engländer den Neid der anderen. Die Könige von Schweden und Polen haben sich fortgesetzt darüber beschwert, und den Holländern gelang es, sich, mit den Engländern rivalisierend, in den Rußlandhandel einzuschalten. Die Rivalität seiner Partner wurde von Grósnyj geschickt im eigenen Interesse genutzt.

Politisch hatte der Zar gegenüber dem Westen weniger Erfolg. Im Widerspruch zu seinen autokratischen Grundsätzen hatte er unter anderem den Plan gefaßt, in Polen als Wahlkönig zu kandidieren, und sich sogar bereit gefunden, den polnischen Pans im voraus „vor Gott und den Menschen zu geloben", daß er „alle ihre Rechte und Vorrechte aufrechterhalten und, falls es nottut, sie noch erweitern" werde, was ihm selbstverständlich niemand glaubte. Dagegen widersetzte er sich allen Versuchen, durch europäische Bündnisvorschläge sich in einen Krieg gegen die Türken hineinziehen zu lassen und begegnete allen diesbezüglichen Versuchen mit um so mehr Mißtrauen, als sie mit dem Bemühen gekoppelt waren, ihn für die katholische Kirche zu gewinnen. Auch der äußerst geschickte Jesuit Antonio Possevino, den der Papst nach Moskau entsandt hatte, und der laut seiner Instruktion „dem Großfürsten vorstellen sollte, wie nötig es sei, daß alle christlichen Könige sich im Geiste vereinigen, zur römisch-katholischen Religion bekennen und den Papst als Oberhaupt und Hirten annehmen", erreichte in dieser Richtung nichts. Andererseits blieb der Versuch Grósnyjs, den Sultan zu einem Bündnis „gegen den Kaiser und alle westeuropäischen Fürsten" zu gewinnen (1570), auch ohne Ergebnis.

Während der Regierungszeit Grósnyjs verbreitete sich im Abendlande eine zunehmend antimoskowitische Stimmung, die auch in einer entsprechenden moskaufeindlichen Propaganda – von Polen aus – ihren Niederschlag fand. Es handelte sich dabei um z. T. recht aktuell anmutende Dinge. Vom Blickpunkt des Abendlandes gesehen war Moskowien damals ein „unterentwickeltes Land". Die polnische Propaganda setzte sich zum Ziel, eine Höherentwicklung dieses Landes zu verhindern, vor allem aber dem entgegenzuwirken, daß es durch europäische Waffenlieferungen militärisch gestärkt werde, da kein Zweifel bestand, daß die gelieferten Waffen zu einem Kampf gegen Europa verwendet würden. Diese Propaganda hatte z. T. Erfolg, und es sind Fälle bekannt, daß bereits angeworbene Handwerker (z. B. in Lübeck im Jahre 1571) zuerst verhaftet und später an der Ausreise nach Moskau gehindert wurden. Auch das im 20. Jahrhundert wieder aktuell gewordene Durchmarschrecht der Russen durch Polen (im Falle eines Bündnisses gegen die Türkei) hat damals bereits eine Rolle gespielt, und auch damals, wie in jüngerer Zeit wieder, haben die Polen sich leidenschaftlich und unerbittlich der Gewährung eines Durchmarschrechtes widersetzt.

Die Reaktion des Westens auf die Entwicklung in Moskau spiegelte sich unter anderem auch in den Verhandlungen des Deutschen Reichstages. Nach den Siegen Grósnyjs über die Tataren und nach seinen ersten Erfolgen in Livland war in Deutschland die Furcht vor Moskau als einer „großen Gefahr für die ganze Christenheit, insbesondere für das Deutsche Reich" so lebendig, daß im Reichstag (1570) ein anonymes Traktat zur Bannung dieser Gefahr vorgelegt wurde, mit dem Vorschlage eines Bündnisses mit dem Zaren – gegebenenfalls auf dem Wege einer Teilung Polens! Dabei wurde dem Zaren in Aussicht gestellt, zum „Kaiser des Ostens" ausgerufen zu werden.

Bereits sechs Jahre später war aber die Stimmung in Deutschland umgeschlagen. Man stand in Europa stark unter dem Eindruck der Selbstzerfleischung Moskowiens durch die Terrorpolitik Iwáns und machte nun nicht mehr den Vorschlag eines Bündnisses, sondern den einer Intervention gegen das geschwächte und deshalb offenbar leicht zu erobernde moskowitische Reich. Ein ehemaliger Opritschnik, der lange Jahre im Dienste Grósnyjs gestanden hatte, dem es aber dann gelungen war zu fliehen, Heinrich von Staden, trat mit seinem berühmten „Anschlagk" hervor, einem in allen Einzelheiten ausgearbeiteten Projekt der Eroberung Moskaus von Norden her (1578). Die Stadt Moskau sollte danach zerniert und so gewonnen werden, „daß man nicht einen Schuß dafür tun darf". Staden, der über eine ausgezeichnete Sach-, Orts- und Personenkenntnis verfügte, ging in seinem Werk – „Eine unbekannte Passasie oder Wegh zu Wasser und zu Lande nach der Moskow" – nicht nur auf die militärische Durchführung des Unternehmens ein, sondern machte auch Vorschläge für die künftige Okkupationspolitik und spätere Aufteilung und Verwaltung des zu erobernden Gebietes. Ausführlich befaßte er sich damit, wie Iwán selbst, den er übrigens nie als Zar, sondern immer nur als Großfürst bezeichnete, nach seiner Gefangennahme zu behandeln wäre. Danach sollte Grósnyj mit seinem ältesten Sohn „auf einen höchsten Grat" geführt werden; dort sollten die russischen Gefangenen vor des Zaren Augen „grausam ermordet werden", dann sollte Iwán von einem oder zwei Prädikanten „in Gottes Wort belehrt werden", damit er erkennt, „daß unsere Heilige Schrift wahr ist". Im übrigen sollte er aber „reiten, gehen und stehen dürfen".

Bekanntlich ist es damals zu einer Realisierung dieses Projektes, auch zu einem Versuch dazu, nicht gekommen. Nach dem Frieden mit Polen und Schweden blieb Moskau zunächst noch von Angriffen durch den Westen verschont. Es verdient aber an dieser Stelle daran erinnert zu werden, daß Moskau in der Folgezeit immer wieder Gegenstand der Aggression auswärtiger Feinde geworden ist, auch vom Westen her. Sowohl Polen wie Schweden haben im 17. Jahrhundert Moskau erobert und besetzt, im 18. Jahrhundert haben die Schweden es noch einmal, allerdings vergeblich, versucht, im 19. Jahrhundert haben die Franzosen es getan. Aber die Deutschen haben Moskau niemals erobert und haben es auch – bis zum Jahre 1941 – niemals versucht.

Ergebnisse

Das Ergebnis der Regierung Grósnyjs war ein tiefgreifender sozialer Umschichtungsprozeß. Die sowjetische Geschichtsschreibung hat besonders während der Stalinära (Wesselowskij, Grekow Poloshin, Sadikow, Wipper) zur Rechtfertigung der Politik Grósnyjs mit Leidenschaftlichkeit die Auffassung vertreten, daß es sich dabei keineswegs um die „Ausgeburt einer Laune", um ein „der blödsinnigen Phantasie entsprungenes System der Beherrschung und Ausbeutung des eigenen verteidigungslosen Volkes" gehandelt habe. Der Terror sei vielmehr eine Reaktion auf den fortgesetzten Verrat gewesen, der Grósnyj umgab, und das Institut der Oprítschnina, die Schaffung des „Zarenlandes“, sei eine „durch die fortgesetzten Kriege bedingte, hervorragende militärisch administrative Reform“ gewesen. Es ist quellenmäßig zu belegen, daß Grósnyj selbst viele seiner Terrormaßnahmen mit dem Verrat der Terrorisierten motiviert hat, und offenbar ist seine Vorstellung von „Verrat“ dem sehr nahe gekommen, was man im 20. Jahrhundert unter der Herrschaft Stalins darunter verstand, nämlich alles das, was nicht unmittelbare Ausführung immer rigoroser werdender und immer höhere Anspannung verlangender Regierungsmaßnahmen war. „Viele entzogen sich heimlich und nicht faßbar ihren Staatspflichten, drückten sich vor der Arbeit für das Land und Volk“, formuliert Wipper.

Wenn man das mit Verrat bezeichnet, so wird man einen großen Teil der Terrormaßnahmen tatsächlich als Kampf gegen Verrat ansehen können, aber längst nicht alle. Daß in den Kreisen des von Anfang an grundsätzlich verfolgten Bojarenadels „konkrete Tatsachen eines realen Verrates“ vorlagen, daß konkrete Pläne zur Beseitigung des Zaren tatsächlich bestanden, kann heute auf Grund der neuesten Forschungen mit Sicherheit angenommen, wenn auch nicht nachgewiesen werden. Gleichwohl bleibt der – allzu verständliche – passive bzw. aktive Widerstand der Bojaren gegen die Vernichtung ihres Standes und seiner früheren Machtstellung weder eine Erklärung noch eine Rechtfertigung der auch von der sowjetischen Geschichtsschreibung zugegebenen Tatsache, daß der Terror sich, wie erwähnt, nicht auf die faktischen oder vermeintlichen Verräter beschränkte, sondern auch die Masse der völlig unschuldigen bäuerlichen und städtischen Bevölkerung mit einschloß.

Es ist richtig, daß das System der Oprítschnina sich nicht im Terror erschöpfte, und daß seine geschichtliche Bedeutung in der administrativen Maßnahme lag, die einerseits eine Verbesserung – für die damaligen Verhältnisse Modernisierung – und gleichzeitig eine weitere Zentralisierung der Staatsverwaltung unter radikaler Beseitigung hemmender Traditionen (Méstnitschestwo) anstrebte und gleichzeitig eine schon früher begonnene, nun aber mit radikalen Mitteln vorwärtsgetriebene soziale Umschichtung zugunsten des den Staats- und Militärapparat tragenden Dienstadels bewirkte. Dabei sollte offenbar der sogenannte Zarenanteil, also das Oprítschnina-Territorium, nicht dauernd aus dem Staatsganzen herausgelöst und isoliert bleiben, sondern es sollte auf diesem Gebiet mit Hilfe des Machtapparates der Oprítschnina die Reform zunächst radikal durchgeführt werden, um – als eine Art „Mustergau" – für die Sémschtschina beispielhaft zu werden.

Interessanter- und jedenfalls auch bezeichnenderweise hat die territoriale Zweiteilung, ohne je formell aufgehoben zu werden, sehr bald aufgehört zu bestehen. Über ihr Ende sind wir nicht informiert. Die sowjetische Geschichtsschreibung nimmt jedenfalls mit Recht an, daß durch das Verschwinden der Oprítschnina die „Reform" nicht etwa rückgängig gemacht, sondern daß nur der infolge des Terrors verhaßt gewordene Name – durch Sprachregelung! – ausgemerzt worden sei, ohne daß sich an der Sache etwas entscheidend geändert hätte. Auch Stökl vertritt (im Unterschied zu Hellman) die Ansicht, daß nur die Bezeichnung Oprítschnina verschwand, nicht aber die Sache, die sich nun unter der harmloseren Bezeichnung „Dwor" (Hof) verbarg. Die „Reform", d. h. die von demokratischen Worten und Gebärden begleitete Umgestaltung des Staatsgefüges in der oben geschilderten Richtung ging auch nach dem Verschwinden der Oprítschnina weiter. Sie wirkte sich aber nicht zugunsten der breiten Masse des Volkes aus, sondern, wie bereits wiederholt betont, zugunsten des Poméstje besitzenden Dienstadels, d. h. jener Poméschtschiki, die ihrerseits an der Fesselung des Bauern an den Boden und dadurch an der Verschlechterung seiner sozialen Lage interessiert waren.

Auch wenn man den Akzent bei der Beurteilung des Systems der Oprítschnina auf die „Reform" legt und das Ergebnis als einen Fortschritt bewertet, so wird man darüber, auch unabhängig von jeder ethischen Wertung, die schweren praktischen Schäden nicht übersehen dürfen, zu denen die Methode der Durchführung dieser Reform führte. Grósnyj hat durch Terror und Krieg die Kräfte seines Staates und seines Volkes – und auch die eigenen – weit überfordert. Der Terror verlangte einen unvorstellbar hohen Preis. Auch hierüber müßte man so schreiben, „daß das Herz erstarrt und die Haare zu Berge stehen". Auf Grund einer nicht überprüften Denunziation hat Grósnyj, um nur ein Beispiel zu nennen, in einer Strafexpedition nach Nówgorod (1570) dort etwa 60 000 Menschen jeden Alters und Geschlechtes umgebracht und unterwegs zusätzlich Twer niedergebrannt und vollständig verwüstet.

Es liegt im Wesen des Terrors – und des Terroristen! –, daß er sich an selbst gezogene Grenzen nicht hält. Auch ein rational erklügelter, um der Sache willen durchgeführter, als Maschinerie organisierter Terror wird, da Menschen ihn ausüben, notwendig zu einem Gefilde menschlicher Leidenschaften. Das gilt für den Terror Grósnyjs genauso wie für den modernen Terror. Auch die Bolschewiken wollten den Terror aus sachlichen Gründen zu einem Instrument des Klassenkampfes machen, zur Beseitigung einer als störend und hemmend empfundenen Schicht zwecks Durchführung einer radikalen Reform. Auch ihr Terror ist sehr bald etwas durchaus anderes geworden, nämlich ein Instrument zur Vernichtung faktischer oder vermeintlicher Feinde. Ähnlich war es zu Grósnyjs Zeit. Schon Kljutschéwskij (der den modernen Terror nicht mehr erlebte) hat festgestellt, daß die Oprítschnina in Wirklichkeit nicht gegen eine Ordnung, sondern gegen Personen kämpfte. „Zur Erreichung sachlicher Ziele geschaffen, wurde sie weitgehend zum Werkzeug persönlicher Leidenschaften und der Rache an Schuldigen und Unschuldigen.“

Das praktische Ergebnis des Systems der Oprítschnina war zunächst eine katastrophale Dezimierung der Bevölkerung, eine Verödung weiter Landstriche, besonders im fruchtbaren zentralen Gebiet des Staates durch Ausrottung, Umsiedlung und Abwanderung. Am Ende der Regierung Grósnyjs wurden 92,5 % des Nówgoroder Gebietes (laut Grundbüchern) als öde bezeichnet. Im Moskauer Bezirk war um die gleiche Zeit die Hälfte aller Höfe unbewohnt. Die Folge war ein höchst gefährlicher Rückgang der landwirtschaftlichen Produktion. Als Grósnyj im Jahre 1584 plötzlich und unerwartet – beim Schachspiel – starb, hinterließ er ein nach außen allerdings ungeheuer ausgeweitetes, im Innern aber zerrüttetes, gespaltenes und geschwächtes Land mit einer Bevölkerung, die nur noch das Bedürfnis nach Ruhe hatte, oder wie der Chronist sich ausdrückte, „nach Erholung von der Betrübnis der Vergangenheit!“

4. DIE ZEIT DER WIRREN

Borís Godunów

Die für das Land objektiv ebenso notwendige wie subjektiv von der Bevölkerung ersehnte Erholung setzte unter Grósnyjs Nachfolger – seinem Sohn Fjódor (1584–1598) – tatsächlich ein. Unter diesen Umständen war ironischerweise die beste Qualifikation zum Zaren der offenbare Mangel an jeglichen Herrscherqualitäten. Der gutwillige, aber schwachsinnige Zar verbrachte seine Tage mit Glockenläuten und Beten und erfreute sich einer sehr großen Beliebtheit beim Volk, das ihn wie einen Heiligen verehrte.

Der Moskauer Staat hatte dank seines Umfangs, seiner Verkehrslage, seiner natürlichen Reichtümer und der ungeheuren Volkskraft und Vitalität seiner Einwohner bereits wieder so viel Lebenskraft gewonnen, daß er, keinen besonderen Anspannungen ausgesetzt und gleichsam einem natürlichen Genesungsprozeß überlassen, die furchtbaren Belastungen der letzten Zeit erstaunlich schnell überwinden, den allgemeinen Wohlstand wieder heben und sich aus der eigenen Substanz erneuern konnte. Die allgemeine Erholung im Innern wurde ohne besondere Kraftsteigerung auch von Erfolgen nach außen begleitet. Zwar war Moskau von Süden her wiederum einem Angriff der Krimtataren ausgesetzt (1591), der aber wie üblich eine Episode blieb. Nach Osten konnte, wie erwähnt, die Erschließung und Unterwerfung Sibiriens gerade in dieser Zeit in grandiosem Maßstabe fortgesetzt, und im Westen konnten einige den Schweden gegenüber erlittene Einbußen wieder wettgemacht werden.

Allerdings blieb die Erholung zunächst nur vorübergehend. Bevor sie zu einer wahren Gesundung unter z. T. neuen Voraussetzungen und einer anderen Dynastie im 17. Jahrhundert führen sollte, wurde der Moskauer Staat einer neuen, noch schwereren Belastung ausgesetzt, inneren Erschütterungen, die gelegentlich die Form einer politisch-sozialen Revolution annahmen, begleitet von einer in diesem Grade noch nicht erlebten Gefährdung durch die westlichen Nachbarn: Schweden und Polen. Die Zeit wird als die Zeit der Wirren (smútnoje wrémja) bezeichnet. Sie bedeutet einen tiefen Einschnitt in der Geschichte der ersten Moskauer Periode, einen Absturz des von Iwán III. begründeten Machtstaates in Anarchie und Fremdherrschaft, scheinbar das Ende Moskowiens, aber gleichzeitig auch einen Ansatz zu neuen Anfängen aus den alten Traditionen heraus. Das Ende der Wirren zeichnet sich sehr deutlich mit der Berufung der Dynastie der Románows (1613) ab. Der Anfang der Wirren wird verschieden datiert. Da die Ursachen dieser schwersten Staatskrise der russischen Geschichte auf die Zeit Grósnyjs zurückgehen, kann ihr Beginn mit dessen Tode angesetzt werden.

Zu dem Erbe der Regierung Grósnyjs gehörte u. a. die geringe Bewertung Moskaus als Machtfaktor durch die Nachbarn und im Zusammenhang damit das wachsende Begehren des Auslandes nach einer aktiven Einmischung in moskowitische Verhältnisse. Die Verlockung dazu wurde durch die unstabilen Machtverhältnisse im Innern des Landes entsprechend erhöht; hinzu kam noch, daß in Moskau mit dem Aussterben des regierenden Zweiges der Rjurikidendynastie auch eine dynastische Krise einsetzte.

Der Machtkampf des Zaren gegen die mit erstaunlicher Zähigkeit um ihre alte Geltung ringenden Bojarengeschlechter konnte unter dem schwachen Fjódor natürlich nicht fortgesetzt werden. Um so erbitterter wurde aber der Kampf der noch übriggebliebenen Vertreter der alten Aristokratie gegeneinander geführt. Dabei spielte sich eine mit dem Zarenhause verschwägerte Bojarenfamilie nichtfürstlicher Herkunft in den Vordergrund, zunächst in der Person des Schwagers Grósnyjs, des Bruders seiner ersten Frau, Nikíta Románow. Seine fünf Söhne stellten nach Grósnyjs Tod bereits einen nicht zu übersehenden politischen Faktor dar. Ein heftiger Gegner dieser Románowgruppe war der Schwager des Zaren Fjódor, der Bruder von dessen Frau, Borís Godunów, ein ehrgeiziger, in der Schule Grósnyjs großgewordener Abkömmling eines in den Moskauer Bojarenadel aufgenommenen Tatarengeschlechts. Es gelang Godunów, gegen ihn in die Wege geleitete Anschläge seiner Gegner aus den alten russischen Geschlechtern zu verhindern, sich ihnen gegenüber zu behaupten und schließlich seine Anerkennung als Reichsverweser durchzusetzen (1587).

Mit Borís Godunów trat eine ebenso interessante wie widerspruchsvolle und schwer faßbare, in mancherlei Hinsicht neuartige und im Moskauer Milieu fremd wirkende Persönlichkeit an die Spitze des Staates. Das Neuartige war nicht nur durch die Tatsache gegeben, daß mit ihm erstmalig ein Nichtrjurikide den Moskauer Thron bestieg und daß er der erste Wahlfürst in Moskau war, sondern es lag im hohen Grade in seiner Persönlichkeit selbst. Godunów gehört zu jenen historischen Gestalten, über die die Urteile der Zeitgenossen und Nachfahren so weit auseinandergehen, daß sie schlechterdings miteinander nicht vereinbar sind, und es ist natürlich kein Zufall, daß er nicht nur Wissenschaftler, sondern immer wieder auch Dichter dazu angeregt hat, sich mit ihm zu befassen.

Einerseits fußte Godunów tief in der Moskauer Tradition. Er kam aus der nächsten Umgebung Grósnyjs, war Oprítschnik gewesen und hatte die Tochter des blutrünstigen Maljúta Skurátow geheiratet. Er hat sich als Zar der Methode der Oprítschnina ausgiebig bedient, ging dabei allerdings raffinierter zu Werke als Grósnyj, in dem offenbaren Bestreben, sich nicht bloßzustellen. Er war nicht nur klug wie Grósnyj, er war auch schlau. Andererseits ging Godunów bewußt über die Moskauer Tradition hinaus und ist mit Recht als eine „moderne" Persönlichkeit bezeichnet worden. Auch als Terrorist wirkt er modern. Im Unterschied zu Grósnyj tarnte er seinen Terror, verzichtete auf öffentliche Schaustellungen und eine religiöse Verbrämung seines Tuns. Er ließ seine Opfer in der Stille liquidieren und verstand es, die Spuren so geschickt zu verwischen, daß man vom geschichtlich bedeutsamsten Mord – dem am Thronfolger Dimítrij – bis heute nicht weiß, wem er zur Last gelegt werden muß. Godunów war außerdem ein sehr geschickter, auch darin modern anmutender Propagandist. Er hatte einen weitverzweigten Spitzelapparat aufgezogen, und seine bevorzugten Werkzeuge waren dabei verarmte und entsprechend belohnte Deportierte. Seine bevorzugte Waffe im Kampf mit seinen Gegnern war die Verleumdung anderer und ein unaufdringliches, aber konsequentes Hervorheben eigener Verdienste; ja, er provozierte Unglücksfälle, um nachher durch öffentliche Hilfsmaßnahmen um so wirksamer als der Retter zu erscheinen. In mancher Hinsicht ist er in die Spuren Grósnyjs getreten. Er setzte den erbitterten Kampf gegen die großen Herren, d. h. den immer noch bestehenden Rest der alten bzw. jungen Bojarenaristokratie, gegen die Rjurikidenabkömmlinge der Schújski; und gegen die neu emporkommenden Románows fort. Wie Grósnyj hielt er durch betonte Hinwendung zum kleinen Mann einen demokratisch-sozialen Kurs; wie jener verstand er dabei sehr wohl, sein persönliches Interesse zu wahren. Noch bevor er den Thron bestieg, hatte er sich ungeheuer bereichert.

Borís Godunów war Analphabet. Aber seine Klugheit, sein politischer Weitblick und sein diplomatisches Geschick machten diesen Mangel wett. Stärker noch als Grósnyj hat dieser fortschrittliche Mann die Entwicklung in der einmal eingeschlagenen Richtung vorwärtsgetrieben und war im Gegensatz zu Grósnyj dabei klug genug, auf Feldherrnehrgeiz und Kriegsruhm zu verzichten. Weit mehr als dem glockenläutenden Zaren Fjódor war es dem Reichsverweser zu danken, daß der Staat durch Frieden zur Erholung kam. Die segensreichste Zeit der Regierungstätigkeit Godunóws waren die vierzehn Jahre seiner Reichsverweserschaft. Noch intensiver als Grósnyj hat er die Beziehungen, zumal die kulturellen, zum Auslande gefördert und zu einer Verstärkung abendländischer Einflüsse systematisch beigetragen. Mehr noch als seine Vorgänger hat er Ausländer nach Moskau gezogen, sich für die Erlernung fremder Sprachen eingesetzt und junge Leute aus Moskau mit Staatsstipendien ins Ausland geschickt. Er mußte dabei allerdings manche bittere – auch in späterer Zeit Rußland nicht unbekannt gebliebene – Erfahrungen machen, da viele Auslandsstipendiaten „nach ihrem Vaterlande wiederzukehren keine Lust gehabt, sondern in die weite Welt sich verfügt haben“ (C. Bussow, 1613). In bezug auf seine, vom alten Moskauer Mißtrauen freie, positive Einstellung zu dem sich seit Jahrzehnten schleichend vollziehenden Europäisierungsprozeß war Godunów ein Vorgänger Peters des Großen.

Auch in anderer Richtung hat er die Entwicklung vorwärtsgetrieben. Er erkannte richtig, daß die inzwischen erfolgte politische Souveränisierung Moskaus auch einer Entsprechung auf dem kirchlichen Sektor bedurfte. Der Titel Metropolit entsprach nicht mehr der faktischen Stellung und Würde des Oberhauptes der autokephalen russischen Kirche, um so weniger als die vier Patriarchen der unter der Türkenherrschaft verarmten östlichen Kirchen (Konstantinopel, Jerusalem, Antiochien, Alexandrien) sich in gedrückter und bedrängter Lage befanden. Der Anspruch auf eine Erhebung des Metropoliten von ganz Rußland zum Patriarchen war auch in der Theorie vom Dritten Rom enthalten, nach der neben dem Zaren ein Patriarch stehen muß. Die finanziellen Schwierigkeiten der östlichen Patriarchen veranlaßten zwei von ihnen – Joachim von Antiochien und Jeremias von Konstantinopel – sich persönlich nach Moskau zu begeben (1586–1588), um dort finanzielle Unterstützung zu erbitten. Diese Gelegenheit ergriff Godunów, um die Erhebung des Moskauer Metropoliten Jow (Hiob) zum Patriarchen, seine Ordination durch den Patriarchen von Konstantinopel und schließlich dessen Anerkennung als fünften Patriarchen durch ein Konzil zu erreichen (1590).

Godunów hat, besonders in der Zeit seiner Reichsverweserschaft, eine auch von seinen Zeitgenossen als solche empfundene segensreiche Regierungstätigkeit ausgeübt. Seine eigene, immer gefährdete Stellung zwang ihn zur Vorsicht und ließ ihn gerade im Hinblick auf ein mögliches und immer wahrscheinlicher werdendes Aussterben der Dynastie – der schwachsinnige Fjódor war kinderlos und sein einziger noch lebender Bruder Dimítrij epileptisch – sehr darauf bedacht sein, sich Sympathien in weiten Kreisen des Volkes zu sichern.

Der Vorbote einer neuen schweren Krise und gleichzeitig des Umschwungs der Stimmung gegenüber Godunów war der sogenannte Mord von Uglitsch, der plötzliche Tod des jüngsten Sohnes Grósnyjs aus seiner letzten Ehe mit Márja Nagája, des damals neunjährigen Zarewitsch Dimítrij. Eines Tages wurde der Knabe mit einer schweren Wunde an der Gurgel im Garten tot aufgefunden (1591). Die Mutter, die mit ihren Verwandten bislang in Uglitsch in einer Art Verbannung, von jeder Einflußnahme auf die Vorgänge in Moskau ausgeschaltet und durch einen von Godunów eingesetzten Regierungsbeamten (Djak) unter Kontrolle gehalten wurde, beschuldigte diesen Djak, ihren Sohn ermordet zu haben.

In der allgemeinen Erregung kam es zu Ausschreitungen der Uglitscher Bevölkerung, in deren Verlauf der Djak mit seinem Sohn getötet wurde. Eine in Moskau eingesetzte Mordkommission unter dem Bojaren Wassílij Schújskij kam aber zu dem Ergebnis, daß der Tod Dimítrijs durch einen Unglücksfall – während eines epileptischen Anfalls – erfolgt sei. Der Spieß wurde umgekehrt, und die Zarenwitwe mit ihren Verwandten wurde der Anstiftung zur Ermordung des Djak beschuldigt. Im Ergebnis wurden die Nagójs verbannt, die Zarin unter dem Namen Marfa in ein Kloster geschickt und an den Bürgern von Uglitsch nach oft bewährtem Muster durch eine Zwangsumsiedlung, d. h. praktisch durch die Vertreibung der gesamten Bevölkerung aus ihrem Heimatort, ein grausames Strafgericht vollzogen. So berichten die Chroniken des 17. Jahrhunderts, deren Zuverlässigkeit in diesem Punkt allerdings sowohl von älteren (Pogódin) wie von neueren Forschern (Wernádskij) angezweifelt wird.

Wie dem auch sei, jedenfalls hat der Tod des Knaben Dimítrij sehr schwerwiegende, sich durch Jahrzehnte hinziehende Folgen gehabt. Der Version der Mordkommission (slédstwennoje délo) wurde nicht geglaubt, der Verdacht des Knabenmordes blieb bestehen, und als den eigentlichen Drahtzieher verdächtigte man den am meisten am Tode des Zarewitsch interessierten Reichsverweser Godunów. Die spätere Entwicklung, d. h. die Erhebung Godunóws zum Zaren, die nur infolge von Dimítrijs Tod möglich wurde, schien diesen Verdacht zu rechtfertigen. Nachträglich (1606), nach seinem Tode, ist Godunów auch amtlich zum Mörder erklärt worden; diese Version ging auch in die Volksüberlieferung ein. Einwandfrei geklärt ist aber der Sachverhalt bis heute nicht.

Sieben Jahre darauf starb erbenlos der Zar Fjódor (1598). Damit war Rußland vor eine völlig neue, seit den Tagen Rjúriks erstmalig eingetretene Situation gestellt: es mußte unabhängig vom Erbrecht ein neuer Zar bestellt werden. Fjódor selbst hatte auf dem Totenbett „alle seine Reiche“ in die Hände seiner Frau, der Schwester Godunóws gelegt; sie hatte aber – ohne Zweifel unter dem Einfluß ihres Bruders – auf die Ausübung einer Herrschaft verzichtet und sich in ein Kloster zurückgezogen. Entsprechend der Moskauer Tradition ging die ausübende Gewalt zunächst in die Hände des Oberhauptes der Kirche, d. h. des Patriarchen über. Aber dabei konnte es nicht bleiben. Sowohl die Staatspraxis wie die Staatslehre verlangten neben dem Patriarchen einen Zaren. Die Frage war: wie ihn bestellen? Die Entscheidung fiel dahin, daß das von Grósnyj allerdings zu einem ganz anderen Zweck ausgebaute Institut des Sémskij Sobór nun dazu ausersehen wurde, einen neuen Zaren zu wählen.

Das war ein für Moskauer Verhältnisse unerhörter Vorgang. Nicht nur, weil der Sémskij Sobór dadurch ein unverhältnismäßig großes, mit dem bisherigen Moskauer Regierungssystem nicht mehr im Einklang stehendes politisches Gewicht erhielt, sondern weil darin der Ansatz zu einer neuen Staatsidee lag, nämlich der von Grósnyj noch bei jeder Gelegenheit verächtlich gemachten „polnischen" Idee der Berufung eines Fürsten durch Wahl. Die Idee eines Volkszaren (Sémskij Zar), d. h. eines vom „Volke", faktisch vom Sémskij Sobór gewählten Herrschers, sollte in der Folgezeit eine sehr große Bedeutung gewinnen, und gelegentlich mochte es so scheinen, als sollte das alte autokratische Regierungssystem tatsächlich einem neuen, auf den Sémskij Sobór gestützten Regime weichen. Dieser Schein trog aber. Auch in der Folgezeit hat sich der Sémskij Sobór nicht zu einer mit bestimmten Rechten ausgestatteten Vertretungskörperschaft entwickelt und ist keine „Ständevertretung" gewesen, die mit den europäischen Repräsentationen der Stände verglichen werden kann.

Auf dem jetzt (1598) vom Patriarchen zur Wahl eines Zaren einberufenen Sémskij Sobór nahmen außer den Bauern alle Schichten der Bevölkerung teil. Nach neuen Berechnungen waren an dieser, 513 Teilnehmer zählenden, Landesversammlung die Geistlichen mit 21,2 % vertreten, die Bojaren mit 10,3 %, der Dienstadel mit 52 %, Kaufleute und Handwerker mit 7 % und Prikas-Beamte mit 9,5 %. Das Übergewicht des Dienstadels ist daraus klar ersichtlich. Es kandidierte außer dem Reichsverweser Godunów noch der älteste der fünf Románowbrüder Fjódor. Der Patriarch, der seine Rangerhöhung vor neun Jahren dem Reichsverweser verdankte, setzte sich für Godunów ein, und dieser wurde auch einstimmig gewählt.

Es ist unbestritten, daß zu dieser Wahl die sehr geschickte Regie Godunóws entscheidend beigetragen hat. Einerseits hatte er es verstanden, ohne dabei Geld zu sparen, die öffentliche Meinung dahin zu beeinflussen, daß er auf Grund seiner bisherigen Verdienste – „dank seiner Wahrheit und Gerechtigkeit" – unentbehrlich sei, andererseits hatte er – was in Moskau kein Geheimnis war und seinen Niederschlag auch in zeitgenössischen Darstellungen dieser Vorgänge gefunden hat – das Volk mit sehr drastischen Polizeimaßnahmen dazu gezwungen, „mit Tränen und viel Geschrei" ihn als Zaren zu verlangen. „Die Polizisten zwangen die Leute, Tränen zu vergießen", berichtet der Chronist, „wer nicht weinen wollte, der wurde ohne Gnade geschlagen."

Godunów hat damals allzu betont versichert, daß er niemals nach der Zarenkrone gestrebt habe und nicht würdig sei, sie anzunehmen. Er hatte sich zu seiner Schwester ins Kloster begeben und sich von einer neuen Deputation bitten lassen, die Krone anzunehmen, während der Patriarch gleichzeitig damit drohte, im Falle einer Ablehnung die Kirchen zu schließen, so daß von vornherein die ohne Zweifel richtige Ansicht allgemein war, daß Godunów mit der schließlichen Annahme der Krone sein ersehntes Ziel erreicht habe.

Im Gegensatz zu Godunóws Wirksamkeit als Reichsverweser stand seine Regierung als Zar unter einem Unstern. Er wurde vom Unglück verfolgt. Es war wie eine Vergeltung für seinen allzu gewandt durchgeführten Griff nach der Krone.

Einen sehr großen Teil seiner Energie und Arbeitskraft mußte er darauf verwenden, sich diese Krone auch zu erhalten: er stellte die fünf Brüder Románow vor Gericht und ließ sie nach Nordrußland verbannen; den ältesten und gefährlichsten unter ihnen, seinen Gegenkandidaten bei der Zarenwahl, Fjódor, zwang er, die Mönchskutte zu nehmen. Auch die Fürsten Schújskij, Golízyn und Bélskij, desgleichen potentielle Anwärter auf den Thron und insofern Rivalen, wurden in entlegene Gebiete verbannt. Gleichzeitig bemühte sich Godunów ebenso nachdrücklich wie vergeblich um die Sympathien der kleinen Leute, nicht nur in Worten, sondern auch in Taten.

Wenn er bei seiner Krönung pathetisch erklärt hatte, in seinem Reich werde es keine armen Menschen geben und er sei bereit, sein letztes Hemd mit dem Volke zu teilen, so war das nicht nur Deklamation; dahinter stand offenbar ein ehrliches Bemühen um die Hebung des Volkswohlstandes. Er hatte aber das Unglück, daß in seine Regierungszeit drei Jahre nacheinander schwere Mißernten fielen (1601, 1602 und 1603), so daß sich eine beängstigende Hungersnot ausbreitete. In dieser Notzeit hat er modern anmutende Hilfsmaßnahmen getroffen: Notstandsarbeiten organisiert – der berühmte Glockenturm im Moskauer Kreml, Iwán Welíkij, wurde von Notstandsarbeitern errichtet –, Massenspeisungen veranstaltet und Lebensmittel an Hungernde verteilen lassen. Gleichwohl gelang es ihm nicht, die Volksstimmung zu seinen Gunsten zu wenden und einen inneren Kontakt zu seinen Untertanen zu gewinnen. Er blieb im krassen Gegensatz zu Grósnyj ein dem Volke Fremder auf dem Zarenthron. Während die Moskowiter Iwán dem Schrecklichen erstaunlich viel nachsahen und zu verzeihen geneigt waren, wurde Godunów nichts verziehen; im Gegenteil, es wurde ihm vieles, woran er offenbar völlig unschuldig war, wie z. B. Naturkatastrophen, als Schuld angerechnet.

Unter dem Zwang der Verhältnisse, um die Ernährung der Bevölkerung sicherzustellen und einen weiteren Rückgang der landwirtschaftlichen Erträge zu verhindern, hat auch Godunów die immer größeren Ausmaße annehmende Flucht der Bauern ins freie Feld mit scharfen Maßnahmen bekämpft und damit deren Fesselung an den Boden und die Bindung an den Herrn, d. h. den fortschreitenden Übergang zur Leibeigenschaft gefördert. Schon als Reichsverweser hatte er einen Ukas gegen die Bauernflucht erlassen (1597), und je größer die Not wurde, um so rigoroser wurde Gewalt angewandt, um die Läuflinge zu ihren Herren zurückzubringen.

Schließlich entluden sich die vielfachen Spannungen in einer Art Explosion durch das Auftreten des falschen Dimítrij, des sog. Samoswánez (wörtlich: der sich selbst Berufende), der unmittelbar im Anschluß an die Not der Hungerjahre (1603) plötzlich in Südrußland auftauchte und sich als der jüngste den Mördern Godunóws angeblich entkommene Sohn Grósnyjs ausgab. Die unmittelbare Folge davon war ein offener, von einer polnischen Intervention begleiteter Bürgerkrieg.

Godunóws Ziel, mit rigorosen Maßnahmen die Ruhe und Ordnung im Innern und den Frieden nach außen zu wahren, um dem Reich eine weitere Zeit der Erholung zu gewähren, blieb unerreicht. Er sah sich persönlich wie sachlich gescheitert. Sehr bald nach den ersten Erfolgen des Samoswánez und unfähig, der sich türmenden Schwierigkeiten Herr zu werden, ist Godunów plötzlich – nach der Überlieferung „aus Seelenerregung" (ot duschéwnych trewóg) – gestorben (1605).

Der Samoswánez

Das Jahrzehnt zwischen den Mißernten und der Erhebung der Románows (1603–1613) gehört zu den trübsten Zeiten der Geschichte Rußlands. In verhängnisvollster Weise wurde jetzt deutlich, wie stark der moskowitische Staat durch die Regierung Grósnyjs im Innern zerrüttet und nach außen geschwächt worden war. Während die großen Nachbarn, Schweden und vor allem Polen, politisch, militärisch und auch dynastisch begannen, unmittelbar in die Geschicke Moskaus einzugreifen, tobte in Moskowien selbst der offene Bürgerkrieg. Auf der einen Seite wurden die alten Bemühungen um Aufrichtung einer Bojarenherrschaft erneuert, und auf der anderen Seite griffen die unteren Schichten des Volkes in einem bisher nicht gekannten Umfang in den Gang der Entwicklung ein.

Den Anlaß gab das Aussterben der Dynastie. Allein deren Existenz hatte, unabhängig von den Qualitäten des Trägers der Krone, dem Moskauer Staat einen sehr starken Rückhalt gegeben. Godunów hatte nicht etwa die Absicht gehabt, die Erbmonarchie abzuschaffen und sie durch eine Wahlmonarchie zu ersetzen, er hatte im Gegenteil gehofft, durch Wahl eine neue Erbdynastie – die seine – an die Stelle der alten zu setzen. Er hat seinen Sohn Fjódor, einen seiner geistigen, charakterlichen und auch physischen Qualitäten wegen von seinen Zeitgenossen sehr gerühmten Jüngling, sorgfältig ausbilden und für die Nachfolge auf den Thron vorbereiten lassen. Die im Volksbewußtsein zweifellos tiefverwurzelte Erbidee wurde aber gegen Godunów von angeblich überlebenden Abkömmlingen der alten Dynastie in Anspruch genommen. Außerdem und nebenbei lebte die Idee eines Sémskij Zar, d. h. eines vom Sémskij Sobór gewählten Monarchen, weiter fort. Für Godunów und seinen Sohn wurde aber nicht etwa das Aufkommen der neuen Wahlidee, sondern gerade das Fortbestehen der alten Erbidee zunächst zur Gefahr und dann zum Verhängnis.

Der Samoswánez erklärte sich zum rechtmäßigen Erben, Zarewitsch und Großfürsten, und erhob als „angeborener Herrscher" den Anspruch auf den Thron seiner Vorfahren. Er erließ einen Aufruf, in dem er „unsere angeborenen Untertanen" ermahnte, sie sollten eingedenk des Eides sein, den sie „durch Küssen des Kreuzes unserem Vater und uns, seinem Nachkommen geschworen" haben und erklärte Godunów zum Verräter, der „gegen den Willen Gottes . . . mit des Teufels Hilfe unser Reich gestohlen" habe. Wer dieser Thronprätendent tatsächlich war, ist bis heute nicht geklärt. Die seinerzeit auch von Wissenschaftlern vertretene These, daß er tatsächlich Grósnyjs Sohn war, läßt sich heute nicht mehr aufrechterhalten. Nach herrschender Ansicht ist er ein Großrusse, vielleicht (entsprechend der Version Godunóws) der ehemalige, später Mönch gewordene und aus dem Kloster entsprungene Knecht der Romános, Gríschka Otrépjew, gewesen. Jedenfalls verstand er es sehr geschickt, die durch die allgemeine Zerrüttung des Reiches freigewordenen und nach einem Eigengewicht strebenden aufrührerischen Kräfte im eigenen Interesse zu nutzen. Er hat diese keineswegs nur gegen den nach seiner Auffassung unrechtmäßigen Zaren Borís, sondern – wie er in einem Aufruf ausdrücklich erklärte – „gegen das Moskowiterreich, gegen das ganze russische Zarenreich" mobilisiert. Dabei stützte er sich auf die geschworenen Erbfeinde Moskaus, die Polen.

Mit polnischer finanzieller und materieller Hilfe begann er sein verwegenes Unternehmen. König Sigismund erkannte ihn als Zarewitsch an und gewährte ihm ein Gehalt von 40 000 Sloty, und der Wojewode von Sandomir, Mníszek, eine abenteuerliche Figur, politischer und geschäftlicher Hasardeur großen Stils, verhalf ihm zu einem Heer. Natürlich hatte er infolgedessen den Interessen des polnischen Staates und denen der katholischen Kirche Rechnung zu tragen. So wurde er auch, ganz auf die Hilfe der Ausländer angewiesen, jedenfalls anfänglich zu einem Werkzeug sowohl polnischer wie katholischer Politik, die ihre Krönung in der Verheiratung Dimítrijs mit der Tochter Mníszeks, Marýna, finden sollte. Auch seine geschickte Propaganda, nach der sein Kampf um den Thron eine rein innerrussische Angelegenheit sei, konnte über die Tatsache einer ausländischen Intervention nicht hinwegtäuschen, ebensowenig, daß die polnischen Truppen ohne formelle Kriegserklärung unter der Flagge des Samoswánez den Marsch nach Moskau antraten.

Selbstverständlich appellierte Dimítrij bei seinem Unternehmen nicht an die Großen des Reiches, sondern, ohne die Bojaren überhaupt zu erwähnen, an die Massen, an „alle im Staatsdienst stehenden Leute", unter denen die Schreiber besonders erwähnt wurden, aber ebenso an die Kaufleute und Krämer und ausdrücklich an das gemeine Volk. Mit diesem Appell an die Masse der Unzufriedenen – wer war nach den schweren Notzeiten des Hungers und des Terrors schon zufrieden! – hatte er durchschlagenden Erfolg, sowohl bei den immer zu Unruhen bereiten Kosaken, wie auch bei vielen Dienstmannen und schließlich selbst bei den Bojaren, die sich unter Führung Wassílij Schújskijs die Bewegung im eigenen Interesse zunutze machen wollten, um den verhaßten Godunów zu beseitigen. Diese entfachten in Moskau einen Aufstand zugunsten des „echten" und „guten" Zaren Dimítrij. So gelang es dem Samoswánez erstaunlich leicht, fast ohne Widerstand und getragen von unklaren Hoffnungen und illusionären Erwartungen des Volkes, über Kiew, Orjol und Tula nach Moskau vorzudringen. Im Juli 1605 zog er mit seinen Kosaken und Polen siegreich durch die von innen geöffneten Tore in die Stadt ein.

Die kurze Regierung Dimítrijs war, sowohl vom Persönlichen wie vom Sachlichen her, erfüllt von Dramatik und Romantik – ein höchst dankbarer Stoff für einen Dichter. Für die Geschichte Rußlands ist sie nur als Fremdherrschaft interessant. Sie begann mit der theatralischen, jedenfalls wider besseres Wissen abgegebenen öffentlichen Erklärung der Witwe Grósnyjs, die ihre Rolle vorzüglich spielte, daß Dimítrij ihr Sohn sei. Daran schloß sich nicht minder theatralisch der Sturz der Godunóws: der inzwischen zum Zaren gekrönte Fjódor Godunów wurde ermordet, die Leiche seines Vaters exhumiert und geschändet, und die als besonders schön und reizvoll geschilderte Xénia Godunówa wurde eingesperrt und nach der Überlieferung von Dimítrij persönlich vergewaltigt. Die Gegner Godunóws aus dem Bojarenadel wurden begnadigt und aus der Verbannung zurückgeholt, was historisch insofern wichtig wurde, als auch die Gebrüder Románow, soweit sie noch lebten, dazu gehörten. Der älteste, Fjódor – er nannte sich jetzt Filarét – wurde zum Metropoliten von Rostow ernannt.

Seinen auf die Gewinnung der breiten Masse gerichteten Kurs setzte Dimítrij nicht weniger theatralisch und ohne jede Rücksicht auf Staatsnotwendigkeiten – und auf die Staatsfinanzen! – fort. Er hatte allen Wohlstand versprochen; jetzt verdoppelte er die Gehälter der Beamten und die Besoldung der Armee, annullierte auf der einen Seite die Schulden der Kleinen und gewährte auf der anderen Seite den Großen freigebig Privilegien. Pausenlos wurden Feste gefeiert. Gleichwohl blieb der erhoffte Erfolg in bezug auf die Volksstimmung aus.

Bezeichnenderweise wurde Dimítrij, wie die Quellen lehren, von seinen russischen Zeitgenossen viel abfälliger beurteilt als von den ausländischen. Zwar haben auch Ausländer ihn einen „argen Schalk", spitzfindig und einen großen Schwarzkünstler genannt, aber sein Verstand, sein diplomatisches Geschick, sein Scharfsinn und seine Bildung wurden gelobt. In den russischen Quellen liest man davon nichts. Das erklärt sich dadurch, daß Dimítrij sowohl als Typus, wie durch sein äußeres Gehaben, seine Kleidung und seine Lebensführung fremd wirkte und abgelehnt wurde. Ausdrücklich wird überliefert, daß er wider alle russische Tradition am Nachmittag nicht schlief, sondern höchst provokatorisch und ohne Sinn für Würde in der Stadt ohne Gefolge spazierenging.

Zwar hat er versucht, sobald er zum Zaren gekrönt war, sich von seinen polnischen und katholischen Helfern zu emanzipieren und ihnen gegenüber seine Selbständigkeit zu wahren. Er erfüllte weder die Erwartungen des polnischen Königs auf territoriale Abtretungen zu dessen Gunsten, noch die Erwartungen der katholischen Kirche auf den Beginn einer Bekehrung der Russen. Damit hatte Dimítrij aber nur seine ausländischen Protektoren verärgert, ohne die Sympathien der Russen zu gewinnen. Dabei zeigte er allerdings einen bemerkenswerten Mangel an Augenmaß für sich selbst und für seine realen Möglichkeiten. Der sonst so gewandte Mann erwies sich als psychologisch in hohem Grade instinktlos, indem er sich nicht nur äußerlich als Pole gab, sondern in großer Zahl Polen, darunter auch viele Jesuiten, an seinen Hof zog, sie betont bevorzugte und damit bald in allen russischen Kreisen Ärgernis oder Empörung erregte. Um so mehr, als er an seinen Heiratsplänen mit der katholischen Marýna Mníszek festhielt.

Diese Polin, als Frau eine sehr attraktive Erscheinung – jung, schön, gescheit –, hat als Politikerin im Verein mit ihrem skrupellosen Vater sehr nüchtern und unsentimental, schließlich mit geradezu verblendeter Zähigkeit vergeblich jenem großen Ziel nachgejagt, das anderthalb Jahrhunderte später eine persönlich viel weniger attraktive, aber um so klügere und robustere Deutsche erreichen sollte, nämlich gekrönte Zarin von Rußland zu werden. Schon ihre Verlobung mit dem abstoßend häßlichen Samoswánez hatte sie vom Erfolg seines Kampfes um den Thron abhängig gemacht. Nachdem er Zar geworden war, bestand sie auf der Heirat. Die sich dadurch bietende Chance nutzte die vatikanische Politik zu einer gesteigerten Aktivität. Anläßlich der Hochzeit (1606) schrieb Papst Paul V. an Dimítrij: „Caesar ac Magnus Dux, Dominus et Rex. Wir zweifeln nicht, daß Du, weil Du von dieser ausgezeichneten, in einem frommen katholischen Hause geborenen und erzogenen Frau Söhne haben willst, auch das moskowitische Volk in den Schoß der römischen Kirche führen wollest, da die Völker unabweislich ihre Herrscher und Führer nachahmen müssen."

Inzwischen hatte sich aber eine von Wassílij Schújskij geführte antipolnische Verschwörung gebildet. Eine Woche nach seiner Hochzeit wurde Dimítrij in seinem Schloß überwältigt und ermordet. Seine Leiche wurde verbrannt und die Asche mit einer Kanone in die Richtung abgeschossen, von der er gekommen war. Marýna blieb am Leben und gab ihre ehrgeizigen Pläne nicht auf, um so weniger, als sie einen Sohn bekam, den sie als legitimen Thronerben betrachtete.

Die Episode des falschen Dimítrij war nur kurz. Seine kaum ein Jahr währende Regierung hat direkt keine Spuren hinterlassen. Indirekt hat sie aber jene Kräfte und Bewegungen ausgelöst, die noch lange Zeit das Moskauer Reich erschüttern sollten.

In Moskau setzte nach Dimítrijs Tod zunächst eine bojarische Reaktion ein. Die in den letzten Jahrzehnten so schwer angeschlagene, in ihrem Personenbestand bis an die Grenze der Ausrottung dezimierte, ihres ehemals riesigen materiellen Rückhalts weitgehend beraubte, ihres politischen Einflusses systematisch entkleidete und zudem noch durch persönliche Gegensätze und Rivalitäten innerlich zerrissene Bojarenaristokratie bäumte sich noch einmal im verzweifelten Versuch auf, die ehemalige Machtstellung zurückzugewinnen. Sie erwies sich gleichzeitig lebenskräftig und fruchtbar genug, um in dieser Zeit allgemeinen Niedergangs und moralischen Verfalls einzelne Persönlichkeiten hervorzubringen, die, über das allgemeine Niveau hoch herausragend, zu Zentralfiguren bei der Überwindung dieser Zustände und bei der nationalen Regeneration wurden. So der junge Fürst Skópin-Schújskij, der Fürst Poshárskij und der Patriarch Filarét.

Zunächst kamen diese Einzelpersonen aber nicht zum Zuge. Nach Dimítrijs Tod blieb nichts anderes übrig, als einen neuen Zaren auf dem Wege der Wahl zu bestimmen. Die Bojaren kamen aber einer echten Wahl zuvor und erhoben, ohne einen ordentlichen Sémskij Sobór einzuberufen, durch Akklamation einer auf dem Roten Platz vor dem Kreml versammelten Menge den ehrgeizigen und geschickten, aber wetterwendischen, unzuverlässigen und um der eigenen Erhöhung willen zu allen Kompromissen bereiten Bojaren Wassílij Schújskij auf den Thron. Gleichzeitig versuchten sie, eine bojarenfeindliche Regierungsführung im Sinne Grósnyjs und Godunóws zu unterbinden. Sie verpflichteten Schújskij durch einen Eid, ohne Einwilligung der Bojaren keinen Menschen dem Tod zu überliefern, keinem Unschuldigen das Erbgut, Hof oder Vermögen fortzunehmen, niemanden ohne Schuld zu verbannen oder in Ungnade fallen zu lassen und den Feinden auszuliefern und unbewiesenen Denunziationen keinen Glauben zu schenken.

Schújskij hat diesen Eid geschworen, aber sich später nicht an ihn gehalten. Zum Zaren erhoben und übereilt gekrönt – ohne erst die Ankunft des neuernannten Patriarchen zu erwarten – versuchte auch Schújskij nach dem Bilde seiner Vorgänger durch einen Appell an die Massen und ohne Rücksicht auf die Interessen der Bojaren, sich im Volke einen Rückhalt zu schaffen. Er hatte damit gar keinen Erfolg. Denn das Volk sah in ihm, obgleich er sich nachdrücklich auf seine Abstammung von Rjúrik berief und sich Grósnyjs These über die Abstammung der Rjurikiden von römischen Kaisern zu eigen machte, durchaus nicht den rechtmäßigen Zaren, sondern zutreffend einen Exponenten der verhaßten Schicht der Bojaren oder schlechthin der Reichen oder der großen Herren.

Das Schwergewicht der politischen Entwicklung und damit das Gesetz des Handelns ging nun von der Regierung in die Hände jener über, die sich in fortgesetztem Aufbegehren gegen sie wandten. Die daraus erwachsenen blutigen Kämpfe werden von der sowjetischen Geschichtsschreibung als Bauernkriege und als stärkster Ausdruck des Klassenkampfes im 17. Jahrhundert bezeichnet. Wenn auch, wie bei dem Unternehmen des Samoswánez, das soziale Moment eine ausdrücklich betonte Rolle gespielt hat, so war doch die Frontbildung in diesem Bürgerkrieg durch sehr verschiedene, z. T. rein politische, auch persönliche und keineswegs klassenmäßig bedingte Gegensätze gekennzeichnet.

An der Aufstandsbewegung gegen Schújskij waren von Anfang an auch Bojaren, die sich zurückgesetzt sahen, oder persönliche Gegner des Zaren beteiligt; eine große Rolle spielten dabei einige ehrgeizige und mit der Entwicklung der Dinge unzufriedene Vertreter des Dienstadels. Die Masse bestand aber aus aufrührerischen Bauern und einer wachsenden Zahl außerhalb der sozialen Ordnung stehender anarchistischer, z. T. einfach verbrecherischer Elemente, einer Bande, die von den Zeitgenossen treffend prestúpnyj sbrod genannt wurde. Gleichwohl war dieser Aufruhr bezeichnenderweise nicht gegen das Zarentum gerichtet. Das den so heterogenen Elementen gemeinsame Ziel war im Gegenteil die Wiederherstellung des Zarentums, die Inthronisierung eines „rechtmäßigen“ oder „guten“ Zaren; die Führer der Aufständischen erhoben selbst Anspruch auf den Thron. Vierzehn solcher Thronprätendenten sind uns namentlich bekannt, aber nur zwei gewannen größere Bedeutung: ein zweiter falscher Dimítrij und ein sogenannter Zarewitsch Pjotr, der behauptete, ein Sohn des schwachsinnigen Zaren Fjódor zu sein. Häufig gewannen aber im Verlaufe des Bürgerkrieges einzelne fähige Anführer, die für die Prätendenten kämpften, größere Bedeutung als die falschen Prätendenten selbst.

Der historisch wichtigste und persönlich interessanteste von ihnen war Iwáschka Bolótnikow. Bolótnikow ist eine jener in der Geschichte Rußlands immer wieder auftretenden Gestalten, die, aus den dunklen Tiefen des Volkes durch Tatkraft, Begabung und Glück emporgekommen, zur Personifizierung jenes typisch russischen Freiheitsideals wurden, das, vom abendländischen Freiheitsideal sehr verschieden, vorwiegend anarchistischen Charakter trägt.

Es ist damit das in der Steppe beheimatete, von den Kosaken gepflegte und verherrlichte Ideal einer Freiheit nicht in der Gesellschaft, sondern von der Gesellschaft gemeint. Für diesen Zustand gibt es im Russischen ein besonderes Wort – wólja, im Unterschied zu swobóda als Bezeichnung des liberalen Freiheitsbegriffes. Dieses anarchistische Freiheitsideal hat der ganzen russischen Freiheits- und Revolutionsbewegung bis in das 20. Jahrhundert hinein seinen Stempel aufgedrückt und sogar im radikalen Marxismus, z. B. bei Lenin, seine unverkennbaren Spuren hinterlassen. Es ist das ein wesentlich negativ bestimmtes Aufbegehren gegen staatlichen Zwang und staatliche Ordnung an sich, ohne eigentliche positive Zielsetzung. Es brach im Laufe der Jahrhunderte immer wieder wie ein Naturereignis über Rußland herein. Solche mehr spontane als organisierte und deshalb auch nicht als Revolution zu bezeichnende Aufstandsbewegungen konnten mit großer Geschwindigkeit ungeheure Ausmaße sowohl an territorialer Ausdehnung wie an personeller Beteiligung annehmen. An der Spitze der Reihe, die über Rásin und Pugatschów zu den großen Revolutionären der jüngsten russischen Geschichte führt, stand Bolótnikow.

Selbst ein ehemaliger Cholóp, der zu den Kosaken geflohen, von den Tataren gefangengenommen und den Türken als Galeerensklave verkauft worden war, um nach abenteuerlicher Flucht über Venedig und Polen wieder im Süden Rußlands zu erscheinen, entfachte er in der Zeit der allgemeinen Auflösung eine sich schnell ausbreitende Aufstandsbewegung im Namen eines imaginären

„echten" Zaren. Seiner Bewegung haben sich auch andere Abenteurer angeschlossen. So der Zarewitsch Pjotr, der wie Bolótnikow sich in erster Linie auf Kosaken und Bauern stützte und das ganze Gebiet der unteren und mittleren Wolga durchschweift und unsicher gemacht hatte, wie auch die einer politisch wie sozial ganz anderen Sphäre, nämlich dem Dienstadel, entstammenden Brüder Prokóp und Sachár Ljapunów. Während Bolótnikows Parole ebenso billig wie zugkräftig lautete: die Armen sollen reich und die Reichen sollen arm werden, oder einfach: die Herren totschlagen und rauben (ubiwátj gospód i grábitj) – durchaus vergleichbar mit der Leninschen Parole aus der ersten Zeit seiner Revolution: grabj nagráblennoje (raub das Geraubte) – hatten die Ljapunóws immerhin ein konkretes soziales Programm im Interesse des Dienstadels, das im Gegensatz zu den Interessen der Bauern stand. Das Ziel dieser revoltierenden Kleinadligen war die materielle Sicherstellung der Kriegsdienstleute. Nach ihrem Reformplan sollten die Güter der nicht im Heer Dienenden zugunsten der kleinen und durch den Krieg ruinierten Dienstleute konfisziert werden; nur der Besitz der Gefallenen und Kriegsgefangenen sollte unangetastet bleiben. Die Kriegsdienst leistenden Kosaken sollten nach diesem Programm durch Aufnahme in den Stand der Dienstleute in die soziale Ordnung eingegliedert werden. Die gegen die bäuerlichen Läuflinge und auf deren Fesselung an den Boden und den Herrn abzielende Politik wurde in diesem Reformplan ausdrücklich gebilligt.

Daraus ergaben sich naturgemäß unüberbrückbare Gegensätze zu Bolótnikow und zu seinen Leuten mit ihrem anarchistischen Freiheitsideal, so daß es zu einem Bruch kam. Während Bolótnikows Kriegführung sich zu reinen Raub- und Plünderungszügen auswuchs, setzten sich die Mannschaften des Dienstadels unter Prokóp Ljapunóws Führung von ihm ab und gingen schließlich auf die Seite des Zaren Wassílij Schújskij über. Militärisch war der Zar dadurch gerettet. Bolótnikow wurde besiegt, geblendet und ertränkt. Zarewitsch Pjotr wurde gehängt (1607).

Die Unruhen waren damit aber nicht beendet. Die Polen hatten nach dem Fiasko des falschen Dimítrij ihre so hoffnungsreich begonnene Interventionspolitik nicht aufgeben wollen und bemühten sich nun, die russischen Wirren im eigenen Interesse zu nutzen. Zunächst hielten sie noch an der Methode einer, durch eine zarische Marionette getarnten, Intervention fest. Reichlich phantasielos begannen sie das gleiche Spiel, das sie eben verloren hatten, aufs neue. Zwar nicht offiziell, wohl aber faktisch, zogen polnische Söldnerführer und Magnaten – Jan Sapieha, Lissówski, Rosýnski –, selbstverständlich mit Einwilligung ihres Königs, ein neues militärisches Unternehmen auf, mit einem neuen falschen Dimítrij an der Spitze. Wie im Falle des ersten Dimítrij mußte auch im Falle des zweiten eine Frau seine Echtheit feierlich bezeugen. Dieses Mal nicht die Mutter, sondern die Ehefrau Marýna Mníszek, die zu diesem Zweck in das Lager des Thronprätendenten geholt wurde. Politische Skrupel hat die ehrgeizige Frau, die in ihrem Söhnchen den künftigen Zaren von Rußland sah, dabei nicht gehabt, aber wohl religiöse: obwohl sie die Identität des zweiten Dimítrij mit ihrem Mann bezeugt hatte, bestand sie, sich damit selbst Lügen strafend, auf einer förmlichen Trauung.

Wer dieser zweiter Samoswánez war, ist unbekannt geblieben. Nur sehr wenige dürften an seine Echtheit geglaubt haben, und bald wurde er, zunächst von seinen Gegnern und nach seinem Sturz – bis auf den heutigen Tag – auch allgemein, sogar von den Sowjets, kurz und schlicht als „wor“ (d. h. Räuber oder Gauner) bezeichnet. Gleichwohl hatte er erstaunlich großen Erfolg.

Zu ihm strömten jetzt im wesentlichen die gleichen Elemente, die auch hinter Bolótnikow gestanden hatten. Regional fiel ihm so gut wie der ganze Süden zu. Militärisch war er dank seiner starken polnischen Kontingente für Schújskij weitaus gefährlicher als Bolótnikow es je gewesen war. Bei seinem Vormarsch auf Moskau über Kosjolsk, Kaluga, Moshajsk gelangte er bis zum Dorf Túschino, nur wenige Kilometer von Moskau entfernt, und begann dort als Zar in prächtiger Hofhaltung zu residieren. Um sein Prestige zu heben, holte sich der Gauner, z. T. mit Gewalt, z. T. durch Versprechen, auch einige führende Aristokraten, die als Gegner Schújskijs bekannt waren, an seinen Hof, so unter anderen den Metropoliten Filarét, den der Gauner von Túschino nun zum Patriarchen erhob.

Mit seinem Heer konnte er Moskau fast ganz umzingeln. Die Polen unter dem Fürsten Sapieha begannen bereits, das Troiza-Kloster nordöstlich von Moskau zu belagern. Damit war seinen militärischen Erfolgen allerdings eine Grenze gesetzt, denn das stark befestigte und mit Lebensmitteln reichlich versorgte Kloster verteidigte sich mit Erfolg. So konnte sich auch Moskau halten.

Aber eine Entscheidung fiel nicht. Fast zweieinhalb Jahre lang (vom Herbst 1607 bis Frühling 1610) bestand das Nebeneinander zweier zarischer Hofhaltungen fort – Schújskij in Moskau und der Gauner in Túschino. Dieser unhaltbare Zustand führte dazu, daß mit Ausnahme der Polen, die natürlich ihre eigenen Ziele verfolgten, schließlich niemand mehr wußte, wohin er gehörte und zu wem er sich schlagen sollte, ein deutliches Zeichen dafür, daß es sich hier nicht um einen Klassenkampf handelte. Es kam zu einem fortgesetzten Hinüberwechseln sowohl von Dienstleuten wie von Bojaren, wie auch von anderen Kriegern von der einen Seite zur anderen und wieder zurück, mit dem offenbaren egoistischen Ziel, nicht etwa zu siegen, sondern einfach zu überdauern und sich für alle Fälle nach allen Seiten hin rückzuversichern. Die Zeitgenossen nannten das treffend Sinneswanken – schatánije umów.

Damals hatte Schújskij, unfähig, der Situation Herr zu werden oder sie zu beenden, sich entschlossen, die ihm von einer anderen auswärtigen Macht, dem erbitterten Feind und Rivalen der Polen, nämlich von Schweden angebotene Hilfe anzunehmen. Der russische Zar verzichtete dabei ausdrücklich auf das große außenpolitische Ziel Iwáns III. und Grósnyjs, nämlich auf alle Ansprüche auf Livland; darauf schickten die Schweden ein Korps unter Jacob de la Gardie zur Entsetzung Moskaus.

Die Folgen waren für die Russen sehr schwer, denn dadurch wurde der durch den Bürgerkrieg zerrissene moskowitische Staat zu einem Objekt im Kampfe der Polen und Schweden um die Vorherrschaft in Nordosteuropa. Nachdem die Schweden ohne Mühe zuerst das Troiza-Kloster entsetzt und dann Moskau besetzt hatten, sahen die Polen sich veranlaßt, nun endlich auch offen und unter Verzicht auf eine zarische Marionette ihr Ziel zu verfolgen: sie erklärten jetzt dem Zaren Wassílij den Krieg. Das hatte zur Folge, daß die Polen sich am Gauner von Túschino desinteressierten, ihre Truppen von ihm abzogen und unter eigenen Fahnen weiterkämpften. Zunächst machten sie sich an die Belagerung von Smolénsk. Der Gauner sah sich seinerseits dadurch veranlaßt, sich zurückzuziehen und für einen günstigeren Augenblick bereitzuhalten.

In Moskau regierte noch Schújskij. Ein junger Neffe von ihm, Michaíl Skópin-Schújskij, hatte in seinem Auftrag als Führer eines mit den Schweden gemeinsam gegen den Gauner und Polen kämpfenden russischen Korps beachtliche militärische Erfolge erzielt und große Popularität gewonnen. Der erst vierundzwanzigjährige Jüngling wurde zu einem lebenden Symbol für die russisch-patriotischen Hoffnungen; seine Anhänger hätten ihn gerne an der Stelle seines von niemandem geliebten Oheims als Zaren gesehen. Da starb der junge Skópin eines plötzlichen Todes (1610), jedenfalls nicht ohne Zutun des Zaren Wassílij. Die auf den begabten Jüngling gesetzten Hoffnungen blieben unerfüllt. So lebt er, ohne die Möglichkeit erlangt zu haben, den Beweis für seine tatsächlichen Fähigkeiten zu erbringen, in der russischen Geschichte in einer so freundlichen Erinnerung fort, wie kaum ein anderer.

König Sigismund III. hatte das Glück, einen militärisch fähigen und politisch geschickten Feldherrn zu haben, den Hetman Zolkiéwski, dessen klugen Rat er später zu seinem Schaden nicht berücksichtigen sollte. Zolkiéwski schlug die, ihres jungen Befehlshabers beraubten, Truppen Schújskijs und marschierte mit seinen Polen von Westen her auf Moskau, während der Gauner, eine Chance witternd, von neuem auftauchte und mit seinen Banden von Süden her gegen Moskau zog. Da brach in Moskau selbst unter Führung der Ljapunóws ein Aufstand aus, in dessen Verlauf Wassílij Schújskij zur Abdankung gezwungen und ins Tschúdow-Kloster gesteckt wurde. Damit war aber die Lage nicht geklärt, sondern erst recht verwirrt.

Ein Ljapunów konnte die Erbschaft des Zaren nicht antreten; einen Sémskij Sobór entscheiden zu lassen, war bei der Lage der Dinge praktisch undurchführbar. Die Bojarenaristokratie hoffte immer noch, sich an der Macht zu halten, und ein Gremium von sieben Bojaren (semibojárschtschina) versuchte vergeblich, die Regierungsgewalt in die Hände zu nehmen. Auch die hohe Geist-

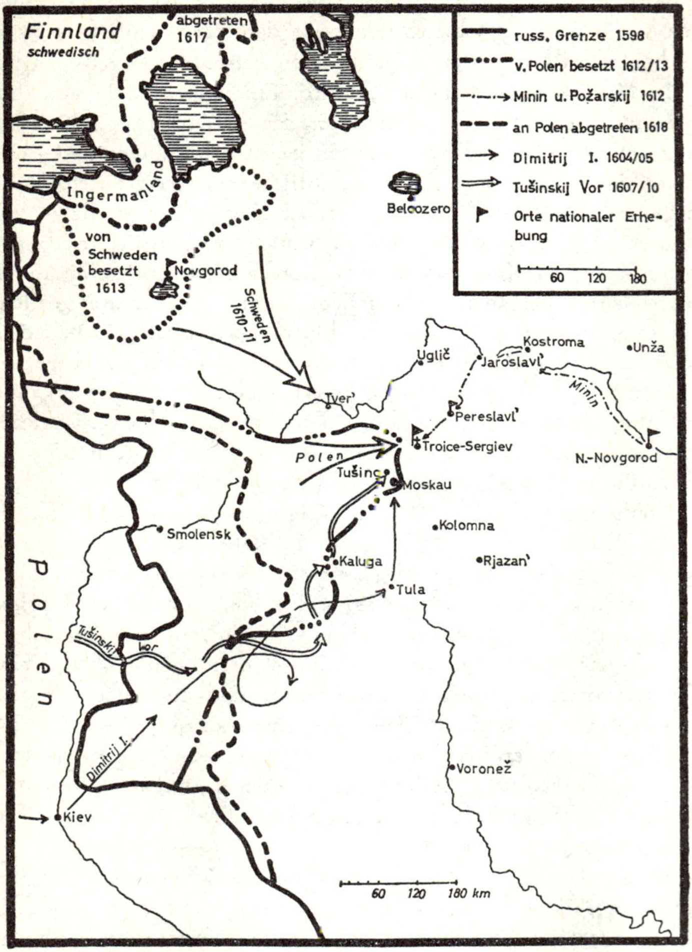

Polnische und schwedische Interventionen im 17. Jahrhundert.

lichkeit schaltete sich ein und präsentierte ihre Thronkandidaten. Dabei wurde erstmalig neben dem Fürsten Wassílij Golízyn auch der Name des vierzehnjährigen Michaíl Románow genannt. Die polnisch Orientierten wollten einen polnischen Prinzen – den Thronfolger Wladysláw – auf dem Zarenthron sehen, die schwedisch Orientierten einen schwedischen Prinzen – den Königssohn Gustav Adolf – und das niedere Volk hielt zum Gauner von Túschino.

In dieser Situation entschied die reale Macht, und die hatten die Polen. Nachdem die Schweden inzwischen aus Moskau abgezogen waren, sich dafür aber Nówgorods bemächtigt hatten, rückte Zolkiéwski in Moskau ein. Wieder waren die Polen die faktischen Herren im Kreml.

Unter diesen Umständen blieb nur noch die polnische Kandidatur für den Zarenthron aktuell. Schon vorher (Februar 1610) hatte König Sigismund mit den von der polnischen Hilfe abhängigen Aufständischen einen Vertrag über die künftige Thronbesteigung seines Sohnes Wladysláw geschlossen. Auch hierbei wurde russischerseits der Versuch gemacht, sich gegen eine Willkürherrschaft zu sichern, und der künftige Zar wurde verpflichtet, keinerlei Änderungen im Gerichtswesen oder Neuerungen in der Gesetzgebung ohne Zustimmung der Bojarenduma und des Sémskij Sobór vorzunehmen. Auch war ausdrücklich festgelegt worden, daß das moskowitische und polnische Reich voneinander unabhängig bleiben sollten; den Bauern dürfte nicht gestattet werden, von einem Reich in das andere abzuwandern. Jetzt holte Zolkiéwski diesen Vertrag hervor und verlangte die Wahl Wladysláws. Da es nicht möglich war, einen ordentlichen Sémskij Sobór einzuberufen – der Gauner stand immer noch vor den Toren Moskaus –, so wurde aus der Moskauer Bevölkerung allein eine Schar zusammengerufen, und der polnische Prinz wurde gewählt. In den Vertrag wurde zusätzlich die Bestimmung aufgenommen, daß der neugewählte Zar zum griechisch-orthodoxen Glauben übertreten müsse. Anschließend wurden die Moskowiter auf Wladysláw vereidigt (August 1610). Als Dank dafür vertrieb Zolkiéwski mit seinen intakten Truppen den Gauner, der bald darauf von einem seiner Leute ermordet wurde (Dezember 1610).

Die Lage, die sich durch diese Entwicklung für Moskau ergeben hatte, war geradezu katastrophal. Weder früher noch später war die Selbständigkeit, ja die Existenz des moskowitischen Staates so gefährdet wie damals. Die Polen hatten den ganzen Westen Rußlands bis über Smolénsk hinaus bereits annektiert; nördlich davon bis über Nówgorod hinaus hielten die Schweden das russische Land besetzt (vgl. Karte). Die inneren Verhältnisse waren so zerrüttet, daß nichts mehr vorhanden zu sein schien, was dem polnischen Herrschaftswillen entgegengesetzt werden konnte. Die russischen Forderungen den Polen gegenüber beschränkten sich darauf, nur das Mindestmaß an nationaler und kirchlicher Eigenständigkeit sicherzustellen, um dem Schicksal einer Polonisierung und Katholisierung, wie sie im litauischen Rußland bereits geschehen war, zu entgehen. Außenpolitische Forderungen konnten überhaupt nicht geltend gemacht werden. Zwar war der zum Zaren gewählte polnische Prinz noch ein Knabe, so daß die Bojaren sich an die trügerische Hoffnung klammerten, er würde ein Werkzeug in ihren Händen bleiben. Die entscheidende Tatsache blieb aber die Anwesenheit Zolkiéwskis und seiner Truppen im Kreml.

Wäre damals der polnische König der Lage gewachsen und fähig gewesen, die Situation im polnischen Interesse zu nutzen, hätte er z. B. sich zu einem gemeinsamen Vorgehen mit den Schweden auf Kosten des darniederliegenden Moskau entschlossen – wie es anderthalb Jahrhunderte später Rußland und die deutschen Großmächte Polen gegenüber tun sollten –, die Folgen wären für Moskau und Rußland unabsehbar gewesen. Die Lage im russischen Lande selbst war so trostlos, daß der Chronist darüber schrieb: „Die Wohnungen der Menschen waren wie Zufluchtsstätten von Tieren. Wilde Tiere spazierten frei (guljáli) auf den Plätzen der Städte. Die Menschen lösten die Tiere in den Wäldern und ihren Höhlen ab und suchten die Dunkelheit. Die Jagd auf wilde Tiere wurde durch die Jagd auf Menschen ersetzt . . .“

Zum Glück der Russen hat König Sigismund es aber nicht verstanden, die günstigen Chancen zu nutzen, wahrscheinlich nicht einmal sie als solche zu erkennen. Wie vorher dem falschen Dimítrij, so fehlte auch ihm das richtige Augenmaß für sich selbst und vor allem jedes Vermögen, die Gefühle und damit die Reaktionen der Russen richtig einzuschätzen. Er glaubte sich stark genug, um sich über die Vertragsbestimmungen hinwegsetzen und die unmittelbare Unterstellung Moskaus unter seine Herrschaft erzwingen zu können. Trotz der Warnungen des klugen, die Verhältnisse viel klarer überschauenden Zolkiéwski gab Sigismund seinen Wunsch bekannt, selbst den Moskauer Thron zu besteigen und verbot gleichzeitig seinem Sohn den Übertritt zum orthodoxen Glauben. Der polnische König begann bereits vor Smolénsk, wo sich sein Kriegslager befand, die Russen auf sich vereidigen zu lassen.

Von diesem vertragswidrigen Vorgehen überzeugte sich bald eine große, tausendzweihundert Personen zählende russische Gesandtschaft, die zu Sigismund geschickt worden war, um die im Vertrag niedergelegten Bedingungen zu realisieren. Zu dieser Gesandtschaft gehörte auch der Patriarch Filarét. Das hatte der geschickte Zolkiéwski veranlaßt, um die für den polnischen Kandidaten gefährlichsten Rivalen aus Moskau zu entfernen. An der Sturheit des Königs Sigismund, der auch der Gesandtschaft gegenüber auf seinen vertragswidrigen Absichten bestand und versuchte, mit Hilfe von Geld und Gewalt sein Ziel zu erreichen – einige Glieder der Gesandtschaft wurden kurzerhand verhaftet –, zerbrach aber die Diplomatie Zolkiéwskis. Darüber erbittert, nahm dieser seinen Abschied und reiste nach Warschau; gewissermaßen als Beleg seiner Erfolge brachte er den abgesetzten Zaren Wassílij Schújskij mit, der bald in polnischer Gefangenschaft starb (1612).

König Sigismund hat durch sein Verhalten der polnischen Sache nur geschadet und der russischen sehr genützt. Die Verhandlungen mit der großen Gesandtschaft führten zu keinem Ergebnis, sondern verschärften im Gegenteil noch die Situation. Der zum Zaren gewählte Wladysláw hat, von seinem Vater im Stich gelassen, den russischen Thron nie bestiegen. Aber auch Sigismund setzte seine eigene Kandidatur nicht durch. In Moskau kam es nach der Abreise Zolkiéwskis zu fortgesetzten Konflikten mit den polnischen Besatzungstruppen, und bei der russischen Bevölkerung, die sich von den Polen betrogen und durch ihre Truppen fortgesetzt provoziert fühlte, setzte ein Stimmungsumschwung ein, der, zunächst durch mancherlei innere und äußere Widerstände gehemmt, allmählich doch zu einer Vereinheitlichung der zeitweise so weit auseinandergehenden Ziele, Wünsche und Hoffnungen führte und schließlich in eine echte nationale Erhebung einmündete.

Nationale Erhebung

Zum geistigen Führer dieses Stimmungsumschwunges machte sich der Patriarch Germogén (Hermogen). In Sendschreiben, die er verbreiten ließ, rief er zum Schutze des Glaubens und zum bewaffneten Widerstand gegen die Polen auf. Sein Appell fand Widerhall. Es machten sich jetzt ehrliche Bemühungen geltend, die alten Gegensätze und Feindschaften zu überwinden, zumindest zu überbrücken, um zu einer einheitlichen Befreiungsaktion zu kommen. Aber zunächst waren die Widerstände dagegen immer noch stärker und scheinbar auch unüberwindlich.

Zu den Polen hielt nur noch ein Teil der Bojaren. Diese „Kollaborateure" büßten aber infolge der angefachten antipolnischen Animosität jegliches Ansehen ein. Und die Befreiungsbewegung richtete sich jetzt gleichermaßen gegen die Polen wie gegen die zu ihnen haltenden Bojaren. Viel schwerer wogen die älteren, wie wir sahen, z. T. sehr realen Interessengegensätze zwischen den drei deutlich voneinander unterschiedenen Gruppen, die zu einer Beteiligung an der Befreiungsaktion aufgerufen waren, dem Dienstadel, dem seßhaften Bauerntum und den Kosaken. Immerhin gelang es, wenigstens vorübergehend, diese drei Gruppen unter den Befreiungsparolen Germogéns zusammenzuführen. Es wurde ein Triumvirat aus je einem Vertreter jeder Gruppe gebildet – dem kleinadligen Prokóp Ljapunów, dem sich zu den Túschinoern haltenden Fürsten D. Trubezkój und dem Kosakenhetman Sarúzkij; diesem Triumvirat wurde die Führung der Aktion übertragen. Zu dieser Koalition gesellte sich noch, glühend vor Ehrgeiz und Geltungsbedürfnis und unbekümmert weiter nach der Zarenkrone verlangend, Marýna Mníszek mit ihrem Söhnchen. Da ein neuer Thronprätendent für eine eheliche Verbindung nicht mehr zur Verfügung stand, heiratete sie jetzt Sarúzkij.

Ohne eine wirkliche Einheitlichkeit unter den Aufständischen erzielt zu haben, gehemmt durch das Mißtrauen der verschiedenen Gruppen gegeneinander und militärisch schlecht vorbereitet, machte sich die Truppe gleichwohl an die Eroberung und Befreiung Moskaus (1611). Der Versuch schlug fehl. Die verhältnismäßig kleine, aber gut geführte und im fremden Lande sehr rücksichtslos vorgehende polnische Besatzungstruppe in Moskau äscherte die äußeren weit ausgedehnten und schlecht zu verteidigenden „Ringe" der Stadt ein – Moskau ist städtebaulich in mehreren sich um den Kreml als Kern schließenden Ringen angelegt – verteidigte nur die beiden inneren Ringe, den Kreml und Kitajgorod, und schlug die Angreifer zurück. Bald darauf zerfiel die gemeinsame Front der Aufständischen, und die Truppe löste sich wieder in ihre Bestandteile auf. Ljapunów wurde von den mit ihm verbündeten Kosaken ermordet, seine Mannschaften zogen sich von der Aktion zurück, und Trubezkój und Sarúzkij, die sich nunmehr Reichsverweser nannten, erwiesen sich unfähig, ein erneutes Abgleiten ihres Unternehmens in ein wildes anarchisches Rauben und Plündern zu verhindern.

Die äußeren Verhältnisse waren nicht weniger trostlos. Sigismund von Polen hatte inzwischen Smolénsk erobert und annektiert. Die Schweden verlangten von den Nówgorodern vertraglich, einen schwedischen Prinzen als Zaren anzuerkennen, und die Kosaken im Südosten spielten mit dem Gedanken eines eigenen Reiches unter persischer oder türkischer Oberhoheit.

Gleichwohl wirkte der einmal gemachte Ansatz zur Erhebung weiter. Die Bewegung gewann wieder an Boden. Da eine Regierung faktisch nicht mehr existierte, ging die Führung in die Hände der Geistlichkeit über. Der Patriarch Germogén, obgleich von den Polen in Moskau gefangengehalten, setzte seine Werbetätigkeit illegal fort und fand allenthalben, besonders unter den Geistlichen, Helfer. Zumal der (später heiliggesprochene) Archimandrit Dionissij und der redegewaltige Awraámij Pálizyn, der Verfasser einer berühmt gewordenen Erzählung (skasánije) über die Zeit der Wirren, entfalteten vom Troiza-Kloster aus eine rege Tätigkeit. Man hatte inzwischen aus der Erfahrung gelernt. Die neue Aktion unterschied sich von der soeben fehlgeschlagenen dadurch, daß unter Germogéns Einfluß auf eine Heranziehung des unzuverlässigen und ordnungsfeindlichen kosakischen Elementes von vornherein verzichtet wurde. Die Aufrufe richteten sich nun sowohl gegen die Polen wie gegen die Kosaken. Dagegen stützte man sich bewußt auf ein neues Element, das damals erstmalig in der Geschichte Rußlands auch in die politische Entwicklung aktiv eingriff, nämlich das städtische.

Die auf den großen Handelswegen an der Wolga und nach Archangelsk gelegenen Städte des Nordens und des Ostens waren vom Bürgerkrieg verhältnismäßig unberührt geblieben und hatten ihren z. T. beträchtlichen Wohlstand sich erhalten können. Da sie sich durch die marodierenden Banden immer mehr in Mitleidenschaft gezogen sahen, begannen sie in offener Gegnerschaft gegen die Kosaken die positiven und ordnungsliebenden Elemente aus der Aufstandsbewegung zu sammeln und griffen ihrerseits, hauptsächlich durch finanzielle Hilfeleistungen, aktiv in die Entwicklung ein.

Von der Geistlichkeit fortgesetzt angefeuert, erfuhr die Volksstimmung einen jener emotionalen Auftriebe, die fähig sind, die Menschen zu erstaunlichen Leistungen mitzureißen. Die Städte traten miteinander in Verbindung, und die Kaufleute und Gewerbetreibenden zeigten sich, getragen von einer religiös-nationalen Begeisterung, zu sehr hohen Opfern für die Sache der Befreiung bereit. Zum Mittelpunkt der Bewegung wurde Níshnij Nówgorod (die spätere Geburtsstadt Maxím Górkijs, die heute nach ihm heißt), wo ein einfacher Mann von großer Energie, Zielstrebigkeit und Opferbereitschaft, der Fleischhändler Kosmá Mínin, die Führung übernahm und den Beschluß durchsetzte, daß jeder Hausbesitzer ein Drittel seines Jahreseinkommens oder seiner Waren dem neu aufzustellenden Heer zur Verfügung zu stellen habe. Außerdem wurden im großen Umfang freiwillige Spenden gesammelt. Nach der Überlieferung hat eine Witwe von den 12 000 Rubeln, die sie besaß, 10 000 geopfert.

Dem Beispiel Níshnij Nówgorods folgten andere Städte. Die nationale Erhebung griff schnell um sich und fand auch in den von den Polen und Schweden besetzten Gebieten Widerhall. Seit Ende 1611 wurde in Níshnij Nówgorod ein neues Heer aufgestellt, zu dessen Befehlshaber ein verarmter Bojar, der in den Reihen des Dienstadels schon früher an den Kämpfen teilgenommen hatte, Fürst Dimítrij Michajlowitsch Poshárskij, gewählt wurde, während die finanzielle Sicherstellung des Unternehmens in den Händen Mínins verblieb. Durch geschickte Unterhandlungen mit den Resten des früheren Aufgebotes gelang es, die Kosaken zu spalten und einen Teil von ihnen unter Trubezkój zu gewinnen, nämlich jene, die für ein seßhaftes Leben und den ihnen im Zusammenhang damit in Aussicht gestellten Landbesitz Interesse zeigten, während die übrigen sog. freien Kosaken unter Sarúzkij nach Südosten in die Steppe abzogen bzw. mit Gewalt dorthin abgedrängt werden mußten.

Im Frühling 1612 begann der Vormarsch von Níshnij Nówgorod aus nach dem von den Polen immer noch besetzten Moskau, aus strategischen Gründen nicht in westlicher Richtung, sondern zunächst wolgaaufwärts nach Jaroslawl. Hier stellten die Aufständischen ihre militärische Erhebung auf eine breitere politische Grundlage. Die Führung lag nach wie vor in den Händen der Geistlichkeit. Der Patriarch Germogén war inzwischen gestorben, Filarét befand sich noch in polnischer Gefangenschaft, so daß jetzt der Metropolit Kyrill an die Spitze trat. Unter maßgeblicher Beteiligung des Dienstadels, der Städte und zahlreicher Bojaren, die sich nach und nach bei der Befreiungsarmee einfanden, wurde jetzt (im Sommer 1612) ein großer Kriegsrat einberufen, der dem Fürsten Poshárskij die Herrschaft über das ganze Land, bis zur Wahl eines Zaren, übertrug.

Diese Verzögerung ließ aber König Sigismund Zeit zu Gegenmaßnahmen. Nachdem er aus Überheblichkeit und Torheit den für seinen Sohn bereits gewonnenen Zarenthron wieder verspielt hatte, wollte er die polnische Position in Moskau mit Gewalt retten und schickte unter dem Hetman Chotkiéwicz ein Heer und Proviant nach Moskau zur Stärkung der dortigen Garnison. Die Situation wurde für das Befreiungsaufgebot kritisch, aber es gelang Poshárskij, Chotkiéwicz zu schlagen, und am 22. Oktober 1612 rückten die Befreier nach hartem Kampf unter dem Jubel der Bevölkerung in Moskau ein und zwangen die Polen im Kreml zur Kapitulation.

Die vornehmste Aufgabe der Sieger war jetzt die Bestellung eines „rechtmäßigen“ Zaren. Es bestand kein Zweifel darüber, daß das nur durch einen ordnungsmäßig einberufenen Sémskij Sobór geschehen konnte. Und so erging auch, von der nationalen Hochstimmung getragen und ungeachtet der noch währenden großen Unsicherheit im Lande, das durch schweifende bewaffnete Scharen der Polen und Kosaken beunruhigt wurde, an die erreichbaren Stadtgemeinden die Aufforderung, unverzüglich ihre Vertreter nach Moskau zu entsenden. Im Januar 1613 trat der sog. Große Sémskij Sobór zusammen.

Zu diesem Sobór hatten sich 700 Mann aller Stände, einschließlich der Bauern und Kosaken, versammelt. Es überwogen die eigentlichen Träger der nationalen Erhebung, der Dienstadel, die Städte und die Geistlichkeit. Sich auf einen Kandidaten zu einigen, erwies sich aber als sehr schwer. Übereinstimmung herrschte nur darin, daß es kein „Fremdgläubiger“, weder ein polnischer Katholik noch ein schwedischer Protestant, sondern ein Einheimischer aus „Moskauer Geschlecht“ sein sollte. Nach sehr langen, sich über zwei Monate hinziehenden Verhandlungen einigte man sich darauf, „nicht den Fähigsten, sondern den Bequemsten zu wählen“ (wybratj ne spossóbnejschewo no udóbnejschewo – Kljutschéwskij), einen sechzehnjährigen Knaben, von dem man wenig zu befürchten, aber Gefügigkeit erwarten zu können glaubte, den Sohn des Patriarchen Filarét, Michaíl Románow. Er selbst befand sich damals nicht in Moskau, sondern im befestigten Ipátjewkloster bei Kostroma.

Am 14. März 1613 nahm er die Krone an. Auf dem Wege nach Moskau ist er fast von den ihm auflauernden Polen und Kosaken festgenommen worden. Damals ereignete sich jener, später in der Glínka-Oper „Ein Leben für den Zaren“ verherrlichte Vorfall mit dem Bauern Iwán Sussánin, der die Polen in die Irre führte und sein Leben opferte, um das des jungen Zaren zu retten.

5. UNTER DER NEUEN DYNASTIE

Die sanften Zaren. Der Sémskij Sobór

Das Ergebnis der nationalen Erhebung war ein neuer Anfang. Er beschränkte sich durchaus nicht auf die Inthronisierung einer neuen Dynastie. Die neuen Ansätze waren unmittelbar aus den Wirren, getragen von einer Volksbewegung, erwachsen und wurden weitgehend durch eben diesen Umstand bestimmt. Das äußerte sich zunächst darin, daß das Organ des Volkes, jedenfalls jener Kräfte, die Träger der Erhebung gewesen waren, der Sémskij Sobór, ein bisher nicht gekanntes Gewicht erhielt und – eine völlige Neuerung – in Permanenz fast zehn Jahre lang weitertagte. Die Auswirkungen der neuen Ansätze wurden allerdings durch die katastrophale Zerrüttung der wirtschaftlichen Lage, die um sich greifende Verarmung und einen allgemeinen kulturellen Niedergang schwer beeinträchtigt. In der Zeit der Terrorherrschaft Grósnyjs und der Wirren hatte der Moskauer Staat nach neueren Schätzungen etwa die Hälfte seiner Einwohner verloren, deren Zahl von 15 auf etwa 8 Millionen gefallen war.

Die neue Regierungsgewalt brauchte lange Zeit, um sich auch nur verwaltungstechnisch durchzusetzen und die Ordnung annähernd wiederherzustellen. Denn mit der Inthronisierung des neuen Zaren und der Vertreibung der Polen aus Moskau waren die Kämpfe keineswegs beendet, weder die inneren noch die mit den auswärtigen Feinden. Es fehlte an allem. Einen funktionierenden Verwaltungsapparat gab es praktisch nicht mehr, der Verkehr lag aus Mangel an Pferden und infolge der Unsicherheit auf den Straßen darnieder, das Wirtschaftsleben war weitgehend in die primitiven Formen der Naturalwirtschaft zurückgefallen, die unmittelbaren Folgen des Volkskrieges, Verwüstung, Verödung, Resignation zeigten sich allenthalben. Stellenweise lagen die Leichen über ein Jahr lang unbestattet. Selbst in Moskau waren die Lebensbedingungen so, daß der neugewählte Zar seinen Einzug in die Residenz um mehrere Monate hinausschieben mußte (bis zum Mai 1613), weil seine und seines Hofes Verpflegung nicht sichergestellt war.

Gleichwohl bedeutet das Jahr 1613 eine Epoche in der russischen Geschichte, eine deutliche Wendezeit. Was das Land und die Menschen in erster Linie brauchten, haben sie in den sechzig Regierungsjahren der beiden ersten Románowzaren Michaíl (1613–1645) und Alekséj (1645–1676), allerdings nicht uneingeschränkt, aber, verglichen mit der Zeit vorher, doch erhalten: Ruhe und Erholung. Zumindest indirekt wirkte sich dabei günstig aus, daß unmittelbar nach dieser Wende Europa in die Krämpfe des Dreißigjährigen Krieges fiel, von dem Rußland ganz unberührt blieb, und durch den es von Westen her gleichsam abgeschirmt wurde.

Aber die neue Konsolidierung des politischen, wirtschaftlichen, sozialen und schließlich auch des kulturellen Lebens in Rußland verlief gleichwohl anders, als der gewaltige Ausbruch der Volkskräfte hatte erwarten lassen, jedenfalls sehr anders, als später Historiker und Geschichtsphilosophen und besonders Politiker – zumal in Europa! – es für angemessen und erwünscht angesehen hätten. Es wurde in der verhältnismäßig geruhsamen, relativ ereignisarmen Entwicklung des 17. Jahrhunderts in Rußland dessen besonderes Schicksal offenbar – wenn man will, seine Belastung, wenn man will, seine Tragik, aber jedenfalls ein Schicksal, das von dem des Abendlandes sehr verschieden blieb.

Wahrscheinlich ist kein Jahrhundert der russischen Geschichte so wenig von hervorragenden Einzelpersönlichkeiten beherrscht worden wie das 17. Jahrhundert. Und wahrscheinlich ist auch in diesem Jahrhundert die Macht der objektiven Faktoren um so stärker wirksam gewesen. Es ist damit in erster Linie der riesige, sich gerade in diesem Jahrhundert bis fast ins Unübersehbare weitende, mit den damaligen technischen Mitteln weder zu erschließende noch zu beherrschende Raum gemeint, in seiner sehr russischen Eigengesetzlichkeit und mit seinen besonderen volklichen und ökonomischen Verhältnissen. Die gewaltigen Dimensionen bargen ein Trägheitsmoment in sich und bewirkten, daß die schweren Erschütterungen sich in der Weite des Raumes gleichsam totliefen, Neuerungen nicht recht zum Tragen kamen, aber alte, scheinbar unterbrochene oder abgebrochene Entwicklungstendenzen über alle Veränderungen hinweg ihre Wirkungskraft behielten. Das bezieht sich auf die politische Struktur des Staates.

Die Zeit der Wirren hatte neue soziale Kräfte frei gemacht. Das Volk selbst war in hohem Grade zum Träger des Geschehens geworden. Aber diese Kräfte blieben nicht tragend. Wenn man die Wirren als eine Bauernerhebung auffaßt, so muß man als Ergebnis eine eindeutige Niederlage der Bauern feststellen. Profitiert hatte durch die wirre Zeit der Dienstadel, die landbesitzenden Pomeschtschiki, deren Interesse, wie wir sahen, auf die Fesselung der Bauern an den Boden gerichtet war. Je mehr die Verhältnisse sich wieder stabilisierten, um so entschiedener ging die Entwicklung auf Kosten der bäuerlichen Freiheit, durchaus in der gleichen Richtung wie unter Grósnyj und Godunów. Auch die Kosaken hatten ihr Ziel nicht erreicht. Sie waren allerdings nicht, wie die Bauern, der leidende Teil, sondern im gewissen Sinne ein gewinnender, denn es setzte jetzt ihre große Zeit ein. Aber als mitbestimmender Faktor der geschichtlichen Entwicklung schieden auch die Kosaken politisch wie räumlich aus. Sie zogen sich wieder in ihr eigenes Gebiet, in das freie Feld am Unterlauf der großen Flüsse Dnjepr, Don, Wolga und Jaik zurück und bauten dort eine kosakische Eigenstaatlichkeit auf. Ohne direkt in die Geschicke des Moskauer Staates einzugreifen, haben sie allerdings von der Peripherie her für seine Entwicklung eine große Bedeutung erlangt. Sie wurden zu einem Schutzwall gegenüber den nichtchristlichen und nichtrussischen Nachbarn und traten bald in eine Interessengemeinschaft mit Moskau. Auf beiden Seiten hielt man es für besser, sich gegenseitig gelten zu lassen und miteinander in Freundschaft zu leben. Ein Teil der Kosaken hatte, wie wir sahen, begonnen, sich in die staatliche und soziale Ordnung des Staates einzufügen. Diese Entwicklung setzte sich, sehr geschickt von Moskau genutzt, weiter fort, während gleichzeitig durch ein langsames Vorschieben des seßhaften Bauerntums in das kosakische freie Feld hinein die organische Bindung an Moskau auf volklicher und staatlicher Ebene gefestigt und diese Region gegenüber den türkisch-tatarischen Nomadenstämmen weiter gesichert wurde.

Auch über die während der nationalen Erhebung so plötzlich und ruhmvoll in den Vordergrund getretene städtische Bevölke-

Stammtafel der Románows

- Román (Júrjew–Sachárjin–Kóschkin)
  - Nikíta Románowitsch
    - Fjódor (Filarét)
      - Michaíl ∞ Jewdokíja Streschnjówa
        - Alekséj ∞ 1. Márja Miloslâwskaja, ∞ 2. Natálja Narýschkina
          - (aus 1. Ehe:)
            - Sófja
            - Fjódor
            - Iwán V.
              - Katharina ∞ Leopold von Mecklenburg
                - Anna Leopóldowna ∞ Anton von Braunschweig
                  - Iwán VI.
              - Anna ∞ Friedrich Wilhelm von Kurland
          - (aus 2. Ehe:)
            - Peter I. ∞ 1. Jewdokíja Lopuchiná, ∞ 2. Martha Skawrónski (Katharina I.)
              - (aus 1. Ehe:) Alekséj ∞ Charlotte von Braunschweig
                - Peter II.
              - (aus 2. Ehe:)
                - Anna ∞ Karl Friedrich von Holstein
                  - Peter III. ∞ Sophie von Anhalt-Zerbst (Katharina II.)
                    - Dynastie Holstein–Gottorp–Románow (vgl. S. 360)
                - Elisabeth
    - und vier Brüder
  - Anastásja Románowna ∞ Iwán IV., Grósnyj

rung ging die Entwicklung erstaunlich schnell hinweg, fast ganz ohne Spuren zu hinterlassen. Auch die Possádleute fielen ebenso schnell, wie sie, oder richtiger, wie einzelne von ihnen emporgekommen waren, wieder in ihre alte bedeutungslose Position zurück. Sowohl politisch wie sozial fehlten der städtischen Bevölkerung alle Voraussetzungen, um auch nur annähernd jene Rolle zu spielen und die Bedeutung zu gewinnen, die im Abendlande gleichzeitig dem Bürgertum zufiel. Mit Ausnahme einiger weniger großer Unternehmer – wie vor allem der Stróganows – blieben die Possádleute auf ihren kleinen begrenzten und bald durch die Staatsfunktionäre weiter eingeengten Wirkungskreis beschränkt. Sie waren nicht Träger des Wirtschaftslebens oder gar der Wirtschaftspolitik, denn der Fern- und Außenhandel wurde vom Staate gelenkt und blieb zum großen Teil in den Händen von Ausländern, vorwiegend Engländern und Holländern. Praktisch bestand ein staatliches Außenhandelsmonopol. Auch hierin erwies sich die russisch-moskowitische Tradition bemerkenswert zäh: der Zar blieb der erste Handelsherr im Staate.

Selbst über die während der nationalen Erhebung emporgekommenen und zu bestimmendem Einfluß gelangten Einzelpersonen, wie z. B. Mínin und Posharskij, ging die Entwicklung hinweg. Mínin wurde zwar geadelt und erhielt einen Sitz in der Bojarenduma, wurde aber immer mehr in den Hintergrund abgedrängt, und Posharskij wurde nach einer vorübergehenden Wirksamkeit als Leiter einer Moskauer Zentralbehörde (prikás) in die Provinz abgeschoben.

Die Bojarenaristokratie hatte für immer als solche ausgespielt. Der überlebende Rest ging allmählich im emporkommenden Dienstadel auf. Wohl blieb die Bezeichnung Bojar bestehen – sogar der Gauner von Túschino ernannte Bojaren –, ebenso das Institut der Bojarenduma. Die Bojaren waren aber aus einer Udjél-Aristokratie alter Fürstengeschlechter zu einer Hofaristokratie ohne soziales Eigengewicht und mit nur sehr beschränkter politischer Bedeutung geworden, allerdings mit der Chance für den einzelnen, durch persönliche Qualitäten und Fähigkeiten bei Hofe zu einer einflußreichen Stellung zu gelangen, was tatsächlich auch wiederholt geschah. – Bei Hofe war die entscheidende Tatsache natürlich die Inthronisierung der neuen Dynastie.

Die Románows waren ein Moskauer Bojarengeschlecht, das nach der damaligen Übung, je nach dem jeweiligen Großvater, verschiedene Namen führte: Sachárjin, Kóschkin, Júrjew. Daß die Familie mit der alten Dynastie verwandt war (vgl. S. 183), hat bei der Erhebung Michaíls eine Rolle gespielt. Mütterlicherseits stammten die Románows über die Fürsten von Súsdal von Rjúrik ab. Die großen Herren in Moskau, die sich für die Wahl des russischen Knaben Michaíl eingesetzt hatten, ebenso wie wenige Jahre früher für die Wahl des polnischen Knaben Wladysláw, hatten damit verhindern wollen, unter die Macht und den Druck einer starken Persönlichkeit zu geraten. Sie hatten sich nicht verrechnet. Auch herangereift ist Michaíl ein schwächlicher Mann geblieben. Es liegt insofern eine Tragik über den Románows, als die eigentliche große Zeit ihres Geschlechts bei seiner Erhebung zur Herrscherdynastie bereits vorüber war; es sind damit nur die echten Románows gemeint und nicht die sich später Románow nennenden Holstein-Gottorper auf dem Zarenthron. Die große Zeit der Románows fiel in die zweite Hälfte des 16. Jahrhunderts, als Nikíta Románow, der „einzige Moskauer Bojar seiner Zeit, der im Volke ein gutes Andenken hinterlassen hat" (Kljutschéwskij), mit seinen fünf Söhnen, lauter mächtigen Herren, sich in den Vordergrund gespielt hatte. Aus jenen fernen Tagen ragte nur noch Filarét in die neue Zeit hinüber. Mit dem Knaben Michaíl setzte eine unverkennbare Degeneration der Familie ein. Während 800 Jahre früher das Geschlecht Rjúriks eine überragende Herrscherpersönlichkeit nach der anderen hervorbrachte, hielt sich von den Románows nach ihrer Inthronisierung – mit der einzigen Ausnahme Peters des Großen – nur einer, Alekséj, auf dem Mittelmaß; die übrigen blieben alle zum größten Teil weit darunter. Auch die Románows waren sehr kinderreich. Aber während die Rjurikiden in strotzendem Kraftüberschuß sich gegenseitig umbrachten, ohne damit einer weiteren Vermehrung und Blüte ihres fruchtbaren Geschlechtes Abbruch zu tun, ist das Gros der Románow-Abkömmlinge überhaupt nicht lebensfähig gewesen. Und die wenigen Überlebenden waren zarte, an Skorbut und einer sich forterbenden Fußkrankheit leidende, müde wirkende, meist eines frühen Todes sterbende Männer, gelegentlich Kretins[1]. Nur einige Töchter aus diesem Geschlecht zeichneten sich im Unterschied zu den Söhnen durch eine bemerkenswerte Robustheit aus, wie Peters Schwester Sófja, seine Tochter Elisabeth und, falls sie ein eheliches Kind war, seine Nichte Anna.

Der erste Románow-Zar erfüllte, wie gesagt, die Hoffnungen seiner Wähler: er war still, milde und sanft; das entsprach gerade den Bedürfnissen der Zeit. So wurde der leidende Michaíl wie seinerzeit der glockenläutende Fjódor vom Volke als ein Heiliger verehrt. Und wie seinerzeit Fjódor den Weg für einen fähigen Reichsverweser freigemacht hatte, so wurde jetzt die Passivität des Zaren durch die Aktivität seines bedeutenden Vaters, des Patriarchen Filarét, wettgemacht. Dieser trat nach seiner Rückkehr aus polnischer Gefangenschaft (1619) als der faktische Regent an die Seite und gelegentlich auch an die Stelle seines Sohnes.

Auch abgesehen von der Person des Zaren hatte sich eine Gewichtsverschiebung zwischen dem Träger der Krone und dem Sémskij Sobór ergeben. Es ist damit die in der Forschung verschieden beantwortete Frage verknüpft, ob und wieweit sich dadurch eine neue Staatsidee herausgebildet bzw. durchgesetzt habe. Der Gedanke, die Macht des Zaren vertraglich einzuschränken, war, ohne Zweifel begünstigt durch das Beispiel des Auslandes (Polen), seit Grósnyj lebendig und hatte während der Wirren mit dem Versuch, beim Thronwechsel entsprechende Sicherheiten zu erlangen, neuen Auftrieb erhalten. Gleichzeitig gewann, durch den häufigen Thronwechsel begünstigt, die Vorstellung Boden, daß jedenfalls in Krisenzeiten die letzte Entscheidung dem Sobór zustehe, zumal bei der Bestellung eines rechtmäßigen Zaren, so daß es scheinen mochte, als setzte sich die Idee eines Wahlzarentums durch.

[1] Michaíl hatte zehn Geschwister, von denen nur drei überlebten; von seinen zwölf Kindern überlebten nur zwei, darunter sein Nachfolger Alekséj. Dieser hatte vierzehn Kinder, von denen als gesund nur drei gelten können, Sófja, Natálja und sein jüngster Sohn Peter. Von den beiden auf den Thron gelangten Brüdern Peters des Großen war der eine so krank, daß er nicht gehen konnte, und der andere ein „ganz vertrackter blinder Herr“. Von den vielen Söhnen Peters überlebte auch nur einer; aber dieser war eine unerfreuliche Figur und wurde ein Opfer seines Vaters.

Andererseits hatte der Sémskij Sobór aber schon früher, unter Grósnyj, begonnen, im Staatsleben wie im Volksbewußtsein eine wachsende Rolle zu spielen. Wie wir sahen, hielt Grósnyj aber uneingeschränkt an der traditionellen Moskauer Staatsidee der Selbstherrschaft fest und hat nie daran gedacht, seine Macht durch diese Vertretung des Volkes einzuschränken oder gar ihr Wahlfunktionen einzuräumen. Aber Michaíl war gerade dank der Wahlfunktion des Sémskij Sobór auf den Thron gelangt. Zwar waren ihm nicht wie seinerzeit Wladysláw dabei Bedingungen gestellt worden, er hatte aber selbst den Umständen Rechnung getragen und den Sémskij Sobór weitertagen lassen. Auch sein Vater hatte als Mitregent dieses Verhalten gebilligt und gestützt.

Gleichwohl hat sich eine neue Staatsidee damals nicht durchgesetzt. Die Entwicklung ist auch in diesem Betracht über die neuen Ansätze hinweggegangen, zurück zu alten moskowitischen Staatstraditionen. Auch unter Michaíl – und Filarét – ist der Sémskij Sobór nicht zu einem Institut der Einschränkung geworden, obwohl er wiederholt bei innenpolitischen Fragen, wie z. B. bei Steuererhebungen, und in außenpolitischen Angelegenheiten herangezogen wurde. Er wuchs sich nicht zu einem Organ aus, das das Interesse des Volkes oder auch nur bestimmter Kreise, wie des Dienstadels oder der Städter, dem Zaren gegenüber vertrat, sondern blieb nach wie vor – durchaus im Sinne Grósnyjs – ein dem Zaren willkommenes Hilfsmittel bei der Ausübung seiner Regierung ohne Schwächung der Zentralgewalt. Die Voten (skáski) des Sobór waren als „Stimme der Nation, die den Herrscher über Bedürfnisse, Wünsche und Meinung der Reichsteile unterrichtete“ (Fleischhacker), für den Zaren oft sehr wichtig, aber verbindlich waren sie für ihn nicht. In der Zeit der Wirren hatte der Sobór an Stelle des fehlenden bzw. versagenden Zaren die Initiative an sich gerissen; nachdem wieder ein Zar da war und seine Macht sich festigte, fiel die Initiative wieder in die zarischen Hände zurück. Das tatsächliche Gewicht des Sémskij Sobór blieb – auch in seinem Selbstverständnis – von der jeweiligen Situation abhängig. „Es gibt in der Geschichte des Moskauer Reiches keinen Fall, in dem sich der Sémskij Sobór als Gegengewicht gegen die Macht des Selbstherrschers verstanden hätte“ (Neubauer).

Auch als Wahlkörperschaft blieb der Sémskij Sobór ohne Bestand. Er war in akuter Notlage gleichsam stellvertretend eingesprungen, als durch das Erbrecht die Zarenfrage nicht mehr zu lösen war. Er hat aber das Erbrecht nicht durch das Wahlrecht ersetzt. Als das Erbrecht wieder praktisch anwendbar wurde, ist von einer Wahl des Zaren nicht mehr die Rede gewesen. Das Schicksal des Sémskij Sobór war im Großen das gleiche wie das der anderen Faktoren, die im Zuge der Wirren ein politisches Eigengewicht gewannen: allen blieb es versagt, im Moskauer Staat dieses Eigengewicht zu wahren. So ist die Geschichte der Sémskije Sobóry, wie Kljutschéwskij resigniert feststellt, die Geschichte ihres Verfalls.

Der Sohn und Nachfolger Michaíls, Alekséj, hat in der ersten Zeit seiner Regierung, als er den Sémskij Sobór zur Stützung seiner Autorität noch brauchte, sich seiner immer wieder bedient und hat mit seiner Hilfe – durch unmittelbares Eingreifen der Delegierten – gelegentlich sogar Unruhen (wie z. B. in Pskow 1650) beseitigen können. Auch noch in dieser Zeit bestand die Möglichkeit einer Umwandlung des Sobór in eine echte Interessenvertretung des „Volkes", in erster Linie natürlich des Dienstadels. Ein konkreter Versuch in dieser Richtung ist auch gemacht worden. Am 10. Juni 1648 trat der Adel in einer Eingabe mit so entschiedenen Forderungen nach Reformen auf, daß diese Aktion als „das erste revolutionäre Hervortreten des russischen Adels" (Platónow) bezeichnet worden ist. Das Ergebnis war eine neue Gesetzessammlung, auf die noch einzugehen sein wird. Aber die politische Funktion des Sémskij Sobór wurde dadurch nicht geändert und auch sein Gewicht nicht erhöht. Je mehr der Zar seine Machtstellung – nicht zuletzt dank dieser Gesetzessammlung – wieder festigte, um so entschiedener kehrte er wieder zur selbstherrschenden Regierungsweise zurück und setzte sich über den Sémskij Sobór hinweg. Alekséj hat ihn zunächst immer seltener und schließlich überhaupt nicht mehr einberufen.

Gleichzeitig mit dieser Entwicklung wuchs die Bedeutung der Geistlichkeit. Auch das entsprach altmoskauer Tradition. Gewiß lag es mehr am Gewicht der Persönlichkeit als an dem des Amtes, daß in den ersten zwanzig Jahren der Regierung Michaíls der

Patriarch Filarét zum entscheidenden Mann im Staate wurde. Wenn auch Filarét in weiser Zurückhaltung – anders als der polnische König Sigismund – seine eigene Machtstellung nie gegen die seines Sohnes ausspielte, sondern im Gegenteil das Gewicht der eigenen Person und des Amtes zur Stützung des gekrönten Sohnes und seines Amtes in die Waagschale warf. Wenn auf der anderen Seite der Sohn ohne Ehrgeiz und ganz ohne Eifersucht seinen Vater gewähren ließ, so blieb das nicht ohne Einfluß auf das Verhältnis zwischen Kirche und Staat.

Filarét regierte keineswegs aus dem Hintergrund. Auch der Patriarch führte den Titel Welíkij Gossudár, und in den amtlichen Urkunden wurden beide nebeneinander genannt. Auch in der Öffentlichkeit blieb der Zar gegenüber dem Patriarchen in der Stellung des Sohnes gegenüber dem Vater.

Filarét hat bis zu seinem Tode (1633) mit sicherer und fester Hand ein strenges Regiment geführt und jedenfalls das entscheidende Verdienst an der neuen Festigung der Staatsgewalt, des Wiederaufbaus der Verwaltung und der Gesundung des Wirtschaftslebens gehabt. Es spielte sich damals ein schleichender und erbitterter Kampf der Regierung mit der noch weitgehend demoralisierten Bevölkerung ab, die sich ihren Pflichten, vor allem den Steuerzahlungen, entziehen wollte. Einer der beliebtesten Tricks war, daß Steuerpflichtige sich an steuerfreie Gutsbesitzer (in erster Linie Klöster) verpfändeten, in der Gemeinde als sog. „Weiße" nicht mehr mitzählten, obgleich sie auf ihrem Hof blieben und dadurch die anderen Gemeindemitglieder steuerlich belasteten. Erst nach langwierigem, sich durch Jahrzehnte ziehendem Kampf gegen die Freiheit der weißen Plätze (beloméstnyje swobódy) gelang es der Regierung, ihre Beseitigung durchzusetzen (1699). Die Steuern der niederen Schichten der Bevölkerung wurden durch die Regierung mit z. T. sehr brutalen Maßnahmen eingetrieben, so daß bereits damals Klagen laut wurden über die Bedrückung der Armen zugunsten der Mächtigen, „die sich gierig auf Gaben und Einnahmen stürzen".

Die Ruhe, deren der Moskauer Staat so dringend bedurfte, war aber nur relativ. Sie bezog sich in der ersten Hälfte des 17. Jahrhunderts zunächst auf die inneren Kämpfe. Die Kämpfe mit den

Ausländern dauerten fort, und Moskau mußte einen hohen Preis zahlen, um sie zu beenden. König Sigismund gab die polnische Sache immer noch nicht verloren. Jetzt stellte er den seinerzeit gewählten Wladysláw wieder heraus, und dieser marschierte mit einem polnischen Heer wieder auf Moskau (1618). Der Feldzug endete, da man sich auf einen ewigen Frieden nicht einigen konnte, mit einem Waffenstillstand, nach dem Smolénsk den Polen verblieb und der polnische Thronfolger weder auf den russischen Thron noch auf den Zarentitel verzichtete. Allerdings blieb das Theorie. Damals (1619) kam Filarét aus der Gefangenschaft nach Moskau zurück. Das wog das Vergnügen Wladysláws, sich weiter Zar zu nennen, reichlich auf. Zu einem Frieden und einem Verzicht der Polen auf Smolénsk kam es erst nach dem Tode Sigismunds (1634). Der inzwischen zum König gewählte Wladysláw gab – jetzt endlich! – seine Ansprüche auf den Moskauer Thron auf.

Auch der den Schweden zu zahlende Preis war hoch. Nach langwierigen Kämpfen gelang es den Russen schließlich doch, Nówgorod ihrem Reich zu erhalten; aber den alten Ausweg zum Finnischen Meerbusen gewannen sie nicht zurück. Im Frieden von Stolbowo (1617) behielt Schweden das wichtige, die territoriale Verbindung zwischen dem schwedischen Finnland und dem schwedischen Estland herstellende ingermanländische Gebiet, und König Gustav Adolf konnte in seinem Reichstag mit Stolz darauf verweisen, daß auch in dieser Region die Ostsee ein schwedisches Binnenmeer sei.

Der zweite Románowzar Alekséj war ebenso still und kirchenfromm wie der erste. Nach dem Zeugnis Kotoschíchins, eines hohen Beamten, der nach Schweden geflohen war und dort als Emigrant eine sehr aufschlußreiche, wenn auch parteiische Schrift über die Zustände in Rußland veröffentlichte (1667), hätten die Großen anläßlich der Thronbesteigung Alekséjs sogar darauf verzichtet, sich vertragliche Sicherungen gegen mögliche Willkürakte und Grausamkeiten zu beschaffen, „weil man wußte, daß er so sanft war". Einen großen Teil seiner Tage, z. T. auch seiner Nächte verbrachte er betend in der Kirche. Von seinen Zeitgenossen wurde er der Allergeruhsamste (tischájschij) genannt, eine Bezeichnung, die allerdings nur für die erste Hälfte seiner Regierung gültig ist.

Mit zunehmendem Alter wurde er immer eigenwilliger und lärmender.

Alekséj erfreut sich in der russischen Geschichtsschreibung einer besonderen Beliebtheit, denn bei aller Sanftmut war er mit einer wachen Intelligenz begabt, vielseitig, z. B. auch literarisch interessiert – er hat sich auch schriftstellerisch versucht und besaß eine kleine Bibliothek –, weltaufgeschlossen, aber ohne Tatkraft. Kljutschéwskij hat ihn als den schlechthin „besten Menschen des alten Rußland" bezeichnet. Gleichwohl erlaubte es die Zeit nicht, trotz der Beruhigung unter Michaíl, nur mit Sanftmut und freundlicher Herzlichkeit zu regieren. Die Wirren waren noch keineswegs überwunden, und immer wieder hatte es den Anschein, als wollten sie von neuem ausbrechen.

Infolge des frühen Todes seines Vaters war Alekséj mit nur sechzehn Jahren auf den Thron gekommen, und sofort fanden sich in der Umgebung des jungen Herrschers ehrgeizige und skrupellose Männer, die die Gelegenheit auszunutzen versuchten, die eigene Macht oder die ihres Standes auf Kosten der anderen wieder zu stärken. Dabei tat sich besonders des Zaren Schwager hervor, der Bojar Borís Iwánowitsch Morósow. Das Machtstreben einzelner Großer löste wiederum entsprechende Reaktionen bei den erneut falscher Anklagen, Gelderpressungen und Drangsalierungen ausgesetzten niederen Schichten der Bevölkerung aus, so daß es in den ersten fünf Jahren der Regierung Alekséjs zu fortgesetzten, mit Brandschatzung, Plünderung und auch Mordanschlägen verbundenen Unruhen und Aufständen in Moskau (1648), Nówgorod (1650), Pskow (1650) und anderen Städten kam und die Zeitgenossen den Eindruck gewannen, daß „die ganze Welt zu wanken begann". In Moskau hatte anläßlich eines Kirchenfestes die Menge sogar den Zaren selbst am Weiterreiten gehindert, um sich über die Bojaren zu beklagen, während diese aus Vergeltung dafür Hab und Gut der Beschwerdeführer in Brand stecken ließen. In seiner ruhigen aber bestimmten Art wurde der Zar, gestützt auf die Geistlichkeit, der Gegenkräfte Herr.

Eine sehr wichtige Maßnahme während seiner Regierungszeit war die Herausgabe einer Gesetzessammlung in Zusammenarbeit mit dem Sémskij Sobór (sobórnoje uloshénije). Ihre große Bedeutung besteht darin, daß das bisherige Gesetzbuch, der Sudebnik von 1550, die inzwischen erlassenen Ukase und Verfügungen und schließlich das alte, im 9. Jahrhundert anläßlich der Christianisierung aus dem griechischen Nomokanon übernommene Kirchenrecht (kórmtschaja kníga) in ein System gebracht und entsprechend ergänzt und verbessert wurden. Während das alte Gesetzbuch ebenso wie die Kirchenordnung nicht gedruckt und infolgedessen weitgehend unbekannt war, wurde das Uloshénije in der erstaunlich hohen Auflage von 2000 Exemplaren gedruckt und damit der praktischen Nutzung zugänglich gemacht.

Der Sache nach begünstigte die neue Gesetzessammlung die oben geschilderte soziale Entwicklung zugunsten der Dienstleute und zu Lasten der Bauern, die jetzt ihre Freizügigkeit ganz verloren. Auch die Rechte der Kirche und der Bojaren wurden eingeengt; die Kirche verlor das Privileg geistlicher Sondergerichte und das Recht, neuen Grundbesitz zu erwerben; es wurde ihr – und den Bojaren – das Recht genommen, freie Leute in Pfand zu nehmen (vgl. S. 240). Auch das Recht, Handel und Gewerbe in den „Vorstädten" auszuüben, wurde dem Adel genommen und verblieb ausschließlich den Possadleuten.

Níkon und die Kirchenspaltung

Wie sein Vater suchte und fand auch der Zar Alekséj einen starken Rückhalt im Haupt der Geistlichkeit. Allerdings verlief die Zusammenarbeit nicht so konfliktlos wie zwischen Michaíl und Filarét. Das lag am Charakter des Patriarchen Níkon.

Níkon, eine sehr markante Persönlichkeit, war der letzte Kirchenfürst in der Geschichte Rußlands, der den Anspruch erhob, auch die Leitung des Staates in seine Hände zu nehmen. Ebenso wie Filarét war er erst in reifen Jahren Mönch geworden, war vorher verheiratet gewesen und hatte Kinder. Anders als Filarét stammte er aus dem niederen Volk (geb. 1605). Während Filarét in seinem Wesen den Aristokraten nie verleugnete, beherrscht, überlegen und diplomatisch blieb, war Níkon geradezu die Personifikation der ungebrochenen russischen Volkskraft, eine saftige, kraftstrotzende Natur, ehrgeizig, herrschsüchtig, hemmungslos, von imponierender Gestalt und mit einer gewaltigen Stimme begabt.

Gleich bei der ersten Begegnung Níkons mit dem jungen Zaren verfiel dieser dem Bann der Persönlichkeit des damaligen Priors einer Einsiedelei. Níkon wurde dann Metropolit von Nówgorod, erregte durch sein unerschrockenes Vorgehen gegenüber den Aufständischen Bewunderung und wurde auf Wunsch des Zaren (1652) zum Patriarchen gewählt. Es entstand nun ein ähnliches Verhältnis zwischen Níkon und Alekséj wie vorher zwischen Filarét und Michaíl. Níkon hatte bei seiner Wahl die Bedingung gestellt, daß „ihm alle gehorsam seien, als ihrem Vorgesetzten und Seelenhirten und liebsten Vater". Er strebte zielsicher die Stellung Filaréts an und ließ sich wie dieser „Welikij Gossudár" nennen. Aber eine gedeihliche Zusammenarbeit mit Níkon erwies sich als sehr schwer.

Der Patriarch zeigte sich in seiner Machtstellung so herrschsüchtig und selbstbewußt, daß er nicht nur die weltliche Umgebung des Zaren, sondern auch einen großen Teil der Geistlichkeit gegen sich aufbrachte und allenthalben auf wachsenden Widerstand stieß. Hinzu kam, daß Níkon bestrebt war, die faktische Gewichtsverlagerung zugunsten seiner Person auch theoretisch zu untermauern und damit die Rechtsstellung vom geistlichen und weltlichen Oberhaupt im Staate in ihrem Verhältnis zueinander zu verschieben. Níkon verlangte die Anerkennung der Priorität der geistlichen Macht vor der weltlichen: Priestertum sei mehr als Königtum. Er griff den aus der abendländischen Geschichte bekannten Vergleich mit der Sonne und dem Mond auf. Die Sonne bedeutet die Gewalt des Bischofs – erklärte er – der Mond die des Zaren. Das widersprach den Ansichten und Überlieferungen des russischen Volkes und der russischen Kirche durchaus; nach der Überlieferung gehörte dem Zaren der Vorrang in weltlichen, dem Patriarchen in geistlichen Dingen.

Der sich steigernde Machtanspruch Níkons führte schließlich (1658) zu einem offenen Konflikt mit dem Zaren, der, mehr von der Stimmung seiner Umgebung getragen als durch den eigenen Widerstandswillen bestimmt, dem Patriarchen zunächst vorsichtig entgegentrat. Da griff Níkon zur Methode Grósnyjs und streikte. Er verließ Moskau, zog sich in ein Kloster zurück, amtierte nicht mehr, weigerte sich aber, sein Amt niederzulegen. Gegen seine Erwartung war aber die Reaktion auf dieses Verhalten anders als im Falle Grósnyjs. Níkon wurde nicht gebeten zurückzukehren, sondern vor ein Konzil gestellt, zunächst vor ein russisches Kirchenkonzil (1660), und als das zu keinem Ergebnis führte, vor ein großes Konzil aller orthodoxen Kirchen (1666).

Der eigenwillige Mann hatte durch die Erfahrung nicht gelernt. Als er vor dem Konzil erschien, zeigte er sich hochfahrender und anmaßender denn je; mit seiner gewaltigen Stimme ließ er ein wahres Donnerwetter über die versammelten, längst verärgerten hohen Würdenträger ergehen, während der Zar weinte und über die Kränkungen durch den fürchterlichen Mann Klage führte. Das Konzil entschied einstimmig gegen Níkon und setzte ihn als Patriarchen ab. Grundsätzlich verharrte es bei der Ansicht, daß der weltlichen Macht die Priorität gebühre und der Patriarch sich dem Zaren unterzuordnen habe, eine Anschauung, die sich im weiteren Verlauf in Moskau voll durchsetzte und zu einer wachsenden Abhängigkeit der Kirche vom Staat führte.

Das Auftreten Níkons hatte noch eine weitere schwerwiegende und sehr lange, bis ins 20. Jahrhundert hinein nachwirkende Folge, den sog. Raskól, die Kirchenspaltung. Níkon hatte in seiner Amtszeit energisch und tatkräftig eine Kirchenreform angestrebt und sich in dieser Hinsicht weitgehend, wenn auch nicht vollständig, durchsetzen können. Dabei handelte es sich im wesentlichen um liturgische Fragen, um eine Erneuerung des Gottesdienstes durch eine Revision und Verbesserung der Texte. Es hatte sich nämlich erwiesen, daß die russischen liturgischen Bücher und die auf ihnen basierenden Gebräuche und Riten von den griechischen abwichen. Die Abweichungen waren, wie Níkon zutreffend festgestellt hatte, durch Fehler bei den verschiedenen Abschriften der kirchlichen Bücher entstanden. Der Patriarch vertrat die Ansicht, daß die griechischen Bücher und infolgedessen auch die griechischen Riten richtig seien und die russischen entsprechend korrigiert werden müßten. Es ging dabei z. T. um reine Äußerlichkeiten (um die Frage der Bekreuzigung mit zwei oder drei Fingern, um das zweifache oder dreifache Halleluja, um die Schreibweise des Namen Jesu usw.). Bei der Aktion Níkons fiel auch der

Umstand ins Gewicht, daß die, im Unterschiede zur Moskauer dem Patriarchen von Konstantinopel unterstellte, ukrainische Kirche die russische Sonderentwicklung nicht mitgemacht hatte und daß gerade in dieser Zeit das ukrainische Kerngebiet der alten Kiewer Rus wieder dem Machtbereich Moskaus einverleibt wurde, so daß eine Koordinierung der Moskauer mit den Kiewer Bräuchen sehr wünschenswert schien, um so mehr als die Ukrainer sich den Russen kulturell überlegen fühlten.

Auf einem Konzil der russischen Geistlichkeit (1654) wurden die Neuerungen Níkons gebilligt und die von ihm verlangte Reform verfügt. Das führte zu einem leidenschaftlichen und erbitterten Widerstand der sog. Altgläubigen, die unter Führung des Protopopen Awwakúm Petrów an der russischen Überlieferung festhielten. Die Altgläubigen (Starowéry) wurden zu Abfälligen (Raskólniki), d. h. zu Ketzern erklärt, von den obsiegenden Níkonjanern aus der Kirche ausgestoßen, verbannt und verfolgt. Gelegentlich kam es dabei sogar zu regulären Kämpfen, wie im Falle des reichen Solowkí-Klosters, das sich weigerte, die Neuerungen einzuführen und sich mit Waffengewalt acht Jahre lang (1668–1676) gegen die Truppen des Staates verteidigte, bis es schließlich erlag.

Die Altgläubigen haben alle staatlichen und kirchlichen Zwangsmaßnahmen überdauert und mehrere eigene kirchliche Gemeinschaften gebildet, darunter auch Gemeinden ohne Priester, ohne Messe und Sakrament. Diese Gemeinschaften haben sich durch die Jahrhunderte erhalten können. Später, im 18. Jahrhundert, sind aus diesen Kreisen verschiedene, zum Teil sehr radikale, Sekten (Duchoborzen, Molokanen) hervorgegangen. Die Altgläubigen haben immer wieder in die innenpolitische Entwicklung Rußlands aktiv und gelegentlich folgenschwer eingegriffen.

Der dieser Spaltung zugrunde liegende Gegensatz erschöpfte sich aber nicht in Äußerlichkeiten. Er lag tiefer und fand seine letzte Begründung in der in Moskau tief verwurzelten traditionellen inneren Ablehnung des Fremden und in der nicht minder tief verwurzelten Überzeugung einer unbedingten Überlegenheit des Russischen über alles andere. Darauf gründete sich auch die spätere Opposition der Altgläubigen gegen alle Neuerungen im Rahmen der sog. Europäisierung. Die Altgläubigen selbst sahen in ihrem Vorgehen einen Protest gegen den Triumph der Klugheit über die Demut. Überall wo es später um die Erhaltung richtig- oder falschverstandener altmoskauer Überlieferungen gegen Neuerungen welcher Art auch immer ging, erschienen die Altgläubigen auf dem Plan. Sie wurden so zu Verfechtern eines zunächst kirchlich-religiös bestimmten, aber bald auch ins Weltlich-Politische übergreifenden Nationalismus.

Das geht bereits aus den Schriften des eigentlichen Begründers der Bewegung der Altgläubigen, des bereits erwähnten Protopopen Awwakúm, hervor. Dieser fanatische Streiter für den altmoskowitischen Geist – für die Stariná – war eine ebenso starke Persönlichkeit wie sein großer Gegner Níkon, ein Mann von geradezu unglaublicher seelischer und körperlicher Widerstandskraft. Verfolgt, verschickt, gefoltert, eingekerkert, blieb er kompromißlos bei seinem Standpunkt und setzte, sobald seine im buchstäblichen wie im übertragenen Sinne schweren Ketten durch leichtere ersetzt wurden, sogleich wieder zu neuen Angriffen an, die entsprechende neue Repressivmaßnahmen nach sich zogen. Mit dem Kirchenfluch belegt, ist er schließlich auf dem Scheiterhaufen gestorben. Durch seine Lebensbeschreibung – es ist die erste Autobiographie in der russischen Literatur – sind wir über seine Ansichten und Absichten genau informiert.

Awwakúm hat sich auch in mehreren Schriften an den Zaren selbst gewandt und ihn in modern anmutenden Wendungen zum „nationalen Erwachen" aufgerufen: „Sprich auf gut russisch: Herr erbarme Dich (Góspodi pomíluj) und lass' das Kyrie Eleison sein" schrieb er dem Zaren – „Du bist doch ein Russe. Rede Du in Deiner angeborenen Sprache und erniedrige sie nicht, weder in der Kirche noch zu Hause, noch im alltäglichen Umgang. Uns liebt Gott nicht weniger als die Griechen!" Awwakúm empfahl dem Zaren auch, zu den bewährten Moskauer Herrschaftsmethoden „des lieben und verständigen Zaren Iwán Wassíljewitsch" (Grósnyj) zurückzukehren und Níkon und seine Anhänger, „diese schlimmen Hunde, Lateiner und Juden", verbannen und aufhängen zu lassen.

Literaturgeschichtlich ist von Interesse, daß ausgerechnet dieser leidenschaftliche Vertreter alter Traditionen in sprachlicher Hinsicht zum Exponenten des einsetzenden Kulturumbruches wurde, indem er in seinen Schriften die überkommene, erstarrte und gezierte kirchenslawische Sprache durch seine eigene, urwüchsige, unkirchliche und volkstümliche Sprache ersetzte.

Die Kosaken. Chmelnýckyj und Rásin

In der zweiten Hälfte des 17. Jahrhunderts schob sich der Moskauer Machtbereich in breiter Front auch weiter nach Westen vor, z. T. in langwierigen Kriegen mit dem innerlich langsam zerfallenden Polen, z. T. durch die Rückeroberung früher abgetretener Gebiete, z. T. durch freiwillige Unterstellung unter russische Herrschaft. Es ist dieses ein sehr interessanter Vorgang, bei dem sowohl soziale wie politische und religiöse Momente mitgespielt haben. Er steht in engstem Zusammenhang mit dem Kosakentum.

Im ukrainischen Dnjeprgebiet hatte sich unter polnischer Herrschaft eine ähnliche Entwicklung vollzogen wie weiter östlich im Dongebiet: die Ausbildung von Kosakengemeinschaften. Die landschaftliche Voraussetzung, das „freie Feld" mit seinen Verlockungen, war die gleiche, und die sozialen und kirchlichen Verhältnisse in Polen forderten eine Flucht ins freie Feld geradezu heraus. Es hatte sich dort ein scharfer sozialer, religiöser und nationaler Gegensatz zwischen der landbesitzenden polnischen bzw. polonisierten, katholischen bzw. katholisierten Oberschicht und der unter wachsenden nationalen Druck geratenen ukrainischen orthodoxen, bäuerlichen und städtischen Bevölkerung gebildet. Die Folge waren fortgesetzte Aufstände der Dnjeprkosaken. Andererseits hatte eine geschickte polnische Politik es verstanden, einen Teil der Kosaken durch Privilegien, Landzuteilungen und offizielle Anerkennung als sog. Registerkosaken in die soziale Ordnung des Staates, wenn auch nur lose, einzubeziehen und damit einen sozialen Gegensatz zwischen dieser kosakischen Oberschicht und der Masse der nichtregistrierten Kosaken erzeugt. Diese wichen, um einer ihrem anarchistisch-kosakischen Freiheitsideal widersprechenden Bindung an Landbesitz und an eine feste soziale Ordnung zu entgehen, weiter ins

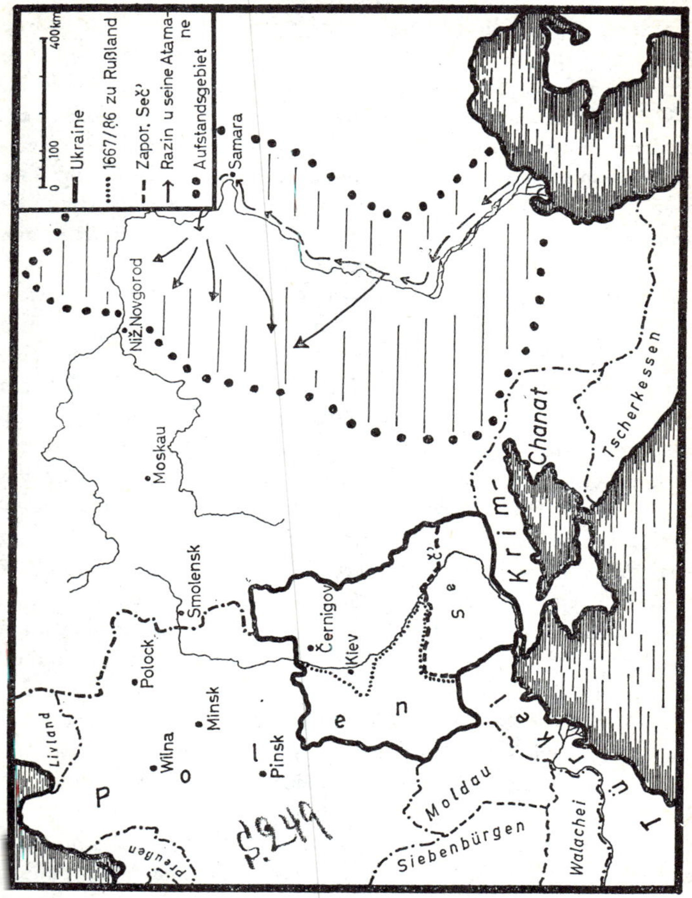

Die Teilung der Ukraine und der Aufstand Rásins
im 17. Jahrhundert.

Feld aus und begründeten unterhalb der Dnjeprstromschnellen – den Porógen – einen freien ukrainischen Kosakenstaat, die sog. Saporoger Setsch (ukrainisch: sitsch).

Es war dies ein höchst eigenartiges Gebilde; eine geschlossene militärische Organisation, deren Glieder – ausschließlich ledige Männer – auf sehr kosakische Art ein freiheitliches, ungebundenes, räuberisches Leben mit der jederzeitigen Bereitschaft vereinigten, sich dem selbstgewählten, oft sehr rigorosen Führer ihrer Kameraderie, dem sog. Koschewój Atamán, in dessen Macht es lag, über Leben und Tod zu entscheiden, bedingungslos unterzuordnen. Alle wichtigen Angelegenheiten wurden vom Kosakenrat, dem alle Setschkosaken angehörten, entschieden.

Man hat diese Kosakenorganisation der Setsch eine Art Ritterorden genannt (Krupnyckyj), und die Kosaken bezeichneten sich gelegentlich selbst als Ritter (rýzari). Jedenfalls war es aber eine „Ritterschaft" sehr östlicher Prägung, allenfalls in der äußeren Organisation an einen abendländischen Ritterorden erinnernd, aber sowohl dem Wesen wie der Ideologie, wie auch der Lebensführung, wie schließlich dem äußeren Bilde nach von dem, was man in Europa unter Rittern versteht, vollständig verschieden. Der Ukrainer Gógol hat in seinem „Tarás Búlba" ein sehr plastisches, wenn auch idealisiertes Bild von der Atmosphäre gezeichnet, in der die Saporoger Kosaken lebten, und die auch bei Gógol in hohem Grade von der Landschaft bestimmt ist. „Der Teufel mag euch holen, Steppen, wie seid ihr schön!" ruft Gógol aus.

Das Leben der Saporoger erschöpfte sich, sofern sie nicht Krieg führten, in dem, was sie selbst guljbá nannten – dem „Kennzeichen des breiten Auswurfes (rasmách) der seelischen Freiheit". „Es war ein ununterbrochener Schmaus, ein Fest, das rauschend begann und sein Ende verlor ... Dieses allgemeine Schmausen hatte eine verzaubernde Kraft. Es war nicht eine Versammlung von Zechern, die sich aus Kummer betranken, sondern einfach eine wahnsinnig ausschweifende Fröhlichkeit. Jeder der hinkam, spuckte auf alles Vergangene und gab sich sorglos der Freiheit und der Kameraderie solcher hin, die wie er selbst nichts besaßen, weder Verwandte noch einen Winkel, noch eine Familie, außer dem freien

Himmel über sich und dem ewigen Festmahl seiner Seele." (Gógol.)

Die Steppe hat ihre nicht zu unterschätzende Einwirkung auf die russische Geschichte bis in die jüngste Zeit hinein nicht verloren; das gilt sowohl für die, anderen Lebensbedingungen unterstellten, Menschen der Steppe, wie auch für den anarchistischen Geist der Steppe. Die Guljbá – das fortgesetzte „Festmahl der Seele" – behielt ihre Verführungskraft, und der Wind aus der Steppe, gelegentlich nur ein Hauch, gelegentlich aber auch ein Orkan, gefährdete immer aufs neue die notwendig auf eine Ordnung im staatlichen wie im geistigen Leben zielende Entwicklung des Reiches. Ein Ausdruck dieses kosakischen Seelenschmauses war auch ihr wilder und blutiger Antisemitismus, der nur zu einem Teil durch den Glaubensgegensatz hervorgerufen war. Zum anderen Teil durch den Umstand, daß die Polen es verstanden hatten, die Juden gleichsam als Blitzableiter zu benutzen, indem sie Steuern und Abgaben – sogar kirchliche Gebühren – durch Juden eintreiben ließen, so daß diese den konzentrierten Haß der Bevölkerung auf sich zogen.

Die Kosaken standen in fortgesetzten Kämpfen mit Tataren und Türken und fühlten sich dabei als sehr bewußte Schirmherren der Orthodoxie. Als solche haben diese wilden Gesellen auch kirchliche Kultureinrichtungen unter ihren Schutz genommen, z. B. eine geistliche Akademie in Kiew, wohin die Kosaken aus der Oberschicht gelegentlich auch ihre Söhne zur Ausbildung schickten, so daß in der Setsch sich neben dem Gros der Analphabeten auch Kenner der lateinischen und griechischen Sprache und Literatur befanden. Der Kampf um den Glauben hat auch immer wieder die Oberschicht der Dnjeprkosaken in eine Einheitsfront mit den unteren Schichten und den Saporogern gegen die Polen geführt.

Darin lag natürlich von vornherein eine Chance für das glaubensgleiche und dazu noch in offener Feindschaft zu den Polen stehende Moskau. Diese Chance konnte genutzt werden, als ein Angehöriger der kosakischen Oberschicht, ein großer ukrainischer Patriot, Bohdán Chmelnýckyj, selbst polnisch erzogen, aber dank persönlicher Erfahrungen ein erbitterter Polenfeind, zum Hetman der Saporoger Kosaken gewählt wurde und zum Führer einer Erhebung des Dnjeprkosakentums gegen Polen wurde (1648). Die sich daraus ergebenden jahrelangen Kämpfe, in deren Verlauf sich Chmelnýckyj vorübergehend sogar mit dem „Erbfeind“, d. h. mit den Tataren, verbündete, ergeben ein verwirrendes Bild. Wichtig blieb dabei, daß – auch hier wie seinerzeit in Nówgorod! – die soziale Oberschicht mehr zu Polen hielt, während die unteren Schichten, „die Proletarier“, eindeutig nach Moskau tendierten.

Chmelnýckyj, obgleich selbst der Oberschicht angehörend, trug den Tendenzen der kosakischen Masse Rechnung. Das Ergebnis seiner Schaukelpolitik zwischen Polen, Moskau und den Krimtataren war, daß er den Zaren Aleksej Michaílowitsch als den Beschützer der Orthodoxie in aller Form bat, die Ukraine, d. h. das alte Kerngebiet der Kiewer Rus, unter seinen Schutz zu nehmen (1651). In Moskau schenkte man dieser Angelegenheit große Beachtung und legte sie einem Sémskij Sobór vor. Er hat sich drei Jahre damit beschäftigt und schließlich beschlossen, das Angebot anzunehmen. Im Januar 1654 wurde durch eine Rada, d. h. Ratsversammlung, der Anschluß der Ukraine an den Moskauer Staat vollzogen, wobei den Ukrainern eine so weitgehende Autonomie gewährt wurde, daß dieser Vorgang von der neuen ukrainischen Geschichtsschreibung nicht als ein Anschluß, sondern als ein Militärbündnis zweier souveräner Staaten gewertet wird. Die Ukrainer behielten das Recht, einen Hetman zu wählen und selbständig mit ausländischen Mächten zu verhandeln. (Nur Verhandlungen mit Polen und der Türkei bedurften der Zustimmung des Zaren.)

Es war von vornherein klar, daß die Rechnung nicht ohne Polen gemacht werden konnte. Infolgedessen hat auch der bis über den Tod Chmelnýckyjs (1657) hinweg dauernde russisch-polnische Krieg erst die Entscheidung gebracht. Sie war vom ukrainischen Gesichtspunkt betrüblich und sehr folgenschwer: Der Anschluß der Ukraine an Moskau wurde zur Hälfte wieder rückgängig gemacht, d. h. die Ukraine wurde zwischen Rußland und Polen geteilt (Stillstand von Andrússowo, 1667), (vgl. Karte). Bekanntlich ist sie bis zum Ende des Zweiten Weltkrieges, wenn auch mit wechselnder Grenzziehung, geteilt geblieben. Auch die von Chmelnýckyj vorübergehend verwirklichte, von den Ukrainern immer wieder erstrebte Selbständigkeit blieb ihnen versagt.

Für Moskau war dieses Ergebnis aber in verschiedener Hinsicht sehr bedeutsam. Nach den großen territorialen Einbußen in der Zeit der Wirren setzte sich damit das stetige Vordringen Rußlands nach Westen fort, eine Entwicklung, die sich mit Ausnahme des einzigen vorübergehenden Rückschlages nach dem Ersten Weltkriege unaufhaltsam bis zum Jahre 1945 weiter fortsetzte und den Gang der europäischen und schließlich der Weltgeschichte entscheidend beeinflußt hat. Es handelte sich auch damals um ein machtmäßiges Vordringen von Osten nach Westen in einen Bereich, der in seiner geistigen und allgemeinkulturellen Entwicklung Moskowien z. T. erheblich voraus war. Gleichzeitig drangen in der Form einer kulturellen Gegenaggression von Westen nach Osten, in verstärktem Maße über diese Gebiete, westliche Kulturelemente – zunächst in ihrer polnischen Ausprägung – nach Rußland ein. Mit der Erwerbung und der sukzessiven Eingliederung der Ostukraine trotz z. T. erbitterter ukrainischer Widerstände war Moskau im Süden Rußlands vor ein neues, lange Zeit in seiner Bedeutung nicht recht erkanntes Problem gestellt worden, das bis in die jüngste Zeit hinein seine Dynamik behalten sollte, das Problem der ukrainischen Minderheit.

Hinzu kam, daß auch andere Glaubensgenossen der Moskowiter, nämlich die unter türkischer Herrschaft stehenden Balkanslawen, sich viel nachdrücklicher als bisher veranlaßt sahen, den Zaren als Schutzherrn der Orthodoxie um Hilfe zu bitten. Unmittelbar nach dem Anschlußbeschluß der ukrainischen Rada bot auch der Wojewode der Moldau dem Zaren seine Unterwerfung an. Vom Balkan waren schon früher, wie Alekséj selbst in einer Ansprache zu Ostern 1655 sich griechischen Abgesandten gegenüber äußerte, „seit den Tagen meines Großvaters und Vaters unaufhörlich Patriarchen, Bischöfe, Mönche und arme Teufel gekommen und hatten über die Leiden geseufzt, die ihre Unterdrücker ihnen auferlegen“. Den Bitten der Glaubensgenossen aus dem Balkan, sie von ihrer Knechtschaft zu befreien, konnte der Zar bei der Lage der Dinge nicht willfahren, und nach der Überlieferung hatte Alekséj in der genannten Osterrede unter Tränen versichert, daß sich ihm das Herz zusammenkrampfe, wenn er die Leute sehe, die unter dem Joch der Ungläubigen seufzen und daß er fürchte, Gott würde ihn zur Verantwortung ziehen, weil er nichts tue, um ihnen zu helfen.

So wurde Moskau durch die Initiative anderer eine Machtausweitung angetragen, die die eigenen Kräfte überstieg. Aber die Idee der Christenbefreiung blieb gleichwohl in Moskau lebendig. In die gleiche Zeit fiel auch der erste Ansatz zu einer Änderung der russischen Türkenpolitik. Wie wir sahen, war Moskaus Politik im 16. Jahrhundert betont türkenfreundlich gewesen, um sich den Rücken im Krieg gegen Polen freizuhalten. Nach dem Stillstand von Andrússowo kam es erstmalig zu einem russisch-polnischen Bündnis gegen die Türkei. Zehn Jahre später fand die erste, für die Russen erfolgreiche offene Schlacht gegen die Türken statt. Damit wurde das Türkenproblem für die russische Außenpolitik akut und hat bekanntlich im 18. und 19. Jahrhundert bis ins 20. Jahrhundert hinein auch die Beziehungen Rußlands zu den europäischen Mächten stark beeinflußt.

Durch die Angliederung der Ostukraine und der Setsch erfuhr das kosakische Element im Moskauer Staat eine weitere Stärkung. Das bedeutete gleichzeitig auch eine latente Gefahr; der Wind aus der Steppe konnte jederzeit einen Sturm gebären.

Im Zuge der Verschlechterung der sozialen Lage der Bauern hatte, allen Gegenmaßnahmen zum Trotz, die Fluchtbewegung ins freie Feld auch in Rußland immer mehr zugenommen. Das Ziel dieser Flüchtlinge war das Dongebiet. „So fliehen wir denn" – heißt es in einem Brief der Donkosaken an den Zaren (1641) – „aus diesem Moskowitischen Reich vor Zwang und Sklaverei, vor Bojaren und zarischen Beamten. Und wir fliehen hierher und lassen uns nieder in der weglosen Wildnis und setzen unser Vertrauen auf Christus unseren himmlischen Herrn." Auch die Donkosaken hatten ihre feste Militärorganisation – das „Große Heer des Don" (welíkoje wójsko donskóje). Aber auch hier hatte sich ein sozialer Gegensatz herausgebildet. Ursprünglich hatten alle Kosaken gleiche Rechte bei der Wahl des Atamans und der Starschinen (Ältesten) und bei der Entscheidung der wichtigsten militärischen Fragen. Infolge des wachsenden Zuzuges grenzten sich aber die vollberechtigten Kosaken von den Neuankömmlingen ab, so daß auch hier der privilegierten Oberschicht eine materiell benachteiligte und politisch minderberechtigte Unterschicht gegenüberstand, die von den Kosaken selbst Golitjbá, d. h. die Nackten, genannt wurde.

Da die Türken Asow und somit den Ausgang zum Schwarzen Meer besetzt hielten und einer weiteren Ausbreitung ins freie Feld einen Riegel vorschoben, suchte die immer unzufriedene und immer unruhige, aber nicht minder unternehmungslustige Golitjbá sich einen anderen Ausweg, indem sie nach Osten ins Wolgagebiet vorstieß und sich mit den dortigen Kosaken und bäuerlichen Läuflingen vereinigte. Als sich an ihre Spitze der verwegene und begabte Donkosak Sténka (Diminutiv von Stepan) Rásin stellte, flammte ein Aufstand auf, der sich mit großer Geschwindigkeit ausbreitete und der Regierung in Moskau sehr gefährlich wurde (1668).

Rásin begnügte sich nicht mit Raub und Beutezügen gegen die Ungläubigen – vor allem über das Kaspische Meer hinweg gegen die Perser –, sondern wiegelte mit großem Erfolg die Bevölkerung des ganzen Stromgebietes der unteren und mittleren Wolga bis hinauf nach Níshnij-Nówgorod „gegen die Herren" auf und zog siegreich und umjubelt in Astrachan, Zarizyn (heute Wolgograd), Saratow und Samara ein (vgl. Karte).

Auch der Aufstand Rásins wird in der Sowjetgeschichtsschreibung als Bauernkrieg bezeichnet. Die Verschlechterung der bäuerlichen Verhältnisse und die Auflehnung dagegen spielte dabei allerdings eine große Rolle, der Aufstand beschränkte sich aber nicht auf das bäuerliche Element; er war ein wilder, anarchistischer Ausbruch aufgepeitschter sozialer Leidenschaften, der an alle appellierte, die aus irgendeinem Grunde unzufrieden waren und die es nicht leiden wollten, daß es anderen besser ging als ihnen selbst. Er wurde in hohem Grade von dem Geist der Steppe getragen. Platónow weist mit Recht darauf hin, daß es in erster Linie „der Pöbel in den Städten" war, der der kosakischen Golitjbá zu Hilfe kam und ihr zu ihren erstaunlichen Erfolgen verhalf. Auch die an der Wolga siedelnden primitiven, nichtrussischen Völkerschaften (Mordwinen, Tschuwaschen, Tataren u. a.), als unterdrückte Völker und nicht als Bauern von Rásin gewonnen, beteiligten sich an den wilden Ausschreitungen, und schließlich schlossen sich auch die

Altgläubigen, wiederum aus anderen Motiven, der Aufstandsbewegung an.

Ein klares politisches Ziel hatte Rásin überhaupt nicht. Bezeichnenderweise richtete sich sein Aufstand aber ausdrücklich nicht gegen den Zaren; Rásin nannte sich selbst dessen treuen Diener und ließ das Gerücht verbreiten, daß ein Zarensohn bei ihm im Lager sei. Seine Parolen und blutigen Aktionen richteten sich betontermaßen gegen die „Herren", gegen alle, denen es im Staat, in Stadt und Land gut ging, gegen die „besseren Leute", die Bojaren, die Wojewoden, die Pomeschtschiki, die reichen Kaufleute und auch gegen Geistliche (aber nicht gegen die Religion).

Drei Jahre hat Rásin mit seinen Banden in dem von ihm beherrschten Gebiet (vgl. Karte) die „besseren Leute" gemartert und gemordet, ihren Besitz geplündert und gebrandschatzt, bis es endlich der Regierung gelang, ihn mit einem dazu aufgestellten Heer zu schlagen und gefügig zu machen. Er wurde gefangen und in Moskau gevierteilt; zuerst wurden ihm die Hände, dann die Füße und schließlich der Kopf abgeschlagen (1671). Genau 100 Jahre später sollte er in Pugatschów einen Nachfolger finden.

Als Persönlichkeit wie als Führer entsprach Sténka Rásin ganz dem Kosakenideal, grausam und großspurig, nie nach einem System, sondern immer willkürlich handelnd, willkürlich tötend und willkürlich das Leben schenkend, ausschweifend in jedem Sinn. Kein anderer, weder Bolótnikow vor ihm noch Pugatschów nach ihm, ist von Zeitgenossen und Nachfahren in Legenden und Liedern so verherrlicht worden wie er. Und mancher, der sich heute irgendwo in der Welt am arg strapazierten Wolgalied berauscht, dürfte sich kaum dessen bewußt sein, daß es nicht nur einen Fluß, sondern einen Räuberhauptmann preist.

Europäisierung

Es war schon erwähnt worden, daß im 17. Jahrhundert westliche Einflüsse in steigendem Maße nach Moskau eindrangen. Das war ein natürlicher, keineswegs gewaltsam herbeigeführter, wohl aber vom Zaren und seinem Hof begünstigter Vorgang. Nachdem

Moskowien von Europa entdeckt war, mußte eine Angleichung an die westlichen Kulturverhältnisse so oder anders erfolgen.

Die westlichen Einflüsse machten sich zunächst auf wirtschaftlichem Gebiet geltend. Die Sorge um eine Wiederbelebung der Wirtschaft hatte schon unter Filarét zu einer starken Begünstigung der Ausländer und ihres Handels geführt. Darin knüpfte der Patriarch an die Politik Grósnyjs und Godunóws an. Die englische Compagnie erhielt das Recht, ihren Handel über Archangelsk ganz zollfrei zu betreiben und in zahlreichen Städten des Reiches Handelsniederlassungen zu begründen. Das ergab z. T. unmittelbar über die sog. Agenten der Handelscompagnie, z. T. durch besondere Gesandtschaften auch eine Intensivierung der diplomatischen Beziehungen und schließlich sogar Bündnisverhandlungen mit England, die allerdings infolge der Zurückhaltung der Engländer ohne Ergebnis blieben.

Auch die Holländer waren im Handel stark begünstigt, so daß sich die Ausländer mehr und mehr auch des Innenhandels bemächtigten, was wiederum Klagen der zur wirtschaftlichen Bedeutungslosigkeit hinuntergedrückten russischen Kaufleute nach sich zog. Gleichzeitig strömten Ausländer in immer größerer Zahl in das Land, vor allem Offiziere, die das Moskauer Heerwesen neu organisierten und nach europäischem Muster Dragoner- und andere Reiterregimenter aufstellten und ausbildeten. Ausländische Techniker, zumal Rüstungstechniker, Wissenschaftler, Ärzte und Apotheker – übrigens vorwiegend Protestanten, wegen der starken religiösen Spannungen mit den Katholiken – ließen sich in so großer Zahl in Moskau nieder, daß am Anfang des 17. Jahrhunderts, vielleicht schon früher, die sog. deutsche, d. h. fremdländische Vorstadt (nemézkaja slobodá) in Moskau entstand. Auch diese Entwicklung knüpfte an die Zeit vor den Wirren an und führte in gerader Linie über den Zaren Alekséj zu Peter dem Großen. Moskau war in der Mitte des 17. Jahrhunderts wieder eine riesige, sich weit ausdehnende Stadt von schätzungsweise 200 000 Einwohnern.

Der Aufschwung der Wirtschaft hatte zunächst deren wachsende Differenzierung zur Folge. Die Tendenz ging auf eine Zentralisierung der Produktion und ihre Konzentrierung in einzelnen Betrieben. Unter führender Beteiligung eingewanderter Europäer wurde vorwiegend unter dem Gesichtspunkt militärischer Bedürfnisse mit einer Industrialisierung begonnen (Metall- und Waffenindustrie in Tula unter dem Holländer Vinius, 1632; Gold- und Silbergruben unter dem Engländer Bulmer, 1626). Die Ankurbelung der Wirtschaft führte zu einer Intensivierung des Binnenhandels und gleichzeitig zu einer „Konzentration der kleinen örtlichen Märkte in einem gesamtrussischen Markt" (Sachárow).

Im Zuge dieser Entwicklung erfolgte auch eine stärkere Abgrenzung der Possádbevölkerung von der bäuerlichen. Den Bauern wie auch dem Adel wurde verboten, Handel zu treiben, den Possádleuten – Land zu erwerben. Während der Fernhandel nach wie vor in Händen der privilegierten Ausländer und der sog. Gäste – zarische Handelsagenten – blieb, sonderte sich allmählich in den Städten eine kaufmännische Oberschicht ab, die ihrerseits sich bestrebt zeigte, durch Übergang in den Staatsdienst in den Apparat der Staatsfunktionäre aufgenommen zu werden. Die sich so abgrenzenden Stände blieben aber von den abendländischen Ständen nach wie vor sehr verschieden. In Rußland entstanden nicht eigenständige, durch bestimmte Freiheiten und Rechte ausgezeichnete soziale Schichten, sondern in ihren Dienstfunktionen im Staats- und Wirtschaftsleben voneinander geschiedene Gruppen.

Auf das Staatsganze gesehen hatte diese Entwicklung eine starke Vereinheitlichung zur Folge. Die zahlreichen in ihrer geschichtlichen Entwicklung, wie wir sahen, voneinander sehr verschiedenen Fürstentümer, Länder und Gebiete wuchsen langsam zu einer staatlichen Einheit zusammen, bis zu einem gewissen Grade auch einschließlich der kosakischen und ehemals tatarischen Gebiete. „Moskowien" weitete sich im Zuge dieser Entwicklung wieder zu einem „Rußland", auch dem subjektiven Empfinden nach. Ein Prozeß, der seit der Angliederung der Ukraine durch zunehmende Kultureinflüsse aus West- und Südrußland, zumal aus Kiew, gefördert wurde, wo die alte Idee der „Rus" über alle Wandlungen hinweg lebendig geblieben war.

Der Vereinheitlichungsprozeß wurde durch eine fortgesetzte Zentralisierung der Staatsverwaltung begünstigt. Dadurch wurde auch die Machtstellung des Zaren im Staate wieder gestärkt. Der Sémskij Sobór erwies sich zunächst als entbehrlich und bald als unnötig; er verlor seine Bedeutung noch unter dem Zaren Alekséj vollständig und verschwand schließlich ganz, ohne je formell beseitigt oder für immer vertagt worden zu sein. Das gleiche gilt für die Bojarenduma, die nur formell weiterbestand, ohne zu funktionieren. Eine Bojarenaristokratie gab es allerdings nach wie vor, aber mehr als eine in den Geschlechtsbüchern niedergelegte und in einem altadligen Überlegenheitsbewußtsein fortlebende Erinnerung denn als Realität. Bald (1682) sollte auch die völlig überlebte und sinnlos gewordene Platzordnung, das Méstnitschestwo, widerstandslos fallen.

Die ehemaligen Verwaltungsfunktionen der Bojaren gingen in die Hände der je nach Bedarf laufend neubegründeten zentralen Verwaltungsbehörden, der sog. Prikáse über. Über diesen Verwaltungsapparat sind wir nicht genau informiert. Jedenfalls gab es sehr viele Prikase (über sechzig), von denen die wichtigsten wohl der Rasrjádnyj Prikás, ein Musterungsamt, und der Possólskij Prikás, das Gesandtschaftsamt, waren. Das erste russische Auswärtige Amt war bereits unter Grósnyj (1449) begründet worden; sein erster Leiter und damit der erste russische „Außenminister" war der später vom Zaren hingerichtete Djak Wiskowátyj. Diplomatische Vertretungen im Auslande wurden erst am Ende des 17. Jahrhunderts errichtet, zunächst in Schweden und in Polen. Der erste Moskauer Gesandte in Stockholm war ein zum orthodoxen Glauben übergetretener Deutscher, Franzbékow. Die Provinzverwaltung lag in Händen von Militärbefehlshabern – Wojewóden –, die sich auf die alten Schützenregimenter und auf neu von Ausländern aufgestellte „moderne" Truppen stützten. So entstand bereits im 17. Jahrhundert in langsamem und stetigem Wandel eine auf einen militarisierten, bürokratischen Apparat sich stützende Monarchie mit absolutistischen Zügen.

Trotz dieses Wandels blieb aber die traditionell moskowitisch-russische Herrschaftsform weitgehend erhalten, die am treffendsten als Selbstherrschaft (Samodersháwije) bezeichnet wird. Mit der Stabilisierung der allgemeinen Verhältnisse festigte sich auch die Tradition der faktischen Macht der Krone. Gleichwohl setzte auch hier ein Wandel ein. Er äußerte sich trotz der großen Kirchenfrömmigkeit Alekséjs in der Schwächung des Gewichtes der Kirche und seiner obersten Würdenträger im staatlichen Leben. Solch eine politische Bedeutung wie Filarét oder Níkon oder früher die Metropoliten, die für unfähige Zaren die Regierung führten, haben kirchliche Würdenträger nie mehr erlangt; das Verhältnis der Kirche zum Staat wurde nicht mehr mit dem der Sonne zum Monde verglichen. Dadurch ist die Kirche allerdings nicht etwa zu einem Organ des Staates herabgedrückt worden, sondern wurde zu einer starken – neben dem Herrschaftsapparat jedenfalls der stärksten – Stütze der Selbstherrschaft. Vollständig bewahrte sie zunächst noch ihre vorherrschende Stellung auf kulturellem Gebiet. Die ganze Schulbildung lag in ihren Händen, und damit blieb das geistige Leben an den Glauben und das gewöhnliche Alltagsleben weitgehend an kirchliche Bräuche und Sitten gebunden.

Dadurch entstand ein sich vertiefender innerer Zwiespalt bei der Übernahme westlicher Kultureinflüsse. Der Zar selbst und seine dem Westen gegenüber aufgeschlossene Umgebung wollten „die fremden Künste übernehmen, ohne die alten Begriffe und Gefühle aufzugeben" (Kljutschéwskij). Das war ein Widerspruch in sich selbst.

Immer mehr Ausländer erschienen am Hof Alekséjs. Der Zar ließ sich von einem „deutschen Musiker" zur Abendtafel vorspielen und veranstaltete Theatervorstellungen mit Musik und Tanz – zum Teil in deutscher Sprache mit einem Dolmetscher. Von den Großen am Hof zeigten sich drei Leiter des Gesandtschaftsprikases den westlichen Einflüssen besonders aufgeschlossen, so A. L. Ordín-Naschtschókin, den man auch den „russischen Richelieu" genannt hat. Er war nicht nur ein hervorragender Staatsmann und Diplomat, sondern ein grundsätzlicher Verfechter der Europäisierung und ein scharfer Kritiker überlebter Moskauer Zustände. In der Überzeugung, daß es keine Schande sei, von Fremden zu lernen, auch nicht von Feinden, hat er vieles von dem angeregt, was Peter der Große später durchführen sollte. Deutsch und lateinisch sprach er fließend. Begreiflicherweise erfreute er sich hoher Wertschätzung bei den Ausländern, und es lag ganz auf seiner Linie, daß ständige ausländische Gesandtschaften in Moskau begründet wurden, nach der englischen (1623) eine schwedische (1630), eine holländische (1631), eine dänische (1631) und eine polnische (1673). Zu den

Förderern einer Europäisierung gehörte auch der „Außenminister“ Fürst Wassílij Wassiljewitsch Golízyn, ein fein gebildeter Mann von hoher Kultur, der sich mit seinen ausländischen Gästen lateinisch unterhielt und von dem der Franzose Le Neuille gesagt hat, es sei ihm im Hause Golízyns so gewesen, als befände er sich am Hofe eines italienischen Fürsten. Auch Artomón Sergéjewitsch Matwéjew, der mit einer Schottin verheiratet war und in dessen Haus die zweite Frau des Zaren Alekséj, Natálja Narýschkina, die Mutter Peters des Großen, aufwuchs, gehört in diesen Kreis der Europafreunde. Auch er war zeitweilig Leiter des Gesandtschaftsprikases.

Die Europäisierungstendenz wurde damals in Moskau auch literarisch vertreten, besonders betont, aber auch besonders eigenwillig von dem katholischen, sich aber als orthodox ausgebenden Kroaten Júrij Krishánitsch, der sich längere Zeit (zuerst 1657, dann 1658–1661) in Moskau aufhielt und sich in zahlreichen an den Zaren persönlich gerichteten Schriften bemühte, Einfluß auf die Moskauer Politik zu gewinnen.

Die europäische Kultur kam damals vorwiegend im polnischen Gewande nach Moskau. Krishánitsch verfocht die modern anmutende Idee der Propagierung einer slawischen, man kann ohne Übertreibung sagen, panslawistischen Politik auf dem Wege der Europäisierung Rußlands. Polen, Tschechen, Kroaten, Serben, Bulgaren, die er alle namentlich aufführt, sollten nach ihm unter dem Moskauer Zaren bei gleichzeitiger Durchführung von Reformen in der Richtung der späteren petrinischen, unter betonter Abgrenzung gegenüber der nichtslawischen Welt zu einer Einheit zusammengeschlossen, und Moskau sollte zu einem „slawischen Rom“ werden.

Bereits damals verfielen einzelne fortschrittliche Persönlichkeiten mit politischer Phantasie in eine Art Rausch angesichts der ungeahnten Möglichkeiten, die sich durch konsequent durchgeführte Neuerungen nach westlichem Vorbild in dem weiten, reichen und zukunftsträchtigen Lande ergeben würden. Der genannte Neuille berichtet z. B., daß Golízyn „die Wüsten besiedeln wollte, die Armen reich machen und die Wilden zu kultivierten Menschen, die Feiglinge zu tapferen Kriegern und die Hirtenzelte durch steinerne Paläste ersetzen“. – Die 200 Jahre der weiteren Geschichte Rußlands sind erstaunlicherweise zum großen Teil zu einer schmerzhaften und opferreichen Verwirklichung solcher und ähnlicher Träume geworden.

Andrerseits stießen die Neuerungen aber auf scharfen, z. T. erbitterten Widerstand, durchaus nicht nur bei „Europa feindlich gesinnten Dunkelmännern“ (Gitermann) wie z. B. den Altgläubigen. Der Widerstand fußte auch in ganz anderen Kreisen, z. T. bei den Europafreunden selbst. Denn die Neuerungen bedeuteten nicht nur einen Fortschritt, sondern gleichzeitig eine Aushöhlung der, wenn auch rückständigen, so doch weitgehend in sich geschlossenen altmoskowitischen Kultureinheit. Schon im 17. Jahrhundert wurde es deutlich, daß sie zu einem Bruch in der organischen Entwicklung führen mußten und eine zumindest potentielle Gefährdung auch vom staatspolitischen Gesichtspunkt in sich bargen, sofern sie in weitere Kreise drangen und nicht auf einzelne überragende Persönlichkeiten beschränkt blieben. Alle jene Probleme, die unter Peter dem Großen so augenfällig an die Oberfläche traten, waren im 17. Jahrhundert unter der Oberfläche bereits vorhanden. Mit der Europäisierung bahnte sich zunächst unmerklich, aber immer deutlicher werdend, auch eine Wandlung des Menschenbildes an.

Einzelne, zumal geistig hochstehende Männer, sahen sich dadurch vor schwere Konflikte gestellt. Ihr Verhältnis zu den Ausländern verlor den bisher sicheren Grund, wurde ungesund und innerlich gespalten. Nach dem Bericht eines Zeitgenossen verabschiedete sich Fürst Borís Golízyn vom brandenburgischen Gesandten „mit einer sehr tiefen Reverence, mit dem Kopf auf die Erde schlagend, und hielt dann eine lateinische Rede“. Überall, wo sich westliche Einflüsse geltend machten, zeigten sich Krisenerscheinungen. Man hat in diesem Zusammenhang mit Recht von einem „Kulturdrama“ gesprochen, das sich unter den beiden ersten Románowzaren vollzog: uralte, im Laufe von Jahrhunderten aus Byzanz übernommene Kulturformen lösten sich auf, und eine „unaufhaltsame, im Blinden wirkende, dennoch aber ungeheuer zielstrebige Umorientierung innerhalb des Kulturlebens“ (Stender-Petersen) setzte sich durch. In richtiger Erkenntnis hatte Awwakúm verzweifelt ausgerufen: „Es ist aus mit unserem alten Rußland!“

So groß die Anziehungskraft Moskaus auf unternehmungslustige und abenteuerfreudige Ausländer war, nicht minder groß war die Verlockung des Westens für jene, die eine Ahnung bekommen hatten, was er wirklich war. Das sehr alte und ebenso sehr junge Bemühen Moskaus, seine „Untertanen“ mit rigorosen Zwangsmitteln daran zu hindern, dem eigenen Vaterlande den Rücken zu kehren und den Verlockungen des Westens nachzugeben, geht auf jene Zeit zurück. Ordín-Naschtschókin hat für seine Person die Aufgeschlossenheit für den Westen mit einem unbedingten Festhalten an altmoskowitischen Traditionen zu vereinen verstanden; sein Sohn konnte das nicht mehr. Der ging nach Europa und blieb zum Kummer seines Vaters auch dort. Erst nach jahrelangen Verhandlungen gelang es, ihn zur Heimkehr nach Rußland zu bewegen, wo er auch sofort „unter Aufsicht“ gestellt wurde. Das war kein Einzelfall.

Auch der Staat versuchte weitere Kreise der Bevölkerung davor zu schützen, daß „die lateinische Unruhe in einfache Seelen gesät“ werde. Die Früchte westlicher Kultur zu genießen, sollte ein Privileg einzelner Bevorzugter sein. Den übrigen wurde durch Ukas verboten, lateinische und polnische Bücher zu besitzen. Auch Auslandsreisen wurden verboten; nur wer auf Befehl des Zaren reiste – Diplomaten und Handelsleute – erhielt einen Passierschein.

War jemand im Ausland gewesen, so wurde von ihm verlangt, daß er nichts von dem, was er dort gesehen hatte, lobe. Widrigenfalls galt er als Verräter. In Rußland selbst wurde bereits seit dem 16. Jahrhundert, zumal von der Geistlichkeit, alles nur mögliche getan, um die Fremden von den Russen zu isolieren, wie z. B. im erwähnten Ausländerviertel von Moskau, der Nemézkaja Slobodá. Diese innere Gegensätzlichkeit fiel selbstverständlich auch den zeitgenössischen ausländischen Beobachtern auf.

Wir haben aus dem 17. Jahrhundert viele und aufschlußreiche Zeugnisse von Ausländern über die Moskauer Zustände. Die Urteile waren meistens sehr abfällig, aus der selbstverständlichen Überzeugung der eigenen turmhohen Überlegenheit heraus gefällt und deshalb oft ungerecht, weil hier moskowitische Verhältnisse mit ihnen nicht adäquaten abendländischen Wertmaßstäben gemessen wurden. Infolgedessen vermitteln diese Ausländerberichte, auch wenn sie im einzelnen sachlich zuverlässig und ohne Ressentiment mit wissenschaftlichem Interesse oder einfach für Neugierige niedergeschrieben wurden, im ganzen doch ein zu trübes Bild.

Der bedeutendste und am weitesten verbreitete umfangreiche Ausländerbericht über Moskau aus der Zeit des ersten Románows war die „oft begehrte Beschreibung der neuen orientalischen Reise, so durch Gelegenheit einer holsteinischen Legation an den König von Persien geschehen“ (1647) aus der Feder von Adam Olearius (Oelschlegel), einem gelehrten Philologen, Astronomen und Geographen, der drei Reisen (1633, 1636 und 1643) nach Moskau gemacht hatte. Seine kulturgeschichtlich sehr aufschlußreiche Reisebeschreibung, nach der sich auch Goethe über Rußland informiert und sie als „höchst erfreulich und belehrend“ bezeichnet hat, war „das erste literarisch vollendete und mit dem ganzen Bildungsgehalt seiner Zeit getränkte Werk dieser Art“ (Ratzel).

Selbstverständlich gaben die westlichen Einflüsse dem gesamten Kulturleben in Moskau neue Anregungen und einen neuen Auftrieb. Doch auch in diesem Bereich ging parallel dazu eine Zersetzung, ja eine Verkümmerung der altrussischen Kultur. Der Kunsthistoriker Weidlé hat mit Nachdruck auf das fortschreitende Absinken der Entwicklung auf dem Gebiete der bildenden Kunst im 17. Jahrhundert verwiesen, die ins „Unbestimmte, Weiche und Verschwommene“ abglitt und einem Vergleich nicht nur mit der großen Kiewer Zeit im 12. Jahrhundert, sondern auch mit dem 16. Jahrhundert nicht mehr standhält. Die gesamte Geisteswelt zeigte die Neigung, „zu ihrem Ausgangspunkt zurückzukehren und sozusagen in der Horizontalen zu verflachen“.

Obgleich die Neuerungen nur einen Teil der dünnen Oberschicht erreichten und in das Volk überhaupt nicht drangen, blieb das äußere Bild auch dieser Oberschicht – zumal in bezug auf die Frauen – durchaus moskowitisch, auch noch am Hof und in der Hofgesellschaft. Bartscheren war gesetzlich verboten; die Kirche strafte dafür mit Exkommunikation. Es gab auch einen zarischen Erlaß gegen europäische Kleidung (1675). Allerdings gab das steigende Bedürfnis nach Luxus auch diesem Bilde neue Töne, und der naive und überladen-orientalische Prunk wurde jetzt protzenhaft und angeberisch übersteigert.

Nach dem verhältnismäßig frühen Tode Alekséjs (1676) verschärfte sich unter der Regierung seines ältesten überlebenden, erst vierzehn Jahre alten, vollständig kranken Sohnes Fjódor die Zwiespältigkeit noch mehr. Einerseits setzten sofort seitens der altmoskauer Reaktion Bemühungen ein, die Neuerungen wieder abzuschaffen – so wurden z. B. die Theateraufführungen wieder eingestellt –, andrerseits bemühten sich die Befürworter der Neuerungen jetzt um so mehr, ihnen Geltung zu verschaffen. Der kranke Zar heiratete eine Frau polnischer Herkunft, Agáfja Gruschézkaja, die bewußt die Europäisierung in Form einer Polonisierung förderte, polnische und lateinische Schulen ins Leben rief und polnische Tracht und Haartracht einzuführen versuchte. Aber die Regierung des kranken Fjódor währte nur sechs Jahre; dann starb er einundzwanzigjährig (1682).

Fjódor war ein Sohn aus der ersten Ehe seines Vaters mit der Bojarentochter Márja Miloslájwskaja. Iwán, der zweite Sohn aus dieser Ehe, war degeneriert, schwachsinnig und fast blind; sein jüngerer, damals zehnjähriger Halbbruder Peter, aus der zweiten Ehe des Vaters, war aber das genaue Gegenteil davon. Peter wurde schon damals von aufmerksamen Beobachtern wegen seiner geistigen und körperlichen Vorzüge als ganz ungewöhnlich und vielversprechend bezeichnet. Er wurde noch am Todestage Fjódors von einer eilig zusammengerufenen Landesversammlung (Sémskij Sobór) in einer, schon früh als ungesetzlich angesehenen, nach neuerer Ansicht (Wittram) aber rechtmäßigen Wahl, „durch eine Übermacht von Zurufen, gegen die die Minderheit sich nicht durchsetzen konnte“, zum Zaren gekürt. Faktisch war damit über die Nachfolge aber nicht entschieden. Der Knabe hat noch sehr vieles ausstehen müssen, ehe er zwölf Jahre später die Herrschaft tatkräftig in seine Hände nahm. Doch diese Jahre stehen bereits so stark im Zeichen des Kommenden, daß es gerechtfertigt erscheint, sie gleichsam als Auftakt zur nächsten, der Petersburger Periode auch im nächsten Abschnitt zu behandeln.

Vierter Abschnitt

DIE PETERSBURGER PERIODE

Unter der Selbstherrschaft der Kaiser von ganz Rußland

GESAMTBILD

Das Gesamtbild der rund 220 Jahre währenden Petersburger Periode ist durch die Einbeziehung Rußlands in Europa charakterisiert, durch die erstrebte, systematisch betriebene, oft überstürzte und am Ende der Periode auch weitgehend erreichte Angleichung russischer Verhältnisse an europäische. Es wurde dadurch die altrussische Kultureinheit zerstört und aus ihr heraus eine in die abendländische einbezogene russische Kultur neu geschaffen. Dieser Vorgang ist durch einen ungewöhnlich schnellen und umfassenden Kulturaufschwung charakterisiert.

In dieser Periode gewinnt Rußland auch im Westen und im Süden den Ausgang zum Meer, wächst territorial durch großen Gebietszuwachs im Westen tief nach Europa hinein und wird zu einem wichtigen, vorübergehend beherrschenden Mitspieler im Konzert der Mächte und zu einem integrierenden Bestandteil des europäischen Staatensystems. In der zweiten Hälfte dieser Periode weitet sich das Russische Reich als Teilhaber an der internationalen imperialistischen Politik auch nach Mittelasien hinein. In dieser Periode wächst die Bevölkerung Rußlands von 17 Millionen auf 142 Millionen.

Die territoriale Ausweitung des Reiches wird auch in dieser Periode von einer fortgesetzten wirtschaftlichen Erschließung, Kolonisierung und Besiedlung des in Asien neugewonnenen und des in Südrußland, der Ukraine und Weißruthenien wiedergewonnenen Raumes begleitet. Gleichzeitig wandelt sich Rußland aus einem großrussischen über einen allrussischen in einen Vielvölkerstaat unter zunächst national toleranter, schließlich aber nationalistisch intoleranter Vorherrschaft des großrussischen Elementes.

In dieser Periode bleibt das neuerrichtete Kaisertum dank der persönlichen Qualifikation hervorragender Herrschergestalten und trotz wiederholten Versagens unfähiger Monarchen die zentrale Tatsache der Geschichtsentwicklung. Die autokratische Macht des Kaisers setzt sich entgegen wiederholten Versuchen, sie entweder aristokratisch oder demokratisch-konstitutionell einzuschränken, bis in das letzte Jahrzehnt dieser Periode erfolgreich durch.

In dieser Periode wird die zunächst zum Staatsdienst verpflichtete, später davon befreite privilegierte, land- und seelenbesitzende Aristokratie zur herrschenden, staatstragenden und bis in die Mitte des 19. Jahrhunderts auch zur kulturtragenden Schicht, um am Ende dieser Periode ihre Vormachtstellung laufend einzubüßen. Im engsten Zusammenhang damit gerät die Masse der Bevölkerung in dieser Periode in eine drückende wirtschaftliche und völlige rechtliche Abhängigkeit vom Adel (Leibeigenschaft). Erst im letzten Viertel dieser Periode kann die Bauernbevölkerung nach Aufhebung der Leibeigenschaft ihre Rechtslage entscheidend, ihre wirtschaftliche Lage aber nur bedingt bessern.

Diese Periode ist durch eine starke Unausgeglichenheit in der Gesamtentwicklung gekennzeichnet insofern, als die innere Entwicklung des Sozialkörpers mit der rapiden äußeren Entwicklung, der gewaltigen Machtsteigerung und dem wirtschaftlichen Auftrieb, nicht Schritt halten kann. In dieser Periode entsteht infolge der im wesentlichen auf die Oberschicht beschränkt bleibenden Europäisierung ein tiefer und sich im Laufe der Zeit weiter vertiefender Riß, der durch den Gesamtkörper der Nation geht und die Oberschicht äußerlich wie innerlich der Masse des Volkes entfremdet.

In der zweiten Hälfte dieser Periode bricht innerhalb der Oberschicht eine Kluft auf zwischen den oppositionellen und aufrührerischen sog. gesellschaftlichen Kräften und der in der Machttradition beharrenden staatstragenden Schicht. Durch den gleichzeitigen sozialen Strukturwandel, die Bildung einer Bourgeoisie und eines Proletariats, und gefördert durch den fortbestehenden Landhunger der sich stark vermehrenden bäuerlichen Bevölkerung wächst die innere Spannung und führt über die zunehmende revolutionäre Aktivität der radikalen Intelligenzia in eine offene Revolution.

1. PETER DER GROSSE

Die Persönlichkeit

Auch wenn heute als geschichtliche Tatsache feststeht, daß Peter der Große durch seine Regierungstätigkeit keine grundsätzliche Wende herbeigeführt, daß er viele Vorläufer in Rußland gehabt hat und daß das meiste, jedenfalls das Wichtigste von dem, was er durchgeführt hat, bereits vorher gedacht, geplant, vielfach eingeleitet und vorbereitet war, so bleibt er gleichwohl die Zentralfigur der neuen russischen Geschichte. Nicht allein in seiner persönlichen Wirkung, sondern als geschichtliche Persönlichkeit war er eine jener seltenen Kolossalgestalten, in deren Schatten alles stand, was nach ihm geschah, riesig und fürchterlich. Ohne Zweifel trägt er den Beinamen der Große zu Recht.

Er steht am Anfang der eindeutig von ihm bestimmten Petersburger Periode, wie genau 200 Jahre später Lenin am Anfang der von ihm bestimmten zweiten Moskauer Periode steht. (Peter 1672 bis 1725; Lenin 1870–1924.) Ein Vergleich zwischen beiden ist gelegentlich gemacht worden, und er ist gerechtfertigt, jedenfalls in bezug auf die Tiefe und Breite der geschichtlichen Wirkung. Zwar können wir die geschichtliche Wirkung Lenins erst über einen Zeitraum von fünfzig Jahren überschauen, aber man wird annehmen dürfen, daß sie nicht weniger dauerhaft sein wird als die Peters. Beide haben mit unglaublicher Rücksichtslosigkeit, die unvorstellbare Blutopfer forderte, ohne jede Schonung der menschlichen Substanz ihres Volkes, mit allen Mitteln der Gewalt und des Terrors, sich über organisch Gewachsenes hinweggesetzt, bisher Verehrtes und Hochgeachtetes offen verhöhnt und nur auf ihre eigene, rationell gewonnene und im hohen Grade durch praktische Erwägungen bestimmte bessere Einsicht vertraut. Sie haben die Verwirklichung dieser besseren Einsicht gewollt und, soweit sie es konnten, erzwungen. Was ihnen im Wege stand, haben sie bedenkenlos zerstört oder beseitigt; aber beide haben auf den selbstgeschaffenen Trümmern konstruktiv etwas Neues errichtet, das auch nach ihrem verhältnismäßig frühen Tode – Peter starb dreiundfünfzig-, Lenin vierundfünfzigjährig – sich allen Widerständen gegenüber durchzusetzen vermochte und überdauerte. Es geht eine erkennbare Linie von Peter dem Großen zu Lenin.

Peter war schon als kleines Kind innerhalb seiner degenerierten Familie eine Ausnahmeerscheinung. Er dankt das offenbar dem Erbteil seiner Mutter. Er war der einzige Sohn seines Vaters aus dessen Ehe mit Natálja Kiríllowna Narýschkina; dem Bruder seiner Mutter soll er sehr geähnelt haben. Ob er ein Sohn des Zaren und damit überhaupt ein Románow gewesen ist, steht nicht ganz fest. Peter selbst hat an seiner legitimen Herkunft gezweifelt – jedenfalls zu Unrecht. Über seinen Großvater und seine Großmutter mütterlicherseits hatte er – wie Lenin über seinen Vater und Grósnyj über seine Mutter – tatarisch-mongolisches Blut; allerdings lag bei Peter (und bei Grósnyj) das tatarische viel weiter zurück als bei Lenin das kalmückische. Dagegen hatte Peter der Große – anders als Lenin – kein deutsches Blut.

Als erwachsener Mann fiel er durch seine ungewöhnliche Körpergestalt auf; er war 2,07 Meter groß, aber nicht lang, sondern wohlproportioniert und nach vielfachen Zeugnissen seiner Zeitgenossen ein bildschöner Mensch. Scheinbar strotzend von Kraft und Gesundheit, in Wirklichkeit aber leicht anfällig und nicht widerstandsfähig, war er auch nicht frei von den Románowschen Degenerationserscheinungen. Er litt an einer Nervenaffektion, die sich in Zuckungen im Gesicht und unwillkürlichen Bewegungen des Kopfes äußerte, infolge des erblichen Fußleidens hatte er einen unregelmäßigen schleppenden Gang.

Sehr früh fiel seinen Zeitgenossen die Andersartigkeit Peters auf. Bezeichnenderweise fühlten sich die Russen eben dadurch abgestoßen. Im Gegensatz z. B. zu Grósnyj, aber auch zu Lenin, wurde Peter in Rußland als ein Fremder empfunden. So wurde das Gerücht ausgesprengt, er sei ein seiner Mutter untergeschobenes Kind, in Wirklichkeit ein Deutscher. Später galt er bekanntlich, nicht allein infolge seiner Regierungstätigkeit, sondern infolge seiner persönlichen Wirkung, als die Personifikation des Bösen, als Antichrist. Die sachliche, rationalistisch-europäische Art Peters wirkte auf seine Umgebung als unrussisch. Er hat zu seinem Volke nie ein inneres Verhältnis herstellen können und hat eher Achtung und Bewunderung ausgelöst, Furcht und Abscheu erzeugt als – wie Grósnyj! – Liebe und Mitleid erweckt.

Peter war seinem Wesen nach durchaus kein Grübler. Er war ein Handelnder, kein Betrachtender und deshalb – nach Goethe – gewissenlos, ganz auf das Politische und Nützliche ausgerichtet, immer mehr – und auch darin fremd wirkend – für die Wirklichkeit als für Wahrheiten interessiert. Er hatte große Freude an jeglichem Hand-Werk und betätigte sich in ungezählten Handfertigkeiten mit großem Geschick und viel Vergnügen. Selbst rühmte er sich, vierzehn Handwerke zu beherrschen. Mit besonderer Perfektion schlug er die Trommel. Seine jederzeitige Bereitschaft, selbst Hand anzulegen, bezog sich auch auf die Züchtigung hoher Würdenträger und ausländischer Diplomaten, auch auf verschiedene Formen der Tortur, der Tötung von Menschen, ja der Leichenschändung. Er konnte sich einem wilden, ungezähmten Haß hingeben, der um so unheimlicher wirkte, als er nicht blind war, sondern seine Befriedigung „in der kalten, überlegten, ausdauernden Organisation der Vergeltung fand". (Wittram.)

Peter hat – wie Grósnyj – seinen ältesten Sohn umgebracht (ob direkt oder indirekt durch Folterung ist unerheblich) und damit praktisch sein Geschlecht ausgerottet. Grósnyj hat es im Affekt getan, die Tat tief bereut und schwer gebüßt. Peter tat es mit Überlegung, unberührt, ohne Reue zu zeigen. Am Tage darauf, noch vor der Beerdigung, besuchte er mit seiner Frau ein Fest. „Ihre Majestäten haben sich glänzend amüsiert" (dowólno wessélílis), heißt es im amtlichen Bericht. Aber auch bei Anlässen, die ihn seelisch stark berührten, verhielt er sich ähnlich. Nach dem Tode seiner sehr geliebten Mutter blieb er „im Übermaß des Schmerzes" der Beerdigung und der offiziellen Trauerfeier fern, nahm aber am Tage darauf an einem sehr weltlichen privaten Fest bei Lefort im Beisein vieler Gäste unbekümmert teil.

Von Jugend an hatte er, bis an sein Lebensende lern- und wißbegierig, einen unbändigen Hang zu allem Neuen. Und das war das Fremde. Schon als Knabe zog es ihn unwiderstehlich in die „deutsche Vorstadt", zu einem Umgang mit Ausländern, dem Schweizer Lefort, dem Schotten Gordon, den Holländern Vinius,

Karsten Brant u. a., zu einem deutschen Mädchen, der Weinhändlerstochter Anna Mons, später zur litauischen Magd Martha Skawrónski, die er zur Kaiserin machte, zu fremder Tracht und Haartracht, überhaupt zur „deutschen Manier". Als Peter 19 Jahre alt war, stellte der kaiserlich-deutsche Internuntius Kurtz in Moskau fest, daß der Zar „seine eigne nation verhasset undt denen Teütschen am mehristen anhänget". Zunächst jedenfalls war nichts Grundsätzliches dabei, nichts Progammatisches; es war ein Zug seines Wesens.

Peter hatte einen ungehemmten und oft in peinlicher und verletzender Weise zur Schau getragenen Abscheu gegen altmoskauer Traditionen. Er verhöhnte öffentlich die Religion und die Geistlichkeit, die fremde (katholische) und auch die eigene; er begründete und unterhielt bis zu seinem Tode seine „allerbesoffenste Synode", in der er mit seiner „Kumpanei" in ungezügelter und oft obszöner Weise verhöhnte und beleidigte, was anderen ehrfürchtig und heilig war. Dieser Sauf-Sobór hat sehr viel Raum in seinem Leben eingenommen. Ob es wirklich so war, wie Wittram meint, daß er „mit allen heiligen Dingen, Gebärden und Gefühlen spielte und doch an der Wirklichkeit und Gegenwart Gottes, an der Heilsbedürftigkeit des Menschen und am Heilsgeschehen in der Kirche keinen Augenblick zweifelte", mag dahingestellt sein. Jedenfalls hatte Peter eine besondere Vorliebe für betrunkene Leute. Den am häufigsten besoffenen seiner besoffenen Kumpanei, den Fürsten Romodánowskij, bevorzugte er besonders. Obgleich sich dieser durch keinerlei besondere Qualitäten auszeichnete, ernannte der Zar ihn zum Knjas-Cäsar, nannte ihn „Her Kenich", machte ihn zum Chef des Polizeiwesens und ließ sich in seiner Abwesenheit von ihm vertreten.

Peter hatte die seltene Gabe der Seelenstärke. Er konnte Leiden ertragen und Schicksalsschlägen innerlich widerstehen, er konnte – was Grósnyj nie gekonnt hat! – um einer Sache willen seine eigene Person hintansetzen. Er war bei aller Prachtliebe persönlich ohne Eitelkeit und liebte es, sich in subalterner Position zu sehen und andere über sich zu stellen. Er konnte das aus Stärke. Es ist für Peter bezeichnend, daß er – im Gegensatz zu Katharina II. – starke Persönlichkeiten in seiner Umgebung duldete und sie ohne jede Eifersucht zu sich heranzog. Peter war ein unermüdlicher Arbeiter. Dienst an der Sache, d. h. am Staat, war für ihn die große Forderung. Peter verlangte den Dienst, wie von den anderen, so auch von sich selbst.

So mischte sich in der Erscheinung Peters des Großen Altrussisch-Moskowitisches mit ganz neuartig Fremdem. Das gleiche gilt von seiner Regierungstätigkeit. Nicht nur der Ansatz zu seiner Reformtätigkeit, auch der Ansatz zu seiner Außenpolitik war in Moskau bereits gegeben: das Bestreben, an die Ostsee und an das Schwarze Meer durchzustoßen, einen Anschluß an die europäische Staatengemeinschaft zu finden, europäische Einflüsse zu begünstigen, Ausländer heranzuziehen und unter deren Leitung die Technik zu fördern und Heer und Verwaltung nach ausländischem Muster zu reorganisieren. Gleichwohl ist das völlig Neue dabei nicht zu übersehen.

Neu war, daß Peter seine Reformen unter einem „Oberbegriff", nämlich den des Allgemeinwohles (óbschtschaja póljsa) stellte. Neu war, daß er die Person des Herrschers, also seine eigene, begrifflich vom Staate trennte und damit den „Untertan an die Norm eines von der Person des Monarchen abgehobenen Staatsinteresses" band (Wittram). Sein Amtsträger mußte „meinem Herrscher und dem ganzen Staat" (mojemú gosudarjú i wsemú gosudárstwu) Treue schwören. Neu war vor allem die Art und das Tempo des Vorgehens. Peter machte das Fremde zum Gesetz, zu Zwang und Pflicht; er verband seine Reformen mit einer grundsätzlichen Höherbewertung des Fremden; die an sich in Moskau längst praktizierten grausamen Gewaltmaßnahmen wurden durch ihn aus dem Bereich des Menschlich-Willkürlichen in den des Systematisch-Sachlichen übergeleitet und ihnen dadurch eine neue, durchaus unmoskowitische Note gegeben. Peter verzichtete darauf, bei der Übernahme des Fremden gleichzeitig das Alte erhalten zu wollen, in der richtigen Erkenntnis, daß das auf die Dauer nicht möglich war. Aber eben diese Erkenntnis war neu. Peter hat, und das scheint für die Weiterentwicklung schlechthin entscheidend geworden zu sein, russische Zustände und Vorgänge grundsätzlich mit rußlandfremden Wertmaßstäben gemessen und ist damit schon im Ansatz zu allem, was er tat, seinem eigenen Lande nicht gerecht geworden.

Im Abendlande hat man in selbstgefälligem europäischen Egozentrismus, indem man natürlich das Fremde mit eigenen Maßstäben maß, diese Methode als selbstverständlich angesehen und sie sehr lange auch selbst angewandt, bis man erst in jüngster Zeit, nachdem die europäische Überheblichkeit einen rechten Stoß erhalten hatte, begann, für Rußland auch russische Wertmaßstäbe gelten zu lassen. Die ganze Petersburger Periode steht im Zeichen der Tendenz, russische Verhältnisse mit europäischen Wertmaßen zu messen.

Peters Verhältnis zum Westen, vor allem die praktische Folgerung, die er daraus zog, war durch einen leidenschaftlichen Patriotismus bestimmt. Die Europäisierung führte er betont unter dem Gesichtspunkt nüchterner Zweckmäßigkeit und ausschließlich im Interesse Rußlands durch, jedenfalls mit der vorgefaßten Absicht, eine materielle und geistige Stärkung Rußlands gegenüber Europa zu erreichen, vielleicht, um es zu einem Kampf mit Europa vorzubereiten. Nach einer nicht sicheren Überlieferung hat er selbst gesagt, man müsse Europa den Rücken kehren, wenn man es nicht mehr brauche. Der Ausspruch erscheint durchaus glaubwürdig. Wenn es im Laufe der Geschichte und besonders in jüngster Zeit allen Augen erkennbar geworden ist, daß die Europäisierung Rußlands zu einer Gegenbewegung gegen Europa wurde, so wird man mit großer Wahrscheinlichkeit sagen können, daß das von Peter auch so gemeint war.

Regentschaft

Nach dem Tode des kranken Fjódor (1682) hatte es den Anschein, als sollte wieder eine Zeit der Wirren ausbrechen. Zwischen den Sippen beider Frauen des Zaren Alekséj, den Milosláwskijs und den Narýschkins, setzte ein erbitterter Machtkampf um den entscheidenden Einfluß und um den Thron selbst ein. Die im Sinne der Narýschkins erfolgte Schilderhebung des zehnjährigen Peter unter Umgehung seines schwachsinnigen älteren Bruders wollten die Milosláwskijs sich nicht gefallen lassen. Durch Verbreitung falscher Gerüchte wiegelten diese die Moskauer Garnison der Strelítzen gegen Peter, seine Mutter und die Narýschkin-Partei auf, deren prominentester Vertreter der bereits genannte Artomón

Matwéjew (vgl. S. 261) war. Sie gewannen dabei die Altgläubigen, die sich der trügerischen Hoffnung hingaben, bei der Gelegenheit die Reform Níkons rückgängig machen zu können, und sie veranstalteten schließlich eine mehrtätige fürchterliche Metzelei unter ihren Gegnern, der Matwéjew und mehrere Narýschkins zum Opfer fielen. Die siegreiche Milosláwskij-Partei setzte daraufhin durch, daß der schwachsinnige Iwán zusammen mit Peter den Thron bestieg – eine höchst sonderbare Lösung, die aber nicht eine Teilung der Gewalt bedeutete, da die beiden Knaben als eine zarische Majestät galten. Die faktische Regierungsgewalt ging aber in die Hände der desgleichen zur Milosláwskij-Partei gehörenden ältesten Tochter Alekséjs, Sófja, über.

Die damals fünfundzwanzigjährige Sófja, eine energische, intelligente und mit keinerlei Skrupeln behaftete Frau, war wie ihr Vater den westlichen Einflüssen durchaus aufgeschlossen. Sie war insofern eine Personifikation der Neuerungen, als sie – in ihrer Zeit eine moderne Frau – mit der altmoskauer Tradition der Ausschaltung der Frauen aus dem öffentlichen Leben brach und sich über die damit verbundenen Beschränkungen einfach hinwegsetzte. Sófja hat für ihre Brüder sieben Jahre (1682–1689) regiert. Ihr Günstling und damit der maßgebende Mann im Staate war jener bereits erwähnte, im Stile eines italienischen Fürsten lebende, weltgewandte und welterfahrene Leiter des Gesandtschaftsprikases, Fürst W. W. Golízyn. Der außenpolitische Kurs blieb in dieser Zeit der gleiche wie unter Alekséj, nur wurde die türkenfeindliche, auf eine Zusammenarbeit mit den europäischen Großmächten gerichtete Politik noch intensiviert. Rußland trat dem vom Papst vermittelten Kriegsbündnis zwischen dem Kaiser, Polen und Venedig gegen die Türkei, der sog. Heiligen Liga, bei (1686). Im Zuge dieser Entwicklung kam es auch zu Feldzügen gegen die Krimtataren (1687–1689), die um so gerechtfertigter erschienen und auch von den ausländischen militärischen Ratgebern in Moskau (Gordon) befürwortet wurden, als Rußland immer noch dem Krim-Chan Tribut zahlen mußte. Die Krim-Feldzüge führten allerdings zu keinem Erfolg.

Sófja hatte aus Familienpolitik „ihren Herrn Bruder, den älteren, Czaren Johannes, antiportieret“, obgleich „ein jeder gestehen muß, daß ein so blödsinniger kranker Herr von Natur zum Regiment untauglich sei", wie ein ausländischer Beobachter berichtete. Aber eben deshalb war er der Regentin nicht gefährlich. Der viel unbequemere junge Peter und dessen Mutter durften den Winter über zwar im Kreml wohnen bleiben, jede politische Einflußmöglichkeit war ihnen aber genommen. Den größten und für die Entwicklung Peters wichtigsten Teil des Jahres verbrachten Mutter und Sohn außerhalb Moskaus im Dorf Preobrashénskoje.

Hier wuchs Peter in größter Freiheit auf, in ungebundenem Umgang zuerst mit der Dorfjugend und später mit den Ausländern der „deutschen Vorstadt", frei von den Fesseln herkömmlicher moskowitischer Prinzenerziehung. Infolge der weiblichen Pädagogik seiner weitherzigen und großzügigen Mutter blieb seine unsystematische Ausbildung ebenso dilettantisch wie vielseitig. Er lernte in fröhlichem Durcheinander Philosophie und Fortifikation, Rhetorik, Dialektik, Schiffsbau, Sprachen, Geometrie und Grammatik; er lernte aber auch mit Menschen umzugehen, sich durchzusetzen und sich freiwillig anderen unterzuordnen. Für alles interessiert, konnte er schon als Knabe seinen besonderen Neigungen nachgehen, vor allem den militärischen und maritimen. Bekanntlich hat er aus der Dorfjugend seine Lustregimenter (potjéschnyje) gebildet, unter Aufsicht deutscher Offiziere Manöver abgehalten und unter Leitung holländischer Handwerker Schiffe gebaut. Früh lernte er Alkohol, Tabak und Frauen schätzen. Er neigte schon als Halbwüchsiger dazu, über die Stränge zu hauen, und fand ein unbändiges Vergnügen daran, andere herauszufordern und zu reizen, womit er viel Ärgernis, zumal in konservativen Kreisen, erregte. Zwischendurch wurde er nach Moskau geholt und mußte, mit seinem Bruder zusammen auf dem Thron sitzend, als Zar repräsentieren.

Dieser so gänzlich aus dem Rahmen des in Moskau Üblichen herausfallende Bildungsgang des jungen Zaren, zumal sein intimer, als sündhaft geltender persönlicher Verkehr mit Ausländern, ist sowohl für seine charakterliche Entwicklung wie für seine Regierungstätigkeit sehr wichtig geworden. Dabei wurde die Unausgeglichenheit und Zwiespältigkeit seines Charakters schon früh deutlich: neben einer bis zur Grausamkeit gesteigerten Roheit – seine Späße haben wiederholt Menschenleben gekostet – zeigte er eine leidenschaftliche Abneigung gegen alles Unechte, Falsche, Geheuchelte.

In der Hoffnung, daß sich das russische Sprichwort „shénitsja – pereménitsja" (heiratet er, so wird er sich ändern) bewahrheiten möge, verheiratete seine Mutter ihn sechzehneinhalbjährig mit einer ganz in altrussischen Vorstellungen lebenden Bojarentochter, Jewdokíja Lopuchiná, die für sein Wesen gar kein Verständnis hatte. Das Sprichwort bewahrheitete sich nicht. Peter trug der Tatsache seiner Verehelichung so gut wie gar nicht Rechnung und blieb bei seiner alten Lebensweise. Allerdings bekam er – achtzehnjährig – von dieser Frau einen Sohn, Alekséj. Formell hat diese Ehe zehn Jahre gewährt. Da es nach russischem Kirchenrecht keine Scheidung gab, steckte Peter seine Frau nach alter Moskauer Übung ins Kloster und ließ sie Nonne werden.

Ein halbes Jahr später, nachdem er mündig geworden war, wurde es plötzlich ernst. Durch die Volljährigkeit Peters sah sich Sófja – mit Recht – in ihrer Stellung als Regentin bedroht. Sie hatte aber inzwischen so viel Geschmack am Regieren gefunden, daß sie nicht gewillt war, auf ihre Machtstellung zu verzichten. So faßte sie den Plan, sich zur Zarin krönen zu lassen und dadurch den ohnehin abwesenden und mit ganz anderen Dingen beschäftigten Peter ganz auszuschalten. Ein gerissener Emporkömmling, der Djak Schaklowítyj, den sie zum Leiter des Strelitzen-Prikases gemacht hatte, sollte die Garnison dieser Idee gefügig machen und ihre Erhebung zur Selbstherrscherin vorbereiten. Peter erfuhr das und entschloß sich von seinem Dorf aus zu einer Gegenaktion.

Bei den weiteren Ereignissen, die schließlich zur Alleinherrschaft Peters führten, haben viele absichtlich ausgesprengte, aber effektiv falsche Gerüchte eine große Rolle gespielt. In lebendiger Erinnerung an die blutigen Vorgänge vor sieben Jahren hatten beide Geschwister eine panische Angst voreinander. Beide waren – zu Unrecht – davon überzeugt, daß der andere ihm nach dem Leben trachte. Schließlich war der siebzehnjährige Peter eines Nachts (August 1689) unter der Schockwirkung eines falschen Alarms, kaum bekleidet und nach der Überlieferung „halbtot" in das

Troiza-Kloster geflohen, um sich vor angeblich zu seiner Ermordung ausgesandten Schergen seiner Schwester in Sicherheit zu bringen. Faktisch waren gar keine Schergen unterwegs. Aber die durch diese Flucht entstandene Situation verlangte eine Entscheidung.

Zur Enttäuschung Sófjas entschieden sich viele Würdenträger für Peter, darunter die hohe Geistlichkeit mit dem Patriarchen an der Spitze. Die Kirche gab sich damals der trügerischen Hoffnung hin, daß die Ausschaltung Sófjas zu einer Abkehr von der Ausländerbegünstigung führen würde. Auch die Strelitzen und vor allem die ausländischen Offiziere hielten zu Peter, so daß die sich hartnäckig sträubende Sófja keinen anderen Ausweg mehr hatte, als das Feld zu räumen. Sie wurde in ein Kloster geschickt, Golízyn wurde verbannt und der Manager des geplanten Putsches, Schaklowítyj, hingerichtet. Anläßlich dieser Ereignisse hat Peter an seinen Bruder und Mitzaren ein interessantes Schreiben gerichtet, das ihn als vorsichtigen und geschickten politischen Taktiker zeigt. Mit offenbarer Rücksicht auf die Gegenpartei brachte er zum Ausdruck, daß seine Aktion sich ausschließlich gegen die unrechtmäßigen Ansprüche Sófjas gerichtet habe und er keineswegs darauf ziele, die Rechte seines Bruders zu schmälern. „Durch Gottes Gnade ist uns beiden das Szepter der Regierung in die Hand gegeben... aber der dritten verächtlichen Person (sasórnomu lizú), unserer Schwester, gestatten wir nicht, sich mit uns im Titel und in der Regentschaft zu teilen. Dahin möge sich auch Dein Wille, Gossudár, mein Bruder, hinneigen. Es wäre schmählich, Gossudár, daß diese verächtliche Person bei unserer Volljährigkeit – (Iwán war längst volljährig!) – neben uns über die Reichsherrschaft verfügen sollte. Dich, den Herrscher und Bruder, wie einen Vater zu ehren, bin ich bereit.“

Man hat gemeint, es sei für Peter kennzeichnend, daß es ihm gänzlich an Geduld gefehlt und er sich nie Zeit gelassen habe. Für seine Reformtätigkeit trifft das zu. Aber nach der Entmachtung seiner Schwester ließ er sich sehr viel Zeit und war erstaunlich geduldig. Er zeigte überhaupt kein Interesse daran, die Regierungsgeschäfte zu übernehmen; er ließ die Dinge einfach laufen. Und sie liefen schlecht. Die Regierung überließ er, nachdem er seine fähige Schwester abgesetzt hatte, seiner dazu völlig unfähigen Mutter, während er sich selbst nunmehr ganz ungehemmt dem einmal begonnenen, seinem Lebensalter allerdings auch besser entsprechenden „Studentenleben" hingab. Das ging so fünf Jahre bis zum Tode seiner Mutter (1694). Dann sah er sich allerdings mehr nolens als volens – zweiundzwanzigjährig – veranlaßt, die Regierung in seine eigenen Hände zu nehmen. Sein kranker Bruder lebte damals noch (bis 1696), hat ihn aber in keiner Weise beeinträchtigt. Übrigens war dieser Iwán immerhin gesund genug, um zu heiraten; ob aber die robusten Frauen, die als seine Töchter galten (so die spätere Kaiserin Anna), auch tatsächlich seine Töchter waren, ist sehr zweifelhaft.

Der Umbruch. Europareise

Gleich in seinen ersten politischen Maßnahmen zeigte Peter eine klare Zielrichtung; sie lag auf dem Gebiete der Außenpolitik. Peter hatte von seiner Schwester ein Bündnis gegen die Türken und einen Kriegszustand mit den Krimtataren geerbt. Er war entschlossen, das Erbe zu übernehmen. Was ihm fehlte, war ein Ausgang zum Meer. Vor neunundfünfzig Jahren (1637) hatten die Donkosaken den Türken Asow abgenommen, es aber wieder abtreten müssen, weil sie beim Zaren – damals Michaíl – keine Rückendeckung fanden. Nun ging Peter gemeinsam mit den Kosaken noch einmal in der gleichen Richtung vor. Er wurde dabei auch vom Hetman der ukrainischen Kosaken Masépa unterstützt.

Überstürzt und völlig unzureichend vorbereitet machte er sich daran, Asow zu erobern (1695). Der Versuch schlug fehl; die Russen wurden mit schweren Verlusten zurückgeschlagen. Aber bereits bei dieser Gelegenheit zeigte Peter eine verbissene, sich über alle Widerstände, zumal über Menschenopfer, hinwegsetzende Energie. Nach einer nur einjährigen, aber gründlichen Vorbereitung, in deren Verlauf er in Worónesh am Don unter Leitung ausländischer Handwerker auch eine Kriegsflotte erbauen ließ – sein erstes Kriegsschiff hieß Principium, und sein erster Admiral war der früher nie zur See gefahrene Schweizer Lefort –, gelang es ihm, ein großes Heer aufzustellen und mit einer gewaltigen Übermacht (75 000 Mann gegen 3000), hauptsächlich dank der Kosaken, Asow zu erobern (1696). Dieser mit großem Triumphgepränge gefeierte Sieg hätte zum Anfang einer darauf aufgebauten Schwarzmeer- und Balkanpolitik werden können. Peter hat das auch gewollt, aber nicht durchführen können, so daß das Asowsche Unternehmen nur eine Episode blieb.

Der entscheidende Umbruch, und damit erst der wirkliche Beginn der neuen Periode in der russischen Geschichte, setzte erst auf Peters berühmt gewordener Europareise ein. Sie ist zu einer Epoche in der Geschichte Rußlands, ja – nach Macauley – in der Weltgeschichte geworden. Die Europareise Peters war für damalige Moskauer Verhältnisse und Vorstellungen in jedem Betracht unerhört: in der Planung, in der Durchführung, in der Dauer (anderthalb Jahre), in der Tatsache der Beteiligung des Zaren selbst an der „Großen Gesandtschaft", in der Position, die er in ihr einnahm und nicht zuletzt natürlich im persönlichen Verhalten Peters im Ausland.

Vor Peter ist kein regierender Zar in Europa gewesen. Aber auch nach ihm hat 100 Jahre lang kein in Moskau gekrönter Monarch europäischen Boden betreten – auch nicht seine große Nacheiferin Katharina II. Als dann im 19. Jahrhundert die russischen Zaren und Kaiser nach Europa kamen, um dort sehr schnell heimisch zu werden, geschah das im Zeichen vollständig veränderter Umstände.

Die Reise, über die zu berichten oder auch nur darüber zu sprechen bei strengster Strafe verboten war, sollte zwei Zwecken dienen. Erstens war sie als Studienreise im praktischen Verstande des Wortes gedacht, zwecks Gewinnung technischer Kenntnisse, hauptsächlich im Seefach. Zu diesem Zweck waren einige dreißig sog. Freiwillige (Volontäre), fast alles Angehörige vornehmer russischer Familien, zu einer der Gesandtschaft angeschlossenen Studiengruppe kommandiert und in drei ungleiche Zehnerschaften eingeteilt. Wer sich weigerte, „Freiwilliger" zu sein, dem drohte Verbannung. Der Obmann einer Zehnerschaft (desjátnik), etwa im Rang eines Unteroffiziers, war der Zar unter dem Namen Pjotr Michájlow.

Die Gesandtschaft hieß nicht nur groß, sondern war es tatsächlich: groß an Zahl und groß in ihren Ansprüchen. Sie bestand aus etwa 150 Personen und zeigte sich in verschiedenen Orten recht seßhaft, was für die Gastgeber höchst lästig werden konnte, da sie, die Gastgeber, für die Verpflegung und Beförderung aufkommen mußten. An der Spitze der Gesandtschaft standen Lefort und F. A. Golowín; Peter selbst war faktisch natürlich der Leiter, wenn auch formell inkognito, in Wirklichkeit aber von allen Gastgebern als Zar erkannt und mit Ausnahme der Schweden auch als solcher behandelt. Zweitens verfolgte die große Gesandtschaft politische Zwecke. Auf der Linie seiner eigenen antitürkischen Außenpolitik hatte Peter in ziemlicher Unkenntnis innereuropäischer Probleme den ebenso kühnen wie illusionistischen Plan gefaßt, „zu dauernder Mehrung der christlichen Herrscher" eine europäisch-christliche Einheitsfront, natürlich unter Einbeziehung Rußlands, zur „Schwächung der Feinde des Kreuzes, des türkischen Sultans, des Krim-Chans und aller muselmanischen Horden" herzustellen.

Bekanntlich hat Peter dieses Ziel weder erreicht noch ist er ihm auch nur einen Schritt nähergekommen. Die Mächte waren zu sehr mit ihren eigenen divergierenden Interessen beschäftigt: Europa stand damals am Vorabend des spanischen Erbfolgekrieges. Peter hat daraus in mancherlei Hinsicht für Rußland wichtige Schlüsse gezogen. Die erste und unmittelbare Folge davon war der Entschluß, seine eigene Außenpolitik nicht nach Süden, sondern nach Nordwesten gegen Schweden zu lenken.

Auf seiner Reise hat Peter zunächst das damals schwedische Livland, dann Preußen und Brandenburg, dann Holland und England, dann Österreich und schließlich Sachsen besucht. Seine Aufnahme in Europa war nicht einheitlich. Als Träger einer politischen Mission wurde er, aufs Ganze gesehen, wenig entgegenkommend, förmlich und mißtrauisch empfangen. Allerdings gab es dabei Nuancen. Die Schweden verhielten sich ihm gegenüber sehr kühl, nahmen das Inkognito wörtlich und schoben seinem sehr realistischen Interesse, z. B. für die Befestigung Rigas (das er später erobern sollte), einen Riegel vor, was er seinerseits als Unfreundlichkeit auslegte, um später damit seinen Krieg gegen Schweden zu motivieren. Die Brandenburger waren um so freundlicher in der

Hoffnung, den Zaren antischwedisch beeinflussen zu können; die Engländer sehr zurückhaltend, um so mehr, je deutlicher wurde, daß Peter britischer Denkweise überhaupt nicht zugänglich war und für die Einrichtungen des Landes, das nur einige Jahre vorher (1689) die "declaration of rights" angenommen hatte, überhaupt kein Verständnis zeigte. Mit betonter, gelegentlich bis zur Unhöflichkeit gesteigerter Reserve wurde der „heikle Herr" in Wien empfangen; der Kaiser ließ ihn antichambrieren und lehnte es ab, mit ihm über Staatsgeschäfte zu sprechen.

Auf einer anderen Ebene lagen die zahlreichen menschlichen Begegnungen mit dem Mann, der so viel sehen und lernen wollte und dabei einen immer wieder verblüffenden Mangel an Fähigkeit und Willen zeigte, sich der fremden Umgebung anzupassen. In dieser Hinsicht stand der Europabesuch Peters von Anfang bis zum Ende im Zeichen einer Sensation. Man bestaunte das Wundertier, »cet animal«, mit geradezu zoologischem Interesse, ihm dabei stets mehr mit Neugier als mit Achtung begegnend, anerkannte wohl seine »bonnes qualités« und seinen »esprit naturel«, aber zeigte sich höchst schockiert, besorgt, gelegentlich entsetzt über die primitive Wildheit des damals 26jährigen Zaren und fand es – wie z. B. in England – „unbegreiflich, daß die Vorsehung einem so wütenden Menschen alle Macht über so viel Untertanen verliehen hat". Seine Manieren verschlugen den Damen den Atem.

Im Zusammenhang mit dieser Reise sind ungezählte Legenden entstanden, auf die hier natürlich nicht eingegangen werden kann. Die bekannteste bezieht sich auf seinen Aufenthalt in Zaandam als Zimmermann im Schiffsbauunternehmen Rogge. Diese später melodramatisch verniedlichte Episode verlief durchaus nicht freundlich für Peter. Sein Inkognito zu wahren, erwies sich trotz der Arbeiterkleidung schon allein seines Wuchses und seiner krankhaften Zuckungen wegen als unmöglich; sich durch entsprechendes Auftreten persönliche Achtung zu verschaffen, gelang ihm nicht einmal Kindern gegenüber, so daß es zu peinlichen Vorfällen mit der Zaandamer Dorfjugend kam, die ihn hänselte, bis der Bürgermeister eingriff und der Aufenthalt vorzeitig abgebrochen wurde.

Für seine Lernbegier ertragreicher war sein längerer und besser abgeschirmter Aufenthalt in den Großstädten Amsterdam und

London. Vorher hatte er sich in Königsberg zwei Wochen lang von einem Ingenieur über Artilleriewesen unterrichten lassen und auch eine Urkunde als „vorsichtiger, zuverlässiger und mutiger Meister" erhalten. Eine richtige Lehre ist es natürlich nicht gewesen, und auch der praktische Erfolg ist fraglich. Als er auf der Rückreise mit August dem Starken – allein zum 28jährigen Polenkönig hatte er einen persönlichen Kontakt gefunden – ein Wettschießen mit Kanonen veranstaltete, erzielte der Zar nicht einen Treffer.

Die Reise war mit vielen peinlichen Vorfällen verbunden. Und sogar in Dresden atmeten die Gastgeber erleichert auf, als sie „den kostbaren Gast gottlob wieder losgeworden". Kostbar war er auch in rein finanzieller Hinsicht, nämlich im Hinblick auf die zerbrochenen, z. T. in Kleinholz verwandelten Möbel, die zerrissenen Vorhänge, verschmutzten Teppiche usw., die die große Gesandtschaft überall hinterließ. Gleichwohl bleibt diese Reise ein geschichtlicher Vorgang von kaum zu überschätzender Bedeutung. Nicht nur die Außenpolitik, auch die Innenpolitik Peters geht auf Eindrücke und Erfahrungen dieser Reise zurück.

Peter hat seine Europareise vorzeitig abbrechen müssen, weil in Rußland Unruhen ausgebrochen waren. An sich war das nichts Ungewöhnliches. Seit dem Tode seines Vaters, zumal seit den Ereignissen nach dem Tode seines Bruders Fjódor, gärte es unausgesetzt. Peters Entschluß, als regierender Zar sein Reich für so lange zu verlassen, war unter dem Gesichtspunkt der Aufrechterhaltung von Ruhe und Ordnung ein Risiko, wenn nicht eine Leichtfertigkeit. Er wußte sehr wohl, daß die Ablehnung alles dessen, was er tat und wie er es tat, sehr weite Kreise gezogen hatte und daß sich bei seinen Gegnern und erklärten Feinden bereits so viel Sprengstoff angesammelt hatte, daß es jederzeit zu einer Entladung kommen konnte. Noch vor seiner Abreise wurde eine Verschwörung entdeckt, die das Ziel hatte, ihn zu beseitigen. Bereits damals wurde systematisch verbreitet, daß der russische Zar in Wirklichkeit der Antichrist sei. Mit ungeheurer Grausamkeit war er gegen die faktisch und vermeintlich Schuldigen vorgegangen, wobei er „das übliche Maß an Terror überschritt" und „einen Überschuß an Tatkraft" (Brückner) an den Tag legte. Aber eine wirkliche Beruhigung war damit durchaus nicht hergestellt.

Der eigentliche Unruheherd und gleichzeitig der Mittelpunkt des Widerstandes gegen ihn persönlich waren die bereits erwähnten Strelitzenregimenter, die die Garnison von Moskau bildeten. Die Strelitzen wohnten mit ihren Familien in eigenen Siedlungen in bestimmten Stadtteilen und beschäftigten sich auch mit Handel und Gewerbe. Infolge der Modernisierung des Heeres und der Begründungen neuer Regimenter unter Führung von Ausländern befürchteten sie mit Recht eine Schwächung ihrer Stellung und gerieten in Opposition gegen alle Neuerungen, zumal gegen die Ausländer, die Ketzer, wobei sie jederzeit auf Unterstützung der Altgläubigen, großer Teile der Geistlichkeit und auch vieler konservativer Aristokraten rechnen konnten.

Wie erinnerlich, hatte Sófja bei ihrem Versuch, die Selbstherrschaft zu erlangen, sich – damals vergeblich – auf die Strelitzen zu stützen versucht, und Strelitzenoffiziere waren auch an der erwähnten Verschwörung gegen Peter beteiligt. Nach der Vergeltung an den Verschwörern war die Lage der Strelitzenregimenter noch ungünstiger geworden, da Peter begann, sie aus Moskau in die Provinz, z. B. in das eroberte Asow, zu verlegen. Das paßte ihnen nicht, und so entschlossen sie sich, während Peters Abwesenheit die Gelegenheit zu nutzen. Es ist sehr wahrscheinlich, wenn auch nicht nachgewiesen, daß sie sich mit der abgesetzten Sófja in Verbindung setzten; sie selbst hat jede Beteiligung abgestritten. Sicher wurde bereits damals der Zarewitsch Alekséj gegen seinen Vater ausgespielt. Sicher ist auch, daß die Strelitzen Peter nicht nach Moskau hereinlassen und der Zarewna Sófja zum Thron verhelfen wollten. Unter den bezeichnenden Parolen: „die nemézkaja slobodá zerstören!", „die Deutschen totschlagen!", „die echte Frömmigkeit wiederherstellen!", „der Zarewitsch liebt die Deutschen nicht!", „der Zar ist über dem Meer ertrunken!" ... kam es im August 1698 zum offenen Aufstand. Peter sah sich veranlaßt heimzukehren.

Als er in Moskau eintraf, hatte Romodánowskij, der „Herr Kenich", den Aufstand bereits niedergeschlagen. Bezeichnenderweise begnügte sich der Zar damit nicht. Wenn es wahr ist, wie die Legende will, daß Peter durch die blutigen Ereignisse des Jahres 1682 einen Schock erlitten hatte und zeitlebens sich von dem

Eindruck nicht mehr befreien konnte, so nicht in dem Sinne, daß er Abscheu und Widerwillen davor gewann, sondern allenfalls in dem Sinne, daß er sich diese Methode zum Beispiel genommen hat. Was jetzt – more moscovitico – geschah, war in der Tat dazu angetan, „die Herzen erstarren und die Haare zu Berge stehen" zu lassen. Der junge Zar ließ ein furchtbares Strafgericht über Schuldige und Unschuldige ergehen. Die Hinrichtungen fanden natürlich öffentlich statt. Wahrscheinlich hat Peter in bewährter Tatkraft sich auch selbst daran beteiligt. Jedenfalls verlangte er von den Männern seiner Umgebung, deren Treue, Mut und Nerven erprobend, daß sie das Henkerhandwerk persönlich ausübten. Romodánowskij – der „Her Kenich" – „hackte vier Köpfe ab; Golízyn verursachte, weil er ungeschickt säbelte (po neuméniju rubitj), seinen Opfern entsetzliche Qualen; Aleksaschka (Ménschikow) rühmte sich, zwanzig Mann geköpft zu haben ...". Zwei Generale Peters haben sich übrigens mit Erfolg geweigert, das Henkerhandwerk auszuüben, beides Ausländer, der Schweizer Lefort und der Deutsche Blumberg.

Die Truppe der Strelitzen wurde aufgelöst, bei gleichzeitigem Verbot, sie als Soldaten in andere Regimenter einzureihen. Nach der Überlieferung wurden außer den Geköpften noch mehrere Tausend gehängt. „Die in langen Reihen hängenden und im Winde schaukelnden Leichen" blieben wochenlang am Galgen, drei von ihnen, zur Lehre und Warnung der Schwester Sófja, vor deren Fenster, „der mittelste mit einem Schriftstück in den toten Händen". Die verdächtigen Drahtzieher wurden mit allen Mitteln der vorher und nachher in Moskau oft bewährten Methode behandelt: Folter, Existenzvernichtung, Sippenhaft usw.

Nach diesem Exempel seiner Willenskraft und Nervenstärke ging Peter daran, sein Vaterland in dem von ihm gewünschten Sinne zu verändern.

Das Tor nach Europa

Die unmittelbare außenpolitische Folge der Europareise Peters war sein großer Krieg mit Schweden. Es war ein Krieg um Livland. Peter hat ihn – wie Grósnyj – während fast der ganzen

Zeit seiner Regierung geführt (1699–1721) und hat ihn – anders als Grósnyj – mit vollem Erfolg beendet: der größte Teil des ehemaligen altlivländischen Ordensgebietes, die Provinzen Estland und Livland, sowie Ingermanland fielen an Rußland. Das Baltische Meer war in breiter Front erreicht. Viel mehr als nur ein Fenster, – ein riesiges Tor war nach dem Westen geschlagen. (Das Wort vom Fenster nach Europa stammt von Graf Algarotti [† 1764], von dem es Púschkin später übernahm.) Drei wichtige alte Ostseehäfen, Riga, Reval und Narwa, waren gewonnen, ein neuer Hafen als Symbol für die neugewonnene Stellung Rußlands am Meer und im Rahmen des europäischen Staatensystems war begründet – St. Petersburg.

Es verdient festgehalten zu werden, daß die an alte Moskauer Traditionen anknüpfende, allerdings bald mit neuen Akzenten versehene Expansionspolitik zur Ostsee hin weder von Peters Zeitgenossen noch später von seinen Gegnern und Kritikern als solche angefochten wurde. Auch von europäischen Mächten ist der Anspruch der Großmacht Rußland auf einen Ausgang zum Baltischen Meer als legitim anerkannt und bis zum Ersten Weltkrieg von niemandem ernstlich streitig gemacht worden. Nach vorübergehendem Verlust dieser Gebiete hat Rußland im Jahre 1939 – nunmehr als Sowjetunion – unter ausdrücklicher Berufung auf Peter den Großen diesen Anspruch erneuert und bekanntlich auch realisiert. Die Eingliederung der Baltischen Staaten in die Sowjetunion liegt auf der Linie eines sich über Jahrhunderte hinziehenden Geschichtsprozesses. Allerdings erfolgte die Annexion durch Peter unter Wahrung der traditionellen Einrichtungen des Landes, die Annexion durch Stalin dagegen unter deren Zerschlagung.

Die Eroberung der baltischen Küste vollzog sich im Rahmen des großen Nordischen Krieges. Dieser Krieg, der seinen Vorgänger im ersten Nordischen Krieg zwischen Schweden, Polen und Rußland (1655–1660) hatte und dank dessen Ergebnis Rußland seine Anerkennung als europäische Großmacht gewann, gehört in den Bereich der allgemeinen Geschichte Europas. Es ist an dieser Stelle nicht möglich, des Näheren auf die schwedische, dänische, polnisch-sächsische und livländische Politik und deren Exponenten einzugehen. Die Darstellung muß sich hier auf das Allerwichtigste beschränken.

Von Rußland her gesehen, war es ein eindeutiger Angriffskrieg. Sehr bald nach der Rückkehr Peters von seiner Reise hatte er, unter maßgeblicher Beteiligung des Livländers Patkull, streng geheim und unter fortgesetzter Täuschung der Schweden, ein Angriffsbündnis mit Dänemark und mit Polen-Sachsen geschlossen (1699). Die Voraussetzung für Peter war ein Friedensschluß mit der Türkei, der sich aber hinzog und erst nach langwierigen Verhandlungen im Juli 1700 perfekt wurde: Asow blieb russisch, und der Krimtribut wurde eingestellt. Inzwischen hatte Karl XII. von Schweden die Sachsen geschlagen (Februar 1700) und die Dänen zur Kapitulation gezwungen (August 1700). Darauf griffen die Russen – übrigens nach einer feierlichen Friedensversicherung – höchst leichtfertig und schlecht vorbereitet die Schweden an und wurden, trotz gewaltiger Übermacht (29 000 Russen gegen 3000 Schweden) vom achtzehnjährigen Schwedenkönig bei Narwa vernichtend geschlagen (November 1700). Auch Peter persönlich versagte. Wie seine Vorgänger auf dem Moskauer Thron bei ähnlichen Gelegenheiten verließ er seine Truppen und floh Hals über Kopf. „Europa wandte sich mit Gelächter von Peter ab" (Fleischhacker).

Wahrscheinlich ist Peter damals zum erstenmal – ein zweitesmal sollte noch folgen – durch den Verzicht Karls XII., direkt nach Moskau zu marschieren, gerettet worden. So schnell er sich verloren hatte, ebenso schnell fing der Zar sich wieder, bewies Umsicht und Energie im Unglück, nutzte die ihm gewährte Pause zu gründlichen Vorbereitungen für die Wiederaufnahme des Kampfes und konnte bereits ein Jahr später erneut angreifen. Da das Schwergewicht der Kämpfe sich inzwischen weiter südlich nach Polen und Sachsen verlagert hatte, konnte Peter jetzt im Norden einen Erfolg nach dem anderen erzielen. Nach der Eroberung der schwedischen Festung Nöteborg am Ladogasee (seither Schlüsselburg, 1702) stieß er bis an die Ostsee durch, nahm an der Newa Nyenschanz (1703) und errichtete dort die Peter-Pauls-Festung. Im Sumpfgebiet legte er eine Holzstadt an, die er holländisch Piterburch nannte. Gleichzeitig mit der Gewinnung Ingermanlands brach er in Livland ein und eroberte in den folgenden Jahren die ersehnten, nach der Niederlage bei Narwa übrigens ausdrücklich

August dem Starken zugebilligten, nun aber um so intensiver begehrten, Provinzen Estland und Livland.

Von der beispiellos rigorosen, durchaus am tatarischen Muster ausgerichteten und an altmoskowitische Traditionen anknüpfenden Kriegführung geben die Berichte des in Livland kommandierenden Marschalls Scheremétjew eine Vorstellung. „Vieh und Esten" – schrieb er dem Zaren –, „haben wir eine Menge gefangen. Kühe sind jetzt für 3 Altynen zu haben, Schafe für 2 Dengen, kleine Kinder für 1 Denga, größere für 1 Griwna, 4 Stück kauft man für 1 Altyne ... Ich habe Dir zu melden, daß der Allmächtige Gott und die Allergnädigste Gottesmutter Deinen Wunsch erfüllt haben: im feindlichen Lager gibt es nichts mehr zu verheeren, alles ist verwüstet, nichts steht aufrecht ... von Reval bis Riga ist alles mit Stumpf und Stiel ausgerottet."

Aber noch konnte Peter sich dieser Eroberungen nicht freuen. Inzwischen hatte Karl XII. August den Starken besiegt, zur Kapitulation und zum Verzicht auf die polnische Krone gezwungen (1706) und schickte sich nun an, Peter das gleiche Schicksal zu bereiten. Der Weg für ihn nach Moskau war frei. Es ist dieses – der Winter 1707/08 – wohl die schwerste Zeit für Peter gewesen. Der Zar hat damals verzweifelt versucht, zu einem Frieden zu gelangen, und hat sich auch zum Verzicht auf alle Eroberungen bereit erklärt – nur nicht auf Petersburg; aber Karl lehnte ab. Peter hat auch in England um Vermittlung nachgesucht, als Preis Kiew oder Sibirien angeboten, alles vergebens. Er mußte jetzt ohne Bundesgenossen den Krieg weiterführen.

Seine Notlage war nicht allein durch die Siege Karls hervorgerufen. Sie wurde durch fortgesetzte, z. T. wieder gefährliches Ausmaß annehmende innere Unruhen noch erheblich erhöht. Seine während des ganzen Krieges fortgeführten, gegenüber seinem eigenen Volk nach wie vor ungeheuer rücksichtslosen, die Ausländer, besonders ausländische Offiziere noch mehr begünstigenden Maßnahmen zur Förderung der Rüstung, Reorganisation, Verbesserung und Stärkung der Armee sowie der wachsende Druck der sich immer weiter steigernden Kriegslasten, hatten der latenten Unzufriedenheit und Unbotmäßigkeit im Lande neue Nahrung gegeben. Seit 1705 war es im Süden Rußlands, wiederum von der

Steppe ausgehend, zu offenen Aufständen „gegen die Bojaren und die Deutschen" gekommen. Die Bewegung griff wie zu Rásins Zeit auf die mittlere Wolga und auf das Gebiet der Donkosaken über. Auch ein neuer Anführer, der Kosak Kondrátij Buláwin, hatte sich gefunden, der mit der Golitjbá Tscherkásk eroberte. Das ganze ehemals von Rásin beherrschte Gebiet geriet in Aufruhr, so daß Peter sich gezwungen sah, ein Heer aufzubieten, um die Unruhen niederzuschlagen. Am gefährlichsten wurde für ihn der zunächst getarnte und vorsichtig in die Wege geleitete Abfall des ukrainischen Kosakenhetmans Masépa.

Iwán Stepánowitsch Masépa, ein neu geadelter, ebenso ehrgeiziger wie verschlagener, damals etwa 70 Jahre alter Kosak polnischer Kultur und Bildung – mit Karl XII. unterhielt er sich mühelos lateinisch –, ohne Zweifel eine ungewöhnliche Persönlichkeit, ukrainischer Patriot, ebenso antirussisch wie antipolnisch gesinnt, zielte wie ehemals Chmelnýckyj auf die Befreiung der Ukraine von der Oberherrschaft der Nachbarn und ihre Erhebung zu einem selbständigen Staat. Seit 1687 Hetman, hatte er im Feldzug gegen Asow noch mit den Russen zusammen gekämpft und wesentlich zu deren Sieg beigetragen. Nach dem Ausbruch des Nordischen Krieges und beeindruckt von den phantastischen Erfolgen Karls XII. glaubte er aber, daß Peter verloren sei. Um sich aus dem erwarteten Zusammenbruch Moskaus herauszuhalten, hatte er Geheimverhandlungen zunächst mit dem neueingesetzten polnischen König Stanislaus Leszczýnski und dann mit den Schweden direkt angeknüpft. Mit einem Übergang auf die andere Seite glaubte Masépa Peter einen schweren, wenn nicht tödlichen Schlag versetzen zu können. In Wirklichkeit hat er damit wahrscheinlich den Zaren gerettet.

Am Anfang des Jahres 1708 stand Karl – wie 100 Jahre später Napoleon – zum Marsch auf Moskau bereit in Wilna. Zum zweitenmal verzichtete er darauf, den direkten Weg nach Moskau – wie Napoleon über Smolénsk – zu gehen, und bog, von Masépa dazu bewogen, nach Süden in die Ukraine ab. Es besteht über diesen Entschluß und seine Folgen eine sehr umfangreiche Literatur, auf die hier nicht eingegangen werden kann. Ob der König wirklich, wie gemeint worden ist, durch geschickte

Verteidigungsanlagen Peters dazu gezwungen wurde, sich nach Süden zu wenden, oder ob er sich aus falscher Einschätzung der Lage dazu entschloß, mag dahingestellt bleiben. Jedenfalls hat sich Karl dabei sowohl von strategischen und verpflegungstechnischen wie auch von politischen Gesichtspunkten leiten lassen, gerade im Hinblick auf die erwähnten Unruhen in Südrußland. Das Ergebnis war eine der wenigen Schlachten in der Geschichte, die wirklich eine Entscheidung herbeigeführt haben und epochemachend geworden sind, die Schlacht von Poltáwa am 27. Juni 1709.

Für Karl stand dieser Feldzug von Anfang bis zum Ende unter einem Unstern. Sein aus Livland erwartetes „marschierendes Magazin" wurde von den Russen abgeschnitten und vernichtet. Schlimmer war, daß seine auf die Ukrainer gesetzten Hoffnungen sich nicht erfüllten. Wie sich herausstellte, stand hinter Masépa nur die ukrainische Oberschicht, während das einfache Volk und ein großer Teil der Geistlichkeit weiter zu Moskau hielten. In Peters Auftrag gelang es Ménschikow in einem geschickt geführten Gegenschlag gegen den Hetman, diesen Umstand zu nutzen, in der Ukraine selbst einen Aufstand gegen Masépa hervorzurufen und dessen Hauptstadt Baturin zu besetzen. Infolgedessen konnte Masépa dem Schwedenkönig nur etwa 3000 Kosaken zuführen – er hatte 30 000 versprochen. Noch weniger erfüllten sich die Hoffnungen auf eine gleichzeitige Erhebung der anderen Kosaken gegen Moskau. Schon vor der Schlacht war der König lebensgefährlich verwundet worden und mußte jetzt fiebernd von einer Bahre aus den Befehl führen. Der Sieg der Russen, die doppelt so viel Truppen wie die Schweden in die Schlacht führen konnten, war vollständig.

Die Folge war der plötzliche und unerwartete Zusammenbruch der schwedischen Großmachtstellung. Mit einemmal war die Gesamtlage im Nordosten Europas von Grund auf verändert. Jetzt erst waren die russischen Eroberungen an der Ostsee gesichert. Peters erster Gedanke galt natürlich Petersburg, dessen Grundstein nach einem berühmt gewordenen Ausspruch ihm erst jetzt sicher gelegt schien. Die Eroberung Livlands (Riga), Estlands (Reval) und Kareliens (Wiborg) wurde schnell zu Ende geführt. Die Koalition mit Sachsen-Polen und Dänemark wurde unter russischer Führung erneuert. Rußland trat das Erbe Schwedens als Vormacht im Ostseeraum an. Bis zur rechtlichen Sicherung der neuen Erwerbungen in einem Frieden sollten allerdings noch zwölf Jahre vergehen. Die Entscheidung war aber gefallen, und es gibt mancherlei Zeugnisse dafür, daß sich auch die Zeitgenossen, darunter auch Peter selbst, über deren geschichtliche Bedeutung durchaus klar waren.

Karl hatte nach der Schlacht bei Poltáwa seine Sache nicht verloren gegeben. Er war mit Masépa zu den Türken geflohen, und es gelang ihm, diese zu einer Wiederaufnahme ihres Krieges mit dem Zaren zu bewegen (November 1710). Jetzt trat – mehr als ein Jahr zu spät – auch das ein, worauf der schwedische König bei seinem Zug in die Ukraine gehofft hatte: die Krimtataren unter ihrem extrem moskaufeindlichen Chan Déwlet Giréj fielen wieder in russisches Gebiet ein; auch Kosakentrupps beteiligten sich an diesen Streifzügen. Doch jetzt waren sie für Peter nicht mehr gefährlich.

Der neue Konflikt mit der Türkei kam Peter höchst ungelegen. Zwar war er grundsätzlich durchaus für eine Abrechnung mit Türken und Tataren, aber keinesfalls zu diesem Zeitpunkt, da die Wiederaufnahme der Feindseligkeiten mit den Türken einen Zweifrontenkrieg bedeutete, den er immer vermeiden wollte. Gleichwohl beschloß der Zar, den Krieg anzunehmen, den Türken durch einen Gegenschlag zuvorzukommen und in einer großangelegten, aber wiederum nicht genügend vorbereiteten Aktion den ganzen Balkan zu einem Aufstand gegen die Türken aufzuwiegeln.

Anknüpfend an alte Hoffnungen der balkanischen Christen auf russische Hilfe und an die entsprechenden Ansätze seines Vaters zu einer Balkanpolitik (vgl. S. 253 f.), rief Peter in Proklamationen die Glaubensbrüder auf dem Balkan auf, sich gegen die ungläubigen Unterdrücker zu erheben, während er selbst mit einem Heer gegen die Donau marschierte. Doch diesmal stand – anders als zwei Jahre vorher – alles, was der Zar unternahm, unter einem Unstern: die Christen auf dem Balkan erhoben sich nicht, und die von August dem Starken erwartete Hilfe traf nicht ein. Zwar hatten die Hospodaren der Moldau und Walachei Peters Oberhoheit anerkannt, aber die russischen Truppen gerieten in große

Verpflegungsschwierigkeiten, und es mangelte ihnen schließlich an allem, auch an Wasser und Brot, nur nicht an Frauen. Auch Peter hatte – was sehr wichtig werden sollte – seine Geliebte, die litauische Magd Katharina (Martha Skawrónski), dabei.

Die Türken hatten ihrerseits ein starkes Heer ausgerüstet. Am Pruth wurde der Zar mit seiner ganzen Armee von einer dreifachen – nach russischen Überlieferungen von einer fünffachen – türkischen Übermacht eingeschlossen (Juli 1711). Die Lage war hoffnungslos, ohne jede Aussicht auf Rettung. Es blieb auch für Peter persönlich nur die Wahl zwischen Gefangenschaft und Tod. Ein unsicher überliefertes Schreiben, das der Zar damals nach Petersburg gerichtet haben soll, macht es wahrscheinlich, daß er lieber den Tod als eine türkische Gefangenschaft gewählt haben würde.

In dieser Situation ereignete sich das „Wunder am Pruth". Die Türken nutzten ihre Chance nicht; der den Oberbefehl führende Großvesir verzichtete auf die Vollendung des ihm nicht mehr aus der Hand zu nehmenden militärischen Triumphes und verzichtete auch auf eine Gefangennahme des Zaren und damit auf alle sich daraus ergebenden Möglichkeiten. Bei den Verhandlungen mit dem Großvesir war auch Katharina in dessen Zelt erschienen, – ohne Peter. Das Ergebnis war, daß die Russen mit dem Zaren an der Spitze freien Abzug erhielten. Mit klingendem Spiel und wehenden Fahnen zogen die Besiegten, als wären sie die Sieger, in voller Ordnung davon. Die Großmut des Großvesirs hatte allerdings viel Geld und den ganzen Schmuck Katharinas gekostet. Natürlich nicht das allein: Zar Peter mußte seine Eroberungen aus dem ersten Türkenkrieg (Asow) wieder herausgeben, aber die sehr peinliche und dem neuen Großmachtprestige höchst abträgliche Wiederaufnahme der Tributzahlungen an die Tataren durfte geheim bleiben. Der Gewinn von 1696 war dahin, aber der Zar und sein Werk waren gerettet. Wäre Karl XII. an der Stelle des Großvesirs gewesen – die Folgen für Peter und Rußland wären nicht auszudenken. Der schwedische König hat zwar versucht, noch in letzter Minute diesen faulen Frieden zu verhindern, aber vergeblich.

Man hat die Wende am Pruth seit dem Tage, an dem sie geschah, bis heute immer wieder auf verschiedene Weise zu erklären versucht, beginnend damit, daß Katharina dem Großvesir mehr geopfert habe als ihren Schmuck, bis zur These von innertürkischen Gegensätzen, die den Ausschlag gegeben hätten. Neuerdings ist die Frage gestellt worden, ob „der weit ausstrahlende Ruhm des Prinzen Eugen den Zaren gerettet" habe (Wittram), d. h. die Furcht vor einem Eingreifen Österreichs. Schließlich hat man gemeint, der Friede sei durchaus im Interesse der Türken – wenn auch gewiß nicht in dem der Schweden – gewesen, da die Pforte dadurch den Rücken frei bekam für ein Vorgehen gegen Venedig (Sumner). Wie dem auch sei, für Rußland hatte paradoxerweise die Niederlage am Pruth die Früchte des Sieges von Poltáwa gerettet.

Nun konnte Peter wieder offensiv gegen Schweden vorgehen. Aber der Krieg zog sich noch bis zum Jahre 1721 hin. Die zweite Phase des Nordischen Krieges führte nach Beendigung des spanischen Erbfolgekrieges (1713) zu einer starken politischen und militärischen Ausweitung und zu sehr komplizierten internationalen Verwicklungen, auf die hier nicht eingegangen werden kann. Im Zuge dieser Entwicklung wurde Rußland politisch wie militärisch tief in die Austragung innereuropäischer Auseinandersetzungen hineingezogen und auch an ihnen aktiv beteiligt. Im Kampf um die schwedischen Besitzungen in Deutschland haben damals erstmalig russische Truppen in Norddeutschland gestanden (1711–1712), Ménschikows Hauptquartier war in Greifswald (1713). In Finnland besetzten die Russen Helsingfors und Åbo und setzten am Ende des Krieges auch nach Schweden über (1719), wo sie nicht minder fürchterlich hausten als seinerzeit in Livland.

Politisch wurde die Lage für Peter nach dem Tode Karls XII. (1718), mit dem er bereits Friedensverhandlungen angeknüpft hatte, sehr kritisch, als in Schweden ein Umschwung – gegen einen Friedensschluß – eintrat, die englische Flotte zum Schutze Schwedens in die Ostsee einlief, Sachsen, das sich in seinen Hoffnungen auf Livland durch Peter getäuscht sah, die Seite wechselte und der Kaiser mit den Kurfürsten von Sachsen und Hannover eine Allianz gegen Peter schloß, wodurch dieser in völlige Isolierung geriet. Die Ironie des Schicksals wollte, daß ein von diesen politischen und militärischen Ereignissen unabhängiger „kapitalistischer" Vorgang im Westen, nämlich ein englischer Finanzkrach, Rußland damals vor einem Kriege mit England, der unabsehbare Weiterungen hätte nach sich ziehen können, bewahrt hat. Schließlich kam es doch noch im finnischen Städtchen Nystadt zum Frieden (10. 8. 1721).

Im Nystädter Frieden hat Peter mehr gewonnen, als er ursprünglich gehofft hatte, und auch mehr, als seine Bundesgenossen ihm zubilligen wollten. Ursprünglich hatte er sich mit Ingermanland und Karelien begnügen wollen. Nicht nur Sachsen, das selbst auf Livland Anspruch erhob, auch Hannover und England wünschten nicht eine Ausweitung Rußlands bis über Riga hinaus, und in seiner Notlage war Peter selbst, wie wir sahen, wiederholt bereit, auf Liv- und Estland zu verzichten. Jetzt aber erlaubten es die Umstände ihm, viel weitergehende Forderungen durchzusetzen. Er behielt außer Ingermanland und Karelien auch Estland und Livland. Die eroberten Teile Finnlands trat er gegen eine Zahlung (zwei Millionen Reichstaler) wieder an Schweden ab.

Die Bedeutung dieses Gebietszuwachses liegt keineswegs allein im Territorialerwerb und im Gewinn der Ostseeküste. Mit Estland und Livland wurden zum erstenmal Gebiete in das Russische Reich eingegliedert, die nicht nur, wie etwa Nówgorod, unter starkem europäischen Kultureinfluß gestanden hatten, sondern die in ihrer politischen, sozialen und wirtschaftlichen Struktur, im Niveau ihrer geistigen und materiellen Kultur, in ihrer geschichtlichen Entwicklung und damit in ihren Werttraditionen echtes Abendland waren. Diese Gebiete in sein durch ganz andere geschichtliche Faktoren bestimmtes Reich einzugliedern, ohne damit einen Bruch in ihrer Entwicklung herbeizuführen, war eine für Rußland neue und verantwortungsvolle Aufgabe. Peter hat sich ihr gewachsen gezeigt. Hierbei wirkte sich seine grundsätzliche Einstellung zum Westen und die von ihm parallel zu dieser Annexion vorwärtsgetriebene Europäisierung seines Vaterlandes günstig aus.

Peter verzichtete – in krassem Gegensatz zu den beiden Iwáns bei der Annexion Nówgorods – von vornherein auf eine Anwendung der traditionellen moskowitischen Methode der Gleichschaltung und Zwangsumsiedlung und ließ den neugewonnenen Provinzen ihr durch die dortige deutsche Oberschicht bestimmtes Eigenleben. Interessanterweise ist ihm das später von den Bolschewiken, die ihrerseits nach der Annexion derselben Gebiete die andere Methode anwandten, verübelt worden. Im Frühling 1941 erklärte die „Práwda", Peter der Große hätte „einen schweren Fehler" dadurch begangen, „daß er die Bewohner des Baltikums in ihrer Heimat beließ".

Schon im Jahre 1710 hatte Peter mit den Ständen in Livland – der Ritter- und Landschaft und der Bürgerschaft – Unterwerfungsverträge geschlossen, in denen dem Lande die Wahrung des überkommenen Rechtszustandes garantiert wurde, d. h. die Erhaltung der ev.-luth. Landeskirche, der Selbstverwaltung, des deutschen Gerichtswesens, der deutschen Sprache in Justiz und Verwaltung und des bisherigen Schulwesens. Im Nystädter Frieden wurden diese Zusagen bekräftigt. Es war dieses ein Vorgang von außerordentlich großer Bedeutung für Peters Europäisierungswerk. Dadurch, daß der Zar – der jetzt Kaiser war – nun auch über ein europäisches Land unter Achtung abendländischer Rechtsvorstellungen herrschte, faßte er schneller, als es ihm nur durch die Beteiligung an der europäischen Diplomatie möglich gewesen wäre, im abendländischen Boden Fuß. Andererseits gewann Peter in der deutschen Oberschicht dieses Landes ein geradezu unerschöpfliches Reservoir an Männern, die sich ihm und seinen Nachfahren im Laufe zweier Jahrhunderte als Abendländer und gleichzeitig russische Untertanen willig und freudig zur Mitarbeit an der grandiosen Aufgabe der Europäisierung des Riesenreiches zur Verfügung stellten.

So war Rußland nicht allein im außenpolitischen Verstande Mitspieler im europäischen Konzert geworden. Peter hatte gleichzeitig durch seine Heiratspolitik dynastische Verbindungen zu den europäischen Höfen geknüpft. Die erste dieser europäischen Heiraten war die Vermählung seiner Nichte Anna mit dem Herzog Friedrich Wilhelm von Kurland. Die Hochzeit wurde in Petersburg unter des Zaren und Ménschikows Regie so intensiv gefeiert, daß die körperlichen Kräfte des achtzehnjährigen Bräutigams diesen Strapazen nicht gewachsen waren und er unmittelbar nach der anstrengenden Feier starb (1711). Die russische Prinzessin zog darauf als junge Witwe nach Kurland, das damals polnisches Lehnsherzogtum war, und residierte dort bis zu ihrer Erhebung auf den Zarenthron. Noch im gleichen Jahr vermählte Peter seinen Sohn Alekséj mit Charlotte von Braunschweig-Wolfenbüttel, der Schwester der Frau des deutschen Kaisers Karl VI. Die dritte europäische Heiratsverbindung wurde durch Vermählung der Nichte Peters, Katharina, mit dem Herzog von Mecklenburg geknüpft (1716). Die vierte und dynastisch wichtigste europäische Heirat war schließlich die Vermählung der Tochter des Zaren, Anna, mit dem Herzog Karl Friedrich von Holstein. (Vgl. Stammbaum.)

Zum Symbol für das neugeschaffene Tor nach dem Westen wurde Peters Lieblingsschöpfung, sein „Paradies", die nun nicht mehr holländisch, sondern deutsch benannte Residenz Sankt Petersburg. Man hat das Entstehen Petersburgs die merkwürdigste aller Städtegründungen genannt, aber merkwürdig ist ein viel zu blasses Wort, und man ist verlegen, einen Ausdruck zu finden, der auch das ganze damit verknüpfte Grauen wiedergibt.

Die Stadt wurde in einen Sumpf hineingebaut; es fehlten alle Voraussetzungen dafür. Infolgedessen waren die immer von neuem mit erschreckender Selbstverständlichkeit verlangten und gebrachten Opfer an Menschen geradezu unvorstellbar. Jedenfalls hat die Errichtung dieses „Paradieses" mehr Menschen das Leben gekostet als Peters Kriege. Die neue Residenz wurde – nach einem berühmt gewordenen Wort von Kljutschéwskij – auf einem „Friedhof" von wahrscheinlich weit mehr als 100 000 Toten erbaut. Um die dafür erforderlichen Menschenmassen zu beschaffen, ließ Peter regelrechte Aushebungen durchführen; hinzu kamen zur Zwangsarbeit verurteilte Verbrecher. Die Ausfälle an Krankheit waren im ungesunden Sumpfgebiet enorm; infolge von Überschwemmungen (bei ungünstigem Winde) ertranken Tausende, aber der Zar fand es – in einem Brief – amüsant und komisch anzusehen, wie die Menschen in den Baumkronen saßen oder sich ertrinkend an die Trümmer klammerten. Es fehlte an der nötigen Kleidung und noch mehr am unerläßlichen Werkzeug. Die zur Arbeit in die Newasümpfe deportierten Bauern haben die Entwässerungskanäle

z. T. mit den Händen gegraben und die Erde in Kleiderzipfeln abgetragen. Aber das Soll mußte erfüllt werden; Peter trieb fortgesetzt zur Eile.

Große Schwierigkeiten bereitete natürlich die Errichtung von Bauten. Um einen festen Grund zu schaffen, mußten erst ungezählte aus Balken gezimmerte und mit Steinen gefüllte Kästen in den Boden abgesenkt werden. Zunächst entstanden Holzhäuser, aber Peter wünschte eine steinerne Stadt. Viele berühmte ausländische Architekten – u. a. Andreas Schlüter – haben damals in Petersburg gegen die Ungunst der Natur angekämpft. Den ersten Palast aus Stein errichtete Ménschikow. Von weiteren 1000 Adligen und reichen Kaufleuten verlangte Peter, daß sie Steinhäuser bauten. Um die benötigten Steinbaumeister dafür zu gewinnen, verbot der Zar im ganzen übrigen Reich für mehrere Jahre die Errichtung von Gebäuden aus Stein.

Wie alles bei der Entstehung dieses „Paradieses", so erfolgte auch seine Besiedlung durch eisernen Zwang auf dem Wege der altbewährten Methode der Umsiedlung, die in diesem Fall radikal angewandt wurde. Dabei waren die Verkehrswege so, daß diese aus dem Morast gestampfte Großstadt noch Jahre hindurch auf dem Landwege zu bestimmten Zeiten nur reitend erreicht werden konnte, wobei die angeschwollenen Flußarme durchschwommen werden mußten. Durch Zwang sollte auch der Außenhandel von Archangelsk nach Petersburg verlegt werden. Interessanterweise haben sich aber die ausländischen Kaufleute, weil sie ihre Waren im sumpfigen Gebiet nicht stapeln konnten, dem mit Erfolg widersetzt. Viele Zwangsmaßnahmen zugunsten Petersburgs erfolgten, ganz gegen die sonstige Art Peters, um des reinen Prestiges willen und waren nicht durch praktische Notwendigkeiten diktiert, um so weniger, als Rußland ja jetzt in Reval und Riga gut ausgebaute und brauchbare Ostseehäfen besaß.

Entgegen allen Widerständen und ungeachtet aller Opfer wurde aber das Soll erfüllt. Petersburg wurde, trotz seiner verkehrs- wie verwaltungstechnisch ungünstigen Lage, nicht nur zur neuen Residenz des Zaren, sondern für die weiteren 200 Jahre zum Mittelpunkt und Angelpunkt der geschichtlichen Entwicklung Rußlands. Der drei Jahre nach Peters Tod gemachte Versuch, der Newastadt ihren Rang zu nehmen und Moskau wieder in seine alten Rechte einzusetzen, führte nur zu einem kurzen – kaum vierjährigen – Zwischenspiel. Petersburg setzte sich durch. Es blieb aber eine von den Russen ebenso leidenschaftlich geliebte und verherrlichte wie abgründig gehaßte und verabscheute Stadt.

Gleich nach Beendigung des Nordischen Krieges wurde Peter nach der anderen, der asiatischen, Seite hin aktiv. Es ist gerade in jüngster Zeit betont worden, daß der Zar bei aller Europäisierungsleidenschaft auch dem nach Osten gewandten Gesicht seines Reiches durchaus Rechnung trug, – auch darin an seine Vorgänger anknüpfend. Er habe nicht nur das Fenster nach Europa aufgestoßen, sondern auch „versucht, es nach Asien zu öffnen" (Hoetzsch). Vom Schwarzen Meer abgeschnitten und infolgedessen um so mehr am Kaspischen Meer interessiert, begann er einen Krieg gegen Persien (1722). Auch wirtschaftspolitische Erwägungen – die Absicht, den Seidenhandel vom Landweg über die Türkei auf dem Wasserweg über Petersburg umzuleiten – spielten dabei mit. Die Russen eroberten Derbent und Baku und gewannen im anschließenden Frieden (1723) die Westküste (Kaukasusküste) des Kaspischen Meeres.

Auch Peters Interesse für Sibirien und den Fernen Osten wurde durch sein Ostsee-Interesse nur überdeckt, nicht verschüttet. – Es war bereits darauf hingewiesen worden, wie erstaunlich leicht und schnell im 16. und 17. Jahrhundert der Durchstoß durch ganz Sibirien bis zum Stillen Ozean erfolgte (vgl. S. 181). In Wirklichkeit war es natürlich viel mehr als ein Durchstoß. In fortgesetzten Kriegs- und Handelsexpeditionen waren riesige Gebiete unterworfen und dem Zaren tributpflichtig gemacht worden. Der gesamte Norden Asiens wurde so erschlossen. Dabei spielte nach wie vor private Initiative – Abenteurerlust, Wagemut und natürlich Gewinnstreben – eine sehr große Rolle und vermengte sich untrennbar mit staatlicher Förderung, Lenkung und Organisation.

Diese neu gewonnenen Gebiete waren von unkultivierten Nomaden- und Jägerstämmen verschiedener Rasse und Sprache bewohnt, von Horden, die ihren früheren kriegerischen Charakter verloren hatten und ohne staatliche Organisation den vordringenden Russen keine wirksame Gegenwehr entgegenstellen konnten.

Leicht zu erobernde, aber, wie sich bald zeigen sollte, schwer zu verwaltende Gebiete. Als aber die Russen im Chinesischen Reich auf einen organisierten Staat stießen, wurde ihrem Vordringen von China erstmals ein Riegel vorgeschoben. Im Jahre des Sturzes der Zarewna Sófja, als Peter nominell bereits Zar war, wurden (im Vertrag von Nertschinsk, 1689) die Territorien Rußlands und Chinas für lange Zeit gegeneinander abgegrenzt. Dabei sahen die Russen sich veranlaßt, sich aus dem bereits eroberten Amurgebiet wieder zurückzuziehen.

Für Peter war der sibirische Kolonialraum vor allem siedlungs- und wirtschaftspolitisch interessant. Der sehr bedeutsame sibirische Pelzhandel wurde 1697 monopolisiert und die bäuerliche Besiedlung, auch auf dem Wege der Verschickung und Verbannung, systematisch gefördert. Auch Kriegsgefangene hatten an der Peuplierung der Riesenräume ihren Anteil. Nach der Schlacht von Poltáwa wurden so viele schwedische Gefangene nach Sibirien verbracht, daß dort sogar eine evangelische Gemeinde entstand. Gegenüber der heidnischen und mohammedanischen Bevölkerung wurde eine, schon früher begonnene, systematische Mission der orthodoxen Kirche fortgesetzt, um „mit festen Beweisen aus dem Heiligen Evangelium viele Seelen aus dem Reich der satanischen Finsternis ans Licht der Erkenntnis Christi zu führen", wie es in einem Ukas Peters hieß. Seit 1668 hatte ein Metropolit für ganz Sibirien in Tobolsk seinen Sitz. So wurde über siedlungs-, handels- und kirchenpolitische Maßnahmen das Band zwischen dem russischen Mutterland und seiner sibirischen Kolonie immer fester geknüpft, – ein Prozeß, der aufs Ganze gesehen nach zwei Jahrhunderten weltpolitische Bedeutung gewinnen sollte.

Das äußere Zeichen der neuen Stellung Rußlands und seines Monarchen war der Imperatortitel, den Peter nach dem Ende des Nordischen Krieges „auf Bitten des ganzen Volkes" annahm. Der Kanzler Golówkin hielt dabei eine überschwengliche Rede, in der er Peter als „den Großen" und „Vater des Vaterlandes" anredete, der Rußland „aus dem Dunkel der Unwissenheit auf die Weltbühne des Ruhmes ... aus dem Nichtsein ins Sein" geführt habe. Peter selbst hatte sich bereits 1710 Zar und Imperator von ganz Rußland genannt. Jetzt nannte er sich Gossudár Imperator

Wserossíjskij, und der Kaisertitel sollte ausdrücklich an die Stelle des Zarentitels treten. Der alte Ausdruck „Rus", der nur noch als historische Reminiszenz weiterlebte wie der jüngere Ausdruck „Moskowien", den Peter verbot, wurde jetzt durch die Bezeichnung „Rossíja" (Rußland) für den Staat, der ein Kaiserreich geworden war, ersetzt. Der sehr lange amtliche Titel Peters begann mit den Worten: „Von Gottes Gnaden Wir Peter I. Kaiser und Selbstherrscher von ganz Rußland[1], Moskau, Kiew, Wladímir, Nówgorod ..." usw. Zar war er nur von den ehemals tatarischen Gebieten Kasan, Astrachan und Sibirien. Es ist deshalb korrekt, die Herrscher über Rußland seit Peter nicht als Zaren, sondern als Kaiser zu bezeichnen, wie sie das selbst taten und wie das auch seitens ihrer deutschen Untertanen immer geschehen ist.

Die Reformen

Während des großen Krieges und in enger Wechselwirkung zu ihm führte Peter sein großes Reformwerk durch.

Es ist eine häufige Erscheinung in der Geschichte, daß ein Entwicklungsprozeß aus der Rückschau gesehen einheitlicher, systematischer, „vernünftiger" erscheint, als er tatsächlich gewesen ist. Das bezieht sich auch auf die petrinische Reform. Ein auf weite Sicht angelegter einheitlicher Plan lag nicht vor. Es war in der Reform – zunächst jedenfalls – überhaupt kein System. Die Maßnahmen wurden sprunghaft und oft überstürzt, je nach dem jeweiligen kriegsbedingten Bedürfnis, meist auf nahe Sicht getroffen. Was unter dem Druck der Kriegslage und des Menschenverschleißes im Petersburger Sumpfgebiet im Augenblick vordrinlich war, wurde getan; das Weitere mußte sich daraus ergeben. So zog eine Reform die andere nach sich und führte „von selbst" (Platónow) zu der tiefgehenden Umgestaltung der Verhältnisse im Reich. Dabei blieben aber das Herrschaftssystem und auch die Sozialordnung im wesentlichen unverändert.

[1] Die amtliche deutsche Übersetzung „aller Reußen" ist sachlich ungenau. Die bessere französische Übersetzung lautet »des toutes les Russies«.

Die Maßnahmen hatten primär den Zweck einer technischen Verbesserung des Funktionierens der staatlichen Machtinstrumente. Die Methode der Durchführung war, wie im Falle Petersburg, zum großen Teil echt moskowitisch. „Der Schritt von Moskau fort wurde more moscovitico vollzogen." (Wittram.) Peter setzte dabei als selbstverständlich voraus, daß mit Gewalt und Zwang alles zu erreichen sei und daß der Mensch, seine Rechte, seine Freiheit und auch sein Leben, eine sehr geringe Rolle spielen.

Die neuere Forschung ist sich darüber einig, daß das Reformwerk Peters – der von ihm begründete „Regelstaat", wie man es neuerdings formulierte – nur unter dem Gesichtspunkt seiner sittlichen Grundlegung richtig zu werten ist. Der Reform lag der Gedanke einer für alle, auch für den Monarchen selbst, geltenden Dienstverpflichtung zugrunde. Zugespitzt könnte man es so formulieren: die Bauern sollten den Herren dienen, die Herren dem Herrscher und der Herrscher, und damit indirekt alle, dem Reich. Jeder sollte, wie vorher die großen Iwans es verlangten und wie nachher die Bolschewiken es verherrlichten, „ein gehorsames Werkzeug der Staatsdisziplin" sein. Das war für Rußland nicht neu. Ganz neu und fremd war aber das äußere Gesicht, das Peter im Zuge dieser Reformen seinem Staate und der Gesellschaft verlieh, das natürlich in innerer Beziehung zu den Maßnahmen selbst stand und diese dadurch oft fremder erscheinen ließ, als sie tatsächlich waren. Insofern kommt den augenfälligen Äußerlichkeiten eine sehr große Bedeutung zu.

Gleich nachdem Peter von seiner Auslandsreise „mit des Königs in Pohlen rokh, huet und schlechtem Degen" heimgekehrt war, änderte er die in Rußland übliche Tracht – durch Dekret – nach europäischem (ungarischem) Muster. Das Dekret galt nicht für Personen geistlichen Standes, Fuhrleute und die das Feld bestellenden Bauern. Ein besonderes Ärgernis für ihn war die traditionelle Barttracht. Den ihm, nach seiner Rückkunft nach Moskau, huldigenden Würdenträgern schnitt er eigenhändig die Bärte ab. Er erlaubte auch den Bauern nicht, Bärte zu tragen, womit er sich bei ihnen allerdings nicht durchsetzte und gleichzeitig auf religiöse Widerstände stieß, da der Bart als Zeichen der Gottähnlichkeit galt. Die Geistlichkeit wurde von dieser Bestimmung allerdings nicht berührt. Auch wurden andere Ausnahmen zugelassen, wenn dafür entsprechend gezahlt wurde.

Peter führte eine gänzlich neue Art der Geselligkeit ein: zwangsweise zu veranstaltende Feste unter zwangsmäßiger Beteiligung der bislang davon ganz ausgeschlossenen Frauen, Neuerungen, die in diesem Bereich allerdings planvoll auf weite Sicht angelegt waren und noch dadurch an Schärfe gewannen, daß sie mit der bereits erwähnten öffentlichen Verhöhnung altmoskauer kirchlicher und weltlicher Bräuche verbunden wurden. Der Zar war im Jahre 7180 geboren worden. Damals galt in Moskau noch die byzantinische Zeitrechnung seit Erschaffung der Welt. Am 1. Januar 1700 führte Peter die neue Zeitrechnung ein. Das alles gab den Reformen von außen gesehen ein recht einheitliches Bild.

Für die Kriegführung am wichtigsten war natürlich die Heeresreform. Von der Auflösung der alten Strelitzentruppe haben wir schon gehört. Die längst begonnene Reorganisation des Heeres durch Aufstellung regulärer Regimenter, vorwiegend nach preußischem Muster, wurde jetzt forciert. Gleichzeitig wurden die Kosaken in der Form spezieller Kosakenregimenter in die Armee eingegliedert. Ausländische Offiziere und Instrukteure waren dabei unentbehrlich. Um die Soldaten für die durch starke Verluste immer wieder dezimierte, in ihrer Gesamtstärke aber vergrößerte Armee zu beschaffen, wurde ein ungeheuer hartes Rekrutierungssystem eingeführt[1]. Der Dienst war praktisch lebenslang. Wer einmal eingezogen war, mußte damit rechnen, nie mehr zurückzukommen. In der Regel mußten zwanzig Höfe einen Rekruten stellen; die Familien der Geistlichen waren vom Militärdienst befreit. Parallel dazu lief noch die Rekrutierung für den Bau des Petersburger Paradieses.

Sich durch Flucht in die Wälder einer Erfassung zu entziehen oder nach der Erfassung zu desertieren, wurde trotz hoher Strafen zu einer Massenerscheinung. Oft mußten Rekruten in Ketten abgeführt werden; sie wurden, um eine Desertion zu verhindern (seit

[1] Die Gesamtzahl der Truppen betrug beim Tode Peters des Großen 200 000 Front- und Garnisontruppen, 75 000 Kosaken und 80 000 Matrosen, bei einer Einwohnerzahl von 14 Millionen.

1712), mit einem Kreuz gebrandmarkt. Aber auch hier wurde das Soll – nicht nur quantitativ! – erfüllt. Der russische Soldat galt bereits damals und auch später als vorbildlich gut; zumal seine bereitwillige Unterordnung und seine Fähigkeit, Entbehrungen aller Art zu ertragen, wurden gerühmt.

Interessanterweise streitet die sowjetische Geschichtsschreibung (in ihrer führenden Zeitschrift „Woprósy Istórii") mit Entschiedenheit ab, daß die Heeresreform nach deutschem Vorbild erfolgt sei. Sie sei vielmehr nach russischem System, „dem fortschrittlichsten in ganz Europa", organisch aus der Entwicklung des 17. Jahrhunderts erwachsen; erst später sei „das Offizierscorps mit Ausländern verunreinigt" worden. Man wird aber nicht abstreiten können, daß die Heeresreform entscheidend durch diese ausländische Verunreinigung bestimmt wurde. Das gleiche gilt von dem Flottenbau, den Peter zumal in der zweiten Hälfte des Nordischen Krieges auf den zahlreichen von ihm errichteten Werften – in Worónesh und Archangelsk, am Swir und in Petersburg – hauptsächlich mit Hilfe englischer Meister stark vorantrieb. Ganz ohne Vorbild ist auch der Schiffsbau in Rußland nicht gewesen; nachweislich hat seit Grósnyj eine wenn auch sehr bescheidene Flotte bestanden. Da das dazu notwendige Rohmaterial, Holz, Hanf, Flachs, Pech, Teer, reichlich vorhanden und die Arbeitskraft sehr billig war, stellten sich die Schiffsbaukosten in Rußland erheblich niedriger als im Auslande.

Auch Peters Wirtschaftspolitik war weitgehend durch die Kriegsbedürfnisse bestimmt. Beherrscht von merkantilistischen Ideen, war er entschlossen, die Reichtümer des Landes zu erschließen und zu nutzen. Um möglichst viel Waren ausführen zu können und nach Möglichkeit wenig einzuführen, mußten die Waren in Rußland selbst fabriziert werden. Peter wurde zum Begründer der russischen Großindustrie. Fabriken (Manufakturen) hatte es auch vorher gegeben, aber jetzt wurde die industrielle Entwicklung mit rigorosen Zwangsmaßnahmen durch Vermehrung der Betriebe und durch Vergrößerung der Belegschaften bis zu Fabriken mit über 1000 Arbeitern vorwärtsgetrieben. In erster Linie handelte es sich dabei um Waffen- und Munitionsfabriken, Werften, Textil- (Segeltuch) und Papierfabriken. Auch den Bergbau (Eisenwerke) hat Peter unter Heranziehung ausländischer Sachverständiger stark gefördert.

Um die Industrie zu beleben, wurde auch leibeigenen Bauern gestattet, Fabriken zu gründen; Unternehmer wurden vom Kriegsdienst befreit und erhielten steuerliche Vergünstigungen. Damit wuchs natürlich der Bedarf an Arbeitern. Um ihn zu decken, verfügte Peter, daß Läuflinge, wenn sie in Fabriken arbeiteten, entgegen dem Gesetz ihren Herren nicht ausgeliefert zu werden brauchten. Unternehmern, auch nichtadligen, gestattete er ganze Dörfer aufzukaufen, falls sie mit den Fabriken unlösbar verbunden wurden.

Der zwangsweisen Heranziehung der Bauern zur Arbeit stand, wie erwähnt, die Dienstverpflichtung des Adels gegenüber. Peter führte für alle Adligen ohne Unterschied die Staatsdienstpflicht ein, wobei zwei Drittel für den Militärdienst und ein Drittel für den Zivildienst vorgesehen waren. Jeder einzelne mußte von seinem 15. Lebensjahr an von der Pike auf, als gemeiner Soldat oder Schreiber, anfangen und praktisch lebenslang dienen. Es wurde bereits darauf hingewiesen, daß durch diese Dienstpflicht des Adels die Arbeitspflicht der Bauern ihre staatsethische Rechtfertigung erhielt. Ein jeder, auch der Nichtadlige, konnte grundsätzlich zu den höchsten Rängen aufsteigen, wobei er mit der Erlangung des entsprechenden Ranges auch automatisch den Adel erwarb. Dem lag der Gedanke zugrunde, daß nicht Herkunft, sondern Leistung Adel verleiht. In einem gewissen Widerspruch dazu stand die Bestimmung, daß der durch Verdienst erworbene Adel auch erblich war. Aber jeder konnte sich den Adel erdienen.

Um diesen Grundsatz in ein System zu bringen, gab Peter seine berühmt gewordene, bis 1917 in Geltung gebliebene „Rangtabelle“ (tabélj o rángach, 1722) heraus, nach der alle Ämter des militärischen und zivilen Staatsdienstes in 14 Rangstufen eingeteilt wurden. Da der Rang (tschin) Ehre verlieh, wurden die Inhaber der acht oberen Ränge, gleichgültig ob Russen oder Ausländer, ausdrücklich den Trägern des besten ältesten Adels gleichgestellt. Eine Konzession an den alten Hochadel wurde insofern gemacht, als dessen Söhne in exklusiven und besonders bevorzugten Garderegimentern dienen durften, die später eine erhebliche politische Bedeutung erlangen sollten.

Mit dem Dienstzwang des Adels war auch ein Lernzwang verbunden. Von ihrem 10. bis zum 15. Lebensjahr mußten die Adelssöhne die sog. Ziffernschulen besuchen, in denen unter praktischen Gesichtspunkten in erster Linie Mathematik (Arithmetik und Geometrie) gelehrt wurde. Wer sich dem Lernzwang entzog, wurde hart bestraft, er durfte z. B. nicht heiraten, konnte auch nicht zum Offizier befördert werden; gleichwohl kam es immer wieder vor, daß die Lehrer ohne Schüler blieben, weil diese sich unsichtbar machten, bis sie vom Militär regelrecht zum Schulbesuch ausgehoben und interniert wurden. Gleichzeitig wurde aber den Bauernsöhnen der Schulbesuch verboten.

In seiner Adelspolitik blieb Peter mithin einerseits in der Moskauer Tradition, schuf aber andererseits den nunmehr die gesamte Aristokratie umfassenden neuartigen Stand der Staatsfunktionäre, der in mancherlei Hinsicht an die, desgleichen aus praktischen Bedürfnissen heraus geschaffene, Funktionärsaristokratie im bolschewistischen Rußland mehr erinnert als an die abendländische Feudalaristokratie. Der russische Adel wurde auf diesem Wege so demokratisiert wie kein Adel in Europa, denn fortgesetzt wurde ihm dadurch aus den niederen Schichten des Volkes neues Blut zugeführt. Gleichzeitig bedeutete das auch eine Bürokratisierung, denn der grund- und bauernbesitzende Landadel verschmolz mit dem Beamtentum. Zur wirtschaftlichen Sicherstellung der Staatsdiener trat an die Stelle der Gegenleistung durch Übertragung von Pomestjegütern die Entlohnung durch feste Bargehälter. Parallel dazu wurde die Zersplitterung der Güter durch Erbteilung verboten (1714). Erbe des ganzen Grundbesitzes sollte in der Regel der älteste Sohn sein, wenn kein Sohn da war, auch eine Tochter oder ein anderer Verwandter. Auf Grund der persönlichen Erfahrungen Peters mit seinem eigenen Sohn gewährte er aber ausdrücklich das Recht, den Erben (unter den Verwandten) selbst zu bestimmen.

Man hat diesen sich ständig durch Dienst und Verdienst erneuernden Adel das „zweifellos wertvollste Geschenk Peters an das zukünftige Rußland“ (Weidlé) genannt. Denn der Rangdienstadel ist fast 200 Jahre lang der eigentliche Träger der politischen, wirtschaftlichen und auch der kulturellen Entwicklung Rußlands gewesen. Fast alle bedeutenden Männer bis in die zweite Hälfte des 19. Jahrhunderts hinein, einschließlich der großen Revolutionäre, entstammten dieser Adelsschicht. Andererseits hatte die Rangtabelle und das automatische Aufsteigen in den Adel auch ihren Anteil daran, daß sich in Rußland kein eigenständiges Bürgertum entwickeln konnte.

Trotz der Anknüpfung an Moskauer Traditionen ist auch die Adelsreform als eine Europäisierungserscheinung anzusehen. In Einzelheiten war sie wesentlich nach ausländischen Vorbildern ausgerichtet. Das Fremde dabei wurde wiederum durch Äußerlichkeiten stark unterstrichen. Wie Peter den von ihm neugegründeten Orten mit Vorliebe deutsche Namen gegeben hatte – Petersburg, Kronstadt, Peterhof, Oranienbaum, Schlüsselburg usw. –, so wurden auch die neuen Ränge fast durchweg mit fremden, meist deutschen Namen bezeichnet, vom Unteroffizier und Feldwebel bis zum Kammerherrn, Stallmeister und Oberhofmeister. (Diese Worte wurden nicht etwa ins Russische übertragen, sondern einfach russisch ausgesprochen und mit russischen Buchstaben geschrieben.) Auch die neueingeführten Adelstitel waren fremd (Graf, Baron).

So stark der Adel durch die immer höher geschraubten Anforderungen auch angespannt war – die schwerste Last ruhte eindeutig auf der bäuerlichen Bevölkerung. Peter war theoretisch bauernfreundlich; er hat die Bauern als „die Arterien des Staates" bezeichnet und verlangt, sie zu pflegen und nicht übermäßig zu belasten; er hat sich auch mit Schärfe dagegen gewandt, daß man sie „einzeln wie Haustiere" verkauft. Faktisch hat sich aber die Lage der Bauern in der Regierungszeit Peters des Großen materiell wie rechtlich erheblich verschlechtert.

Es gab damals außer den immer mehr in persönliche Abhängigkeit von ihren Herren geratenden Leibeigenen und den sich in besserer sozialer Lage befindenden Domänenbauern auch noch Sklaven (Cholópen), die als Privateigentum ihrer Besitzer galten und infolgedessen nicht, wie die übrigen Bauern, besteuert wurden. Diesen Unterschied hob Peter auf und verschmolz die ehemals freien Bauern mit den ehemaligen Cholópen zu einer steuerpflichtigen bäuerlichen Masse. Der Zar hatte nämlich auf Grund seiner wiederholt veranstalteten Volkszählungen (seit 1710) festgestellt, daß trotz der Zunahme der Bevölkerung die Zahl der Höfe sich verringerte. Das erklärte sich dadurch, daß die Steuer von den Höfen erhoben wurde und die Bauern ihre Höfe zusammenlegten, um Steuern zu sparen. Um das Steueraufkommen zu erhöhen, führte Peter als Gegenmaßnahme an Stelle der Hofsteuer eine Personensteuer ein, die sog. Kopf- oder Seelensteuer, der auch die Cholópen unterlagen (1718). Die Höhe der Steuern wurde durch eine einfache Division des jeweiligen Geldbedarfs durch die Zahl der „Seelen" berechnet. Steuerpflichtig waren, d. h. als „Seelen" galten nur Männer.

Die Erwartungen Peters erfüllten sich insofern, als sich die Staatseinnahmen um zwei Millionen Rubel erhöhten. Wiederholte Erhebungen nannte man Revisionen, so daß die so erfaßten Bauern als „Revisionsseelen" bezeichnet wurden. Für das Aufkommen der Steuern seiner Revisionsseelen haftete der Herr. Dieser Zustand bestand bis zur Aufhebung der Leibeigenschaft in der Mitte des 19. Jahrhunderts und ist die Voraussetzung für den berühmten Roman Gógols „Die toten Seelen". Die Bindung der Bauern an den Herrn wurde noch dadurch erhöht, daß die Pflicht zur Auslieferung von Läuflingen – mit Ausnahme von Soldaten und Fabrikarbeitern – durch Ukas erneuert und durch einen weiteren Ukas verfügt wurde, daß die Herren aufrührerische Bauern mit der Knute züchtigen sollten. Auf diesen, von Peter geschaffenen, Voraussetzungen bildete sich im 18. Jahrhundert, zumal unter der Regierung Katharinas II., jene besonders krasse Form der Leibeigenschaft heraus, auf die noch zurückzukommen sein wird.

Ein besonderer Lieblingsgedanke Peters bei seiner Ständereform war die Schaffung eines Bürgerstandes. Auch dabei ließ er sich von fiskalischen Gesichtspunkten leiten, denn von einem (durch Dekret zu schaffenden) wohlhabenden Bürgerstand versprach er sich gesteigerte Einkünfte für den Staat. Selbstverständlich waren auch hier europäische Verhältnisse das Vorbild, zumal die Rechtsordnung der neu ins Russische Reich einverleibten deutschen Städte Riga und Reval. In diesen Städten war aber der Bürgerstand im Laufe von Jahrhunderten organisch gewachsen, und das soziale Leben war dort durch straff gegliederte ständische Korporationen charakterisiert. Das fehlte in Rußland. Die Possádleute der russischen Städte waren soziologisch etwas vollständig anderes als die freien Bürger in Riga und Reval.

Sehr bald mußte Peter einsehen, daß Ständebildung sich nicht dekretieren läßt. Sein Versuch, durch die Einführung städtischer Magistrate und Bürgermeister (sie wurden burmístry genannt) und durch die künstliche Einrichtung von Gilden (gíldii) und Zünften (zúnfty) sein Ziel zu erreichen, schlug fehl. Die Reform scheiterte völlig. „Die russischen Städte blieben in dem traurigen Zustand, in dem sie vorher waren" (Platónow).

Kriegsbedingt war auch Peters große Verwaltungsreform, die von altmoskowitischen Einrichtungen so gut wie gar nichts mehr übrigließ. Für einen Sémskij Sobór oder eine Bojarenduma war im Staate Peters des Großen natürlich kein Platz; es mußte etwas ganz Neues an die Stelle des überlebten Alten treten. Auf diesem Gebiet ließ sich allerdings auch dekretorisch manches erreichen.

Im Zusammenhang mit der begrifflichen Trennung von Herrscher und Staat und bedingt durch die fortgesetzte Abwesenheit des Zaren, begründete Peter (1711) eine Zentralbehörde, den „dirigierenden Senat" (prawítjelstwujuschtschij senát), der zunächst mit seiner Stellvertretung und der allgemeinen Aufsicht über alle Ressorts betraut wurde. Der ursprünglich aus neun Personen bestehende Senat wurde später in seinem Bestand und in seinen Befugnissen erweitert und hat, im 19. Jahrhundert als oberste richterliche Instanz, bis 1917 bestanden. 1722 erhielt diese Aufsichtsbehörde in der Person des dem Zaren persönlich unterstellten Generalprokureurs ihrerseits einen Aufsichtsbeamten. In Abwesenheit des Zaren trat der Senat an die Stelle des Herrschers. Ihm hatte Peter in seiner verzweifelten Lage am Pruth übertragen, den Nachfolger auf dem Thron zu ernennen. Allen war es – bei Todesstrafe – zur Pflicht gemacht, dem Senat ebenso zu gehorchen wie dem Zaren.

Die zahlreichen in ihren Kompetenzen nicht klar abgegrenzten und sich infolgedessen in ihrem Geschäftsbereich überschneidenden unzulänglich funktionierenden Prikase wurden allmählich abgebaut und an deren Stelle – nach schwedischem Muster – neue Sachressorts, die sog. Kollegien, gesetzt (1717). Bezeichnenderweise sollten die Präsidenten dieser Kollegien geborene Russen sein, während die Vizepräsidenten und auch die Räte zum großen Teil Ausländer waren. Dabei hat Peter sich bemüht, die Nachfahren der alten Bojarengeschlechter für seinen Kurs zu gewinnen und viele von ihnen in seine nächste Umgebung gezogen, wie die Dolgorúkij, Golízyn, Narýschkin, Scheremétjew, Streschnjów, Kurákin u. a. Auch der versoffene Romodánowskij gehörte dazu. Die ersten Mitglieder des Senats waren ausschließlich Russen, alle aus der alten Adelsschicht, darunter drei Fürsten.

Ihnen gegenüber standen allerdings die aus dem Nichts heraus vom Zaren an die Oberfläche gezogenen Emporkömmlinge, wie Jagushínskij und Ménschikow. Alexander Danílowitsch Ménschikow gehört zu den wenigen, die Peter auch persönlich sehr nahe gestanden haben. Nach Wittram ist kaum daran zu zweifeln, daß des Zaren Zuneigung zu ihm ein erotisches Element enthielt. Ménschikows Herkunft liegt im Dunkeln, der Legende nach hat Peter ihn buchstäblich auf der Straße aufgelesen, als der Knabe – er war mit Peter gleichen Alters – Piroggen verkaufte. Der begabte, energische, skrupellose und ehrgeizige Mann blieb zeit seines Lebens der typische Emporkömmling; seine Habgier überstieg jedes Maß. Peter hat ihn mit Gunstbezeigungen überhäuft, und der deutsche Kaiser hat ihn zum Fürsten des Römischen Reiches erhoben (1705). Zu den Emporkömmlingen gehörten aber auch Nichtrussen, z. T. Exoten, wie der Abessinier Hannibal, der Urgroßvater Alexander Púschkins. Von den zahlreichen Europäern haben unter Peter zwar viele hohe Würden bekleidet, aber eine entscheidende Bedeutung eigentlich nur seine Lehrer in der ersten Regierungszeit, vor allem Lefort, gehabt. Die große Zeit der Ausländer, zumal der Deutschen, begann erst nach dem Tode Peters.

Auch die Provinzialverwaltung wurde neu geordnet und das Reichsgebiet in acht Gouvernements mit je einem Gouverneur an der Spitze aufgeteilt. Zu Gouverneuren ernannte Peter fast ausschließlich Angehörige der alten Bojarengeschlechter. Gleichzeitig versuchte der Zar, wie in den Städten so auch auf dem Lande eine beschränkte Selbstverwaltung einzuführen, wieder nach dem Beispiel der Ostseeprovinzen und wieder mit negativem Erfolg. Die vom Adel gewählten Landräte (Landrátory), die selbstverantwortlich in der Gouvernementsverwaltung mitwirken sollten, wurden sehr bald zu Funktionären der Gouverneure.

Das Interesse Peters an brauchbaren „Werkzeugen der Staatsdisziplin“ wuchs in dem Maße, wie es sich zeigte, daß der neuaufgebaute Verwaltungsapparat keineswegs im gewünschten Sinne funktionierte. Auch diese Reform war überstürzt durchgeführt worden und hatte keine Zeit gehabt, sich im weiten und noch weitgehend uneinheitlichen Lande durchzusetzen. Die alten, auf die Tatarenzeit zurückgehenden Laster der Verwaltungsbeamten, Korruption und Unehrlichkeit, waren durch die Neuerungen keineswegs beseitigt. Peter hat dagegen einen erbitterten, praktisch erfolglosen Kampf geführt und ist dabei auch gegenüber den höchsten Beamten und den Gliedern der vornehmsten Familien nicht vor den grausamsten Strafen zurückgeschreckt, wie Nasenabschneiden und Zungenausreißen.

Beim Aufspüren der Schuldigen bediente er sich einer durchaus modern anmutenden Methode, nämlich der zur Pflicht gemachten risikolosen Denunziation. Es wurde dazu ein weit ausgebautes Spitzelsystem eingerichtet und den niederen Instinkten der Funktionäre – der sog. Fiskale –, wie stets in solchen Fällen, freier Lauf gelassen. Denunzianten wurden verschwenderisch belohnt: sie erhielten das halbe Vermögen, gegebenenfalls Rang und Amt, des zu Recht Beschuldigten. Sehr bald erwiesen sich Fiskale, einschließlich des Oberfiskals, der dafür hingerichtet wurde, nicht weniger bestechlich als die anderen Beamten.

Tief in das geschichtliche Leben selbst griff Peters Kirchenreform ein. Auch seine Kirchenpolitik stand im Zeichen der Vernunft und der Staatsraison. Er hat den immer noch sehr ausgedehnten Kirchenbesitz durch entsprechende Besteuerung dem Staate nutzbar gemacht, die großen Einnahmen der Klöster unter Hinweis auf die Armutspflicht der Mönche verstaatlicht und durch eine große Klosterreform (1722–1724) den Eintritt in die Klöster beschränkt, vorübergehend überhaupt verboten. Peter hatte eine tiefe Abneigung gegen den Mönchstand als einer für das Allgemeinwohl nutzlosen Einrichtung. Die Mönche wurden von ihm durch Ukas gezwungen, nutzbringende Arbeit zu leisten, von praktischer Krankenpflege bis zum wissenschaftlichen Studium;

sie erhielten eine militärische Klosterordnung, die ein preußisches Herz erfreuen konnte. Nach dem Bericht des preußischen Gesandten hat Peter aus den Mönchen „eine geistlich-regulierte Miliz nach dem Exempel der weltlichen Soldaten“ gemacht. Der Rückgriff des Staates auf den Kirchenbesitz war für Rußland auch nicht neu, desgleichen nicht das Bestreben, die Autorität des Staates der Kirche gegenüber stärker zur Geltung zu bringen. Neu war dagegen die Eingliederung der Kirchenverwaltung in die staatliche Gesamtverwaltung.

Nach dem Tode des Patriarchen Adrián (1700) ließ Peter den Patriarchenstuhl zunächst unbesetzt und übertrug die Verwaltung der Kirche provisorisch dem Metropoliten von Rjasan, Stefán Jawórskij. Mit der unbezweifelbaren Absicht zu verhindern, daß in Zukunft ein Patriarch neben oder womöglich über dem Zaren ein solches Gewicht gewönne, wie sein Urgroßvater Filarét es erreichte und wie Níkon es anstrebte, hat Peter in einem „geistlichen Reglement“ das Patriarchat abgeschafft und an Stelle des Patriarchen ein geistliches Kollegium unter dem Namen „Heiligster regierender Synod“ (swjatéjschij prawítjelstwujuschtschij sinód) gesetzt (1721). Dieses Kollegium bestand wie die anderen aus einem Präsidenten, Vizepräsidenten und Räten; es war im Rang dem Senat gleichgestellt. Wie der Senat erhielt auch der Synod einen – weltlichen – Aufsichtsbeamten, den Oberprokureur. Die Beschlüsse des Synods waren natürlich an die Bestätigung durch den Zaren gebunden, womit eine – oft genutzte – Möglichkeit zum Eingreifen in die Kirchenverwaltung gegeben war. Damit hatte Peter der Große die Grundlage für die Entwicklung der russischen Kirche zur Staatskirche gelegt.

Das geistliche Reglement bedeutete, wie man treffend bemerkt hat, den tiefsten Einschnitt in die russische Kirchengeschichte, „nicht nur die endgültige Abkehr vom Mittelalter und den noch älteren Grundlagen der Patriarchatskirche, sondern auch den großartigen Versuch, die russische Kirche der europäischen Gesamtkirche anzuschließen“ (Onasch). Der nächste Mitarbeiter Peters in kirchlichen Dingen und eigentliche Schöpfer der Reform, der ehemalige Rektor der Kiewer Theologischen Akademie und Erzbischof von Nówgorod, Feofán Prokopówitsch, stand unter protestantischem Einfluß. Auch als Theologe ging es diesem um eine Belebung der orthodoxen Theologie durch Heranziehung bestimmter protestantischer theologischer Grundgedanken; die Heilige Schrift stellte er über die Kirche und ihre Traditionen. (Ursprünglich hatte er das neubegründete Geistliche Kollegium auch Konsistorium nennen wollen).

Der einst von Níkon erhobene Anspruch auf Überordnung der Kirche (als Sonne) über den Staat (als Mond) war in sehr weite Ferne gerückt, ebenso die traditionelle Auffassung von einem unabhängigen Nebeneinander von Kirche und Staat. Im „Geistlichen Reglement" gab es einen Punkt (7), nach dem das einfache Volk davon abgehalten werden sollte zu glauben, „daß der Oberhirte der Kirche ein zweiter Herrscher neben dem Selbstherrscher sei". Gleichwohl verdient festgehalten zu werden, daß der Zar dadurch nicht an die Stelle des Patriarchen getreten war. Peter selbst hat das auch nie so aufgefaßt. In dogmatischen Fragen blieb der Synod die entscheidende Instanz, und weder Peter noch seine Nachfolger haben je versucht, in Dingen der Glaubenslehre mitzureden, so daß die Kirchenreform im Ergebnis „weder an dem Wesen der Frömmigkeit noch am theologischen Begriff der Kirche etwas geändert hat" (Neander).

Peters Reform hatte den Bedarf nach gebildeten, zumindest nach entsprechend ausgebildeten Menschen ungeheuer gesteigert. Ihn nur mit Ausländern zu decken war weder möglich noch beabsichtigt; es mußten dazu die Russen selbst herangebildet werden. Peter hat sich dieser Aufgabe mit Leidenschaft angenommen, zunächst durch Ausbau des Unterrichtswesens. Neben den bereits erwähnten Ziffernschulen, die zu besuchen Pflicht war, hat er – wie immer primär unter dem Gesichtspunkt der Nützlichkeit – zahlreiche Spezialfachschulen begründet, in erster Linie natürlich militärische (Artillerieschulen, Navigationsschulen, Ingenieurschulen, Bergschulen).

Peter der Große hatte eine sehr hohe Auffassung vom Wert der Wissenschaften. Sie zu fördern war er unermüdlich bestrebt. Er hat sich dabei außerordentlich vielseitig, ideenreich und voller Initiative gezeigt. Er hat Übersetzungen vor allem nützlicher Bücher ins Russische, und zwar in die allgemeine Umgangssprache und nicht in den üblichen gehobenen Buchstil, anfertigen lassen. Er hat zu diesem Zweck eine vereinfachte Schrift, die sog. bürgerliche Schrift, eingeführt. Unter seiner Regierung ist die erste russische Zeitung zuerst in Moskau und dann in Petersburg erschienen (1703). Er hat außer den Fachschulen auch sog. Gelehrtenschulen ins Leben gerufen, so z. B. ein „Gymnasium für Kavaliere“ unter Leitung des deutschen Pastors Glück aus Livland, in dessen Hause seine Frau Katharina Magd gewesen war. Er hat – auf Anregung von Leibniz – die Gründung einer Sozietät der Wissenschaften ins Auge gefaßt und ein Statut dafür entworfen (1724), ohne daß der Plan zu seinen Lebzeiten verwirklicht wurde. Er hat großes Interesse an wissenschaftlichen Forschungen gezeigt. Er hat im Namen der Wissenschaft die Bekämpfung des Aberglaubens verlangt und ist in diesem Sinne auch persönlich belehrend hervorgetreten. Zu seiner Freude ist er auch von der französischen Akademie der Wissenschaften hors de tout rang als Mitglied aufgenommen worden (1717).

Aber das Ergebnis dieser Art der Erziehung zur Bildung und zur Wissenschaft ohne festen Plan, ohne organischen Aufbau des Unterrichtswesens, gleichsam von oben beginnend und ohne die Voraussetzungen von unten herauf zu schaffen, war doch sehr fragwürdig. Gerade auf diesem Gebiet traten notwendigerweise bald empfindliche Rückschläge ein. Die Früchte der Kulturpolitik Peters, sofern sie überhaupt reiften, kamen entsprechend der Anlage und der Wirkung dieser Reform fast ausschließlich dem Adel zugute, bedingt auch der Geistlichkeit und einem kleinen Teil der Kaufmannschaft. Die Masse des Volkes hatte überhaupt keinen Anteil daran.

Vater und Sohn. Widerstände

Die Reaktion auf die Reformen war sehr unterschiedlich. Einerseits hatte Peter der Große viele willige Mitarbeiter und überzeugte Anhänger gefunden, keineswegs nur unter Ausländern und Emporkömmlingen. Die bereits erwähnten Angehörigen der alten Bojarenschicht wurden von ihm nicht nur herangezogen, sondern waren, jedenfalls zum großen Teil, wie neuerdings mit Nachdruck betont worden ist, auch feste Stützen seiner Regierung und seiner Reformpolitik. Auch unter den Geistlichen hatte er, wie wir sahen, überzeugte Anhänger. Hinzu kommt ein Umstand, der seine Parallele in den Verhältnissen nach dem sowjetischen Umsturz findet. Durch den Ausbau des Staatsapparates schuf Peter sich eine zahlenmäßig sehr starke Funktionärsschicht, deren Angehörige durch den Umbruch profitierten, an dem Bestand des Neuen unmittelbar interessiert waren und, unabhängig von ihrer subjektiven Beurteilung der Dinge, objektiv zu Trägern und Verteidigern des neuen Kurses wurden.

Andererseits waren die Widerstände gegen Peter von vornherein sehr stark und sind im Laufe seiner Regierung nicht schwächer geworden. Aber eine einheitliche Widerstandsbewegung, die fähig gewesen wäre, sein Werk zu vereiteln und wieder zunichte zu machen, war nicht vorhanden. Die Opposition war nur zum Teil grundsätzlicher Art, wie die der Altgläubigen und eines Teils der Geistlichkeit. Unabhängig vom Grundsätzlichen wurde die Unzufriedenheit und Mißstimmung durch die harten Realitäten hervorgerufen, zumal durch die wachsenden Anforderungen im Staatsdienst und die immer schwerer werdenden wirtschaftlichen Lasten. Die schwelende Unzufriedenheit, das mécontentement, das ausländische Beobachter mit großer Besorgnis in ihren Berichten immer wieder hervorhoben, war in allen Schichten anzutreffen, am meisten in den niederen Schichten des Volkes, und hat sich, wie erwähnt, auch in wiederholten offenen Aufständen entladen.

Peter ist gegen jede Art von Widerstand außerordentlich scharf unter Anwendung „greulichster Marter“ eingeschritten, auch dann, als es sich dabei um seinen eigenen Sohn handelte. Die von Häftlingen unter der Folter gemachten Aussagen sind z. T. überliefert. In ihnen kehren immer die gleichen Klagen wieder: „Seit Gott diesem Zaren den Thron gegeben, haben wir keinen heiteren Tag mehr. Alle werden bedrückt, es gibt stets neue Steuern.“ – „Er hat unsere Männer völlig ruiniert und ihre Familien dazu, indem er sie zu Soldaten machte. Wir und unsere Kinder sind schutz- und hilflos geblieben.“ – „Wenn der Zar noch lange lebt, wird er uns alle umbringen. Er ist ein Feind des Volkes.“ Neben diesen Klagen über Bedrückung und Not finden sich Wendungen, aus denen hervorgeht, daß man weitgehend das Verhalten Peters einfach nicht begriff und geradezu fassungslos die (in den überlieferten Aussagen immer wiederkehrende) Frage stellte: „Was ist das für ein Zar?“

Der Kampf gegen den Widerstand fand seine tragische Zuspitzung im dramatischen Konflikt zwischen Peter dem Großen und seinem Sohn Alekséj. Wir sind darüber durch zuverlässige Quellen (Briefwechsel zwischen Vater und Sohn, Protokolle, Berichte von Zeitgenossen) gut informiert und bedürfen nicht der Phantasie der Dichter, um auch von dieser tödlichen Auseinandersetzung ein richtiges Bild zu gewinnen.

Abgesehen von der menschlichen Tragik ist dieser Konflikt zumindest in seinem Ergebnis von eminenter geschichtlicher Wichtigkeit geworden. Es ging dabei keineswegs nur um einen Streit zwischen Vater und Sohn, um die schmerzliche Begegnung zweier völlig verschiedener Naturen und den innerlich notwendigen Triumph des starken Charakters über den schwachen; es ging auch nicht nur um die Thronfolge. Dahinter stand, und das gab der Angelegenheit ihr geschichtliches Gewicht, die entscheidende Frage um den Fortbestand des Werkes Peters des Großen. Dieses Drama war gleichzeitig ein Wettlauf mit der Zeit, d. h. mit dem Tode. Es ist damit nicht der Tod Alekséjs gemeint, sondern der Tod Peters.

Alekséj hat seinem Vater nicht nach dem Leben getrachtet, aber er hat mit dessen Tod gerechnet und ihn gewünscht. Der Zar war kein gesunder Mensch und oft auf den Tod krank. Wäre Peter, als der Konflikt mit Alekséj begann, also zehn Jahre vor seinem tatsächlichen Tode, d. h. wäre er vor Beendigung des großen Krieges, vor der Durchführung der wichtigsten Reformen, bereits 1715, wie sein Sohn es erhoffte, gestorben, dann wäre das Werk des großen Zaren wahrscheinlich im höchsten Grade gefährdet gewesen. Zehn Jahre später, als Peter wirklich starb, war die Lage bereits entscheidend verändert. In diesem Jahrzehnt hatten die Neuerungen immerhin so fest Wurzel geschlagen, daß die Entwicklung jedenfalls nicht viel anders weitergegangen wäre, als sie wirklich ging, auch wenn Alekséj damals noch gelebt und die Nachfolge seines Vaters angetreten hätte. Ihr dann noch eine andere Richtung zu verleihen, hätte mehr Kraft erfordert als Alekséj besaß.

Die Stoßkraft Peters war so ungeheuer stark, daß sie weit über seinen Tod hinaus noch viele Jahrzehnte nachwirkte. In diesem Fall war der Sohn der Exponent der Reaktion und der Vater der Exponent des Fortschrittes. Je länger der Vater lebte, auf um so verlorenerem Posten stand der Sohn. Insofern war der Tod Alekséjs historisch gesehen keine Notwendigkeit.

Alekséj war der ungeliebte einzige Sohn Peters von seiner ebenso ungeliebten verstoßenen ersten Frau. In seiner Veranlagung erinnerte er an seinen Großvater, dessen Namen er trug. Er hatte geistige, vor allem religiöse, gar keine technischen und noch weniger militärische Interessen und fühlte sich zum Umgang mit Geistlichen hingezogen. Für das Wesen und Wirken seines Vaters hatte er überhaupt kein Verständnis. Unsystematisch und schlecht erzogen – nicht ohne Peters Schuld, der für seinen Sohn keine Zeit hatte –, von seiner Umgebung, vor allem durch Ménschikow, früh verdorben, zu Ausschweifung und übermäßigem Alkoholgenuß verleitet, entwickelte er sich zu einem verweichlichten, willenlosen Jüngling, ohne Arbeitsfreude und ohne eigene Initiative. Seinem Vater war er in keiner Beziehung gewachsen. – Einundzwanzigjährig heiratete er während eines dreijährigen Aufenthaltes in Deutschland auf Peters Wunsch die Prinzessin Charlotte von Braunschweig. Als er fünfundzwanzig Jahre alt war, gebar ihm seine Frau einen Sohn und starb unmittelbar darauf.

Die oppositionellen Kreise, besonders aus der Geistlichkeit, die ihre ganze Hoffnung auf den Thronfolger setzten, hatten es verstanden, Alekséj schon früh für sich zu gewinnen. Von seinem Beichtvater war ihm versichert worden, daß Gott ihm vergeben werde, wenn er den Tod seines Vaters ersehnte. Mit den Worten: „Wir alle wünschen ihm den Tod, weil das Volk so schwere Lasten trägt“, solidarisierte sich der Geistliche mit ihm.

Aus den späteren Zeugenaussagen während des Prozesses geht hervor, daß Alekséj recht konkrete Vorstellungen davon hatte, was er im Falle einer Thronbesteigung tun würde. Es läßt sich so zusammenfassen: in Moskau wohnen, Petersburg eine gewöhnliche Stadt sein lassen, keine Schiffe halten, Truppen nur so viel, wie zur Verteidigung nötig sind, keine Kriege führen und sich mit dem alten Herrschaftsgebiet begnügen. – Dieses auf das Jahr 1715 zurückgehende „Programm“ entsprach durchaus der passiven Natur des Thronfolgers und kann gewiß in mancherlei Hinsicht gerechtfertigt werden. Allerdings war es den Absichten Peters genau entgegengesetzt. Eine Verschwörung lag aber nicht vor; eine Aktion zur Thronerhebung Alekséjs war nicht geplant.

Peter wußte, wie sein Sohn dachte und mit wem er Umgang pflog. „Es ist allen bekannt, daß Du mein Werk verabscheust... und nach mir sein Zerstörer sein wirst“, schrieb er dem Sechsundzwanzigjährigen. Was aber Peters Zorn in erster Linie erregte, das waren weniger die vagen Zukunftspläne seines Sohnes, sondern sozusagen der ganze Kerl. Ihn, sein Wesen und seinen Charakter wollte Peter – viel zu spät! – ummodeln und hat mündlich und schriftlich von ihm immer wieder, schließlich unter der Drohung, ihn „als brandiges Glied von der Nachfolge zu trennen“, verlangt, daß er sich ändere. Dieses Verlangen war undurchführbar. Alekséj hat schwächlich und unwürdig darauf reagiert, über den Verfall seiner „geistigen und körperlichen Kräfte durch mancherlei Krankheit“ geklagt, andere, vor allem Ménschikow beschuldigt, sich selbst als „verfaulten Menschen“ bezeichnet und – jedenfalls unaufrichtig – seine Bereitschaft zum Thronverzicht erklärt (Oktober 1715).

Peter hat den Verzicht offenbar nicht ernst genommen und weiter versucht, durch gesteigerte Drohungen und Forderungen auf den Sohn einzuwirken, worauf Alekséj sich zur Flucht entschloß und im geheimen nach Wien reiste (September 1716), um von seinem Schwager, dem deutschen Kaiser, Hilfe gegen seinen Vater, den russischen Zaren, zu erbitten.

Dadurch war die Angelegenheit zu einem internationalen Skandal geworden. Kaiser Karl VI. schob den unbequemen Asylsucher nach Neapel ab. Peter schickte seinen gerissensten und skrupellosesten Diplomaten, Graf Peter Tolstój – den Ahnherrn des großen Leo Tolstój –, nach Italien und ließ seinem Sohn das nie aufrichtig gemeinte, schriftlich bekräftigte Versprechen übermitteln, daß er ihm verzeihen werde, „worauf Du Dich fest verlassen kannst“. So betrogen entschloß sich Alekséj zur Rückkehr. In Petersburg wurde er inhaftiert und vor Gericht gestellt. Ein zu diesem Zweck gebildetes riesiges Gremium aus 126 Würdenträgern

– darunter drei Ausländer – fällte einstimmig das Todesurteil. Die letzte Entscheidung blieb im Einklang mit dem Herrschaftssystem dem Zaren selbst überlassen.

Peter hat jedenfalls geglaubt, daß mehr vorgelegen habe, als Alekséj zugeben wollte, nämlich eine Verschwörung. Um ein entsprechendes Geständnis von seinem Sohn zu erlangen, ließ er ihn foltern. Vielleicht hat er sich daran persönlich beteiligt, jedenfalls war er dabei. An den Folgen der Folter ist Alekséj gestorben (26. Juni 1718), noch bevor Peter das Todesurteil bestätigt hatte. Ob der Zar den Tod seines Sohnes bewußt herbeigeführt hat, liegt im dunkeln. Jedenfalls kam er ihm gelegen. Er hat sich auch völlig unberührt davon gezeigt.

In diesem Zusammenhang ist es interessant, daß bereits elf Jahre vorher in Frankreich eine Schrift erschienen war, nach der unter Anspielung auf Grósnyj von Peter gesagt wurde, er habe den Befehl gegeben, seinen Sohn hinzurichten. Damals hatte der russische Gesandte in Paris empört dagegen protestiert, da solche Handlungen der Natur sogar eines einfachen Bauern widersprächen. Eines einfachen Bauern vielleicht, aber nicht der Natur Peters des Großen.

Als der Konflikt zwischen Vater und Sohn ausbrach, war Peter bereits seit drei Jahren zum zweitenmal verheiratet und bekam einen Tag nach dem Thronverzicht Alekséjs einen Sohn, den er nach sich selbst Peter nannte. Der Knabe starb aber nach vier Jahren. Im Hintergrunde des Konfliktes stand die Mutter dieses Knaben, Katharina. Diese einfache, gänzlich ungebildete, auch des Schreibens nicht kundige, derbe aber gutartige, alkoholfreudige und dem Zaren sehr ergebene ehemalige Ehefrau eines schwedischen Dragoners war Magd im Hause eines Pastors Glück in Livland gewesen, dort hatte Ménschikow sie während des Krieges kennengelernt und sie zu seiner Geliebten gemacht; später hat der Zar sie von ihm übernommen. Katharinas Anteil am „Wunder am Pruth“ wurde bereits erwähnt. Gegen alle Widerstände im eigenen Lande und ungeachtet der Angriffsflächen, die sie den Ausländern bot – die Markgräfin von Bayreuth schrieb über sie, sie hätte „weder Anstand noch Grazie, und ihr Gewand war, wie auf dem Trödelmarkt gekauft, sehr mit Silber und Schmutz bedeckt“ –, hat Peter der Große sie zu seiner Gemahlin erhoben und kurz vor seinem Tode zur Kaiserin gekrönt, ohne allerdings ihr damit ein Recht auf die Nachfolge zu geben. Politisch blieb sie zu Lebzeiten Peters ganz ohne Bedeutung, aber ihr persönlicher Einfluß auf den Zaren war groß und sicherlich günstig. Als ein wesentlich mütterlicher Typus – schon als sie noch jung war, nannte Peter sie „Mudra" – übte sie eine wohltuende besänftigende, bei seinen Krampfanfällen heilende Wirkung auf ihn aus. Infolgedessen legte Peter großen Wert auf ihre Gegenwart und nahm sie überallhin mit, wobei sie sich allen Strapazen sowohl auf den Feldzügen wie bei seinen Saufgelagen vollauf gewachsen zeigte. Trotz ihrer Robustheit und ihres bäuerlich-litauischen Blutes hat sie aber die Substanz des degenerierten Románowgeschlechtes nicht zu erneuern vermocht. Von ihren elf Kindern waren nur drei Töchter lebensfähig. So ist sie auch dynastisch ohne Bedeutung geblieben.

Die Erfahrung mit seinem Sohn Alekséj veranlaßte Peter, in einem Thronfolgegesetz (1723) ausdrücklich festzulegen, daß nicht der älteste Sohn der Thronerbe sei, sondern daß dem Herrscher das Recht bleibe, „die Nachfolge zu bestimmen, wie er will". Er selbst, dessen Söhne alle vor ihm starben, wich einer Designierung seines Nachfolgers aber aus und verschob die Entscheidung so lange, bis sein eigener schneller Tod ihm zuvorkam.

Am Anfang des 19. Jahrhunderts wurde ein Testament Peters des Großen veröffentlicht. Es stammt aber nicht von ihm selbst, sondern ist eine Fälschung der Napoleonischen Propaganda aus dem Jahre 1812. Interessanterweise hat die Hitlersche Propaganda, obgleich die Falschheit des Dokuments längst nachgewiesen war, dieses Testament wieder hervorgeholt und, im gleichen rußlandfeindlichen Sinne wie Napoleon bei seinem Angriff auf Rußland, 1941 ausgewertet. Dieses Schriftstück charakterisiert die Intentionen Peters nicht unzutreffend, wohl aber überspitzt. Danach läuft sein außenpolitisches Vermächtnis darauf hinaus, fortgesetzt kriegsbereit gegen Europa zu sein mit dem Anspruch der Vorherrschaft (l'ambition de dominer) über die alten Staaten Europas, sich auf jeden Fall in innere Streitigkeiten Europas, besonders Deutschlands, einzumischen und russische Prinzen mit deutschen Prinzessinnen zu verheiraten – pour augmenter notre influence.

Peters ungeschriebenes und in dieser Form (nach Kenntnis des Verfassers) auch nicht ausgesprochenes, seinem Volk und Reich hinterlassenes Vermächtnis im Hinblick auf den Westen läßt sich in die von Stalin zwei Jahrhunderte später gerne gebrauchten zwei Worte zusammenfassen: dognátj i peregnátj – einholen und überholen. Zunächst natürlich einholen. Das war Peters großes Ziel. Es liegt darin das Eingeständnis einer Rückständigkeit gegenüber Europa. Darin war Peter bescheidener als seine Vorgänger auf dem Moskauer Großfürstenthron und auch als seine Nachfolger im sowjetischen Kreml. Ohne den Anspruch auf besondere Verdienste seines Volkes in der Kulturentwicklung der Welt zu erheben, war Peter gleichwohl durchdrungen von einem optimistischen Glauben an eine große Zukunft Rußlands, nicht nur im machtpolitischen Verstande, sondern in der Überzeugung, daß das russische Volk auch auf kultureller Ebene die westlichen Völker einholen und überholen werde. Im Jahre 1714 hat der Zar anläßlich eines Stapellaufes gesagt: „Ich vergleiche die Reise der Wissenschaften mit dem Umlauf des Blutes im menschlichen Körper. Und ich ahne, daß dieselben dereinst ihren Wohnsitz in England, Frankreich und Deutschland verlassen werden, um sich einige Jahrhunderte bei uns aufzuhalten und dann nach ihrer wahren Heimat Griechenland zurückzukehren.“ Das war damals ein geradezu utopischer Gedanke.

Am 28. Januar 1725 ist Peter der Große an einem seiner häufigen Krankheitsanfälle – wahrscheinlich infolge eines „erneuten massiven Alkoholstoßes“ (Wittram) auf seine kranke Leber – dreiundfünfzigjährig gestorben. Nach der amtlichen Überlieferung herrschte allenthalben große Trauer. Aber man wird sich darüber nicht hinwegtäuschen, „daß nicht nur das Ausland, sondern auch ganz Rußland aufatmete“ (Stählin). Ein russischer Volksbilderbogen zeigte einen toten Kater, den die Mäuse begraben.

In Europa fühlte man sich von einer bereits damals gelegentlich als „russische Gefahr“ bezeichneten Bedrohung befreit. In einem wenige Jahre vorher in London erschienenen Buch hatte es warnend geheißen: „Dann (d. h. wenn der Zar noch stärker wird) wird er uns ebenso gefährlich werden, wie wir ihn jetzt unterschätzen ... dann werden wir unsere Blindheit unbegreiflich finden, die uns seine Pläne verkennen ließ.“ In Rußland selbst fühlte man sich von einem lastenden Druck befreit und hoffte auf ein leichteres Leben. Aufs Ganze gesehen behielt aber sein getreuer Anhänger Feofán Prokopówitsch doch recht, wenn er in seiner den Toten verherrlichenden Grabrede sagte:

„Nicht völlig , o Russen, sind wir übermannt von Kummer und Trauer, denn nicht völlig hat uns dieser große Monarch, unser Vater, verlassen. Der unermeßliche Reichtum seiner Kraft und seines Ruhmes ist mit uns. Wie er Rußland geschaffen hat, so wird es bleiben.“

2. UM DAS ERBE PETERS

Sittenverderbnis. Kaiserinnen und Günstlinge

Peter der Große hatte ein unfertiges Werk hinterlassen. Überall waren neue Anfänge gemacht worden, die fortgesetzt werden wollten, neue Fundamente gelegt, auf denen weitergebaut werden mußte. Erst nach seinem Tode konnte sich erweisen, was vom Neugeschaffenen Bestand hatte und was nicht.

Bis zur Thronbesteigung Katharinas II. (1762) hat Peter keine würdigen Nachfolger gefunden, weder Vollender noch Fortsetzer seines Werkes, aber auch keine Zerstörer. Gleichwohl steht die weitere Entwicklung eindeutig im Zeichen seines Erbes. Alles was nach ihm geschah – ob bewußt für seine Reformen oder dagegen –, geht auf ihn zurück, im Positiven wie im Negativen. Erst nach seinem Tode wurde im ganzen Umfang deutlich, welche Gefahren der überstürzte Verwandlungsprozeß mit seinen äußerlich meist leicht zu überwindenden, innerlich aber schwer zu bewältigenden Neuerungen in sich trug. So zeigten sich neben unzweifelhaft segensreichen Folgen für den Staat und für das Volk und besonders für die Oberschicht auch höchst bedenkliche, z. T. verhängnisvolle.

Infolge der Überstürzung z. B. der Verwaltungsreform entstand ein übles Durcheinander alter abgebauter und neuer noch nicht durchgesetzter Einrichtungen, Hilflosigkeit im einzelnen und Verwirrung im ganzen. Das waren aber überwindbare und allmählich auch weitgehend überwundene technische Schwierigkeiten. Schwerer wog der Umstand, daß der Umwandlungsprozeß, sofern er über das Technische hinausging und den Menschen selbst erfaßte, sich auf die dünne Oberschicht beschränkte. Das führte zu einer Aufspaltung Rußlands in zwei sich in der Folgezeit immer weiter voneinander scheidende und durch eine immer tiefer werdende Kluft voneinander getrennte Teile. Der in Rußland schon vorher scharfe Gegensatz zwischen adliger Oberschicht und der bäuerlichen Masse wurde durch die Europäisierung noch weiter verschärft. Auch im äußeren Erscheinungsbild fand das jetzt seinen Ausdruck: die einen gingen bartlos, während die anderen Bärte trugen, die einen waren „nach deutscher Manier“ gekleidet, die anderen nach russischer Überlieferung, die einen sprachen – seit Mitte des 18. Jahrhunderts – „europäisch“ (französisch), die anderen die russische Volkssprache. Das war der sinnfällige Ausdruck dafür, daß beide Teile des gleichen Volkes in zwei verschiedenen Traditionen lebten. Die oft betonte Zwiespältigkeit oder innere Aufgespaltenheit der russischen Entwicklung zog sich durch die ganze Petersburger Periode und erwies sich als eine schwere, ja verhängnisvolle Last.

Für die Oberschicht hatte die rasche Europäisierung keineswegs nur positive Folgen, gerade die negativen zeigten sich bald. Es ist damit die „Sittenverderbnis“ gemeint, die für die Oberschicht während des ganzen 18. Jahrhunderts typisch wurde. Sie fand ihren augenfälligen Ausdruck im Niedergang der Gesellschaftsmoral, im ausschweifenden und aller Hemmungen baren Lebenswandel bei Hofe, an dem die Frauen mit Katharina II. an der Spitze ihren besonderen Anteil hatten; sie äußerte sich, wenn auch weniger augenfällig, aber für den Staat um so folgenschwerer, in der Lösung von allen ethischen Bindungen im Bereich öffentlicher Betätigung, die mit unerhörter Verantwortungslosigkeit und Willkür und offen zur Schau getragener Verachtung von Recht, Moral und Menschenwürde ausgeübt wurde. Bereits zu Peters Lebzeiten hatte der hannoversche Geschäftsträger F. C. Weber warnend ausgerufen: „Es wird in diesem Lande alles ein Ende mit Schrecken nehmen!“

Peter hatte seine Untertanen zu einer Dienstgesinnung erziehen wollen. Nach seinem Tode zeigte sich, daß der gewaltsame Sturz der alten Götter eine nachhaltigere Wirkung hatte als die Erhebung eines neuen. Der Halt, den die alte patriarchalische Ordnung der Oberschicht immer noch geboten hatte, war durch Peter zerbrochen und bestand nicht mehr. Der neue Begriff der Pflicht vor dem Vaterland war kein Ersatz dafür, weil er von den Nachfolgern Peters als lästig empfunden, bzw. nicht einmal begriffen wurde. „Die Idee des Vaterlandes war ihnen zu hoch ... sie fingen an, Rußland zum Narren zu halten und mit Rußland zu handeln, als sei es ihre Beute“ (Kljutschéwskij). Um so mehr Verständnis hatte man für die infolge der Reformtätigkeit freigewordene Gier nach so verführerischen Dingen wie Macht, Reichtum und Genuß. Man gab sich dem „Fortschritt“ hin, aber unter Fortschritt verstand man den eigenen Nutzen. Die Menschen, denen jahrzehntelang eingehämmert worden war, daß der Maßstab der Dinge, auch der kulturellen, deren praktischer Nutzen sei, stellten nun auch ihr persönliches Leben auf diesen Grundsatz.

Noch im 18. Jahrhundert ist ein Angehöriger dieser verderbten Oberschicht, Fürst Michaíl Schtscherbátow, in seiner berühmt gewordenen Schrift über die „Sittenverderbnis in Rußland“ (1790) diesen Dingen nachgegangen. Die „Laster, die sich in unser Leben einzuschleichen begannen ... die Genußsucht, die verschiedene heftige Begierden gebiert und um deren Befriedigung zu genügen, der Mensch oft vor nichts zurückschreckt“, waren nach Schtscherbátow unmittelbare Folgen der „notwendigen, aber übertriebenen Veränderungen durch Peter den Großen“. Er führte die Sittenverderbnis auch darauf zurück, daß Peter zwar den Aberglauben verminderte, gleichzeitig aber „den Glauben an das göttliche Gesetz selbst fortnahm ... Es schwand die sklavische Furcht vor der Hölle, aber es schwand auch die Liebe zu Gott und zu seinem Heiligen Gesetz“.

Kaum eine andere Periode der Geschichte Rußlands hat eine so herbe, ja verächtliche Kritik erfahren wie die Zeit nach Peter dem Großen. Das hängt gewiß auch damit zusammen, daß in eben dieser Zeit die Ausländer eine besonders große und augenfällige Rolle in Rußland gespielt haben. Der ganze Zorn der rückschauenden Historiker, zumal natürlich der russischen, über diese an tiefen Schatten so reiche Zeit wird in der Regel auf die Ausländer, besonders auf die Deutschen, gelenkt. Gerechterweise wird man aber feststellen müssen, daß die einzelnen in dieser Periode an die Oberfläche geschwemmten „Zeitlinge“ (wrémenschtschiki), ob Ausländer oder Einheimische, einander durchaus ebenbürtig waren und sich im Schlechten wie im Guten die Waage hielten. Natürlich gab es auch in dieser Zeit sowohl unter den Einheimischen wie unter den Deutschen erfreuliche Gestalten und positive Charaktere. Andererseits wird man auch nicht sagen können, daß es nur die

Deutschen gewesen seien, die das Werk Peters des Großen, das aus den Fugen zu fallen drohte, erhalten hätten (Schiemann). Eine Frontstellung zwischen Ausländern und Einheimischen gab es gar nicht. Noch weniger gab es eine deutsche Partei am Petersburger Hof. Das ist später von einigen deutschen Historikern gelegentlich bedauert worden, die elegische Betrachtungen darüber anstellten, was die Deutschen damals in Rußland hätten erreichen können, wenn sie einig gewesen wären. Es war auch nicht etwa so, daß die Ausländer unbedingt im Lager der Reformanhänger und die einheimischen Russen im Lager von deren Gegnern gestanden hätten. Die nur zu einem Teil sachlichen Gegensätze waren in so hohem Grade durch persönliche Rivalitäten, Eitelkeiten und Machtansprüche bestimmt, daß eine solche Parteibildung gar nicht zustande kam.

Peter der Große hatte die innerstaatliche Macht noch stärker als bisher auf die Krone konzentriert. Jene Faktoren, die früher noch ein Eigengewicht besaßen und gegebenenfalls gegen den Herrscher und im Falle seines Versagens auch für ihn bzw. an seiner Statt in die Waagschale geworfen werden konnten, die Kirche, der Bojarenrat, aber auch der Sémskij Sobór, hatten ihr früheres Gewicht verloren. Eben deshalb wurde die Frage der Thronfolge besonders bedeutsam zumal, als nach dem unerwarteten Tode des Kaisers in Ermangelung einer geregelten Nachfolge an der Staatsspitze ein Machtvakuum entstand. Niemand war da, der selbstverständlicherweise, wie das früher geschah, dieses Vakuum hätte ausfüllen können, außer den keineswegs selbstverständlich, durch Zufall oder durch die Gunst des verstorbenen Zaren oder auch durch eigene Verdienste von irgendwoher an die Oberfläche gelangten Einzelpersonen.

Nach dem Tode Peters war der prominenteste dieser neuen Männer Ménschikow. Da er selbst den Thron nicht besteigen konnte, so setzte er gestützt auf die Garden durch, daß seine ehemalige Geliebte, die nunmehr ganz unter seinen Einfluß geratene Zarinwitwe Katharina als regierende Kaiserin die Nachfolge Peters antrat. Der Vorgang war unerhört. Nicht nur, weil diese erste russische Kaiserin, eine ehemalige litauische Magd, für eine absolutistisch-autokratische Regierungsführung in einem jetzt anerkanntermaßen zu Europa gehörenden und auf Gleichwertigkeit mit den europäischen Kulturstaaten Anspruch erhebenden Reich in keiner Weise qualifiziert war – sie konnte gerade noch ihren Namen schreiben; Ménschikow selbst konnte übrigens auch kaum mehr –, sondern weil auch von innerrussischen Verhältnissen aus gesehen die Erhebung einer Frau auf den Thron allen durch Jahrhunderte gewahrten Traditionen und herrschenden Rechtsvorstellungen widersprach. Wohl hatten wiederholt Frauen die Regentschaft für minderjährige Zaren geführt, aber eine Frau als regierende Selbstherrscherin hatte es in Rußland noch nie gegeben. Als Sófja versuchte, es zu werden, wurde sie sogleich gestürzt.

Erstaunlicherweise wurde der Erhebung Katharinas, die persönlich übrigens beliebt war, sehr wenig Widerstand entgegengesetzt. Nur in den Kreisen der Raskólniki wurde ihr der Eid verweigert mit der hübschen Motivierung, es sollten doch lieber die Frauen an Stelle der Männer schwören. Katharina I. ist, während Ménschikow faktisch herrschte, nur zwei Jahre Kaiserin gewesen; dann starb sie, erst vierzigjährig. Ihre kurze Regierung ist für die Geschichte ohne Bedeutung. Aber ihre Inthronisierung ist für die Weiterentwicklung sehr bedeutsam geworden. Mit ihrer unrechtmäßigen Erhebung zur Kaiserin wurde der Thron vom russischen Kaiserreich für fast vier Jahrzehnte „okkupativ“ (Hoetzsch). Es begann damit jener wilde und blutige Tanz um die Krone und um den Platz am Throne, der seinen Ausdruck in fortgesetzten Palastrevolutionen fand und zu einer siebzigjährigen Frauenherrschaft in Rußland führte. Ehrgeizige und sich zum Herrschen berufen fühlende Prinzessinen mit Erbansprüchen auf den Thron, wie die Russin Elisabeth, und andere Prinzessinen ohne solche Ansprüche, wie die Deutsche Sophie Charlotte von Anhalt, beteiligten sich an diesen Palastrevolutionen ebenso, wie zahlreiche machthungrige in- und ausländische Emporkömmlinge zum Teil wirklich großen Formats; es beteiligten sich daran auch Angehörige alter russischer Geschlechter, die sich im bunten Durcheinander gegenseitig erhoben und stürzten, in der Regel aber nicht umbrachten, sondern nach Sibirien verbannten bzw. selbst verbannt wurden, um eines Tages wieder zurückzukehren und ihr altes Treiben wiederaufzunehmen; es beteiligten sich an diesen Palastrevolutionen auch angeheiratete konjunkturwitternde ausländische Prinzen, in der Regel ohne jedes Format, und es beteiligte sich schließlich die aristokratische Jugend daran, die in den Petersburger Garderegimentern diente, infolgedessen bewaffnet war und bald zu einem ausschlaggebenden Faktor wurde. Die russische Hofgeschichte des 18. Jahrhunderts liest sich wie ein Schauerroman.

Diese höchst dramatischen, psychologisch wie menschlich reizvollen und interessanten Vorgänge haben die Neugier und das Sensationsbedürfnis der Zeitgenossen wie der Nachfahren im hohen Grade geweckt und haben z. T. den Eindruck entstehen lassen, als erschöpfte sich die Geschichte Rußlands in dieser Periode in den Rivalitäts- und Machtkämpfen bei Hofe, wie in unserer Zeit die Geschichte der Sowjetunion für manche zu einem Machtkampf der Kremlgrößen gegeneinander zusammenschrumpfte.

In Wirklichkeit ging die Geschichte des Reiches und Volkes weitgehend darüber hinweg und zeigte, ungeachtet der fortgesetzten Veränderungen am Petersburger Hof, eine erstaunliche Stetigkeit. Gleichwohl können diese Petersburger Vorgänge nicht ganz übergangen werden. In Anbetracht des Herrschaftssystems lag jederzeit die Möglichkeit vor, daß eine Veränderung an der Staatsspitze auch tiefgreifende Veränderungen in der Gesamtentwicklung nach sich zog, ganz abgesehen davon, daß der Hof mit seinem Treiben die Finanzkraft des Reiches und damit natürlich auch dessen Gesamtentwicklung ungeheuer schwer belastete. Mehr als die Hälfte der gesamten Staatseinnahmen (sechs Millionen Rubel) wurden bei Hofe verpraßt. Das mußte von der Bevölkerung für den Fiskus aufgebracht werden.

Fiskalische Interessen hatten, wie wir sahen, in Moskau immer sehr im Vordergrunde gestanden; nunmehr wurde ihnen alles andere untergeordnet. Die Europäisierung hatte nicht nur das Bedürfnis des Hofes nach Geld, sondern auch das Bedürfnis des Einzelnen nach Luxus und Genuß gewaltig gesteigert. Die jeweiligen Machthaber haben dabei in z. T. kürzester Zeit geradezu unvorstellbare Reichtümer zusammengerafft. In einem Staat, dessen Gesamtbudget rund elf Millionen Rubel betrug, besaß Ménschikow allein vierzehn Millionen Rubel (4 Mill. in bar, 1 Mill. in Goldbarren und 9 Mill. in ausländischen Banken), ganz abgesehen von seinem Seelenbesitz (rund 100 000 Seelen). Zahlreiche andere Günstlinge der Kaiserinnen haben ähnliche, wenn auch nicht ganz so große Vermögen erworben.

Zunächst soll ein kurzer Überblick über den äußeren Ablauf der Kämpfe um den Thron gegeben werden. Katharina I. hatte den einzigen überlebenden Románow, obgleich er nicht ihr Nachkomme, sondern ein Enkel Peters aus erster Ehe war, zum Nachfolger designiert. Er hat zwölfjährig als Peter II. den Thron bestiegen, ist aber bereits drei Jahre später gestorben (1730). Ménschikow hatte mit dieser Thronerhebung ehrgeizige Pläne verfolgt; er wollte den Knaben mit einer seiner Töchter verheiraten, um auf diese Weise sein Geschlecht auf den russischen Thron zu bringen, denn daß die Ehefrau eines Kaisers auch regierende Kaiserin werden konnte, hatte ja das Beispiel Katharinas soeben gelehrt.

Die in scharfer Opposition zu Ménschikow stehende Aristokratenpartei mit mehreren Vertretern der ersten Familie des Reiches, der Rjurikiden Fürsten Dolgorúkij, an der Spitze, wollte ihrerseits den jungen Zaren dynastisch an sich binden und mit einer Prinzessin Dolgorúkaja verheiraten. Im sofort nach dem Tode Katharinas einsetzenden Machtkampf gewannen die Dolgorúkij die Überhand; Ménschikow wurde gestürzt und mit seinen Töchtern nach Sibirien verbannt, wo er auch bald darauf starb (1729). Der Versuch der Dolgurúkij, das Steuer der Regierungspolitik herumzuwerfen, den restaurativen Kräften Durchbruch zu verschaffen, Petersburg fallenzulassen – die Residenz war 1728 bereits nach Moskau verlegt worden – und das petrinische Erbe zu liquidieren, scheiterte, wie noch zu zeigen sein wird, nicht nur an der Unfähigkeit und moralischen Verkommenheit der Dolgorúkij.

Mit Peter II. war das Geschlecht der Románow in männlicher Linie ausgestorben. Es blieben nur noch Frauen, und es konkurrierten mit dem Anspruch auf den Thron die ältere (zarische) Linie, die Nachkommenschaft des schwachsinnigen Iwán, und die jüngere (kaiserliche) Linie, die Nachkommenschaft Peters (vgl. Stammbaum). Zunächst setzte sich die ältere Linie durch, und

Anna Iwánowna, die verwitwete Herzogin von Kurland (vgl. S. 295 f.), bestieg nach einem Putsch für zehn Jahre den Thron. Diese sehr vitale und robuste Frau, die wieder in Petersburg residierte und einen Lebenswandel im Sinne der Assembleen Peters führte, hatte aus Mitau ihren Geliebten, einen Abkömmling des in Kurland wenig angesehenen Geschlechtes von Bühren, der sich jetzt Bíron nannte, mit nach Rußland gebracht. Bíron hat unter dieser Kaiserin eine ebenso gefürchtete wie verhaßte Gewaltherrschaft geführt, die unter der verächtlichen Bezeichnung „birónschtschina" in die russische Geschichte eingegangen ist.

Nach dem Tode der Kaiserin Anna (1740) wurde Bíron durch eine Palastrevolution von einem anderen Deutschen, dem aus Oldenburg gebürtigen, noch unter Peter dem Großen in russische Dienste getretenen, um den Bau des Ladogakanals verdient gewordenen, schnell avancierten Feldmarschall Burchard Münnich gestürzt und nach Sibirien verbannt (1741). Während Annas Regierung waren u. a. ihre deutschen Verwandten, die Tochter ihrer nach Mecklenburg verheirateten Schwester Katharina, Anna Leopóldowna und deren Gatte Anton von Braunschweig, nach Petersburg gekommen. Deren nur einige Monate alter Sohn Iwán (also ein braunschweigischer Prinz mit einer russischen Großmutter) war von Kaiserin Anna zum Nachfolger designiert worden. Vierjährig wurde er – als Iwán VI. – auf den Thron erhoben und seiner dazu völlig unfähigen Mutter Anna Leopóldowna die Regentschaft übertragen. Diese hatte den Feldmarschall Münnich, der zu seinem eigenen Schaden und zu niemandes Vorteil auch vom politischen Ehrgeiz erfaßt worden war, zum leitenden Staatsmann gemacht. Er wurde aber – dieses Mal ohne Palastrevolution, wie wir heute sagen würden, auf kaltem Wege – von einem dritten Deutschen seinerseits entmachtet, von dem westfälischen Pastorensohn Andrej Ostermann, einem klugen und verschlagenen, ausgezeichnet informierten Politiker, der es verstanden hatte, sich in Petersburg unentbehrlich zu machen; man nannte ihn das Orakel.

Aber bereits nach einem halben Jahr wurden alle drei Deutschen durch eine neue Palastrevolution (1741) gestürzt, zuerst zum Tode verurteilt, dann begnadigt und nach Sibirien verbannt. Ostermann starb dort, aber Münnich kam zwanzig Jahre später nach einem neuen Thronwechsel (1762) wieder nach Petersburg zurück, wo er auch mit dem seinerzeit von ihm selbst verbannten Bíron zusammentraf. Das Braunschweiger Paar wurde nach Cholmogóry verbannt, wo Anna Leopóldowna nach fünf Jahren und ihr Mann erst dreißig Jahre später starb. Der kleine Kaiser Iwán VI. verschwand in der Festung Schlüsselburg, die er nie mehr verlassen sollte.

Durch die Palastrevolution vom Jahre 1741 war der Thron wieder von der kaiserlich-petrinischen Linie okkupiert worden. Peters Tochter Elisabeth, an Robustheit, Oberflächlichkeit, Sinnlichkeit und Alkoholfreudigkeit ihrer Kusine Anna nicht nachstehend, aber gutartiger und ihrem Wesen nach freundlicher als jene, hatte ihre Palastrevolution – „zwar ohne Musik, aber dafür mit ihrem Musiklehrer" (Kljutschéwskij) – mit einem betont nationalen Akzent als Auflehnung gegen die Vorherrschaft der Deutschen durchgeführt. Faktisch hatte sich aber gerade in dieser Beziehung nach ihrem Putsch wenig geändert, um so weniger, als die Kaiserin Elisabeth, wie ihre Kusine Anna kinderlos, nunmehr ihre deutschen Verwandten, d. h. den Sohn ihrer mit dem Herzog von Holstein-Gottorp verheirateten Schwester, Karl Peter, und dessen Anhang nach Petersburg zog. Sie designierte den holsteinischen Prinzen, obgleich er infantil, charakterlich minderwertig und für die ihm zugedachte Aufgabe keineswegs geeignet war, zu ihrem Nachfolger. Bald nach dem Prinzen erschien auch dessen Braut und spätere Frau, die Prinzessin Sophie von Anhalt-Zerbst, in Petersburg und bekundete dort einen sehr bemerkenswerten und von ausländischen Beobachtern auch bald bemerkten politischen Ehrgeiz.

Nach Elisabeths Tod kam zunächst der Holsteiner unter dem Namen Peter III. auf den Thron (1762), aber bereits ein halbes Jahr später wurde er durch eine neue Palastrevolution von seiner Frau gestürzt und von ihren getreuen Anhängern umgebracht. Wie ihre Namenskusine vor fünfunddreißig Jahren, bestieg nun auch sie ohne jeden Erbanspruch und ohne von jemandem dazu designiert zu sein, allerdings durch Fähigkeit, Bildungsstand und das Format ihrer Persönlichkeit ganz anders als jene dazu qualifiziert, als Kaiserin Katharina den Thron.

Gleichzeitig mit den Personalkämpfen am Hof vollzog sich in der nachpetrinischen Periode in der herrschenden Oberschicht eine wichtige soziologische Wandlung. In diese Zeit fällt der letzte – vergebliche – Versuch des alten Erbadels, innerhalb der herrschenden Schicht eine Sonderstellung zu erhalten und sein altes Gewicht im Staatsleben wiederzugewinnen. Der Rangdienstadel erneuerte sich keineswegs immer auf Grund echter Verdienste; durch Korruption geförderter Protektionismus spielte dabei eine große Rolle. Die bäuerlich-litauische Verwandtschaft Katharinas I., die sich durch nichts verdient gemacht hatte – die zu Grafen erhobenen Skawrónskijs, Géndrikows, Jefimówskijs – rückte ebenso in diesen Adel ein wie die nichtsnutze Verwandtschaft der ersten Liebe Peters, die Grafen Mons.

In der Mitte des 18. Jahrhunderts hatte der Rangdienstadel seine spätere Einheitlichkeit noch nicht erlangt. Neben den fortbestehenden Abgrenzungstendenzen der alten Geschlechter machte sich ein neuer Gegensatz geltend. Auf der einen Seite standen die Arrivierten, die Inhaber hoher Ränge, die daraus einen Machtanspruch herleiteten, und auf der anderen Seite die an allen Palastrevolutionen beteiligten, sich unentbehrlich dünkenden und also mächtig fühlenden jungen Gardeoffiziere niederen Ranges. Dieser Gegensatz gewann geschichtliche Bedeutung anläßlich eines Versuches der hohen Würdenträger, das bestehende Herrschaftssystem durch Beseitigung der Autokratie zu ändern.

Das Versagen der Träger der Krone bzw. deren Verzicht auf die faktische Ausübung der Regierung forderte zu dem Versuch einer organisierten Beteiligung an der Regierungsgewalt geradezu heraus. Bereits ein Jahr nach dem Tode Peters (1726) bildeten die höchsten – weltlichen – Würdenträger ein Gremium, den Obersten Geheimen Rat (werchównyj tájnyj sowjét), dessen Glieder, Werchówniki genannt, es durchsetzten, daß ihnen sowohl der Senat wie der Synod unterstellt wurden; das Amt des Generalprokureurs wurde abgeschafft. Dieser Rat sollte seine Tätigkeit wörtlich an der Seite (pri bóku) des Monarchen ausüben und sowohl bei der Verwaltung wie bei der Gesetzgebung beratend mitwirken. Das Ziel der Werchówniki war zunächst eindeutig, eine Willkürherrschaft des Trägers der Krone zu verhindern und ihrer eigenen Position eine größere Sicherheit zu verleihen.

Die Zusammensetzung des kleinen, zunächst nur aus sieben Personen bestehenden Rates spiegelte die durch Peter herbeigeführte Veränderungen in der herrschenden Schicht wider. Außer drei Vertretern der bereits seit Generationen der Führungsschicht angehörenden Dienstadelsgeschlechter (P. Tolstój, F. Apráksin, G. Golówkin) gehörten ein Angehöriger des alten Adels (D. M. Golízyn), ein Emporkömmling (Ménschikow) und zwei Ausländer dazu: Ostermann, der unter den Ausländern insofern eine Sonderstellung einnahm, als er zur griechisch-orthodoxen Kirche und damit zum „Russentum" übergetreten war, eine Russin geheiratet und die russische Sprache erlernt hatte (welcher Mühe sich andere Ausländer entweder gar nicht oder nur in sehr bescheidenem Umfang unterzogen), und der Herzog Karl Friedrich von Holstein, der als Schwiegersohn Katharinas I. (vgl. Stammtafel) als Kronprätendent galt, gleichzeitig aber als Neffe Karls XII. auch Ansprüche auf den schwedischen Thron geltend machte.

Dieser Geheime Rat hat damals faktisch Rußland regiert, wurde aber seinerseits ganz von Ménschikow beherrscht, so daß die Werchówniki am Herrschaftssystem praktisch nichts geändert hatten, da ein Ungekrönter aus ihrer eigenen Mitte gerade das tat, was sie in bezug auf das gekrönte Haupt verhindern wollten. Das änderte sich nach dem Sturz Ménschikows. Nun versuchte der Rat erneut, den angestrebten Einfluß zu gewinnen, gleichzeitig aber auch die Einherrschaft eines neuen Emporkömmlings zu verhindern. Auf Initiative des sehr aktiven Fürsten Dimítrij Golízyn wurde unter der Regierung des Knaben Peter II. (nach Ausbootung des Herzogs von Holstein aus dem Rat) durch die Aufnahme von vier Fürsten Dolgorúkij und noch einem Fürsten Golízyn der Oberste Geheime Rat zu einem Organ der alten, ehemals bojarischen Aristokratie.

Mit dem Tode Peters II. (1730) sahen die Werchówniki ihre große Chance gekommen. Jetzt zielten sie darauf, den erneuten Thronwechsel dazu zu nutzen, der alten Aristokratie über das Institut des Obersten Rates wieder eine ähnliche, aber rechtlich noch fester fundierte Stellung zu sichern wie seinerzeit in der Bojarenduma. Zunächst nahmen sie – mit Erfolg – das seinerzeit vom Sémskij Sobór ausgeübte Recht für sich in Anspruch, über die Thronfolge zu bestimmen. Auf ihren Beschluß wurde der weitab in Mitau ohne Verbindung zu einflußreichen Petersburger Kreisen lebenden kleinen Herzogin von Kurland, Anna Iwánowna, die Krone angetragen in der Hoffnung, ihr gegenüber die Forderungen des Rates leichter durchsetzen zu können.

Diese Forderungen bestanden in der rechtlichen Beschränkung der kaiserlichen Gewalt zugunsten der Werchówniki durch eine Charta, d. h. in einer eindeutigen Änderung des Herrschaftssystems. Nach der Überlieferung hat Golízyn damals erklärt: „Wir müssen uns Erleichterung verschaffen, so daß unsere Freiheit gemehrt wird. Es ist nötig, Punkte niederzulegen und sie Ihrer Majestät zu schicken". So entstanden die „Punkte", deren Annahme durch Anna zur Vorbedingung für ihre Thronerhebung gemacht wurde. Anna sollte sich verpflichten: erstens, weder zu heiraten, noch einen Nachfolger zu ernennen, was praktisch bedeutete, daß der nächste Träger der Krone wieder durch die Werchówniki bestimmt werden würde; zweitens, nur im Einvernehmen mit dem Obersten Rat zu regieren, der seine Mitglieder kooptiert und dem die Ernennung aller Beamten zusteht; drittens, die Entscheidung über Krieg und Frieden sowie den Oberbefehl über das Heer und über die Garden dem Obersten Rat zu überlassen und ohne Gericht dem Adel weder Leben noch Besitz noch Ehre zu nehmen. Der Schlußsatz des Dokumentes lautete: „Sollte ich aber etwas in diesem Versprechen nicht erfüllen, so werde ich der russischen Krone verlustig gehen." – Anna unterschrieb und fuhr nach Moskau (das damals Residenz war), um den Thron zu besteigen und sich krönen zu lassen.

Bei den Bestrebungen der Werchówniki mischten sich reaktionäre mit fortschrittlichen Tendenzen. Der Gedanke einer Konstitution war natürlich eine Europäisierungserscheinung; die Verhältnisse in Schweden dienten dabei als Vorbild. Der Initiator der Punkte, der damals dreiundsechzigjährige Dimítrij Golízyn, war ein hochgebildeter, sehr belesener, besonders in der europäischen staatsrechtlichen Literatur bewanderter Anhänger der petrinischen

Reformen. Er hatte zu der Gruppe junger Russen gehört, die anläßlich der ersten Europareise Peters ins Ausland geschickt wurden. Abgesehen von den Punkten, hatte er auch das Projekt einer echten Konstitution für Rußland ausgearbeitet, das ein gesetzgebendes Organ und eine vom Adel gewählte Kammer vorsah. Golízyn unterhielt aber auch Verbindungen zu altrussischen konservativen Kreisen. Er war ein Gegner der Erhöhung Petersburgs auf Kosten von Moskau. Seine fortschrittlichen konstitutionellen Pläne waren infolgedessen mit russisch-konservativen Elementen durchsetzt, die auch von anderen Werchówniki, vor allem von den Dolgorúkijs, begünstigt wurden.

Aber gerade die reaktionären, mit dem Interesse der alten Geschlechter verknüpften Tendenzen verleiteten die Werchówniki zu einem äußerst ungeschickten Vorgehen. Sie hatten ihre Pläne geheimgehalten und dadurch in weiten Kreisen des neuen Adels, zumal bei den Garden, Mißtrauen und schließlich, als die Sache mit den Punkten bekannt wurde, offene Gegnerschaft hervorgerufen. Man sah darin den Versuch, eine Oligarchie der alten Familien zu schaffen. Außerdem hatten die Werchówniki ihre eigene Thronkandidatin unterschätzt.

Anna zeigte einen sicheren Instinkt für die öffentliche Meinung, die ihr günstig war. Sie wich zunächst einer Entscheidung aus, aber gestattete dem Adel, in Versammlungen über diese Dinge zu beraten. Dabei kamen die unterschiedlichsten Projekte zutage, angefangen mit der Wiederherstellung der Selbstherrschaft unter der Parole: lieber einen Zar als gleichzeitig zehn, und endend mit dem Projekt einer noch weitergehenden Einschränkung der kaiserlichen Gewalt. Einigkeit herrschte nur in der Ablehnung der Punkte der Werchówniki. Das hatte Anna sehr bald erkannt.

Der Widerstand gegen die Punkte wurde von der Geistlichkeit, mit dem überzeugten Anhänger der Autokratie Feofán Prokopówitsch an der Spitze, lebhaft unterstützt. Als dann in der allgemeinen Erregung mehrere hundert junge Gardeoffiziere zur Kaiserin vordrangen und sie bestürmten, die Punkte aufzuheben und den „Titel einer Selbstherrscherin“ anzunehmen und dabei ihre Bereitschaft unmißverständlich zum Ausdruck brachten, der Kaiserin, wenn sie es befiehlt, „die Köpfe der Übeltäter zu Füßen zu legen“

spielte Anna die Überraschte und fragte die Werchówniki: „Wie? Sind die Punkte nicht auf Wunsch des ganzen Volkes aufgesetzt?“ Da auch bei dieser geschickt gestellten Szene die anwesenden Gardeoffiziere, wie bereits bei der Thronerhebung Katharinas I. und später noch wiederholt, die Rolle des Chors im griechischen Drama übernahmen (Kljutschéwskij) – „ohne an der Handlung teilzunehmen hörbar Überlegungen anstellend“ –, gab Anna mit theatralischer Geste dem Willen des „Volkes“ nach und zerriß die von ihr selbst unterschriebenen Punkte.

Der Oberste Rat wurde aufgelöst und an den Werchówniki harte Vergeltung geübt. Nur Ostermann verstand es, sich dabei herauszuhalten. Er hatte die Entwicklung richtig vorausgesehen und in den Tagen, als es für ihn hieß, Farbe zu bekennen, sich sterbend gestellt; nach seiner Wiederauferstehung war er überzeugter Anhänger der Selbstherrschaft, blieb in der Gunst der Kaiserin und wurde erster Kabinettsminister. Senat und Synod erhielten wieder ihre alten Rechte; das Amt des Generalprokureurs wurde wiederhergestellt. Geändert hatte sich nichts. Nur die Garden hatten ihre faktische Bedeutung aufs neue bestätigt. Sie, nicht die Werchówniki, hatten über die Thronfolge entschieden. Das vergaßen sie nicht.

Die unmittelbare Folge der Wiederherstellung der Autokratie war das Polizeiregime der „Birónschtschina“. Ohne Zweifel zeigte sich während dieser Zeit die Autokratie in ihrer häßlichsten und abschreckendsten Gestalt. Zum Schaden des deutschen Ansehens fiel sie mit einer instinktlos und angeberisch, betont als solcher ausgeübten Vorherrschaft der Deutschen zusammen. Der Kurländer Ernst Johann Bíron, ein Ausländer – Kurland war damals ein deutsches Herzogtum unter polnischer Lehnsoberhoheit –, der allmächtige Günstling der Kaiserin Anna, der faktische Regent des Reiches ohne ein Staatsamt zu bekleiden, war ein offener Verächter der Russen und des Russischen. In herausfordernder Weise, durchaus unpetrinisch, bevorzugte er die Deutschen, die er überall in leitende Stellen einsetzte. Zwei von ihm als Gegengewicht gegen die alten Garden neugebildete Garderegimenter erhielten ausschließlich deutsche Offiziere, und im russischen Kadettenkorps wurde außer allgemeiner Geschichte zwar deutsche, aber nicht russische Geschichte gelehrt. Bíron gehörte zu jenen Menschen, die an die Gewalt als das Allheilmittel glauben. Sich seiner Unpopularität, ja seiner Verhaßtheit wohl bewußt, sicherte er sich und seine Kreaturen durch einen durchaus modern anmutenden Polizeiapparat. Durch Spitzel und Denunzianten, Foltern und Terror, in großem Maßstab durchgeführte Deportationen und natürlich auch Exekutionen wurde alle Unzufriedenheit im Lande im Keime erstickt und die Ordnung, wie Bíron sie verstand, aufrechterhalten. Daß er gleichzeitig klug, energisch und ein ausgezeichneter Organisator war und später vierundsiebzigjährig als Herzog von Kurland sich den dortigen feudalen Verhältnissen sehr in seinem eigenen Interesse anzupassen verstand, reicht zu seiner gelegentlich versuchten Ehrenrettung nicht aus. Aber ein „typischer Vertreter" des angeblich „beschränkten, groben und raffgierigen baltischen Adels", wie die Sowjetgeschichtsschreibung behauptet, ist er gewiß nicht gewesen. Die zahlreichen typischen Vertreter der Adelskorporationen aus den deutschen Provinzen Rußlands haben erst seit der zweiten Hälfte des 18., besonders aber im 19. Jahrhundert eine sehr bedeutende Rolle in der russischen Geschichte gespielt. Sie war von der Rolle Bírons sehr verschieden.

Nach Bírons Sturz milderten sich die Methoden der Herrschaftsführung, zumal seit der Thronbesteigung Elisabeths. Die Tochter Peters des Großen hatte bei ihrer Inthronisierung gelobt, kein Todesurteil zu unterzeichnen und später als Kaiserin die Todesstrafe überhaupt abgeschafft. Die Zügel wurden locker gelassen, aber das autokratische Herrschaftssystem blieb unverändert bestehen. Nach der Auflösung des Obersten Geheimen Rates erwies sich in Anbetracht des fortgesetzten Desinteresses der Krone an den Regierungsgeschäften sehr bald die Notwendigkeit eines neuen obersten Regierungsorganes.

Die Kaiserin Anna hatte das sogenannte Kabinett der Minister (mit Ostermann an der Spitze) begründet, in dessen Händen die tatsächliche Regierungsführung und praktisch auch die Gesetzgebung lag. Das Kabinett blieb aber ein Organ der Monarchin, ohne Anspruch auf eine Beschränkung der autokratischen Gewalt. Elisabeth löste das Kabinett wieder auf und stellte mit der oft wiederholten, aber gleichwohl unzutreffenden Behauptung, damit an der Ordnung ihres Vaters festzuhalten, den Senat in seinen alten Rechten wieder her. Peter hatte selbst regiert. Da seine Tochter praktisch darauf verzichtete, ging nun außer der administrativen auch die legislative Gewalt entgegen den Intentionen Peters in die Hände des Senats über, der unter Führung des Grafen Peter Iwánowitsch Schuwálow eine große Macht gewann. Er hat die Einherrschaft eines Günstlings im Sinne Ménschikows und Bírons mit Erfolg verhindert; aber auch er hat die autokratische Gewalt nicht eingeschränkt.

Auf das Ganze gesehen, blieb das russische Kaiserreich in der nachpetrinischen Zeit ein nach europäischem Muster ausgerichteter, sich auf einen zentralisierten Beamtenapparat stützender, unter primär fiskalischen Gesichtspunkten verwalteter, vom Adel beherrschter Militär- und Polizeistaat.

Privilegierter Adel und leibeigene Bauern

Auch die soziale Struktur des Reiches stand im Zeichen des petrinischen Erbes. In diesem Betracht ging die Entwicklung ungebrochen und ohne Rückschläge, durch Widerstände und Aufstände kaum aufgehalten, in der Richtung weiter, die Peter ihr gewiesen hatte: zugunsten des Adels und zuungunsten der Bauern. Aber auch in dieser Hinsicht wurde Peters Werk durch seine Erben verdorben, indem das der Reform zugrunde liegende staatsethische Prinzip immer mehr ausgehöhlt wurde.

Das Bestreben des Adels selbst war, seine Pflichten gegenüber dem Staat zu verringern, seine Rechte gegenüber dem Bauern zu erweitern. Alle Machthaber, ob auf dem Thron oder um ihn herum, einschließlich Katharinas II., zeigten sich – im Unterschiede zu Peter – bereit, diesen egoistischen Wünschen des Adels Rechnung zu tragen, weil sie sich auf seine Unterstützung angewiesen sahen. Durch die Verschmelzung des alten Erbadels mit dem jungen Dienstadel zu einer einheitlichen Schicht waren auch die Unterschiede zwischen erblichen Wóttschina-Gütern und auf Zeit vergebenen Poméstje-Gütern fortgefallen; auch die Poméstje-Güter wurden nun als erblich anerkannt. Gleichzeitig fiel auch die petrinische Verfügung über die Unteilbarkeit der Güter; sie konnten an alle Söhne vererbt werden. Es fiel auch die den jungen Adligen lästige Pflicht, ihren Dienst als Gemeine beginnen zu müssen. In Petersburg wurde ein Kadettenkorps für junge Edelleute begründet, nach dessen Beendigung die Zöglinge als Offiziere in den Dienst eingestellt wurden. Später konnten die jungen Edelleute bereits als Säuglinge in die Regimentslisten eingetragen werden und avancieren, so daß sie zwölfjährig Offiziere wurden.

Das Entscheidende war aber, daß die Dienstpflicht des Adels schrittweise abgebaut wurde. Der erste Schritt (1736) war die Verringerung der Dienstzeit auf fünfundzwanzig Jahre, so daß der einzelne Edelmann in der Regel vom vierzigsten Jahre an nicht mehr zu dienen brauchte. Der letzte Schritt war das „Manifest von der Freiheit des Adels" (18. 2. 1762), durch das Peter III. den Adel von der Dienstpflicht überhaupt befreite. Die in diesem Manifest dem Adel garantierten Freiheiten, die Katharina II. noch erweiterte, und die unmittelbaren Folgen davon haben für die gesamte Geschichte Rußlands keineswegs nur im sozial-ökonomischen Bereich, sondern nicht minder in politischer und geistig-psychologischer Hinsicht eine gar nicht zu überschätzende Bedeutung erlangt.

Parallel zum Abbau der Dienstpflicht ging die Erweiterung der Rechte der Adligen gegenüber den Bauern, die in den faktischen Zustand der Leibeigenschaft herabsanken, ohne daß diese gesetzlich als solche festgelegt wurde. Der von seinen Dienstverpflichtungen in wachsendem Maße befreite Adlige schob sich jetzt zwischen den Bauern und den Staat, so daß der Bauer mit dem Staat selbst überhaupt nicht mehr in Berührung kam und aufhörte, ein Rechtssubjekt zu sein. Der Herr, der jetzt Zeit für diese Dinge gewonnen hatte, nahm nun auch staatliche Funktionen in seine Hände: er trieb die Steuern ein; er bestimmte die Leibeigenen zum Wehrdienst. Einen freiwilligen Militärdienst wie zu Peters Zeit, mit der Möglichkeit, sich die Freiheit oder gar den Adel zu erdienen, gab es nicht mehr. Der Herr konnte jetzt die Leibeigenen zusammen mit dem Grund und Boden und auch losgelöst von der Scholle, gegebenenfalls auch Ehegatten, Eltern und Kinder voneinander getrennt, kaufen und verkaufen; er wurde zum – unkontrollierten – Polizei- und Gerichtsherrn, indem er Strafen einschließlich der Verschickung nach Sibirien zur Ansiedlung verhängen konnte. Sein Recht und die ihm ausdrücklich auferlegte Pflicht (1758), über den Lebenswandel seiner Leibeigenen zu wachen, öffneten der Willkür alle Tore.

So sank der Bauer – die Registrierseele – in den Zustand eines seinem Herrn gehörenden Sklaven. Der Gutsbesitzer wandelte sich zum Seelenbesitzer, sowohl objektiv wie subjektiv, denn er fühlte sich auch als solcher und berechnete seinen Wohlstand nach Seelenbesitz. Der Seelen- und auch der Landbesitz wurden (1746) zu einem Adelsmonopol erhoben und Geistliche und Kaufleute, die früher auch besitzlich sein konnten, davon ausgeschlossen.

Es ist aus dieser Zeit (1742) eine Art Lehrbuch über die Güterverwaltung unter dem Titel „Kurze ökonomische Notizen über das Dorf“ von W. N. Tatíschtschew überliefert. Der Autor, selbst ein adliger Gutsbesitzer, ist den Bauern durchaus wohlgesinnt und zeigt Verständnis für ihre Bedürfnisse. Gleichwohl verlangt er, daß die bäuerliche Arbeit nachts, „am Abend beginnend, die ganze Nacht bis zum Morgen“, verrichtet werden solle, weil er sich davon einen höheren Ertrag verspricht. Die Bauern dürften im Sommer „nicht zur Ruhe kommen“, denn „durch Trägheit werden die Bauern nicht nur krank, sie sterben sogar davon“. Die Trägen soll man „in den Kerker einsperren und ihnen zwei, drei Tage kein Brot geben“. Im wirtschaftlichen Interesse der Seelenbesitzer rät er ihnen, den Witwen und Mädchen bei harter Strafe zu verbieten, in andere Dörfer (d. h. in die Dörfer anderer Herren) zu heiraten, weil auf diese Weise durch die Mitgift die fremden Dörfer bereichert würden.

Gleichzeitig verschlechterte sich auch die wirtschaftliche Lage der Bauern, so daß die Steuerrückstände trotz der brutalen Methode der Eintreibung wuchsen. Elisabeth sah sich gezwungen, zweieinhalb Millionen Steuerrückstände zu erlassen, weil sie nicht einzutreiben waren. Bei aller dem russischen Volke ohne Zweifel eigenen Bereitschaft, sich in sein Schicksal zu fügen und es als gottgegeben zu tragen, löste diese fortgesetzte Verschlechterung der sozialen und wirtschaftlichen Verhältnisse auf dem Lande und in den Fabriken immer wieder Unruhen aus. Die traditionelle Flucht zu den Kosaken nahm wieder größeren Umfang an. Aber diese Unruhen blieben in der Regel lokal begrenzt und unorganisiert und mündeten erst in den siebziger Jahren in eine große Aufstandsbewegung unter Pugatschów ein. Wie schon früher waren sie auch jetzt primär sozial und nicht politisch bestimmt. Sie richteten sich nicht gegen den Zaren, sondern gegen die Herren, gegen die sich zwischen das gemeine christliche Volk und den unerreichbaren Zaren schiebende aristokratische Zwischenschicht.

Erstaunlicherweise setzte trotz aller offenbarer Mißstände und trotz der katastrophalen Finanzlage des Reiches auch in dieser Periode aufs Ganze gesehen der wirtschaftliche Aufstieg sich ständig fort. Der starke Anstoß, den Peter der Wirtschaftsentwicklung gegeben hatte, wirkte weiter. Die industrielle Produktion, zumal bei der Metallindustrie im Ural, stieg stark an. In der Erzeugung von Gußeisen stand Rußland in der Mitte des 18. Jahrhunderts an erster Stelle in der Welt. Auch der Bergbau entwickelte sich stark. Gleichzeitig nahm der Außenhandel ständig an Umfang zu und führte zu einer allmählichen Aushöhlung des traditionellen Moskauer Prinzips des Außenhandelsmonopols. Infolge des zunehmenden Eindringens der Geldwirtschaft in den Binnenmarkt, verbunden mit dem gesteigerten Geldbedürfnis des Adels, der unter Katharina I. (1726) das Recht zum Handel mit landwirtschaftlichen Erzeugnissen erhalten hatte, wuchsen die wirtschaftliche Aktivität, Unternehmungslust und auch die Initiative der Adligen. Gleichzeitig wurde damit auch die Entwicklung eines sich neubildenden Kaufmannsstandes gefördert. Der bereits erwähnte einflußreiche Senator Peter Schuwálow, selbst ein dem armen Adel entstammender neuer Mann, hat diese Entwicklung durch Aufhebung der Binnenzölle und Begründung staatlicher Kreditbanken, die den Unternehmern zu stark herabgesetzten Zinssätzen Darlehen gewährten, bewußt gefördert, sich selbst dabei allerdings ungeheuer bereichert.

Die Konzentration der Interessen der Hofkreise auf ihre privaten Angelegenheiten hatte für das Reich die angenehme Folge, daß es von den Regierenden weitgehend in Ruhe gelassen, mit keinen Experimenten, großen Projekten oder Reformplänen belastet wurde, so daß tatsächlich eine Erholung eintrat und das von

Peter gewaltsam Gepfropfte sich durch eigenes Wachstum festigen und entfalten konnte. In dieser Zeit – von Peters Tod bis Katharinas Thronbesteigung – wuchs die Bevölkerung Rußlands von rund 18 Millionen auf 25 Millionen Einwohner.

Mit der zahlenmäßigen Zunahme wuchs das russische Volk auch weiter in die von seinen Kaiserinnen beherrschten Räume hinein und setzte auch in dieser Periode sein großes Kolonisationswerk fort. Man wird in der russischen Geschichte nur wenige Perioden finden, in denen die Mächtigkeit und Unzerstörbarkeit der volklichen Substanz sich trotz allen Versagens der Regierenden so überzeugend zur Geltung brachte wie in dieser Zeit.

Auch die kulturelle Europäisierung der Adelsschicht schritt unaufhaltsam weiter. Aber die Widerstände, die Peter mit Gewalt niedergehalten hatte, lebten jetzt wieder auf. Sie haben manche Ansätze, z. B. in der Bildungspolitik, wieder verschüttet – auch das Gymnasium von Glück ging wieder ein – und manches Neubegonnene sich wieder totlaufen lassen. Durchgesetzt haben sich diese Widerstände nicht. Auch in diesem Betracht ging die dem Zuge der Zeit entsprechende Entwicklung in der von Peter eingeschlagenen Richtung weiter. Symbolisch dafür blieb die weitgehend verhaßte und nach – übertriebenen – Ausländerberichten „von allen ohne Ausnahme auf den Meeresgrund gewünschte“, gleichwohl aber weiter wachsende und blühende, gerade für den Lebenszuschnitt der herrschenden Adelsschicht tonangebend werdende neue Residenz, St. Petersburg.

Das weitere Eindringen und fortgesetzte Anwachsen ausländischer Einflüsse auch auf geistigem Gebiet war weder aufzuhalten noch einzudämmen. Das wurde unter der Regierung Elisabeths sehr deutlich. Die Kaiserin war im Zuge eines russisch-nationalen Aufbegehrens gegen die Herrschaft der Fremden, zumal gegen die Deutschen, auf den Thron gelangt. Man erwartete von ihr eine Beseitigung des bisherigen Zustands. Aber in Wirklichkeit änderte sich so gut wie gar nichts. Nur die Personen wechselten. Zwar machte Elisabeth einen Einheimischen, den zum Grafen erhobenen Ukrainer Alekséj Rasumówskij, mit dem sie sich insgeheim trauen ließ, einen musikalischen Dnjeprkosaken mit schöner Stimme, zum allmächtigen Günstling und übertrug die Staatsgeschäfte an Stelle

Ostermanns dem Russen Alekséj Bestúshew-Rjúmin, aber der ausländische Einfluß war dadurch keineswegs gebrochen, im Gegenteil, eher verstärkt, sowohl im kulturellen wie im politischen Bereich, zumal in der Außenpolitik. Nur waren die Träger dieser Einflüsse taktvoller und weniger aufdringlich als unter Anna.

Gleichzeitig wurde der deutsche Einfluß von einem französischen abgelöst, der bis in die zweite Hälfte des 19. Jahrhunderts in Rußland vorherrschend blieb. Die Kaiserin selbst sprach französisch; mit Hilfe von Franzosen – des französischen Gesandten de la Chétardie und ihres Arztes Lestocq – war sie auf den Thron gelangt (ihr gleichfalls am Putsch beteiligter Musiklehrer war Deutscher), für französische Galanterie hat sie zeitlebens ein sehr betontes Verständnis gehabt und sich bemüht, französischen Stil – oder was sie darunter verstand – nach Petersburg zu verpflanzen und das gesellschaftliche Leben ihrer Residenz danach auszurichten. Nach dem Urteil zeitgenössischer Franzosen und auch anderer Ausländer war jedoch ihr Gesellschaftsstil weder galant noch elegant, sondern einfach lasterhaft und durchaus unbelastet von der „Kunst kultivierter Geselligkeit". Gleichwohl lagen auch diese nun unter französischen Einfluß gestellten Bestrebungen im gesellschaftlichen Leben eindeutig auf der Ebene petrinischer Zielsetzung und haben in gerader Fortentwicklung im 19. Jahrhundert zu einer sehr kultivierten Geselligkeit auf so hohem Niveau geführt, daß nach dem Zeugnis Bismarcks die Franzosen selbst sich mit den Russen darin nicht mehr messen konnten.

In immer stärkerem Maße wurden neben den Ausländern auch europäisierte Russen selbst zu Trägern der kulturellen Europäisierung, zunächst im rezeptiven, sehr bald aber auch im produktiven Verstande. Der erste große Exponent dieses Aufschwungs, gleichsam als ein Künder künftiger Möglichkeiten, war in der Mitte des 18. Jahrhunderts Michaíl Wassíljewitsch Lomonóssow (1711–1765), ein Fischerssohn aus Cholmogory, auf allen Wissensgebieten – Chemie, Physik, Mineralogie, Geographie, Geschichte, Poetik, Grammatik, Philosophie – rastlos tätig, vielfach bahnbrechend, Gelehrter, Redner und Dichter zugleich. Sich seines Russentums stolz bewußt, bezog dieser universale Mann – wie seine Kaiserin – Frontstellung gegen die in Rußland wirkenden

Ausländer, zumal gegen die Professoren, ohne praktisch an den herrschenden Zuständen etwas zu ändern. Er selbst war natürlich europäisch geschult und gebildet und insofern ein lebendiger Ausdruck des Europäisierungsprozesses.

Es lag im Zuge der Entwicklung und entsprach jedenfalls auch einer inneren Notwendigkeit, daß die durch Peter utilitaristisch zweckbestimmte kulturelle Betätigung mit dem tieferen Eindringen geistiger Einflüsse sich in wachsendem Maße von ihrer Bindung an den praktischen Nutzen löste. In diesem Fall wird man nicht sagen können, daß die Reform Peters dadurch verdorben wurde. Sehr bald nach Peters Tod wurde – unter der Analphabetin Katharina I.! – sein Projekt der Akademie der Wissenschaften in Petersburg verwirklicht (1726), zu Mitgliedern wurden Deutsche und Schweizer ernannt. Zwanzig Jahre später (1747) wurde die Akademie zu einer Lehranstalt erweitert und an ihr eine Universität begründet, die aber am Mangel an Studenten wieder einging. Dagegen erwies sich die auf Anregung Lomonóssows begründete Moskauer Universität (1755) als lebensfähig. Sie hatte zunächst drei Fakultäten, eine philosophische, eine juristische und eine medizinische. Ihr erster Kurator war der französisch gebildete und als Mäzen bekannt gewordene Iwán Iwánowitsch Schuwálow, ein Bruder des Senators.

Europäische Einflüsse machten sich auch stark in der, besonders von Elisabeth geförderten, regen Bautätigkeit geltend. Vom Italiener Bartolomeo Rastrelli wurde außer zahlreichen anderen Bauten auch das berühmte Winterpalais in Petersburg, die Residenz der Kaiser bis zur Revolution von 1917, errichtet. Zumindest in indirektem Zusammenhang mit der Europäisierung stand die Verweltlichung der russischen Literatur, die bislang von der Geistlichkeit beherrscht war und sich nun an weltliche französische, z. T. auch antike Vorbilder anlehnte. Neben Lomonóssow trat als „der erste, den man als Dichter dieser Epoche bezeichnen kann“ (Hanisch), ein ins Russentum übergegangener Rumäne, Fürst A. D. Kantemír, hervor, der sich auch als Übersetzer aus dem Französischen betätigte. Wie Kantemír, so haben der russische Popensohn Tredjakówskij und der russische Aristokrat Sumarókow, die sich beide um das russische Theater verdient gemacht haben, zwar eine geistesgeschichtliche, aber keine künstlerische Bedeutung erlangt.

Die gesamte kulturelle Entwicklung stand nach wie vor sehr stark im Zeichen des Unorganischen, Unausgeglichenen und von oben her Gepfropften. Allenthalben machte sich das Fehlen des unerläßlichen kulturellen Unterbaus geltend. Selbst die Hofgesellschaft bot in bezug auf ihr kulturelles Niveau ein höchst buntscheckiges und an Gegensätzen reiches Bild. Nach den Angaben der damaligen Großfürstin, späteren Kaiserin Katharina konnte von den Angehörigen der Hofgesellschaft damals nur die Hälfte lesen, ein Drittel schreiben. Es dauerte noch recht lange, bis diese Gegensätze sich ausglichen.

Allianzen und Kriege

In der äußeren Entwicklung war das Werk Peters noch weniger rückgängig zu machen als in der inneren. Der Eintritt Rußlands in das europäische Mächtesystem, sein Hineinwachsen nach Europa durch den territorialen Zuwachs und durch die unmittelbare politische Einflußnahme auf die Nachbarstaaten – vor allem auf Polen –, die mittelbare Beteiligung Rußlands an europäischen Angelegenheiten über die neugeknüpften dynastischen Beziehungen und das dadurch geweckte politische und nicht mehr nur wirtschaftliche Interesse Europas an Rußland –, das waren Gegebenheiten, mit denen nicht nur gerechnet, sondern an die auch unmittelbar angeknüpft werden mußte.

Seit Peter dem Großen war ein Europa ohne Rußland nicht mehr vorstellbar. Zwar hatten die extremen Gegner des großen Zaren ein neuerliches Ausscheiden Rußlands aus Europa unter Verzicht auf alle seine Erwerbungen und bei selbstverständlicher „Ausradierung“ Petersburgs angestrebt, aber ein ernstlicher Versuch ist in dieser Richtung nie gemacht worden. Es hätte dazu einer neuerlichen Revolution von der Radikalität und dem Tiefgang der späteren bolschewistischen bedurft. So ging die Entwicklung auch in der Außenpolitik in der von Peter gewiesenen Richtung weiter. Allerdings machte sich auch hier – bis zur Thronbesteigung Katharinas II. – das Fehlen einer zielsicheren und überlegenen Führung geltend.

An guten politischen Köpfen und an fähigen Diplomaten fehlte es in Petersburg nicht. In erster Linie wäre Ostermann zu nennen, der seine Sporen noch unter Peter dem Großen verdient hatte und als der Begründer der Petersburger diplomatischen Schule gilt. Man hat von ihm gemeint, daß er das meiste getan habe, um Rußland auf der Bahn Peters des Großen zu halten (Schiemann). Aber nicht er allein hat sich darum bemüht; sein Gegner und Nachfolger im Amt, Bestúshew-Rjúmin, auch noch ein Schüler Peters, hat es unter Elisabeth auch getan. Aber alle waren infolge der unsteten Zustände am Petersburger Hof so stark in die persönlichen und politischen Streitigkeiten verstrickt, daß sie ohne genügendes Eigengewicht weitgehend zu Werkzeugen ausländischer Diplomaten wurden, die die Petersburger Zwietracht geschickt im Interesse der von ihnen vertreten Staaten nutzten. Das wurde ihnen um so leichter gemacht, als so gut wie jedermann in Petersburg – hier bildete Ostermann eine Ausnahme – sich klingenden Zuwendungen zugänglich zeigte. So wirkte sich in dieser Zeit die Einbeziehung Rußlands in das europäische Staatensystem nur bedingt im russischen Sinne aus, in hohem Maße aber im Sinne jener Mächte, denen es gelang, das Russische Reich mit seinem Schwergewicht für die eigene Politik zu gewinnen.

Für die Behandlung der zwischenstaatlichen Beziehungen gilt das gleiche, was schon anläßlich der Außenpolitik Peters gesagt worden war: sie gehörten in eine Darstellung der allgemeinen Geschichte Europas und können hier nur mit wenigen Strichen gezeichnet werden.

Trotz der unstabilen Lage im Inneren des Landes traten die Russen dem Ausland gegenüber im stolzen Bewußtsein der Unangreifbarkeit des Kerngebietes ihres Reiches mit erstaunlicher Sicherheit und mit nicht weniger erstaunlichen Ansprüchen auf. Bestúshew hat gemeint, daß Rußland bereits damals imstande gewesen sei, „Europa zu gebieten und ihm Gesetze vorzuschreiben“.

Die große außenpolitische Chance Rußlands lag im Niedergang bzw. im Zerfall seiner Nachbarstaaten: Polen und Türkei. Kaiserin Anna aktivierte die russische Außenpolitik in beiden Richtungen, und in beiden Fällen führte das zu Konflikten mit anderen Mächten. Zunächst setzte sie bei Polen an. Sie selbst war zwanzig Jahre früher von Peter dem Großen nach Kurland verheiratet worden, um den russischen Einfluß nach Polen zu tragen und dort die Finger im Spiel zu haben. Nach dem Tode Augusts des Starken (1733) griff Rußland nicht nur diplomatisch, sondern auch militärisch in den Streit um die Nachfolge ein. Die Weltlage wurde damals durch den französisch-österreichischen Gegensatz bestimmt. Beide Seiten bemühten sich um Rußland, und beide hatten in Petersburg ihre Partei. Ostermann war österreichisch orientiert, Münnich französisch. Aber da der allmächtige Bíron hoffte, mit Hilfe des deutschen Kaisers, der ihn zum Reichsgrafen erhob, auch Herzog von Kurland zu werden, setzte sich die österreichische Orientierung in Petersburg durch. So griff Rußland im polnischen Erbfolgekrieg gegen den französischen und polnischen Kandidaten Stanislaus Leszczýnski ein. Danzig wurde von russischen Truppen erobert und Leszczýnski aus Polen vertrieben. Aber im weiteren Verlauf des im Westen fortgeführten Krieges kämpften auch russische Truppen gegen Frankreich am Rhein, ohne daß dies im russischen Interesse gelegen hätte. Es ist auch zweifelhaft, ob es im russischen Interesse lag, daß Anna Iwánowna im Zuge dieser Politik – Bíron erhielt mit Unterstützung des deutschen Kaisers die erhoffte kurländische Herzogskrone (1737) – die Pragmatische Sanktion garantierte.

Zusammen mit den Österreichern wurden die Russen auch gegen die von den Franzosen unterstützte Türkei aktiv. 1736 kam es zum Krieg. Auch das war ein petrinisches Erbe. Es ging dabei, wie in den Anfangsjahren Peters, um den Ausgang Rußlands zum Schwarzen Meer (zunächst wieder um Asow) und um die Niederhaltung der immer wieder lästig werdenden Krimtataren. Es ging um noch mehr: ein erstrebter Sieg über die Türken mußte und sollte auch die Balkanfrage wieder akut werden lassen.

Im Zusammenhang damit lebten alte, in Moskau seit den Tagen Iwáns III. gepflegte, vorübergehend in den Hintergrund getretene, aber nie verschüttete, religiös bestimmte Ideen und hochfliegende Pläne wieder auf. Sie leiten unmittelbar zu der späteren russischen Balkanpolitik Katharinas II. und der Kaiser im 19. Jahrhundert über. Erinnerungen an das angestrebte Erbe in Byzanz spielten dabei ebenso mit hinein, wie die bis zum Zaren Alekséj zurückreichenden Versprechungen einer Befreiung der slawischen Glaubensgenossen durch Rußland von der türkischen Herrschaft, wie schließlich weitausholende Zukunftsplanungen über die politische Neugestaltung des balkanischen Raumes.

Von vornherein waren damit implicite Konfliktmöglichkeiten mit dem in den gleichen Raum vorstoßenden österreichischen Verbündeten gegeben. So war es gewiß kein Zufall, daß in Petersburg gerade der antiösterreichisch eingestellte Münnich zur treibenden Kraft in der russischen Balkanpolitik wurde. Münnich hatte das Oberkommando über die russischen Truppen in Südrußland. Er entwarf einen auf vier Jahre angelegten russischen Kriegsplan und legte ihn der Kaiserin und Bíron vor (1736). Er sah eine Eroberung des ganzen Südens, der Krim und Bessarabiens, der Donaufürstentümer und schließlich Konstantinopels vor. Seine Zukunftsvision gipfelte – mit einer Spitze gegen Österreich versehen – in folgenden Worten: „In der berühmten Sophienkathedrale wird die Zarin als griechische Kaiserin gekrönt und schenkt den Frieden ... Wem? – der ganzen Welt ohne Grenzen, den Völkern ohne Zahl. Welch ein Ruhm! Wer wird dann fragen, wem der kaiserliche Titel gebührt, dem, der in Frankfurt gekrönt und gesalbt ist, oder dem in Istanbul?"

Der bekanntlich nie realisierte, aber immer von neuem so oder anders aufgegriffene Plan des ausgezeichneten Militärfachmanns und bewährten Ingenieurs, mittelmäßigen Strategen und schlechten Politikers Münnich wurde vom schlechten Soldaten, aber ausgezeichneten Politiker Ostermann als unrealistisch abgelehnt und durch bescheidenere, immerhin noch sehr weitgehende, faktisch erst nach einem Jahrhundert und auch dann nur vorübergehend realisierte Ansprüche ersetzt: Erweiterung Rußlands bis zum Dnjestr einschließlich der Krim; russisches Protektorat über die Donaufürstentümer.

Doch damals wurden alle diese Pläne überhaupt nicht akut. Die russischen Truppen errangen trotz großer organisatorischer Mißstände bedeutende Siege (Asow und Otschakow wurden erobert), die Österreicher blieben aber seit dem Tode des Prinzen Eugen

(1736) ohne Erfolg, und im Ergebnis sahen sich die Russen veranlaßt, dem für die Türken günstigen Frieden von Belgrad beizutreten (1739), der sie um die Früchte ihrer Siege brachte. Die hochfliegenden Balkanpläne mußten auf eine spätere Zeit vertagt werden. Aber die damit zusammenhängende, künftig so entscheidend werdende, folgenschwere Gegnerschaft zu Österreich war offen zutage getreten. Münnich schäumte vor Wut. Damals schrieb dieser, als Exponent der „Deutschherrenschaft" in Rußland geltende russische Patriot an den österreichischen Fürsten von Lobkowitz: „Russischerseits erobert man Festungen, römischerseits demoliert man und cediert selbige dem Feind. Russischerseits wird der Erbfeind in die Enge getrieben und geschwächt, römischerseits geht man auf alles ein, was seinen Hochmut vermehren kann. Russischerseits kontinuiert man den Krieg, römischerseits ist Stillstand und Friede. Wo bleibt, frage ich, das unauflösliche Bündnis?"

Die gleiche Frage stellten sich die an diesem Zerwürfnis höchst interessierten Franzosen. Die diesbezügliche diplomatische Aktivität ihres Gesandten in Petersburg, de la Chétardie, wirkte sich auch unmittelbar auf die inneren Verhältnisse Rußlands aus. Chétardie setzte seinen politischen Hebel nicht bei Münnich an, der immerhin Exponent des Regierungskurses war, sondern im Verein mit den Schweden bei der grundsätzlichen Opposition, nämlich bei Elisabeth, die, wie wir sahen, den Thron mit französischer Hilfe erlangte, und von der die Franzosen und Schweden eine außenpolitische Kursänderung erwarteten. Die Rolle des französischen diplomatischen Vertreters bei diesem Umsturz ist durchaus mit der Rolle seines Kollegen fast zwei Jahrhunderte später bei dem Umsturz im Frühling 1917 vergleichbar, als mit französischer Unterstützung Nikoláj II. abgesetzt wurde, um der Gefahr einer deutsch- und österreichfreundlichen Außenpolitik zu begegnen.

Mit der Thronbesteigung Elisabeths war das erste Ziel der französischen Diplomatie erreicht: Ostermanns Nachfolger wurde der für französisch orientiert geltende Bestúshew-Rjúmin. In der großen Politik hatte sich inzwischen der österreichisch-französische Gegensatz zu einer Frontstellung Österreich–England gegen Frankreich–Preußen erweitert. In diese sich während der österreichischpreußischen Kriege um Schlesien und des englisch-französischen Seekrieges scharf zuspitzenden Gegensätze wurde Petersburg immer tiefer hineingezogen. Der Aktivität und vor allem dem Geld des englischen Botschafters in Petersburg, Williams, dem Geschick seines Privatsekretärs, des Polen Stanislaus Poniatówski, und der tatkräftigen Mitwirkung der Frau des russischen Thronfolgers, der Großfürstin Katharina, gelang es, Bestúshew wieder auf die österreichisch-englische Seite zu ziehen. Infolgedessen blieb der Kurs der russischen Außenpolitik trotz Elisabeths Putsch, mit dem Blick auf den gemeinsamen türkischen Feind und zunächst ohne Blick auf die Zukunft des Balkan, österreichfreundlich. Chétardie wurde abberufen. Gleichzeitig spitzte sich unter Bestúshews Einfluß das Verhältnis zu Schweden so zu, daß es – obgleich die Schweden ein Jahr vorher für Elisabeth zu marschieren bereit gewesen waren – zu einem Kriege kam, der Rußland eine kleine Gebietserweiterung in Finnland einbrachte (1743, vgl. Karte S. 383).

Beim großen renvercement des alliances (1756) erwiesen sich plötzlich die österreichisch und die französisch Orientierten auf der gleichen Seite, und Rußland schloß jetzt die Offensivalliance mit Österreich und Frankreich gegen Preußen ab. (Februar und Mai 1756.) Das territoriale Ziel der russischen Politik war die Gewinnung Ostpreußens. Aber das englische Geld (für Bestúshew), die englische Diplomatie und die russische Großfürstin Katharina, die trotz des renvercement ihre politischen Beziehungen zu Williams und ihre persönlichen zu Poniatówski aufrecht erhielt, arbeiteten weiter. Es bildete sich in Petersburg um den, Friedrich den Großen verzückt bewundernden, Thronfolger und seine Frau Katharina eine preußisch bzw. englisch orientierte Partei, der sich auch Bestúshew näherte.

Seit dem Ausbruch des Siebenjährigen Krieges war es nicht mehr ungefährlich, dieser mit dem Feinde sympathisierenden Partei anzugehören. Andererseits waren aber offenbare, wenn auch nicht sicher abzuschätzende persönliche Chancen damit verbunden, da seit 1755 mit dem Tode der stark kränkelnden Kaiserin gerechnet wurde, – „wenn man doch die Güte haben wollte zu sterben", schrieb damals Williams – und da ein Thronwechsel mit

Sicherheit auch einen außenpolitischen Kurswechsel erwarten ließ. Im Zeichen dieser Spekulation stand das Eingreifen Rußlands in den Siebenjährigen Krieg und die verspätete und zögernde Kriegführung im Jahre 1757 unter General Apráksin, der mit dem Kreise Katharinas in Verbindung stand.

Aber die Kaiserin Elisabeth starb nicht. Enttäuscht über das Ausbleiben von militärischen Erfolgen und beraten von den, mit Recht mißtrauischen, Gesandten Österreichs und Frankreichs – Esterhazy und L'Hôpital –, führte Elisabeth einen Schlag gegen die „preußische Partei". Bestúshew wurde gestürzt, zum Tode verurteilt, begnadigt und verbannt (Februar 1758). Apráksin wurde der Prozeß gemacht, den er nicht überlebte, da ein Schlaganfall ihn fortraffte. Katharina, der es gelungen war, kompromittierende Papiere zu verbrennen, wand sich, nach einem Fußfall vor Elisabeth, aus der Affäre heraus. Der Krieg an der Seite Österreichs ging weiter.

Der bekannte Verlauf des Siebenjährigen Krieges interessiert hier nicht. Es genügt daran zu erinnern, daß, infolge der Kriegsbeteiligung der Russen, Friedrich der Große wiederholt bis an den Rand der Katastrophe geriet. Vier Jahre lang (1758–1762) hielten die Russen das als Siegespreis begehrte Ostpreußen besetzt. Im Oktober 1760 rückten russische Truppen erstmalig, allerdings nur vorübergehend im Zuge eines Handstreiches, siegreich in Berlin ein.

Zur Beurteilung der damaligen Gesamtlage in Osteuropa ist es wichtig, sich zu vergegenwärtigen, daß Rußland und Preußen zu der Zeit keine gemeinsame Grenze hatten. Dazwischen lag – wie 1939 – Polen. Eine Kriegshandlung setzte mithin den Durchmarsch durch das am Kriege nicht beteiligte Polen voraus. 1939 war das Durchmarschrecht für russische Truppen durch Polen im Falle eines russisch-deutschen Krieges die entscheidende Frage bei den Verhandlungen zwischen den Westmächten und der Sowjetunion. Damals lehnte Polen ein Durchmarschrecht strikt ab in der Überzeugung, daß russische Truppen, wenn sie einmal da sind, nicht mehr hinausgehen würden. Während des Siebenjährigen Krieges wurde Polen überhaupt nicht gefragt. Die Russen marschierten einfach durch und blieben natürlich auch, solange sie wollten. So sehr war Polen bereits damals zum Objekt der Politik der anderen geworden. Es war das gleichsam die Einleitung zu den späteren Teilungen.

Am Weihnachtstage 1761 starb die Kaiserin Elisabeth schließlich doch, zweiundfünfzigjährig. Ihr Nachfolger Peter III., durch billige und offenbar unaufrichtige Lobesworte Friedrichs des Großen endgültig für Preußen gewonnen, vollzog den Kurswechsel, allerdings mit einer von niemandem, auch nicht von Friedrich selbst erwarteten Abruptheit und jedenfalls nicht im Interesse des Reiches, dessen Kaiser er jetzt war. Seine eigene Frau hat von ihm gesagt: „Die Befehle des Preußenkönigs auszuführen –, darin besteht sein Glück." „In biederer Torheit" (Dehio), gegen alle Spielregeln der großen Politik und zum Entsetzen der russischen Staatsmänner, schloß er nicht nur Frieden mit Friedrich dem Großen, sondern ging ein Bündnis mit ihm ein und verzichtete dabei auf alle russischen Eroberungen im Kriege. Das einzige, worauf der russische Kaiser bestand, war eine preußische Unterstützung im Interesse seines Herzogtums Holstein. Auch bei seinem Plan, russische Truppen für Holstein gegen Dänemark einzusetzen, bestätigte Peter III. seine Bereitschaft, das große Russische Reich anderen Interessen dienstbar zu machen. Dieses Verhalten, allerdings nicht das allein, hat ihn nur ein halbes Jahr auf dem russischen Thron bleiben lassen.

3. KATHARINA II.

Die Kaiserin. Theorie und Praxis

Katharina II. ist ohne jeden Zweifel eine der wichtigsten Gestalten der neuen russischen Geschichte. Sie hat, wenn man von Peter dem Großen absieht, länger regiert als alle anderen Herrscher der Petersburger Periode (34 Jahre) und hat ein so hohes Alter erreicht wie kein anderer (67 Jahre). Sie hat der Geschichte Rußlands in der zweiten Hälfte des 18. Jahrhunderts den Stempel ihrer Persönlichkeit aufgedrückt, und diese Tatsache ist von den Russen selbst, von Zeitgenossen wie Nachfahren, bereitwillig anerkannt worden. Gleichwohl hat sie der Entwicklung Rußlands keine neue Wendung gegeben; eine umbildende Wirkung ist von ihr nicht ausgegangen. Peter der Große war als Staatsmann eine schöpferische Persönlichkeit; Katharina II. war es nicht. Zu Unrecht wird sie bis auf den heutigen Tag von einigen – unter den Fachhistorikern sind es nicht mehr viele – die Große genannt. Sie stand auf den Schultern Peters und fühlte sich als dessen Fortsetzerin. Aber sein Werk hat sie gerade dort fortgesetzt, wo es – wie in der Bauernpolitik – verhängnisvolle Folgen zeigte, und sie hat es – in ihrer Adelspolitik – nicht anders als ihre Vorgängerinnen verdorben.

Ihre Regierungsmaßnahmen und deren Folgen sogar auf dem Gebiete der Außenpolitik stehen in ihrer Bedeutung weit hinter denen Peters des Großen zurück. Von ihrer Regierungszeit im ganzen wird man das aber nicht sagen können. Deren besondere Bedeutung liegt auf einer anderen Ebene, nämlich auf der psychologischen Wirkung, sowohl auf ihr eigenes Land, wie auf das Ausland. Was wir heute mit wissenschaftlichen Methoden erforscht haben, hat sie instinktiv erfaßt, daß nämlich die herrschende und als gültig geltende Meinung von einer Sache im politischen Leben wichtiger sein kann als die Sache selbst und somit ein schwer ins Gewicht fallendes Politikum ist.

Katharina war eine Meisterin der Beeinflussung der öffentlichen Meinung durch Selbstreklame im persönlichen, wie auch im staatlichen Verstande. In dieser Beziehung war sie wirklich genial. Sie hat durch einen vergoldeten Schein, durch fortgesetzten systematischen Bluff die Welt und weitgehend auch ihre eigenen Untertanen nicht nur getäuscht, sondern sie hat – was viel mehr ist – es auch verstanden, „mit den Mitteln des Scheins wirkliche Erfolge zu erzielen“ (Schiemann). Sie hat das Selbstbewußtsein ihrer Untertanen so gehoben und gefestigt, daß Kljutschéwskij gemeint hat, die Russen hätten überhaupt erst dank ihrer sich als Menschen, allerdings auch sehr bald als die ersten Menschen in Europa gefühlt.

Obgleich sie nicht nur gerüchteweise eine geborene Deutsche war, ist sie im Unterschiede zum Russen Peter in Rußland nicht als eine Fremde empfunden worden – auch ein Ergebnis ihres psychologischen Geschickes. Wenn die Russen von einer Herrschaft der Deutschen in ihrer Geschichte sprechen, so wird die Herrschaft Katharinas nicht dazugerechnet. Ihr Zeitalter ist von den Russen als das „russischste der russischen Geschichte“ bezeichnet worden (Amfiteatrow). Es erweckt deshalb falsche Vorstellungen, wenn man sie, wie das oft geschieht, als „deutsche Zarin“ bezeichnet. Nach ihren eigenen Worten wollte sie Russin sein. Sie ist es auch gewesen.

Katharina war als Tochter eines kleinen deutschen Fürsten, Christian August von Anhalt-Zerbst, der als General in preußischen Diensten stand, in Stettin geboren worden (1729). Dort wuchs sie mehr als preußische Generalstochter denn als deutsche Prinzessin auf. Wie bei vielen ungewöhnlichen Menschen – auch bei Peter dem Großen – war der Altersunterschied ihrer Eltern verhältnismäßig groß (zweiundzwanzig Jahre). In ihrer Jugend zeichnete sie sich durch nichts besonders aus, es sei denn durch ihre körperliche, nicht aber geistige, Frühreife. Ihre Erzieherin nahm an ihr einen „berechnenden und kalten Verstand“ wahr. Unterstützt durch die Vermittlung Friedrichs des Großen wurde sie mit ihrem für den russischen Thron ausersehenen Vetter zweiten Grades, Karl Peter Ulrich von Holstein-Gottorp, verlobt. Vierzehnjährig fuhr sie zusammen mit ihrer Mutter nach Petersburg (1743) und hat Rußland seitdem nicht mehr verlassen. Ihre intrigante, kritiklose und von politischem Ehrgeiz besessene Mutter, deren Leidenschaft es war, sich mit Aufgaben zu befassen, „die wirkliche Diplomaten sich schämten zu übernehmen" (Kljutschéwskij), mußte nach wiederholten Konflikten mit der Kaiserin Elisabeth Rußland sehr bald wieder verlassen.

An ihrem Bräutigam und Gatten (seit 1745), dem Thronfolger, den sie weder lieben noch achten konnte, hatte Katharina keinerlei Stütze. So war sie schon sehr früh in fremder Umgebung auf sich selbst gestellt. In dieser Situation hatte sie sich nach ihren eigenen Worten vorgenommen zu gefallen: der Kaiserin zu gefallen, dem russischen Volk zu gefallen und später Europa zu gefallen. Daß sie vorübergehend auch ihrem Bräutigam gefallen wollte, bleibt dabei unerheblich. Die mit der Zeit sich zu maßloser Eitelkeit steigernde Gefall- und Ruhmsucht ist bis zu ihrem Tode eine der stärksten Triebkräfte ihres Handelns gewesen. Das ist bereits ihren Zeitgenossen aufgefallen. Kaiser Joseph II., um dessen persönliche Zuneigung sie sich sehr bemühte und dessen österreichische Liebenswürdigkeit die zwölf Jahre Ältere als einen Ausdruck der Liebe auslegte, hat über sie gesagt: „Ihre Eitelkeit ist ihr Götze; um Rußland kümmert sie sich ebensowenig wie ich." Und fast wörtlich ebenso hat um die gleiche Zeit ein englischer Diplomat, Robert Gunning, sich über sie geäußert: „Ruhm zu erwerben, ist für sie viel wichtiger als das Wohlergehen des Landes, das sie regiert." Nur darin fand der Engländer eine Erklärung für die unglaubliche Art Katharinas, die Staatsgeschäfte zu führen. „Wollte man etwas anderes voraussetzen", – fügte er hinzu – „so müßten wir die Kaiserin der Verrücktheit beschuldigen."

Ihr Ziel, Beifall zu erhalten, hat sie bei ihren Zeitgenossen und bei der Nachwelt in erstaunlichem Umfang erreicht. Gewiß war dieser Beifall nicht immer echt. Er war z. T. durch sehr reale Gegenleistungen erkauft und war z. T. – bei unmittelbar von ihr Abhängigen – direkt erzwungen; z. T. war er auch geheuchelt. Aber er war da. Und sie verstand es meisterhaft, politisches Kapital daraus zu schlagen. Viele Menschen haben eine sehr hohe Meinung von ihr gehabt, niemand allerdings eine höhere als sie selbst. So kultivierte sie systematisch und ganz bewußt den falschen Schein. Die berühmten „Potjómkinschen Dörfer", d. h. die falschen Fassaden und gestellten Bilder, die anläßlich ihrer Krimreise den meist ahnungslosen ausländischen Gästen einen nicht vorhandenen Wohlstand vortäuschen sollten, sind von stärkster Symbolkraft für die ganze Regierung Katharinas II.

Sie hat sich selbst als „aufrichtigen treuen Ritter von viel mehr männlichem als weiblichem Geist“ bezeichnet; ohne Zweifel hat sie maskuline Eigenschaften gehabt, und der Fürst von Ligne hat sie in Anspielung darauf »Cathérine le Grand« genannt.

Sie war im Unterschied zu ihren Vorgängerinnen eine durchaus politische Natur. Die öffentlichen Angelegenheiten interessierten und beschäftigten sie sehr. Auch in ihrem persönlichen Leben bekundete sie einen sehr realen politischen Sinn, ohne jeden, zumal ohne jeden moralischen, Skrupel. Sie war unerschrocken, energisch, fleißig, leistungsfähig, umsichtig und mit einem sehr guten Gedächtnis begabt. An Geschäftskenntnis mangelte es ihr nicht, auch nicht an hochfliegenden Ideen, wohl aber an Konsequenz. Ihre ganze Regierungstätigkeit ist dadurch gekennzeichnet, daß sie immer wieder etwas Neues begann, in der Regel mit großem Aufwand und immer mit lauter Reklame, ohne es aber zu Ende zu führen. Das bezog sich sogar auf einzelne Gebäude, die sie anfangen, aber nicht fertig bauen ließ. »Commenceuse par profession« hat sie sich selbst genannt. Auch dies steht in innerer Beziehung zu ihrer Stimmungsmache für sich selbst. In der Regel ist die öffentliche Meinung und deren Beifall durch neue Anfänge schneller, jedenfalls leichter, zu gewinnen als durch konsequentes Fortführen und Vollenden. Bei all ihrer geistigen Wendigkeit und Aufgeschlossenheit, ihrer schnellen und leichten Auffassungsgabe, bei aller Vielseitigkeit ihrer Interessen und Betätigungen war sie nicht produktiv, wohl aber publikumswirksam.

Sie hat eine vielfältige literarische Tätigkeit entfaltet; sie verfaßte, außer ihren berühmten „Instruktionen“, Dramen und Opern, Kinderbücher und geschichtliche, philosophische und pädagogische Traktate, Märchen, Sinnsprüche und, zum Kummer der Philologen, auch ein vergleichendes Sprachwörterbuch und schließlich in sieben verschiedenen Fassungen ihre Memoiren. Sie hielt sich für philosophisch veranlagt und hat mit führenden Geistern ihrer Zeit (Voltaire, Grimm, Falconet, Diderot, d’Alembert, auch mit Friedrich dem Großen) in einem ausgedehnten Briefwechsel gestanden; sie erreichte es, auch auf geistigem Gebiet höher eingeschätzt zu werden, als sie es verdiente. Ihr unaufrichtiges, mündliches und schriftliches, Geplapper über Freiheit – „Du bist die Seele aller Dinge!" – über republikanische Gesinnung, Schädlichkeit der Leibeigenschaft, Notwendigkeit eines Friedens usw. war eine „Art politischer Reklame für sich" (Hoetzsch), um durch ein lautes Bekenntnis zu den damals modernen aufklärerischen Ideen die öffentliche Meinung des Westens für sich zu gewinnen. Gleichzeitig tat sie in Rußland das Gegenteil von dem, was sie sagte. Die Kunst, philosophische Formeln im Wortlaut nach Bedarf mit großer Schlagfertigkeit zu zitieren, beherrschte sie vollkommen.

Im Zeichen der Diskrepanz zwischen Wort und Tat, verbunden mit dem Umstand, daß die Menschen mehr dazu neigten, ihren Worten zu glauben, als ihre Taten zu prüfen, hat ihre ganze Regierung gestanden. Die verhängnisreiche und folgenschwere Aufspaltung von Volk und Reich in zwei sich immer mehr auseinanderlebende Teile wurde durch ihre Regierung stark gefördert. Es ist wohl zu verstehen, daß die Sowjethistoriographie (auch nach deren positiven Hinwendungen zur russischen Vergangenheit seit der Mitte der dreißiger Jahre) ihr nicht freundlich gesinnt ist. Die große Sowjetenzyklopädie (1952) nennt sie (unter Berufung auf Púschkin) eine „Tartuffe", einen scheinheiligen Schuft mit Rock und mit Krone.

Andererseits ist nicht zu leugnen, daß von Peter dem Großen über Katharina II. eine kontinuierliche Entwicklung bis zu den Bolschewiken erkennbar ist. Zu dem Bemühen Peters, westliche Einrichtungen und Zustände technokratisch forciert zwangsweise in Rußland einzuführen, kam unter Katharina das Bestreben hinzu, dieses Vorhaben mit Hilfe des Rüstzeuges einer damals weitverbreiteten Geisteshaltung – der Aufklärung – theoretisch zu rechtfertigen. Die in Europa aus den dortigen Verhältnissen erwachsene und an sie gebundene Geistesrichtung nahm dabei – wie später unter den Bolschewiken der Marxismus –, von ihrer Basis gelöst, einen dogmatischen und abstrakten Charakter an. Auch hiermit hängt die Diskrepanz zwischen den gleichsam im luftleeren Raum schwebenden Postulaten (republikanische Gesinnung, Freiheit, usw.) und der realen Wirklichkeit zusammen. Mit einem scharfen Wertakzent versehen, hat ein zeitgenössischer antibolschewistischer russischer Historiker (Sementowskij-Kurilo) dazu bemerkt: „Peters und Katharinas Namen werden bei jedem wahrhaft russischen Menschen und im Gedächtnis der Nachwelt nicht minder fluchwürdig fortleben wie der Name ihres geistigen Erben Lenin." So begegnen sich russische Bolschewiken und Antibolschewiken in der negativen Bewertung Katharinas II.

So bedenklich die negativen Folgen ihrer Innenpolitik, so zweifelhaft die Erfolge ihrer außenpolitischen Pleonexie auch waren, und so offenbar ihr wirkliche Herrscherqualitäten auch fehlten, so unbestreitbar ist es, daß ihre Regierungszeit in ihrer geschichtlichen Wirkung für Rußland auch sehr positive Seiten gehabt hat, zumal auf kulturellem Gebiet. Katharina hat hier weitgehend jene Voraussetzungen geschaffen, die zu dem, bereits unter ihrer Regierung einsetzenden, steilen Kulturaufschwung führten. Wenn von Peter mit Recht gesagt worden ist, er habe für die Qualität der Kulturwerte keinen rechten Sinn gehabt, so gilt das für Katharina gewiß nicht. Sie hat im Gegenteil ein sehr ausgeprägtes Verständnis für die Qualität der Kulturwerte gehabt und hat sehr viel dazu beigetragen, daß dieses Verständnis in der russischen Oberschicht heimisch wurde. Das geschichtliche Phänomen der Entstehung einer in die abendländische integrierten russischen Kultur durch Verschmelzung abendländischer und russischer Elemente, ist in hohem Maße dem Wirken dieser bewußt zur Russin gewordenen, von französischem Geist geprägten, gebürtigen Deutschen zu danken.

Katharina war sehr herrschsüchtig. Sie hat in ihren Memoiren glaubwürdig versichert, daß sie schon als Großfürstin „in der Tiefe ihrer Seele" sich das Ziel gesetzt hatte, selbstherrschende russische Kaiserin zu werden. Ihre Herrschsucht äußerte sich aber nicht nur im politischen, sondern ebenso im persönlichen Bereich. Sie wollte auch die Menschen ihrer nächsten Umgebung beherrschen. Da ihr aber jene Größe mangelte, die befähigt, auch über starke Persönlichkeiten ein Übergewicht zu wahren, so hielt sie bezeichnenderweise die wirklich bedeutenden Männer ihrer Zeit, deren Tätigkeit sie sehr zu schätzen wußte und auf deren Mitarbeit sie angewiesen war, aus ihrer unmittelbaren Umgebung fern, wie z. B. Suwórow.

Sie umgab sich mit Menschen, denen sie tatsächlich überlegen war, wenn nicht anders, so zumindest durch ein höheres Lebensalter. Es ist für sie bezeichnend, daß sie nie – auch in jungen Jahren nicht – das Bedürfnis gehabt hat, mit älteren, reifen Menschen in nähere Beziehung zu treten. Man kann geradezu sagen, daß sie zeitlebens eine Vorliebe für das Unreife hatte. Die Galerie ihrer meist recht kümmerlichen Liebhaber ist ein Beispiel dafür. Alle ihre Geliebten sind – auch in der Zeit, da sie selbst noch eine sehr junge Frau war – jünger als sie selbst gewesen. Dabei blieb das Alter dieser Liebhaber, obgleich sie selbst natürlich immer älter wurde, erstaunlich konstant (zwischen dreiundzwanzig und sechsundzwanzig Jahren). Nur Potjómkin bildet bis zu einem gewissen Grade eine Ausnahme. Von ihren Liebhabern war Poniatówski zwei Jahre jünger als sie, Orlów sieben Jahre, Potjómkin zehn Jahre, Lanskój fünfundzwanzig Jahre, Mámonow zweiunddreißig Jahre und Súbow achtunddreißig Jahre – willig beifallspendende Objekte der persönlichen Herrschsucht Katharinas. Potjómkin, der sich jahrelang von ihr beherrschen ließ – der Fürst von Ligne bemerkte zum Verhältnis dieses bullenhaften Mannes zu Katharina: «la plus femme des deux c'est bien lui» –, war übrigens der einzige, der die Fesseln dieses Zustandes schließlich doch sprengte und es wagte, offen zu zeigen, daß er an den jungen und schönen Frauen seines eigenen Harems mehr Geschmack fand als an der alternden Kaiserin.

Ihre Herrschsucht äußerte sich auch darin, daß sie an ihrem Hofe systematisch Frauen den Vorzug vor Männern gab. Das Frauenregiment unter Katharina beschränkte sich nicht darauf, daß eine Frau auf dem Thron saß und als Selbstherrscherin regierte; es wurde zum Grundsatz erhoben. Auch das Präsidium der Petersburger Akademie der Wissenschaften lag in den Händen einer Frau, der Fürstin Dáschkowa. Die Frauen waren in der Umgebung Katharinas tonangebend, und es war damals Mode geworden, die Männer öffentlich – in Satiren und Schaustücken – zu verhöhnen und lächerlich zu machen.

Bevor Katharina als selbstherrschende Kaiserin den Thron bestieg, hatte sie bereits achtzehn Jahre als Großfürstin und ein halbes Jahr als Gattin des regierenden Kaisers am Petersburger Hof gelebt und sich mit Vorsicht, Geduld und Anpassungsfähigkeit an den Machtkämpfen und Hofintrigen beteiligt. Da sie gegenüber ihrem Gatten in jeder Hinsicht vorteilhaft abstach, erfreute sie sich bei Hofe auch unter einflußreichen Leuten recht großer Sympathien, und da ihr Ehrgeiz bekannt war, ihr politisches Kulissenspiel, wie z. B. während des Siebenjährigen Krieges, aber undurchsichtig blieb, steigerte sich das ohnehin tiefe Mißtrauen des Thronfolgers zu einer förmlichen Angst vor ihr. Nach dem Tode Elisabeths, die wiederholt daran gedacht hatte, Peter wegen seiner Minderwertigkeit von der Nachfolge auszuschließen, eine entsprechende Verfügung aber nicht getroffen hatte, gelang es dem neuen Kaiser, seine Frau völlig zu isolieren und von jedem politischen Einfluß auszuschalten. Sein persönliches Verhalten ihr gegenüber war nichtachtend und taktlos – „er ist diskret wie ein Kanonenschuß“, sagte Katharina von ihm –, so daß sie befürchten mußte, daß ihr Gatte, nach dem Beispiel vieler früherer russischer Herrscher, die ihre Frauen nicht schätzten, sie eines Tages verhaften und in ein Kloster stecken werde. Gleichwohl war die kurze – nur ein halbes Jahr währende – Regierung Peters III. nicht ohne Bedeutung. Auf die sehr folgenreiche Aufhebung der Dienstpflicht des Adels wird noch zurückzukommen sein. Doch auch in anderen Bereichen ergriff dieser im Grunde menschenfreundliche, infantile Jüngling die Zügel der Herrschaftsführung. So hob er die berüchtigte und allenthalben gefürchtete „Geheime Kanzlei“ (Geheimpolizei) auf, stellte die Prozesse wegen Majestätsbeleidigung ein und erleichterte auch den finanziellen Druck auf die Bevölkerung durch Einschränkung des Staatsmonopols.

Aber das törichte, närrische und provozierende Gebaren Peters III. –, er redete so blödes Zeug, daß dem Russen Bolótow nach dessen eigenen Worten „sich das Herz mit Blut übergoß aus Scham vor den ausländischen Ministern“ –; seine offen zur Schau getragene Verachtung Rußlands, das er als „ein verfluchtes Land“

Stammtafel der Dynastie Holstein-Gottorp–Románow

Friedrich IV. von Holstein-Gottorp

Karl XI. von Schweden

Hedwig von Schweden

Peter I. von Rußland

Martha Skawrónski (Katharina I.)

Karl Friedrich von Holstein-Gottorp

Anna von Rußland

Peter III. (Holstein-Gottorp-Románow)
∞ Sophie von Anhalt-Zerbst (Katharina II.)

Paul I.
∞ Sophie Dorothea von Württemberg (Márja Fjódorowna)

Alexander I.
∞ Luise von Baden

Konstantín
∞ Johanna Grudsinska

Nikoláj I.
∞ Charl. v. Preußen (Alexandra Fjódorowna)

Michaíl
∞ Helene von Württemberg

Alexander II.
∞ Marie von Hessen

Konstantín

Nikoláj

Nikoláj

Nikoláj

Alexander III.
Dagmar von Dänemark (Márja Fjódorowna)

Wladímir
∞ Marie von Mecklenburg

Sergéj
∞ Elisabeth von Hessen

Nikoláj II.
∞ Alix von Hessen (Alexandra Fjódorowna)

Michaíl

Kyríll
∞ Viktoria von Coburg

Olga, Tatjána, Márja, Anastásja, Alekséj

Wladímir
(heutiger Chef des Hauses Románow)

Kyra
∞ Louis Ferdinand v. Preußen
(heutiger Chef des Hauses Hohenzollern)

bezeichnete; die Bevorzugung seiner holsteinischen, z. T. unfähigen Verwandten; die Einführung preußischen Drills und preußischer Uniformen, bei gleichzeitiger unwürdiger Vergötzung Friedrichs des Großen, dessen Willen der Kaiser von Rußland „gleich dem Willen Gottes" achtete und dessen Büste er öffentlich küßte; seine Absicht, die Garden, denen er – mit Recht – mißtraute, abzuschaffen und besonders sein Eingriff in die religiöse Sphäre; des russischen Kaisers Pläne, die Ikonen aus den Kirchen zu entfernen und die zahlreichen Privatkapellen zu verbieten und schließlich der mit „seinem bißchen Hirn" (Poniatówski) gemachte Versuch, das Russische Reich Holsteins wegen in einen Krieg mit Dänemark zu verstricken, – alles das nährt unter der Anhängerschaft Katharinas, zumal unter den jungen Gardeoffizieren mit den fünf Brüdern Orlów an der Spitze, deren einer Katharinas Liebhaber war, aber auch unter alten, seriösen Politikern die Absicht, auf dem Wege einer erneuten Palastrevolution den untauglichen Kaiser zu entmachten.

Da Peter III. einen ehelichen Sohn hatte, den damals achtjährigen Paul, lag es nahe, obgleich eine Thronfolgeordnung nicht bestand, im Falle einer Absetzung Peters den Knaben auf den Thron zu erheben und, wie seinerzeit während der Minderjährigkeit Swjatosláws, Grósnyjs, Peters des Großen und Iwáns VI., seine Mutter als Regentin einzusetzen. Der promimenteste Befürworter dieses Planes war Graf Nikíta Iwánowitsch Pánin, ein bewährter Diplomat unter Elisabeth und zur Zeit Erzieher des jungen Großfürsten Paul. Aber dieses wollte Katharina nicht. Sie wünschte Selbstherrscherin zu werden. Dadurch entstand eine Rivalität zwischen ihr und dem Thronfolger. Das hat das Verhältnis zwischen Mutter und Sohn bis zum Tode Katharinas schwer belastet und vergiftet.

Die in ungezählten Darstellungen, u. a. von Katharina selbst in ihren Memoiren bis in alle Einzelheiten hinein geschilderte Palastrevolution fand in einer Sommernacht vom 27. zum 28. Juni 1762 statt. Die maskulinen Eigenschaften Katharinas wurden dabei deutlich. Mutig, kaltblütig, zielsicher und energisch zeigte sie sich der Situation vollauf gewachsen. Sie triumphierte dabei nicht allein über ihren, sofort vor ihr kapitulierenden, Gatten, sondern gleichzeitig über jene ihrer Anhänger, die Paul auf den Thron erheben wollten. Mit ihrer „Machtergreifung“, d. h. mit der sofortigen Vereidigung der Garden, der hohen Offiziere und hohen Beamten des Senats und Synods auf ihre Person stellte sie die Befürworter einer Inthronisierung Pauls vor vollendete Tatsachen. Noch am Morgen des Umsturztages wurde Katharina in der Kasán-Kathedrale zur Kaiserin und ihr Sohn zum Thronfolger proklamiert.

Kljutschéwskij hat diesen Putsch eine echte Damenrevolution genannt. Aber seinen weiblichen Charme erhielt er weniger durch Katharina als durch deren Freundin, die die Kaiserin an weiblichen Reizen weit übertreffende, an geistigen Qualitäten ihr zumindest ebenbürtige, aber an Jahren viel jüngere Fürstin Dáschkowa, die spätere Präsidentin der „Akademie der Wissenschaften“, eine der anziehendsten Frauengestalten der russischen Geschichte. Während der Palastrevolution war sie ständig an der Seite Katharinas; sie war damals erst neunzehn Jahre alt, während Katharina in ihrem fünfunddreißigsten Lebensjahr stand. Diese Damenrevolution, bei der faktisch wiederum die Garden den Ausschlag gegeben hatten, rollte wie ein gut einstudiertes Theaterstück ohne jeden ernsten Widerstand ab. Sie hat keinen Tropfen Blutes gekostet, aber sehr viel Schnaps, den Katharina anschließend an die Garden verteilen ließ und den sich die Soldaten, durch das freudige Ereignis ermutigt, zusätzlich auf dem Wege von Plünderungen der Weinhandlungen in solchen Mengen beschafften, daß die Kaiserin zwei Jahre später den so Geschädigten eine Abfindung in Höhe von 24 300 Rubeln – damals eine ungeheure Summe – zusprechen mußte. Nach Beendigung der eigentlichen Aktion floß aber doch noch Blut.

Peter III. hatte zunächst (am 29. Juni) eine ihm vorgelegte Abdankungsurkunde unterzeichnet, in der er erklärte, „weder als Selbstherrscher noch in irgendeiner anderen Form das russische Reich regieren“ zu können, und daß er deshalb „ohne Haß und ohne Zwang“ für sein ganzes Leben der Regierung entsage. Anschließend hat er gebeten, ihm seinen Mops, seine Geige und seine Geliebte zu belassen und ins Ausland ausreisen zu dürfen. Mops und Geige gestand Katharina ihm zu. Ins Ausland entließ sie ihn nicht, sondern internierte ihn auf dem kaiserlichen Landgut Ropscha. Seine Bewachung übertrug sie dem damals fünfundzwanzigjährigen Alekséj Orlów.

Das Ergebnis dieser Freiheitsberaubung fand in den berühmt gewordenen Berichten Orlóws an Katharina seinen Niederschlag. Am 2. Juli: „Das Scheusal ist krank geworden. Ich fürchte, er könnte sterben, aber ich fürchte noch mehr, er könnte wieder aufleben." Am 6. Juli: „Matuschka, barmherzige Kaiserin! Wie soll ich erklären, beschreiben, was geschehen ist. Nicht wirst Du Deinem treuen Knecht glauben, aber vor Gott werde ich die Wahrheit sagen. Matuschka! Ich bin bereit zum Tode, aber ich weiß selbst nicht, wie das Unheil geschehen ist. Wir sind verloren, wenn Du nicht Gnade für uns hast. Matuschka! Er weilt nicht mehr auf der Welt!... Er kam bei Tisch mit Fürst Barjátinskij in Streit; wir konnten sie nicht mehr auseinanderbringen und schon war er nicht mehr! (jewo ushé ne stálo)."

Es ist unwahrscheinlich, daß Katharina die Ermordung ihres Gatten angeordnet hat. Daß sie ihr sehr gelegen kam, ist außer Zweifel. Jedenfalls ist Peter III. vergiftet worden. Alekséj Orlów wurde zum Major befördert und bekam 800 Seelen geschenkt.

So sehr der Putsch Katharinas den früheren Palastrevolutionen ähnelte, so verschieden war er seinem Wesen nach, besonders im Vergleich mit dem Putsch Elisabeths. Die Tochter Peters des Großen wollte als legitime Nachfolgerin einen rechtmäßigen Zustand herstellen. Durch Katharinas Putsch wurde der rechtmäßige Nachfolger – Paul – übergangen und eine Frau von den Soldaten auf den Schild gehoben, die noch weniger Rechtsansprüche auf den Thron hatte als Katharina I. (diese war, wie erinnerlich, von ihrem Mann kurz vor dessen Tode zur Kaiserin gekrönt worden). Die „Machtergreifung" Katharinas war eine echte Revolution. Natürlich war die Kaiserin infolgedessen von vornherein sehr gefährdet. Sie war sich dessen bewußt und hat mit Zielsicherheit und psychologischem Geschick danach gehandelt.

Die illegal zur Herrschaft gelangte Revolutionärin, der dazu noch das Odium des Gattenmordes anhaftete, hat sich von vornherein mit betontem Nachdruck für Legalität, Rechtlichkeit und Gesetzlichkeit im staatlichen Leben eingesetzt, „um in allem gute Ordnung zu halten". Zumal der Rettung „unserer orthodoxen

Religion ... des von altersher in Rußland herrschenden echten Glaubens", wie sie gleich in ihrem ersten Manifest (28. Juni 1762) noch vor dem Tode Peters III. versicherte, nahm sie sich an. In diesem ersten Manifest bemühte sie sich auch – eine häufige Erscheinung bei Usurpatoren! – als Retter des Vaterlandes aus einer akuten „großen Gefahr" zu erscheinen, als Verteidigerin der „Staatsehre Rußlands, die schon wirklich unter die Füße getreten", wobei sie Friedrich den Großen (in dessen Sinne sie während des Krieges in Rußland gewirkt hatte) nunmehr als „den ärgsten Feind Rußlands" bezeichnete. Von Anfang an hat sie sich bestrebt gezeigt, auf die nationale Empfindlichkeit der Russen weitgehend Rücksicht zu nehmen, hat immer, nicht nur im religiös-kirchlichen Bereich, das Russische betont und ausdrücklich Russen gegenüber Ausländern bevorzugt. Abgesehen von der damals bereits weit zurückliegenden Liebschaft mit dem Polen Poniatówski sind auch alle ihre Liebhaber Russen gewesen.

Mit großer Arbeitsfreudigkeit und Geschäftstüchtigkeit machte sie sich sofort nach ihrem Regierungsantritt daran, sich genauen Einblick in die Regierungsgeschäfte, zumal in die innere Verwaltung zu verschaffen und ihre Sachkenntnis durch eigenen Augenschein auf ausgedehnten Reisen durch ihr Reich – nach Moskau, Kasan, Jaroslawl, Kostroma, später die Ostseeprovinzen – zu vertiefen. Dergleichen war seit Peter dem Großen nicht mehr geschehen. Allerdings wußte sie das immer mit einer geschickten Werbung um Popularität zu verbinden. Sich dessen sehr bewußt, wem sie tatsächlich den Thron zu verdanken hatte, schrieb sie nach dem Putsch an Poniatówski: „Der jüngste Soldat der Garde sagt sich doch, wenn er mich sieht: sie ist ein Werk meiner Hände." Aber eine Soldatenkaiserin wollte sie nicht bleiben, sondern von einer viel breiteren Schicht, dem gesamten Adel, getragen werden. Das hat sie erreicht. Am Anfang ihrer Regierung war es gelegentlich zu offenem Widerstand gekommen, in Moskau wurde eine Verschwörung aufgedeckt; sie hat darauf erstaunlich milde reagiert, immer mit dem Ziel, die Menschen zu gewinnen. Gegen sie gerichtete Demonstrationen wurden von ihrer Propaganda in „Exzesse der Liebe für sie" umfrisiert. Ohne Zweifel hat sie es verstanden, die Russen „zu nehmen".

Katharina II. fühlte sich als Vertreterin des aufgeklärten Absolutismus in Rußland. Der Absolutismus war dabei die Praxis, die Aufklärung die Theorie. Sie nahm die unter ihren unfähigen Vorgängerinnen dem Träger der Krone weitgehend entglittene selbstherrschende Gewalt wieder fest in ihre Hände. Die unter Elisabeth angewachsene Macht der Senatoren wurde durch die Aufteilung des Senats in sechs, auf bestimmte Arbeitsgebiete festgelegte Departements erheblich eingeschränkt (1763). Die Lokalverwaltung wurde durch eine starke Vermehrung der Gouvernemets (von acht auf fünfzig) neu geordnet, verwaltungstechnisch verbessert und die Gouverneure unmittelbar der Kaiserin (und dem Senat) unterstellt (1764). Aber der gleichzeitig damit gemachte Versuch, nach dem Beispiel der unter deutscher Selbstverwaltung stehenden Ostseeprovinzen in einer sich durch zwanzig Jahre hinziehenden Reform, unter maßgeblicher Beteiligung des Livländers Graf Sievers, den Gouvernements jedenfalls in gewissem Umfang eine adlige Selbstverwaltung zu gewähren, scheiterte praktisch. Das lag nicht nur daran, daß in den russischen Gouvernements die geschichtlichen Voraussetzungen dazu fehlten, sondern auch daran, daß die Selbstherrschaft Katharinas dem wesensmäßig entgegenstand. So war auch das typische Ergebnis, daß die amtlich als Selbstverwaltung bezeichnete Neuordnung faktisch zu einem verstärkten Ausdruck der Selbstherrschaft wurde.

Wichtiger als die Reform der Verwaltungstechnik war der mit großem Schwung vollzogene Anlauf der Kaiserin zu einer umfassenden Rechtsreform durch Schaffung eines neuen Gesetzbuches. Das Uloshénije von 1649 (vgl. S. 242 f.) war längst veraltet, aber die wiederholten Bemühungen um seine Ersetzung durch ein neues Gesetzbuch waren immer wieder gescheitert. Nun (1766) beschloß Katharina, immer mit einem Blick auf die Wirkung nach außen, das „Volk“ zur Ausarbeitung eines Gesetzbuches heranzuziehen. Sie ließ dazu gewählte Vertreter des Adels (161), der Städte und Geistlichkeit (208), auch der freien Bauern (79) und der Kosaken (54) – Leibeigene waren nicht vertreten – und schließlich der sogenannten Fremdstämmigen (34) zu einer riesigen Kommission unter Hinzuziehung von ernannten Regierungsvertretern (28) zusammentreten, um dieses Gesetzbuch zu schaffen. Die Sitzungen der Großen Kommission fanden in der berühmten Granowítaja Paláta im Moskauer Kreml (seit dem Sommer 1767) statt.

Vorher hatte die Kaiserin – und damit erhöhte sich die Wirkung der ganzen Aktion nach außen erheblich – in zweijähriger Arbeit eine „Instruktion", den sogenannten Nakás, niedergeschrieben, die der Kommission als Richtlinie dienen, nach den bitteren Worten ihres Sohnes aber „den Ausländern Sand in die Augen streuen" sollte. Diese „Instruktion" bestand aus fleißigen Exzerpten der Werke Montesquieus, Pufendorfs, Grotius', Beccarias und anderer westlicher Autoren, ohne durch eigene Gedanken ergänzt zu sein, und atmete den Geist reiner Aufklärungsphilosophie in z. T. so radikalen Formulierungen, daß dieses kaiserliche Werk im Königreich Frankreich verboten wurde. Die hier vorgetragenen, freiheitstrunkenen, antimonarchisch-republikanischen, volks- und bauernfreundlichen Ideen – einige Deputierte der Großen Kommission sollen in Tränen ausgebrochen sein, als der Nakas verlesen wurde – standen in so offenbarem Gegensatz sowohl zu den in Rußland gegebenen Realitäten wie auch zu der unverändert weiter geübten Regierungspraxis, daß sie von vornherein ohne konkrete Bedeutung bleiben mußten. Von der Wirklichkeit losgelöst, wurden sie zu reinen Abstraktionen, zu Dogmen, die zwar als Axiome vertreten wurden, an deren Durchführung aber nicht zu denken war. Es ist sehr bezeichnend für Katharina, daß sie diese Instruktionen gleich für das Ausland lateinisch, französisch und deutsch drucken ließ, zu Hause aber ausdrücklich verbot, daß „subalterne Beamte und sonstige Personen" davon Kenntnis bekämen.

Im Ausland hat diese Schrift ihre beabsichtigte Wirkung auch nicht verfehlt. Die russische Kaiserin kam bei den französischen Schriftstellern in Mode, man begann sie zu lobpreisen, und sie selbst fühlte sich nach dem Zeugnis eines englischen Diplomaten „über den Rest der Menschheit erhaben". Ein anderer Engländer glaubte in völliger Verkennung der Wirklichkeit, in der „Großen Kommission" das „unerhörte Beispiel einer freiwilligen Übertragung der Herrschaft durch einen absoluten Fürsten an das Volk" zu sehen. Er täuschte sich nicht weniger als jene, die 200 Jahre später im Verhalten Lenins und Stalins ein unerhörtes Beispiel der freiwilligen Übertragung der Diktatur eines Parteiführers an das Proletariat zu erkennen meinten.

Bei jenen Gliedern der Großen Kommission, die es mit ihrer Aufgabe – der Schaffung eines Gesetzbuches – ernst nahmen, stieß der Nakás sehr bald auf heftigen Widerspruch; Pánin meinte dazu: »Ce sont des axioms à renverser des murailles.« Aber da die Kaiserin keineswegs Mauern einzureißen gedachte, jedenfalls nicht in der Praxis, so ließ sie auch stillschweigend zu, daß ihre Instruktion um mehr als die Hälfte zusammengestrichen wurde, und daß gerade jenes daraus verschwand, was ihr im Westen so viel Beifall eingebracht hatte.

Gelegentlich ist auch noch neuerdings die Ansicht geäußert worden, Katharina habe sich – zum mindesten in der ersten Periode ihrer Regierung – „konsequent an liberale Prinzipien gehalten" (Leontowitsch). Diese Ansicht läßt sich auf Grund neuer Forschungen (Sacke) nicht halten. Ihr Liberalismus war Bluff. Auch in der ersten Periode hat Katharinas autokratische Regierungspraxis in krassem Gegensatz zu ihren liberalen Deklamationen gestanden. In ihrem Nakas hat sie, wie sie selbst gestand, „Montesquieu ausgeplündert", ohne ihn zu nennen. Nicht abgeschrieben, aber entsprechend berücksichtigt hat sie die für einen Herrscher über Rußland natürlich sehr nachdenkliche Bemerkung Montesquieus, daß „große Reiche eine despotische Autorität erfordern, deren rasche Entschlüsse die weiten Entfernungen auszugleichen haben". In derselben Zeit, als sie „das Volk zur gesetzgebenden Tätigkeit heranzog", hat Katharina vom Senat verlangt, ihre Ukase ohne Beratung durchzuführen, und während sie theoretisch sich über die Notwendigkeit der Aufhebung der Leibeigenschaft ausließ, verschenkte sie auch in dieser ersten Periode ihrer Regierung Tausende von Bauern an ihre Günstlinge als Leibeigene und verschlimmerte dadurch deren soziale Lage.

Die Große Kommission war durch ihre Zusammensetzung und Größe für die ihr zugedachte Aufgabe natürlich vollständig ungeeignet. Sie blieb einer der vielen Anfänge der commenceuse. Nachdem die Kommission in Moskau mehrere hundert Sitzungen abgehalten hatte, wurde sie (1767) nach Petersburg verlegt, später infolge des Türkenkrieges vertagt, um nie mehr wieder zusammenzutreten und allmählich in Vergessenheit zu geraten.

Gleichwohl hat diese Arbeit auch ein positives Ergebnis gehabt. Es wurden nämlich der Kommission von ihren gewählten Gliedern ausführliche Lageberichte über die Zustände in ihren Heimatprovinzen eingereicht und konkrete Wünsche dazu geäußert. Diese Informationen liefen in so großer Zahl ein, daß sie nicht einmal alle verlesen werden konnten. Aber die Kaiserin hat aus diesen Berichten eine recht genaue Kenntnis über die Zustände in ihrem Reich gewonnen. Der späteren Forschung haben sie als wichtige Quelle gedient.

Seelenbesitzer und Seelen. Pugatschów

Für die innere Entwicklung Rußlands am folgenreichsten war Katharinas Adels- und Bauernpolitik. Erst unter ihrer Regierung nahm sowohl das rechtliche wie vor allem das faktische Verhältnis zwischen den privilegierten, vom Dienst befreiten, adligen Seelenbesitzern und den zur Dienstpflicht gezwungenen, rechtlosen und der Willkür ihrer Herren preisgegebenen Leibeigenen seine krassesten Formen an. Katharina hat „die moralische Einheit des Volkes zerstört" (Schtscherbátow) und damit ihren Nachfahren eine große Last hinterlassen, an der die soziale, politische und auch in hohem Grade die geistige Entwicklung Rußlands bis weit über die Bauernbefreiung in der Mitte des 19. Jahrhunderts hinaus und bis in die Revolution im 20. Jahrhundert hinein schwer getragen hat.

Wir haben gesehen, daß der Adel in Rußland sich unter anderen geschichtlichen Voraussetzungen entwickelte als im Abendlande, daß er weder objektiv durch korporative Gemeinschaften noch subjektiv durch das Streben nach einer ständisch-autonomen Existenz gegenüber der Krone ausgezeichnet war und, seit der Zerschlagung der alten Bojarenaristokratie, in ein Abhängigkeitsverhältnis zum Herrscher geraten war, das im Dienst für ihn seinen Ausdruck fand. Peter dem Großen hatte es an der Dienstleistung des Adels gelegen, Katharina lag es an seinem Beifall. Sie hat ihn zu gewinnen verstanden.

Peter III. hatte den Eckstein der Adelsreform seines großen Ahnen herausgebrochen und sie damit ihrer sittlichen Rechtfertigung entkleidet, indem er die Dienstpflicht des Adels aufhob (vgl. S. 338). Es ist neuerdings die Ansicht geäußert worden, daß diesem folgenreichen Gesetz im Gegenteil ein sittlicher Gedanke zugrunde gelegen habe, nämlich die Absicht, „die Zwangseinrichtung zur Gewisseneinrichtung zu erheben" (Fleischhacker). Auch wenn die gute Absicht vorgelegen haben sollte, so bleibt gleichwohl die Tatsache bestehen, daß diese Absicht unter den in Rußland gegebenen Voraussetzungen nicht realisierbar war und daß das vom Adel als ein „Passepartout des Nichtstuns" aufgefaßte und begrüßte Gesetz eine geradezu vernichtende Wirkung gehabt hat. Katharina hatte in offenbar richtiger Erkenntnis der Dinge das Dienstbefreiungsgesetz ihres verhaßten Gatten scharf kritisiert. Nach ihrem Regierungsantritt hat sie es aber nicht wieder aufgehoben, sondern, um ihrer eigenen Popularität beim Adel willen, noch erweitert und damit die verhängnisvolle Weiterentwicklung gefördert.

Im krassen Gegensatz zu ihren tönenden Worten hat Katharina auch nichts getan, um die Lage der Bauern zu erleichtern und sehr viel dazu beigetragen – nach Möglichkeit von der Außenwelt unbemerkt –, sie zu erschweren. Sie hat das dem Adel unter Elisabeth gewährte Recht, Leibeigene zur Ansiedlung nach Sibirien zu verschicken, zum Recht auf Verschickung zu Zwangsarbeit erweitert (1765). Beschwerden, auch an die Kaiserin persönlich gerichtete Klagen, wurden von ihr verboten – alles in ihrer sog. liberalen Periode. „Wenn jemand unerlaubterweise Klagen gegen die Gutsbesitzer Ihrer Majestät in die eigenen Hände zu geben sich erdreistet, so wird der Kläger mit der Peitsche bestraft und verschickt werden" (Senatsukas 1767); sie hat den Verkauf von Bauern ohne Land und getrennt von Familienangehörigen und deren Verpfändung an Banken gestattet und hat praktisch auch Versteigerungen von Leibeigenen geduldet. Im Ergebnis durfte der Seelenbesitzer mit seinem Leibeigenen alles machen, was er wollte, nur nicht ihn töten – was übrigens praktisch oft genug vorkam und nur selten bestraft wurde. Katharina hat durch massenweise Bauernschenkungen, als Entgelt für Verdienste um ihre Person und um den Staat, freie Bauern oder Kronbauern bzw. in Staatsbesitz überführte Klosterbauern zu leibeigenen Seelen von Gutsbesitzern gemacht; im ganzen hat sie 400 000 Seelen, das sind rund eine Million Menschen, verschenkt. (Nur die männlichen Bauern galten als Seelen.)

Die Umwandlung des Gutsbesitzers in einen Seelenbesitzer war kein rechtlicher, sondern ein faktischer und psychologischer Vorgang. Unter der Regierung Katharinas II. fand er seine Vollendung. Den gesetzlichen Niederschlag fand Katharinas Adelspolitik in ihrem „Gnadenbrief für den Adel" (1785) (shálowanaja grámota), der die Privilegien der herrschenden Schicht garantierte.

Demnach war der Adlige frei vom Dienst (auch vom Militärdienst) und frei von allen Steuern; er durfte nur von seinen Standesgenossen gerichtet werden; sein Landbesitz und seine Seelen (Bauern) waren sein erbliches Eigentum; er durfte auch Handel treiben und Industriebetriebe begründen. Zu den Privilegien gehörte auch das Verbot, die Edelleute einer (unter Elisabeth noch oft auch an adligen Frauen vollzogenen) Körperstrafe zu unterziehen. In den Gouvernements wurden Adelsverbände gebildet und die einzelnen Geschlechter im jeweiligen Gouvernement registriert (Gouvernementsadel). Daß die Ansätze zu einer adligen Selbstverwaltung in der Provinz scheiterten, wurde bereits erwähnt.

Die Rangtabelle blieb bestehen, ebenso das Recht, durch Rang Adel zu erwerben. Natürlich lag darin auch nach der Beseitigung des Dienstzwanges ein starker Anreiz zum Dienen. Gleichzeitig trat aber jetzt zu der, wiederholt hervorgehobenen, Kluft zwischen der privilegierten, mit dem Seelen- und Landbesitzmonopol ausgestatteten, weitgehend europäisierten adligen Oberschicht und der Masse des bäuerlichen Volkes eine weitere nicht minder folgenschwere Spaltung ein. Gemeint ist damit die, für die gesamte weitere Entwicklung bis zur Revolution äußerst wichtige, Spaltung zwischen dem dienenden und praktisch herrschenden Hof- und Beamtenadel – den sog. Sphären – auf der einen Seite und dem nichtdienenden, aber wohl seelenbesitzenden, später gutsherrlichen, Landadel – der sog. Gesellschaft (obschtschétwennostj) – auf der anderen Seite. Während der dienende Adel sich im Staatsapparat zusehends bürokratisierte und als eigentlicher

Staatsträger auch politisierte, wurde der nichtdienende Landadel im wachsenden Maße zum Träger der sich verschärfenden Opposition gegen die herrschende Schicht, gegen das Regierungssystem und schließlich gegen den Staat selbst. Es wird darüber noch viel zu sagen sein.

Dieser Adel war – aktiv und passiv – der eigentliche Träger des kulturellen Europäisierungsprozesses, aber er wurde von diesem Prozeß durchaus nicht gleichmäßig erfaßt. Während in den Hauptstädten, zumal in Petersburg, die meisten Aristokraten einen Vergleich mit ihren abendländischen Standesgenossen in bezug auf ihr Kulturniveau bereits damals nicht zu scheuen brauchten, drang die Europäisierung in der Provinz z. T. nur sehr langsam vor. Dort lebte der Adel vielfach auf einer sehr primitiven Stufe. Im Gouvernement Orenburg waren 60 % der Adligen Analphabeten, im Gouvernement Archangelsk 28 % und sogar im Gouvernement Moskau noch 18 %. Im 19. Jahrhundert hat Sergéj Aksákow in seiner berühmten „Familienchronik" von seinem Großvater Stepán zu Katharinas Zeiten berichtet, daß er „wie alle damaligen Provinzedelleute überhaupt keine Bildung besaß", barfuß hinter dem Pfluge ging, aber – als Rjurikide! – ungeheuer adelsstolz war. Diese primitiven Landedelleute besaßen selbstverständlich auch ihre „Seelen" und hatten die gleiche Gewalt über sie wie die hochkultivierten, unvorstellbar reichen, großen Herren in Petersburg und Moskau.

Die Lage der Leibeigenen war nicht nur infolge ihrer Rechtlosigkeit und ihrer Abhängigkeit von der Willkür ihrer Herren so schwer. Während die Herren der Dienstpflicht enthoben waren, hatten die Leibeigenen eine doppelte Dienstpflicht zu leisten: dem Staat mußten sie Steuern zahlen und ihrem Herrn entweder den Obrók (Naturalabgaben) oder die Bárschtschina (Frondienste) leisten. Außerdem waren sie zu persönlichen Diensten verpflichtet. Sie konnten jederzeit nach Ermessen der Herren ihrem bäuerlichen Beruf entzogen und dem in der Regel sehr zahlreichen persönlichen Dienstpersonal zugeteilt werden. Normalerweise hatte ein gutsituierter Adliger hundert bis hundertfünfzig „Hofleute"; größere Familien bis zu achthundert. Selbstverständlich gehörten Handwerker aller Art, bei den großen Herren auch Ärzte, Apotheker,

Musiker, Schauspieler, Architekten, Astronomen, aber auch Kerzenanzünder, Dochtschneider usw. mit dazu.

Es waren echte Sklavenverhältnisse. Und wie in jeder auf Sklaverei beruhenden Gesellschaft war die Behandlung des Einzelnen sehr unterschiedlich. Das Schlimmste waren neben häufigen sexuellen Ausschreitungen die grausamen, oft mit schweren Mißhandlungen verbundenen Strafen, die dann gerne religiös verbrämt wurden. „Das geschieht alles zu ihrem Heil, gleichwie Gott uns zu unserem Besten züchtigt", schrieb Andréj Bolótow (1738–1833) in seinen aufschlußreichen Memoiren. In jener Zeit war es nichts besonderes, wenn durch Zeitungsinserate „ein Barbier mit vier Bettstellen" oder „ein Bankettischchen und zwei gelernte Mädchen" zum Kauf angeboten wurden.

Eine Politik, die solche Zustände zur Folge hatte, stieß natürlich auch auf Widerstand. Er kam zuerst von geistlicher Seite. Auch in der Kirchenpolitik hat Katharina gemeint, das Werk Peters des Großen fortzuführen, aber auch hierin hat sie es wahrscheinlich nicht richtig verstanden. Ob Peter eine Entwicklung der russischen Kirche zur Staatskirche gewollt hat, ist umstritten. Katharina hat diese Entwicklung vollzogen und die, praktisch vom – weltlichen – Oberprokureur regierte, Kirche völlig dem Staat unterworfen. Der von Peter „geradezu mit religiösem Enthusiasmus" angewendete Begriff des Allgemeinwohls (vgl. S. 273) ist bei ihr, die in viel stärkerem Maße ein Kind der Aufklärung war, einer bewußt diesseitigen Staatsräson gewichen. (Onasch.)

Bereits im zweiten Jahr ihrer Regierung hatte Katharina, um ihre fortgesetzte Finanznot zu mildern, den Kirchen- und Klosterbesitz säkularisiert, der weltlichen Verwaltung unterstellt und zur Steuerzahlung herangezogen. Sie tat das, obgleich sie zwei Jahre vorher die gleiche Maßnahme ihres Gatten für frevelhaft erklärt und nach ihrem Putsch wieder aufgehoben hatte. Damals ließ sie sich als „Befreierin der Kirche von Not und Unterdrückung" feiern. Als sie jetzt die ehemals verurteilten Maßnahmen erneuerte, wurde sie von den im Zuge der Entwicklung verbeamteten Geistlichen ihrerseits als „frevelhaft" und „des Kirchenfluches würdig" bezeichnet. An die Spitze der geistlichen Opposition stellte sich der Erzbischof von Rostow, Arsénij Mazejéwitsch, ein Ukrainer, der sich in mutigen und äußerst scharfen, an den Heiligen Synod gerichteten Denkschriften nicht scheute, die Kaiserin mit Julian dem Abtrünnigen zu vergleichen und daran zu erinnern, daß sie unrechtmäßig auf den Thron gelangt war. Er wurde von Katharina, die eine so hohe Meinung von der Freiheit des Geistes hatte, verhaftet, verbannt, zunächst zu Zwangsarbeit und schließlich zu unbefristetem, praktisch lebenslangem Kerker verurteilt.

Der Widerstand gegen die Politik Katharinas blieb aber nicht auf die Geistlichkeit und bestimmte Kreise in der Oberschicht beschränkt – sogar unter den Garden war es zu einer Verschwörung gegen sie zugunsten ihres Sohnes Paul gekommen –, sondern drang auch in tiefere und breitere Schichten.

Obgleich der privilegierte Adel der Träger der geschichtlichen Entwicklung dieser Periode war, so fiel die Masse des Volkes gleichwohl nicht in ihre Geschichtslosigkeit zurück. Die sich immer wiederholenden Ausbrüche aus der geduldigen Passivität zu spontanen Aktionen, die Unruhen und Aufstände und die gelegentlichen Versuche, unmittelbar in die geschichtliche Entwicklung einzugreifen, setzten sich fort. Allenthalben flackerten lokale Aufstände auf; in Moskau griff während einer Pestepedemie (1771) die Bevölkerung sogar die Geistlichen an und ermordete den Erzbischof. Auf dem flachen Lande wurden immer wieder adlige Seelenbesitzer von aufständischen Bauern ermordet. Während der Debatte in der Großen Kommission wurde erklärt, daß viele Herren auf dem Lande ein halbes Jahr oder länger sich nicht getrauten, ihre Güter zu betreten oder in ihren Häusern zu schlafen, aus Angst vor entlaufenen Leibeigenen, die ihre Herren überfielen, „grausam quälten, abschlachteten und in Stücke rissen“.

Zu einer akuten Gefahr für den Staat wurden die Unruhen aber erst, als sich, wie zur Zeit Rásins, ein energischer Führer fand. Es war wieder ein Donkosak; außerdem war er Raskólnik. Er hieß Jemelján Pugatschów. Als er sich an die Spitze schnell anwachsender Kosakenhaufen stellte, sich selbst für Kaiser Peter III. erklärte und aus dem aufgewiegelten Steppengebiet heraus zu einem Stoß nach den Reichszentren ansetzte, schienen die Zeiten Sténka Rásins tatsächlich wiedergekehrt zu sein (1773). Nur hatte sich das Schwergewicht der Aktion weiter nach Osten verlagert.

Nach der Niederwerfung Buláwins (vgl. S. 289) waren die Donkosaken so weit in die staatliche Militärorganisation eingegliedert worden, daß ihr Gebiet kein geeigneter Boden mehr für einen Aufstand war. Deshalb begann Pugatschów seine Aktion zunächst im südlichen Ural und am Jaík (Uralfluß). Die Jaík-Kosaken befanden sich damals in einer ähnlichen Lage wie die Donkosaken hundert Jahre früher. Sie sahen sich der Gefahr ausgesetzt, in die russische Heeresorganisation eingegliedert und an Garnisonen gebunden zu werden. Diesem Vorhaben setzten die Kosaken einen verbissenen Widerstand entgegen.

Pugatschów suchte und fand seine Anhänger außer bei den Kosaken auch bei den zahlreichen nichtrussischen Steppenvölkern, Kirgisen, Baschkiren, Usbeken, Tschuwaschen und Tataren an der Peripherie des russischen Siedlungsgebietes. Ein Baschkire – Salawát Julájew – tat sich als Unterführer Pugatschóws besonders hervor. Mit diesem bunten Völkergemisch gelang es dem falschen Zaren, seine ersten Erfolge zu erzielen und mehrere im Uralgebiet von den Russen angelegte Festungen zu nehmen (z. B. Orenburg). Von da wandte er sich zunächst in nördlicher und dann in westlicher Richtung in das Gebiet der Kama und der mittleren Wolga. Überall rief er die russischen Bauern, insbesondere die leibeigenen Seelen, zur Erhebung gegen ihre Herren auf.

Alle jene Elemente, denen wir bei früheren Aufständen begegneten, finden sich auch bei Pugatschów; auch er verfocht keine politischen, sondern betonterweise soziale Ziele. In der Rolle des legitimen Kaisers hatte er sich in grotesker Art mit einem prunkvollen Hofstaat nach Petersburger Muster umgeben. Die Kaiserin Katharina bezeichnete er in seinen Aufrufen als seine Frau. Sein erklärter Kampf galt aber nicht der Kaiserin, sondern der „Adelspartei". „Ich habe vor Gott geschworen, alle Edelleute bis zum letzten auszurotten", heißt es in einem seiner großsprecherischen Manifeste. In mancher Hinsicht erinnert der Aufstand dieses falschen Zaren Jemelján Pugatschów an den „Aufstand" des echten Zaren Iwán Grósnyj gegen die „Adelspartei". Auch bei Pugatschów findet sich jene Mischung von Terrorismus und Kirchenfrömmigkeit und die bei allen Gewalttaten wiederkehrende Berufung auf Gott und die „Rettung der Seelen". Interessanterweise bezeichnete Pugatschów seine eigenen „Untertanen“ gern als „ergebene Sklaven seiner Krone“. Wogegen er aufbegehrte, war die Versklavung nicht durch den Zaren, sondern nur durch die „Herren“. Natürlich stand seine Aktion im Zeichen des alten kosakischen anarchistischen Freiheitsideals. In einem Manifest begnadete er „jeden mit Land, Wasser, Wald, Feld, Wiesen, Pulver, Blei“, kurz mit allem, was er wünschen konnte, und schloß daran die große Verheißung: „Und Ihr sollt gleich sein den wilden Steppentieren!“

Auch der Pugatschówsche Aufstand wird in der Sowjetgeschichtsschreibung als Bauernkrieg bezeichnet. Es ist dazu dasselbe zu sagen, was schon anläßlich des Aufstandes von Rásin gesagt war. Pugatschóws Aufstand war mehr und wesensmäßig etwas anderes als ein Bauernkrieg. Er erfaßte und stützte sich nicht nur auf das bäuerliche Element und trug infolgedessen auch nicht spezifisch bäuerlichen Charakter. Weder die Kosaken noch die vielfach noch nomadisierenden Steppenvölker waren im eigentlichen Sinne Bauern. Nach dem Einbruch ins russisch-bäuerliche Gebiet fand Pugatschów Unterstützung und Zulauf auch in nichtbäuerlichen Kreisen, bei den niederen Schichten der städtischen Bevölkerung, die ihm mit erstaunlicher Bereitwilligkeit zahlreiche große Städte zufallen ließen, wie Samara, Saratow, Pensa, Ufa. Kamaaufwärts bis hinauf nach Perm, wolgaabwärts bis hinunter nach Zarizyn (Stalingrad, heute Wolgograd) schlossen sich ihm auch große Teile der niederen Geistlichkeit und in den Bergwerken die Arbeiter an. Einen „Klassencharakter“ trug dieser Aufstand wie die früheren insofern, als soziale Ziele in Rußland immer sehr bald zu „Klassenzielen“ wurden, da ein ständisches Bewußtsein nicht vorhanden war. Im Hintergrunde dieses Aufstandes – das machte ihn so gefährlich und sicherte ihm den Zulauf – stand das Bestreben, die von Katharina durch ihre Adelspolitik zerstörte „Ordnung des Reiches“ unter Ausschaltung des Adels wiederherzustellen.

Auch diesem Aufstand, der infolge des Einsatzes regulärer Truppen seitens der Regierung vielleicht als „Krieg“ erscheinen mochte, fehlte aber jenes Moment systematischer Lenkung, das zum Begriff Krieg gehört. Es war eine Eruption aufgespeicherter, gefesselter, sich dauernd in brodelndem Zustand befindender, aber gelegentlich die über sie gelegte schwere Decke sprengender Volksleidenschaften, ein warnender Ausdruck jener latenten Gefahren für das Reich, die unter dem vergoldeten Schein der Europäisierung aus ganz und gar uneuropäischen geschichtlichen Voraussetzungen erwachsen waren und weiter fortlebten. Gleichzeitig ein Ausdruck der Möglichkeiten, die sich einer klugen Staatsführung bieten konnten bei einer richtigen, ins Positive gewendeten Nutzung der hier aufgespeicherten Kraftreserven des Volkes.

Pugatschów zeigte sich in seiner dämonischen Primitivität und Naivität – er war Analphabet – zwar zu einer Auslösung und geschwinden Ausweitung dieser Eruption fähig, nicht aber zu deren Vertiefung und Erweiterung zu einer Revolution. Gleichwohl war bereits damals angesichts der Aufspaltung der Oberschicht und der Bereitschaft eines geistig hochstehenden Teiles von ihr, sich den Widerstandskräften zu verschreiben, die hundertfünzig Jahre später sehr aktuell gewordene Frage aufgegeben: Wie würde eine solche Eruption der Volkskräfte verlaufen und zu welchem Ergebniß würde sie führen, wenn sich an ihre Spitze ein „Pugatschów mit Hochschulbildung“ (de Maistre) stellt!

Jemelján Pugatschów fehlte die Qualifikation zu einem Revolutionär, gleichwohl brachte er das Reich in eine höchst gefährliche Lage. Katharina hat das nicht gleich erkannt. Zunächst war sie weniger durch die Erfolgsmöglichkeiten ihres falschen Gemahls beunruhigt, als durch das „peinliche Aufsehen“, das die Angelegenheit im Auslande hervorrief. Sie fürchtete sehr, daß der Widerspruch zwischen ihren schönen Worten über die glänzenden Ergebnisse ihrer Regierung und der russischen Wirklichkeit allzu deutlich würde und versuchte, um eine Blamage vor Europa zu vermeiden, den Aufstand zunächst zu verheimlichen und dann zu bagatellisieren. Beides erwies sich als nicht durchführbar.

Der Umfang des Aufstandes und die Panik, die er bis nach Moskau hin, zumal unter den adligen Seelenbesitzern, hervorrief, verlangte eine umfassende Gegenaktion. Diese war um so schwieriger, als die Truppen durch den gleichzeitigen Türkenkrieg gebunden waren. Nachdem aber die vom Adel ad hoc aufgestellten Privatmilizen versagt hatten, sah Katharina sich gezwungen, die größte militärische Autorität, über die Rußland damals verfügte, den General Suwórow, vom Kriegsschauplatz abzuberufen und ihm die Niederwerfung des Aufstandes zu übertragen. Suwórow hat es mit regulären Truppen getan, wobei ihm allerdings die Aufständischen selbst zu Hilfe kamen, indem sie Pugatschów, als das Glück sich von ihm abgewandt hatte, überwältigten und dem General auslieferten.

Der Aufstand hatte zwei Jahre gedauert (1773–1774). Im Januar 1775 wurde Pugatschów in Moskau öffentlich geköpft. Vorher hatte er – im Stile Grósnyjs – sich vor dem „rechtgläubigen Volk" gedemütigt und jene, gegen die er roh gewesen war, gebeten, ihm zu verzeihen. Die als Abschreckungsmaßnahme gedachte Vergeltung war ungeheuer rigoros. Nach einem Zirkular des Generals P. I. Pánin wurde die Bevölkerung in den Aufstandsgebieten durch die Drohung, daß jeder Dritte erschossen werde, gezwungen, die am Aufstand Beteiligten auszuliefern. Den Schuldigen, „sowohl den Mördern, wie den Verrätern, wie den Anstiftern", sollten erst Hände und Füße, dann der Kopf abgeschlagen und die Leichen „an den Fahrstraßen auf Räder gelegt werden".

Gleichzeitig mit Pugatschów und in gewisser Verbindung mit ihm wurde Katharina der Thron von einer ganz anderen Seite streitig gemacht: durch eine Frau. Eine junge Abenteurerin, die als Fürstin Tarakánowa in die Geschichte eingegangen ist, erhob von Italien aus, unter sehr verschwommenen Angaben über-ihre Person, Anspruch auf die von Katharina usurpierte Macht. Sie behauptete, eine Tochter Elisabeths und (in Verwechslung der Brüder) Kiríll Rasumówskijs und gleichzeitig eine Schwester Pugatschóws zu sein. Diesen Anspruch nahm die Kaiserin von vornherein sehr ernst, obgleich er ganz ungefährlich war. Begünstigt durch den Umstand, daß damals die russische Flotte im Mittelmeer kreuzte, gab sie Alekséj Orlów den Befehl, ihre Nebenbuhlerin zu Schiff zu entführen. Orlów – der gleiche, der zwölf Jahre vorher in Ropscha den Gatten Katharinas mit so durchschlagendem Erfolg bewacht hatte – löste auch diese Aufgabe zur Zufriedenheit seiner Herrin. Er stellte sich in die Tarakánowa verliebt, lockte sie auf ein russisches Schiff und brachte sie nach Petersburg, wo sie sofort eingekerkert wurde. Bereits damals schwer lungenkrank, ist sie bald darauf wahrscheinlich sogar eines natürlichen Todes gestorben (1775). Die Angelegenheit blieb eine Episode.

Pleonexie

Das größte Lob wurde Katharina von ihren Anhängern und Bewunderern für die Erfolge ihrer Außenpolitik gespendet. Sie ist dafür bis zur Gotteslästerung gepriesen worden. Friedrich der Große hat ihr einmal geschrieben: „Gott spricht, es werde Licht, und es ward Licht. Sie sprechen, und die Welt schweigt vor Ihnen", und Voltaire hat sie direkt mit der Mutter Gottes verglichen.

Unter dem Blickpunkt einer Mehrung des Reiches durch Territorialerwerb sind die außenpolitischen Ergebnisse ihrer Regierung allerdings recht augenfällig. Auch in dieser Beziehung geht eine erkennbare Linie von Peter dem Großen über sie zu den Bolschewiken. Sie hat Rußland im europäischen Bereich mehr Gebietszuwachs eingebracht als irgendein Vorgänger oder Nachfolger – außer Stalin. Und sie hat gleichzeitig die, keineswegs nur durch objektiv-reale, sondern in hohem Grade durch subjektiv-psychologische Momente bestimmte Machtposition Rußlands im Spiel der politischen Kräfte ungeheuer gesteigert, so daß sie Deutschland gegenüber, ebenso wie Frankreich, als Bürge der Reichsverfassung auftreten konnte. (Im Frieden von Teschen 1779.)

Man hat Katharinas Außenpolitik mit Recht als Pleonexie bezeichnet (Lewalter). Sie war der Ausdruck einer Ländergier, die durchaus nicht ideologisch bestimmt – allerdings des öfteren ideologisch verbrämt – war, eine reine Macht- und Interessenpolitik, die infolgedessen in ihren Zielsetzungen auch grundsätzlich keine Grenzen kannte. Der Gebietsgewinn auf Kosten Polens ist von russischer Seite damit gerechtfertigt worden und wird auch heute noch von sowjetischen Historikern damit gerechtfertigt, daß dadurch ehemals zur Kiewer Rus gehörende Gebiete wieder zurückgegliedert, sozusagen heim ins Reich geführt wurden. Katharina hat ihrem Reich aber auch solche Gebiete eingegliedert, die nie zur Rus gehört hatten, wie z. B. Kurland, und außerdem hatte sie sich keineswegs mit dem Gewonnenen begnügen, sondern noch mehr gewinnen wollen, ungefähr so viel, wie fast zweihundert Jahre später Stalin tatsächlich gewann. „Wenn ich 200 Jahre regierte" – hat sie einmal gesagt –, „dann würde schließlich ganz Europa dem russischen Zepter unterworfen sein." Wahrscheinlich hat Stalin ebenso gedacht. Das Erstaunliche und in den Augen vieler wahrhaft Imposante dabei war, daß sie den riesigen Gebietszuwachs im Westen fast ohne Waffengewalt erhielt, ohne förmlichen Krieg, nur im Kampf mit polnischen Aufständischen. Die Ausweitung des russischen Reiches nach Westen erscheint in der Tat nicht als Ergebnis zeitlich begrenzter, mit raschen Schlägen geführter Eroberungen, sondern als ein langsames, träges, lange vor Katharina einsetzendes Sich-Vorschieben einer schwer gewordenen Masse in den Raum des geringsten Widerstandes hinein.

Es sei daran erinnert, daß seit Peter dem Großen, infolge der Einbeziehung Rußlands ins europäische Staatensystem als gleichberechtigter Partner, der alte West-Ost-Gegensatz zwischen Europa und Rußland nicht mehr bestand. Rußlands Vordringen nach Europa erfolgte in Bundesgenossenschaft mit europäischen Großmächten z. T. unter deren tätiger Mitwirkung. Die allgemeinpolitische Voraussetzung für die außenpolitischen Erfolge Katharinas war, daß sie „ihre potentiellen Gegner stets durch eine oder zwei andere Mächte zumindest neutralisiert wußte" (Hausherr).

Nachdem Katharina anfänglich vergeblich versucht hatte, ein Projekt Nikíta Pánins, den sog. „Nordischen Akkord", d. h. eine große Koalition der protestantischen Staaten (Preußen, Schweden, Dänemark, England) zusammen mit Polen unter russischer Führung als Gegengewicht gegen Frankreich-Österreich durchzuführen, entschloß sie sich, die durch die kritische Situation Polens in ihre Hand gegebenen Chancen sehr realistisch und mit unverkennbarem Geschick zu nutzen. Aber auch im polnischen Fall wollte sie mehr, als sie bekam, nämlich ganz Polen und nicht einen Teil davon. Das zu erreichen, haben die anderen Teilungsmächte sie gehindert.

Die sehr interessante Geschichte der Teilungen Polens – einer der kompliziertesten und lehrreichsten Vorgänge der neueren Geschichte Europas überhaupt – kann hier nicht dargestellt werden. Sie gehört in die allgemeine Geschichte. Gleichwohl muß einiges vom Blickpunkt der russischen Politik dazu gesagt werden. – Seit Peter dem Großen hielt Rußland am Grundsatz der Einmischung in innere polnische Angelegenheiten fest und unterstrich sein Interesse an der Entwicklung dieses Staates, zumal an den Königswahlen, durch die seit Anfang des 18. Jahrhunderts pausenlose Anwesenheit russischer Truppen in Warschau. Die militärischen Operationen der Russen im Siebenjährigen Krieg auf polnischem Boden wurden bereits erwähnt. Alle Wege der Russen nach Europa führten durch Polen. Zur Erleichterung der russischen Einmischung wurde die sog. polnische Libertät, oder wie Katharina es noch vor ihrer Thronbesteigung (1759) formuliert hat, „die glückliche Anarchie, in welcher Polen sich befindet und welche uns zu jeder beliebigen Aktion freie Hand läßt", grundsätzlich begünstigt. Dabei konnte das sonderbare Institut der sog. Adelskonföderationen – die gewohnheitsrechtlich legalisierte Empörung gegen den eigenen Landesherrn – von den Russen sehr wirksam im eigenen Interesse genutzt werden. Ein zweiter Weg der Einmischung ging über die aktive Unterstützung der in Polen recht stark benachteiligten sog. Dissidenten, d. h. der nicht der Staatskirche angegliederten griechisch-orthodoxen (und protestantischen) Untertanen des polnischen Königs.

Im Jahre 1764 hatte Katharina sich durch den russisch-preußischen Bündnisvertrag gerade in diesem Punkte auf eine Zusammenarbeit mit Friedrich dem Großen festgelegt. Mit preußischer Unterstützung wurde „unter dem Schutze" russischer Truppen, nachdem der Führer der katholischen Gegenpartei verhaftet und nach Rußland verschleppt worden war, der Kandidat Katharinas – ihr ehemaliger Liebhaber –, Stanislaus Poniatówski, zum König von Polen gewählt.

Andererseits war aber die Kaiserin durch die gleichzeitige Einmischung der Türkei in innerpolnische Angelegenheiten in einen Konflikt und bald gegen ihren Willen und entgegen den Interessen Rußlands in einen Krieg mit den Türken geraten, der Rußland in einen so scharfen Gegensatz zu Österreich brachte, daß ein österreichisch-russischer Krieg auszubrechen drohte. Wieweit die in dieser Situation von Friedrich dem Großen unternommene Initiative zur Teilung Polens von der Absicht bestimmt war, dadurch einen europäischen Krieg zu verhindern, wieweit von dem Wunsch, die russischen Ansprüche in Polen einzudämmen, wieweit vom Entschluß, die Situation im eigenen Interesse zu nutzen, sei dahingestellt.

Bei der ersten Teilung Polens (1772), d. h. bei der „Abgliederung" polnischer Gebiete, auf die sich Rußland, Preußen und Österreich über den Kopf des polnischen Königs hinweg einigten, hatte Rußland noch ein verhältnismäßig kleines Gebiet (bis zur Düna- und oberen Dnjeprgrenze) erhalten. Selbstverständlich wollte Katharina sich damit nicht begnügen. Um ebenso fortfahren zu können, wurde die polnische Libertät und damit die weitere Einmischungsmöglichkeit ausdrücklich garantiert.

Als August IV. – so nannte sich Poniatówski als König – durchaus anders, als seine ehemalige Geliebte von ihm erwartet hatte, im verkleinerten polnischen Staat zu seiner inneren Festigung und Stärkung nach außen Reformen durchzuführen begann, und schließlich durch die Verfassung vom 3. Mai 1791 eine weitere Einmischung der Nachbarmächte zu unterbinden drohte, schritt Katharina im Zusammenwirken mit Preußen „zum Schutze der polnischen Freiheit" und selbstverständlich, um „dem polnischen Volk ein glücklicheres Los zu bereiten", mit Hilfe einer von ihr zu diesem Zweck begründeten Konföderation ein, zwang den König, sich auch seinerseits ihr anzuschließen, da, wie er zu erklären sich veranlaßt sah, „der großmütige und uneigennützige Beistand Ihrer Majestät der Kaiserin von Rußland einen glücklichen Ausgang" verspreche, und holte sich bei der zweiten Teilung Polens (1793) ein riesiges Gebiet. Zwei Jahre später erhielt sie, nachdem Suwórow den in der Hoffnung auf Unterstützung durch das revolutionäre Frankreich entfachten polnischen Aufstand unter Kosciúszko in äußerst brutaler Weise niedergeworfen hatte, in der dritten Teilung Polens (1795) eine weitere „Portion", wie die Teilungsmächte sich in ihren Verhandlungen untereinander ausdrückten.

Die damit gewonnene Grenze verlief etwa dort, wo die heutige Grenze zwischen der Sowjetunion und Polen liegt (mit Ausnahme des Gebiets von Königsberg, das selbstverständlich bei Preußen blieb, und Galiziens, das Österreich bekam). Der polnische König dankte ab und ließ sich – mit einer guten Pension – in Rußland nieder. Polen hatte aufgehört, als Staat zu bestehen. Erst dadurch hat Rußland eine gemeinsame Grenze mit beiden deutschen Großmächten erhalten. Damit war in Osteuropa eine vollständig veränderte außenpolitische Situation herbeigeführt.

Die beiden letzten Teilungen Polens erfolgten bereits im Zuge des Kampfes gegen die Französische Revolution und die dadurch gegebene Interessengemeinschaft der Teilungsmächte im Rahmen internationaler Verwicklungen, auf die hier nicht eingegangen werden kann. Der Prozeß der Aufteilung begann aber unabhängig davon mit Methoden, die in höchst bedenklicher Weise Schule gemacht haben und keineswegs erst nachträglich unter dem Gesichtspunkt moderner Wertungen, sondern bereits damals und auf Grund damals geltender Rechtsvorstellungen entschieden verurteilt worden sind, weil sie „die Grundlagen erschütterten, auf denen die Sicherheit des Bestehenden ruhte“ (Ranke). Man hatte nicht – billigerweise – einem besiegten Lande als Sieger seinen Willen diktiert, sondern hatte sich – unbilligerweise – auf Kosten eines wehrlosen Staates arrangiert. Das entsprach ganz der Sinnesart und den politischen Fähigkeiten der russischen Kaiserin.

Niemand hat die dabei angewandte Methode so scharf verurteilt wie Katharinas große Zeitgenossin und widerwillige Teilhaberin am Teilungsgeschäft Maria Theresia. Es ist absolut falsch zu meinen, eine entschiedene Verwerfung der Aufteilung Polens sei eine Beurteilung der Dinge aus heutiger Sicht und entspräche nicht den Vorstellungen jener Zeit. Im Februar 1772 schrieb Maria Theresia an Kaunitz: „Aber in dieser Sach’, wo nit allein das offenbare Recht himmelschreiend wider uns, sondern auch alle Billigkeit und gesunde Vernunft wider uns ist, muß bekennen, daß zeitlebens nit so beängstigt mich befunden und mich sehen zu lassen schäme. Bedenkt der Fürst, was wir aller Welt für ein Exempel geben, wenn wir um ein elendes Stück von Polen ... unser Ehr und Reputation in die Schanz’ schlagen“. Solchen Regungen war Katharina nicht zugänglich.

Aber auch abgesehen von Ehr’ und Reputation wäre die Frage zu stellen, ob diese Politik klug war, und ob sie realistisch betrachtet im Interesse Rußlands lag. Nach den Erfahrungen des

Die Expansion Rußlands im Westen im 18. und 19. Jahrhundert.

19. Jahrhunderts, dessen außenpolitische Entwicklung mit der polnischen Frage so schwer wie mit keiner anderen belastet gewesen ist, wird man die Aufteilung des polnischen Staates nur als politischen Fehler bezeichnen können, um so mehr, als eine Zerreißung des polnischen Volkes damit verbunden war, die infolge des gerade um diese Zeit aufkommenden und seinen Siegeszug antretenden Nationalismus volkliche Leidenschaften auslöste, von denen niemand behaupten wird, sie hätten sich im Interesse Rußlands ausgewirkt. Als „Entschuldigung" für Katharina könnte man anführen, daß sie ja ganz Polen ihrem Reich einverleiben wollte und zu einer Teilung nur durch die anderen Teilungsmächte veranlaßt wurde. Die Entwicklung des 19. Jahrhunderts, nachdem auch Kongreßpolen an Rußland gefallen war, hat aber gelehrt, daß die Einverleibung so großer, rein polnisch besiedelter Gebiete desgleichen zu einer Belastung für Rußland geworden ist. Diese Belastung wog so schwer, daß zwei russische Kaiser im 19. Jahrhundert, wie noch zu zeigen sein wird, sich mit dem Gedanken getragen haben, diese Gebiete freiwillig an andere abzutreten.

Auf den Zusammenhang zwischen den polnischen Teilungen und dem russisch-türkischen Krieg (1768–1774) wurde bereits hingewiesen. Obgleich in diesem Fall nicht Katharina die Initiative ergriffen hatte, sondern die Türken – in völliger Verkennung ihrer eigenen Macht glaubten diese, durch ihren Eingriff Polen vor Rußland schützen zu können –, lag eine weitere Expansion Rußlands nach Süden durchaus auf der Ebene der Politik der Kaiserin. Auch darin folgte sie dem von Peter dem Großen eingeschlagenen und von seinen Nachfolgern fortgesetzten Kurs. Wie im Falle Polens profitierte sie dabei durch den fortschreitenden inneren Verfall des einst so gefährlichen Nachbarn.

Auch die Türkei war bereits zu einem Objekt der Großmachtpolitik geworden. Aber im Unterschied zu den Polen fanden die Türken mächtige Interessenten an dem Fortbestand ihres Staates, so daß Katharina hier noch weniger ihre letzten Ziele erreichen konnte als dort und die erstrebte Aufteilung der Türkei nach dem Muster der Aufteilung Polens durch ihre Gegner verhindert wurde.

Gleichwohl hat Katharina auch gegenüber den Türken eindeutige und für Rußland sehr wichtig gewordene Erfolge erzielt. Sie hat in zwei, zusammen zehn Jahre währenden, Kriegen (1768 bis 1774 und 1787–1791) den ganzen Süden Rußlands bis zum Dnjestr – einschließlich der Krim und des Kaukasus – erworben und damit die lästige Bedrohung durch die Tataren endgültig beseitigt. Der letzte Tatarenchan, noch aus dem Geschlecht der Giréj, erhielt wie Poniatówski eine russische Pension. Katharina hat praktisch die Herrschaft über das Schwarze Meer gewonnen, die freie Durchfahrt für die russischen Handelsschiffe durch die Meerengen erreicht und sich ein Einmischungsrecht – formell „zum Schutz der christlichen Religion" – in den, unter türkischer Oberhoheit verbleibenden, Donaufürstentümern (Moldau und Walachei) gesichert.

Alle außenpolitischen Probleme dieses Raumes, die sich schon vorher angekündigt hatten, und die das ganze 19. und das halbe 20. Jahrhundert beherrschen sollten, waren damit aufgeworfen: die orientalische Frage einschließlich des Meerengenproblems, das Interesse der Westmächte an dieser Region, die Rivalität Rußlands und Österreichs auf dem Balkan, das Problem der Donaufürstentümer und das der Befreiung der Christen von türkischer Oberhoheit und alle damit verbundenen Balkanfragen.

Im ersten Türkenkrieg war das russische Heer unter Graf Rumjánzew, der dafür den Ehrennamen Sadunájskij erhielt, bis über die Donau vorgedrungen. Die russische Ostseeflotte war unter Alekséj Orlów ins Mittelmeer eingelaufen, wo sie einen, propagandistisch entsprechend ausgewerteten, Sieg über die Türken (bei Tschesme 1770) erfocht. Trotz des daraufhin abgeschlossenen Bündnisses der Österreicher mit den Türken (1771) gelang es Katharina doch, den lang erstrebten Ausgang zum Schwarzen Meer zu gewinnen. (Friede von Kütschük-Kainardschi 1774.)

In der Zeit zwischen den Türkenkriegen hat Katharina, mit außerordentlichem diplomatischen Geschick erfolgreich bluffend, das Einverständnis der zugunsten der Türkei intervenierenden Mächte (Frankreich, England, Österreich) zur Annexion der zehn Jahre früher für selbständig erklärten Krim erwirkt, die ihr auf diese Weise kampflos zufiel (1783). Im zweiten Türkenkrieg hat sie, politisch völlig isoliert und in recht gefährlicher Lage, es verstanden, sich die errungenen Erfolge zu sichern (Friede von Jassy 1792).

Aber ihre Ziele gingen weiter. Sie haben ihren Ausdruck in dem sog. „Griechischen Projekt“ gefunden. Damit war in Anknüpfung an die Pläne Münnichs (vgl. S. 347) die Begründung eines griechischen Kaisertums als russische Secundogenitur gemeint. Die von Katharina gewählten Vornamen für ihre beiden ältesten Enkel, Alexander und Konstantín, hatten gewollt symbolische Bedeutung. Ein leidenschaftlicher Befürworter des griechischen Projektes war Potjómkin, was insofern verständlich war, als dabei auch für ihn etwas abfallen sollte, nämlich eine aus den Donaufürstentümern zu bildende Monarchie Dacien, zu deren Herrscher er ausersehen war. Der letzte Nachfolger Potjómkins als „Beischläfer der Kaiserin“, der junge Graf Platón Súbow, wollte seinem Vorgänger in der Großartigkeit der Planungen nicht nachstehen und begünstigte seinerseits das Projekt Katharinas, die Grenzen Rußlands nach Kleinasien und Indien hin zu erweitern, woraus ein Krieg mit Persien entstand, der erst nach Katharinas Tod abgebrochen wurde.

Neben diesen offen von der Kaiserin verfolgen Eroberungs- und Annexionsabsichten – für das griechische Projekt hatte sie sich, allerdings vergeblich, bemüht, auch Joseph II. zu gewinnen (1782) – hegte sie in der Stille, von dem jungen Súbow dabei unterstützt, noch viel weitergehende Pläne. Wir sind darüber durch ein erst nach ihrem Tode bekannt gewordenes Dokument aus ihren letzten Regierungsjahren informiert. Der letzte große Plan der Kaiserin ist heute von einer geradezu beklemmenden Aktualität. Er sieht eine machtpolitisch verstandene Aufteilung Europas auf Kosten Deutschlands in eine West- und eine Osthälfte vor. Die Grenze sollte die Elbe sein. Das von Katharina zu beherrschende europäische Ostreich würde so groß sein, daß es bei den damaligen Verkehrs- und Nachrichtenverhältnissen nicht mehr zentral regiert werden könnte. Es würde – laut Dokument – sechs, in einem großen Kreis über das Ostreich verteilte, namentlich genannte Hauptstädte benötigten, nämlich: Petersburg – Moskau – Astrachan – Konstantinopel – Wien – Berlin. Das war Katharinas geheimgehaltene „gigantische Idee“. Stalin hat sie fast völlig verwirklicht.

Trotz aller Gebietsgewinne blieb aber das Reich selbst, zumal seine peripher gelegene Hauptstadt, durchaus nicht ungefährdet.

Das wurde bei einem schwedischen Angriff während des zweiten Türkenkrieges (1788) deutlich. Katharina hatte geglaubt, sich in innerschwedische Verhältnisse ebenso unbedenklich einmischen zu können wie in innerpolnische. Sie hatte sich aber darin getäuscht. König Gustav III., seinerseits in seinen Planungen großartiger, als die realen Umstände es gestatteten, begnügte sich nicht mit der erfolgreichen Abwehr des russischen Einflusses in Stockholm. Auch er hatte Annexionsgelüste und stellte an Katharina territoriale Forderungen (in Finnland). Als er damit keinen Erfolg hatte, griff er Rußland zur See und zu Land an, vorübergehend bedrohte er sogar Petersburg. Die Unfähigkeit des Königs und eine Meuterei schwedischer Offiziere retteten Katharina, und sie war froh, im Frieden von Werelä (1790) den status quo ante sichern zu können.

Ukraine und Neurußland

Die großen Gebietserwerbungen hatten die Kaiserin vor neue Verwaltungsaufgaben gestellt, zumal im Süden, wo die neu gewonnenen Gebiete einerseits sehr fruchtbar und andererseits noch kaum besiedelt waren. Katharina machte sich mit Leidenschaft an diese Aufgabe und fand in Potjómkin einen fähigen Helfer. Aber auch hier stand den bedeutenden kolonisatorischen Erfolgen eine bedenkliche Verschärfung der sozialen Gegensätze in den bereits vorher zu Rußland gehörenden Gebieten gegenüber, vor allem in der Ukraine.

Nach dem Abenteuer Masépas war die russische Politik der Ukraine gegenüber unsicher. Sie schwankte zwischen dem Versuch, die Sympathien der Kosaken durch Anerkennung ihrer Eigenständigkeit (Aufrechterhaltung des Hetmanates) zu gewinnen und dem Bestreben einer völligen Gleichschaltung mit dem Russischen Reich. Wir begegnen hier im ganzen gesehen den gleichen Problemen, vor die sich Großmächte zu allen Zeiten bei dem Versuch gestellt sahen, Gebiete mit eigenständiger Entwicklung und mit einer nach Autonomie bzw. Selbständigkeit strebenden Bevölkerung in ihr Reich zu integrieren.

In der Periode nach Peter dem Großen ist das Hetmanat wiederholt abgeschafft bzw. in seiner Befugnis stark eingeschränkt, aber immer wieder erneuert worden. Unter Elisabeth war der sehr begabte und hochgebildete Kiríll Rasumówskij, ein jüngerer Bruder des Liebhabers der Kaiserin, ukrainischer Hetman. Aber bereits in dieser Zeit glichen sich die sozialen und wirtschaftlichen Verhältnisse in der Ukraine, zumal seit Aufhebung der Zollgrenze (1754), an die in Rußland an, was zu einer Verschärfung der sozialen Gegensätze zwischen den einfachen Kosaken und dem Kosakenadel (der Starschinenschaft) führte. Katharina ging zunächst vorsichtig, bald aber sehr entschieden, zu einer Gleichschaltungspolitik über. Sie zwang Rasumówskij zu einem Verzicht auf die Hetmanwürde, beseitigte das Hetmanat und setzte in der Ukraine einen russischen Statthalter ein (1765), der den Auftrag hatte, die dortigen bäuerlichen Verhältnisse denen im Reich anzugleichen, d. h. die Leibeigenschaft einzuführen. Zehn Jahre später, nach dem ersten Türkenkrieg, waren die Saporoger an der Reihe. Die Saporoger Kosaken waren durch die endgültige Beseitigung der Tatarengefahr ihrer eigentlichen Abwehrfunktionen beraubt. Infolgedessen hatte Katharina kein Interesse an ihnen. Auch zeigte sie nach dem Aufstand Pugatschóws sehr wenig Sinn für die anarchistische kosakische Freiheitsromantik. So liquidierte sie den Saporoger „Orden". Einige der Saporoger gingen trotz ihres christlichen Glaubenseifers in die Türkei, ohne dort das geringste Verständnis für ihre Wünsche zu finden, andere zogen in den Kaukasus, wo sie sich am Kubán neue Kosakenorganisationen schufen.

Der nächste Schritt Katharinas in der Ukraine war deren Zerschlagung in drei, zu einem kleinrussischen Generalgouvernement zusammengefaßte Gouvernements (Kiew, Tschernígow, Nówgorod-Sewerskij) und damit deren Eingliederung in den zentralistischen Verwaltungsapparat (1781). Zwei Jahre später wurde die Leibeigenschaft in der Ukraine gesetzlich eingeführt (1783). Zwei weitere Jahre später wurde der ukrainische Kosakenadel dem russischen gleichgesetzt und anschließend völlig russifiziert. Die Kosakenregimenter wurden in reguläre Kavallerieregimenter umgewandelt.

In den benachbarten, neugewonnenen, nun als Neurußland bezeichneten Gebieten fand der in seinen Ansprüchen in jeder Hinsicht maßlose Potjómkin ein dankbares Betätigungsfeld. Der weder als Staatsmann noch als Soldat bedeutende, als Charakter immer wieder versagende, aber als Organisator, besonders da, wo er aus dem Vollen schöpfen konnte, erfolgreiche, jetzt zum Generalgouverneur von Neurußland ernannte Favorit der Kaiserin bewährte sich dabei vor allem als Kolonisator großen Stils. Dabei konnte Potjómkin mit einer nunmehr gelenkten Aktion an die im Hintergrunde der historischen Ereignisse ungelenkt sich fortlaufend vollziehende, wie bereits erwähnt, seit dem 17. Jahrhundert nach Süden abgebogene Siedlungstätigkeit des russischen Volkes mit Erfolg anknüpfen.

Aber nicht nur Russen waren Träger des Kolonisationswerks. Die Kaiserin hatte bereits im zweiten Jahr ihrer Regierung (1763) mit sehr weitgehenden, später z. T. nicht eingehaltenen Versprechungen auch Deutsche zur Ansiedlung nach Rußland geworben[1]. Die deutschen Kolonisten wurden zum größten Teil an der Wolga angesiedelt, ein Teil am Dnjepr, ein kleiner Teil auch in Livland. Den Ansiedlern wurde dabei persönliche Freiheit, gemeindliche Selbstverwaltung, Befreiung vom Militärdienst und 30 Jahre Steuerfreiheit garantiert. Hauptsächlich Schwaben aus Württemberg waren dem Ruf gefolgt und in mühevoller, entbehrungsreicher Reise auf dem Seewege über Petersburg und dann auf dem alten Warägerweg die Wolga hinab bis in ihr neues Siedlungsgebiet bei Saratow gelangt. Diese deutsche Wolgasiedlung war nach schweren und verlustreichen Anfängen schnell aufgeblüht und zu beträchtlichem Wohlstand gelangt. Im Jahre 1768 waren es 102, von rund achttausend Familien bewohnte, Kolonien. Einzelne, sich später über „Neurußland" verbreitende Familien brachten es im 19. Jahr-

[1] Es war den Einwanderern versprochen worden, daß sie frei entscheiden könnten, „ob sie sich unter die Kaufmannschaft oder unter Zünften einschreiben lassen und Bürger werden wollen, oder ... ob sie das Verlangen tragen, auf freiem und nutzbaren Boden in ganzen Kolonien sich niederzulassen". Faktisch hatten sie überhaupt keine Wahl, sondern wurden alle in die Kolonie geschickt.

hundert zu einem geradezu sagenhaften Reichtum; der einzigartige Naturtierpark Askania Nova der Familie Falz-Fein erfreute sich internationaler Berühmtheit. Durch die bolschewistische Revolution wurde der Wohlstand der deutschen Kolonisten zerschlagen und aus der Wolgakolonie zuerst eine „Arbeiterkommune der Wolgadeutschen" (1917) und später (1924) die kommunistische deutsche Wolgarepublik gebildet. Während des Zweiten Weltkrieges wurde, in der Furcht vor einem deutschen Vormarsch bis dorthin, die Wolgarepublik „liquidiert". Die Wolgadeutschen wurden nach Sibirien deportiert und, sofern sie nicht in KZs gesteckt wurden, an verschiedenen Orten z. T. geschlossen neu angesiedelt. Die Nachkommen der in Livland angesiedelten deutschen Kolonisten (Hirschenhofer) sind zusammen mit den Deutschbalten im Jahre 1939 nach Deutschland umgesiedelt worden.

Auch Potjómkin hat Deutsche in Südrußland angesiedelt. Das Gros der Siedler aber waren Russen, die aus allen Gegenden des Reiches geholt wurden; wohlhabende Aristokraten erhielten in großzügiger Weise riesige Güter, damit sie ihren Seelenbesitz dort hinüber brächten. Potjómkin hat eine Reihe von Hafenstädten mit Werften – Nikolájew an der Mündung des Bug, Chersón an der Mündung des Dnjepr, Odéssa nahe der Mündung des Dnjestr – begründet, in Sewastópol einen Kriegshafen angelegt und das nach der Kaiserin benannte Jekaterinosláw (heute Dnjepropetrowsk) zu seiner Residenz gemacht.

Immerhin blieb dieses Aufbauwerk noch erheblich hinter dem zurück, was es zu sein vorgab, so daß auf der, zu Propagandazwecken veranstalteten, Krimreise Katharinas den staunenden ausländischen Diplomaten und verblüfften einheimischen Staatsmännern die berühmten Potjómkinschen Dörfer vorgeführt wurden (1787). Mit welch unbekümmerter Großspurigkeit Potjómkin auch dabei verfuhr, darüber berichtet der spätere Generalgouverneur dieser Provinzen, Langeron, auf Grund genauer Kenntnis: „Ich muß sagen, es geschah durch Tyrannei und Terror und hatte den Ruin mehrerer Provinzen zur Folge. Aus den volkreichen Gouvernements von Kleinrußland und aus Orten, welche die Kaiserin nicht passierte, vertrieb man die gesamte Bevölkerung... Tausende von Dörfern wurden zeitweilig entvölkert und alle ihre Bewohner mit allen ihren Herden an bestimmte Stationen versetzt. Man nötigte sie, Trug-Dörfer in der Nähe der Ufer des Dnjepr zu erbauen ... War die Kaiserin vorbeigefahren, trieb man die Unglücklichen zurück, und viele sind an den Folgen dieser Reise zugrunde gegangen."

Doch Potjómkins uferlose Pläne gingen, wie erwähnt, auch räumlich über den Süden Rußlands hinaus und reichten bis in den Balkan. Das endgültige Scheitern der „gigantischen Idee" Katharinas wie ihre letzten Triumphe – die zweite und dritte Teilung Polens – hat Potjómkin nicht mehr erlebt. Er ist, von Katharina als „grenzenlos treu" betrauert, im Jahre 1791 gestorben.

Funktionierende Unordnung. Mutter und Sohn

Der Machtsteigerung Rußlands nach außen mangelte aber die dazu unerläßliche Entsprechung: die Festigung und Konsolidierung der Verhältnisse im Innern des Landes. Die Neuerwerbungen hatten, obgleich teilweise ohne Kriege gewonnen, ungeheure Opfer an Menschen und an Geld verlangt. Der stark gesteigerte Bedarf an Mitteln überwog aber die Einnahmen. Katharina hatte von Jugend an zur Verschwendung geneigt und ist bis ans Ende ihrer Tage nie verlegen gewesen, zur Erhaltung des vergoldeten Scheines auf Kosten der Substanz unbedenklich weiter zu verschwenden. Kritische Zeitgenossen haben das bereits damals erkannt. Am Tage nach ihrem Tode depeschierte der preußische Gesandte von Tauentzien aus Petersburg nach Berlin: „Die Regierung der unsterblichen Katharina, des Phantoms von Ruhm und Größe entkleidet, hinterläßt in Wahrheit nur ein unglückliches Reich und eine in allen ihren Zweigen verderbte Verwaltung."

Von der Staatsspitze her und unter dem Blickpunkt einer geordneten Zentralverwaltung gesehen traf das zu. Aber auf das Ganze gesehen galt es gleichwohl nicht. Es ist dieses ein Beispiel für viele, daß europäische Maßstäbe nicht für russische Verhältnisse gelten. Eine Mißwirtschaft, wie sie unter Katharinas Vorgängerinnen herrschte, hätte kein europäischer Staat ertragen, ohne dabei zugrunde zu gehen, – Rußland ertrug sie und erstarkte noch dabei. Das gleiche gilt bis zu einem gewissen Grade auch von der Regierung Katharinas.

Das Gewicht der volklichen und räumlichen, ideellen und materiellen Substanz in Rußland spottete der Unzulänglichkeit seiner Herrscher. Es ging weiter aufwärts. Der Volks- und Reichskörper erstarkte auch im Innern, trotz des Durcheinanders, der Inkonsequenz und des ewig neuen Commencements und der Willkürherrschaft Katharinas und ihres wirtschaftlichen Raubbaus. Es fehlte die nach preußischen Begriffen unentbehrliche Ordnung im Staate. Überall war Unordnung, aber eine funktionierende Unordnung.

Sie funktionierte zum großen Teil dank der geradezu unerschöpflichen Improvisationsgabe der Russen. Das begabte, geduldige, zähe und widerstandsstarke russische Volk hat es seinen Herrschern und besonders seinen Kaiserinnen erstaunlich leicht gemacht, erfolgreich zu regieren. Es funktionierte das Wirtschaftsleben, das vom Protektionssystem befreit unter die Devise der Physiokraten gestellt wurde – laisser faire. Industrie und Handel entfalteten sich gleichermaßen, trotz der verworrenen Finanzlage und der ständig erhöhten Steuerlasten. Katharina hatte zur Finanzierung ihrer Kriege Papiergeld – sogenannte Assignaten – herausgegeben und schließlich für 150 Millionen ohne Deckung in Umlauf gesetzt, was zu einer erheblichen Kursverschlechterung des Papiergeldes führte; gleichzeitig war die Auslandsverschuldung bis auf die Höhe der jährlichen regulären Einkünfte angewachsen (50 Millionen Rubel). Der Obrok wurde in der Regierungszeit Katharinas dabei um das fast Fünffache erhöht, von ein bis zwei Rubel auf fünf Rubel jährlich. Aber die Zahl der industriellen Betriebe (Manufakturen) stieg auf 2000 mit etwa 200 000 Arbeitern. Der Handel, zumal der Export, profitierte durch die Gewinnung der Schwarzmeerhäfen. Getreide, in erster Linie Weizen, wurde jetzt zu einem billigen Ausfuhrartikel auf dem billigen Seeweg über das Schwarze Meer. Dieser Getreidehandel lag fast ausschließlich in den Händen des Adels, der das ihm im „Gnadenbrief" garantierte Recht, Handel zu treiben, sehr wohl zu nutzen verstand.

Die Europäisierung als geistiger Prozeß bedeutete im 18. Jahrhundert die Übernahme des Gedankengutes der Aufklärung, und es ist sicher richtig, daß der Sprung aus der Welt kirchlich-religiös bestimmter altrussischer Verhältnisse ohne Übergang in die Welt der Aufklärung bereits seit Peter dem Großen der kulturellen Entwicklung in Rußland jenen ungesunden extensiven und zwiespältigen Charakter gegeben hat, der besonders für Petersburg typisch wurde. Auch in dieser Beziehung herrschte Unordnung. Am Hofe war sie – als unverkennbare Folge der Europäisierung – durch Verderbtheit, Ausschweifung und Verlogenheit gekennzeichnet. Bekanntlich hat Alexander Herzen später in diesem Zusammenhang von einer „Tragödie im Freudenhaus“ gesprochen. Aber neben dem geradezu schrankenlosen sittlichen Liberalismus – »tout était permis à Cathérine« (A. Czartorýski) – stand, zumal am Ende ihrer Regierung, die kaum weniger schrankenlos praktizierte Autokratie, bei der nur sehr wenig erlaubt war à Cathérine, wie das Beispiel Nowikóws und Radíschtschews lehrt (vgl. S. 395).

Ein äußerer Ausdruck der Europäisierung war die fortschreitende – zwangsmäßige – sprachliche Französisierung der Oberschicht. Der Gebrauch russischer Worte war sogar unter Strafe gestellt. Noch ein Menschenalter später hat ein solcher Meister der russischen Sprache wie Púschkin zugegeben, daß er sich bei schwierigen Formulierungen lieber der französischen Sprache bediene; seine amtlichen Erklärungen und seine Liebesbriefe schrieb er französisch. Andererseits hat Katharina eine bewußte Russifizierungspolitik verfolgt. Auch das war, so paradox es scheinen mag, eine Europäisierungserscheinung, weil es ein Ausdruck dafür war, daß die Kaiserin in europäischen Kategorien dachte. Bisher war der Begriff „Russe“ durch den Glauben bestimmt. Katharina säkularisierte den Begriff ganz modern anmutend im Sinne von Volkszugehörigkeit. Sie selbst fühlte sich als Russin, weil sie sich zum russischen Volkstum bekannte. Das gleiche verlangte sie – ein für Rußland ganz neuer Gedanke – auch von ihren nichtrussischen Untertanen. Ihr eingestandenes Ziel war, ihre durch die Annexionen an Zahl stark vermehrten nichtrussischen Untertanen „auf sanfte Weise dazu zu bringen, daß sie verrussen“ (obrusséli), und zwar im großrussischen Sinne. Mit dem petrinischen Reichsgedanken war das nicht vereinbar; es entsprach dem französischen nationalstaatlichen Denken. Katharinas nächste Nachfolger sind ihr darin nicht gefolgt. Gleichwohl war sie damit zukunftsweisend gewesen, wie die hundert Jahre später einsetzende Russifizierungspolitik lehrte.

Europäische Denkformen sind in der Regierungszeit Katharinas durch die vergoldete Fassade in einem bisher nicht gekannten Ausmaß und Tempo in die herrschende Oberschicht eingedrungen, haben Wurzel geschlagen und auch bald eigene Blüten getrieben. In diesem Zusammenhang muß an erster Stelle das Freimaurertum erwähnt werden, das seit den dreißiger Jahren des 18. Jahrhunderts von England her in Rußland Eingang fand, z. T. Mode wurde, unter Katharina sich stark entwickelte und in betonten Gegensatz zum Rationalismus und Freidenkertum der Aufklärung trat, wobei es stark zum Mystizismus neigte. Aus maurerischen Kreisen kam auch die zunehmend schärfer werdende Kritik an den herrschenden Zuständen, zumal in sozialer Hinsicht. Aus denselben Kreisen kam auch die Kritik an Katharina persönlich und an ihrer Lebensführung. So lag es in der Natur der Dinge, daß der Thronfolger Paul, der in jeder Beziehung in grundsätzlichem Gegensatz zu seiner Mutter stand, zu einem Mittelpunkt freimaurerischer Bestrebungen und Zielsetzungen wurde.

Zum Kreise des Thronfolgers gehörten Graf Nikíta Pánin, der von der Londoner und Berliner Großloge als Provinzialgroßmeister von ganz Rußland anerkannt wurde (1776), und mehrere andere prominente Freimaurer (so Fürst A. Kurákin und Fürst G. Gagárin). Interessanterweise setzten damals nicht nur russische, sondern auch ausländische, zumal deutsche Freimaurer ihre Hoffnung auf die russisch-orthodoxe Kirche, die „am mehrsten mit dem Orden korrespondieren“ muß, weil in ihr „noch das alte Cermoniell am wenigsten verändert ist“ (zitiert nach Winkler). Das alles gab dem sowohl christlich wie betont kirchlich orientierten Maurertum in Rußland einen starken Auftrieb und gab ihm, obgleich selbst eine Europäisierungserscheinung, eine unverkennbare Spitze gegen die Ausdrucksformen, die Katharina der Europäisierung verlieh.

Katharina hat ihrerseits seit den achtziger Jahren, besonders aber nach dem Ausbruch der Französischen Revolution, eine scharfe Front- und schließlich Kampfstellung gegen die Freimaurer eingenommen. Dabei wurde der Widerspruch zwischen ihren Worten und Taten besonders deutlich. Sie selbst liebte es, in satirischen anonymen Artikeln oder in Theaterstücken ihr nicht genehme Tendenzen und Personen öffentlich zu verhöhnen; sie schätzte es aber gar nicht, selbst zum Objekt satirischer Auslassungen anderer zu werden. Dessen hatte sich ein für die Entwicklung des russischen Geisteslebens höchst verdienter Mann schuldig gemacht, der Journalist, Schriftsteller, Buchhändler und Verleger und seinerzeitige Schriftführer der Großen Gesetzgebenden Kommission, Nikolái Nowików (1747–1818). Außer seiner satirischen Zeitschrift „Die Drohne" (trutjen) hat Nowików noch zahlreiche andere Zeitschriften, darunter auch eine Kinderzeitschrift, herausgegeben, eine öffentliche Lesehalle in Moskau begründet und als Buchverleger eine außerordentlich rege Tätigkeit entfaltet. (Ein Viertel aller im Jahrzehnt zwischen 1781–1790 in Rußland erschienen Bücher wurde von ihm herausgegeben.) Nowików war Freimaurer und hatte viele maurerische Schriften verlegt. Nach Ausbruch der Französischen Revolution ließ Katharina die Loge schließen und Nowików – ohne Gerichtsurteil – verschwinden (1792). Er verschwand in der Peter-Pauls-Festung, wo er bis zum Tode der Kaiserin verblieb.

Noch übler erging es einem anderen Aristokraten, der es gewagt hatte, Kritik an den herrschenden Zuständen zu üben, Alexander Radíschtschew (1749–1802). Es war nicht etwa so, daß alle adligen Nutznießer der Leibeigenschaft diese unbedingt verteidigt und beschönigt hätten. Die heftigsten Proteste, zumal gegen die offenbaren Mißstände, kamen aus den Reihen der Seelenbesitzer. Unmittelbar nach dem Ausbruch der Französischen Revolution (1790) und somit zu einem sehr ungünstigen Zeitpunkt erschien im Selbstverlag Radíschtschews berühmt gewordene, bereits acht Jahre früher verfaßte „Reise von Petersburg nach Moskau". Es war eine in die Form einer Reisebeschreibung gekleidete, sehr scharfe Anklage gegen die bestehende soziale Ordnung und Praxis und natürlich auch gegen die Autokratie. An eine sachliche, wahrheitsgetreue Darstellung der Zustände, vorzüglich auf dem Lande (Behandlung der Bauern, Gerichtspraxis, Erziehung, Gesellschaftsleben) knüpfte der Autor in äußerst zugespitzten Formulierungen seine kritischen

Bemerkungen. „Reißende Tiere, unersättliche Blutegel – was lassen wir den Bauern übrig? Was wir ihnen nicht nehmen können – die Luft ... Das Los der Bauern ist das Los eines in Ketten Geschmiedeten, eines in stinkendem Keller Eingeschlossenen, das Los eines Ochsen im Joch."

Die Bolschewiken bezeichnen Radíschtschew nicht zu Unrecht als den „ersten russischen adligen Revolutionär" und sehen in ihm ihren geistigen Vorläufer. Jedenfalls war er ein Vorläufer der späteren radikalen Intelligenzia, denn was er verlangte, waren nicht Reformen von oben, sondern, durchaus revolutionär, eine Befreiung des Volkes durch sich selbst, so daß er auch in Freimaurerkreisen auf Ablehnung stieß – mit Nowików hatte er früher eng zusammengearbeitet. Katharina verübelte dem Autor, der lange Jahre als Beamter im Staatsapparat gearbeitet hatte, besonders, daß er seine Schrift ihr nicht als Memorandum eingereicht, sondern sie öffentlich vertrieben hatte, so daß sie darin eine Gefährdung ihrer Reputation im Auslande sah. Sie ließ Radíschtschew verhaften und wegen „Aufwieglung zur Empörung gegen die Obrigkeit" zum Tode verurteilen. Es spielten sich dabei Dinge ab, die an Erfahrungen aus der jüngsten Geschichte Rußlands erinnern. Radíschtschew hat vor Gericht schwere Selbstbezichtigungen gegen sich erhoben. Er wurde zu lebenslanger Verbannung begnadigt und in Ketten nach Sibirien geschafft. Nach Katharinas Tod kam er wieder zurück und hat schließlich durch Selbstmord geendet (1802).

In die Regierungszeit Katharinas II. fällt die schmerzensreiche Geburt einer neuen russischen Kultur aus der Mischung europäischer Elemente mit russischen. Unmittelbar daraus erwuchs der steile Aufstieg im 19. Jahrhundert. An Einzelpersönlichkeiten wären als Wegbereiter und Träger dieser Entwicklung außer Nowików und Radíschtschew die Begründer des russischen Theaters zu nennen, Sumarókow (1718–1777) auf dem Gebiete des Dramas, Fonwísin (1745–1792) auf dem Gebiete der Komödie. Auch der erste große russische Dichter der neuen Zeit. G. Dersháwin (1743–1816), und der erste Romanschriftsteller und Geschichtsschreiber N. Karamsín (1766–1826) gehören noch in die Zeit Katharinas.

Hinter der Fassade und außerhalb Rußlands zunächst von niemandem bemerkt, vollzog sich die „wunderbarste Tat dieser Epoche“ (Weidlé) als unerläßliche Voraussetzung für die weitere geistige Entwicklung: die Schaffung der Schriftsprache. Peter der Große hatte, wie erinnerlich, den Anfang dazu gemacht, die veraltete, schwer verständliche, kirchenslawische Buchsprache durch eine sogenannte bürgerliche Sprache zu ersetzen. Das bedurfte noch mühsamer Arbeit, denn die in Dialekte gespaltene Umgangssprache des Volkes war den Anforderungen der geistigen Europäisierung nicht gewachsen. Durch die Aufnahme vieler europäischer Begriffe mußte etwas Neues geschaffen werden. Dieser Prozeß vollzog sich im Laufe des 18. Jahrhunderts. Am Ende der Regierung Katharinas war die russische Schriftsprache als Instrument der Dichter und Schriftsteller des 19. Jahrhunderts bereits vorhanden.

Katharina selbst hat, auch hierin an Peter den Großen anknüpfend, die kulturelle Entwicklung durch zahlreiche Maßnahmen bewußt gefördert, besonders im Bildungs- und Erziehungswesen. Allerdings hat sie auch hier mehr versprochen als gehalten. Ihre Maßnahmen auf diesem Gebiet kamen wiederum in erster Linie dem Adel zugute. Sie hat mehrere Erziehungsanstalten für adlige Knaben (Kadettenkorps) und auch eine für adlige Jungfrauen begründet, das sogenannte Smolnyj-Institut, in dessen Gebäude 150 Jahre später während der Revolution Lenin sein Hauptquartier hatte. In der Provinz hat sie zahlreiche Gymnasien (sogenannte Gouvernementsschulen) ins Leben gerufen, aber auch sie hat die wichtigste Stufe der Bildungsanstalten, die Unterstufe, am wenigsten interessiert. Die Kreisschule, die für jede Kreisstadt vorgesehen war, blieb in kümmerlichen Anfängen stecken.

Wie wir sahen, war der Glanz der Regierung Katharinas durch tiefe Schatten getrübt; zu den dunkelsten gehörte ihr Verhältnis zu ihrem Sohn Paul. Es war das nicht allein ein menschliches Problem, sondern im höchsten Grade ein staatspolitisches, denn daran hing die Nachfolge auf dem Thron.

Paul war ein Gezeichneter. In den letzten Jahren seines Lebens war er geisteskrank; Anzeichen dafür hatten sich gelegentlich schon in seiner Jugend bemerkbar gemacht. Gleichwohl war er gut veranlagt und hat bis über sein vierzigstes Lebensjahr hinaus ein ordentliches, z. T. vorbildliches Leben geführt. Sein guter Stern war seine zweite Frau, Sophie Dorothea von Württemberg, die als Kaiserin Márja Fjódorowna dynastisch sehr wichtig geworden ist. Von ihr hat Paul neun gesunde, z. T. hochbegabte Kinder gehabt. Solange sie Einfluß auf ihren Mann behielt, ging alles gut.

Pauls Mutter haßte ihren Sohn. Katharina sah in ihm seit ihrem Umsturz einen lästigen und gefährlichen Rivalen. Er sah in ihr die Mörderin seines Vaters. Katharina hat den Thronfolger von den Staatsgeschäften ganz isoliert und in Gatschina unter strenger Kontrolle leben lassen. Paul hat, da ihm sonst die Hände gebunden waren, allein durch die Lebensführung den Unterschied zu seiner Mutter besonders unterstrichen. Am „jungen Hof" in Gatschina ging es in erster Linie „anständig" zu. Das Leben vollzog sich in strenger Ordnung, solide, arbeitsam, einfach, sittenstreng, fromm, ohne Feste. In aufrichtiger Freude darüber schrieb Pauls Schwiegermutter, die Herzogin von Württemberg, aus Deutschland an ihre Kinder: „Ich sehe klar die Hand der Vorsehung über Euch und segne Gott für die Gnade, die er Euch bewies, als er Euer Herz unversehrt zwischen den weltlichen Sünden und schlechten Beispielen, die Euch umgeben, bewahrte."

Wie erwähnt, stand der Thronfolger unter starkem Einfluß der Freimaurer. Diese verlangten von ihren Ordensbrüdern ausdrücklich, daß sie, „eitlen Zeitvertreib, wie Kartenspiel, Völlerei bei Tisch und ähnliches völlig von sich abwerfen", vor allem aber „den teuflischen geistigen Hochmut ablegen", wie es in einem Brief des Freimaurers Fürst N. N. Trubezkój (1783) aus dieser Zeit hieß. Zum ständigen Kreis des jungen Hofes gehörte auch als Hofmeister der spätere russische General und Kurator der Universität Dorpat, der Frankfurter Freund Goethes, Friedrich Max Klinger, der Verfasser des Dramas „Sturm und Drang".

Katharina fürchtete mit Recht, daß ihr Sohn nicht nur in bezug auf anständige Lebensführung, sondern auch in bezug auf die Staatspolitik alles anders machen würde als sie, sofern er es könnte, und bereitete deshalb seinen Ausschluß von der Thronfolge vor. Zu diesem Zweck nahm sie seine beiden ältesten Söhne, Alexander und Konstantin, den Eltern fort, um sie selbst zu erziehen und hat sie bereits im Knabenalter gründlich verdorben. Den älteren Alexander, ihren Liebling, versuchte sie, allerdings vergeblich, zu einer Mitwirkung an der Ausschaltung seines Vaters vom Thron zu gewinnen. Ihre eigenen Lebenskräfte überschätzend, hat sie aber – wie Peter der Große – eine Bestimmung über ihre Nachfolge hinausgezögert, bis der Tod ihr zuvorkam. Am 5. November 1796 ist sie an einem Schlaganfall, nach einem zeitgenössischen Bericht „mit einem gräßlichen Schrei", gestorben. Ihr ungeliebter Sohn folgte ihr, entgegen ihrem Wunsch, auf den Thron.

4. RUSSLAND IN EUROPA

Das Ziel der Europäisierung war, Rußland zu einem vollwertigen Europa und die Russen zu vollwertigen Europäern zu machen. Im 18. Jahrhundert wurde systematisch, forciert und oft überstürzt darauf hingearbeitet, im 19. Jahrhundert wurde das Ziel in einem erstaunlichen Umfang erreicht. Die Masse des Volkes blieb allerdings nach wie vor davon weitgehend unberührt. Die Folge war, daß die wiederholt erwähnte Kluft zwischen der sich schnell europäisierenden Oberschicht und dem Volk noch vertieft wurde. Das war die Kehrseite der sich im Laufe dieses Jahrhunderts vollziehenden Einbeziehung der russischen Oberschicht ins Europäische.

Dieser Prozeß hat auf allen Gebieten, zumal auf dem kulturellen, zu einem steilen Aufstieg Rußlands geführt, so daß man mit Recht gemeint hat, daß das 19. Jahrhundert für Rußland so viel bedeutet hat wie für das Abendland das 17., 18. und 19. Jahrhundert zusammen. Die Entwicklung Rußlands während dieses, seines großen Jahrhunderts ist aufs Ganze gesehen durch drei beherrschende Faktoren gekennzeichnet: Erstens durch das mächtige, glanzvolle, sich nach außen und innen immer wieder erfolgreich durchsetzende Kaisertum als Repräsentant der auf die beamtete staatstragende Schicht, die sogenannten Sphären, sich stützenden imperialen und autokratischen Macht. Zweitens durch die kulturtragende und kulturschöpferische Gesellschaft (obschtschéstwennostj), die sogenannte Intelligenzia als Repräsentantin des sich weit entfaltenden, politisch aufrührerischen Geistes. Die Tragik dieser großen Zeit der russischen Geschichte war, daß Macht und Geist in einen so entschiedenen Widerstreit zueinander gerieten, daß sie sich schließlich ausweglos in zwei feindlichen Lagern gegenüberstanden. Der Geist zog sich von der Macht zurück, und die Macht glaubte, des Geistes nicht zu bedürfen (Nötzel).

Der dritte die Entwicklung bestimmende Faktor war die weitgehend unabhängig von der staatlichen und gesellschaftlichen Lenkung sich zwangsläufig vollziehende, durch die industrielle

Revolution mächtig geförderte wirtschaftliche Entfaltung. Alle drei Faktoren waren auf das engste an den Prozeß der Europäisierung gebunden.

Das russische Kaisertum gewann, trotz seiner z. T. uneuropäischen Wurzeln und obwohl die autokratische Herrschaftsform weiter fortbestand, im 19. Jahrhundert ein durchaus europäisches Gesicht. Die Träger der Krone wie auch die anderen Glieder des Kaiserhauses unterschieden sich in nichts von anderen europäischen Fürsten. Das kulturelle und gesellschaftliche Niveau am Petersburger Hofe entsprach durchaus dem an anderen Höfen, sofern es nicht höher lag.

Die neue Dynastie Holstein-Gottorp-Románow war von der alten Románowdynastie sehr verschieden. Sie hat kein Genie wie Peter den Großen hervorgebracht, war aber auch nicht mit Kretins und Schwachsinnigen belastet. Männerreich wie die Rjurikiden, hielten die Románows im 19. Jahrhundert in den vielen Zweigen der Dynastie einen guten Durchschnitt. Die Frauen und Mütter der russischen Kaiser waren fast ausschließlich deutsche Prinzessinnen (vgl. die Ahnentafel Alexanders II.); die meisten Großfürsten waren mit Deutschen verheiratet, während umgekehrt sehr viele russische Prinzessinnen durch ihre Ehe zu „Landesmüttern“ in europäischen, meist deutschen Ländern wurden. Die Verschwägerung des russischen Kaiserhauses mit den anderen europäischen Dynastien – durchaus im Sinne nicht nur des „Testamentes“, sondern auch der Intentionen Peters des Großen – wurde zum lebendigen Ausdruck des Hineinwachsens Rußlands nach Europa. Im 18. Jahrhundert war – seit Peter – kein einziger russischer Monarch nach seiner Thronbesteigung in Europa gewesen, auch Katharina II. nicht; die Träger der Krone blieben nicht nur räumlich, sondern auch persönlich an der Peripherie. Die russischen Kaiser im 19. Jahrhundert haben fortgesetzt in den verschiedensten Ländern Europas geweilt und sich dort vollständig zu Hause gefühlt.

Der dynastischen Verschwägerung entsprach auch die Verflechtung der außenpolitischen Beziehungen und Interessen Rußlands mit den gesamteuropäischen in weit höherem Grade als im 18. Jahrhundert. Durch die auf eine völlige Integrierung Rußlands in Europa hinzielende Außenpolitik während des ganzen 19. Jahrhunderts verknüpfte das russische Kaiserreich sein Schicksal unlöslich mit dem Europas. Dabei war die kaiserlich-russische Außenpolitik in so hohem Maße europäisch orientiert, daß aus unserer Zeit heraus und im Hinblick auf die Außenpolitik der Sowjets von europäischer Seite (Ferrero) rückschauend die Frage gestellt worden ist, weshalb das russische Kaiserreich um die Interessen Europas, oft auf Kosten der eigenen, so besorgt gewesen sei.

Die Integrierung Rußlands in Europa wurde stark durch den Umstand erleichtert und gefördert, daß die russischen Kaiser seit Alexander I. bis tief in die zweite Hälfte des 19. Jahrhunderts hinein an einer übernational-imperialen Politik im Sinne Peters des Großen festhielten, die es auch ihren nichtrussischen Untertanen ermöglichte, sich zu einem rußländischen Reichspatriotismus zu bekennen und sich ehrlich in den Dienst der imperialen Politik zu stellen, ohne dabei in Konflikt mit ihrer Volkszugehörigkeit zu geraten. Im Zuge dieser Entwicklung setzte sich bei den nichtrussischen, „europäischen" Rußländern im Westen des Reiches, sowohl bei den Polen wie noch entschiedener bei den Deutschbalten, an Stelle des früher gepflegten Vormauergedankens (eine Vormauer Europas gegen das Russentum zu sein) der Brückengedanke durch (eine Brücke zwischen Europa und Rußland zu werden). Der Anteil von Nichtrussen, vor allem von Deutschen, im russischen Staatsapparat war sehr groß und ihr Ansehen bis tief in die zweite Hälfte des Jahrhunderts so hoch, daß nach einer häufig zitierten Anekdote der Russe General Jermólow, vom Kaiser nach einem Gunstbeweis befragt, bissig die Bitte aussprach, „zum Deutschen befördert zu werden".

Eine entsprechende Integrierung ins Europäische vollzog sich auch bei der Intelligenzia. Die Exponenten des Geistes hatten ihr geistiges Rüstzeug – von der Aufklärung bis zum Marxismus – aus Europa geholt, ohne daß dadurch die geistige Entwicklung in Rußland ihren unverwechselbar russischen Charakter verlor. Das geistige Niveau der russischen Bildungsschicht glich sich vollkommen dem des Abendlandes an. Auch wenn das eigentliche Zentralthema, um das alles Denken und Dichten in Rußland im 19. Jahrhundert kreiste, nicht etwa „Rußland in Europa" hieß, sondern

„Rußland und Europa", in deutlicher Gegenüberstellung und z. T. betonter Abgrenzung gegeneinander, so blieben auch die entschiedensten Verächter Europas echte Vertreter eines inzwischen in Europa hineingewachsenen Rußland. Die große Kontroverse über das unerschöpfliche Thema Rußland und Europa spielte sich auf der Ebene europäischen Geisteslebens ab.

Parallel dazu lief eine wachsende Verflechtung der russischen Wirtschaft mit der europäischen –, zunächst durch eine Intensivierung des Handels, vor allem des russischen Getreideexportes, der im 19. Jahrhundert stark anschwoll, bald auch durch einen raschen industriellen Anstieg der Produktion mit aus Europa importierten Maschinen und schließlich, infolge des riesigen Finanzbedarfes, auf dem Gebiete der Geld- und Kreditwirtschaft. Auch der wirtschaftliche Aufschwung Rußlands im letzten Viertel des 19. Jahrhunderts im Zuge der Industriepolitik Wittes lag auf der Ebene der fortschreitenden Einbeziehung Rußlands in Europa.

Das Kapitel Rußland in Europa soll nicht abgeschlossen werden, ohne daran zu erinnern, daß damit nur eine – die westliche – Seite des Wachsens Rußlands behandelt worden ist. Es gab auch eine andere, die östliche Seite. Denn gleichzeitig wuchs Rußland im 19. Jahrhundert auch nach Asien hinein, nicht in die asiatische Kultur, wohl aber in den asiatischen Raum. Es war dieses ein ganz anders gearteter, von der Einbeziehung in Europa überschatteter, aber, im Hinblick auf die sich daraus ergebenden weltpolitischen Perspektiven, ein kaum weniger bedeutsamer geschichtlicher Prozeß. Auf die damit zusammenhängende Problematik wird im Zusammenhang mit der Asienpolitik noch zurückzukommen sein.

5. AUFSTIEG ZUR VORMACHTSTELLUNG

Zwischenspiel unter Paul I.

Den Übergang vom 18. zum 19. Jahrhundert bildete die kurze Regierung Kaiser Pauls I. (1796–1801). Sie hat eine trübe Erinnerung hinterlassen. Der Befürworter der Anständigkeit gegenüber der moralischen Pest und des Grundsatzes von Gesetzlichkeit und Ordnung gegenüber der Willkür des „Potjómkinschen Geistes“ war, als er zweiundvierzigjährig den Thron bestieg, bereits ein zerbrochener, verbitterter Mann voller Komplexe, dessen Reizbarkeit und Unbeherrschtheit krankhafte Züge angenommen hatten.

Er hatte als Thronfolger seiner ohnehin schon verärgerten Mutter eine Denkschrift eingereicht, in der er „Pflichtgefühl und Vaterlandsliebe“ verlangte, „in einer Zeit, in der vielleicht zu viele diese Eigenschaft verloren haben“ (1774); später hatte er in einem „Nakas“ unter dem Einfluß des Großmeisters Nikíta Pánin und mit deutlicher Spitze gegen die Willkür- und Günstlingsherrschaft Katharinas seine Herrschaftsgrundsätze niedergelegt (1788): „Der Herrscher muß seinem Staate unverrückbare Regeln aufstellen, die auf dem allgemeinen Wohl beruhen und die er selbst nicht brechen darf.“

Als Kaiser hat er mit einer einzigen Ausnahme überhaupt keine festen Gesetze erlassen, sondern unsystematisch, ohne an das Bestehende anzuknüpfen und im Bestreben, alles anders zu machen als seine Mutter, eine Fülle widersprechender Verordnungen herausgegeben und dadurch die Verwirrung nur erhöht. Das einzige „Fundamentalgesetz“ seiner Regierungszeit, die Thronfolgeordnung, ist allerdings sehr wichtig geworden. Die bisherige Unsicherheit in der Nachfolge, unter der Paul in der Furcht, um den Thron betrogen zu werden, selbst jahrelang gelitten hatte, wurde jetzt durch die gesetzliche Festlegung der männlichen Nachfolge nach dem Erstgeburtsrecht endlich beseitigt. Aber sogar an dieses einzige von ihm erlassene wichtige Gesetz hat Paul sich nicht gehalten und

Anstalten gemacht, es unter Ausschließung seiner Söhne zugunsten eines Neffen seiner Frau – des vierzehnjährigen Herzogs Eugen von Württemberg – zu umgehen. Dazu ist es infolge seines gewaltsamen Todes nicht mehr gekommen.

Paul I. begann mit umfassenden Personaländerungen bei Hofe und in der Zivil- und Militärverwaltung; u. a. wurden sieben Feldmarschälle und 300 Generäle verabschiedet. Er hat damit zwar viele brauchbare Staatsdiener ausgetrieben, nicht aber den Potjómkinschen Geist, wenn man darunter eine Willkürherrschaft versteht. Denn die Art seiner Herrschaftsführung war eher noch mehr als die seiner Mutter durch persönliche Momente, Launen und Stimmungen gekennzeichnet. Zur Bekämpfung der moralischen Pest aus dem Westen, worunter er seit der Französischen Revolution in erster Linie die politische, d. h. die republikanische Pest verstand, ließ er eine Art Eisernen Vorhang vor den Grenzen seines Landes niedergehen: Auslandsreisen wurden stark erschwert, Auslandsstudien ganz verboten, eine strenge Kontrolle der Ausländer eingeführt, die Einfuhr ausländischer Bücher, sogar Musikalien untersagt, strengste Zensurvorschriften erlassen, private Druckereien geschlossen, der Gebrauch verdächtiger Worte (wie Bürger, Gesellschaft, Repräsentant) und die Lektüre verdächtiger Autoren (wie z. B. Cicero) verboten.

Einerseits bedeutete das eine entschiedene Abgrenzung gegenüber Europa, andererseits hat aber Paul im direkten Gegensatz dazu europäische Einflüsse, sofern sie nicht republikanisch waren, vor allem preußisch-militärische, bis in einzelne Äußerlichkeiten hinein (Uniformen) so entschieden und politisch ebenso instinktlos wie sein Vater begünstigt, daß diese Form der fortgeführten Europäisierung nur Unzufriedenheit erregte, um so mehr, als die Verpreußung mit einem überstrengen Dienst und äußerst harten Strafen verbunden war. Die Absperrung gegenüber dem Auslande hatte allerdings einige wichtige Nebenfolgen. So konnte nach dem Verbot des Auslandsstudiums vom Kaiser die Erlaubnis zur Begründung einer deutschen Universität in Rußland erwirkt werden (1798). Vier Jahre später, bereits nach dem Tode Pauls, wurde die Universität Dorpat mit deutschem Lehrkörper, deutschem Unterricht und deutscher Verwaltungssprache eröffnet. Sie ist zu einem starken Pfeiler der Brücke zwischen Europa und Rußland geworden.

Im Zusammenhang damit wurde bereits jetzt die später noch stärker in den Vordergrund tretende Frage akut, wieweit eine Europäisierung bei der Lage der Dinge notwendig mit einer Liberalisierung Hand in Hand gehen müsse, bzw. ob die Fortsetzung des Europäisierungsprozesses unter grundsätzlicher Ablehnung einer Liberalisierung nicht ein Widerspruch in sich selbst sei.

Auch in der Adels- und Bauernpolitik schlug Paul einen neuen Kurs ein, ohne allerdings durchgreifende Ergebnisse zu erzielen. Von einer starken Animosität gegen den Adel geleitet, befahl er in pathetischer Form „allen und jedem, darüber zu wachen, daß niemand und unter keinen Umständen es wage, am Sonntag die Bauern zur Verrichtung von Arbeiten zu zwingen", und empfahl den Seelenbesitzern, die Fronarbeit ihrer Leibeigenen auf drei Tage zu beschränken. Nur in diesem Punkt hat er die Lage der Bauern erleichtert; aufs Ganze gesehen hat er sie erschwert, indem er in noch größerem Ausmaß als seine Mutter Domänenbauern durch Schenkungen zu Adelsbauern machte; in viereinhalb Jahren hat er 600 000 Bauern verschenkt. An dem freien Handel mit Seelen, auch ohne Land, änderte sich nichts. Die Adelsprivilegien hat Paul wieder beschnitten, ohne damit aber ein klares Pflichtverhältnis des Adels dem Staate gegenüber zu erreichen.

Auch in der Außenpolitik waren die Entscheidungen des russischen Kaisers sprunghaft und in hohem Grade durch persönliche Motive bestimmt Im ganzen aber vertiefte sich das Engagement Rußlands an der europäischen Politik. In seine Regierungszeit fielen die großen militärischen Erfolge des revolutionären Frankreich. Nach einer kurzen Pause, während der sich Paul aus dem Kriege heraushielt, trat er im Rahmen der dritten Koalition an der Seite Englands, Österreichs, der Türkei und Neapels unter der laut verkündeten Parole: „zur Wiederherstellung der Throne und Altäre" wieder in den Krieg ein. Er hatte das Glück, daß ihm ein Feldherr vom Range Suwórows dabei zur Verfügung stand. Im Zuge dieser Entwicklung haben russische Truppen nicht nur in den östlichen Teilen Europas, sondern auch in Mitteleuropa bis nach

Oberitalien und die Schweiz hinein gekämpft und gesiegt. Besonders berühmt wurde der Alpenübergang Suwórows von Süden nach Norden (im Spätherbst 1799). Gleichzeitig (1798/1799) operierte die russische Flotte unter Admiral Uschaków erfolgreich im Mittelmeer. So begannen die russischen Soldaten sogar noch vor ihren Kaisern in Europa, d. h. auf den europäischen Kriegsschauplätzen, heimisch zu werden.

Besonders deutlich wurde die Verquickung russischer politischer Interessen mit typisch abendländischen Belangen anläßlich der Unterstellung des in Malta residierenden Johanniterordens, der sich jetzt Malteserorden nannte, unter russische Schutzherrschaft. Das Ordenskapitel wurde nach Petersburg verlegt und der orthodoxe Kaiser des Russischen Reiches zum Großmeister des während der Kreuzzüge in Palästina begründeten katholischen Ordens gewählt. Der Hilferuf der Malteser hatte wesentlich zum Eingreifen Pauls in den Krieg beigetragen; später führte die Besetzung Maltas durch die Engländer zu seinem Bruch mit England und zu einer ebenso abrupten wie überraschenden Schwenkung an die Seite Napoleons. Auch der phantastische Plan und die konkrete Vorbereitung eines Indienfeldzuges, um die Engländer zu schädigen, hing damit zusammen. Alle diese Dinge reiften aber nicht aus, da der Tod Pauls eine vollständig neue Situation schuf.

Kaiser Paul I. war einer jener verrannten Ideologen, die über ihren eigenen Ideen und dem damit eng verknüpften Prestigebedürfnis das Augenmaß für die Realitäten und schließlich für sich selbst und die eigenen Möglichkeiten verlieren und in deren Händen dann die Macht zu einer akuten Gefahr wird. Um der Idee der Autokratie und um des kaiserlichen Prestiges willen war er auf der einen Seite bereit, das Russische Reich unbedenklich in einen Krieg zu verwickeln, und auf der anderen Seite gewillt, jeden zu vernichten, der sich ihm in den Weg stellte. Dabei steigerte er sich in einen sturen Größenwahn hinein: „Groß ist der, mit dem ich spreche und solange ich mit ihm spreche."

Seit er sich in wachsendem Mißtrauen auch dem Einfluß seiner Frau und seiner Familie entzogen hatte, traten bei ihm Krankheitserscheinungen so deutlich hervor, daß sich bei Hofe unter Führung des Militärgouverneurs von Petersburg, Graf Peter Pahlen, und zahlreicher anderer führender Persönlichkeiten eine Verschwörung bildete mit dem Ziel, den Kaiser auf dem altbewährten Wege einer Palastrevolution zu entthronen. Der Thronfolger Alexander, von Pahlen in den Plan eingeweiht, hatte seine Zustimmung unter der Bedingung gegeben, daß das Leben seines Vaters dabei geschont werde. Pahlen hat ihm das mit einem „heiligen Eide" versprochen. Später hat er dazu erklärt: „Ich war nicht so unsinnig, mich an das zu halten, was ich Alexander versprochen hatte. Es galt einfach seine Gewissensbedenken zu besänftigen ... Ich wußte nur zu gut, daß man Revolutionen entweder gar nicht anfangen oder bis zu Ende führen muß und daß, wenn Paul am Leben blieb, die Pforte des Gefängnisses sich bald geöffnet hätte."

Die Palastrevolution fand in der Nacht vom 23. auf den 24. März 1801 ohne persönliche Beteiligung Pahlens statt. Aber mehrere erbitterte persönliche Gegner des Kaisers waren dabei. Bei der Aktion wurde der Kaiser jedenfalls mit vorbedachter Absicht ermordet (mit einer seidenen Schärpe erdrosselt). Die Situation bei dieser – der letzten – Palastrevolution in der russischen Geschichte war sehr verschieden von jener des Jahres 1762, die Katharina auf den Thron brachte. Im Ausland war allerdings schon seit Jahren eine Wiederholung der Vorgänge von 1762 erwartet und sogar öffentlich in der Presse – im Pariser „Moniteur" – prophezeit worden, daß Paul einmal das Schicksal seines Vaters teilen werde, „wenn das Herz der Großfürstin nicht das Heim aller Tugend ist".

Aber das Ausland täuschte sich. Auch wenn das Herz der Kaiserin Márja Fjódorowna nicht das Heim aller Tugenden gewesen ist – die Rolle Katharinas wollte sie nicht spielen. Bei dieser Palastrevolution dürstete niemand danach, anstelle des untragbar gewordenen Herrschers die Macht in die eigenen Hände zu nehmen. Dieses Mal wollte keiner auf revolutionärem Wege eine unrechtmäßige Nachfolge antreten, denn dieses Mal ging es im Gegenteil darum, dem rechtmäßigen Erben, ohne daß er im geringsten dazu drängte, den Thron zu sichern. Nachdem der vierundzwanzigjährige Alexander den tödlichen Ausgang der Aktion erfahren hatte, zeigte er keine Lust, an die Stelle seines

Vaters zu treten. Nach einem zeitgenössischen Bericht hat Pahlen das ganze Gewicht seiner eindrucksvollen Persönlichkeit einsetzen müssen, um ihn dazu zu veranlassen. Mit den Worten: »C'est assez faire l'enfant – allez regner!« schickte er den Widerstrebenden auf den Thron.

Alexander I.

Trotz der düsteren Vorgänge beim Thronwechsel wurde dem jungen Alexander die Übernahme der Herrschergewalt sehr leicht gemacht. Eine Welle der Sympathie schlug ihm entgegen. Nach der kurzen Zeit des drückenden Regimes seines Vaters setzte man in allen Kreisen die größten Erwartungen auf ihn.

Alexander hat diese Erwartungen zum großen Teil erfüllt, zum Teil auch übertroffen, zu einem anderen Teil aber schwer enttäuscht. Erfüllt hat er sie im Menschlichen, durch sein gütiges, verstehendes und vielleicht mehr, als politisch klug war, verzeihendes Wesen. Er übertraf die Erwartungen durch sein diplomatisches Geschick und seine Erfolge in der Außenpolitik, und er enttäuschte die Hoffnungen durch seinen Mangel an Festigkeit und auch an Interesse an den inneren Verhältnissen seines Landes.

Alexander I. war ein oberflächlicher Mensch, eine wesentlich extensive Natur. Er mochte es nicht, den Dingen auf den Grund zu gehen und verabscheute es schon als Knabe, sich anzustrengen. Beides wäre aber zur Behebung der immer bedenklicher werdenden und als solche auch von ihm erkannten sozialen, politischen und finanziellen Übelstände in seinem großen Reich unerläßlich gewesen. Alexander hat sowohl zu seinen Lebzeiten wie nachträglich bis in unsere Tage hinein sehr scharfe Kritiker gefunden. Man hat ihm Unaufrichtigkeit, Doppelzüngigkeit, Falschheit, Schwäche und den Mangel gerade jener Eigenschaften vorgeworfen, deren ein Staatsmann bedarf. Andererseits ist Alexander schon von seinen Zeitgenossen über alle Maßen gepriesen, geliebt und geradezu vergöttert worden, und der Charme seiner Persönlichkeit wirkt noch über ein Jahrhundert nach. Bereits zu seinen Lebzeiten wurde er „der Gesegnete“ genannt, und in seiner Familie, also unter den

Menschen, die ihn am besten kannten, hatte er den Spitznamen l'ange.

Etwas „Engelhaftes" war ihm in der Tat eigen, insofern als das Unsaubere und Gemeine an ihm nicht haften blieb. Er ist wahrscheinlich durch tiefere Niederungen des politischen und auch des persönlichen Lebens gegangen als viele seiner Zeitgenossen, aber sonderbar unberührt davon geblieben. Er konnte daraus Vorteile im politischen und persönlichen Intrigenspiel ziehen, in das er sein Leben lang verwickelt war und in dem er sich oft überlegen zeigte. Er war kein überragender Staatsmann, denn es fehlte ihm an echtem Gestaltungswillen. Das wurde bei seinem Versagen in der Innenpolitik deutlich. Er war aber in eine Zeit gestellt, die, jedenfalls bis zum Jahre 1815, vollständig durch außenpolitische Vorgänge beherrscht wurde, denen auszuweichen weder ihm selbst noch seinem Reich möglich war. Er hat sich den daraus sich ergebenden Anforderungen gestellt und sich dabei nicht nur um Rußland, sondern auch um Europa, zumal um Deutschland, kaum zu überschätzende Verdienste erworben.

Alexander war ganz frei von Machtgier, Überheblichkeit und jeder Hybris. Diese Veranlagung des russischen Kaisers hat schwerwiegende geschichtliche Folgen nach sich gezogen. Als er nach dem Sieg über Napoleon auf der Höhe seiner Erfolge und seines Ruhmes stand, schrieb der junge und begabte Alexander Micháilowskij-Daniléwskij, ein Mann seiner nächsten Umgebung, zwar in überschwenglichem Ton, aber im Kern doch zutreffend über ihn: „Ich weiß nicht, ob jemand von der Natur so reich beschenkt worden ist wie Kaiser Alexander. Sie gab ihm Verstand, Schönheit, Festigkeit im Unglück, Mäßigung im Glück, ein umfassendes Gedächtnis, die Gabe der Rede, eine starke Gesundheit. Sie legte ihm das weiteste Reich der Welt in die Hände, ein tapferes Volk, das ihn vergöttert. Er vollführte Taten, die die Welt für unausführbar hielt, und hatte in seinem Leben Augenblicke, die so glänzend waren, daß nichts Gleiches vorher gesehen war. Er erreichte die höchste Höhe menschlicher Größe." Um dieses hohe Lob recht zu bewerten, muß man sich vergegenwärtigen, welchen Versuchungen er als der damals mächtigste Mann auf der Welt ausgesetzt war. Alexander hatte eine sehr seltene und nicht hoch genug einzuschätzende Gabe, nämlich die Kraft, die ihm zugefallene Machtfülle ertragen zu können, ohne im Politischen den Versuch zu machen, sie zu mißbrauchen und ohne im Menschlichen ihr zu erliegen.

Schon als Thronfolger hatte er sich wiederholt mit dem Gedanken getragen, auf das Recht der Nachfolge zu verzichten; zeit seines Lebens hatte er große Freude daran, sich als Privatmann unter die Menschen zu mischen und nur durch sein persönliches Wesen, nicht durch seinen hohen Rang seine Mitmenschen für sich zu gewinnen. Sechsundvierzigjährig erklärte er, mit fünfzig Jahren abdanken zu wollen, um Jüngeren den Weg frei zu machen, und als er siebenundvierzigjährig unerwartet starb, wurde das Gerücht sofort geglaubt, daß er freiwillig auf die Macht verzichtet und sich als Pilger nach Palästina oder als Einsiedler nach Sibirien begeben habe.

Im Unterschied zu seiner Großmutter bevorzugte Alexander den Umgang mit älteren, reiferen Menschen. Er bedurfte nicht des Gewichtes höheren Lebensalters, um sich anderen gegenüber zur Geltung zu bringen. Gewiß war es Schicksal, daß alle großen Gegen- und Mitspieler des jungen russischen Kaisers auf der Bühne der internationalen Politik älter waren als er – Napoleon und Metternich, der Kaiser Franz und der König Friedrich Wilhelm, Talleyrand, Pitt und Castlereagh, Stein und Hardenberg und die vielen Generäle, mit denen er während des Krieges zu tun hatte. Auch viele Frauen, mit denen er im politischen wie im persönlichen Leben in nähere Berührung kam, waren älter als er, wie z. B. Juliane von Kruedener und die Königin Luise von Preußen. So war Alexander unter den führenden Persönlichkeiten seiner Zeit immer der jüngste. Aber auch seine Mitarbeiter und Ratgeber, die er sich selbst wählte, waren älter als er selbst, von Speránskij bis Araktschéjew; selbst in seinem intimen Freundeskreis, d. h. unter den Vertretern der jungen Generation, war Alexander der jüngste (geb. 1777).

Als Thronfolger hatte er unter dem Einfluß seines Lehrers, des Schweizers Laharpe, gestanden, eines Freidenkers und überzeugten Anhängers der Aufklärung, den Katharina noch in der Zeit, als sie darum bemüht war, ihre Taten jedenfalls bis zu einem gewissen Grade in Einklang mit ihren Worten zu bringen, ihren Enkeln zum Erzieher bestellt hatte. Später beeilte sie sich, den Republikaner wieder nach Hause zu schicken. Aber Alexander holte ihn nach seinem Regierungsantritt wieder zurück. Laharpe hat in ihm den Glauben an die Vernunft und die Liebe zur Tugend geweckt und bei ihm den Entschluß zu durchgreifenden liberalen Reformen reifen lassen. Ethisch ist der Einfluß des Schweizers ohne Zweifel hoch einzuschätzen, ob es aber politisch richtig war, dem künftigen Herrscher des riesigen, vielgestaltigen und unübersehbaren Russischen Reiches die staatliche Struktur der kleinen, einheitlichen und leicht überschaubaren Genfer Republik als Muster hinzustellen, erscheint doch recht fraglich.

Alexander hat 24 Jahre regiert (1801–25). Seine innere Politik war von vornherein durch eine Diskrepanz gekennzeichnet, nicht wie bei seiner Großmutter zwischen Worten und Taten, wohl aber zwischen seinem Wollen und den realen Möglichkeiten. Gleich nach seinem Regierungsantritt stürzte sich der junge Kaiser in die Verwirklichung seiner Reformideen. Zunächst grenzte er sich betont vom unpopulären Herrschaftssystem seines Vaters ab und berief sich gleich in seinem ersten Manifest auf Katharina, die er „die Große" nannte und auf deren „vorgezeichnetem Wege weiterzuschreiten" er versprach. Die Atmosphäre, die er dabei zu schaffen verstand, war von der Freudenhausatmosphäre seiner Großmutter ebenso verschieden wie von der Kasernenhofatmosphäre seines Vater. Vorsichtig und in liebenswürdige äußere Formen gekleidet, schaltete er ihm unwillkommene Einflüsse – nicht immer zu seinem Vorteile! – aus, so z. B. den Einfluß seiner Mutter oder den Pahlens oder den der anfangs noch übernommenen Würdenträger aus der Zeit Katharinas, wie z.B. Dersháwins, der 1802 Justizminister wurde. Alexander umgab sich mit Vertretern der jungen Generation, seinen persönlichen Freunden, die, begabt und gebildet, liberal und reformfreudig wie er selbst, sich zu einem „intimen Kreis" um den jungen Kaiser zusammenschlossen. Dazu gehörten der Graf W. Kotschubéj (der mit vierundzwanzig Jahren bereits Gesandter war), Graf Paul Stróganow (der achtundzwanzigjährig Vizekanzler wurde), dessen Vetter N. N. Nowosílzew (der spätere Autor des Verfassungsprojektes) und der Pole Fürst Adam Czartorýski (der spätere Außenminister, der als Geisel nach Petersburg gekommen und mit Alexander zusammen erzogen worden war). Aus ihnen bildete Alexander das sog. Geheime Komitee (neglásnyj komitét), in dem formlos und in freundschaftlicher Aussprache schriftlich nicht niedergelegte, aber für die ersten zwei Jahre der Regierung Alexanders praktisch wichtig gewordene Entschlüsse gefaßt wurden. Dank der erhaltenen Tagebuchaufzeichnungen Kotschubéjs sind wir darüber informiert.

Der unter Einfluß dieses Kreises eingeschlagene Kurs war darauf gerichtet, durch die Wiedergewinnung des geistigen Anschlusses an Europa und durch eine liberale Politik den Weg zu einer völligen Integrierung Rußlands in Europa zu öffnen. Der „Eiserne Vorhang" Pauls wurde beseitigt, Auslandsreisen und Auslandsstudien gestattet und die Einfuhr europäischer Literatur erlaubt, worauf sich eine Flut von Druckschriften aus dem Westen über Rußland ergoß. Damit war der unmittelbare Anstoß und gleichzeitig die Voraussetzung zum schnellen Aufblühen der russischen Literatur gegeben. Im Zuge dieser Entwicklung erhielten auch die Universitäten nach ausländischem Muster Lehrfreiheit und weitgehende Selbstverwaltung. In Dorpat (1802), Charkow (1803), Kasan (1804) und Wilna (1803) wurden neue Universitäten begründet; später auch in Petersburg (1819) und in Warschau (1818). Die ohne Gerichtsurteil verschickten Adligen, darunter Radíschtschew, erhielten die Erlaubnis zur Rückkehr. Dem Adel wurden seine Privilegien wiederhergestellt und nichtadligen Kaufleuten das Recht gewährt, Grundbesitz – ohne Leibeigene – zu erwerben. In der arg zerrütteten Zentralverwaltung wurden die Kollegien durch Ministerien mit möglichst klar abgegrenzten Kompetenzen ersetzt, eine Maßnahme, die die Verantwortlichkeit insofern klärte, als an die Stelle des Kollegialprinzips das Prinzip der persönlichen Leitung eines Ressorts durch dafür verantwortliche Minister trat. Auch Glieder des Geheimen Komitees wurden zu Ministern (Kotschubéj) bzw. zu Ministergehilfen (Stróganow – Innen, Czartorýski – Außen, Nowosílzew – Justiz) ernannt. Unter dem Vorsitz des Kaisers trat das Ministerkomitee zur Beratung zusammen.

Der Reformeifer Alexanders und seiner Freunde begnügte sich aber nicht damit, sondern wandte sich auch den eigentlichen Kernfragen zu: der Leibeigenschaft und dem autokratischen Herrschaftssystem. Die Aufhebung der Sklaverei und die Umwandlung Rußlands in einen Rechtsstaat war das Ziel. Allerdings mußten sich auch die intimen Freunde bald davon überzeugen, daß dieses Ziel auf sehr große praktische Schwierigkeiten und vor allem auf eine erbitterte Gegnerschaft des seit Katharina so verwöhnten Adels stoßen würde. Der Kaiser wollte einerseits Konflikte vermeiden, gleichwohl aber seinen Willen durch Taten belegen. So machte er zwar die ersten Schritte, kam aber darüber nicht hinaus.

Im Gegensatz zu seiner Großmutter und zu seinem Vater lehnte Alexander es von vornherein ab, die Lage der Bauern durch weitere Schenkungen zu verschlechtern; anläßlich seiner Krönung blieben die üblichen Bauernschenkungen aus. Zwei Jahre später erfolgte der erste Schritt zur späteren Bauernbefreiung: ein Gesetz über die „Freien Ackerbauern" (o wóljnych chlebopáschzach, 1803) gestattete eine private Bauernbefreiung unter Überlassung von Grund und Boden an die Bauern als Eigentum gegen eine vertraglich festgesetzte Entschädigung.

Es ist richtig, daß verschuldeten Seelenbesitzern damit „eine Möglichkeit der Geldbeschaffung" gegeben wurde und daß mit der Ersetzung von Leibeigenen durch rechtlich freie Arbeitskräfte eine Tendenz gefördert wurde, „die auf die Einführung kapitalistischer Produktionsverhältnisse hinzielte", wie von sowjetischer Seite hervorgehoben wird. Und es ist auch richtig, daß die praktischen Folgen dieses Gesetzes nur sehr gering waren, da im ganzen nur rund 47 000 Bauern, d. h. etwa 1/2 %, freigelassen wurden.

Aber die Bedeutung dieses Gesetzes ist nicht nur in seinen ökonomischen Folgen zu sehen. Der fortgesetzten Verschlechterung der bäuerlichen Rechtslage wurde damit endlich ein Ende gesetzt. Dieses Gesetz bedeutet eine Wende zur Besserung. Es ist die Voraussetzung für die allgemeine Bauernbefreiung in den russischen Ostseeprovinzen (1814–1817) gewesen, womit innerhalb des Russischen Reiches ein eindrucksvolles Beispiel gegeben war. Diese Bauernbefreiung fand auf Initiative des baltischen Adels statt, aber der russische Adel folgte dem Beispiel nicht, so daß das Gesetz aufs Ganze gesehen ohne die gewünschten Ergebnisse blieb.

Der Plan einer liberalen Rechtsreform blieb bereits schon im Anlauf stecken. Alexander wollte, gleichsam als Gegenstück zum Gnadenbrief des Adels, auch einen Gnadenbrief für das Volk, eine „habeas corpus"-Akte nach englischem Beispiel erlassen; es sollten dadurch die Untertanen vor Willkürakten der Bürokratie geschützt, eine mehr als drei Tage währende Haft an ein Gerichtsurteil gebunden und gleichzeitig Glaubens- und Gedankenfreiheit gewährleistet werden. Ein entsprechendes Manifest war bereits ausgearbeitet. Aber vor einem Gesetz schreckte Alexander zurück in der jedenfalls berechtigten Befürchtung, daß die Regierung sich gezwungen sehen könnte, selbst das Gesetz zu übertreten. Der junge Kaiser, wie seine Freunde ohne Erfahrung in Verwaltungsdingen, fühlte sich unsicher und jedenfalls in seinen Ansichten nicht gefestigt genug, um die gleiche Selbständigkeit und Standhaftigkeit zu zeigen wie später in der Außenpolitik. Er verlor erstaunlich schnell, bereits seit dem Jahr 1803, das Interesse für seine Reformpläne wie für die innere Politik überhaupt. Seine liberalen Ideen gab er damit allerdings nicht auf, und die Reformpläne wurden einige Jahre später in engster Anlehnung an europäische Vorbilder von Speránskij aufgenommen, der inzwischen als ein neuer Stern am Himmel der Petersburger Öffentlichkeit aufgestiegen war (vgl. S. 429).

Seit dem Jahre 1804 wurden aber alle Vorgänge im Inneren des Landes von den großen Weltereignissen überschattet, in die Rußland jetzt wieder hineingezogen wurde.

Um die Befreiung Europas

Das Schwergewicht der Regierung Alexanders lag eindeutig im Außenpolitischen. Die Gesamtentwicklung in Europa stand bis 1815 im Zeichen Napoleons. Der Kaiser der Franzosen und nicht der russische Kaiser hat diesem Zeitalter seinen Namen gegeben. Napoleon war der Motor, der die Ereignisse vorwärtstrieb, Alexander war veranlaßt, darauf entsprechend zu reagieren. Unter diesem Gesichtspunkt ist seine Politik zu verstehen. Alexander hat die Außenpolitik sehr persönlich, oft eigenwillig und in scharfem

Gegensatz zu seiner Umgebung und seinen Ratgebern selbstverantwortlich geführt. Die Widerstände hat er meist überwunden, gelegentlich ihnen Rechnung getragen, aber die Zügel immer in den Händen behalten. Diese Politik war, wie Alexander selbst, sehr elastisch und den jeweiligen, sich schnell wandelnden Umständen weitgehend angepaßt, wechselhaft und oft undurchsichtig. Sie hat in seinem eigenen Lande und bei seinen Partnern wie bei seinen Feinden im Ausland oft mehr Mißtrauen als Vertrauen erweckt und hat ihm bittere Vorwürfe und schließlich auch mitleidige Ironie (im Zusammenhang mit der Heiligen Allianz) eingetragen. Aber die Ergebnisse haben sie – jedenfalls bis 1815 – gerechtfertigt.

In der Außenpolitik Alexanders sind deutlich fünf verschiedene Phasen zu unterscheiden: 1801–1804 Neutralitätspolitik, 1805 bis 1807 Krieg mit Napoleon, 1807–1811 Bündnis mit Napoleon, 1812–1814 zweiter Krieg mit Napoleon, ab 1815 Heilige Allianzpolitik.

In der ersten Phase hielt sich Alexander aus den Kämpfen der europäischen Mächte heraus. Das törichte Indienunternehmen seines Vaters liquidierte er sofort, darin unterstützt von einer betont anglophilen Gruppe in Petersburg, zu der auch seine intimen Freunde gehörten, Kotschubéj, Czartorýski und der Kanzler Woronzów. Auch Malta war ihm eine Belastung des Verhältnisses zu England nicht wert. In diese Periode der Neutralitätspolitik fiel übrigens sein erster Auslandsbesuch; er galt Preußen (1802). Dieser Besuch und Alexanders erste Begegnung mit der Königin Luise steht am Anfang der traditionell gewordenen und sich durch das ganze 19. Jahrhundert ziehenden russisch-preußischen Freundschaft.

Aber die Weltereignisse – die Kaiserkrönung Napoleons, seine Übergriffe in Italien und in Deutschland – zogen auch Rußland, wollte es sich nicht ganz an Europa desinteressieren, in den Kampf der Mächte wieder hinein. Der äußere Anlaß war ein scharfer Protest Alexanders wegen der Entführung und Erschießung des Herzogs von Enghien (1804). Es folgte das Bündnis mit England und die erneute Beteiligung Rußlands am dritten Koalitionskrieg.

Schon damals wurde an Alexander von verschiedenen Seiten (so z. B. von dem in Petersburg geborenen Italiener Piatelli) ein Gedanke herangetragen, für den er sich sehr empfänglich zeigte, der Gedanke nämlich, daß er vom Schicksal dazu ausersehen sei, eine „Neuordnung der Welt unter russischer Führung gegen den Despotismus Napoleons" zu vollziehen. Im Banne einer solchen Vorstellung erneuerte Alexander in Potsdam durch einen feierlichen, recht theatralisch vollzogenen, Schwur am Grabe Friedrichs des Großen die Freundschaft mit Preußen, die durch ein Bündnis besiegelt wurde (1805). Der Zweck des Vertrages sollte sein, „Europa ein neues System zu geben".

Mit so hoch gesteckten Zielen, im Gefühl, für das Schicksal Europas die Verantwortung zu tragen, durchaus nicht in einem spezifisch russischen Machtinteresse, sondern betonterweise, um „die Völker zu befreien", zog der russische Kaiser in den Krieg gegen den öffentlich und laut zum „Götzenanbeter, der sich von Juden als Messias hat ausrufen lassen" und zum „Antichristen" erklärten Napoleon. Der Krieg (1805–1807) hat bekanntlich zu einem Triumph Napoleons ohnegleichen und zu einer vollständigen Niederlage der Verbündeten geführt. Der so großsprecherisch begonnene erste Anlauf Alexanders zum hohen Ziel einer Befreiung Europas endete mit einem kläglichen Fiasko. Nach dem Vordringen Napoleons bis in den osteuropäischen Raum, und nachdem die Franzosen Warschau, Danzig und schließlich Königsberg besetzt hatten, sah Alexander sich veranlaßt, weniger an die Befreiung Europas als an die Sicherheit Rußlands zu denken. Denn zu eben dieser Zeit kamen auch die Türken, durch die russische Niederlage ermutigt und durch die napoleonische Diplomatie dazu ermuntert, ihm mit einem neuen Krieg auf den Hals (1806). Alexander warf darauf das Steuer herum und ging auf den ihm von Napoleon gemachten Vorschlag eines gemeinsamen Vorgehens ein.

Der berühmten Begegnung der beiden Kaiser auf dem Floß im Njemen folgte im Rahmen des Friedens von Tilsit ihr zunächst geheim abgeschlossenes Bündnis (Juli 1807). Ihm lag der im Laufe der Geschichte immer wieder auftauchende Gedanke zugrunde, den Kontinent durch eine scharfe Abgrenzung zwischen West und Ost in zwei Herrschaftsbereiche zu teilen. Den gleichen Gedanken hatte früher Katharina mit ihrem Geheimprojekt verfolgt, und den gleichen Gedanken hat später Hitler beim Abschluß seines Paktes mit Stalin gehabt, nur daß die Grenzziehung je nach den Umständen verschieden geplant war.

Napoleon sah die Weichsellinie als Grenze vor und billigte Alexander auch ausdrücklich die Herrschaft über Finnland und Schweden zu. Gemeinsam sollte die Frontstellung gegen das kontinentfremde England sein (Beitritt Rußlands zur Kontinentalsperre). Alexander nahm den napoleonischen Teilungs- und Herrschaftsplan unter dem Zwang der Verhältnisse an. Er unterhöhlte ihn aber von vornherein dadurch, daß er die Erhaltung des, wenn auch verstümmelten, Königreichs Preußen unter dessen angestammten Dynastie erreichte (bekanntlich wollte Napoleon Preußen seinem Bruder Jerôme geben). Seine eigene Herrschaft auch über Schweden auszudehnen, hat Alexander nie angestrebt. Finnland hat er dagegen als Großfürstentum dem Russischen Reich einverleibt (1809) und später, kurz vor dem Einfall Napoleons, auch Bessarabien annektiert (1812). Beim Erwerb Finnlands stellte Alexander – wie später beim Erwerb Kongreßpolens – unter Beweis, daß er entschlossen war, die politische und nationale Eigenständigkeit des neu gewonnenen Landes in dessen Interesse zu wahren und zu fördern. Er versprach dem finnischen Volk, ihm „eine politische Existenz“ zu geben und gelobte, Finnland seine Religion, seine Verfassung, seine ständische Vertretung und Selbstverwaltung unverrückt zu erhalten. Er hat das auch getan. Den Finnen hat er glaubwürdig versichert, daß ihm die in Finnland bestehende – konstitutionelle – Regierungsform mehr zusage als die Selbstherrschaft.

Die Frage, ob Alexander das Bündnis mit Napoleon von vornherein mit dem Hintergedanken geschlossen hat, es bei sich bietender Gelegenheit wieder zu brechen, ist strittig. Seine Tagebücher, die darüber Auskunft geben könnten, sind nicht erhalten. Ebenso strittig sollte 132 Jahre später die Frage werden, ob Stalin sein Bündnis mit Hitler mit der vorgefaßten Absicht geschlossen hat, es zu brechen. Faktisch sind beide mit ihrem ehemaligen Bündnispartner in Krieg geraten.

Nach unserer heutigen Kenntnis ist es sicher, daß Alexander bereits seit dem Sommer 1808 sich zumindest mit dem Gedanken trug, wahrscheinlich bereits den festen Plan gefaßt hatte und Vorbereitungen dazu traf, sich nicht nur aus dem Bündnis mit Napoleon zu lösen, sondern dessen Sturz herbeizuführen, um seine Befreiungsidee Europas zu verwirklichen. Auf dem Wege nach Erfurt (September 1808) schrieb er an seine Mutter: „Tun wir so, als ob wir fest zur Allianz hielten, nur so können wir den Verbündeten in Sicherheit wiegen. Gewinnen wir Zeit . . . Kommt die Stunde, dann werden wir am Sturz Napoleons in aller Ruhe mitwirken."

Und einen Monat später – in Erfurt – hörte er seinen Lieblingsgedanken als einen Appell an ihn aus dem Munde des napoleonischen Ministers Talleyrand: „Es ist Ihre Aufgabe, Sire, Europa zu retten. Sie werden das erreichen, wenn Sie Napoleon die Stirn bieten." Fast mit den gleichen Worten hatte kurz vorher in Königsberg die Königin Luise ihn unter Tränen angefleht: „Ich beschwöre Sie, trauen Sie ihm nicht. In Ihrer Hand liegt es, Europa zu retten." Nach außen hin zeigte Alexander sich in Erfurt als treuer Bundesgenosse Napoleons, aber im persönlichen Gespräch vereitelte er mit Geschick die Absicht des Kaisers der Franzosen, Rußland durch eine Ehe mit Alexanders jüngster Schwester Anna auch dynastisch an sich zu binden.

Die fünf Jahre des russisch-französischen Bündnisses waren für Rußland und für Alexander persönlich eine sehr kritische Zeit. Der Plan des Kaisers, sich von Napoleon abzuwenden, mußte geheim bleiben. Aber der frankophile außenpolitische Kurs löste in Rußland eine wachsende Opposition aus, die durch die empfindlichen wirtschaftlichen Einbußen infolge der Beteiligung an der Kontinentalsperre (Rückgang des Getreideexportes, an dem der Adel besonders interessiert war) neue Nahrung fand. Zu dieser Opposition gehörten unter anderen die anglophilen intimen Freunde des Kaisers wie Czartoryski – der bis zum Kurswechsel Außenminister gwesen war –, und auch seine nächsten Verwandten, einschließlich seiner Mutter. Mittelpunkt dieses Oppositionskreises war die damals neunzehnjährige Lieblingsschwester Alexanders, Katharina, die spätere Königin von Württemberg, eine ebenso gescheite und ehrgeizige wie anziehende Frau. Die

Situation wurde noch dadurch verschärft, daß in eben dieser Zeit der Protegé des Kaisers, der von vielen wegen seiner geringen Herkunft und wegen seines Liberalismus angefeindete Speránskij, als Leiter der Innenpolitik eine außerordentlich starke Stellung gewonnen hatte und durch seine am französischen Vorbild ausgerichteten liberalen Reformpläne in konservativen und altrussischen Kreisen starkes Ärgernis erregte. Die Lage wurde so kritisch, daß bereits Gerüchte über eine Absetzung Alexanders in Umlauf gesetzt wurden, und ausländische Beobachter meinten, es würde „kein anderes Mittel übrig bleiben, um aus der gefährlichen Situation herauszukommen, als die berüchtigte ‚asiatische Kur' ... Der Kaiser sollte daran denken, wie sein Vater gestorben ist!" (de Maistre).

Alexander ist bekanntlich der asiatischen Kur entgangen. Er hat aber in dieser schwierigen Zeit ebensoviel Geschick wie Standhaftigkeit gezeigt. Nach außen hielt er bis 1812 am Bündnis mit Napoleon fest und desgleichen auch an Speránskij. Gleichwohl gelang es ihm, die ihm drohenden und ihn beschwörenden Gegner von einer Aktion abzuhalten. Der neue Krieg mit Napoleon (1812) änderte von Grund auf die Situation.

Der von Alexander geheim vorbereitete Bruch, der notwendig zu einem Kriege führen mußte, kündigte sich seit 1809 immer deutlicher an. Auf die einzelnen Symptome – es gab deren viele – braucht hier nicht eingegangen zu werden. Taktisch verfuhr Alexander dabei so, daß die Initiative bei Napoleon blieb und der Krieg somit eindeutig durch den Kaiser der Franzosen in der Form eines Überfalls auf Rußland – ohne vorherige Kriegserklärung – ausgelöst wurde.

Der Feldzug von 1812 hat Rußland neue Belastungen gebracht, die sowohl militärisch wie vor allem politisch weit schwerer wogen, als Alexander es erwartet hatte. Dieser, von den Russen als vaterländischer Krieg bezeichnete, Feldzug hat nicht nur die Wende im Schicksal Napoleons gebracht und Alexander zu Triumphen geführt, die auch das noch übertrafen, was er sich selbst erträumt hatte. Er hat eine russische nationale Tradition entstehen lassen, die bewußt auch von den Bolschewiken, besonders während des Zweiten Weltkrieges, gepflegt worden ist.

Der Feldzug von 1812 ist für viele mit der Vorstellung eines kalten Winters verknüpft, und die Ansicht ist verbreitet, daß der „General Winter“ entscheidend zur Niederlage Napoleons beigetragen habe. Demgegenüber muß festgestellt werden, daß der Feldzug bereits beendet war, bevor der Winter überhaupt begonnen hatte. Am 18. Dezember (30. Dezember neuen Stils) hatte der letzte Rest der völlig aufgeriebenen Großen Armee Napoleons bereits wieder russischen Boden verlassen. Während des Rückzuges, der bei mildem Wetter am 7. Oktober (19. Oktober neuen Stils) begann, hatte der Vorwinter mit Schnee und vorübergehendem stärkeren Frost eingesetzt. Die Katastrophe beim Übergang über die Beresina entstand ja gerade dadurch, daß der Fluß noch offen war. Ein Flußübergang in Rußland im Winter, und noch dazu in einem strengen, ist überhaupt kein Problem. Erst nach der Katastrophe an der Beresina setzte scharfer Frost ein. Mit dem wirklich strengen Winter, den die Armeen Hitlers 1941/42 durchzustehen hatten, kann der Vorwinter von 1812 überhaupt nicht verglichen werden.

Bekanntlich begann Napoleon seinen Angriff, „um dem verhängnisvollen Einfluß Rußlands, der schon seit fünfzig Jahren die Geschicke Europas bestimmt, ein Ende zu bereiten“, am gleichen Tage wie Hitler 129 Jahre später: am 22. Juni (neuen Stils). Die für einen Vormarsch auf Moskau notwendige Zeit hatte Napoleon richtig eingeschätzt. Die mörderische Entscheidungsschlacht rund 100 Kilometer vor Moskau bei Borodinó wurde am 26. August (7. September neuen Stils) bei warmem Herbstwetter geschlagen. Eine Woche später war der Kaiser der Franzosen in Moskau, das am Tage darauf abbrannte.

Die militärische Rechnung Napoleons hatte gestimmt, aber seine politische Rechnung ging nicht auf. Das lag an Alexander. Die Niederlage Napoleons im Jahre 1812 begann im Bereich des Politischen. Napoleon hatte die Absicht gehabt, Alexander zu Verhandlungen und zu einem erneuten gemeinsamen Vorgehen gegen England zu gewinnen. Bereits eine Woche nach seinem Einfall in Rußland hatte er seinen ersten Verhandlungsvorschlag gemacht. Alexander hatte als Voraussetzung die Zurücknahme der französischen Truppen über die Grenze verlangt. Darauf hatte Napoleon gereizt den russischen Unterhändler General Baláschow gefragt, welches der nächste Weg nach Moskau sei, worauf ihm Baláschow, laut eigenem Bericht, die schlagfertige Antwort gab: „Es gibt viele Wege. Karl XII. hat den über Poltáwa gewählt."

Nachdem es Napoleon besser ergangen war als Karl XII. bei Poltáwa und er seinen Einzug in Moskau gehalten hatte, war er sicher, daß Alexander wenn nicht kapitulieren, so jedenfalls zu Verhandlungen bereit sein werde. Dreimal hat er gleich nach der Einnahme Moskaus versucht, Verhandlungen mit Alexander aufzunehmen – durch den russischen General Tutólmin, durch den zufällig in Moskau hängengebliebenen Vater Alexander Herzens, Iwán Jákowlew, und durch den französischen General Lauriston. Jedesmal blieb er ohne Antwort. Der russische Kaiser ließ nicht mit sich reden, und die früher einmal geäußerte Absicht Napoleons, im Falle einer Weigerung Alexanders mit den „Bojaren von Moskau" Verhandlungen aufzunehmen, um zu einem Frieden zu kommen, erwies sich natürlich als Illusion.

Keineswegs so illusionistisch wäre diese Hoffnung Napoleons gewesen, hätte er versucht, in der nächsten Umgebung Alexanders Verständnis für sein Anliegen zu finden. Im Unterschied zum starken patriotischen Auftrieb, dem willigen Einsatz und der Opferbereitschaft des Adels und der Kaufmannschaft in der Provinz und in Moskau, herrschte in Petersburg bereits während des Rückzuges und vollends seit der Preisgabe Moskaus eine flaue, pessimistische, mit allem unzufriedene Stimmung. Kleinlicher Egoismus und Angst beherrschten die Menschen und nährten von neuem die Kritik am Kaiser. Die preußischen Emigranten in Petersburg haben uns davon ein recht anschauliches Bild gegeben. „Eitelkeit, Ehrgeiz, Genußsucht sind die Hauptelemente des Petersburger Publikums", schrieb damals Stein.

Träger dieser Verzagtheit und der Bereitschaft, möglichst schnell zu einem Frieden zu kommen, waren z. T. die gleichen Personen, die seinerzeit in Opposition zu Alexander so stürmisch nach einem Bruch mit Napoleon verlangt hatten. Zur Sprecherin dieser wiederauflebenden Opposition machte sich wiederum Alexanders Schwester Katharina. Im Schutze der schwärmerischen Liebe, mit der ihr elf Jahre älterer Bruder an ihr hing, sagte diese bezaubernde junge Frau ihm Dinge ins Gesicht, die sonst niemand auch nur hätte andeuten dürfen. Da sie es schriftlich tat, haben wir genaue Kenntnis davon. „Die Einnahme Moskaus hat die Gemüter aufs tiefste erregt. Die Unzufriedenheit hat ihren Höhepunkt erreicht, und auch Ihre Person wird keineswegs geschont. Man gibt Ihnen öffentlich die Schuld an dem Unglück, das unser Reich betroffen hat, ja man beschuldigt Sie sogar, die Ehre des Vaterlandes und Ihre eigene verletzt zu haben. Die Klagen gehen nicht von einer Bevölkerungsschicht aus; sämtliche Schichten stimmen darin überein ... Ich überlasse Ihnen, über die Lage in einem Lande zu urteilen, in dem man das Staatsoberhaupt verachtet."

Auch in dieser Situation zeigte sich Alexander standhaft und überlegen. Die weiteren Ereignisse haben ihm recht gegeben. In seiner Antwort an die eifrige Schwester wies er ihre Beschuldigungen mit Ruhe und Würde zurück: „Daß Menschen demjenigen gegenüber, der sich im Unglück befindet, ungerecht sind, daß sie ihn beschuldigen und ihn quälen, das ist etwas Alltägliches." Zu einer Aktion der Oppositionskreise kam es wiederum nicht. So gut wie den einzigen, allerdings sehr wertvollen, Rückhalt in Petersburg hatte der russische Kaiser in den preußischen Emigranten.

Durch seine Festigkeit zwang Alexander Napoleon, unter Zurücklassung von 4000 Verwundeten den Rückzug anzutreten. Kutúsow konnte sein berühmtes Manöver durchführen, der Großen Armee den Rückzug nach dem Süden Rußlands verlegen und sie auf die gleiche „verbrannte" Straße zurückzwingen, auf der sie gekommen war. Von den ursprünglich 600 000 Mann waren schließlich 20 000 übriggeblieben.

Nachdem sein eigenes Vaterland befreit war, nahm Alexander, wiederum gegen starke Widerstände auch seitens des Oberkommandierenden Kutúsow, aber nunmehr getragen von einer neuanschwellenden Woge der Sympathie und der Bewunderung bei allen Völkern, den alten Plan einer Befreiung Europas wieder auf. Im gesteigerten Selbstvertrauen übernahm er jetzt persönlich den Oberbefehl über die Truppen.

Dieser zweite Krieg gegen Napoleon auf europäischem Boden (1813–1814) brachte bekanntlich den vollständigen Sieg. Was Alexander im ersten Kriege vergeblich angestrebt hatte, wurde jetzt erreicht: allenthalben, sogar in England, wurde er als der Befreier Europas gefeiert. Denn der Sieg wurde, im Verein mit den sich in patriotischer Hochstimmung erhebenden Preußen (das russisch-preußische Bündnis war im Februar 1813 erneuert worden), mit den Schweden, den Engländern und den sich zögernd anschließenden Österreichern, unter Führung des russischen Kaisers erfochten, der als „Agamemnon der Könige" mit seinen Verbündeten an der Spitze russischer Truppen in Paris einzog. Nie vorher und niemals nachher hat ein russischer Herrscher eine so überragende Stellung in Europa eingenommen wie damals Alexander I.

Bekanntlich hat er sich jetzt, da er seine alte Lieblingsidee verwirklicht sah, nicht nur als den Befreier, sondern als den Retter Europas bezeichnet. Man kann darin eine Übertreibung und eine eitle Überschätzung seines eigenen Anteils sehen. Aber im Kern trifft es gleichwohl zu, sogar in einem weiteren Verstand als nur im Sinn einer Rettung vor der napoleonischen Vorherrschaft.

Gerade aus der heutigen Sicht gesehen und durch die Erfahrungen belehrt, die Europa 130 Jahre später machen mußte, wird das deutlich. Eine Gegenüberstellung der Situation nach dem Siege über Napoleon mit der nach dem Siege über Hitler drängt sich auf. 1813–1814 waren die russischen Truppen nicht nur durch Osteuropa gekommen; sie haben Berlin, auch Hamburg befreit – wirklich befreit. Russische Truppen waren damals durch ganz Europa bis nach Paris und an die Nordseeküste siegreich marschiert. Damals konnte Alexander entscheiden, ob er ein befreites Europa oder ein beherrschtes, ein von ihm selbst mit Napoleon zusammen beherrschtes Europa wollte. Alexander ist insofern der Retter Europas geworden, als er sich dafür entschied, dieses Europa von der Vorherrschaft Napoleons zu befreien und gleichzeitig vor der eigenen, d. h. der russischen Vorherrschaft zu bewahren. Zumindest vor einem Versuch davon.

Napoleon hatte, nachdem er besiegt, aber noch nicht gestürzt war, sich verzweifelte Mühe gegeben, wieder einen direkten Kontakt mit Alexander aufzunehmen, um ihn für eine Zusammenarbeit zu gewinnen. „Sind wir zwei erst einmal so weit, daß wir uns aussprechen können, dann werden wir uns auch verständigen", hat er zu Caulincourt gesagt, „eine Unterredung könnte dazu führen, daß wir die ganze Welt unter uns aufteilen." Das war der alte Gedanke aus den Tagen von Tilsit. Selbstverständlich wäre Napoleon jetzt dem russischen Kaiser bei einer Grenzziehung zwischen West und Ost entsprechend entgegengekommen. Es ist nicht zu beweisen, aber es ist sehr wahrscheinlich, daß er dabei an die Elblinie gedacht hat. Das, was Katharina II. als Endziel ersehnte und als zunächst undurchführbares Projekt im Schreibtisch verschloß, hätte ihr Enkel Alexander in Zusammenarbeit mit dem Kaiser der Franzosen und auf Kosten Deutschlands realisieren können. Wenn er es gewollt hätte. Jedenfalls hätte er den Versuch machen können. Das militärisch zu verhindern, wäre auf dem Kontinent vermutlich niemand in der Lage gewesen. Aber Alexander wollte der Befreier, nicht der Beherrscher oder Mitbeherrscher Europas sein und wich neuen Verhandlungen mit Napoleon aus.

Infolge des Übergewichts von Rußland war in Europa die Befürchtung entstanden, daß an die Stelle der französischen Vorherrschaft jetzt eine russische treten würde, und sowohl die britische wie die österreichische Diplomatie bemühten sich damals und später auf dem Wiener Kongreß, dem entgegenzuwirken. Als auch in Preußen entsprechende Befürchtungen laut wurden und der unbegründete Verdacht entstand, Alexander würde einen Territorialgewinn auf Kosten Preußens anstreben – die Frage einer Annexion Ostpreußens durch Rußland wurde öffentlich diskutiert! – hat Hardenberg diese Befürchtungen mit der treffenden Feststellung aus dem Wege geräumt: „Kaiser Alexander hat die Waffen für die Unabhängigkeit der europäischen Völker ergriffen."

Alexander strebte das an, was wir heute mit europäischer Integration bezeichnen, unter selbstverständlicher Einbeziehung Rußlands, aber ohne Hegemonieanspruch. Er hat gerade in dieser Zeit immer wieder versichert und seine Worte durch Taten bestätigt, daß er als Sieger den Besiegten nicht Rache und nicht Haß, sondern Freundschaft bringt: „Ahmt unseren Feinden nicht nach", hatte er in einem Aufruf an die russischen Truppen vor dem Einmarsch in Paris erklärt, „der barmherzige Gott liebt nicht die Unmenschlichen und die Grausamen." – Hätte Europa im Laufe seiner Geschichte besonders in seiner jüngsten Vergangenheit öfter Sieger von der Sinnesart des Kaisers Alexander I. gesehen, so stünde es besser um unseren Kontinent.

Auf dem Wiener Kongreß behielt Alexander zunächst seine überragende Stellung. Er war – obgleich offiziell nicht Glied der russischen Delegation – der einzige von den zahlreichen gekrönten Häuptern, der sich selbst an den Verhandlungstisch setzte. Die andern Monarchen waren ihm nicht gewachsen; seine großen Gegenspieler waren die leitenden Minister (Metternich, Talleyrand, Castlereagh, Hardenberg). An seinem Liberalismus hielt er zunächst fest; und nach der Entthronung Napoleons hat er darauf bestanden, daß die monarchische Gewalt der restituierten Bourbonen-Könige durch eine Konstitution eingeschränkt werde.

In Wien erreichte Alexander gegen starke Widerstände die Wiederherstellung Polens in Personalunion mit Rußland (Kongreßpolen). Allerdings war das, wie sehr viele territoriale Entscheidungen in Wien, eine Kompromißlösung insofern, als die Vereinigung der drei Teile damit nicht verbunden war und Preußen und Österreich ihre „Portionen" behielten. Alexander legte Wert darauf, in Polen wie in Finnland, ein konstitutioneller Monarch zu sein und hat seinem neuen Königreich die liberalste Verfassung gegeben, die es damals auf dem europäischen Kontinent gab, ein Umstand, der entsprechende Rückwirkungen auf die innerpolitischen Verhältnisse in Rußland selbst haben sollte.

Die Wiederherstellung des europäischen Gleichgewichts im Konzert der fünf Großmächte (Pentarchie) einschließlich des besiegten Frankreich lag auf der Ebene seiner Politik. Sie entsprach dem Befreiungsgedanken. Alexander wollte sich aber damit nicht begnügen. Sein Ziel war, über ein europäisches Staatensystem hinaus eine europäische Einheit zu verwirklichen, eine über die nationalen und konfessionellen Schranken hinweg zu bildende „europäische Nation". Das war der Sinn der von ihm vorgeschlagenen Heiligen Allianz, die zunächst gar kein formeller Staatsvertrag sein sollte, sondern „der Ausspruch ehrwürdiger und wohltätiger Grundsätze, deren allgemeine Befolgung einen entscheidenden Einfluß auf das Wohl von Europa haben werde", wie der russische Diplomat

Baron von Kruedener es formuliert hat.[1] Es sollte damit die ideelle Grundlage zu einem neuen – geeinten – Europa geschaffen werden. Alexander war damit einerseits seiner Zeit weit voraus, andererseits aber noch stark in den patriarchalischen Vorstellungen des 18. Jahrhunderts befangen – in beiderlei Hinsicht seiner eigenen Zeit nicht angemessen. Daran ist er gescheitert. Mit der Heiligen Allianz wollte er die europäische Einheit auf den Boden der Grundsätze des Christentums stellen und die Staatsoberhäupter vertraglich verpflichten, ihre gegenseitigen Beziehungen „auf die erhabenen Wahrheiten zu gründen, die die unvergängliche Religion des göttlichen Erlösers lehrt". Die Monarchen sollten sich danach „ihren Untertanen und ihren Armeen gegenüber als Familienväter betrachten und dieselben im nämlichen Geiste der Brüderlichkeit regieren".

Es ist gewiß richtig, daß die von Alexander entworfene, von Metternich aus realpolitischen Gründen später ideologisch entschärfte Vertragsurkunde „nicht aus einem politischen Rat hervorgegangen, sondern in einem Tempel des Geistes entstanden war" (Lamartine). Alexanders Geist war damals religiösen und mystischen Gedanken zugewandt. Aber seinen Mit- und Gegenspielern in Wien ging es gerade um den „politischen Rat". Infolgedessen ist die Heilige Allianz, obgleich ihr fast alle Monarchen beitraten, in den Händen der Realpolitiker, vor allem Metternichs, sehr bald etwas ganz anderes geworden, als Alexander es gewünscht hatte, nämlich ein Werkzeug der fortschritthemmenden restaurativen Politik. Der später von Alexander gemachte Versuch, die Heilige Allianz „aus ihrem Geiste heraus weiter zu entwickeln" und ein konkretes, in die politische Substanz greifendes System daraus zu machen, ist am Widerstande Österreichs und Englands gescheitert.

Mit dem Wiener Kongreß beginnt die letzte Phase der Außenpolitik Alexanders, während der er von Metternich überspielt

[1] Kruedeners von ihm getrennt lebende Frau, die intelligente und geltungsbedürftige, aber exaltierte und intrigante Baronin Juliane von Kruedener, die damals die Nähe Kaiser Alexanders suchte, ist zu Unrecht als Wehemutter der Heiligen Allianz bezeichnet worden. Ihr tatsächlicher Einfluß auf das Dokument war nicht groß.

wurde. Schon in Wien, vollends aber seit dem Kongreß von Aachen (1818), war der russische Kaiser in steigendem Maße dem Einfluß des österreichischen Staatskanzlers erlegen. Alexander selbst machte eine Wandlung durch, er gab seinen fortschrittlichen Liberalismus preis – noch in Wien wurde er von seinen Gegnern als Jacobiner bezeichnet – und wurde immer entschiedener ein Verfechter des Legitimitätsprinzips. Er hat auf diese Wandlung selbst verwiesen und fünf Jahre nach Wien zu Metternich gesagt, 1820 würde er nicht mehr das tun, was er 1813 – in seiner besten Zeit! – getan hatte. Man mußte das als eine Kapitulation vor Metternich verstehen, und dieser hat es auch so verstanden.

Diese Kapitulation wurde besonders deutlich bei der griechischen Frage, in die Rußland in steigendem Maße hineingezogen wurde. Der griechische Befreiungskampf gegen die Türken hatte mit Geheimbünden (Hetärien) auf russischem Boden begonnen. Die führenden Männer des griechischen Aufstandes standen z. T. in russischen Diensten; Alexander Ypsilanti war russischer General und Adjutant des Kaisers. Während des griechischen Aufstandes (1821) war ein Grieche, Graf Kapodistrias, russischer Außenminister (1816–1822). Da der griechische Befreiungskampf ein revolutionärer Vorgang war, jedenfalls als solcher gewertet wurde, geriet Alexander in einen Zwiespalt. Zur Enttäuschung aller seiner Freunde hielt er aber zur Politik Metternichs und ließ die griechischen Glaubensgenossen im Stich.

Auf den zahlreichen europäischen Kongressen, die nach Wien Jahr für Jahr stattfanden (Aachen 1818, Karlsbad 1819, Troppau 1820, Laibach 1821, Verona 1822), hat Alexander nicht mehr seine frühere Rolle gespielt. Aber in bezug auf eine übernationale Europapolitik hielt er an seiner Idee fest. In Verona erklärte er: „Heute darf es keine englische, französische, russische, preußische, österreichische Politik mehr geben, sondern allein eine allen Völkern und Herrschern gemeinsame zur Rettung der zivilisierten Welt.“ Doch mit diesen weit in die Zukunft weisenden Ideen fand er bei seinen Zeitgenossen kein Verständnis.

Reformen und Reaktion. Speránskij und Araktschéjew

Während sich der Kaiser der Außenpolitik widmete, war die Leitung der inneren Angelegenheiten in die Hände von Speránskij übergegangen. Michaíl Michájlowitsch Speránskij[1] (1772–1839) entstammte dem dörflichen Milieu; sein Vater war Pope. Durch seinen großen Fleiß, seine Energie, seine ungewöhnlichen Kenntnisse und Fähigkeiten hatte er sich in der Ministerialbürokratie schnell heraufgedient und war schließlich eine Art Premierminister geworden (1808–1812). Alexander hatte ihm den Auftrag erteilt, in Fortführung der Bestrebungen des „intimen Kreises", den Plan einer umfassenden Reichsverfassung auszuarbeiten. Aber Speránskijs Tätigkeit wurde von vornherein durch mancherlei Umstände erschwert. Er war ein Einzelgänger, obgleich Freimaurer und insofern einer Gruppe angehörend, blieb er doch der Petersburger Umwelt innerlich fremd. Bei allen seinen hervorragenden Fähigkeiten fehlte ihm eine für die Petersburger Verhältnisse besonders wichtige Eigenschaft, die sein kaiserlicher Herr in so hohem Grade besaß, die Elastizität. Er war ein Büromensch und in allem, was er unternahm, sonderbar starr. Unbedenklich machte er sich persönliche Feinde. Bei dem verwöhnten Adel hatte er durch einen (auf ihn zurückgehenden) kaiserlichen Ukas Ärgernis erregt, der für höhere Beamte eine akademische Bildung und entsprechende Prüfungen vorsah. Zu einer weiteren Belastung für ihn wurde die Tatsache, daß seine Amtsführung in die Periode der Freundschaft mit Napoleon fiel und als innenpolitische Auswirkung des frankophilen außenpolitischen Kurses erschien.

Der vom Kaiser gebilligte große Reformplan Speránskijs (1809) sah sowohl eine Reform der sozialen Verhältnisse auf der Grundlage der Aufhebung der Leibeigenschaft vor, wie eine gleichzeitige Umwandlung des autokratischen Staates in eine liberale Monarchie mit Volksvertretung. Dabei ging er nach französischem Vorbild (Montesquieu) vom Prinzip der Gewaltenteilung aus. Die legislative Gewalt sollte in den Händen einer Reichsduma liegen; diese

[1] Der Name kommt von sperare; er war dem hoffnungsvollen Jüngling verliehen worden, da der Vater noch keinen Familiennamen hatte.

indirekt zu wählende Volksvertretung war – ähnlich wie später beim Sowjetsystem Lenins – als die höchste Stufe einer vierstufigen Pyramide von gewählten Körperschaften (in den Gebieten, Kreisen, Gouvernements) gedacht. Die administrative Gewalt sollte beim Komitee der vom Kaiser ernannten, aber der Reichsduma verantwortlichen Minister und die höchste richterliche Gewalt bei dem aus ernannten und gewählten Gliedern bestehenden Senat liegen. Das Gebäude sollte von einem vom Kaiser berufenen und ihn beratenden Reichsrat (nach dem Muster des napoleonischen Staatsrats) überwölbt werden. An der Spitze des Ganzen sollte selbstverständlich der Kaiser mit nach wie vor starker, von Speránskij selbst als Selbstherrschaft bezeichneter, Herrschergewalt stehen. Faktisch wäre der Monarch in einem solchen Verfassungsstaat natürlich nicht mehr Selbstherrscher gewesen.

Dieser Plan stieß, in mancherlei Hinsicht nicht zu Unrecht, auf heftigen Widerstand. Die Opposition war jedoch nicht allein durch den Egoismus des an den bestehenden Zuständen interessierten Adels bestimmt; sie war auch grundsätzlicher Art. Zum Sprecher der grundsätzlichen Opposition machte sich die höchste Autorität im russischen Geistesleben jener Zeit, Karamsín.

In seiner Schrift „Vom alten und vom neuen Rußland" verteidigte Karamsín leidenschaftlich die Autokratie als die für Rußland einzig gemäße Herrschaftsform. „Das Heil liegt in der Autokratie und nur in ihr. Der Adel und die Geistlichkeit, Senat und Synod, über allem der Kaiser als einziger Gesetzgeber, als einzige Quelle aller Gewalten – das ist die Grundlage der russischen Monarchie." Karamsín vertrat die Ansicht, daß der Kaiser als Selbstherrscher alles dürfe, nur eines nicht, „diese Gewalt gesetzlich beschränken". Auch gegen eine von Speránskij – desgleichen nach französischem Vorbild – in die Wege geleitete Reform des bürgerlichen Rechtes lief Karamsín Sturm. „Was finden wir da?" fragte er, „eine Übersetzung des Code Napoléon!" An der Opposition beteiligten sich auch die anglophilen ehemaligen intimen Freunde des Kaisers und jener Kreis seiner lieben Schwester Katharina, der sich so scharf gegen die Außenpolitik Alexanders stellte.

Der mit starken russisch-nationalen Akzenten versehenen Opposition lag die nachdenkliche Überlegung zugrunde, daß es leichter sein würde, auf dem Wege über die Autokratie und ein Volkskaisertum die „Kluft zwischen den höheren und den unteren Klassen zu überwinden" und eine „brüderliche Gemeinschaft" mit dem bäuerlichen Volk herzustellen, als über eine liberale Konstitution, und daß die „sklavische Nachahmung Europas" zu einer Entfremdung sowohl mit dem Volk wie auch mit dem Staat führe. „Wir sind Weltbürger geworden", stellte Karamsín fest, „aber zum Teil haben wir aufgehört, Bürger Rußlands zu sein."

Die Reform Speránskijs kam nicht zur Durchführung. Nur der bereits früher als ein Organ der verantwortlichen Beratung bei der Gesetzgebung geschaffene Reichsrat blieb bestehen. Alexander selbst schreckte vor einer bereits für den 1. Januar 1810 vorgesehenen Inkraftsetzung des ganzen Planes zurück. In einer Zeit, in der er sich der Gefahr einer Verschwörung in seinem engsten Familienkreise gegenüber sah, wollte er einen Kampf mit der Opposition nicht aufnehmen. Das Projekt der Reichsreform wurde in den Schoß des Reichsrates gelegt und schlief dort ein.

An der Person Speránskijs hielt Alexander noch zwei Jahre fest, gab aber der öffentlichen Meinung und einer häßlichen Intrige, die seinen „Premierminister" des Verrates verdächtigte, nach und entließ ihn widerwillig im Frühling 1812. Allerdings war die Rolle, die der Kaiser dabei spielte, nicht ganz durchsichtig. So wurde der Sturz Speránskijs zu einem innenpolitischen Ausdruck der Beendigung des französischen Kurses in der Außenpolitik. Der Gestürzte wurde zunächst verschickt (nach Níshnij-Nówgorod, dann nach Perm), später zum Gouverneur von Perm und dann zum Generalgouverneur von Sibirien ernannt (1819). Im Jahre 1821 konnte er nach Petersburg zurückkehren.

Das Verfassungsprojekt Speránskijs steht an der Spitze zahlreicher ähnlicher Projekte, die im 19. Jahrhundert von den jeweiligen Regierungen entworfen wurden, ohne durchgeführt zu werden. Zehn Jahre nach diesem Mißerfolg arbeitete der ehemalige intime Freund Alexanders I., Nowosílzew, ein neues Projekt einer Reichsreform auf föderalistischer Grundlage aus (1819). Es sah einen Reichstag vor, der bei der Gesetzgebung nur mitwirken, und mehrere Landtage in den einzelnen Statthalterschaften, in die das Reich aufgegliedert werden sollte.

Wahrscheinlich ist Alexander gut beraten gewesen, als er davon Abstand nahm, eine so weitgehende politische Reform durchzuführen, wie Speránskij es vorgesehen hatte. Sicher war er schlecht beraten, als er nach dessen Entlassung die Regierungsgewalt in die Hände Araktschéjews legte, der – mit Ausnahme seines Fleißes – das genaue Gegenteil von Speránskij war.

General Alekséj Araktschéjew war ein beschränkter, brutaler, wenig gebildeter, aber sehr energischer Soldat, ein Ausbildertypus, der für sich anzuführen hatte, daß er dem Kaiser blind ergeben war. In der Zeit der stärksten Widerstände gegen ihn selbst hatte Alexander ein wachsendes Vertrauen zu Araktschéjew gefaßt und ihn immer dann und dort gewähren lassen, wann und wo es ihm widerstand, selbst einzugreifen.

Es ging dabei um die Aufrechterhaltung der bestehenden Ordnung und nicht um eine Besserung der Zustände. Das war während des Krieges noch gerechtfertigt, nach dem großen Siege nicht mehr. Alexander hat aber gerade nach 1815 nicht die Kraft gefunden, auf ein so hartes und zuverlässiges Werkzeug wie Araktschéjew zu verzichten. Es ist dieses jedenfalls sein größtes Versagen gewesen. Der sture General blieb nicht nur im Amt, sondern wurde (seit 1818) in innerpolitischen Dingen der entscheidende Mann im Staate. Die Ära Araktschéjew, die als Araktschéjewschtschina in übler Erinnerung geblieben ist, erhielt durch die Wirksamkeit des Fürsten Alexander Golízyn im geistigen Bereich noch ihre besondere Note. Golízyn, ein religiöser Schwärmer und Vorsitzender einer Bibelgesellschaft, war von Alexander zunächst zum Oberprokureur des Heiligsten Synods und später (1817) zum Chef des neubegründeten Doppelministeriums „für geistliche Angelegenheiten und Volksaufklärung" ernannt worden. Als solcher hat Golízyn, Kirchen- und Kulturpolitik miteinander vermengend, sein Amt im Sinne einer geistig-geistlichen Reaktion geführt. Er stand außerdem unter dem Einfluß der mystischen Vorstellungen und Erwartungen Jung-Stillings, der die Wiederkunft Christi im „vielhundertjährigen Brachland" Rußland erwartete. Für das Jahr 1836 war sie bereits vorausgesagt. Gegen die, alle konfessionellen Unterschiede im Sinne der Heiligen Allianz verwässernde Kirchen- und Kulturpolitik Alexanders und Golízyns machte sich auch innerhalb der orthodoxen Kirche ein wachsender Widerstand geltend, der nicht auf die kirchlichen Kreise beschränkt blieb. In der Ära Araktschéjew war manches geeignet, an die Zeit Kaiser Pauls zu erinnern: Willkür und geistloser Formalismus, persönliche Überwachung, strenge Zensur, Beschränkung der Wissenschaft und Literatur, Denunziation und Heuchelei.

Der Gedanke Alexanders, durch Ansiedlung von Soldaten und Bauern sogenannte Militärkolonien zu schaffen, um damit den militärischen Nachwuchs zu sichern, wurde von Araktschéjew überspitzt und in rigoroser Weise verwirklicht. Ein militärisch straff organisierter, lebenslanger bäuerlicher Arbeitsdienst wurde eingeführt. Die Bauernsoldaten wohnten militärisch gegliedert in Kasernen und waren einer harten Disziplin und brutalen Strafen (Spießrutenlaufen) unterworfen. Ihre Söhne galten vom achten Lebensjahr an auch als Soldaten. Bald erwies sich diese Neuerung hauptsächlich infolge der Art, wie Araktschéjew sie durchführte, als ein völliger Fehlschlag, der Unzufriedenheit und Erbitterung und schließlich Bauernaufstände auslöste.

So wurden die letzten Regierungsjahre Alexanders I. zu einer großen Enttäuschung, besonders für die Bauernschaft. Der „vaterländische Krieg" von 1812 war ein echter Volkskrieg gewesen, zu dessen Erfolg alle Schichten des Volkes, zumal die leibeigenen Bauern sehr bewußt, opferbereit und todesmutig, z. T. als sehr selbständig handelnde Partisanen, wesentlich beigetragen hatten. Später waren diese Bauern als Soldaten durch fast ganz Europa marschiert. Nicht nur ihre Offiziere, auch sie selbst hatten vieles gesehen und begriffen, was in Europa anders war. Es schien ihnen undenkbar, daß sie, heimgekehrt, wieder in die alte Lage von leibeigenen Seelen zurückfallen sollten. Gleichwohl geschah es. Von den schönen Plänen eines „Gnadenbriefes für die Bauern" oder der Aufhebung der Leibeigenschaft hörte man nichts mehr. Die bäuerlichen Verhältnisse verbesserten sich nicht, z. T. verschlechterten sie sich sogar, sowohl faktisch wie in den Militärkolonien auch rechtlich. Araktschéjew selbst war seinen Leibeigenen ein sehr harter, grausamer und ungerechter Herr; seine Geliebte, eine junge Leibeigene, wurde von den Bauern aus Rache ermordet.

Aber die Enttäuschung und Unzufriedenheit beschränkte sich

nicht auf die Bauern, sie erfaßte auch die führenden Kreise des Adels. Unter den Offizieren, sowohl in der Provinz wie in Petersburg selbst, machten sich als unmittelbare Folge der Erfahrungen und Eindrücke der Kriegsteilnehmer in Europa oppositionelle und revolutionäre Strömungen geltend. Alexander wußte das, schreckte aber vor einem Einschreiten zurück und ließ die Dinge laufen. Er hat sich weder gewillt noch fähig gezeigt, die schwierige und gleichzeitig so wichtige, für die ganze Zukunft Rußlands entscheidende Aufgabe auf sich zu nehmen, die zu neuer Aktivität drängenden wertvollen und fähigen Kräfte, die sich im Offizierskorps regten, im positiven Sinne dem Reich nutzbar zu machen. Andererseits hat er sich auch nicht berechtigt gefühlt, gegen sie einzuschreiten, weil er sich daran erinnerte, daß er selbst seinerzeit die gleichen Ideen vertrat, als er so alt war wie diese jungen Offiziere.

Zum Unglück war auch die Nachfolgefrage wieder offen geblieben, obgleich ein Thronfolgegesetz bestand. Der Kaiser hatte nur zwei Töchter, die beide früh gestorben waren. Sein ältester Bruder Konstantín hatte in richtiger Selbsterkenntnis als dafür nicht qualifiziert auf die Thronfolge verzichtet. Alexander war mit seinem nächsten, fast zwanzig Jahre jüngeren Bruder Nikoláj dahin übereingekommen, daß dieser die Nachfolge antreten werde. Diese Regelung blieb aber geheim. Da ereilte völlig unerwartet den kräftigen, gesunden siebenundvierzigjährigen Kaiser in Taganrog, wo er wegen einer Erkrankung seiner Frau sich vorübergehend aufhielt, plötzlich der Tod (19. November 1825).

Über diesem Tod liegt ein mystisches Dunkel. Sehr bald verbreitete sich das Gerücht, daß der Kaiser gar nicht gestorben sei, sondern als Starez durch das Land ziehe. Das Gerücht erhielt neue Nahrung, als achtunddreißig Jahre später (1862) in Sibirien (Krasnoufímsk), über 2000 Werst von Petersburg entfernt, ein Starez auftauchte, der sich Kusmítsch nannte, ein geheimnisvoller Mann, der fließend französisch sprach, eine ausgedehnte Korrespondenz führte, in die er niemandem Einblick gab, und angeblich vom Kaiserhof Geld erhielt. Er starb im Januar 1864. Alexander wäre damals sechsundachtzig Jahre alt gewesen. Noch einmal lebte das Gerücht wieder auf, als die Bolschewiken, zur Macht gelangt,

Alexanders Sarkophag öffneten und ihn leer fanden. – Dazu kann festgestellt werden, daß die Leiche des Kaisers mit Sicherheit gesehen worden ist; es besteht auch das von mehreren Ärzten unterzeichnete Obduktionsprotokoll. Jene, die an den Tod Alexanders nicht glaubten, behaupteten damals, daß es eine untergeschobene Leiche gewesen sei. Von der Wissenschaft wird heute nicht mehr daran gezweifelt, daß Alexander I. tatsächlich im Jahre 1825 in Taganrog gestorben ist.

6. DIE DEKABRISTEN

Zum Träger und leidenschaftlichen Verfechter freiheitlicher Ideen machte sich in erster Linie die damalige Kriegsgeneration, vertreten durch junge Offiziere, vorwiegend Gardeoffiziere, die die Feldzüge mitgemacht, und von denen viele sich in den Kämpfen besonders ausgezeichnet hatten. „Die Feldzüge in Europa" – hat einer von ihnen, Fürst S. M. Wolkónskij, später gesagt – „lehrten uns die dortigen Staatsformen, die öffentlichen Einrichtungen, die Volksrechte kennen. Der Gegensatz zu unserem staatlichen Leben, die lächerlich geringen Rechte, die das Volk bei uns besaß, die Despotie unserer Regierung wurden dem Herzen und dem Verstande vieler von uns erst jetzt richtig bewußt."

Im Jahre 1816 gründeten Kriegsteilnehmer, die sich „die wahren und echten Söhne des Vaterlandes" nannten, einen geheimen „Bund der Rettung", der (unter dem Einfluß des Tugendbundes in Preußen) sich später „Wohlfahrtsbund" nannte (1818). In den folgenden Jahren entstanden noch mehrere andere geheime Bünde. Ihre politischen Ziele waren zunächst recht verworren, ihre Hauptforderung war eine Konstitution. In bezug auf die Aufhebung der Leibeigenschaft waren selbst die Radikalen unter ihnen sehr vorsichtig. Das Streben nach einer verfassungsrechtlichen Angleichung an westeuropäische Verhältnisse mischte sich bei ihnen mit romantischen Vorstellungen über slawisch-russische, im Wetsche symbolisierte Traditionen einer Volksherrschaft (narodowlástije = die wörtliche Übersetzung von Demokratie), wobei ihnen die Zustände in Großnówgorod vor seiner Gleichschaltung durch Moskau (vgl. S. 77) vorschwebten.

Je geringer die Aussichten auf eine Verwirklichung der Reformpläne durch die Regierung wurden, um so radikaler wurden die Geheimbündler. Zu den konstitutionellen z. T. republikanischen Zielen gesellte sich die Forderung nach revolutionären Methoden. Es wurde ein Aufstand geplant und vorbereitet und bereits im Jahre 1817 die Ermordung des Kaisers, später die Ermordung aller männlichen Angehörigen des Kaiserhauses, erwogen. Die Radikalisierung führte zu einer Spaltung der Bewegung (1821). Der gemäßigte Nordbund unter Führung von Nikíta Murawjów, dessen Ziel eine konstitutionelle Monarchie war, hatte seinen Sitz in Petersburg; zu ihm gehörten u. a. die Fürsten Sergéj Trubezkój und Jewgénij Obolénskij und der mit Púschkin befreundete Dichter Kondrátij Ryléjew, der Begründer der Zeitschrift „Polarstern". Der erheblich radikalere Südbund, mit dem Obersten Paul Pestel an der Spitze, vertrat demgegenüber revolutionär-republikanische, z. T. sozialistische Ideen. Der Sitz dieses Bundes war Pestels Garnisonstadt Túschino (Podolien).

Die Führer beider Bünde verfaßten programmatische Schriften. Murawjów kam in seinem Verfassungsprojekt dem Entwurf Nowosílzews sehr nahe; er sah ein slawisch-russisches Kaiserreich als erbliche Monarchie und einen Föderativstaat vor, der nach dem Muster der USA in dreizehn autonome Staaten aufgegliedert werden sollte, mit einem Zweikammersystem und einem ungleichen (an einen Zensus gebundenen) Wahlrecht, im ganzen ein Projekt, das etwa dem entsprach, was auch im Regierungslager, jedenfalls bis zum Jahre 1820, sehr ernst diskutiert wurde.

Anders sah das von Pestel entworfene Zukunftsbild aus. Pestel hatte seine Ansichten nicht in Form eines Verfassungsentwurfes, sondern als eine Art declaration des droits niedergelegt, in einer Schrift, die er in betonter Anlehnung an das älteste russische Gesetzbuch aus dem 11. Jahrhundert (vgl. S. 38) „Rússkaja Práwda" nannte. Er strebte eine demokratische Republik an, in der alle Völker Osteuropas aufgehen sollten, ein einheitliches, zentral verwaltetes Reich mit einem einheitlichen „in eine gemeinsame Masse zusammengeschweißten" Volk. Er gebrauchte in diesem Zusammenhang einen Ausdruck, der noch während des Bürgerkrieges nach der bolschewistischen Revolution – von den Gegnern des Bolschewismus – als Schlagwort verwendet wurde „jedinaja nedelímaja"[1]. Auch sonst klangen bei Pestel Motive an, die durch das ganze 19. Jahrhundert hindurch bis in die Sowjetzeit keineswegs nur im Lager der Revolutionäre weiter tönen sollten. Auch

[1] Es entspricht wörtlich dem französischen »une et indivisible«. Die Übersetzung von jedínaja mit einig, wie man oft liest, ist ungenau.

bei ihm wird die Verwandtschaft zwischen radikaler Demokratie und Autokratie deutlich. Pestels eigene Stellung im Bunde und seine Art ihn zu leiten und sich anderen gegenüber zu verhalten, waren durchaus autokratisch. In seiner positiven Beurteilung der Gewaltmittel und seiner jederzeitigen Bereitschaft, sie politischen Gegnern gegenüber anzuwenden, stand er Araktschéjew nicht nach. Im höchsten Grade intolerant, kompromißlos, betont antisemitisch, nationalistisch und zentralistisch, hat er vieles von dem verlangt, was der letzte echte Autokrat auf dem Zarenthron, Alexander III., am Ende des 19. Jahrhunderts in die Praxis umsetzen sollte und was die Bolschewiken zur Grundlage ihrer Staatsführung gerade dort gemacht haben, wo sie an die Traditionen der Autokratie entweder unmittelbar anknüpften oder zu ihnen zurückkehrten. Die panslawistisch-imperialistischen Tendenzen Pestels fanden noch eine Förderung durch seine nahe Zusammenarbeit mit der in der Ukraine bestehenden sehr radikalen, geheimen „Gesellschaft der vereinigten Slawen". Diese wollte alle „slawischen Staaten": Polen, Böhmen, Mähren, Serbien, Dalmatien, Kroatien, Bulgarien und auch die Lausitzer Wenden, zusätzlich auch Ungarn, Siebenbürgen und die Donaufürstentümer zu einer „Föderativen Republik der slawischen Staaten" zusammenfassen. Hier mischten sich radikale revolutionäre Tendenzen mit altrussisch-reaktionären zu einer stark persönlich zugespitzten Animosität gegen den „Weltbürger" Alexander.

Die Veranlassung zu einer Aktion war der plötzliche Tod Alexanders I. Die Unsicherheit über die Nachfolge, der sogenannte Großmutstreit zwischen den Brüdern – Konstantin in Warschau und Nikoláj in Petersburg –, die beide zugunsten des anderen verzichten wollten, bot dafür eine günstige Gelegenheit. Als Termin war der 14. Dezember ausersehen, an dem (nach dem endgültigen Verzicht Konstantins) die Eidesleistung auf den neuen, damals neunundzwanzigjährigen Kaiser Nikoláj stattfinden sollte.

Der äußere Ablauf des Aufstandes, der nach dem Monat, in dem er stattfand, Dekabristenaufstand genannt wird (dekábrj = Dezember), war eher eine Groteske als ein Drama; er dauerte im ganzen acht Stunden. Der Schauplatz war der Senatsplatz in Petersburg, in dessen Mitte das berühmte Denkmal Peters des

Großen steht. Am Morgen hatten aufständische Offiziere ihre Einheiten veranlaßt, die Eidesleistung zu verweigern und waren mit ihnen, von niemandem daran gehindert, selbstverständlich bewaffnet, zum Senatsplatz marschiert. Dort hatten sie in einem Karree Aufstellung genommen in der trügerischen Hoffnung, durch diese Demonstration auch die Senatoren zur Verweigerung der Eidesleistung zu veranlassen. Die Aufständischen wünschten die Thronbesteigung des als liberal geltenden Konstantin.

Nikoláj I., davon in Kenntnis gesetzt, reagierte schnell und überlegt; er ließ kaisertreue Truppen, also solche, deren Offiziere nicht zu den Aufständischen gehörten, desgleichen auf dem Senatsplatz aufmarschieren und stellte sie den Aufständischen gegenüber auf. Bald erwies sich, daß die Zahl der kaisertreuen Truppen die der Aufständischen weit überwog. Der ganze Vorgang wirkte fast wie eine Abstimmung des Militärs „mit Füßen" über den soeben noch von den kaiserlichen Brüdern selbst geführten Streit, wer von ihnen die Nachfolge antreten sollte, wobei die Mehrheit eindeutig auf seiten Nikolájs war. So harmlos mochte der Vorgang den vielen Schaulustigen erscheinen, die in großen Scharen auf den Senatsplatz geströmt waren und dort soweit möglich die frierenden Soldaten mit Tee traktierten. In Wirklichkeit lagen die Dinge keineswegs so harmlos.

Auch der junge Kaiser Nikoláj befand sich auf dem Senatsplatz, hoch zu Roß, für jeden Aufständischen sichtbar, als Ziel nicht zu verfehlen. Dagegen war der von den Aufständischen als vorübergehender Militärdiktator vorgesehene Fürst Trubezkój nicht erschienen, und ihr geistiger Führer, der Dichter Ryléjew, der sich als Zivilist nicht am Platze fühlte, war wieder nach Hause gegangen. So waren die Aufständischen ohne Führung. Zu einem blutigen Zwischenfall kam es, als der unbeliebte General Milorádowitsch von einem aufständischen Offizier niedergeschossen wurde. Aber weitere Aktionen erfolgten darauf nicht. So standen die Aufständischen und die Kaisertreuen, bis die Dämmerung hereinbrach, sich gegenüber. Um dem ein Ende zu bereiten, und da die Aufständischen alle Aufforderungen, wieder abzumarschieren, unbeachtet ließen, befahl Nikoláj mit Artillerie zu feuern. Darauf liefen die Aufständischen auseinander; etwa 100 (nach den amtlichen Angaben siebzig) Tote blieben auf dem Platz. Damit war der Aufstand beendet. Die Folgen waren allerdings sehr schwer und wirkten bis in das 20. Jahrhundert nach.

Mit den Dekabristen setzte die revolutionäre Bewegung und die geistige revolutionäre Tradition in Rußland ein. Auch Lenin datierte die erste Etappe der russischen Revolution vom Dekabristenaufstand an. Von bolschewistischer Seite ist der Aufstand als Ausdruck des Klassenkampfes gedeutet worden. Der sowjetische Historiker aus der Zeit Lenins, Pokrówskij, sah in den Dekabristen „Exponenten des sich entwickelnden Industriekapitalismus" (die Bindung des Wahlrechtes an einen Zensus im Projekt Murawjóws war ihm dafür ein Beweis); in seinen Augen waren die geheim verbreiteten und die Stimmung unter den Aufständischen stark beeinflussenden Gedichte Ryléjews weniger wichtig als die Tatsache, daß der Dichter Geschäftsführer der „russisch-amerikanischen Gesellschaft" (zur Verwaltung Alaskas) war. Diese Auffassung ist unhaltbar.

Die Bewegung der Dekabristen war eindeutig eine Angelegenheit des Adels, also jener selben privilegierten Schicht, gegen die der Aufstand sich richtete, und die später über sie zu Gericht saß. Unter den 121 Hauptangeklagten befanden sich sieben Fürsten, zwei Grafen, drei Barone, zwei Generale und dreiundzwanzig Obersten. Pestel war der Sohn des Generalgouverneurs von Sibirien[1]. Die sozialen und politischen Verhältnisse waren der Anlaß zur Entstehung der Bewegung, aber der Antrieb, unter dem sie stand, war eindeutig ideell. Den Dekabristen ging es, wie sie in ihren Eingaben, beim Verhör und in ihren später niedergeschriebenen Erinnerungen immer wieder betonten, überhaupt nicht um materielle Dinge, sondern um ein neues Menschenbild, um die persönliche Würde des Einzelnen, um einen Protest gegen „die offenkundige Nichtachtung des Menschen überhaupt". Der Wohlfahrtsbund, in dem sich auch freimaurerische Ideen geltend machten – auch Pestel war Freimaurer –, hatte sich die Selbstvervoll-

[1] Der Vater dieses fanatischen russischen Nationalisten und Panslawisten war deutscher Herkunft und Protestant; auch Pestels Mutter war eine Deutsche (geb. Krock).

kommnung seiner Mitglieder zur Aufgabe gesetzt. Die Dekabristen vertraten in bezug auf sich und auf andere primär sittliche Postulate, denen sie selbst, wie ihr persönliches Verhalten nach der Niederwerfung des Aufstandes und während des Verhörs lehrte, in hohem Grade gerecht wurden. Das Volk war in den Geheimbünden überhaupt nicht und bei den Vorgängen auf dem Senatsplatz nur als neugieriger, z. T. belustigter Zuschauer beteiligt. Die Offiziere hatten bewußt davon abgesehen, das Volk aufzuwiegeln, weil sie die Auslösung eines Bürgerkrieges – einer Pugatschówschtschina – fürchteten.

Insofern war die Aktion der Dekabristen etwas vollständig anderes als die großen Volksaufstände unter Bolótnikow, Buláwin, Rásin und Pugatschów. Mit Recht erklärt die sowjetische Geschichtsschreibung auch heute noch – wie seinerzeit Herzen – das Mißlingen des Dekabristenaufstandes mit dem „Losgerissensein“ (ottórwannostj) der revolutionären Oberschicht von den Massen. Die von den Dekabristen dem Volk in den Mund gelegten, aber viel mehr unter ihnen selbst als im Volk verbreiteten Parolen und Verse – „ja otétschestwu saschtschíta a spiná wsegdá isbíta“ (ich bin des Vaterlandes Schutz, aber mein Rücken ist blutig geschlagen) – waren mehr aus der Perspektive des Adels empfunden.

Im Gegensatz zu den, unabhängig von den Dekabristen nach alter Tradition weiter stattfindenden, wilden und lokal begrenzten Bauernaufständen war der Dekabristenaufstand eine echte und als solche beabsichtigte Revolution. Die revolutionäre Tradition, die von ihr ausging, stand im gleichen Zeichen wie die dekabristische Bewegung, sie war nicht durch einen Klassengegensatz bestimmt, sondern durch den Widerstreit zwischen Macht und Geist. Dieser Widerstreit und der zwischen beiden aufgerissene Abgrund wurde bei dem anschließenden Prozeß besonders deutlich.

Durch den gleichzeitigen Thronwechsel war die Situation für Nikoláj I. auch menschlich sehr schwierig. Er mußte seine Regierung damit beginnen, sich mit einem Widerstand auseinanderzusetzen, der gar nicht gegen ihn, sondern gegen seinen zwanzig Jahre älteren Bruder und dessen Mitarbeiter (Araktschéjew) auch als Vertreter einer anderen Generation gerichtet war. Die Bewegung der Dekabristen war im hohen Grade die Angelegenheit einer Generation, der gleichen Generation, der auch Nikoláj angehörte. Alle führenden Dekabristen waren seine Altersgenossen, seine oft bewährten und ausgezeichneten, z. T. schwer verletzten Kameraden aus der Kriegszeit[1]. Pestel war für Tapferkeit mit dem Goldenen Säbel dekoriert worden. Die große Abrechnung fand innerhalb der Kriegsgeneration unter Dreißigjährigen statt.

Die Dekabristen hatten sich nach dem mißglückten Aufstand der Verantwortung nicht zu entziehen versucht, sondern warteten in ihren Wohnungen auf ihre Verhaftung. Die Untersuchung wurde durch eine ad hoc gebildete Kommission sehr streng geführt. Der Kaiser beteiligte sich persönlich daran. Während des Verhörs standen sich beide Seiten gleichsam mit offenem Visier gegenüber, ohne Tricks anzuwenden, ohne Falsch, ohne Heuchelei. Aber beide Seiten gingen von gänzlich verschiedenen Voraussetzungen aus. Den Dekabristen war an dem, was sie anstrebten, gelegen, an ihren Ideen, ihren Forderungen, ihren Plänen, natürlich an ihrer Überzeugung. Nikoláj sah aber nur das, was faktisch geschehen war. Das war in seinen Augen Aufruhr und, da es sich vorwiegend um Offiziere handelte, offene Meuterei, die entsprechend zu bestrafen seine Pflicht als Kaiser war. Die Dekabristen verharrten kompromißlos auf ihrer Geistposition; Nikoláj blieb unerschüttert fest auf seiner Machtposition.

Die Sympathien der Weltöffentlichkeit haben bereits damals den Dekabristen gegolten, und an Nikoláj I. ist sehr scharfe Kritik geübt worden. Nach den Lehren, die mächtige Staatsführer im 20. Jahrhundert über die Behandlung ihrer politischen Gegner gegeben haben, erscheint es gerechtfertigt, daran zu erinnern, daß beim Prozeß der Dekabristen weder Willkür gewaltet hat, noch unschuldige Menschen – etwa auf dem Wege der Sippenhaftung – bestraft bzw. liquidiert worden sind. Es wurde sehr hart, aber nach Recht und Gesetz geurteilt.

[1] Nikoláj war neunundzwanzig Jahre alt, Pestel zweiunddreißig, Ryléjew dreißig, Murawjów neununddreißig, der zum Diktator ausersehene Trubezkój fünfunddreißig.

Dem Gericht, das aus Vertretern des Reichsrats, des Senates und des Synods bestand und das über die Angeklagten zu entscheiden hatte, gab der Kaiser folgende Instruktion: „Indem wir diesem Kriminalgericht das Schicksal der Angeklagten anvertrauen, erwarten und verlangen wir von ihm nur eines: Gerechtigkeit, unparteiische Gerechtigkeit, die durch nichts zu erschüttern ist und die auf dem Gesetz und auf der Kraft der Beweise beruht." Das Gericht erkannte bei fünf Angeklagten, darunter Pestel und Ryléjew, auf Tod durch Vierteilung, bei weiteren fünfunddreißig auf Tod durch den Strang.

Der Kaiser Nikoláj hat das Urteil gemildert: die fünf Hauptschuldigen wurden nicht gevierteilt, sondern gehenkt, die übrigen zum Tode Verurteilten zu lebenslänglicher Zwangsarbeit begnadigt; sie wurden mit den anderen verurteilten Dekabristen nach Sibirien verbannt. Der Adel wurde ihnen und ihren Nachkommen aberkannt. Eine heroische und das Andenken der Dekabristen noch mehr verklärende Rolle spielten die Dekabristenfrauen, die ihren Männern freiwillig nach Sibirien, z. T. in die Zwangsarbeitslager folgten. Nach zwölf Jahren wurde die Zwangsarbeit in Verbannung zur Ansiedlung in Sibirien umgewandelt. Erst nach dem Tode Nikolájs wurden die noch Überlebenden amnestiert und konnten zurückkehren.

7. POLIZEIREGIME UND IMPERIALE POLITIK

Nikoláj I. und sein System

Als Persönlichkeit war Nikoláj I. von seinem Bruder Alexander sehr verschieden: unkompliziert, unromantisch, ungeistig, ein Mann des nüchternen praktischen Verstandes, der festen und klaren Entschlüsse, weder abgelenkt noch angeregt, noch beeinträchtigt durch eine Vielfalt von Ideen. Nur einer Idee war er ergeben, der monarchischen, im Sinne der Erfüllung der ihm von Gott übertragenen kaiserlichen Pflichten, so wie er sie verstand; sehr fleißig, gewissenhaft und persönlich anspruchslos, in seiner äußeren Erscheinung ebenso glänzend und anziehend wie sein Bruder, nur männlicher; im ganzen eine Persönlichkeit von starker Ausstrahlungskraft.

In seiner Kindheit anders als sein Bruder, weder der lasziven Pädagogik seiner Großmutter ausgesetzt (er war im Todesjahr Katharinas 1796 geboren) noch durch die Unbeherrschtheit seines kranken Vaters belastet, wuchs er unter dem wohltuenden Einfluß seiner Mutter in der anständigen Tradition des „jungen Hofes", ohne für den Thron ausersehen zu sein, vorwiegend im militärischen Milieu auf. Entgegen der bisher herrschenden Auffassung ist er nach neuen Forschungsergebnissen (Kowalewskij) von seinem Bruder in dessen letzten Regierungsjahren in die Regierungsgeschäfte eingeweiht und mit politischen Fragen befaßt worden. Seinen persönlichen Neigungen nach blieb er in erster Linie ein Gardegeneral, und als der Thron ihm plötzlich zufiel, haben gerade Gardeoffiziere es ihm so schwer gemacht, sein hohes Amt anzutreten.

Nikoláj hat auf viele seiner russischen Zeitgenossen als ein „Deutscher" gewirkt. Bakúnin hat gemeint, daß der Kaiser eben deshalb nie die Bedürfnisse und den Charakter des russischen Volkes begreifen werde. Bis auf den heutigen Tag ist er in den Augen vieler „der Typus eines preußischen Offiziers" gewesen. Nikoláj hatte eine Vorliebe für Preußen und hat in Preußen auch viel Sympathien gehabt; nach seinem Tode erschien die „Kreuzzeitung“ mit Trauerrand. Preußen ist ihm in mancher Hinsicht ein Vorbild gewesen. Er war mit der preußischen Prinzessin Charlotte, der Tochter Friedrich Wilhelms III. und der Königin Luise, glücklich verheiratet und stand in freundschaftlichen Beziehungen zu seinem Altersgenossen, dem ihm geistesverwandten Prinzen Wilhelm von Preußen, dem späteren Deutschen Kaiser (geb. 1797). Das Schicksal hat es aber so gefügt, daß Wilhelm erst ein Menschenalter nach Nikoláj, als dieser bereits tot war, den Thron bestieg, und daß somit die beiden Altersgenossen für zwei aufeinander folgende, sehr unterschiedliche Perioden der europäischen Geschichte repräsentativ wurden.

Die Abstempelung Nikolájs zu einem preußischen Typus ist nur bedingt richtig. Als Fürst und Regent war er ein sehr russischer Typ. Als solcher fußte er ganz in der russischen Reichstradition, die von der preußischen Staatstradition durchaus verschieden und an ganz andere Voraussetzungen gebunden war. Auch Nikoláj I. war ein echter Vertreter russischer imperialer Politik, die, auf die Weite des Raumes gegründet, von dem Gefühl der Unangreifbarkeit getragen, sich Zeit ließ (mehr als damals gerechtfertigt war!) und immer den Zug ins Große hatte. Ganz anders als die an die Enge und an das Kleine gebundene, vom Gefühl fortgesetzter Bedrohtheit getragene und deshalb zu schnellen Aktionen gezwungene königlich-preußische Politik.

Seine imperiale Politik erlaubte es Nikoláj I. auch, seine nichtrussischen Untertanen – zumal die Deutschen –, sofern er in ihnen eine Stütze seiner Reichspolitik sah, an der politischen Führung des Reiches maßgeblich zu beteiligen. Nikoláj fühlte sich selbst als Russe in viel höherem Grade als Alexander, aber eine Russifizierung seiner deutschen Untertanen im Sinne Katharinas hat er aus politischen und religiösen Gründen abgelehnt. Zum Führer der Slawophilen, Júrij Samárin, hat er einmal gesagt: „Du willst aus Deutschen Russen machen mit dem Schwert in der Hand wie Mohammed. Das dürfen wir nicht, schon deshalb nicht, weil wir Christen sind.“

Seine Reichspolitik gründete er auf die Formel: Selbstherrschaft – Rechtgläubigkeit – Volkstümlichkeit (samodersháwije – prawoslávije – naródnostj). Das dritte Element dieser Trinität wird häufig mit Volkstum oder mit Nationalismus übersetzt. Das ist irreführend. Nikolájs Herrschaft wollte auf das Volk ausgerichtet, nicht aber allein auf das russische Volkstum gegründet sein. Die in der Trinitätsformel liegende unifikatorische Zielsetzung war vom Kaiser im imperialen (reichspolitischen), nicht im nationalen (volkspolitischen) Sinn gemeint. Seine Politik unterschied sich von den früheren Absichten Katharinas und den späteren Maßnahmen Alexanders III. und natürlich von den Wünschen der Slawophilen dadurch, daß eine Umvolkung damit nicht beabsichtigt war. Das bezieht sich auch auf seine Polen- und seine Finnlandpolitik.

Allerdings lag in der Politik der naródnostj bei gleichzeitiger Ablehnung des Nationalismus von vornherein ein innerer Widerspruch. Sehr deutlich wurde das in bezug auf das zweite Element der Trinität (prawoslávije). Auf dem religiös-kirchlichen Sektor setzten unter dem Einfluß der russischen Geistlichkeit konkrete Bestrebungen zu einer „Konversion" Andersgläubiger in den Schoß der orthodoxen Kirche ein. Doch auch das hat nicht verhindert, daß Angehörige anderer Konfessionen, zumal Protestanten, die höchsten Würden im Staate erlangen konnten, obgleich die orthodoxe Kirche Staatskirche war und bis zum Ende des Kaiserreiches auch blieb.

Im Zuge seiner Politik der Unifizierung hat Nikoláj sich bemüht, auch die zivile Reichsverwaltung nach soldatischen Grundsätzen auszurichten. Zeitlebens hat er eine sehr hohe Meinung von der äußeren Disziplin, von blindem Gehorsam, weitestgehender Reglementation und Uniformierung – auch im Geistigen – gehabt. Das führte zu einem scharf ausgeprägten Polizeiregime mit allen einem solchen Regime stets anhaftenden trüben Begleiterscheinungen: strenge Zwangsmaßnahmen, Kontrolle, Zensur, Bespitzelung bis in das Privatleben hinein, Denunziation, behördliche Selbstherrlichkeit und Überheblichkeit. Andererseits waren Angst, Lähmung der eigenen Initiative, Mißtrauen und Mißgunst bedenkliche Folgen dieses Regimes. Die bedenklichste Folge aber war ein wachsendes Desinteressement am Staat und eine innere Abwendung von ihm, die bis zur „Wahl der Freiheit" durch eine Flucht in die Emigration führen konnte.

Nikoláj war von der Notwendigkeit und Nützlichkeit einer starken und kraftvoll ausgeübten monarchischen Regierungsgewalt überzeugt. „Gott, ich danke Dir, daß Du mich so mächtig gemacht hast, und ich bitte Dich, mir Kraft zu geben, diese Macht niemals zu mißbrauchen" hieß es in einem öffentlichen Gebet. Ebenso überzeugt war der Kaiser von der Verwerflichkeit und Schädlichkeite einer Schwächung der monarchischen Gewalt durch konstitutionelle Schranken oder revolutionäre Einrichtungen irgendwelcher Art. Für ihn war und blieb die Autokratie – im Sinne Karamsíns – die für Rußland einzig gemäße Herrschaftsform.

Nikoláj regierte als Despot. Interessanterweise wurde von seinen Anhängern in Rußland – anknüpfend an alte moskowitische Traditionen und gleichzeitig moderne östliche Vorstellungen vorwegnehmend – in diesem Despotismus eine Verwirklichung der Demokratie gesehen. „Und so wurde von Kaiser Nikoláj I. die Demokratie ins Leben gerufen" – stellte ein hoher russischer Beamter (Lébedew) fest – „Er war der demokratischste der Demokraten; sein Sinn trieb ihn, alles einförmig zu gestalten in geraden Linien."

Bekanntlich ist Nikoláj I. – und das nach ihm benannte System – sowohl von der oppositionellen russischen Intelligenzia wie vom europäischen Liberalismus sehr scharf kritisiert worden. Aus französischer Sicht gesehen bezeichnete man sein System, gleichsam um das doppelt Verwerfliche damit auszudrücken, als „tataroprussien", und ein amerikanischer Diplomat (Randolf of Roanoke) weigerte sich, den Posten eines Gesandten beim „kaiserlichen Tiger" anzunehmen. Zu den am schärfsten formulierten und am weitesten verbreiteten Anklagen gehörte das (1843 erschienene) Buch des Marquis de Custine „La Russie en 1839". Nach dem Zweiten Weltkrieg ist dieses Buch in einzelnen Absätzen oft und gern zitiert worden, um zu beweisen, daß die Zustände in der Sowjetunion unter Stalin im Grunde die gleichen waren wie im kaiserlichen Rußland unter Nikoláj I. Das ist irreführend. Sowohl sachlich wie persönlich trifft die Parallele nicht zu, auch wenn einige geistreiche Formulierungen – „in Rußland kommt eine Konversation einer Konspiration gleich" – in beiden Fällen Geltung haben mochten.

Der heftigen liberalen Kritik an Nikoláj stand ein hohes Lob von konservativer Seite gegenüber. Seinen konservativen Zeitgenossen war der russische Kaiser „der Stützpunkt für die geschichtliche Autorität und Ordnung und damit auch für die Güter, welche auf diesen beruhen" (J. Stahl). Sogar Amerikaner (die USA-Gesandten Buchanan und Dallas) haben Nikoláj wegen seiner hohen persönlichen Qualitäten als „ein sehr schönes Ideal eines Herrschers von Rußland" gerühmt und ihn höher als Peter den Großen gestellt, weil er „wohl unerbittlich ist, aber nicht grausam". Wenn man das Herrschaftssystem in Rußland im 18. Jahrhundert als „Despotismus gemildert durch Meuchelmord" bezeichnet hat, so könnte man das Herrschaftssystem Nikolájs I. eine Despotie gemildert durch den untadeligen Charakter des Despoten nennen.

Auch die Außenpolitik wurde von Nikoláj I. in den imperialen Traditionen Peters des Großen – und nicht in denen Katharinas – fortgeführt. Sie war auf die Erhaltung der bestehenden Ordnung (im Sinne des Legitimitätsprinzips) gerichtet. Bekanntlich hat der russische Kaiser sich berechtigt und verpflichtet gefühlt, auch außerhalb seines Reiches dort einzugreifen, wo er die „Ordnung" durch revolutionäre Bestrebungen für bedroht hielt. Man hat ihn deshalb als „Gendarm Europas" (Herzen) bezeichnet. Aber seine Politik war nicht imperialistisch und ging nicht auf Gebietserwerb aus, auch nicht in der einzigen Region in Europa, wo er offensiv wurde, auf dem Balkan.

Bei der Führung der Außenpolitik geriet Nikoláj I. in einen ähnlichen inneren Widerstreit wie später Stalin. Beide verfolgten zwei auf verschiedenen Ebenen liegende Ziele, die leicht in Konflikt miteinander geraten konnten: das eine lag auf der Ebene eigener nationaler Machtinteressen und das andere auf der Ebene eines übernationalen (sei es die Revolution bekämpfenden, sei es die Revolution fördernden) Prinzips. Im Unterschied zu Stalin hat Nikoláj I. wiederholt um des Prinzips willen das Machtinteresse des eigenen Staates zurücktreten lassen (z. B. in Ungarn 1849).

Wenn Nikoláj an der Autokratie festhielt, so bedeutete das nicht, daß alles im Staate so bleiben sollte wie es war. Im Gegenteil. Er war durch die freimütigen Aussagen der Dekabristen von der Notwendigkeit überzeugt worden, die bestehenden Verhältnisse durch Reformen zu ändern. Unter Alexander waren alle Reformversuche mit konstitutionellen Bestrebungen verknüpft gewesen, Nikoláj trennte das eine vom andern.

Gleich am Anfang seiner Regierung – sie hat dreißig Jahre gewährt (1825–1855) – machte er sich daran, die Reformtätigkeit seines Bruders unter Aufrechterhaltung der Autokratie wiederaufzunehmen und fortzusetzen. Er knüpfte dabei sachlich wie personell an die Ansätze Alexanders aus dessen Reformperiode an. Araktschéjew als Exponent der Reaktion wurde entlassen; Alexanders früher bewährte Mitarbeiter wurden wieder herangezogen, in erster Linie der jetzt zum Grafen erhobene Speránskij. Außer ihm Graf Kotschubéj und Graf Paul Kisseljów, der Verfasser eines Projektes zur Aufhebung der Leibeigenschaft. Auch Nikoláj bildete ein „Geheimes Komitee" (vom 6. Dezember 1826) unter Vorsitz Kotschubéjs, dem eine „Revision der Staatsverwaltung" zur Aufgabe gemacht wurde. Das Ergebnis blieb aber nur auf einzelne Maßnahmen zur Behebung offenbarer Mißstände beschränkt und hinter einer „großen Reform", die Kotschubéj angestrebt hatte, weit zurück.

Die Konzentrierung der Verwaltungsarbeit beim Kaiser machte eine starke Erweiterung der „Höchsteigenen Kanzlei Seiner Majestät" durch die Begründung von vier Abteilungen notwendig. Die zweite Abteilung unterstand Speránskij, der jetzt die längst in Angriff genommene Kodifizierung der seit dem Uloshénije (1649) erlassenen Gesetze durchführte, die dadurch – in 45 Bänden – in eine systematische Ordnung gebracht wurden (Vollständige Sammlung der Gesetze des russischen Kaiserreiches, sobránije sakónow, 1832, und der Gesetzeskodex, swod sakónow). Interessanterweise wurde die Gesetzessammlung durch Moralvorschriften rein deklarativen Charakters ergänzt, für deren Übertretung keine Strafen vorgesehen waren, z. B. „alle müssen miteinander in Eintracht, Frieden und nicht sündiger Liebe leben"; „Sauferei (pjánstwo) ist allen und jedem verboten". Der Obrigkeitsstaat sah es als seine selbstverständliche Aufgabe an, auch über die Moral seiner Bürger zu wachen. – In derselben Zeit konnte der Finanzminister Graf E. Kankrin die, seit der Regierung Katharinas infolge fortgesetzter Emissionen von Papiergeld zerrütteten, Finanzen in Ordnung bringen und den Doppelkurs von Papier- und Hartgeld durch die Schaffung des Silberrubels beseitigen (1843).

Das Wichtigste blieb aber selbstverständlich die Bauernfrage. Niemand zweifelte daran, auch der Kaiser nicht, daß konkrete Maßnahmen zur Besserung der bäuerlichen Lage getroffen werden mußten. Im Komitee vom 6. Dezember setzte sich besonders Speránskij dafür ein. „Es ist außer Zweifel" – erklärte der Kaiser selbst –, „daß die Leibeigenschaft in ihrem gegenwärtigen Zustand bei uns ein allen fühlbares und offensichtliches Übel ist." Sie mit einem Mal aufzuheben, wünschte er aber nicht. Er fürchtete sowohl die politischen wie die wirtschaftlichen Folgen, da eine solche Maßnahme seiner Ansicht nach das gesamte öffentliche Leben erschüttern mußte und deshalb ein „noch verderblicheres Übel" wäre. Sein Ziel war, durch Einzelbestimmungen die Lage der Bauern zu bessern und damit eine spätere Befreiung vorzubereiten.

Ohne Zweifel hat er durch manche Neuerungen, zumal in bezug auf die Kronsbauern, der Bauernbefreiung seines Sohnes wesentliche Vorarbeit geleistet. Gegen den Widerstand des Adels und z. T. auch gegen den Rat seiner Minister hat er die nach dem Tode Katharinas langsam einsetzende Besserung der rechtlichen Lage der Bauern weiter fortgeführt. Ein Mindestmaß des zur eigenen Nutzung bestimmten bäuerlichen Ackerlandes wurde festgesetzt (1827), sechs Jahre darauf wurde verboten, Bauern ohne Land zu verkaufen, sie nach Sibirien zu verschicken und Familienglieder zu trennen (1832). Seit 1834 setzte die erfolgreiche Tätigkeit des Grafen Kisseljów ein – „eines der glänzendsten Blätter in der Regierungsgeschichte Kaiser Nikolajs" (Platonow) –, die in erster Linie den Kronsbauern zugute kam. Durch diese Reform erhielten die Kronsbauern eine weitgehende dörfliche Selbstverwaltung (Wahl von Ältesten und Richtern), bei gleichzeitiger Hebung ihrer wirtschaftlichen Lage durch bessere Wirtschaftsmethoden. Dem Versuch, auch die Lage der Adelsbauern zu verbessern, setzten die Seelenbesitzer einen harten und weitgehend erfolgreichen Widerstand entgegen. Hier begnügte sich Nikoláj wie vor ihm Alexander damit, die Initiative den „Herren" selbst zu überlassen. Im Gesetz über die sogenannten „Pflichtbauern“ (1842) wurde den Seelenbesitzern das Recht gegeben, ihre Leibeigenen freizugeben und das von diesen genutzte und zu bestimmten Leistungen verpflichtende Land ihnen als Eigentum zu belassen. Aber die „Herren“ ergriffen die Initiative nicht; von dem neuen Recht wurde so gut wie gar kein Gebrauch gemacht. Trotz mancher Fortschritte im einzelnen blieben die Verhältnisse im ganzen unverändert.

In der dreißigjährigen Regierungszeit Nikolájs fanden aber, unabhängig vom Kaiser und seiner Politik, hervorgerufen durch die industrielle Revolution mit ihren wirtschaftlichen und sozialen Folgen, so tiefgreifende Umwälzungen statt, daß dadurch die Grundlagen des Leibeigenschaftssystems sowohl vom Wirtschaftlichen wie vom Sozialen her stärker erschüttert wurden als durch die Regierungsmaßnahmen. Die unerläßlichen Konsequenzen daraus hat erst der Nachfolger Nikolájs, Alexander II., gezogen.

Das eigentliche Werkzeug des Polizeiregimes war die dritte Abteilung der Höchsteigenen Kanzlei Seiner Majestät. Diese „Dritte Abteilung“ hat einen traurigen Ruhm erlangt. Sie hatte die Aufgabe, auf dem Wege der Überwachung dafür zu sorgen, daß Ereignisse wie der Dekabristenaufstand sich nicht mehr wiederholten. Hierbei wurde besonders deutlich, in wie hohem Grade dieser Aufstand die ganze Regierung Nikolájs I. überschattete. Als polizeiliche Spitzelorganisation und politische Inquisitionsbehörde, vor der alles zitterte und zittern sollte, ist die „Dritte Abteilung“ die Vorläuferin der bolschewistischen Tscheka und GPU geworden. Sie arbeitete mit den gleichen Mitteln und hatte natürlich ihren Geheimdienst und auch ihre eigene uniformierte Truppe. Sie hatte sich zum Ziel gesetzt, nicht nur die Taten, sondern die Gedanken der Menschen zu bekämpfen, und ihr Chef, General Benckendorff, fühlte sich dabei nach seinen eigenen Worten als „moralischer Arzt des Volkes“. Jedenfalls haben sich 100 Jahre später Dzierzýnski und seine Nachfolger in der Tscheka ebenso gefühlt.

Besonders empfindlich wirkte sich dieses Regime in der Kulturpolitik aus. Der Kaiser beschränkte sich nicht darauf, seinen Offizieren zu befehlen: „Widmen Sie sich dem Dienst und nicht der Philosophie“, sondern verlangte von allen seinen Untertanen,

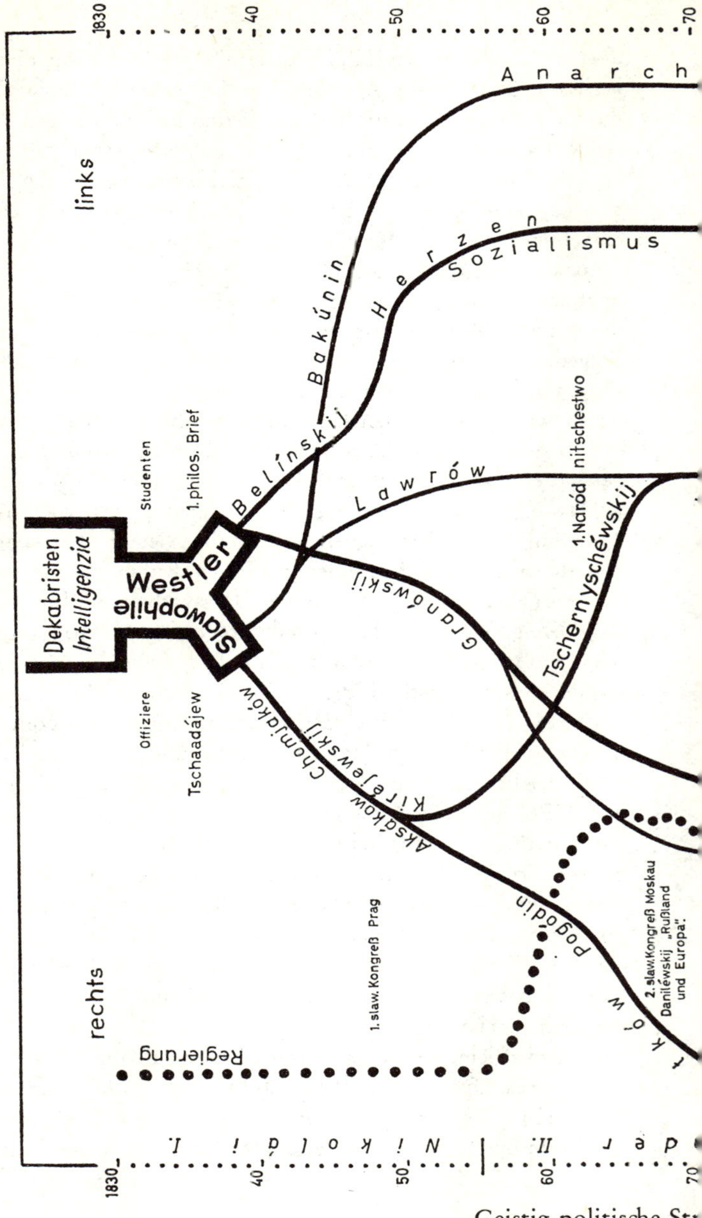

Geistig-politische Str

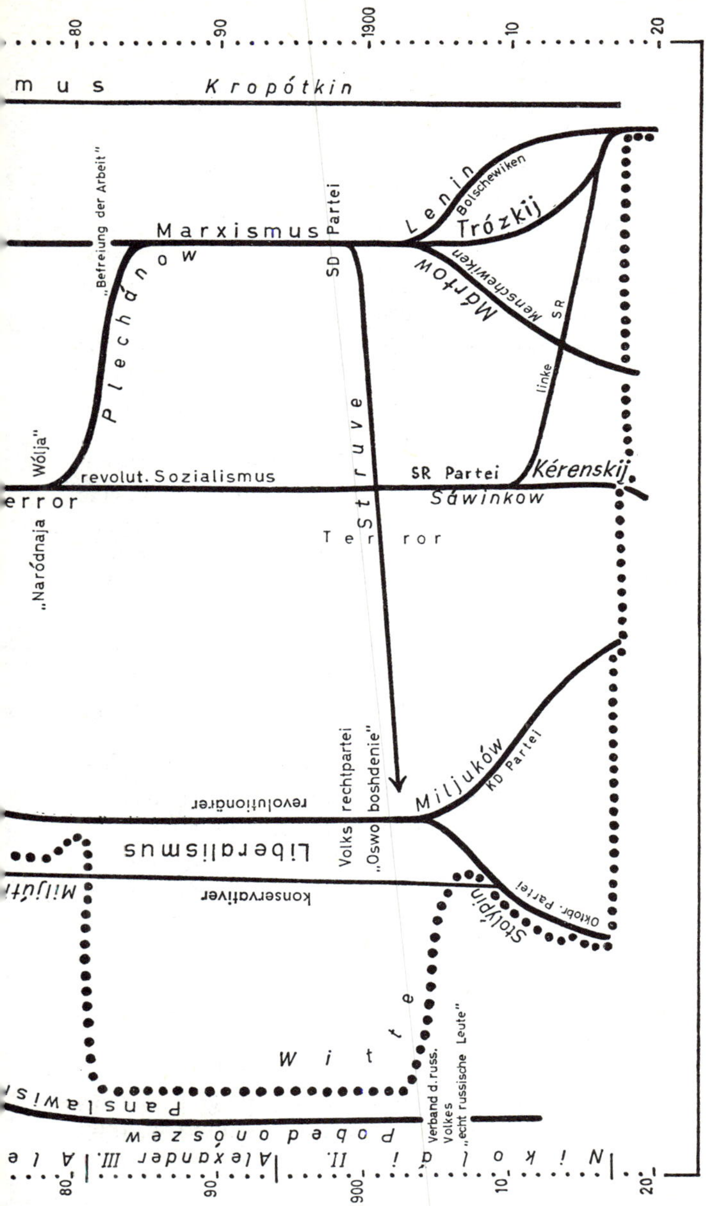

en im 19. Jahrhundert

daß sie „gehorchen und ihre Überlegungen für sich behalten". Aus Angst vor dem Eindringen revolutionären Geistes wurden, wie zu Zeiten Pauls, fremde Einflüsse nach Möglichkeit unterbunden, Auslandsstudien wieder verhindert, die eigenen Universitäten unter staatliche Aufsicht – der sogenannten Kuratoren – gestellt, ihre Autonomie so gut wie beseitigt und die Lehrtätigkeit reglementiert. So wurden z. B. die Rektoren angewiesen, „nicht zu gestatten, daß die Professoren in ihren Vorlesungen einer maßlosen Teilnahme am Zustand der Leibeigenen Ausdruck geben".

Die Leitung dieser Kulturpolitik lag in den Händen eines sehr gebildeten und hochkultivierten Mannes, des Grafen Sergéj Semjónowitsch Uwárow, der aber starr an der Dreiheit Autokratie – Orthodoxie – Volkstümlichkeit festhielt, und für den die Ausbildung brauchbarer Staatsdiener der eigentliche Zweck der höheren Bildung war. Nur wer erfolgreich im Staatsdienst war, sollte eine öffentliche Geltung haben. Als Kiréjewskij einen rühmenden Nachruf auf Púschkin veröffentlichte, bekam er von der Zensur einen Rüffel: „War Púschkin ein Heerführer? Ein Minister? Ein Staatsmann?"

Die lauten und leidenschaftlichen Klagen der russischen Intelligenzia über die Knebelung des Geisteslebens im allgemeinen und über viele, gelegentlich geradezu groteske, Einzelmaßnahmen im besonderen waren gewiß berechtigt. Aber der Grund zur Klage war damals weitaus geringer als unter dem sowjetischen Despotismus des 20. Jahrhunderts. Es bleibt die Tatsache bestehen, daß das goldene Zeitalter der russischen Geistesgeschichte, die erste Hochblüte der russischen Literatur und der russischen Philosophie in die Regierungszeit Nikolájs I. fällt. Nikoláj hatte nicht nur Achtung vor geistiger Leistung, er hatte auch Achtung vor künstlerischer und wissenschaftlicher Überzeugung. Die Zensur, die er persönlich über Púschkin ausübte, war, obgleich Púschkin in Verbindung mit den Dekabristen gestanden hatte, außerordentlich weitherzig. Wissenschaftler, die eine andere Überzeugung vertraten als er, hat er entlassen, aber er hat nicht, wie moderne Diktatoren, das schnöde und korrumpierende Ansinnen an sie gestellt, eine Lehrtätigkeit gegen ihre Überzeugung fortzusetzen, um ihre Lehrstühle zu behalten. Das entsprach nicht seinem geraden Sinn.

Die Wirksamkeit Uwárows hatte auch ihre positiven Seiten. Zum Ausgleich der Eindämmung ausländischer Einflüsse wurden die eigenen Bildungsanstalten stark gefördert. Unter Nikoláj ist die Zahl der Schulen, sowohl der höheren Schulen (Gymnasien) wie der Volksschulen wie auch anderer militärischer, technischer und landwirtschaftlicher Bildungsanstalten stark vermehrt worden. Allerdings blieb die Ausbildung ständisch geschieden. Kinder von Leibeigenen durften nur die Volks- und Landwirtschaftsschulen besuchen; eine höhere Bildung wurde für „junge Leute aus den unteren Schichten" ausdrücklich für nutzlos erklärt. Gleichwohl stiegen jetzt, wenn auch zunächst nur vereinzelt, Angehörige der unteren Schichten, auch freigelassene Leibeigenenkinder, in die Oberschicht auf, wie der Schriftsteller A. W. Nikiténko (1805 bis 1871), der Sohn eines ukrainischen Leibeigenen, dessen Tagebücher eine aufschlußreiche Quelle für die sozialen Zustände jener Zeit geworden sind.

Das nikolaitische System krankte aber am gleichen inneren Widerspruch wie die Regierungspolitik Pauls I.: die Fortsetzung der Europäisierung hätte notwendig eine weitere politische Liberalisierung verlangt. Das eine bejahen und das andere verneinen war ein Widerspruch in sich selbst.

Die Intelligenzia

In die Regierungszeit Nikolájs I. fällt die Entstehung einer für die weitere Entwicklung Rußlands ebenso wichtigen wie typischen Schicht, die die Russen selbst als Intelligenzia bezeichnen. Um Mißverständnissen vorzubeugen, ist es jetzt auch in der nichtrussischen wissenschaftlichen Literatur üblich geworden, den russischen Ausdruck dafür zu verwenden, anstelle des früher üblichen Wortes Intelligenz. Die russische Intelligenzia hat über ihre hohe geistesgeschichtliche Bedeutung hinweg eine sehr große und schließlich entscheidende Rolle in der politischen Entwicklung gespielt, auch lange bevor ihr radikaler Flügel die Macht im Russischen Reich gewaltsam an sich riß. Rund 100 Jahre lang war die Intelligenzia die Trägerin der revolutionären Bewegung, zunächst des revolutionären Gedankens, seit der Mitte des Jahrhunderts auch der revolutionären Aktionen.

Es handelt sich dabei um eine klar zu verfolgende, in hohem Grade in sich selbst geschlossene, vom staatlichen Leben und der Staatspolitik fast gänzlich getrennte, aber gleichzeitig in unmittelbarem Bezug auf die sich vollziehende Entwicklung, die in gerader Linie, wenn auch in vielen Verästelungen, vom Dekabristenaufstand bis zum bolschewistischen Umsturz verlief. Die in den gleichen Zeitraum fallenden tiefen und folgenschweren Wandlungen auf wirtschaftlichem, sozialem und zivilisatorischem Gebiet haben dieser Bewegung Vorwand, Rechtfertigung, Dynamik und nur bedingt auch einen realen Untergrund verliehen. Die Intelligenzia hat der Geschichte Rußlands im 19. Jahrhundert ihren besonderen Charakter verliehen. Denn die russische Intelligenzia hat in anderen Ländern und Völkern keine Entsprechung. Sie steht als geschichtliches Phänomen für sich allein. Infolgedessen ist ein etwas näheres Eingehen auf sie unerläßlich.

Die russische Intelligenzia war keine soziale Schicht, weder ein Stand noch eine Klasse. Als Bildungsschicht und als Trägerin liberal-bürgerlicher politischer Forderungen wäre sie dazu prädestiniert gewesen, in Rußland jene Rolle zu spielen, die das gebildete Bürgertum im Abendlande gespielt hat. Dazu fehlten in Rußland die soziologischen Voraussetzungen, es fehlte ein Bürgerstand mit eigenem sozialen und politischen Schwergewicht. Die russische Intelligenzia hatte einen durch und durch unbürgerlichen Charakter. In ihrem Personenbestand rekrutierte sie sich zunächst so gut wie ausschließlich aus dem Adel, ohne dadurch einen ständischen Charakter anzunehmen, und bis in die bolschewistische Zeit hinein sind Aristokraten in ihr führend gewesen. In der zweiten Hälfte des 19. Jahrhunderts wurde sie immer stärker mit heterogenen Elementen aus allen sozialen Schichten und nationalen Gruppen, den sog. Rasnotschinzen, mit Bauern, Arbeitern und Krämern, mit Juden, Polen und Kaukasiern durchsetzt, ohne dadurch weder an eine bestimmte soziale noch an eine nationale Gruppe gebunden zu werden.

Entstanden aus der Ablehnung der Autokratie und ihrer Methoden, insbesondere des Leibeigenschaftsrechtes und der Leibeigenschaftspraxis, ihrerseits in zahlreiche Richtungen und Gruppen gespalten, blieb sie gleichwohl einheitlich in ihrem aufrührerischen Geist. Nur wer die in der Intelligenzia geltenden politischen Wertmaßstäbe als für sich verbindlich akzeptierte und sich dem aufrührerischen Geist und dem verschwommenen und sakralisierten Begriff „Revolution" verschrieb, wurde als „Intelligenzler" (russisch = Intelligent) anerkannt. Insofern war der russische Intelligenzler von einem Intellektuellen in üblichem Verstand durchaus verschieden. Während die Intellektuellen normalerweise im gesellschaftlichen Leben eine geistige Funktion zu erfüllen haben, waren die Funktionen der russischen Intelligenzia primär politisch. Dem entsprach auch ihr Selbstverständnis. Die Exponenten des Geistes begnügten sich keineswegs damit, geistig unabhängig sein zu wollen, sondern sie verstanden sich als Anwälte der „echten Interessen" des Volkes.

Intelligenz im Sinne einer geistigen Kapazität war nicht unbedingt das Kennzeichen der russischen Intelligenzia, so daß man ironisch gemeint hat, sie führte „aus unbekannten Gründen" ihren Namen (Heiseler). Es war durchaus nicht so, daß im gegnerischen Lager, d. h. bei jenen, die den Staat regierten, es an geistiger Qualifikation oder Bildung gefehlt hätte. Im Gegenteil. Im Verlaufe des ganzen 19. Jahrhunderts haben im Lager der „Macht" als erbitterte Gegner und Verächter der Intelligenzia, von Uwárow bis Pobedonószew, Männer höchster Intelligenz und gediegenster Bildung gestanden, während auf der anderen Seite zur Intelligenzia auch viele gehörten, die nur „irgendeinen Anspruch auf Bildung erhoben" (E. Hurwicz), oft typische Zeichen der Halbbildung erkennen ließen und sich nur durch ihre revolutionäre Gesinnung und Betätigung für die Zugehörigkeit zur Intelligenzia qualifizierten. Der Prototyp des russischen Intelligenzlers war der geistig unausgereifte, aber politisch – natürlich revolutionär – aktive Student beiderlei Geschlechts, so daß Student und Revolutionär geradezu Synonyme wurden.

Alles das macht es schwer, den Begriff der Intelligenzia klar zu umreißen[1]. Und wenn Masaryk (1913) gesagt hat, die Definition

[1] Das Wort „Intelligenzia" als Bezeichnung für die erwähnte Schicht ist in Rußland erst seit etwa 1860 gebräuchlich geworden.

dieses Begriffes sei die „ungelöste Aufgabe der russischen Kritik und Philosophie", so gilt das auch noch heute. (Die sowjetische Intelligenzia ist sowohl soziologisch wie politisch etwas vollständig anderes.) In der Mitte des 19. Jahrhunderts hat ein Angehöriger der Intelligenzia, P. W. Ánnenkow (gest. 1845), sie als eine Art „kriegerischen Ordens" bezeichnet, der „über kein schriftlich niedergelegtes Statut verfügt, aber ... in einem von niemandem organisierten Einvernehmen gegen die herrschende Strömung kämpft". So treffend die Charakterisierung ist, so abwegig scheint der Vergleich mit einem Orden. Als Orden wird man nur eine korporative Gemeinschaft bezeichnen können. Die russische Intelligenzia war das genaue Gegenteil davon. Weder als Ganzes noch in einzelnen Gruppen hat die Intelligenzia korporative Organisationsformen entwickelt. Allenfalls können einzelne, besonders für die radikalen Gruppen typische Merkmale einen gewissen Vergleich mit Parallelerscheinungen bei christlichen Orden zulassen, wie z. B. ihr Asketismus. Es ist damit nicht allein die oft mit einer äußeren Verwahrlosung verbundene asketische Lebensweise gemeint, sondern der bewußte Verzicht auf jedes berufliche bzw. wirtschaftliche Fortkommen und die Bereitschaft, das eigene Leben um der Sache willen zu opfern. Aber dadurch gewannen diese Gruppen noch keinen Ordenscharakter.

Die russische Intelligenzia war durch viel Glanz und auch durch viel Elend ausgezeichnet. Sie hat entscheidend zum glanzvollen Kulturaufschwung Rußlands im 19. Jahrhundert beigetragen. Aus ihren Reihen stammen die großen Vertreter der großen russischen Literatur. Seitdem Belínskij den Dichtern und Schriftstellern als Erziehern und Propheten des Volkes ausdrücklich eine soziale Aufgabe gestellt hatte – nämlich alle Schäden der „abscheulichen Wirklichkeit" radikal und schonungslos aufzudecken –, ist die russische schöne Literatur dieser Aufgabe und damit der geistigen Haltung der Intelligenzia treu geblieben. Nachdem aber der radikale Flügel dieser Intelligenzia mit dem bolschewistischen Umsturz selbst an die Macht gelangt war, haben die aus der Intelligenzia hervorgegangenen Machthaber ihren Dichtern und Schriftstellern das genaue Gegenteil zur bindenden Aufgabe gemacht.

Infolge des engen Zusammenhangs zwischen Dichtung und revolutionärer Literatur in Rußland sind die Dichter auch den gleichen Verdächtigungen und Verfolgungen ausgesetzt gewesen wie die politischen Publizisten. „Wenn ein russischer Schriftsteller stirbt" – hat Korolénko einmal gesagt –, „so werden vermutlich in jener Welt folgende Fragen an ihn gerichtet: Warst du zu Zwangsarbeit verurteilt? Oder zur Ansiedlung in Sibirien? Saßest du im Kerker? Standest du wenigstens unter Polizeiaufsicht? ... So verbrecherisch ist nun einmal unser Beruf." Das gleiche galt natürlich für die Wissenschaft.

Mit dem Elend der Intelligenzia ist nicht das persönliche Martyrium der einzelnen gemeint. Im Gegenteil. Ihr Martyrium hat direkt und noch mehr indirekt viel zum Glanze der Intelligenzia beigetragen. Ihr Elend bestand darin, daß sie an ihrer Ausschaltung aus dem staatlichen Leben und aus der Verantwortung bewußt und eifrig selbst beteiligt war. Der russische Intelligenzler fühlte sich weder verantwortlich vor dem Reich noch vor einem Stande, sondern er fühlte sich auf Grund des „unorganisierten Einvernehmens" vor niemand anderem verantwortlich als vor seinem revolutionären Gewissen. Es erwies sich, daß sich damit auch Verbrechen rechtfertigen ließen.

Zum Elend der Intelligenzia gehörte auch, daß sie, zumindest in ihrem radikalen Flügel – von Pestel bis Lenin – sich insofern selbst verriet, als sie im Kampf gegen die Autokratie selbst autokratische Züge annahm und als „legitimes Kind des Despotismus" (Nötzel) einer geistigen Unduldsamkeit verfiel, die der des staatlichen Despotismus' in nichts nachstand. Sehr früh haben sich innerhalb der Intelligenzia Gruppen gebildet, die im Kampf gegen Macht und Gewalt selbst zu Anbetern von Gewalt und Macht wurden.

Die starke Beteiligung des Adels an der Intelligenzia hatte auch ihre psychologischen Wurzeln. Zuerst die Befreiung von den Pflichten gegenüber dem Staat unter Peter III. und Katharina und später die Ausschaltung eines Teiles des Adels durch Nikoláj I. und die sich daran schließende Selbstausschaltung in der Pflege dekabristischer Traditionen hatte unter den, z. T. sehr aktiven, öffentlich interessierten und begabten jungen Menschen das Gefühl eines starken Unbefriedigtseins hervorgerufen und den aus der russischen Romanliteratur bekannten Typus der „unnützen Menschen“ (líschnije ljúdi) entstehen lassen. Der sich aus der Verantwortung heraushaltende junge Aristokrat suchte den vermißten Lebensinhalt anderswo und fand ihn in der Pflege des aufrührerischen Geistes. Um überhaupt nützlich zu sein, wollte der „unnütze Mensch“ wenigstens der Revolution nützen und sah seine Aufgabe darin, zunächst im geistigen Verstande, eine Sprengwirkung auszuüben. „Haben wir genügend Sprengstoff in unseren geistigen Magazinen?“ war eine beliebte Phrase. Später wurde die Frage sehr real nach der Sprengwirkung selbstgefertigter Bomben gestellt. Die innere Leere füllte der unnütze Mensch mit Negationen aus und wurde, ohne die Wende ins Positive zu finden, zum Nihilisten in seiner typisch russischen Prägung (vgl. S. 498).

Der Intelligenzler löste sich in der Regel aus der sozialen Sphäre, der er entstammte, gleichgültig welcher Herkunft er war. (Am wenigsten gilt das für die sog. Arbeiterintelligenz.) So blieb die Intelligenzia ohne soziales Fundament, gleichsam freischwebend und auch in diesem Sinn ohne Verantwortung. Die Radikalen verlangten vom Revolutionär, daß er „jedes Band zerreißt, das ihn mit der bürgerlichen Welt, mit Gesetzen, Anstand, Moral und geltenden Sitten verbindet“ (Bakúnin). In Wirklichkeit blieben aber die persönlichen Bande zur Familie und Verwandtschaft gleichwohl bestehen. So kam es zu jener für die russische geistige und politische Situation typisch gewordenen Verzahnung der Fronten in der persönlichen Sphäre, die dazu führte, daß Angehörige der gleichen Familie in verschiedenen Lagern standen und sich erbittert, gegebenenfalls mit Bomben, bekämpften. In bezug auf die mit der einen oder der anderen Seite Sympathisierenden ließ sich eine Grenze bis in die obersten Sphären hinein überhaupt nicht ziehen.

Im einzelnen zeigt die Entwicklung des „intelligenten Gedankens“ in Rußland ein sehr vielgestaltiges, schwer überschaubares Bild. Gleichwohl lassen sich einige politische Hauptströme erkennen, die schließlich (am Ende des 19. bzw. Anfang des 20. Jahrhunderts) in politische Organisationen und Parteien ausmündeten. Auf Seite 452/453 ist der Versuch gemacht worden, diese

Hauptströmungen in einer graphischen Skizze darzustellen, im vollen Bewußtsein der damit verbundenen Simplifizierung und Gewaltsamkeit, die einem solchen Unterfangen notwendig anhaftet. Immerhin dürfte es eine Orientierung erleichtern.

Die Keimzellen der Intelligenzia waren studentische Gruppen vor allem in Moskau in den dreißiger Jahren. Diese Kreise, Debattierklubs, z. T. Geheimgesellschaften, waren lockere „freistudentische" Vereinigungen ohne Embleme und ohne Statuten, meist um eine führende Persönlichkeit geschart, oft nach ihr benannt, – in ihrer Organisationsform von den studentischen Korporationen in Deutschland (und in den deutschen Ostseeprovinzen Rußlands) ganz verschieden. Sie standen in scharfer Opposition zum Nikolaitischen System.

Diese Moskauer Studenten waren fast ausschließlich Söhne adliger Guts- und Seelenbesitzer, wie z. B. Herzen, Ogarjów, Bakúnin, z. T. miteinander verwandt wie Chomjaków und die Brüder Kiréjewskij (Neffen des Dichters Shukówskij). Aber es gehörten auch damals schon Rasnotschínzen dazu wie der Arztsohn W. Belinskij und der Sohn eines freigelassenen Leibeigenen Pogódin. Zunächst beschränkten sie ihre Tätigkeit auf das Geistige, Literarisch-Philosophische, ohne konkrete politische Aktionen zu planen oder vorzubereiten. Sie standen unter starkem Einfluß der deutschen idealistischen Philosophie (Hegel, Schelling) und Dichtkunst (Schiller).

Den eigentlichen Anstoß zur Ausbildung zweier geschichtsphilosophischer Schulen, der Westler und der Slawophilen, gab der, unmittelbar nach dem Dekabristenaufstand konzipierte, aber erst 1836 in der Moskauer Zeitschrift „Teleskop" erschienene „Erste Philosophische Brief" des Freundes Púschkins, Peter Tschaadájew (1794–1856), eines adligen Gutsbesitzers, Kriegsteilnehmers und Angehörigen der gleichen Generation wie die Dekabristen. In sehr scharfen Formulierungen vertrat Tschaadájew den Gedanken, daß Rußland aus der Geschichte herausgefallen und aus der Menschheitsentwicklung ausgeschlossen sei: „Wir haben nichts selbst erfunden und aus allem, was andere erfanden, haben wir nur die trügerische Oberfläche und den nutzlosen Luxus übernommen". Dabei gab er die Schuld weitgehend der griechisch-orthodoxen

Kirche. Gleichzeitig wertete er aber dieses Herausgefallensein positiv als eine Chance, ja eine Verheißung für die Zukunft und verkündete als erster den späteren Lieblingsgedanken der Russen, daß Rußland dazu ausersehen sei, „der Welt irgendeine wichtige Lehre zu geben".

Am Anfang der vierziger Jahre hatten sich bereits die Westler und Slawophilen klar voneinander abgegrenzt. Die Westler (sápadniki) sahen in der Menschheitsgeschichte einen einheitlichen Prozeß, aus dem Rußland sich nicht ausschließen dürfe, sondern im Gegenteil, durch eine bewußte, geistige und institutionelle Europäisierung möglichst engen Anschluß an Europa finden müsse im Sinne der petrinischen Politik. Die Slawophilen (slawjanofily) anerkannten dagegen die Sonderentwicklung eigenständiger Kulturbereiche und legten für Rußland den Akzent gerade auf die vorpetrinische Zeit, wobei sie sowohl im Geistigen wie im Institutionellen an die Traditionen der Moskauer Periode anknüpften, unter starker Betonung der Orthodoxie und der Kirche. Beide sahen sich gleichermaßen vor das Problem Rußland-Europa gestellt, denn beide waren von einer Wesensverschiedenheit Rußlands und Europas überzeugt, setzten die Wertakzente allerdings ganz verschieden.

Aus der unterschiedlichen Bewertung der Vergangenheit kamen sie zu verschiedenen Folgerungen für die Gegenwart und die Zukunft und damit auch zu verschiedenen politischen Forderungen. Während die Westler die Einführung konstitutioneller Rechtsformen nach europäischem Muster wünschten, strebten die Slawophilen eine typisch russische Volksvertretung in der Art des Sémskij Sobór des 16. und 17. Jahrhunderts an, bei weitgehender Erhaltung der zarischen Machtvollkommenheit. Große Bedeutung legten sie dem „Mir", der Dorfgemeinde, als typisch russischbäuerlichem Kollektiv und gleichzeitigem Ausdruck russischen Sozialempfindens bei[1]. Infolge der schnellen Politisierung dieser

[1] Schon in den fünfziger Jahren ist von den russischen Rechtshistorikern nachgewiesen worden, daß der „Mir" keine ursprünglich slawische, sondern eine von der Obrigkeit – zumal unter der Tatarenherrschaft – aus fiskalischen Gründen eingeführte Einrichtung ist: für den Eingang der Steuern wurde die ganze Gemeinde verantwortlich gemacht.

geschichtsphilosophischen Schulen kam es bei beiden zu einer Aufspaltung in zwei Zweige, so daß bereits in den fünfziger Jahren die vier großen Strömungen erkennbar wurden, die später in die großen Parteien einmündeten (vgl. Schema S. 452/453).

Bei den Westlern gaben Belínskij und vor allem Herzen den Anstoß zur Wendung ins Radikale, vom Liberalismus zum Sozialismus westlicher Prägung. Alexander Herzen (1812–1870) war ein Sohn des reichen Gutsbesitzers Jákowlew aus dessen in Deutschland nach protestantischem Ritus geschlossenen und deshalb in Rußland nicht anerkannten Ehe mit der Stuttgarterin Luise Hag – (der Name Herzen ist vom deutschen Wort Herz abgeleitet). Er hat für die Entwicklung des revolutionären Gedankens in Rußland eine sehr große Bedeutung erlangt. Schon in den erwähnten Moskauer Studentenkreisen spielte Herzen eine führende Rolle, wurde 1834 verhaftet, zum Tode verurteilt, begnadigt und verschickt. Schließlich gelang es ihm, Rußland zu verlassen (1847). Er ist der „Vater" der russischen Emigranten geworden. Von Paris, Genf und London aus hat er durch seine Zeitschriften „Polarstern" und vor allem durch die – in Erinnerung an Schiller so benannte und mit dem Schillerschen Motto vivos voco versehene – „Glocke" (kólokol) einen starken Einfluß auf die politische Meinung gehabt. Die „Glocke" wurde nach Rußland eingeschmuggelt und von vielen, einschließlich des Kaisers und seiner Minister, gelesen. Nachdem Herzen entgegen der herrschenden Stimmung in Rußland für den polnischen Aufstand eingetreten war (1863), ging sein Einfluß stark zurück.

Herzen war Sozialist und Atheist. „Die einzige Religion, die ich dir vermache, ist die Religion der Revolution", verkündete er seinem Sohn. Selbst nur mit den Waffen des Geistes streitend und an keiner revolutionären Aktion beteiligt, setzte er großes Vertrauen auf die Macht des Wortes – „predigen ist dem Menschen nötig, unausgesetzt predigen" – und lehnte entschieden Gewaltmethoden ab. Seine Idee war, die Freiheit der Persönlichkeit im Sozialismus zu verwirklichen, wobei er gelegentlich starke anarchistische Tendenzen erkennen ließ. „Wir bauen nicht auf", schrieb er seinem vierzehnjährigen Sohn, „wir reißen nieder. Wir versprechen keine neue Offenbarung, aber wir beseitigen die alte Lüge ... Der heutige Mensch baut nur die Brücke, – ein Anderer, Unbekannter, Zukünftiger wird sie überschreiten." Die Zukünftigen selbst, z. B. Lenin, haben zwei Generationen später dieses Vermächtnis sehr ernst genommen. Von Herzen führte der radikale Zweig der Westler in gerader Linie zum Marxismus und schließlich zur russischen sozialdemokratischen Partei.

Die gemäßigt-westliche, liberale Richtung wurde zunächst durch Herzens Altersgenossen, den wissenschaftlich wie rednerisch gleichermaßen ausgezeichneten Historiker Timoféj Granówskij (1813 bis 1855) weitergeführt. Sie vertrat eine, nach englischen Vorbildern ausgerichtete, politische Liberalisierung und führte ihrerseits über die sog. Sémstwo-Liberalen und die Volksrechtspartei zur Partei der Konstitutionellen Demokraten (KD). Vom revolutionären Liberalismus, der die Solidarität mit der radikalen Intelligenzia betont aufrecht erhielt – um sich nicht „den Schwanz abschneiden zu lassen" – ist der konservative Liberalismus zu unterscheiden, dessen Exponenten zu Trägern der liberalen Reformpolitik der Regierung wurden und infolgedessen nicht mehr in das „Lager" der Intelligenzia gehörten.

Von den Slawophilen herkommend, vollzog Tschernyschéwskij am Anfang der sechziger Jahre seinerseits die Wendung ins Radikale. N. G. Tschernyschéwskij (1828–1889), ein Popensohn, als wissenschaftlicher Nationalökonom zur akademischen Laufbahn nicht zugelassen, wegen seiner publizistischen Tätigkeit (seine in Romanform erschienene Kampfschrift „Was tun?") verhaftet, wurde in einer öffentlichen Schaustellung „politisch hingerichtet" (1864) und zu vierzehn Jahren Zwangsarbeit verurteilt, von denen er sieben Jahre im Bergwerk verbrachte. Tschernyschéwskij hat dem slawophilen Gedanken scharfe revolutionär-sozialistische Akzente gegeben, aber betonterweise das westliche Vorbild abgelehnt. Nach ihm sollte das Beispiel des Westens die Russen schrecken und vor Europa warnen. Rußland sollte sowohl in seiner Zielsetzung wie in seinen Methoden seinen eigenen Weg gehen, den Weg eines, auf dem Mir-Gedanken basierenden, russischen Kollektivismus. Im Unterschied zu Herzen, den er als zu passiv und zu bequem erbarmungslos kritisierte, leitete Tschernyschéwskij unmittelbar zur politischen Aktion unter Anwendung von physischer Gewalt über, die im sog. Naródnitschestwo ihren praktischen Ausdruck fand. Vom Naródnitschestwo führte dieser Zweig zu der (nichtmarxistischen) Partei der Sozialrevolutionäre.

Eine ganz andere Entwicklung nahm der konservative Hauptzweig der Slawophilie. Während die älteren Slawophilen (Chomjaków, die Brüder Kiréjewskij) noch im Literarisch-Philosophischen verharrten, gaben die jüngeren Slawophilen (Samárin, die Brüder Aksákow) auch dieser Richtung eine Wendung ins Politische: von der Slawophilie zum Panslawismus. Gleichzeitig wurde auch sie radikalisiert, aber nach der anderen, der „rechten" Seite hin ins Reaktionäre. Diese Richtung führte über Katków und Danilewskij schließlich zu Pobedonószew ins Lager der Staatslenker und der politischen und kirchlichen Machthaber und schied somit aus der Intelligenzia aus.

Schließlich wäre noch eine praktisch weniger wichtige, aber in ihrem geistigen Einfluß besonders auf die beiden sozialistischen Zweige nicht zu unterschätzende, ihren eigenen Weg ziehende Richtung zu erwähnen, die anarchistische. Das anarchistische Freiheitsideal hatte, wie wir sahen, in Rußland eine jahrhundertealte Tradition. Wie auf die Kosaken und Bauern übte es auch auf die Intelligenzia eine starke Anziehungskraft aus. Der Anarchismus hat das geistige Bild und die persönliche Haltung der Intelligenzler mitgeformt. Sein prominentester Vertreter war wiederum ein Aristokrat, Michaíl Bakúnin (1814–1876), eine Kraftnatur von starker persönlicher Wirkung. Auch er hatte dem Moskauer Studentenkreis angehört, mehr zur slawophilen als zur westlichen Seite geneigt und war dann, ganz nach „links" ausschlagend, seinen eigenen Weg gegangen. Auch er hatte – später als Herzen – Rußland verlassen, hatte sich aber – anders als Herzen – an allen Revolutionen, die er erreichen konnte, aktiv beteiligt und in halb Europa auf den Barrikaden gestanden. Er war in Sachsen und Österreich zum Tode verurteilt, nach Rußland ausgeliefert (1850), in die Peter-Pauls-Festung gesperrt, dann verschickt worden und schließlich ins Ausland entkommen. Selbst verkörperte er das von ihm aufgestellte Ideal eines Berufsrevolutionärs. Bakúnins Ziel war die „Aufhebung des Staates und die vollständige Ausrottung des Autoritätsprinzips". Er erklärte in Anknüpfung an das alte

Kosakenideal „das Räubertum für eine der ehrenhaftesten Formen des russischen Staatslebens". Wenn er auch eine Revolution im Weltmaßstabe anstrebte, so sah er doch seine anarchistischen Forderungen gerade durch die russischen geschichtlichen Traditionen gerechtfertigt: „Wer das Räubertum nicht versteht, der wird nichts von der russischen Volksgeschichte verstehen." Von Bakúnin stammt das bekannte Wort: „Die Lust der Zerstörung ist eine schaffende Lust." Der Anarchismus, später vom Fürsten Peter Kropótkin fortgeführt, hat seine infizierende Wirkung bis in die bolschewistische Zeit hinein behalten, aber zu einer nennenswerten Eigenkraft ist er nicht geworden.

Zu politischen Aktionen war es in der Regierungszeit Nikolájs I. nicht gekommen. Wohl fanden nach wie vor lokal begrenzte Aufstände von Bauern statt, die aber unabhängig von der Intelligenzia blieben. Wo der Polizeistaat Nikolájs geheime Zirkel ausfindig machte, schlug er unbedenklich zu und verhängte sehr schwere Strafen, auch dann, wenn die Schuldigen sich nur mit Worten oder Gedanken vergangen hatten, wie im Falle des sog. Petraschéwskijkreises in Petersburg, zu dem auch Dostojéwskij gehörte, der bekanntlich zum Tode verurteilt und auf dem Schafott zu vier Jahren Zwangsarbeit und nachfolgendem Dienst als Gemeiner in der Armee begnadigt wurde (1849).

Eine Änderung trat mit der Regierungszeit Alexanders II. ein, als eine Tauwetterperiode, wie wir heute sagen würden, einsetzte, die Regierung die Zügel lockerer ließ und ein Teil der radikalen Intelligenzia zur revolutionären Aktion überging.

Europapolitik

Wie bereits erwähnt, war die Außenpolitik Nikolájs I. sowohl durch das eigene nationale bzw. konfessionelle Interesse wie durch ein übernationales Ordnungsprinzip bestimmt. In der griechischen Frage geriet er dabei, wie vor ihm Alexander, in einen Konflikt. Er hat dabei keine so starre Haltung eingenommen wie sein Bruder (damals unter dem Einfluß Metternichs) und hat sich auf die Seite seiner Glaubensgenossen auf dem Balkan gestellt, obgleich der

Aufstand der Balkanslawen gegen die Türkenherrschaft unbezweifelbar ein revolutionärer Vorgang war.

Als Nikoláj sich im Bündnis mit England und Frankreich am Kriege gegen die Türkei beteiligte, ging die Heilige Allianz darüber in die Brüche. Die Folge war eine erneute starke Machtsteigerung Rußlands. Im Zuge des von ihm nach Ausscheiden Englands und Frankreichs allein weitergeführten Türkenkrieges (1828–1830) marschierten russische Truppen wieder – wie zur Zeit Swjatosláws! – über die Donau und über den Balkan und drangen bis nach Adrianopel vor (August 1829). Der Weg nach Konstantinopel lag offen. „Niemand hätte die russische Armee aufhalten können, nach Konstantinopel zu marschieren und das türkische Reich zu zerstören", schrieb damals der russische Außenminister Nesselrode. Was Katharina erträumt hatte, schien Wirklichkeit zu werden. Wie Alexander sechzehn Jahre früher die „gigantische Idee" seiner Großmutter im Westen hätte verwirklichen können, so stand jetzt Nikoláj vor der Möglichkeit, Katharinas „griechisches Projekt" Wirklichkeit werden zu lassen.

Wie Alexander, so hat auch Nikoláj diesen Versuch nicht gemacht, weil er nach einer Äußerung Nesselrodes im Unterschiede zu Katharina „keine neue Kombination" wollte, die ihn „gezwungen hätte, sein Reich zu sehr zu vergrößern". Er wollte auch das Risiko eines Konfliktes mit den Westmächten nicht auf sich nehmen. Er war der Ansicht, daß die Türkei „derartig geschwächt sei, daß sie nur noch unter dem Schutz Rußlands existieren könne" und räumte die von den Russen besetzten Gebiete einschließlich der Donaufürstentümer. Im Ergebnis stellte sich die Türkei tatsächlich unter russischen Schutz (1831).

Das war ein geradezu unerhörter Erfolg. Was der russische Kaiser durch Eroberung zu erreichen abgelehnt hatte, das schien er jetzt durch eine liebevolle Umarmung gewonnen zu haben. Denn schon ein Jahr danach trat er als Beschützer des Sultans gegen dessen eigenen Vasallen (Mohammed Ali von Ägypten) in Aktion. Damals (Frühling 1833) zogen russische Truppen als Freunde der Türken in Konstantinopel ein und nahmen im alten Zargrad am Ostergottesdienst teil. Die Freundschaft wurde durch einen Allianzvertrag besiegelt, in dem die Türkei sich – insgeheim –

verpflichtete, „zugunsten des kaiserlichen Hofes von Rußland, die Meerengen der Dardanellen zu verschließen, d. h. keinen fremden Kriegsschiffen ... die Einfahrt in dieselben zu gestatten" (Hunkjar-Iskelessi, 1833).

Bekanntlich hat Rußland diese Übermachtstellung auf dem Balkan nicht halten können und hat nach langwierigen Verhandlungen dem Gegendruck der Mächte nachgegeben, so daß sieben Jahre später der einseitige russische Schutz der Türkei durch einen Viermächteschutz (Rußland, England, Österreich, Preußen) ersetzt wurde (1840). Wenn russischerseits (Kowalewskij) diese Wendung damit erklärt worden ist, daß Nikoláj I. „die europäischen Interessen höher stellte als die russischen", so mag das zu kraß formuliert sein. Jedenfalls hat er die russischen Interessen nicht über die europäischen gestellt. Gleichwohl hat er zu seinem großen Kummer eine Frontstellung und schließlich eine Auflehnung Europas gegen Rußland nicht verhindern können.

In den vierziger Jahren wurde das Übergewicht Rußlands allenthalben in Europa, z. T. sogar in Preußen als Bedrohung bzw. als unerträglicher Druck empfunden, um so mehr, als Nikoláj sich jetzt im verstärkten Maße in europäische Verhältnisse einzumischen begann.

Im Revolutionsjahr 1848 hatte er König Friedrich Wilhelm IV. vergeblich und Kaiser Franz Joseph erfolgreich seine Hilfe im Kampf gegen die „Rebellen" angeboten. Nach der Niederwerfung der ungarischen Revolution und der Kapitulation Görgeys vor den Russen wuchs das Gewicht des russischen Kaiserreiches noch mehr, trotz der Zurückweisung der Nikoláj angebotenen ungarischen Krone und trotz der Zurückziehung der russischen Truppen aus Ungarn (1849). In den folgenden Jahren schien es, als sei der russische Kaiser, ohne irgendeinen Territorialgewinn beansprucht oder erzielt zu haben, der Herr Europas geworden; jedenfalls fühlte er sich als solcher. Als er im Jahre 1850 sein fünfundzwanzigjähriges Regierungsjubiläum feierte, war Nikoláj auf dem Gipfel seiner Macht.

In Europa gewann unter dem Schlagwort „Zurückdrängung Rußlands hinter seine natürlichen Grenzen" eine Richtung an Boden, die für Rußland sehr schwerwiegende Folgen haben konnte.

Denn sie zielte darauf, das Russische Reich aus Europa hinauszudrängen. Sie drohte mithin die Fundamente zu zerstören, auf denen seit Peter dem Großen alles in Rußland Erreichte gestanden hatte.

Als nach dem unwürdigen sog. Streit um die Heiligen Stätten ein neuer russisch-türkischer Krieg ausbrach (1853), setzte Nikoláj wiederum seine Truppen nach Konstantinopel in Marsch, auch dieses Mal mit der ausdrücklichen Erklärung, daß das Ziel Rußlands nicht Eroberung sei, sondern die Wiederherstellung der verletzten Rechte der orthodoxen Christen. Dieser Krieg weitete sich bekanntlich zu einem Krieg der Westmächte gegen Rußland aus (Krimkrieg 1854–1856).

Im Hintergrunde des Krimkrieges stand die propagandistisch von den Westmächten stark herausgestellte, alte und immer wieder erneuerte These, daß ein wesensmäßiger und unüberbrückbarer Gegensatz zwischen den europäischen Mächten und der europafremden Macht Rußland bestehe. Es wurden dabei die gleichen Argumente hervorgehoben, die sowohl früher (in der moskowitischen Periode) wie auch später (in der sowjetischen Periode) gegen Rußland bzw. Moskau ins Feld geführt wurden. „Wir sind unserem Wesen nach Europäer; sie (die Russen) in hohem Maße Bewohner des Ostens und Asiaten. Für uns ist der Individualismus charakteristisch, für sie – sein Fehlen. Wir lieben leidenschaftlich die Freiheit, sie unterwerfen sich willig einer bestehenden Macht und bleiben ihr treu", schrieb die englische Zeitschrift „Economist" (21. Januar 1854), und der Erzbischof von Paris erklärte den Krieg gegen Rußland für einen „Heiligen Krieg, nicht zwischen Staaten und Völkern, sondern zwischen zwei Religionen".

Die Bezeichnung „Krimkrieg" ist mißverständlich, weil es dabei gar nicht um die Krim ging, sondern um die, an verschiedenen Stellen, z. B. im Weißen Meer, im Fernen Osten und an der Ostsee gemachten Versuche, Rußland durch militärische Operationen entscheidend zu schwächen, ohne mit einem Heer nach Moskau zu marschieren. Dieser Krieg hat bekanntlich die Vormachtstellung Rußlands in Europa gebrochen. Gleichzeitig hat er aber die Unangreifbarkeit des Riesenreiches ohne ein entsprechendes riesiges Heer infolge seiner geographischen Lage bewiesen. Auf der Krim fiel die militärische Entscheidung zugunsten der Westmächte (Fall Sewastopols, August 1855), und im Frieden von Paris verzichtete Rußland auf das 1833 gewonnene Protektorat über die Donaufürstentümer und büßte, was schwerer wog, das Recht ein, im Schwarzen Meer eine Kriegsflotte zu halten. Erst 1871 konnte es sich anläßlich des deutsch-französischen Krieges von dieser empfindlichen Einschränkung wieder befreien. Sewastopol und damit die ganze Krim blieben aber bei Rußland, während das von den Russen eroberte Kars wieder an die Türkei fiel.

Im Westen wird das Ergebnis des Krimkrieges in der Regel als russische Niederlage gewertet. In Rußland selbst sah man es und sieht es heute noch anders. Die Übergabe Sewastopols wird als eine verlorene Schlacht (der andere gewonnene Schlachten gegenüberstehen) gewertet, der Krieg selbst aber als nicht ausgetragen. Platonow bezeichnet den Krimkrieg als „einen der ruhmreichsten Kriege der russischen Geschichte". Die Westmächte hatten keine Möglichkeit, den Krieg weiterzuführen und Rußland eine wirklich entscheidende Niederlage zuzufügen. Das wäre nur durch einen Landkrieg möglich gewesen. Ein Landkrieg hatte aber noch gar nicht begonnen, und die Westmächte scheuten begreiflicherweise davor zurück.

Für die Geschichte Rußlands bleibt dieser Krieg gleichwohl ein wichtiger Einschnitt, um so mehr, als er mit einem Thronwechsel zusammenfiel. Allerdings war der Einschnitt keineswegs so tief, wie es anfänglich erscheinen mochte. Von einer „Zurückdrängung Rußlands hinter seine natürlichen Grenzen" war überhaupt keine Rede mehr, und zwischen Europa und Rußland wurde keine Scheidewand aufgerichtet. Rußland blieb in Europa.

Während des Krieges, noch vor dem Fall Sewastopols, war Nikoláj I. gestorben (Februar 1855). Die letzten Jahre hatten ihm schwere Enttäuschungen gebracht. Seine europäische Politik mußte er als gescheitert ansehen. In Rußland selbst hatte der Krieg große Mängel gerade auf dem eigentlichen Gebiet des Kaisers, dem militärischen, erkennbar werden lassen, nicht in bezug auf den Geist des Offizierskorps und der Truppe, wohl aber in bezug auf die militärische Ausbildung und Waffentechnik. Daß Nikoláj darin einen Beweis des „völligen Bankerotts seines Regimes" (Hoetzsch) gesehen hätte, ist sehr zweifelhaft und nicht nachweisbar. Seine überlieferten Worte an den Thronfolger: „Ich habe getan, was ich konnte, ich bedaure, daß es nicht besser war“, können in diesem Sinne nicht ausgelegt werden. Das jedenfalls aus Berlin stammende Gerücht, daß er aus Verzweiflung Selbstmord begangen habe, war falsch.

Wir sind über die letzten Tage Nikolájs I. und seinen Tod (durch die Aufzeichnungen seines deutschen Leibarztes Martin Mandt) genau informiert. Er war der einzige Kaiser aus der Dynastie Románow-Holstein-Gottorp, der weder eines gewaltsamen noch eines unerwartet plötzlichen Todes gestorben ist. In seinen letzten Stunden, auf einem eisernen Feldbett liegend und mit einem Offiziersmantel bedeckt, hatte er seine ganze Familie und die gesamte Dienerschaft um sich versammelt, um von ihnen Abschied zu nehmen: „Es ist nicht der moralische Mut, der mich verläßt“, – sagte er ihnen – „aber ich fürchte, meine physischen Kräfte verlassen mich.“

8. POLEN

Nach der Wiederherstellung des Königreichs Polen in Personalunion mit Rußland hatte sich Alexander I. sehr um die Polen bemüht und sie nach seinen eigenen Worten mit Wohltaten überhäuft. Im Unterschiede zu den Russen waren die Polen einer Verfassung würdig befunden worden. Sie hatten ihr eigenes Heer (30 000 Mann) unter polnischen Offizieren; nur der Oberkommandierende war ein Russe, der polenfreundliche und mit einer Polin verheiratete Großfürst Konstantin Páwlowitsch. Die Polen hatten eigene (polnische) zivile und militärische Schulen und Hochschulen. Sie hatten ein eigenes Finanz-, Zoll- und Steuerwesen, eine eigene Verwaltung mit einem rein polnischen Staatsrat (Ministerium) und einem polnischen Generalstatthalter (Vizekönig) an der Spitze. Zur allgemeinen Überraschung hatte Alexander nicht Czartorýski, sondern General Zajónczek zum Vizekönig ernannt. Das polnische Volkstum war durchaus nicht bedroht. Der einzige russische Beamte in Polen war der Kommissar beim Staatsrat (N. N. Nowosílzew).

Alexanders Polenpolitik auf der Grundlage eines übernational-imperialen Ordnungsprinzips stand in offenbarem Gegensatz zu der dieses Prinzip sprengenden Zeitströmung des Nationalismus, der gerade in Polen als Auflehnung gegen die vorangegangenen Teilungen einen besonders fruchtbaren Boden gefunden hatte. Mit seiner Polenfreundlichkeit hat Alexander nur Enttäuschungen erfahren, auch bei seinen russischen Untertanen, die ihm eben deshalb die heftigsten Vorwürfe machten. An die Spitze der Opposition stellte sich wiederum Karamsín. „Niemals werden die Russen Ihnen verzeihen, wenn Sie uns für das Beifallklatschen der Polen in Verzweiflung stürzen ... Wir würden die Liebe zu Ihnen verlieren“, schrieb er dem Kaiser, und zehn Jahre später stellte Benckendorff nach dem Verhör der Dekabristen rückblickend fest: „Die Liebe der Russen zu Kaiser Alexander ist an der polnischen Frage zerschellt.“

Auch die Polen waren trotz allen Entgegenkommens durch die

Wiener Lösung keineswegs zufriedengestellt worden, weder politisch noch territorial. Die Gemäßigten unter ihnen strebten eine Erweiterung ihrer nationalen und konstitutionellen Freiheiten an; die Radikalen (geführt vom Historiker Lelével) forderten eine Trennung von Rußland und eine selbständige Republik. Das Endziel aller war eine Wiedervereinigung (der drei Teile). Rußland gegenüber verlangten die Polen die Wiederherstellung der Grenze von 1772, d. h. die Angliederung jener ostpolnischen Gebiete – die Russen nennen sie ihre „Westgebiete" –, um die der erbitterte Streit bis in die Zeit Stalins hinein gegangen ist und heute nur in Anbetracht der derzeitigen Machtverhältnisse ruht. Gleichzeitig begannen die Polen in den außerhalb des „Zartums" verbliebenen weißruthenischen und litauischen Gebieten, gestützt auf den dortigen polnischen Adel, mit einer systematischen, von der kaiserlichen Regierung zunächst weder in ihrer Zielsetzung noch in ihrem Umfang erkannten, Polonisierungspolitik. (Begründung polnischer Schulen durch den Kurator des Wilnaer Lehrbezirks Czartorýski. Die Universität Wilna als Zentrum der polnischen nationalen Bewegung.) Die polnischen Patrioten fühlten sich dabei nicht zu Unrecht in ihren national-staatlichen und national-demokratischen Zielsetzungen als „Träger moderner Prinzipien", die sie, in traditioneller Überschätzung ihrer Weltgeltung aber mit viel Resonanz bei den europäischen Völkern, gegenüber dem „reaktionären Unverstand" vertraten.

So war die Situation, als Nikoláj I. die Regierung antrat. Auch er hielt an der imperialen Reichsidee fest und war anfangs gewillt, den in Polen übernommenen Rechtszustand zu respektieren, nachdem er, nach seinen eigenen Worten, „nun einmal diese Einrichtung (Verfassung) geerbt und beschworen" hatte. Den Thronfolger ließ er vom polenfreundlichen Dichter Shukówskij unterrichten und polnisch lernen. Aber weitere Zugeständnisse zu machen, lehnte er ab, insbesondere in bezug auf die sog. „Westgebiete".

Im Zusammenhang mit der Julirevolution in Frankreich und Belgien (1830) kam es zum offenen Konflikt. In Polen brach in der vergeblichen Hoffnung auf eine Unterstützung durch die Westmächte ein Aufstand aus (November 1830). Großfürst Konstantín, der ermordet werden sollte, floh. In Warschau bildete sich eine temporäre Regierung mit Czartorýski an der Spitze, die sowohl die Unabhängigkeit Polens wie den Anschluß der östlichen Gebiete verlangte. Da Nikoláj sich darüber in Verhandlungen nicht einließ, erklärte der polnische Sejm die Dynastie Románow für abgesetzt (Januar 1831). – Der Aufstand wurde militärisch niedergeschlagen. Nachdem der russische Oberbefehlshaber Diebitsch an der Cholera gestorben war, erzwang sein Nachfolger, General Paskéwitsch, die Kapitulation der Aufständischen (September 1831).

Nikoláj war sich der Unvereinbarkeit des von ihm vertretenen Ordnungsprinzips mit den nationalen Selbstbestimmungsbestrebungen der Polen durchaus bewußt und sah im Besitz der polnischen Gebiete für Rußland keinen Gewinn. Er empfand ihn im Gegenteil als Belastung und hat sich nach der Niederwerfung des Aufstandes bereit erklärt, die russische Grenze zurückzunehmen und die polnischen Kerngebiete westlich der Narew-Weichsel-Linie, „da Rußland kein Interesse daran hat, Provinzen von so flagranter Undankbarkeit zu besitzen“, seinen Alliierten abzutreten. Da dieser Verzichtplan die Selbständigkeit eines auch verkleinerten Polens ausdrücklich verwarf, wäre mit seiner Verwirklichung nur der Zustand wiederhergestellt worden, der nach der dritten Teilung Polens bestand. Auch die „Alliierten“ zeigten kein Interesse daran, die Verantwortung für Polen zu übernehmen, und so wurde aus dem Plan nichts.

Das Zartum Polen blieb ein „untrennbarer Bestandteil“ des Russischen Reiches, und Nikoláj ging jetzt daran, dessen politische Struktur von Grund auf zu ändern, um eine Wiederholung des Aufstandes zu verhindern. Auch dabei mischten sich politisch-reaktionäre Maßnahmen mit modernen nationalen Prinzipien: jetzt wurde das polnische Volkstum durch Russifizierungsmaßnahmen durchaus bedroht. Die polnische Verfassung wurde aufgehoben; an ihre Stelle trat das sog. „organische Statut“ (Februar 1832). Der Sejm wurde aufgelöst, das polnische Heer und die polnischen Hochschulen wurden abgeschafft, alle konstitutionellen Garantien beseitigt. Die bürgerlichen Rechte blieben theoretisch zwar gewahrt, waren aber infolge des fortdauernden Kriegszustandes – er hat zwanzig Jahre gewährt – nicht wirksam.

Die Amtssprache wurde russisch und der Verwaltungsapparat mit Russen durchsetzt. Die Bezeichnung „Zartum“ blieb eine Formalität, in Wirklichkeit war das „Königreich“ zu einer russischen Provinz geworden. Der maßgebende Mann und Exponent der russischen Herrschaft war als „Fürst von Warschau“ der russische General polnischer Herkunft Paskéwitsch. Eine ähnliche Stellung sollte 120 Jahre später im polnischen Satellitenstaat der Sowjetunion der (sowjet)russische General polnischer Herkunft Rokossówskij einnehmen.

Der polnische Aufstand von 1830 hatte auch auf die polonisierten litauischen Gebiete übergegriffen und war auch dort niedergeschlagen worden. Die Polonisierungsbestrebungen wurden unterbunden und die Universität Wilna geschlossen. Gegen die am Aufstand Beteiligten wurde ein Verfahren eingeleitet. Viele, darunter Czartorýski, hatten sich durch die Flucht in die Emigration dem Gericht entzogen; mehrere hundert (264) wurden meist in absentia zum Tode verurteilt. Die Güter der für schuldig Befundenen (2349 Güter) wurden konfisziert und z. T. russischen Generälen übergeben.

Gewonnen war damit nichts. Die Gefahr neuer Unruhen und damit die Belastung für Rußland war durch die neue Politik nicht vermindert, sondern erhöht worden. Im Revolutionsjahr 1848 hat Nikoláj I. nach einem vergeblichen Versuch, Friedrich Wilhelm IV. von Preußen für ein gemeinsames Vorgehen gegen Polen zu gewinnen, durch scharfe Maßnahmen und sein gleichzeitiges Eingreifen in Ungarn einen erneuten Aufstand noch verhindert. Aber nachdem die russische Regierung unter Alexander II. die Zügel gelockert hatte, brach wieder ein Aufstand aus (1863).

Seit 1861 war der Marquis A. Wielopólski, ein scharf antiwestlerisch eingestellter Slawophile, Chef der Zivilverwaltung in Polen. Er war russisch orientiert, stieß aber trotz aller von Alexander II. gemachten Zugeständnisse an die Polen (Versprechung der Wiederherstellung polnischer höherer Lehranstalten, polnischer Gerichte und lokaler Selbstverwaltungsorgane) bei seinen Volksgenossen auf heftige Opposition. Anläßlich einer allgemeinen Rekrutenaushebung kam es erneut zum Aufstand. Da die Polen kein eigenes Heer mehr hatten, lag die Aktion in den Händen schlecht bewaffneter und auch schlecht geführter Insurgenten. Das kühne, aber sinnlose Unternehmen war von vornherein zum Scheitern verurteilt[1].

Gestützt auf die polenfeindliche öffentliche Meinung in Rußland schlug die Regierung den Aufstand schnell nieder. Interessanterweise hat Alexander II. damals den gleichen Plan erwogen wie dreißig Jahre vorher sein Vater, nämlich, die Gebiete westlich der Narew-Weichsel-Linie den „Preußen zu überlassen". Aber auch aus diesem Plan wurde nichts. Die russische Regierung reagierte dieses Mal auf den Aufstand noch schärfer: Das „Zartum" wurde aufgehoben und das Weichselgebiet in zehn Gouvernements zerschlagen und unter russischer Verwaltung mit russischer Amtssprache ohne jede nationalen Eigenrechte in das Reich einbezogen. Es gab weder polnische Zeitungen noch polnische Schulen mehr. Das ursprünglich von den Polen vertretene „moderne Prinzip" des Nationalismus hatte sich inzwischen auch weitgehend in Rußland durchgesetzt. Die Polen wurden nun mit ihren eigenen Waffen bekämpft.

Die Folgen dieses Vorgehens wogen schwer. Sie äußerten sich u. a. in dem starken, z. T. führenden Anteil der Polen an der russischen revolutionären Bewegung bis in die bolschewistische Zeit hinein. Jetzt machten sich die Polen zu Trägern eines noch moderneren Prinzips, indem sie ihr nationales Freiheitsstreben mit sozialen bzw. sozialistischen Forderungen verbanden und damit die Dynamik ihrer Bewegung erheblich verstärkten.

Die übernationale Reichspolitik der russischen Krone hatte in der polnischen Frage Schiffbruch erlitten. Grundsätzlich preisgegeben wurde sie deshalb aber noch nicht. In Finnland und in den deutschen Ostseeprovinzen, wo es zu keinen Aufständen gegen die Dynastie und das Reich gekommen war, haben Nikoláj I. und Alexander II. am alten Kurs festgehalten und die Selbstverwaltung dort bestehen lassen. Allerdings machten sich unter dem Einfluß nationalistisch-panslawistischer Tendenzen besonders auf

[1] 10 000 polnische Insurgenten verfügten über nur 600 Gewehre, während die russische Garnison in Polen aus 90 000, in Litauen aus 60 000 und in Weißruthenien aus 40 000 vollbewaffneten Soldaten bestand.

kirchlichem Gebiet auch dort Krisenerscheinungen bemerkbar, die aber erst unter Alexander III. in ein akutes Stadium traten.

Ganz anders entwickelten sich die Dinge in der Ukraine. Hier wurde eine national-tolerante Politik von der Regierung gar nicht angestrebt. Das ukrainische Volkstum wurde als solches nicht anerkannt und alle, vorwiegend im österreichischen Galizien (Universität Lemberg) gepflegten nationalukrainischen Bestrebungen, sofern sie über die Grenze nach Rußland drangen, erbittert bekämpft. Nach der Niederwerfung des polnischen Aufstandes von 1830/31 und der Schließung der Universität Wilna hatte Nikoláj I. zur Ausschaltung des polnischen Einflusses die Universität Kiew begründet (1833). Nun wurde aber Kiew zum Sammelbecken der ukrainischen nationalen Intelligenz.

Wie erinnerlich, hatte die in der Ukraine wirkende Gruppe der Dekabristen (Südbund) sich bereits durch besondere Radikalität ausgezeichnet. In den vierziger Jahren entstand in Kiew eine neue geheime Gesellschaft der „ukrainischen Brüder" (später „Kyrill- und Methodius-Gesellschaft", 1846), zu der u. a. der Historiker N. Kostomárow und der Dichter T. Schewtschénko gehörten. Die geheime Gesellschaft knüpfte unmittelbar an die Traditionen der Dekabristen an und stellte sich u. a. einen Bund slawischer Republiken zum Ziel, in dem neben den Großrussen, Polen, Tschechen usw. auch die Ukrainer ihre eigene Republik haben sollten. Gegen diese Gesellschaft, gegen deren Mitglieder und deren Bestrebungen ging Nikoláj sehr rigoros vor (Schewtschénko wurde unbefristet als gemeiner Soldat eingereiht). Schon vorher (1838) hatte unter dem Generalgouverneur Bíbikow eine Russifizierungspolitik mit systematischer Bekämpfung der ukrainischen Sprache und Kultur eingesetzt.

9. DIE LIBERALE ÄRA

Alexander II und Aufhebung der Leibeigenschaft

Beim Tode Nikolájs I. bestand über die Nachfolge – eine Seltenheit in der Geschichte Rußlands – keine Unklarheit. Sein ältester Sohn Alexander war für den kaiserlichen Beruf sorgfältig vorgebildet und in die Regierungsgeschäfte eingeführt worden. Der Dichter Shukówskij, sein Lehrer, hatte ihn im humanitären Sinne beeinflußt. In mancher Hinsicht erinnerte er an seinen Onkel Alexander I., nach dem er genannt war. Zum Thron hatte er sich nicht gedrängt, sondern gehofft, daß sein Vater, für ihn das Ideal eines Monarchen, möglichst lange regieren werde; das Verhältnis zwischen Vater und Sohn war auch nicht durch einen Anflug des sog. Kronprinzenkomplexes beschattet. Als Alexander den Thron bestieg, war er – auch das war eine Seltenheit in der Geschichte Rußlands – bereits in den besten Mannesjahren, siebenunddreißig Jahre alt.

Alexander II. ist als der Zar-Befreier in die Geschichte eingegangen. Das ist in zwiefachem Sinne zu verstehen, einerseits als Befreier der Bauern von der Leibeigenschaft, andererseits als der Befreier der griechisch-orthodoxen Glaubensgenossen, vor allem der Bulgaren, von der türkischen Herrschaft.

Die Befreierrolle entsprach durchaus dem Wesen seiner Persönlichkeit. Alexander II. war der dritte von der Natur besonders bevorzugte russische Kaiser im 19. Jahrhundert. Persönlich anziehend, als der „letzte kavaliersmäßige Monarch" gerühmt, ritterlich im Benehmen wie im Charakter, persönlich mutig, war er nicht so hart wie sein Vater. Er war weder genial noch eigentlich schöpferisch, aber in jeder Hinsicht gut veranlagt, elastischer und auch labiler als Nikoláj I., in seinem politischen Wollen und Handeln durchaus selbständig, mit klarem Blick für das Notwendige und auch recht klarem Urteil über das Mögliche.

Alexander II. hat in seiner umfassenden Reformtätigkeit auf allen Gebieten des staatlichen und öffentlichen Lebens im Interesse aller Bevölkerungsschichten so viel getan wie kein anderer russischer Kaiser des 19. Jahrhunderts, und keinem ist das, mit Ausnahme des letzten Kaisers, so übel gelohnt worden wie ihm. Mit einem anhaltenden „Tauwetter“ haben Regenten in Rußland immer schlechte Erfahrungen gemacht.

Die Reformen Alexanders drangen über die Umwandlung der äußeren Ordnung im Reich so tief in die innere Struktur des Volkes, daß man ihnen größere Bedeutung beigemessen hat als den Reformen Peters des Großen (Hoetzsch). Man wird dem nicht beipflichten können. Peters Regierung war eine Epoche. Mit Alexander II. beginnt eine neue Ära, aber eine Wende hat er nicht herbeigeführt. Er griff längst geplante, wiederholt in die Wege geleitete und in mancherlei Hinsicht auch vorbereitete Reformpläne auf, um sie als Maßnahme eines autokratischen Herrschers „von oben her“, wie er sich selbst ausgedrückt hat, zu verwirklichen. In der Reihenfolge ging er dabei anders vor als Alexander I. und dessen Ratgeber: eine Konstitution, also eine aktive Beteiligung des Volkes an der Staatsführung in welcher Form auch immer, sollte nicht am Anfang der Reform stehen und auch nicht gleichzeitig mit ihr gewährt werden, sondern erst den Abschluß, gleichermaßen die Krönung bilden. Man wird nicht leugnen können, daß dies bei den damaligen sozialen Verhältnissen und vor allem bei der Bildungslage des Volkes ein richtiger und vernünftiger Gedanke war. Es war nicht die Schuld des Kaisers, daß sein Reformwerk ein Torso blieb und er durch seine Ermordung gehindert wurde, es zu vollenden, zumindest weiterzuführen.

Die Reformtätigkeit lag auf der Ebene der Europäisierungspolitik mit dem Ziel einer weitestgehenden Angleichung an westliche Verhältnisse auf möglichst vielen Gebieten, aber ohne gleichzeitigen Versuch, seinerseits die europäischen Verhältnisse zu beeinflussen. Auch außenpolitisch verlief die Entwicklung wieder eindeutig in der Richtung einer weiteren Integrierung Rußlands in Europa.

Alexander begann seine Reformen gleich am Anfang der Regierung (1855–1881) mit zahlreichen, zunächst begrenzten sozialen Maßnahmen. (Erlaß von Steuerrückständen, Abschaffung der Militärkolonien, Befreiung der überlebenden Dekabristen und

Ahnentafel Alexanders II.

Karl Peter Ulrich von Holstein-Gottorp (Peter III.) — Sophie Auguste von Anhalt-Zerbst (Katharina II.)

Paul I. — Sophie Dorothea von Württemberg (Márja Fjódorowna)

Friedrich Wilhelm III. von Preußen — Luise Auguste von Mecklenburg-Strelitz

Nikoláj I. — Charlotte von Preußen (Alexandra Fjódorowna)

Alexander II.

Wiederherstellung ihrer Rechte.) Im Mittelpunkt des großen Reformwerks stand die Aufhebung der Leibeigenschaft.

Daß die Leibeigenschaft endlich fallen mußte, konnte nicht mehr zweifelhaft sein. Auch abgesehen von den subjektiven humanitären Gesichtspunkten und von der weitverbreiteten Überzeugung, daß das Institut der Leibeigenschaft das Ansehen Rußlands in Europa belaste, hatten die objektiven Voraussetzungen sich seit den ersten Ansätzen Alexanders I. in dieser Richtung grundlegend verändert. Die rasche ökonomische Entwicklung, das Eindringen kapitalistischer Wirtschaftsformen – und Denkkategorien! – wie die ersten Auswirkungen der industriellen Revolution hatten das System der Leibeigenschaft auch wirtschaftlich unterhöhlt und zersetzt. Die geschlossene Hauswirtschaft als wirtschaftliche Voraussetzung bestand weitgehend nicht mehr. Das immer weiter steigende Bedürfnis des Adels nach Industriewaren und nach flüssigem Geld konnte nicht mehr befriedigt werden. Die Gutsbesitzer, besonders in den weniger fruchtbaren Gebieten, waren daran interessiert, die Fronpflichtigen in Abgabepflichtige zu verwandeln und ihnen für eine erhöhte Abgabe, die nun den Charakter eines Leibzinses annahm, eine größere wirtschaftliche Eigentätigkeit zuzubilligen. So kam es, daß Leibeigene als freiberufliche Architekten, Künstler und Handwerker, natürlich auch als Arbeiter in die Städte gingen, dabei aber rechtlich leibeigen blieben. Da es auch Nichtadligen, zunächst Kaufleuten gestattet war, Leibeigene (sog. Possessionsbauern) zu besitzen, wenn sie in Fabriken arbeiteten, so kam es vor, daß auch Leibeigene zu Fabrikunternehmern wurden und große Vermögen erwarben; es gab unter den Leibeigenen auch Rubelmillionäre.

Die erstaunliche technische Begabung und Findigkeit einfacher Bauern ist schon dem Freiherrn von Haxthausen, dem „Entdecker“ des Mir, aufgefallen. „Wie talentvoll das Volk für jede technische Auffassung ist“ – schrieb er in seinen berühmten „Studien über die inneren Zustände Rußlands“ (1847) –, „zeigt sich darin, daß eine große Zahl der vorhandenen modernen Fabriken von Bauern angelegt und geleitet werden, die weder lesen noch schreiben können und sich rein aus sich selbst heraus technisch ausgebildet haben.“ Bald erwies sich auch, daß die freie Lohnarbeit im Fabrikbetriebe rentabler war als eine Arbeit mit Leibeigenen. Bis zu einem gewissen Grade galt das auch für die Landwirtschaft. So erschien die Aufhebung der durch die objektiven Verhältnisse überholten Leibeigenschaft als eine humanitär, sozial und wirtschaftlich bedingte Notwendigkeit. Den Ausschlag haben dabei aber die politischen, sozialen und nicht zuletzt die humanitären Erwägungen des Kaisers gegeben.

Unmittelbar nach seiner Thronbesteigung hatte Alexander zu Vertretern des Moskauer Adels gesagt: „Sie wissen natürlich selbst, daß die bestehende Ordnung des Seelenbesitzes (porjádok wladénija duschámi) nicht unverändert bleiben kann. Es ist besser, die Leibeigenschaft von oben her aufzuheben als abzuwarten, bis sie selbsttätig von unten her beginnt sich abzuschaffen (sámo sobój natschnjót otmenjátsja snísu). Ich bitte Sie, darüber nachzudenken, wie man das verwirklichen könnte.“ Der Kaiser hat wiederholt an die patriotischen und humanitären Gefühle des Adels appelliert und deutlich zum Ausdruck gebracht, daß er seinen Willen nicht als Despot durchsetzen wolle. Allerdings schaltete er sich selbst damit nicht aus, sondern nahm sich persönlich sehr intensiv der Sache an. In den Gouvernements wurden „Komitees zur Ausarbeitung von Projekten“ gebildet, aber die Hauptarbeit wurde im „Hauptkomitee für die Bauernfrage“ konzentriert, in dem der Kaiser selbst den Vorsitz führte. Die leitende Persönlichkeit im Komitee war ein liberaler Beamter, Nikoláj Aleksejewitsch Miljútin.

Es setzte daraufhin eine rege Tätigkeit ein. Außer den amtlich damit Beauftragten meldeten sich auch private Mitarbeiter, die der Kommission ihre eigenen Pläne einreichten. Besonders wichtig wurde der Plan von Professor Dimítrij Kawélin. Auch in Hofkreisen fanden sich tätige, z. T. leidenschaftliche Befürworter der Reform, wie der Bruder des Kaisers, Großfürst Konstantín, und die Witwe des Großfürsten Michaíl Páwlowitsch, die Großfürstin Helene, eine Tochter des Prinzen Paul von Württemberg. Die Großfürstin, die ihrer liberalen Anschauungen wegen Madame Egalité genannt wurde, gab der Durchführung der Reform dadurch ein praktisches Beispiel, daß sie die 15 000 Seelen auf ihren Gütern privat befreite. Auf der anderen Seite versteifte sich der Widerstand bei einem Teil des Adels, der sich von rein egoistischen

Gesichtspunkten leiten ließ und sich bemühte, die Reform zu verschleppen oder zumindest dafür zu sorgen, daß die bissige Bemerkung de Maistres sich bewahrheitet, nach der „in Rußland jedes Gesetz durch seine Nichtbefolgung sich selbst korrigiert". Das Ziel der frondierenden Adligen war, als „Kompensation" für den Verlust ihrer persönlichen Rechte gegenüber den Bauern eine Erweiterung ihrer politischen Rechte gegenüber der Krone zu erlangen. Sie strebten danach, eine Kontrolle der Regierung durch eine Adelsvertretung zu erreichen. Die Reformanhänger fürchteten dagegen mit Recht, daß eine solche Adelsvertretung mit entsprechend erweiterten Kompetenzen das ganze Werk der Bauernbefreiung in Frage stellen, jedenfalls schwer beeinträchtigen würde. In dem zeitweilig scharf zugespitzten Konflikt – Miljútin wurde von seinen Gegnern als Kommunist bezeichnet – setzte aber der Kaiser seinen Willen gegenüber der Adelsfronde durch. Die Widerstände wurden, gestützt auf die öffentliche Meinung, verhältnismäßig leicht überwunden.

Am 19. Februar 1861, am sechsten Jahrestage der Thronbesteigung des Kaisers, erschien das Manifest über die Aufhebung der Leibeigenschaft. Dadurch wurden fünfundzwanzig Millionen bisher leibeigene Seelen persönlich frei, unter Einschluß der Frauen bedeutete das rund siebenundvierzig Millionen Menschen. Sie durften jetzt weder verkauft noch getauscht werden, durften ohne besondere Erlaubnis heiraten, Verträge schließen, vor Gericht im eigenen Namen auftreten, bewegliches und unbewegliches Eigentum besitzen und Handel und Gewerbe treiben. Die Regelung der rechtlichen Seite erwies sich dabei nicht so schwierig und stieß auch nicht auf so viele Widerstände wie die wichtige Frage der Existenzsicherung der befreiten Bauern durch Landzuteilung.

In Preußen und Österreich war den Bauern bei der Aufhebung der Erbuntertänigkeit kein Land zugeteilt worden. Auch bei der bereits erwähnten Bauernbefreiung in den „europäischen" Teilen Rußlands, in den baltischen Ostseeprovinzen und in Polen auf Initiative bzw. mit Zustimmung des dortigen Adels, fand keine Landzuteilung statt. Das war in Rußland natürlich bekannt, und so war der Widerstand beim russischen Adel gegen die an ihn gestellte Forderung, Land herzugeben, sehr groß. Ein Graf Orlów erklärte rundheraus, er würde sich lieber die Hand abhacken lassen, als den Bauern Land abtreten. Der Kaiser bestand aber, beraten von einer Gruppe entschiedener Reformanhänger (außer den Genannten auch Fürst W. Tscherkásskij, J. Samárin, Graf Rostówzew) und unterstützt vom Großfürsten Konstantín darauf, daß den Bauern ihr Eigentum an Haus und Hof geschützt werde und sie Land erhielten. Die nächste Frage war, ob der Adel für das abzutretende Land und für die Leistungen der Bauern entschädigt werden solle; sie wurde positiv entschieden. Daraus ergab sich die komplizierteste und am schwersten zu lösende Frage nach der Größe des Landanteils und der Höhe der Entschädigung.

Sowohl der Wert des Landes wie die landwirtschaftlichen Verhältnisse, wie auch die bäuerlichen Leistungen waren in den verschiedenen Gegenden des riesigen Reiches sehr verschieden. Eine einheitliche Regelung war von vornherein ausgeschlossen. Die Landanteile, auf die man sich einigte, differierten sehr stark (bis zum Zwölffachen). Auch die Entschädigungsleistungen differierten, wenn auch nicht entfernt so stark (jährlich acht bis zwölf Rubel pro Seele). Generell wurde im Gesetz bestimmt, daß jeder Bauer seinen Landanteil (nadjél) erhält und dieses Land vom bisherigen Herrn kaufen muß. Damit wurde der bisherige Seelenbesitzer auch als Eigentümer des von den Bauern genutzten Landes anerkannt, im Unterschied zur landläufigen Auffassung, daß das Land (= die Erde) als Gottesgabe (semljá bóshja) wie das Sonnenlicht niemandem gehöre. Für die Größe des Landanteils wurde sowohl ein Maximalsatz bestimmt, der kleiner sein konnte als das bisher vom Bauern genutzte Land und dessen Überhang dann an den Herrn fiel, und ein Minimalsatz, der als Existenzminimum nicht unterschritten werden durfte. Im einzelnen wurden über die Loskaufsummen Verträge zwischen den Gutsbesitzern und den Bauern geschlossen. Erst nach erfolgtem „Loskauf" wurde der Bauer selbständiger Eigentümer (krestjánin sóbstwennik). In der Zwischenzeit – in der Regel zwei Jahre – wurde er, da er nicht mehr Leibeigener war, als „zeitweiliger Pflichtbauer" (wrémenno objásannyj) bezeichnet.

Da die Bauern mit ganz wenigen Ausnahmen die Zahlung nicht leisten konnten, schoß der Staat sie vor und verlangte eine Abzahlung in Raten – sog. Loskaufzahlung – im Laufe von neunundvierzig Jahren. Die ohnehin von der Scholle weitgehend gelösten Hofleute (dworówyje) konnten auf Wunsch ohne Landanteil und ohne Zahlungsverpflichtung die Freiheit erhalten. Die Frauen, die ja nicht als Seelen galten, erhielten weder Land noch eine Loskaufverpflichtung. Die bäuerliche Selbstverwaltung in Dorfgemeinden und Bezirken wurde nach dem Muster der Kisseljówschen Bestimmungen für die Staatsbauern geordnet (vgl. S. 450).

Eine gewisse Abweichung erfuhr die Reform in Polen nach dem Aufstand (vgl. S. 475). Da in Polen auf den Adel keine Rücksicht genommen zu werden brauchte und gleichzeitig der Wunsch bestand, in den Bauern einen Rückhalt gegenüber dem Adel zu finden und auf diese Weise die nationale Solidarität der Polen sozial zu spalten, und da schließlich infolge der Konfiskation der Güter der am Aufstand beteiligten Aristokraten reichlich Land vorhanden war, konnte der bäuerliche Grundbesitz in Polen auf Kosten des adligen erheblich vermehrt werden (etwa um 30 %); auch die Zahlungen waren in Polen geringer als in Rußland.

Die Reform als Ganzes – drei Jahre vor der Sklavenbefreiung in USA! – war eine gewaltige Leistung, aber im einzelnen hatte sie große Mängel. Die Bauern selbst hatten keinen Anteil am Befreiungswerk gehabt. Bald erwies sich, daß die wirtschaftlichen Interessen des Adels einseitig bevorzugt waren. Auf eine vereinfachte aber im wesentlichen zutreffende Formel gebracht, hatten die Bauern zuwenig Land erhalten und zuviel dafür bezahlen müssen. Eine besonders häßliche Beigabe dazu war, daß das Bauernland erheblich höher besteuert wurde als das Herrenland. Von der Spezialforschung sind genaue Berechnungen darüber angestellt worden, wie groß der Landanteil und wie hoch die Zahlung gerechterweise hätten sein müssen, wobei die Ansichten recht auseinandergehen. Der immer wieder propagandistisch ausgeschlachtete „Landhunger“ der Bauern blieb für die agrarischen Verhältnisse typisch. Es ist dazu zu sagen, daß er wesentlich durch die extensive Bearbeitung des Bodens und die außerordentlich starke Bevölkerungsvermehrung zu erklären war. Die Bauernbefreiung hatte zu vielen Familiengründungen und zu einem starken Ansteigen der Geburtsziffern (1898 – 48,8 ‰) geführt.

(Im Jahre 1861 hatte Rußland 45 Millionen Einwohner, im Jahre 1917 110 Millionen.) Bis zum Sturz des Kaiserreiches fand übrigens ein fortgesetzter Übergang von Adelsland in Bauernland statt[1].

Die Erwartung der Bauern war durch diese Art der Landzuteilung schwer enttäuscht worden. So eindeutig positiv das Ergebnis in bezug auf die Rechtslage der Bauern war, so bedenklich war es in wirtschaftlicher Hinsicht. Die wirtschaftliche Abhängigkeit des Bauern vom Herrn hatte sich dadurch eher vergrößert als verringert. Die Kapitalisierung der Urproduktion wirkte sich eindeutig zugunsten des wirtschaftlich Starken aus. Um den Zahlungsverpflichtungen nachzukommen, mußten die Bauern für Entgelt das Land der Gutsherren bearbeiten, was sie als Fortsetzung des Frondienstes (bárschtschina) empfanden, und die Loskaufzahlungen waren für sie nichts anderes als der frühere Obrók und wurden von ihnen auch so bezeichnet. Von diesem Gesichtspunkt aus gesehen, schien alles beim alten geblieben zu sein. „Der Rechtstitel des Verhältnisses zwischen Herren und Bauern hatte sich verändert, nicht aber sein wirtschaftlicher Inhalt" (Otto Bauer). Der wirtschaftlichen Not der Bauern war nicht gesteuert; ihr Lebensstandard, auch in bezug auf den Lebensmittelverbrauch (zumal an Fleisch), blieb im Vergleich mit den Bauern der anderen europäischen Länder sehr niedrig[2].

Ebenso bedenklich war das Ergebnis in sozialer Hinsicht. Nur die Bindung an den Herrn war gefallen, die Bindung an die Gemeinde nicht. Denn die Gemeindeverfassung des Mir war beibehalten worden. Der Staat war fiskalisch daran interessiert, weil die Gemeinde für die Loskaufzahlung und die Steuerverpflichtung des einzelnen haftete. Durch die Reform waren die Bauern noch stärker als bisher in die Gewalt der Gemeinde gegeben, da die Polizeigewalt des Herrn jetzt auf den Mir überging. Damit gewann die Gemeinde das Recht, schärfste Strafen zu verhängen,

[1] 1861 besaß der Adel 77,8 Millionen Desjatinen, 1887 65,3 Millionen, 1905 49,9 Millionen, 1911 43,2 Millionen.

[2] Verbrauch von Brot und Kartoffeln je Kopf und Jahr in Pud: Rußland 16 bis 18; Deutschland 28; Frankreich 34; Dänemark 37; USA 62.

wie Zwangsarbeit und Verschickung nach Sibirien. Aber auch abgesehen davon wogen die besonders von den Slawophilen erhofften Vorteile die offenbaren Nachteile nicht auf. Objektiv hemmten die Umteilungen einen technischen Fortschritt, und subjektiv förderte der Kollektivbesitz eine sorglose Uninteressiertheit an der eigenen Leistung infolge der Erfahrung, daß Tüchtigkeit nicht das eigene Geschick bestimmt. Auch war die innere Bindung an die Gemeinde nicht fest und der erstrebte Rückhalt des Mir nicht stark genug, um den einzelnen vor einer Versickerung in eine bindungslose Isolierung zu bewahren. Trotz der fortbestehenden Zugehörigkeit zum Mir und trotz des gleichfalls fortbestehenden Anspruchs auch des Abwesenden auf seinen Anteil in der Gemeinde dauerte die Abwanderung in die Städte und in die – schlecht bezahlte – Arbeiterschaft fort. Vor einer Proletarisierung schützte auch die Mir-Gemeinschaft nicht. Zahlenmäßig fiel die Verstädterung bis zum Ersten Weltkrieg kaum ins Gewicht, zumal die Abgrenzung zwischen Bauer und Städter noch sehr unscharf blieb, gewann aber für die revolutionäre Bewegung eine nicht zu unterschätzende Bedeutung.

Alexander II. hatte die Durchführung der Bauernbefreiung genau überwachen lassen und in die einzelnen Gouvernements Sonderbeamte entsandt, die ihm persönlich über die Reaktion der Bauernschaft zu berichten hatten. Auf das Ganze gesehen, wurde die tiefgreifende Neuerung von den Bauern ruhig, z. T. mit Skepsis, z. T. mit Mißtrauen aufgenommen. Nur an wenigen Stellen kam es zu Unruhen, gelegentlich auch zu Ausschreitungen. Bald setzten aber, von der radikalen Intelligenzia propagandistisch genutzt und agitatorisch ausgeschlachtet, die wilden, unzusammenhängenden und lokal begrenzten traditionellen Bauernaufstände wieder ein.

Alexander hatte es abgelehnt, die Aufhebung der Leibeigenschaft mit der Einschränkung der autokratischen Herrschaftsform zu verbinden, weil er der Ansicht war, daß das „den tiefen Respekt des Volkes vor dem Thron des Kaisers“ beeinträchtigen werde und daß es bedenklich sei, „den Glauben an die unumschränkte Gewalt des Kaisers“ zu erschüttern. Diese Auffassung stand nicht im Widerspruch zu den fortgesetzten Bauernaufständen, denn die Aufstände richteten sich in alter Tradition weder gegen den Kaiser noch gegen die Autokratie, sondern gegen die „Herren". Auch in slawophilen Kreisen (J. Samarín) wurde die Ansicht vertreten, daß die Autokratie den wirksamsten Schutz gegen eine Ausbeutung der Bauern durch den Adel gewähre. Übrigens hat auch Bismarck, der ja unmittelbarer Zeuge dieser Vorgänge in Rußland war – er war 1858–1862 preußischer Gesandter in Petersburg –, der Ansicht Alexanders II. ausdrücklich beigepflichtet.

Der weitgehenden Unzufriedenheit der Bauern mit den Ergebnissen der Reform stand eine nicht minder weitgehende Unfähigkeit des Adels gegenüber, die sich bietenden Chancen positiv zu nutzen. In der seit Katharina verhätschelten, durch Vorrechte verwöhnten, an keine Pflicht gebundenen und von der Verantwortung ferngehaltenen aristokratischen Schicht war die Zahl jener sehr groß, die sich der neuen Situation nicht gewachsen zeigten, indem sie nur unter dem Gesichtspunkt privaten Interesses darauf reagierten. Durch die hohen Entschädigungen haben viele sich stark bereichern können. Der Anarchist Fürst Kropótkin weist in seinen Memoiren auf das Beispiel seines Vaters hin, der das Dreieinhalbfache des Marktpreises für das den Bauern überlassene Land erhielt. Das plötzlich gewonnene Bargeld wurde allzugern nur zur Erhöhung des Lebensstandards und nicht für produktive Zwecke verwendet. Daß Rußland nun noch mehr als bisher zu Europa gehöre, wurde von vielen russischen Aristokraten in Europa selbst – auf Reisen – in höchst zweifelhafter Weise durch eine betont luxuriöse Lebenshaltung zur Schau gestellt. Die Folge davon war, daß viele Güter die Umstellung wirtschaftlich nicht überdauerten und unter den Hammer kamen, so daß die sozialen Krisenerscheinungen noch durch wirtschaftliche vertieft wurden.

Gestaltwandel durch Reformen

Die Aufhebung der Leibeigenschaft zog eine Reihe weiterer Reformen nach sich, die im Verein mit den Auswirkungen der industriellen Revolution zu einem tiefgreifenden Gestaltwandel des Reiches führten. Zunächst folgte eine Reform der Selbstverwaltung

(Januar 1864). Bisher hatte die Verwaltung der Landkreise in den Händen des ortsansässigen Adels gelegen, war aber durch die Befugnisse der Zentralverwaltungsorgane (Gouverneure) sehr eingeschränkt. Jetzt wurden landische Selbstverwaltungsorgane in den Kreisen und in den Gouvernements geschaffen (sémstwo), in denen außer dem gutsbesitzenden Adel auch Kaufleute und Gewerbetreibende und die bäuerlichen Dorfgemeinden vertreten waren. Ihre Abgeordneten (glásnyje) wurden auf drei Jahre gewählt. Diese in zwei Stufen, auf Kreisebene und auf Gouvernementsebene, unter dem Vorsitz des jeweiligen Adelsmarschalls tagenden Sémstwo-Versammlungen wählten aus ihrer Mitte entsprechende Landschaftsämter (sémskije uprávy). Das Sémstwo als lokales Selbstverwaltungsorgan wurde einerseits mit umfassenden Aufgaben betraut, andererseits mit weitreichenden Befugnissen, wie z. B. Steuererhebungen ausgestattet. Zu den Kompetenzen des Sémstwo gehörten außer den Wirtschafts-, Ernährungs- und Verkehrsangelegenheiten seines Bereiches auch die Volksbildung, Wohlfahrtspflege, das Gesundheits- und Veterinärwesen.

Durch diese Reform wurden endlich auch die sog. gesellschaftlichen Kräfte (obschtschéstwennyje síly) aus der adligen und nichtadligen Intelligenzia zur verantwortlichen Mitarbeit an öffentlichen Dingen interessiert und herangezogen. Das hat sich einerseits sehr bewährt. Die Sémstwos haben viel Initiative und eine ausgedehnte und segensreiche Tätigkeit zur Hebung des allgemeinen Standes auf den ihnen übertragenen Gebieten und in den von ihnen begründeten, geleiteten und finanzierten Einrichtungen entfaltet (Schulen, Krankenhäuser, Versicherungsanstalten usw.). Andererseits blieb auch über dieser Aufbauarbeit ein tiefer Schatten gebreitet. Die Sémstwos waren in ihrer Tätigkeit auf die Billigung und Zustimmung der Gouverneure angewiesen, wobei die Kompetenzen nicht klar abgegrenzt waren. Die pausenlosen Auseinandersetzungen wurden durch die alte Kluft zwischen den Exponenten des Staates (Gouverneur) und jenen der Gesellschaft (Sémstwos) belastet. Die scharfe Abgrenzung zwischen beiden blieb bestehen, selbst dann, wenn deren Angehörige den gleichen liberalen Ideen huldigten, so daß man zwischen einem konservativen und einem revolutionären Liberalismus unterscheiden muß;

beide gingen getrennte Wege. Denn die sich zur Intelligenzia zählenden Sémstwo-Liberalen hielten an der Solidarität mit den radikalen Revolutionären fest, ohne die für sie selbst darin liegende tödliche Gefahr zu erkennen. Zwar gewannen sie dadurch zunächst an Bedeutung, und so schien es natürlich und logisch, daß nach dem Sieg der Revolution (1917) die Führung zunächst in ihre Hände überging (Fürst Lwow).

Die Liberalen im Regierungslager hatten mit Alexander II. an der Spitze infolgedessen ein berechtigtes Mißtrauen den revolutionären Liberalen gegenüber. Der Gegensatz verschärfte sich, als die Sémstwo-Liberalen versuchten, ihre Wirksamkeit auch über den lokalen Rahmen auszudehnen, über das Gouvernements-Sémstwo zu einem Reichs-Sémstwo zu gelangen und auf diese Weise eine konstitutionelle Regierungsform zu erreichen. Das stieß auf den Widerstand Alexanders II., obgleich er selbst einer Verfassungsreform nicht abgeneigt war, sie aber auf anderem Wege verwirklichen wollte.

Die alte Kluft zu überbrücken gelang um so weniger, als die Sémstwo-Organe selbst durch das Aufkommen des sog. „Dritten Elementes" radikalisiert wurden. Die zahlreichen vom Sémstwo ins Leben gerufenen Einrichtungen verlangten einen großen Stab an Angestellten. Da diese Sémstwo-Angestellten der nicht vorhandenen sozialen Schicht eines gebildeten Bürgertums nicht entnommen werden konnten, so entstand dadurch etwas soziologisch Neues, das neben Adel und Bauern als das „Dritte Element" bezeichnet wurde. Meist nur halbgebildet, aber intelligent und durch politischen Ehrgeiz ausgezeichnet, waren diese meist jungen Leute in der Regel radikaler als die Sémstwo-Abgeordneten selbst und gewannen im Selbstverwaltungsapparat bald einen erheblichen Einfluß, dessen sie sich sehr bewußt waren. Sie waren typische Vertreter der revolutionären Intelligenzia.

In Analogie zur landischen Selbstverwaltung erhielten auch die Städte – nach preußischem Vorbild – eine neue Ordnung (1870). Auch hier wurde eine gewählte Körperschaft, die Stadtduma, begründet, deren Glieder von den Immobilienbesitzern in drei Kurien je nach dem Steuerzensus gewählt wurden. Auch hier wählte die Duma ein Amt als ständiges Exekutivorgan. An der

Spitze der Stadt stand ein gewähltes – in Petersburg vom Kaiser ernanntes – Stadthaupt (gorodskój golowá). Auch die Kompetenzen der Stadtverwaltung entsprachen im wesentlichen denen der Sémstwo-Verwaltung auf dem Lande.

Im Zusammenhang mit dem allgemeinen wirtschaftlichen Aufschwung hat die städtische Selbstverwaltung dem Leben der Städte neuen Auftrieb und damit auch größeres Ansehen gegeben. Gleichwohl unterschieden sie sich vor allem soziologisch von den europäischen Städten noch erheblich. Das natürlich in den Städten sich besonders schnell entwickelnde „Dritte Element", das zudem noch als in der Regel besitzlos aus der Selbstverwaltung und damit aus der Verantwortung ausgeschaltet war, ist weder soziologisch noch politisch mit dem abendländischen, ständisch geschlossenen traditionsbewußten Bürgertum zu vergleichen.

Eine weitere Folge der Aufhebung der Leibeigenschaft war die Gerichtsreform (1864). Auch sie bedeutete eine weitere Angleichung an europäische Verhältnisse. An Stelle der patrimonialen Gerichtsbarkeit, die von den Gutsherren-Seelenbesitzern oft unter rein administrativen Gesichtspunkten, auch in Abwesenheit der Angeklagten schriftlich, ohne Unterstützung durch Verteidiger, unter Ausschluß der Öffentlichkeit und ohne Urteilsbegründung durchgeführt wurde, also weitgehend der Willkür ausgesetzt war, wurden jetzt unabhängige Gerichte begründet, in denen unabsetzbare und entsprechend vorgebildete, übrigens – um dem leidigen Bestechungsunfug zu steuern – sehr gut dotierte Richter öffentlich Recht sprachen. Die Angeklagten erhielten einen Anspruch auf eine Verteidigung. Auch die Bevölkerung wurde an der Rechtspflege beteiligt: in der untersten Gerichtsstufe, dem sog. Friedensgericht, durch die Wahl der Friedensrichter, in schweren Kriminalfällen durch Auslosung von Geschworenen.

Der Beruf des Verteidigers gewann infolge der innenpolitischen Zuspitzung und der sich wieder verschärfenden Polizei- und Zensurmaßnahmen ein besonderes politisches und soziales Gewicht dadurch, daß im Rahmen eines Plädoyers vor Gericht mehr gesagt werden konnte als sonst in der Öffentlichkeit. Mit ihrer Rhetorik brillierende Verteidiger haben sich in Rußland in der Gesellschaft eines ganz einzigartigen Ansehens erfreut. Gerichtsverhandlungen, in denen berühmte Verteidiger in politischen Prozessen auftraten. konnten, da sie mit Vorliebe von der vornehmen Damenwelt besucht wurden, zu gesellschaftlichen Ereignissen ersten Ranges werden. Die Atmosphäre bei einer solchen Gerichtsverhandlung hat Dostojéwskij im zweiten Band seiner „Brüder Karamásow" geschildert. Gleichzeitig mit der Gerichtsreform wurde auch der Strafvollzug „europäisiert". Die Knute war bereits unter Nikoláj I. abgeschafft worden, nun wurde jede Art körperlicher Züchtigung aufgehoben (bei Soldaten Spießrutenlaufen, bei Verbrechern brandmarken).

Auch die große Wehrreform bedeutete eine weitere Angleichung an europäische Verhältnisse. Der Grundgedanke dabei war, die Härten der immer noch fünfundzwanzig Jahre währenden Dienstzeit zu mildern und Heer und Volk einander näherzubringen. Unter maßgebender Mitwirkung des liberalen Kriegsministers Graf D. A. Miljútin (eines Bruders von Nikoláj Miljútin) wurde die Dienstpflicht jetzt auf fünfzehn Jahre herabgesetzt (sechs Jahre aktiv, neun Jahre Reserve) und auf die gesamte Bevölkerung, also auch auf den bisher davon befreiten Adel ausgedehnt. Am 1. Januar 1874 wurde die allgemeine Wehrpflicht für alle Zwanzigjährigen eingeführt. Da die Jahrgänge erheblich größer waren als der jährliche Bedarf an Soldaten, so wurden einerseits bestimmte Kategorien von der Dienstpflicht befreit (einzige Söhne, Ernährer von Familien, Brüder von Soldaten) und unter den übrigen die Einzuziehenden ausgelost. Gleichzeitig wurde für eine humane Behandlung der Soldaten und auch für eine elementare Bildungsgrundlage (lesen und schreiben) gesorgt.

Die mit der Regierung Alexanders II. einsetzende Tauwetterperiode wirkte sich am augenfälligsten auf allgemein-kulturellem Gebiet aus. Die drückenden Beschränkungen aus der Zeit Nikolájs I. fielen, Auslandsreisen wurden wie zur Zeit Alexanders I. nicht nur erlaubt, sondern empfohlen und erleichtert; die Furcht von einer Infizierung durch den Geist Europas bestand nicht mehr. Die Zensur für Bücher fiel ganz fort, wurde aber für Broschüren und kleinere Werke aufrechterhalten. Die Autonomie der Universitäten wurde erneuert und erweitert, die Lehrfreiheit wiederhergestellt. Die Studenten, die der Regierung reichlich Anlaß zu

Mißtrauen gaben, erhielten aber nicht das Recht zu Zusammenschlüssen, was wiederholte, für russische Verhältnisse ebenso typische wie unerfreuliche Studentenkrawalle zur Folge hatte. Der Besuch von höheren Schulen und Hochschulen wurde jetzt grundsätzlich den Kindern aller sozialen Schichten gestattet und von Aufnahmeprüfungen abhängig gemacht. Besondere Aufmerksamkeit wurde der Frauenbildung geschenkt. Gerade in dieser Hinsicht ist Rußland sehr fortschrittlich gewesen. In sog. „höheren Frauenkursen" wurde den jungen Mädchen auch eine Hochschulausbildung gewährt; in besonderen medizinischen Frauenkursen (bereits seit 1872) wurden weibliche Ärzte ausgebildet. Auch diese Bildungsanstalten waren grundsätzlich allen Schichten der Bevölkerung zugänglich. Die „Kursistka" war das weibliche Gegenstück zum Universitätsstudenten. Sie hat, wie auch der Student, ihr Betätigungsfeld aber keineswegs nur auf kulturellem Gebiet, sondern mit Vorliebe in der Politik – selbstverständlich im revolutionären Sinne – gesucht und gefunden.

In die Regierungszeit Alexanders II. fiel die zweite Hochblüte der russischen Literatur. Die meisten Romane Turgénjews (Rudin 1856, Erste Liebe 1859, Väter und Söhne 1862, Dunst 1867, Neuland 1877), das Gesamtwerk Dostojéwskijs (außer seinen Frühwerken) und die bedeutendsten Romane Leo Tolstójs (Krieg und Frieden 1868, Anna Karenina 1875), sind in dieser Zeit erschienen. Die Namen Ostrówskij, Nekrássow, Saltyków, Alekséj Tolstój, Gontscharów, Lesków vervollständigen das Bild vom damaligen Stande der russischen Literatur. Ihre Weltgeltung hat diese große Literatur allerdings erst langsam erlangt. Fast unbemerkt kündigte sich aber bereits damals eine Wende in dem Verhältnis zwischen Rußland und Europa an: nach einer jahrhundertelangen einseitigen geistigen Befruchtung Rußlands durch Europa bahnte sich hiermit auch eine geistige Beeinflussung Europas durch Rußland an.

Zur Durchführung der letzten von Alexander II. vorbereiteten Reform, der Verfassungsreform durch Einführung einer beratenden Volksvertretung – den Erlaß dazu hatte er am Tage seiner Ermordung unterzeichnet –, ist es ja nicht mehr gekommen.

Über der Reformtätigkeit Alexanders II. liegt der Schatten einer tiefen Tragik. Die Reformen hatten den Staat von Grund auf gewandelt und faktisch, wenn auch nicht verfassungsrechtlich, weitgehend demokratisiert. Der mächtige Adel hatte seine bisher privilegierte Stellung verloren. Gleichzeitig waren damit aber neue soziale Kräfte frei geworden, die, durch die fortschrittliche Bildungsreform begünstigt, ungestüm vorwärtsdrängten. Auch jetzt scheint die Entwicklung, wie seinerzeit unter Peter dem Großen, sich in einem zu schnellen Tempo vollzogen zu haben. Für eine so weitgehende Angleichung an in Europa viel langsamer gewachsene und fester fundierte Verhältnisse waren in Rußland die Vorbedingungen nur sehr bedingt vorhanden. Die intelligente und fortschrittsrabiate russische Jugend, die alles Neue gierig und unverdaut aufnahm, war den neuen Gegebenheiten zum großen Teil innerlich nicht gewachsen. Anstatt die Segnungen, die ihr z. B. durch die Hochschulbildung zuteil wurden positiv zu nutzen, gab sie ihnen nur zu gerne eine Wendung ins Negative.

Alexander II. hatte die Absicht, als er das in der nikolaitischen Periode angestaute Eis zum Tauen brachte und durch seine Demokratisierunsmaßnahmen berechtigten Forderungen entgegenkam, die Widerstände gegen den Staat und gegen sich selbst, wenn nicht ganz zu beseitigen, so doch zu schwächen. Er hatte sich bitter getäuscht. Das Tauwasser mündete in ein „aufgewühltes Meer", wie der Titel eines Romans aus jener Zeit lautet.

Revolutionäre Aktivität. Nihilismus und Terror

Die erste Reaktion auf das Manifest über die Aufhebung der Leibeigenschaft war sehr positiv, z. T. enthusiastisch. Sogar der Atheist Herzen rief – in einer Schlagzeile seines „Kólokol" – begeistert aus: „Du hast gesiegt, Nazarener!" Als aber bei den Bauern die Enttäuschung einsetzte, machte sich die Intelligenzia diesen Umstand propagandistisch zunutze, und unter dem Einfluß ihrer radikalen Führer setzte bereits im Sommer 1861 eine Flugblattagitation ein, die von fortgesetzten Studentenunruhen begleitet wurde. Die Behörden antworteten mit der Relegierung der Studenten.

Die revolutionäre Aktivität trug von vornherein einen unausgereift studentischen Charakter. Ihre Wirkungskraft erhielt sie weniger durch das Gewicht der Argumente als durch ihren „großen Atem", den Schwung der Begeisterung, die Maßlosigkeit bei der Zielsetzung, die Radikalität der Formulierungen. Immer wieder wurde der „Wille der Nation" beschworen und selbstverständlich mit dem eigenen Willen identifiziert.

In den Flugblättern, die z. T. an den Kaiser persönlich gerichtet waren, kamen auch recht aktuell anmutende Wendungen vor: „Rußland erwache! Erwache aus Deinem langen Schlaf der Gleichgültigkeit! Lange genug haben die Nachfolger Dschingis-Chans uns in Knechtschaft gehalten! Erhebe Dich! Richte Dich auf vor dem Thron des Despoten und verlange Rechenschaft von ihm!" hieß es in einem Flugblatt, und in einem anderen: „Rußland tritt in die revolutionäre Periode seines Daseins: die blutige und unerbittliche Revolution, die alle Grundlagen der jetzigen Gesellschaft radikal verändern und die Anhänger dieser Ordnung vernichten muß ... Wir schrecken vor nichts zurück, obgleich wir wissen, daß Ströme von Blut fließen werden." (Molodája Rossíja.)

Die revolutionäre Aktivität wurde mit einem Protest gegen die Europäisierung verbunden und nach dem „eigenen Weg" und dem „neuen Wort" Rußlands verlangt. In den sechziger und siebziger Jahren verlagerte sich die Aktivität auf den slawophil beeinflußten radikalen Zweig. Das hinderte nicht, daß auch radikale Parolen von Herzen begierig aufgegriffen wurden. Angeregt durch eine simplifizierende Formulierung Herzens – „Was braucht das Volk? Sehr einfach: Land und Freiheit!" – entstand unter dem Namen „Land und Freiheit" (semljá i wólja 1861) eine geheime revolutionäre Organisation, die sich typischerweise zum Ziel setzte, nicht allein die Zustände und Einrichtungen zu ändern, sondern den Menschen selbst – natürlich im Weltmaßstabe – umzuwandeln. Von dieser Organisation, zumal von ihren weiblichen Mitgliedern, wurden so radikale Forderungen erhoben wie die Abschaffung der veralteten, „höchst unmoralischen Institution" der Ehe, öffentliche Erziehung der Kinder, Abschaffung des Privateigentums usw.

Träger dieser Bewegung war die Intelligenzia, und der Wunsch lag sehr nahe, die gelenkte und organisierte Aktion mit den wilden, weder gelenkten noch organisierten Volksaufständen zu einer Einheit zusammenfließen zu lassen. Wiederum zündete eine von Herzen ausgegebene Parole: „Ins Volk! Ins Volk! Dort ist Euer Platz, Ihr aus der Wissenschaft Vertriebenen. Zeigt, daß aus Euch keine Federfuchser, sondern Krieger des russischen Volkes hervorgehen." (Kólokol.) Das war der Anstoß zur Bewegung des Naródnitschestwo, d. h. zum Versuch der sog. Naródniki[1], das Volk selbst in die Revolution einzubeziehen und ihr dadurch den Charakter einer Massenbewegung zu geben.

Unter der Devise „alles für das Volk, alles durch das Volk" und getragen von einem starken emotionalen Auftrieb, fanatisiert und gläubig, in einer Art Kreuzzugsstimmung – „Die Zeiten der Apostel kehren wieder!" – warfen die jungen Naródniki alles hin, was sie an ihre bisherige Lebensstellung band und gingen ins Volk, um den, von den Theoretikern der Naródniki verherrlichten, Mushík für die Revolution zu gewinnen. Zahlreiche Offiziere nahmen zu diesem Zweck ihren Abschied.

Die Bewegung des Naródnitschestwo verlief in zwei Wellen. Während das erste Naródnitschestwo in den sechziger Jahren im Sinne Herzens den Nachdruck auf das „Predigen" legte, d. h. auf die Aufklärung der Bauern, wurden im zweiten Naródnitschestwo in den siebziger Jahren, enttäuscht durch die bisherigen Mißerfolge, unter dem Einfluß des radikalen Schriftstellers Peter Lawrów noch höhere Anforderungen an die Selbstlosigkeit der jungen Idealisten gestellt. Im niederdrückenden „Gefühl einer ungetilgten Schuld vor der großen Armee der Werktätigen" (Leo Tolstój) begannen die „mit jeglicher Wissenschaft Beschäftigten ... sich ihres erbärmlichen, auf ein persönliches Glück gerichteten Lebens zu schämen". Jetzt entschlossen sie sich, ins Volk zu gehen, nicht um zu predigen, sondern um ganz mit den Bauern zu leben, ihnen zu helfen und ihr Vertrauen zu gewinnen.

[1] Der vom Worte Naród (Volk) abgeleitete Ausdruck Naródniki ist ins Deutsche oft mit „Volkstümler" übersetzt worden. Das ist irreführend. Mit Volkstum hat dieses Wort überhaupt nichts zu tun. Richtiger wäre Volksleute oder Volksfreunde.

Beide Versuche des Naródnitschestwo schlugen vollständig fehl. Die jungen Intelligenzler und die primitiven Bauern lebten in zu verschiedenen Welten, um auch nur eine gemeinsame Sprache zu finden, geschweige denn ein gemeinsames Leben. Der Mushík zeigte sich mißtrauisch und ablehnend gegenüber dem ihm vollständig unbegreiflichen Verhalten der Söhne und Töchter seiner „Herren". Manche der sich für die Bauern zu opfern bereiten Revolutionsapostel wurden von den Bauern der Polizei übergeben, einige sogar umgebracht. Nur wenigen gelang es, im Dorf wirklich Fuß zu fassen, aber ihr Ziel erreichten auch diese nicht.

Das Fiasko des Ins-Volk-Gehens warf die Naródniki wieder in die vom Volk fast ganz isolierte Intelligenzia zurück. Gleichzeitig führte die Enttäuschung zu einer Änderung und Radikalisierung der revolutionären Methode. Als Weg zum Ziel wurde jetzt die konspirative, straff disziplinierte, zentral geleitete und in kleine Zellen aufgegliederte Organisation gewählt und als Methode die individuelle heroische Tat, die „Abrechnung" (raspráwa), der Terror.

Im April 1866 hatte ein relegierter Student (Karakósow) ein Attentat auf Alexander II. verübt. Die Ironie des Schicksals wollte es, daß dabei ein Bauer den Kaiser vor dem adligen Attentäter rettete. Karakósow hatte noch ohne Auftrag gehandelt, aber seit dem Ende der sechziger Jahre wurde der Terror organisiert – zunächst als eine Art Einschüchterungsmethode unter betonter Schonung des Kaisers. Als die erwünschten Erfolge ausblieben, setzte in der Mitte der siebziger Jahre die systematische „Jagd auf das kaiserliche Edelwild" durch die Terrororganisation „Der Volkswille" (naródnaja wólja) ein[1].

Die jungen Intelligenzler gaben sich mit geradezu wütender Begeisterung dem revolutionären Heroismus hin. Dabei spielte das Problem Väter und Söhne stark mit hinein und behielt seine Aktualität bis zum bolschewistischen Umsturz. Die revolutionäre Tätigkeit nahm, da sie nicht von einer sozialen Schicht getragen war, den Charakter des Aufruhrs einer Generation gegen die andere an. Der Aufstand der Söhne gegen die Väter – ein beliebtes Thema der russischen Romanliteratur von Iwán Turgén-

[1] Wólja bedeutet sowohl Freiheit als auch Wille.

jew bis Andréj Bélyj – hängt sehr eng mit der blinden und verantwortungslosen, jede Selbstkritik der Jugend unterbindenden Heroisierung der jeweiligen jungen Generation durch die Intelligenzia zusammen. Ein Beispiel für die Verzahnung der Kampffronten gibt ein Polizeibericht (1875) über fünf unter weiblicher Leitung stehende revolutionäre Zellen. Eine wurde von einer reichen Gutsbesitzerin geführt, eine weitere von der Frau eines Gendarmerieobersten und zwei von Generalstöchtern.

In diesen zwei Jahrzehnten wurde für die junge Generation in Rußland jener Nihilismus typisch, der aus der schönen russischen Literatur weithin bekanntgeworden ist. Seine theoretischen Grundlagen waren höchst verworren, um so eindeutiger die alle Grenzen überschreitenden Folgerungen. „Ausrotten ohne jede Überlegung" war die Parole des Popensohnes Sergéj Netschájew (1847–1882), eines kalten Zynikers, wohl der unerfreulichsten Figur in der ganzen Bewegung (er ist das Urbild des Peter Werchowénskij in Dostojéwskijs „Dämonen"). Der adlige Gutsbesitzerssohn Peter Tkatschów machte den Vorschlag, die gesamte über fünfundzwanzig Jahre alte Bevölkerung Rußlands zu liquidieren, um damit den Weg frei zu machen. Tkatschów (1844–1888) hat übrigens bereits damals, im Unterschied zu anderen Nihilisten (Bakúnin), die später praktisch von Lenin befolgte Forderung aufgestellt, die Staatsgewalt nicht zu vernichten, sondern in die eigenen Hände zu nehmen, d. h. den Staat nicht zu beseitigen, sondern ihn zu erobern.

Der Nihilismus war keine Lehre, sondern eine geistige Haltung, ein Zustand des inneren Losgelöstseins von allen Bindungen, von jeder Autorität und Ordnung in eitler Egozentrik, ohne Orientierung und ohne Boden. Er war die „leidenschaftliche Bejahung des Unwertes aller Werte" (Weidlé). Primitiv materialistisch erkannten die Nihilisten nur an, was unmittelbar Nutzen brachte und gefielen sich darin, ein Paar Schuhe höher zu werten als das Gesamtwerk Shakespeares. Dabei trieben sie einen wahren Götzendienst mit der Naturwissenschaft und deren praktischer Auswertbarkeit. Sie hatten sich einem utopischen Denken ergeben, das von einer wissenschaftlichen Umwandlung sowohl der außermenschlichen wie auch der menschlichen Natur selbst das Paradies auf

Erden erwartete. Der Dichter Tjútschew hat von den Nihilisten gesagt, sie seien „verrannt in die Rechte der Vernunft, auf die sie um so mehr pochen, je weniger sie davon Gebrauch machen."

Der Nihilist ist nicht unbedingt mit dem Terroristen gleichzusetzen, aber der materialistische Nihilist hat den idealistischen Terroristen geprägt und ihn zu seinem Opfer gemacht. Die geistigen Väter des Nihilismus und Drahtzieher der revolutionären Bewegung, z. T. Universitätsprofessoren, haben die ihnen anvertraute Jugend in unverantwortlicher Weise mißbraucht. Sie haben darin – zum Verhängnis vieler Tausender, wahrscheinlich Millionen junger Menschen – auch außerhalb Rußlands Schule gemacht. Ihre Entdeckung, daß im politischen Kampf niemand so zuverlässig, unbestechlich, selbstlos und der Korruption so wenig zugänglich ist wie sehr junge Menschen, hat die russische Intelligenzia seit den sechziger Jahren dazu verleitet, den Idealismus, die Begeisterungsfähigkeit und die Opferfreudigkeit dieser jungen Männer und Frauen skrupellos zu ihren politischen Zwecken zu nutzen. Die kaiserliche Autokratie hat das nicht getan. Aber moderne Diktaturen haben diese traurige Tradition aus der revolutionären Bewegung der russischen Intelligenzia bekanntlich aufgenommen.

Ohne wirkliche Kenntnis der faktischen Verhältnisse im Reich, ohne eine mögliche Abhilfe der Übelstände beurteilen zu können und ohne jedes Augenmaß für sich selbst, hat die revolutionäre Jugend beiderlei Geschlechts in ihrer Vermessenheit sich dazu berechtigt und dazu berufen gesehen, das Reich zu terrorisieren, gegebenenfalls zu demolieren, wobei sie zuerst sich selbst und schließlich ihre revolutionären Verbrechen sakralisierte. „Der Revolutionär ist ein geweihter Mann", verkündete Bakúnin in seinem Katechismus. Indem die Terroristen sich und anderen die Komödie eines Schuldspruches vorspielten, auf Grund dessen der Kaiser nicht zu ermorden, sondern „hinzurichten" sei, und verführt durch eine ihrer Eitelkeit schmeichelnde Publizität in der ganzen Welt, gaben sie sich der naiven und törichten Illusion hin, daß durch die Ermordung eines so gutwilligen und für sein hohes Amt so qualifizierten, wenn auch vielen Schwierigkeiten nicht gewachsenen Monarchen wie Alexander II. für Rußland oder für ihren revolutionären Egoismus etwas gewonnen wäre.

Alles in allem nur etwa tausend Personen – auch die Polizei schätzte die Zahl der Terroristen um ein Vielfaches höher –, lösten diese ethisch hochstehenden Verächter der Moral infolge ihrer persönlichen Lauterkeit und Uneigennützigkeit, ihrer Furchtlosigkeit, Überzeugungstreue und Opferbereitschaft, gleichsam im Lichte eines revolutionären Heiligenscheines, in weiten Kreisen ehrliche Bewunderung und offen gezeigte Verehrung aus. „Ohne Wissen um das Geheimnis des Kreuzes legten sie einen Opfermut an den Tag, mit dem sie die Christen jener Zeit beschämten“ (Berdjájew). Als nach einem mißglückten Attentat auf den General Fjódor Trépow die Attentäterin Wera Sassúlitsch, ein adliges Mädchen, vom Schwurgericht freigesprochen wurde, sind ihr begeisterte Ovationen gebracht worden, an denen sich auch Generäle und hohe Beamte beteiligten.

In den siebziger Jahren drang die revolutionäre Agitation auch in Arbeiterkreise und fiel dort auf fruchtbareren Boden als bei den Bauern. Die Arbeitsverhältnisse waren z. T. grauenhaft bei kümmerlicher Entlohnung und langer Arbeitszeit. In den großen Städten entstanden die ersten Arbeiterorganisationen, in Kiew der Südverband russischer Arbeiter (1875) und in Petersburg der Nordverband (1876). Die Ziele dieser bewußt proletarischen Organisationen waren nicht nur sozial, sondern auch politisch. Zunächst glaubten die Arbeiter im Gegensatz zu den Naródniki, ihre Ziele mit legalen Mitteln erreichen zu können, aber auch sie, jedenfalls einen Teil von ihnen, führte die Erfolglosigkeit ins Lager der Terroristen. Der Begründer des Nordverbandes, der Tischler Stepán Chaltúrin, wurde schließlich selbst zum Attentäter (mißlungenes Attentat im Winterpalais 1880).

Es kam schnell zu einer engen und durch keine sozialen Rückgefühle gestörten Zusammenarbeit zwischen Arbeitern (der sog. Arbeiterintelligenz) und Studenten. An zahlreichen Aktionen nahmen sie gemeinsam teil und standen oft gemeinsam vor Gericht. Nach dem Bericht des preußischen Gesandten Schweinitz über einen dieser Prozesse, den sog. Prozeß der Fünfzig (1877), setzten „diese im ganzen gutmütigen Missionare blutiger Doktrinen, unwissend, aber begabt, oft des Schreibens unkundig, aber der Rede in einer Weise mächtig, die die Beredsamkeit der Advokaten noch übertraf, die Zuhörer in Bewunderung". Auf diesem Prozeß hat der Textilarbeiter Pjotr Alekséjew in flammenden Worten die studentische Jugend gepriesen: „Der russische Arbeiter" – sagte er – „kann nur auf sich selbst vertrauen und von niemandem Hilfe erwarten, außer von unserer Intelligenzia-Jugend. Sie hat uns brüderlich die Hand gereicht. Sie allein hat wie ein guter Freund sich vorgenommen, uns aus dem niederreißenden Strudel des Elends zu retten."

Faktisch haben die sinnlosen Aktionen dieser verblendeten Terroristen niemandem genützt, aber sehr viel Schaden angerichtet. Nach zahlreichen mißglückten Attentaten fiel Alexander II. ihnen am 1. März 1881, unmittelbar nachdem er einen Erlaß über die Berufung einer Volksvertretung unterzeichnet hatte, zum Opfer. Die Leitung des Attentats lag in Händen einer adligen Gouverneurstochter (Sófja Perówskaja), die Bomben hatte eine schwangere jüdische Studentin (Hesja Helfmann) gefertigt, geworfen wurden die Sprengkörper von zwei Studenten.

Zehn Tage darauf richtete das Exekutivkomitee der Terrororganisation „Naródnaja Wólja" eine Art Ultimatum an den neuen Kaiser Alexander III. Indem es den Mord an seinem Vater für eine „unvermeidliche Notwendigkeit" erklärte, behauptete das Komitee, daß „alle Reformen die Lage des Volkes nur noch verschlimmern", und prophezeite in düsteren Worten „einen furchtbaren Ausbruch, eine blutige Revolution, eine krampfhafte, ganz Rußland umfassende Erschütterung, die die Vernichtung der alten Staatsordnung vollenden wird". Das Komitee verlangte „die freiwillige Übertragung der höchsten Gewalt an das Volk". Für diesen Fall erklärten sich die Terroristen bereit, „ihre Tätigkeit einzustellen und sich der kulturellen Arbeit zum Wohle des Volkes zu widmen", widrigenfalls wollten sie den Terror fortsetzen.

Genützt hat diese Drohung mit Terror ebensowenig wie vorher der Terror selbst. Die Regierung griff ihrerseits zu Gewaltmaßnahmen. So setzte schon in der Regierungszeit Alexanders II. ein grausamer und sinnloser Kampf zwischen der Intelligenzia und den Staatsfunktionären ein, der vollständig unfruchtbar blieb, gleichgültig ob Terrorakte durchgeführt wurden wie unter Alexander II. oder ob sie rechtzeitig verhindert, bzw. unterbunden werden konnten wie unter Alexander III.

Für die weitere Entwicklung der revolutionären Bewegung wurde wichtig, daß auch im Lager der Naródniki einzelne überlegene Köpfe die Sinnlosigkeit des sog. individuellen Terrors und die Unfruchtbarkeit der nihilistischen Geisteshaltung erkannten und sich sowohl von der Theorie des Naródnitschestwo wie von der Praxis der Terroristen lossagten. Dadurch verlagerte sich das Schwergewicht der revolutionären Bewegung vom „russischen Weg“ wieder auf den „europäischen Weg“, d. h. auf den westlerischen Zweig des radikalen Flügels. Es vollzog sich damit, in engster Anlehnung an die Entwicklung in Europa, zumal in Deutschland, der Übergang zum wissenschaftlichen Sozialismus und zu einer marxistischen Arbeiterbewegung.

Den ersten Anstoß dazu gab ein bisheriger Naródnik, der damals zwanzigjährige adlige Student Geórgij Walentínowitsch Plechánow, der noch unter der Regierung Alexanders II. (1879) diese Schwenkung machte und einige Jahre später (1883) in Genf die marxistische Gruppe „Befreiung der Arbeit“ (oswoboshdénije trudá) begründete. Später gingen die Brüder Uljánow den gleichen Weg. Der ältere Bruder Alexander, ein Naródnik, wurde wegen der Vorbereitung eines Attentats auf Alexander III. hingerichtet (1887), der jüngere Bruder, Wladímir, zog die Konsequenz und schloß sich der marxistischen Arbeiterbewegung an. Die russische sozialdemokratische Arbeiterpartei wurde 1898 in Minsk begründet. Das Parteimanifest wurde vom bekannten Nationalökonom Prof. Peter Struve verfaßt. Die in ihrer Zielsetzung nicht minder radikalen, in ihren Methoden und in ihrer Doktrin von den Naródniki abweichenden, theoretisch besser geschulten und durchgebildeten russischen Sozialdemokraten haben sich allerdings nur sehr langsam und in ständiger Kontroverse mit den Naródniki innerhalb der revolutionären Bewegung durchsetzen können.

Die Abgrenzung gegenüber dem Naródnitschestwo und dem Terrorismus hat Plechánow nach einem langjährigen Aufenthalt im Auslande und einem gründlichen Studium des Marxismus auf dem ersten Kongreß der Zweiten Internationale (1889) klar formuliert. Er lehnte den Mir als eine Stütze der Selbstherrschaft entschieden ab, desgleichen die Ansicht, daß die landwirtschaftliche Entwicklung die Grundlage der Revolution sein könne. „Die Kraft und Selbstlosigkeit unserer revolutionären Ideologen" – sagte er – „mögen ausreichen zum Kampf gegen die Zaren als Personen, aber sie sind unzureichend im Kampf gegen den Zarismus." Die Aufgabe der revolutionären Intelligenzia umriß er mit den Worten: „Sie soll sich die Erkenntnis des wissenschaftlichen Sozialismus zu eigen machen, sie unter den Arbeitern verbreiten und mit Hilfe der Arbeiter die Feste der Selbstherrschaft erstürmen. Eine revolutionäre Bewegung in Rußland kann nur siegen als Arbeiterbewegung. Einen anderen Weg gibt es nicht und wird es nicht geben."

Der politische Kurs der Regierung gegenüber der revolutionären Bewegung war unter Alexander II. schwankend. Im Lager der Machthaber, zumal bei der Bürokratie, aber auch beim Adel, der sich als der eigentlich leidtragende Teil in der Reformära fühlte, gab es starke und einflußreiche restaurative Kräfte, die sich dem liberalen Kurs mit Erfolg widersetzten. Andererseits machte Alexander II. immer wieder den Versuch, die aufgewühlte Stimmung in der Intelligenzia durch Entgegenkommen zu besänftigen bzw. die Gemäßigten zu gewinnen.

Infolge des unerträglich gewordenen Terrors wurden verständlicherweise noch in der Regierungszeit Alexanders II. die Polizeimaßnahmen wieder verschärft, desgleichen die Zensur. Die Zügel wurden wieder fester gezogen und – nach dem Attentat im Winterpalais – vorübergehend ein diktatorisches Regime unter Graf Lorís-Mélikow, einem Armenier, eingeführt (Februar 1880). Nach Aufhebung der Diktatur machte Lorís-Mélikow, darin vom Kaiser unterstützt, noch einmal den vernünftigen Versuch, die liberale Intelligenzia für eine Zusammenarbeit zu gewinnen. Zu dem Zweck bemühte er sich, sie vom radikalen Flügel zu trennen, indem er die Maßnahmen gegen die Radikalen verschärfte, aber gegen die Gemäßigten milderte (Begnadigungen, Entlassungen aus Gefängnissen, Zulassung gemäßigter Zeitschriften). Aber auch ihm blieb der Erfolg versagt. Die revolutionären Liberalen – man hat sie neuerdings zu Unrecht überhaupt nicht mehr zu den

Liberalen zählen wollen (Leontówitsch) – sahen sich dem billigen Hohn ihrer radikalen Revolutionsgenossen ausgesetzt[1], scheuten aber vor einer Zusammenarbeit mit den konservativen Liberalen im Regierungslager zurück. Eine gemeinsame Sprache fanden die Liberalen hüben und drüben nicht.

Man hat das tragische Ergebnis der Reformpolitik Alexanders II. damit zu erklären versucht, daß er sich angeblich mit halben Maßnahmen begnügte. In der Regel wird dabei verschwiegen, worin die Ganzheit hätte bestehen sollen. Ein halbes Jahrhundert später sollte das Jahr 1917 gerade die Liberalen lehren, wohin „ganze Maßnahmen" in Rußland führen können.

[1] Einer der Spottverse über die Liberalen lautet:

Péred lizóm wsej názii	Vor dem Antlitz der Nation
i wséj administrázii	und der Administration,
wwidú natschálstwa strógawo	vor der gestrengen Obrigkeit
my prósim, graf, nemnógawo:	wir bitten, Graf, 'ne Kleinigkeit:
da wy by nam chotj kúzuju	so gebt uns irgendeine schon,
da dáli konstitúziju.	sei's eine schäbige Konstitution.

10. ASIENPOLITIK, IMPERIALISMUS UND PANSLAWISMUS

Die Zeit seit etwa 1880 wird bekanntlich als Zeitalter des Imperialismus bezeichnet. Wie alle Großmächte hat auch Rußland unter dem Vorantritt Englands an der imperialistischen Politik teilgehabt, wenn man darunter die Kombinierung von politischem Expansions- und Herrschaftsstreben mit kapitalistischen Wirtschaftsinteressen versteht. Ein Streben nach Weltherrschaft bedeutete das aber nicht. Die vielzitierte Behauptung Friedrich Engels': „Rußlands nie wechselndes und nie aus dem Auge gelassenes Ziel" sei die Weltherrschaft gewesen, trifft nicht zu.

Die Vorläufer des Imperialismus machten sich in Rußland bereits in den siebziger, z. T. sogar in den sechziger Jahren geltend. Ihr Betätigungsfeld fanden sie zunächst in der Asienpolitik. Über eine Intensivierung der Asienpolitik war in Petersburg ein einheitlicher Wille nicht vorhanden. Asien galt den europäisch orientierten Staatsmännern und Diplomaten als ein Nebenschauplatz der Politik. Der Außenminister Nikolájs I., Nesselrode (bis 1856), wehrte sich entschieden dagegen, seine europäische Außenpolitik durch asiatische Abenteuer zu belasten.

Die Bedeutung des riesigen sibirischen Raumes für Rußland erschien vielen überhaupt problematisch. Sibirien war ja bis in die zweite Hälfte des 19. Jahrhunderts hauptsächlich ein Deportationsland gewesen, ein Land der Verbrecher und Zwangsarbeiter, der politisch Verschickten und der Verbannten, der unglücklichen Dekabristen und ihrer Frauen, das Land der „Totenhäuser" und des Grauens, an das man am besten gar nicht dachte. In Petersburg erschien es durchaus fraglich, ob dieses Land einer intensiven politischen Betätigung überhaupt wert sei, ob es nicht die europäische russische Entwicklung zu sehr beanspruche, ob nicht „die weite Ebene zum Fluch für Rußland" werden könne.

„Nach allen Seiten quellen ja die Probleme über, sobald die Frage: Rußland in Asien, Rußland und Asien gestellt wird und sich so überhaupt das Problem Rußland erst in seiner ganzen Tiefe

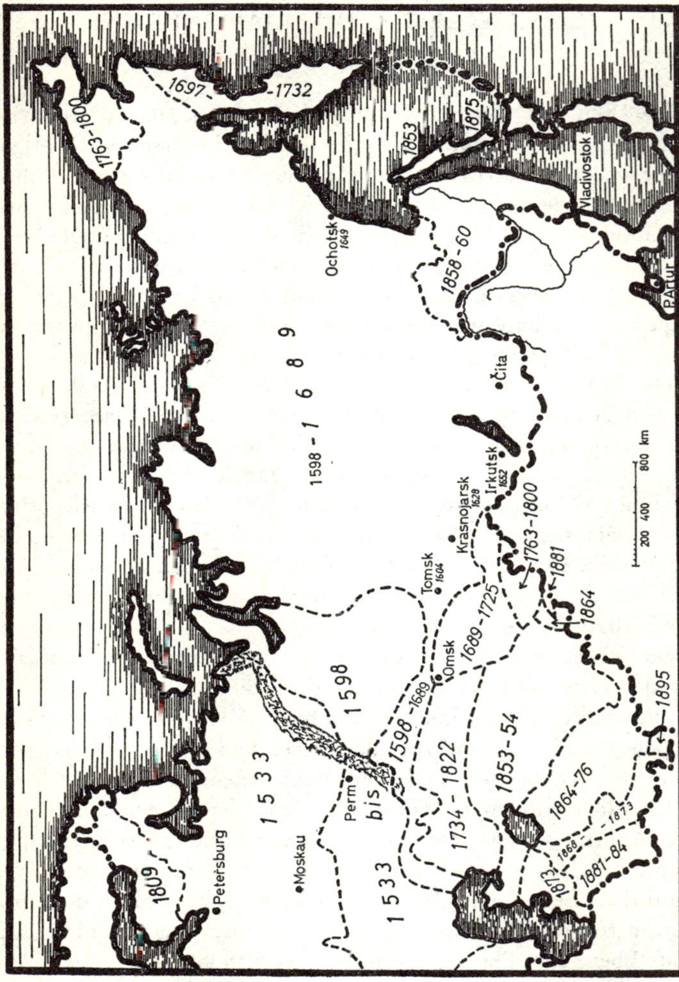

Die Expansion Rußlands im Osten vom 16. bis zum 19. Jahrhundert.

auftut“ (Hoetzsch). In voller Tiefe tat es sich wohl erst unter Alexander II. auf, der schon als Thronfolger – in betontem Gegensatz zu Nesselrode – ein großes Interesse für asiatische Fragen gezeigt hatte. Aber geruht hat die asiatische Betätigung Rußlands seit dem 16. Jahrhundert nicht mehr. Im 18. Jahrhundert (1741) war Alaska von Bering entdeckt und von Rußland in Besitz genommen worden, – ein für die russische Geschichte ungewöhnliches Beispiel eines überseeischen Betätigungsdranges. Im Großen war seit Peter dem Großen aber die Stoßrichtung in Asien mehr nach Süden gewendet, beiderseits des kaspischen Meeres nach Persien und weiter östlich nach Zentralasien hinein.

Im Kaukasus hatte sich bereits unter Alexander I. das christliche Georgien freiwillig dem Russischen Reich angegliedert (1801); es hat allerdings langer Kämpfe mit den mohammedanischen Bergvölkern bedurft, die z. T. gefährliche Aufstände entfesselten, wie unter Schamýl (1825–1859), ehe dort eine endliche Befriedung unter Alexander II. erreicht wurde.

Im Fernen Osten war Rußland in seiner „Jagd nach der Grenze“, wie bereits berichtet (vgl. S. 299) am Ende des 17. Jahrhunderts gegenüber China an eine Grenze gestoßen, die im Vertrag von Nertschinsk (1698) festgelegt worden war. Der Expansionsdrang einerseits und die offenbare Machtlosigkeit des chinesischen Reiches andererseits hielten aber in Rußland das Bestreben wach, die Fesseln des Nertschinsker Vertrages zu sprengen, den asiatischen Besitz im Fernen Osten „abzurunden“ und die Küste des Stillen Ozeans in breiter Front zu gewinnen.

Realisiert wurden diese Bestrebungen schließlich von unternehmungslustigen Offizieren und „Konquistadoren“ auf deren eigene Initiative hin. Dabei tat sich in erster Linie der ehemalige Gardeoffizier und spätere Generalgouverneur von Ostsibirien Nikoláj Murawjów hervor, eine sehr eigenwillige und höchst interessante Persönlichkeit. Mit erstaunlich geringem militärischen Einsatz und mit großem Verhandlungsgeschick gelang es ihm und dem jungen Grafen N. Ignátjew, unter Ausnutzung der in China verbreiteten Furcht vor den Engländern und Franzosen, das ganze Gebiet des Amur und des Ussuri (Küstenprovinz) zu besetzen und in zwei Verträgen (1858 und 1860) den vergeblich widerstrebenden Chinesen abzuringen. Ein Vorgang, den hundert Jahre später Mao Tse-tung seinen Rotchinesen wieder in Erinnerung bringen sollte! An der Ussurimündung wurde damals Chabarowsk (1857) und an der Südspitze der Küstenprovinz als „Beherrscher des Ostens“ Wladiwostok (1860) gegründet. „Mit nur 3 Bataillonen und vier Geschützen, ohne jede Extraausgabe, ohne einen Schuß und ohne einen Tropfen russischen Blutes“, wie damals der „Russkij Westnik“ schrieb, hatte Murawjów sein großes Ziel im Fernen Osten erreicht. 1875 wurde dazu noch ganz Sachalin gewonnen. Murawjów, der anfänglich wegen Eigenwilligkeit fast vor ein Kriegsgericht gestellt worden war, wurde jetzt zum Grafen Amurskij ernannt.

In diesem Zusammenhang ist ein, nicht nur für diese Zeit und für diese Gelegenheit bemerkenswerter, russischer Grundsatz amtlich – von Nikoláj I. – verkündet und auf ein Denkmal (für G. Newelskój, der als erster die russische Flagge an der Amurmündung gehißt hatte) eingemeißelt worden: „Wo einmal die russische Fahne aufgezogen ist, da soll sie nicht wieder heruntergeholt werden.“

Inzwischen war auch die Expansion nach Zentralasien weitergetrieben worden, nach der Thronbesteigung Alexanders II. unter Lenkung der kaiserlichen Regierung. Der Turkestan, Taschkent und Samarkand wurden erobert (1868) und anschließend Buchara (1868), Chiwa (1873) und Kokand (1876), deren Chane sich für „ergebene Diener des Zaren“ erklärten, als Protektorat-Chanate dem Russischen Reich einverleibt. In den 80er Jahren wurde die Unterwerfung der Turkmenischen Steppe östlich des Kaspischen Meeres zum Abschluß gebracht und die wichtige Oase Merw annektiert (vgl. Karte). Im Zuge dieser Entwicklung wandelte sich auch die grundsätzliche Einstellung gegenüber Asien. „Wir brauchen die Eroberung Asiens“, schrieb Dostojéwskij (1881), „weil Rußland nicht nur in Europa, sondern auch in Asien liegt, weil der Russe nicht nur Europäer, sondern auch Asiate ist. Und noch mehr als das: in Asien liegen vielleicht noch mehr unsere Hoffnungen als in Europa.“

In Asien trat Rußland als Kolonialmacht auf. Grundsätzlich lag seine Politik auf der gleichen Ebene wie die der anderen Kolonialmächte, nur mit dem allerdings sehr wesentlichen Unterschied, daß die territoriale Geschlossenheit zwischen Mutterland und Kolonie bestehen blieb. So wurde das größte geschlossene Kolonialreich der Erde geschaffen. Der russische Außenminister Gortschaków hat in einer berühmt gewordenen Zirkularnote an die Mächte (November 1864) das russische Vorgehen mit der Notwendigkeit der Grenzsicherungen gerechtfertigt und dabei ausdrücklich Bezug auf andere Staaten genommen, „die sich im Kontakt mit halbwilden, umherstreifenden Völkerschaften ohne feste soziale Ordnung befinden. Die Sicherheit der Grenzen und des Handels verlangt in solchem Fall, daß der zivilisierte Staat ein gewisses Übergewicht über seine Nachbarn ausübe". Die Mächte haben diese Argumente gelten lassen.

Gegenüber diesen Erwerbungen stand der Verlust von Alaska. Im Jahr 1867 wurde das Riesengebiet (1,5 Millionen qkm) an die USA für den geringen Betrag von 7,2 Millionen Dollar verkauft[1]. Jedenfalls ist die Bedeutung Alaskas damals sowohl in Rußland wie in Amerika verkannt worden. In Amerika wurden empörte Stimmen über „die Torheit des bei Nacht erworbenen Walrossia" laut, und in Rußland blieb der Verkauf so gut wie unbeachtet. Andererseits ist wohl zu Recht geltend gemacht worden, daß Alaska weder die Macht noch das Prestige Rußlands erhöhte und daß die Freundschaft zu den Vereinigten Staaten als Gegengewicht zu England für wichtiger galt (Hoetzsch). Die Goldvorkommen in Alaska wurden erst in den siebziger Jahren entdeckt.

Die Gewinnung der großen asiatischen Gebiete hatte auch für die innere Entwicklung Rußlands weittragende Folgen. Es wurden dadurch neue Völker anderer Rasse und Religion in das Reich in so großer Zahl eingegliedert, daß die Großrussen (Ukrainer und Weißruthenen nicht mitgerechnet) am Ende des Jahrhunderts nur etwa 45 % der Gesamtbevölkerung ausmachten. Den unterworfenen Völkern Asiens brachte die Kolonialherrschaft Rußlands Fortschritte in ihrer Entwicklung. Zunächst brachte sie ihnen

[1] Etwa den gleichen Betrag verlangte und erhielt Deutschland von der Sowjetunion im Jahre 1940 für die Abtretung des „Suwalkizipfels" an der Grenze Ostpreußens.

Frieden durch Verhinderung der Kämpfe untereinander, sie brachte größere Rechtssicherheit und auch den wirtschaftlich besser gestellten Schichten Kultur. Die wirtschaftliche Erschließung dieser Gebiete kam nicht nur dem Russischen Reich durch den beträchtlichen Reichtum an Rohstoffen (Minerale, Baumwolle) zugute, sondern, zunächst in bescheidenen Grenzen, auch der örtlichen Bevölkerung. Das gilt besonders für die Zeit nach dem Bau der Eisenbahnen: transkaspische Linie über Merw (1880), Samarkand (1888), Taschkent und transsibirische Linie (1892–1901). Eine rassische Diskriminierung, wie überhaupt eine Rassentrennung, gab es nicht. Die imperialen russischen Herrschaftstraditionen lebten auch im imperialistischen Zeitalter weiter fort.

Parallel dazu ging die weitere Erschließung und Besiedlung Sibiriens, das jetzt aufhörte, hauptsächlich Deportationsland zu sein. Seit den 80er Jahren setzte im Zusammenhang mit der wachsenden Landnot als Folge der Bauernbefreiung eine planmäßige und staatlich gelenkte Ansiedlung ein (Verordnung über Ansetzung landarmer Bauern auf unbesetztem Staatsland 1881. Befreiung von der Rekrutierung. Einrichtungskredite, Lebensunterhalt bis zur ersten Ernte 1889). Seit dem Bestehen der sibirischen Bahn schwoll der Siedlerstrom bis über eine halbe Million jährlich in den Jahren 1906–1910 an. Die höchste Zahl betrug 0,75 Millionen im Jahre 1908. Vor dem Ersten Weltkrieg flaute die Bewegung wieder ab, um von den Bolschewiken in den 20er Jahren unseres Jahrhunderts wiederaufgenommen zu werden. Die heutige Stellung der Sowjetunion in Asien, und damit in der Welt, gründet sich auf die Voraussetzungen, die vom kaiserlichen Rußland in der zweiten Hälfte des 19. Jahrhunderts geschaffen wurden.

Auch in Rußland hatte der Imperialismus neben seiner kapitalistischen eine nationalistische Komponente. Sie äußerte sich in der panslawistischen Strömung. Der Panslawismus war aus verschiedenen Wurzeln erwachsen und zeitigte auch verschiedene Erscheinungsformen. Eine Wurzel war der europäische aggressive Nationalismus; insofern ist der Panslawismus mit Recht mit dem Pangermanismus verglichen worden (Seton-Watson). Die andere Wurzel war die zunächst unpolitische, philosophische Schule der Slawophilie. Das heißt, der Panslawismus beruhte einerseits auf der Idee des Volkstums, unter Betonung der Schicksalsgemeinschaft aller Slawen, andererseits auf der Idee der Orthodoxie, praktisch des Russentums, unter Ausschluß der nichtorthodoxen Slawen. Die 50er Jahre hatten unter den sog. jüngeren Slawophilen (Iwán Aksákow, Júrij Samárin) den Umschlag der Slawophilie ins Politische und gleichzeitig die Umbiegung der panslawischen in eine allrussische Idee gebracht. Der erste panslawische Kongreß auf dem Boden der Volkstumsidee hatte, mit betonter Skepsis (seitens der Tschechen) gegenüber russischen Machtinstinkten, 1848 in Prag stattgefunden, der zweite fand bereits in Moskau statt (1867).

Ihren besonders prägnanten Ausdruck erhielt die Politisierung der Slawophilie im berühmten Buch von N. Danilewskij „Rußland und Europa", das man später die Bibel des Panslawismus genannt hat, und dessen Nachwirkungen sich bis in die bolschewistische Zeit hinein verfolgen lassen. In diesem geschichtsphilosophischen Werk entwickelte Danilewskij – darin ein Vorläufer Spenglers und wie dieser Naturwissenschaftler – eine Kulturzyklentheorie, in der er Naturgesetze auf die Geschichte anwandte. „Allem was lebt ... wird nur eine ganz bestimmte Summe von Leben gegeben, mit deren Erschöpfung es sterben muß. Die Geschichte erzählt das gleiche von den Völkern und Kulturen." Von da kam er zum Schluß, daß die junge russisch-slawische Kultur die alte, im Sterben liegende abendländische ablösen werde und machte konkrete Vorschläge der praktischen Anwendung dieser Theorie in der Außenpolitik.

Inzwischen hatten unter Führung des Moskauer Verlegers und Journalisten Katków, an der polnischen Frage entzündet, – „Polen ist ein vergifteter Dolch, den der Westen ins Herz des Slawentums gestoßen hat" (Samárin) – die russischen Panslawisten sich zu Russisten gewandelt und ihr Interesse wieder den orthodoxen Balkanslawen zugewandt. Seit den 70er Jahren gewannen sie entscheidenden Einfluß auch auf die Regierungskreise und die Außenpolitik. Sie gingen sogar so weit, unter Preisgabe der traditionellen imperialen Idee das von Napoleon III. in eigenem Interesse so geschickt gehandhabte Nationalitätenprinzip als politisches

Sprengmittel zu übernehmen, zunächst gegen die Türkei, dann gegen Österreich, wobei sie die Gefährlichkeit dieses Prinzips für Rußland selbst vollständig verkannten.

Anläßlich der Balkankrise (1876) wurde dieser Einfluß bereits sehr spürbar. Im Grunde ging es dabei um das gleiche wie bei den früheren Balkankrisen, um die Befreiung der Balkanslawen von der türkischen Oberherrschaft. Auch das russische Interesse daran war alt. Neu war die Aktivität und schließlich der Druck der öffentlichen Meinung auf die Regierung. In Petersburg setzte, moralisch und propagandistisch von der hohen Geistlichkeit und dem „Slawischen Komitee" gefördert, eine laute Agitation für ein aktives Eingreifen Rußlands zugunsten der aufständischen Balkanvölker, zunächst der Serben, ein. Damen der Gesellschaft sammelten Hilfsgelder, Kriegsfreiwillige wurden geworben, und erstmals wurde auch Offizieren der Armee gestattet, sich zu melden.

Außenminister während der ganzen Regierungszeit Alexanders II. war ein Schulkamerad Puschkins, Fürst Alexander Micháilowitsch Gortschaków (geb. 1798), ein Abkömmling des ältesten Adels – er war Rjurikide –, eine in Rußland sehr populäre Persönlichkeit. Man hat ihn in einiger Übertreibung den „ersten nationalen Außenminister im vollen Sinne des Wortes" (Stählin) genannt. Gortschaków war kein Panslawist, wohl aber ein Vertreter der imperialen Machtpolitik im traditionellen Sinne, d. h. einer Machtposition auf dem Balkan, aber ohne annektionistische Absichten im Sinne Katharinas. Alexander II. selbst war ebensowenig Panslawist; er perhorreszierte den Krieg. In seiner Europapolitik hat er bekanntlich aus Pietät gegenüber seiner Mutter und deren Bruder, dem späteren Kaiser Wilhelm I., den Aufstieg Preußens toleriert und auch nach der Reichsgründung ein gutes Verhältnis zu Deutschland und Österreich angestrebt (Dreikaiserabkommen 1873). In der Balkanpolitik wurde er aber durch die öffentliche Meinung und eine panslawistische Gruppe im Außenamt, mit dem russischen Botschafter in Konstantinopel Graf Ignátjew an der Spitze, zu größerer Aktivität und zu einer kraftvolleren Politik gedrängt, die schließlich in den Krieg einmündete (1877–1878).

Während des Krieges wiederholte sich das gleiche wie 49 Jahre vorher: Die russischen Truppen marschierten, bei einem gleichzeitigen Vorgehen im Kaukasus, über die Donau und den Balkan und rückten nach schweren Kämpfen (Plewna) bis hart vor Konstantinopel. Es kam zum Frieden von St. Stefano (März 1878). Die sich daraus entwickelnden europäischen Komplikationen sind aus der allgemeinen Geschichte bekannt: das Eingreifen der Mächte, die drohende europäische Kriegsgefahr und die Beendigung der Krise nach russischen Zugeständnissen auf dem Berliner Kongreß unter dem Vorsitz und der ehrlichen Maklerschaft Bismarcks (Juni/Juli 1878).

Neu war für Rußland bei diesem Balkankrieg außer seiner panslawistischen Note, daß das Wirtschaftsinteresse (steigender Export durch die Meerengen) dabei stark ins Gewicht fiel und das politische Interesse sich nicht mehr auf Serbien, sondern auf Bulgarien konzentrierte. Die Bulgaren dankten dem russischen Kaiser ihre Befreiung, und die russischen Truppen blieben weitere neun Monate im Lande. Seither war Bulgarien bis über den Zweiten Weltkrieg hinaus der eigentliche Angelpunkt der russischen Balkanpolitik.

Unter Alexander III. hat sich die russische Außenpolitik einer Beeinflussung durch die öffentliche Meinung wieder entzogen – nicht zu ihrem Schaden. Alexander III. war der einzige russische Kaiser, der keinen Krieg geführt und seine Friedensliebe auch wiederholt unter Beweis gestellt hat. Den Panslawisten und Imperialisten folgte er ausdrücklich nicht, wenn er auch auf die Wahrung des internationalen Prestiges Rußlands – wie im Falle Bulgarien – sehr bedacht war. Eine Expansionspolitik auf dem Balkan lehnte er ab, sicherte sich allerdings im Geheimen (1887) den moralischen und diplomatischen Beistand Deutschlands, falls Rußland sich veranlaßt sehen sollte, „die Aufgabe der Verteidigung des Zuganges zum Schwarzen Meer" zu übernehmen. Das Verhältnis zu Deutschland kühlte merklich ab, aber gleichwohl amtierte unter Alexander III. ein deutschfreundlicher Außenminister (Giers). Bekanntlich fielen unter seine Regierung sowohl der Dreikaiservertrag (1881) wie seine Erneuerung (1884), wie der Rücksicherungsvertrag mit Deutschland (1887), allerdings auch dessen Nichterneuerung (1890) und im Gegenzug gegen den Dreibund die eindeutige, finanziell untermauerte Hinwendung zu Frankreich, die im – geheimen – russisch-französischen Verteidigungsbündnis (1892) besiegelt wurde. Nikoláj II. hat zunächst die Friedenspolitik seines Vaters fortgesetzt und ist bekanntlich auch mit einem Abrüstungsvorschlag hervorgetreten, der zwar nicht zur Einschränkung der Rüstungen, wohl aber zur Begründung des Ständigen Gerichtshofes im Haag (1899) geführt hat. Später ist der letzte russische Kaiser zu seinem und seines Reiches Verhängnis dem wachsenden Einfluß seiner imperialistischen und kriegsfreudigen Umgebung erlegen.

11. REAKTION UND REVOLUTION

Alexander III. und die Russifizierung. Pobedonószew

Nach dem Tode Alexanders II. setzte eine reaktionäre Periode ein, die über den Tod des neuen Kaisers hinaus bis zum Jahre 1905 währte. Alexander III. war der zweite Sohn und somit nicht für den Thron bestimmt. Nachdem aber der ältere Bruder gestorben war, übernahm der jüngere von ihm den Thronanspruch und zugleich seine Braut, die dänische Prinzessin Dagmar, als Kaiserin Márja Fjódorowna. Im Unterschied zu allen seinen Vorgängern seit Katharina – mit bedingter Ausnahme seines Großvaters – hat Alexander III. nicht mit liberalen Maßnahmen, Ideen oder Vorspiegelungen begonnen, um enttäuscht wieder davon abzugehen, sondern hat von vornherein in nicht mißzuverstehender Weise einen reaktionären Kurs eingeschlagen, um die Autokratie in Rußland zu stabilisieren wie einen rocher de bronce. Er selbst personifizierte in Gestalt und Charakter dieses Felsenhafte vollkommen: groß, schwer, riesenstark, schlicht, gradlinig und fest. In einem mit Recht gerühmten Denkmal (in Petersburg) hat Fürst P. Trubezkój den Kaiser, unbeweglich auf einem fest stehenden schweren Pferde sitzend, in Bronze gebildet.

Alexander III. kam wie sein Vater im besten Mannesalter, 36jährig, auf den Thron, mit gefestigten, bis zur Primitivität unkomplizierten Ansichten über „Gott und die Welt", aber auch über Staat und Volk. Das Wort Bismarcks, „die Konsequenz ist für einen Staatsmann um so leichter, je weniger politische Gedanken er hat", paßt auf ihn durchaus. Die Urteile über ihn als Mensch und Monarch gehen bis heute weit auseinander; sie stehen einseitig im Zeichen des von ihm vertretenen autokratischen Herrschaftssystems. Während von liberalen und natürlich revolutionären Geschichtsbetrachtern seine geistige Beschränktheit stark unterstrichen wird, so daß seine Charakerisierung zu einer Summierung von Schimpfworten ausartet, wird von konservativer Seite sein respekteinflößender Charakter gerühmt. Jedenfalls ist nicht zu bezweifeln, daß seiner verhältnismäßig kurzen Regierungszeit (1881–1894) gerade im Hinblick auf den späteren Zusammenbruch eine große Bedeutung zukommt.

Nach der Revolution ist von russischer monarchistischer Seite in der Emigration (S. Oldenburg) der Versuch gemacht worden, Alexander III. als das Ideal eines russischen Herrschers hinzustellen, als den Mann, der fähig gewesen wäre, einen Zusammenbruch zu verhüten. Diese Ansicht wird einer Kritik kaum standhalten. Andererseits muß es auf Grund neuerer Forschungen in Amerika (von Laue) fraglich erscheinen, ob der russische Zusammenbruch aus der Rückkehr zur Autokratie herzuleiten ist.

Die Wiederherstellung der Autokratie vollzog sich erstaunlich leicht und widerstandslos. Die terroristische Tätigkeit wurde nach einigen Attentatsversuchen so gut wie ganz unterbunden. Die zunächst letzte Terroristin Wera Figner, die Organisatorin vieler Attentate, wurde zum Tode verurteilt und zu lebenslänglicher Zwangsarbeit begnadigt. Sie hat zwanzig Jahre (bis zur Amnestierung) in Kasematten verbracht und hat diese Zeit erstaunlich gut überstanden; in großer Rüstigkeit ist sie über 90jährig erst 1942 in Moskau gestorben. Angesichts der schweren Beeinträchtigung und der lebensverkürzenden Wirkung entsprechender Strafen im 20. Jahrhundert, die Hunderttausende Unschuldiger erleiden mußten, verdient das erwähnt zu werden.

Aufs Ganze gesehen blieb die Zentralgewalt nach wie vor die entscheidende Tatsache der russischen Geschichte. Die „gesellschaftlichen Kräfte“ fielen demgegenüber nicht ins Gewicht, weil sie weder eine soziale Grundlage noch einen Rückhalt im Volk hatten. Allerdings änderte sich das gerade während der Regierungszeit Alexanders III., aber nicht durch das autokratische Regierungssystem, sondern durch die gleichzeitige Wirtschaftsentwicklung (Industrialisierung), auf die noch einzugehen sein wird.

Als geistige Persönlichkeit konnte Alexander III. sich mit seinen Vorgängern nicht messen, infolgedessen gewannen unter seiner Regierung die Männer seiner Umgebung eine entsprechend große Bedeutung, in erster Linie Pobedonószew. Konstantín Petrówitsch Pobedonószew (1827–1907) war 25 Jahre lang (1880–1905) Oberprokureur des Heiligen Synods; außerdem war er der Lehrer

Alexanders III. und Nikolájs II. Er hat einen beherrschenden Einfluß auf den Kaiser und die gesamte Innenpolitik wie auch auf das Geistesleben ausgeübt. Sohn eines Popen, selbst Jurist, hochgebildet und sehr belesen, Verfasser zahlreicher Bücher, fußte er in der slawophilen Tradition, verlieh ihr aber starke politisch-nationalistische Akzente. Im Zuge einer praktischen Anwendung der slawophilen Ideologie auf die Innenpolitik bog er sie zu einem Programm gewaltsamer Russifizierung um. Wie für Karamsín, so waren auch für ihn die einzig zuverlässigen, von Gott gewollten und geschichtlich begründeten Fundamente des Russischen Reiches die Selbstherrschaft und die orthodoxe Kirche. Die im Glauben des Volkes verankerte autokratische Macht des Zaren „zum Heile des Volkes" ungeschmälert wiederherzustellen und zu erhalten, war für ihn die vornehmste Pflicht des Monarchen. In seinen Augen waren Thron und Altar die einzigen Konstanten der russischen Geschichte – im Unterschied zu der Entwicklung im Westen, die auch andere Konstanten kannte. So kam er zu einer scharfen Ablehnung nicht nur der europäischen Staatstheorien und politischen Einrichtungen – den Parlamentarismus bezeichnete er als „die große Lüge unserer Zeit" –, sondern auch westlicher Einflüsse überhaupt. Sogar Telefon und Telegraf lehnte er als Teufelswerk ab. Besonders scharf wandte er sich dagegen, daß russische Verhältnisse mit abendländischen Maßstäben gemessen würden. Publizistisch unterstützt von Katków, propagierte er unermüdlich die These von einer politischen und geistigen Überlegenheit der Russen. Von da führte sein Weg in gerader Linie zur Politik der systematischen Russifizierung der als „fremdstämmig" bezeichneten und von ihm als Fremdkörper empfundenen nichtrussischen Untertanen des russischen Kaisers, zumal der „europäischen" im Westen, der baltischen Deutschen, Finnen und Polen. Pobedonószew erkannte nicht, daß die von ihm als Abwehr gegenüber Europa vertretene Russifizierungspolitik als Ausdruck des aggressiven Nationalismus ihrerseits eine Europäisierungserscheinung war.

Pobedonószew hatte gleich das erste Manifest Alexanders III. ohne Wissen des leitenden Ministers Lorís-Mélikow verfaßt. Dieser und andere liberale Minister (Miljútin) traten daraufhin sofort zurück. Zur Stärkung der Zentralgewalt wurden jetzt zahlreiche Reformmaßnahmen Alexanders II. wieder eingeschränkt: in den Landkreisen traten an Stelle der gewählten Friedensrichter aus dem örtlichen Adel ernannte sog. Landeshauptleute (sémskije natschálniki, 1889), die mit weitgehenden administrativen und juristischen Befugnissen ausgestattet waren und als „Werkzeuge der Staatsdisziplin“ bald in Gegensatz zu den Sémstwos traten. Eine Parallelerscheinung dazu waren in den Fabriken die sog. Fabrikinspektoren (1894), deren Aufgabe die „Aufrechterhaltung der Disziplin unter den Arbeitern“ war. Die Justizreform wurde dadurch unterhöhlt, daß verschiedene Sondergerichte bestehenblieben, die ordentlichen Gerichte weitgehend dem Justizministerium und richterliche Funktionen der Administration übertragen wurden. Die Regierung war bemüht, unter ausdrücklichem Hinweis auf die Politik Katharinas, „die führende Stellung der russischen Adligen in Angelegenheiten der örtlichen Verwaltung und Rechtsprechung“ zu stärken. Durch Änderung des Wahlrechts wurde der Anteil des Adels in den Sémstwos auf 57 % erhöht.

Infolge der verschärften Polizeimaßnahmen – rebellierende Studenten wurden als Soldaten in die Armee gesteckt – sahen zahlreiche revolutionäre Führer, einschließlich der Liberalen, sich genötigt zu emigrieren. Eine besondere Note erhielt der Kampf gegen die Revolution durch den Versuch des Gendarmeriechefs Subátow, innerhalb der Arbeiterschaft (unter Ausschaltung der Intelligenzia) eine revolutionäre Bewegung unter Polizeiregie in die Wege zu leiten (1901). Der Grundgedanke dabei war, den – berechtigten – wirtschaftlichen Kampf der Arbeiter von den revolutionären politischen Aktionen zu trennen. Dahinter stand das Bemühen, in altmoskowitischer Tradition eine Einheitsfront zwischen Zar und Volk gegen die „Aristokratie“, in diesem Falle die Geldaristokratie und das liberale Unternehmertum, zu schaffen. Immerhin war, wie sich später zeigen sollte, der Polizeisozialismus Subátows ein gefährliches Spiel mit dem Feuer. Nach zwei Jahren wurde er auch aufgegeben.

Eine andere, für russische Verhältnisse typische Note erhielt der Kampf gegen die Revolution durch das Polizeispitzelwesen, das besonders raffiniert durch den Innenminister Plehwe, den Sohn eines Ostpreußen, organisiert wurde. Dieser hat seine Spitzel in alle revolutionären Gruppen, z. T. an führender Stelle einzuschleusen verstanden; auch einer der nächsten Mitarbeiter Lenins bis in die Tage des Umsturzes hinein, Malinówskij, war ein Polizeispitzel. Plehwe hat mit zynischer Kälte gestattet, daß seine Spitzel, um das Vertrauen ihrer revolutionären Genossen zu gewinnen, sich auch aktiv an Attentaten beteiligen – nur nicht an Anschlägen auf den Kaiser. Die Spitzel, nicht minder zynisch als ihr Chef, zogen daraus die logische Konsequenz und organisierten die Ermordung von Plehwe selbst (1904). Der berühmteste Polizeispitzel war der, später von einem Revolutionär (Búrzew) entlarvte, Führer der sozialrevolutionären Terrororganisation Aséf. Viele dieser Spitzel wurden zu Doppelagenten, und manche wußten schließlich selbst nicht mehr, ob sie Polizisten oder Revolutionäre waren.

Besonders drückend wirkte sich die Reaktion auf kulturellem Gebiet aus. Der Zweck der Volksschulen wurde nicht im Erwerb von Kenntnissen, sondern in der Festigung in russischer Tradition und Frömmigkeit gesehen; infolgedessen wurden alle Volksschulen der Aufsicht des Heiligen Synods, d. h. Pobedonószews, unterstellt und viele geistliche Schulen neu gegründet, dagegen Neugründungen durch die Sémstwos, weil als liberal verdächtig, inhibiert. Der Besuch von höheren Schulen (Gymnasien) durch die niederen Schichten des Volkes war überhaupt unerwünscht; nach Ansicht des Kultusministers Deljánow „gehörte es sich nicht, sie aus dem Milieu herauszuheben, dem sie angehören“ (1887). Auch die Selbstverwaltung der Universitäten wurde wieder eingeschränkt.

Eine Verschärfung erfuhren diese Maßnahmen durch die grundsätzliche Russifizierungspolitik. Schon unter Alexander II. hatten nationalistische Einflüsse das Verhältnis zu den Nationalitäten zu vergiften begonnen, wie z. B. im polnischen Fall als unmittelbare Folge der Aufstände. Jetzt richtete sich die nationale Animosität der Russen – jedoch ohne durch Aufstände provoziert worden zu sein – auch gegen die Finnen und die Deutschen und löste bei ihnen entsprechende Rückgefühle aus. Auf einen nationalistischen Angriff des Slawophilen Júrij Samárin hatte der deutsch-baltische

Historiker Carl Schirren noch unter der Regierung Alexanders II. – im gleichen Jahr, in dem die „Bibel des Panslawismus" von Danilėwskij erschien (1869) – im Namen des „Rechtes des Landes", d. h. der baltischen Ostseeprovinzen, in seiner flammenden „Livländischen Antwort" jenen erwidert, die „unter den Instinkt ihres Volkes zu stehen gekommen". Schirren machte sich dabei allerdings die Denkkategorien seiner russischen Gegner insofern selbst zu eigen, als er (mit umgekehrten Wertakzenten) zwischen den Russen und den rußländischen Deutschen einen von Natur gegebenen unüberbrückbaren Graben sah. „Alles ist anders" – schrieb er – „am russischen Volk und an uns: Anlage des Leibes und des Gemütes, Temperament, Grad der Ausdauer, Rhythmus der individuellen Entwicklung, Familie, Eigentumsverhältnisse, Recht, Sprache, Gesellschaft, politische Tradition, Vergangenheit und Gegenwart." Auf dieser Ebene gab es kein gedeihliches Zusammenleben im gleichen Staate.

Die Folge dieser nationalistischen Verschärfung war, daß unter den baltischen Deutschen der im Zuge der Europäisierung besonders seit Alexander I. gepflegte „Brückengedanke" – eine Brücke zwischen dem Abendland (bzw. Deutschland) und Rußland zu sein – an Boden verlor und an dessen Stelle wieder der alte, aus der Moskauer Periode stammende „Vormauergedanke" – eine Vormauer des Abendlandes (bzw. des Deutschtums) gegenüber dem Russentum zu sein – vorherrschend wurde. Natürlich wurde damit auch dem „Reichspatriotismus" der nichtrussischen Untertanen des Zaren der Boden entzogen. Der gefährliche Wandel, der sich damit anbahnte, ist auch von Russen erkannt worden. Der Innenminister Alexanders II., Graf P. Walújew, hat seinen Protest dagegen sehr prägnant formuliert (1877). „Je croix d'avoir l'honneur de servir l'Empereur de toutes les Russies et non le Czar de Moscou!" Unter dem Einfluß Pobedonószews war Alexander III. wieder Zar von Moskau geworden.

Bereits in den achtziger Jahren setzten die Russifizierungsmaßnahmen in den bis dahin deutsch verwalteten Ostseeprovinzen ein (russische Amtssprache und Schulen, Umwandlung der deutschen Universität Dorpat in die russische Universität Jurjew, russische Justizreform und Städteordnung an Stelle der früheren Ratsverfassung). In den neunziger Jahren folgte eine entsprechende Russifizierung Finnlands, dessen Autonomie-Verfassung unter Alexander II. durch Gewährung eigener Währung, Post, Zoll, Eisenbahn und Heer sehr erweitert worden war. 1903 wurde die finnische Verfassung aufgehoben. Parallel dazu gingen weitere Russifizierungsmaßnahmen in Polen und Litauen. Die Ukrainer wurden ohnehin als Russen betrachtet.

Besonders häßliche Formen nahm der aggressive Nationalismus in der Judenpolitik an. Durch die Teilung Polens waren viele zum großen Teil in kümmerlichen sozialen Verhältnissen lebende Juden an Rußland gefallen. Schon unter Katharina II. war ihr Wohnsitz auf ein festbegrenztes Ansiedlungsgebiet (tschertá ossédlosti) beschränkt worden (auf die polnischen, litauischen, ukrainischen Gouvernements, Bessarabien und die Krim). Der Antisemitismus, zumal in der Ukraine, war sehr alt und geht bis in die Zeit der Kiewer Rus zurück (vgl. S. 47); später war er von den Polen dadurch gefördert worden, daß Juden als Steuereintreiber eingesetzt wurden. Die verbreitete Betätigung der Juden als Geldverleiher und Schankwirte, bei denen die Bauern schnell in Schulden gerieten, hatte die antijüdischen Animositäten wachgehalten. In der Ära Pobedonószew wurde in Ausnutzung dieser Stimmung die „berechtigte Erbitterung der Bauern“ systematisch auf den jüdischen Fremdkörper abgelenkt. Gleich nach der Thronbesteigung Alexanders III. kam es zu wiederholten Pogromen gegen Juden – Tätlichkeiten, Plünderungen von Läden, Zerstörungen von Wohnungen und Häusern –, die von der Regierung geduldet, z. T. sogar inszeniert wurden. Unter der Motivierung, daß das russische Volk nicht fähig sei, „den jüdischen Wirten und Wucherern zu widerstehen“ (Pobedonószew) und infolgedessen „gegen die Juden geschützt werden“ müsse, wurden in Umkehrung der tatsächlichen Verhältnisse durch Edikt (1882) die Juden für schuldig an den Pogromen erklärt und zahlreiche (mehrere hundert) Sondergesetze gegen sie erlassen. Darin wurde ihnen einerseits verboten, außerhalb der Städte und großen Dörfer zu leben und sich als Schankwirte zu betätigen, andererseits ihr Fortkommen und ein sozialer Aufstieg in den Städten sehr erschwert. Es wurde für sie ein numerus clausus sowohl in den Schulen (10 %) wie in den

Universitäten (5 %, in Petersburg und Moskau 3 %) eingeführt und ihre Niederlassung als Rechtsanwälte und Ärzte sehr erschwert, z. T. unmöglich gemacht.

Die natürliche Folge dieser Politik war das Einströmen der Juden, speziell der jüdischen Intelligenz, in die revolutionäre Bewegung, wo sie in allen Zweigen, sogar bei den Naródniki, in erster Linie aber im revolutionären Liberalismus und bei den gemäßigten Sozialisten (Menschewiken) einen hohen Anteil in der Führung hatten. So löste die Russifizierungs- und Gleichschaltungspolitik des Czar de Moscou allenthalben neue Widerstandskräfte gegen das Regime, gegen die herrschende Schicht und schließlich gegen den Staat selbst aus und verstärkte die alten.

Gleichzeitig bemühte sich das Regime mit Erfolg, die sozialen Verhältnisse der unteren Schichten des Volkes zu bessern und Notstände zu beheben. Im Einklang mit der Auffassung von der traditionellen inneren Verbundenheit zwischen autokratischem Zar und Volk war das Regime betont volksfreundlich. Die beiden letzten Zaren haben sich um unmittelbare Kontakte zum Volk, zumal zu den Bauern, sehr bemüht. Trotz guter Erfolge im einzelnen – anläßlich persönlicher Besuchsreisen – blieb das Bemühen im ganzen erfolglos. Auch das hing eng mit dem gleichzeitig sich vollziehenden Strukturwandel infolge der Industrialisierung zusammen.

Parallel zu diesen Maßnahmen lief eine Arbeiterschutzgesetzgebung, die, obgleich noch in engen Grenzen gehalten, zumindest die schlimmsten Notstände behob und gegen z. T. sehr starken Widerstand der liberalen Unternehmerkreise durchgesetzt wurde[1]. Gleichwohl blieben die Arbeitsbedingungen sehr hart. Im Gouvernement Moskau waren 24–30 % der Fabrikarbeiter Kinder unter 15 Jahren.

In der Ära Pobedonószew wurde auf verschiedene Art versucht, dem Landhunger der Bauern zu steuern. Der Kauf von

[1] Verbot der Arbeit für Kinder unter zwölf Jahren, Begrenzung der Arbeit zwölf- bis fünfzehnjähriger Kinder auf 8 Stunden, Verbot der Nacht- und Feiertagsarbeit für Kinder (1882). Verbot der Nachtarbeit für Frauen (1885). Festsetzung des Normalarbeitstages auf elfeinhalb Stunden, in der Metallindustrie auf zehneinhalb (1897).

Gutsbesitzerland durch Bauern wurde systematisch gefördert und zu dem Zweck eine Bauernagrarbank begründet (1883). Gleichzeitig wurde, wie bereits erwähnt, die Ansiedlung landarmer Bauern in Sibirien staatlich unterstützt. Übrigens ging die Zahl der nach Sibirien Deportierten während der autokratischen Reaktion stark zurück.

Alexander III. starb völlig unerwartet erst 50jährig (1894). Wie der von ihm beherrschte Staat, sah der Kaiser der äußeren Erscheinung nach gesünder aus als er war. Wahrscheinlich hatte er sich bei einem Eisenbahnunglück, von dem man bis heute nicht weiß, ob es durch ein Attentat verursacht oder ein Unglücksfall war, innere Verletzungen zugezogen. Nach der Katastrophe hatte der starke Zar das Eisengestell seines Waggons mit den Schultern hochgestemmt, so daß sich seine Familie – unverletzt – aus den Trümmern retten konnte.

Industrialisierung. Witte

Der nationalistisch-russifikatorische Kurs Pobedonószews zeichnete sich scheinbar durch seine Geschlossenheit aus. In Wirklichkeit war er voll innerer Widersprüche, und der autokratische Staat Alexanders III. sollte sich bald nicht als ein rocher de bronce, sondern – wie das in Europa geprägte Schlagwort lautete – als Koloß auf tönernen Füßen erweisen.

Der innere Widerspruch lag zum großen Teil in der unabhängig vom Regierungskurs sich gleichsam selbsttätig und sozusagen geschichtsnotorisch fortsetzenden Europäisierung, zumal auf wirtschaftlichem Gebiet. Die Auswirkungen der industriellen Revolution auf Rußland, und das damit verknüpfte Eindringen kapitalistischer Denk- und Wirtschaftsformen, waren weder zu verhindern noch aufzuhalten. Zur Zeit Alexanders II. hatte dieser Prozeß im Einklang mit der politischen Liberalisierung gestanden; jetzt trat zwischen dem Politischen und dem Wirtschaftlichen eine Diskrepanz ein. Sie wurde noch dadurch verschärft, daß die für bedenklich, gefährlich und unnötig gehaltene politische und geistige Europäisierung eingeschränkt, gleichzeitig aber die für harmlos, unbedenklich und notwendig gehaltene wirtschaftliche Europäisierung gefördert und schließlich forciert wurde. Sehr bald sollte sich erweisen, daß die unmittelbaren Folgen davon im höchsten Grade politisch waren.

Der Exponent dieser Politik war der Finanzminister Graf Sergéj Witte, „ein Unternehmer in Beamtenuniform" (P. Struve). Überzeugt davon, daß die finanzielle Lage des Reiches unmittelbar von dessen volkswirtschaftlicher Entwicklung abhängt, hat Witte mit großer Energie und Zielstrebigkeit – wie später nach seinem Vorbild die Bolschewiken – die Industrialisierung des Landes vorangetrieben, das Verkehrsnetz (Eisenbahnen) stark ausgebaut und zu diesem Zweck ausländisches Kapital, hauptsächlich französisches und belgisches, durch Anleihen in großem Umfang herangezogen. Dadurch wurde das Ausland, zumal Frankreich, auch politisch an Rußland interessiert. Gleichzeitig stabilisierte Witte die Währung durch den Übergang zum Goldstandard (1899). Er vertrat die Ansicht, daß das Gewicht „einer Großmacht, die in der Welt historische Aufgaben zu erfüllen hat ... nicht durch die geistigen Kräfte des Volkes, sondern durch ihre wirtschaftliche Organisation bestimmt" wird. Infolgedessen forcierte er eine wirtschaftliche Angleichung Rußlands an Europa, um die Machtstellung des Russischen Reiches zu erhalten. Die Folge war eine überstürzte Entwicklung zum Hochkapitalismus mit allen seinen bekannten sozialen Begleiterscheinungen. Witte selbst hat über seine Erfolge – fast mit den gleichen Worten, wie mehr als ein Menschenalter später die Bolschewiken über die ihren – mit Stolz erklärt: „In der Geschwindigkeit und der Gewalt dieser Entwicklung steht Rußland an erster Stelle unter allen Wirtschaftsvölkern, und es besteht kein Zweifel, daß ein Land, das imstande gewesen ist, seine Industrie innerhalb von zwei Jahrzehnten mehr als zu verdreifachen, große Kraftreserven in sich birgt[1]."

Die Industrialisierung Rußlands war nicht allein durch ihr Tempo, sondern auch durch ihren hohen Konzentrationsgrad ge-

[1] Die Kohlenproduktion stieg 1877–1900	von 110 auf 985 Mill. Pud	
Gewinnung von Roheisen	von 23 auf 176 Mill. Pud	
Erdölförderung	von 13 auf 600 Mill. Pud	

kennzeichnet. In der Masse einer agrarisch lebenden und wirtschaftenden, z. T. noch tief in der Naturalwirtschaft steckenden Bevölkerung wurde die Industrie in bestimmten Rayons (den beiden Hauptstädten, dem polnischen Industriegebiet und im Kaukasus) und innerhalb der Rayons in verhältnismäßig wenigen Großbetrieben konzentriert[1]. Der rasche Industrialisierungsprozeß zog etwa seit 1890 auch notwendigerweise eine Umwandlung der sozialen Struktur nach sich. Durch diese Entwicklung entstand, wie Witte es vorausgesehen und gewollt hatte, sehr rasch eine Großbourgeoisie; sie war aber nicht aus einem ständisch geschlossenen Bürgertum organisch emporgewachsen, infolgedessen ohne eigene Tradition, und setzte sich aus sehr heterogenen Elementen zusammen. Gleichzeitig entstand, in dieser Form von Witte weder vorausgesehen noch gewollt, ebenso rasch ein klassenbewußtes, an wenigen Orten zu großen Massen zusammengeballtes Arbeiterproletariat. Schließlich schwoll das sog. „Dritte Element" zahlenmäßig schnell an und entwickelte sich seinerseits zu einer sozialen Schicht, so daß die bislang sozial ungebundene Intelligenzia sowohl in diesem Dritten-Element-Bürgertum wie in der Arbeiterschaft jenen sozialen Boden finden konnte, den sie bei den Bauern vergeblich gesucht hatte. Das alles stand in offenbarem Gegensatz zur Politik der auf altrussische Traditionen gegründeten Autokratie.

Mußte sich, wie wir sahen, die fortschreitende Europäisierung in der ersten Hälfte des 19. Jahrhunderts als Liberalisierung auswirken, so kam die europäisierende Wirtschaftspolitik Wittes geradezu einer Revolutionierung gleich. Insofern arbeitete der Finanzminister den Revolutionären direkt in die Hand. Weder er selbst noch Pobedonószew, noch Alexander III. haben das richtig erkannt, weil sie glaubten, die wirtschaftliche Entwicklung von der politischen trennen zu können. Witte hat in einem Rundschreiben an die Fabrikinspektoren (1895) ausdrücklich geleugnet, daß es in Rußland eine „Arbeiterfrage" gebe und sich der Illusion hingege-

[1] 1902 arbeiteten in Rußland 50 % aller Arbeiter in Betrieben mit einer Belegschaft von über 1000; gleichzeitig in Deutschland 15 % mit einer Belegschaft von über 500.

ben, daß in Anbetracht der in Rußland besonders gelagerten Verhältnisse und infolge der Regierungsmaßnahmen (Arbeiterfürsorge, Fabrikinspektoren, Streikverbot) die Voraussetzungen dazu nicht beständen. Lenin hat darin klarer gesehen. Wenn wir kein Arbeiterproletariat haben, hat er gesagt, so müssen wir es uns – um der Revolution willen! – schaffen. Witte schuf es ihm.

1905

Der allgemeine Strukturwandel hatte die sozialen Gegensätze und innenpolitischen Spannungen weiter verschärft. Die wirtschaftliche Not der unteren Schichten der Bevölkerung, durch eine Reihe von Mißernten noch gesteigert, war trotz des wirtschaftlichen Aufschwunges sehr groß. Die Arbeiter waren bei Löhnen, die z. T. aus wirtschaftlichen Gründen wegen der ungewöhnlich hohen Produktionskosten (lange Transportwege, hohe Brennstoffkosten) erschreckend niedrig gehalten wurden, weitgehend einer rücksichtslosen Ausbeutung der jungen Bourgeoisie ausgesetzt[1]. Auf dem flachen Lande dauerte die Agrarkrise fort; der Landhunger blieb bestehen, denn der Menschenüberschuß wurde durch die Neuansiedlungen und die Fabriken nicht abgeschöpft. Um die Jahrhundertwende arbeiteten etwa 10 Millionen landlose Bauern für Lohn. Die Zahl der Arbeiter wird für diese Zeit auf drei Millionen, bei einer Gesamtbevölkerung von 170 Millionen, geschätzt. Legale Möglichkeiten, für eine Verbesserung ihrer Lage zu kämpfen, hatten weder die Bauern noch die Arbeiter; ein Koalitionsrecht bestand nicht. So machte sich die wachsende Unzufriedenheit einerseits in illegalen Streiks und andererseits in Bauernaufständen Luft. Das Gefühl, auf schwankendem Boden zu stehen, war allgemein und wurde von allen revolutionären Gruppen eifrig angefacht. „Alle schienen etwas zu fürchten, alle schienen etwas zu hoffen.“ (A. Bélyj)

Seit Plechánows Absage an die Naródniki (vgl. Schema) stützte sich der nunmehr marxistische Zweig der revolutionären

[1] Männliche Arbeiter verdienten 30 bis 50 Kopeken am Tage.

Bewegung bewußt auf das Arbeiterproletariat. Wittes Politik einerseits und der Imperialismus andererseits trieben die Entwicklung in die von den Marxisten gewünschte Richtung.

Wie bereits erwähnt, wurde 1898, nachdem vorher schon jüdische, polnische und lettische sozialdemokratische Organisationen entstanden waren, natürlich illegal, eine russische sozialdemokratische Arbeiterpartei begründet. In dem, von P. Struve verfaßten, Parteimanifest wurde der Nachdruck auf politische Forderungen gelegt, aber gleichzeitig der eigentliche soziale Gegner ausdrücklich genannt: „Das russische Proletariat wird das Joch der Selbstherrschaft abwerfen, um mit um so größerer Energie den Kampf mit dem Kapitalismus und der Bourgeoisie bis zum vollen Siege des Sozialismus weiterzuführen." Damals war bereits (seit 1894) der schwache Nikoláj II. auf dem Kaiserthron.

Der Kampf für politische Freiheit und gegen Autokratie verband die Sozialisten mit den Liberalen. Struve, von den jüngeren Sozialdemokraten (Lenin) bereits damals wegen seines Liberalismus scharf angegriffen, ist bald darauf zu den Liberalen übergeschwenkt[1]. Die Führung der Sozialdemokraten verlegte ihre Tätigkeit ins Ausland, wo sie dem Schicksal fast aller Emigranten verfiel und sich in zahlreiche Gruppen und Richtungen aufspaltete, die sich in endlosen Meinungsstreitigkeiten befehdeten. Nur im Hinblick auf die spätere Machtübernahme der damals sehr kleinen bolschewistischen Gruppe sind diese Dinge wichtig geworden. Damals waren sie nur für sie selbst interessant.

Die ideologischen Erben der Naródniki, die Sozialrevolutionäre, nahmen seit der Jahrhundertwende auch deren revolutionäre Methoden, den sog. individuellen Terror wieder auf. Sie stützten sich, im Unterschied zu den Sozialdemokraten, nach wie vor auf die Bauern, unter denen sie eine wachsende Anhängerschaft fanden. Die von ihnen begründete Kampforganisation, die zahlreiche Attentate verübte, stand fünf Jahre lang unter Leitung des Polizeispitzels Aséf. Nach dessen Entlarvung übernahm Borís Sá-

[1] Nach Lenin vertrat Struve einen „von jeder revolutionären Tendenz gereinigten und den Bedürfnissen des liberalen Bürgertums angepaßten Marxismus".

winkow die Führung, eine der interessantesten und zugleich tragischsten Gestalten der russischen revolutionären Bewegung, dessen persönliches Schicksal für die äußere und innere Verwirrung, in die die radikale Intelligenzia geraten war, typisch geworden ist. Sohn eines hohen Beamten, selbst Jurist, allezeit ein revolutionärer Kämpfer, hat Sáwinkow einen großen Anteil am Kampf gegen den Zarismus gehabt, war nach der Februarrevolution kurze Zeit an der Regierung Kérenskijs beteiligt und nahm nach dem bolschewistischen Umsturz den aktiven Kampf gegen die sowjetische Diktatur wieder auf: zuerst als Terrorist, dann im Rahmen des Bürgerkrieges (von Polen aus), wobei er starke faschistische Sympathien zeigte. Er hat über seine terroristische Tätigkeit eine Reihe reich mit Bibelzitaten versehener Bücher geschrieben, von denen sein sehr lesenswerter Roman „Das fahle Roß" am bekanntesten geworden ist. Nach dem Zusammenbruch der „weißen" Armeen warf er das Steuer herum, ging nach Rußland zurück, legte in einem Prozeß, den die Bolschewiken ihm machten, eine große öffentliche Beichte ab und stellte sich, jedenfalls gezwungenermaßen, der Tscheka zur Verfügung. Er endete durch Selbstmord, indem er sich aus dem vierten Stock des Tschekagebäudes auf das Pflaster stürzte.

Wenn die revolutionäre Bewegung auch immer mehr in die Massen getragen wurde, so blieb das Schwergewicht doch bei der Intelligenzia, die große Teile der Gebildeten und Halbgebildeten geistig beherrschte. Politisch führend waren zunächst die revolutionären Liberalen, die sich aber von ihren radikalen Revolutionsgenossen nicht lösen wollten und auch zu konspirativen Methoden griffen. In Stuttgart wurde (1902) nach dem Vorbilde des „Kólokol" als ihr Sprachrohr die von Peter Struve redigierte Zeitschrift „Oswoboshdénije" (Befreiung) begründet. Das Ziel der Liberalen war ein demokratischer Verfassungsstaat nach westlichem Vorbild; Klassenkampf und Terrorismus lehnten sie ab. Zu Sprechern des Liberalismus machten sich immer wieder die Sémstwos, die in der Selbstverwaltung eine Art liberale Hochschule für den politischen Nachwuchs sahen und nach wie vor einem Zusammenschluß auf Reichsbasis anstrebten. Ein von ihnen geplanter Sémstwo-Kongreß wurde verboten, fand aber inoffiziell am Vorabend der ersten Revolution (November 1904) statt. Hundert Sémstwovertreter aus zweiunddreißig Gouvernements stellten elf Forderungen (nach den üblichen politischen Freiheiten und nach einer Konstituierenden Versammlung), die die Liberalen selbst als ihr „Petition of rights“ bezeichneten.

Inzwischen hatten die imperialistischen Kräfte, entgegen den Warnungen Wittes, auch in der Außenpolitik Oberhand gewonnen. Im Wettlauf mit den anderen imperialistischen Mächten, im Bestreben nach staatlicher Machtausweitung und auf der Suche nach konkurrenzarmen Märkten wurde die russische Ostasienpolitik aktiviert und in Überschätzung der eigenen militärischen Möglichkeiten Rußland in den Krieg mit Japan getrieben. In Vorwegnahme moderner Kriegsmethoden haben die Japaner ihn ohne Kriegserklärung durch einen Überfall auf den russischen Kriegshafen Port Arthur ausgelöst (Februar 1904).

Die militärischen Mißerfolge im japanischen Kriege – die Niederlage der russischen Truppen bei Mukden (Januar 1905) und die Vernichtung der russischen Ostseeflotte bei Tsushima (Mai 1905) – wirkten sich unmittelbar auf die innere Lage aus. Die Opposition sah in ihnen keine Niederlage des Reiches, sondern eine Niederlage der Autokratie und begrüßte sie deshalb begeistert. Mit am lautesten jubelten die Bolschewiken. Als diese später selbst zu Macht und Verantwortung gelangt waren, hörte man von ihnen andere Töne. Im Jahre 1945 hat Stalin seine Forderungen gegenüber den unter den Schlägen der Amerikaner zusammengebrochenen Japanern ausdrücklich als Wiedergutmachung der Rußland von Japan 1904 zugefügten Schmach gekennzeichnet.

Unter dem Druck der öffentlichen Meinung zeigte die Regierung sich nachgiebig und machte in einem Erlaß (Dezember 1904) Zugeständnisse in einigen Einzelfragen (Presse, Selbstverwaltung, Gerichte), ohne auf die Forderung nach einer Volksvertretung einzugehen. Die Haltung der Regierung versteifte sich, weil parallel zu den gemäßigten Forderungen der Liberalen deren radikale Revolutionsgenossen ihren Terror fortsetzten. Vor dem Dezembererlaß wurde der Innenminister (Plehwe) und nach dem Erlaß der Onkel und Schwager des Kaisers, Großfürst Sergéj Alexandrowitsch, ermordet.

Eine weitere Zuspitzung trat durch die kriegsbedingte Teuerung und mangelhafte Versorgung der Großstädte mit Lebensmitteln ein, worunter – wie immer – in erster Linie die arme Bevölkerung zu leiden hatte. Anläßlich eines Zwischenfalls in den Putílow-Werken in Petersburg (Entlassung von vier Arbeitern) kam es zu Streiks, erregten Arbeiterversammlungen und schließlich zum Beschluß, sich in einer Riesendemonstration in Form eines Bittganges unmittelbar an den Kaiser zu wenden. Das Ergebnis davon war der sog. „Blutige Sonntag" (9. Januar 1905), der als Beginn der russischen Revolution gilt.

Manches an diesem folgenschweren, wahrhaft tragischen Ereignis ist bis heute ungeklärt geblieben, zumal in bezug auf den eigentlichen Initiator des Bittganges, den jungen Popen Gapón. Gapón hatte, jedenfalls in Zusammenarbeit mit der Regierung – als sog. Polizeisozialist – sich durch verschiedene soziale, vor allem kulturelle Einrichtungen (Bibliotheken, Vorträge, Konzerte) um die Besserung der Lage der Arbeiter verdient gemacht. Bei seinem Bittgang ging es ihm im Sinne des Polizeisozialismus um soziale Forderungen. „Wir Arbeiter" – hieß es in seiner Bittschrift – „sind zu Dir Gossudár gekommen, um Gerechtigkeit und Schutz zu suchen. Wir sind verelendet, wir werden unterdrückt, über unsere Kraft mit Arbeit überlastet ... man behandelt uns als Sklaven. Wir sind bei dem furchtbaren Augenblick angelangt, da der Tod willkommener ist als die Fortsetzung der unerträglichen Qual." In einem persönlichen Brief an den Zaren versicherte Gapón ihn ausdrücklich des Vertrauens der Arbeiterschaft: „Majestät! Ich fürchte, die Minister haben Ihnen über die Lage nicht die Wahrheit gesagt ... Das ganze Volk hat im Vertrauen auf Sie beschlossen, nachmittags um zwei Uhr am Winterpalais zu erscheinen, um Sie von seinen Wünschen zu unterrichten." In diese Petition waren aber, wie es später hieß, von den Intelligenzlern rein politische Forderungen „eingeschmuggelt" worden, wodurch sie eine völlig andere Note erhielt.

Der Bittgang fand zur angekündigten Stunde unter riesiger Beteiligung – man schätzt auf 200 000 Menschen, von denen allerdings sehr viele Neugierige waren – wie eine Prozession statt. Heiligenbilder, Porträts des Kaisers und Kirchenfahnen wurden mitgetragen. Man suchte alles zu vermeiden, was den Anschein einer Revolution erwecken könnte. Die Versuche, die Arbeiter zu bewaffnen, waren entrüstet abgelehnt und die Parteisozialisten aus der Aktion so gut wie ausgeschlossen worden.

Die Regierung verkannte die Lage vollständig. Nikoláj II. zeigte sich der Situation in keiner Weise gewachsen. Anstatt die Chance und die ihm dadurch gebotene Möglichkeit einer unmittelbaren Kontaktnahme mit den ihm vertrauenden Arbeitern zu nutzen, fuhr er aus Petersburg fort und übergab die Angelegenheit der Polizei. In sinnloser Weise ließen die durch die Attentate der Terroristen seit langem in Schrecken gehaltenen und offenbar nervös gewordenen Polizeioffiziere in die Prozession hineinfeuern. Es gab zahlreiche Tote, amtlich 96, inoffiziell 500, nach bolschewistischen Angaben über 1000. Wäre man bereits damals auf den Gedanken gekommen, in solchen Fällen Tränengas und Wasser zu verwenden, so hätte die Entwicklung wahrscheinlich einen ganz anderen Verlauf genommen. So aber führte der einmal beschrittene Weg der Gewalt in die offene Revolution.

Es ist die Vermutung geäußert worden, Gapón hätte im Auftrage der Polizei das Blutbad provoziert. Das erscheint unwahrscheinlich. Allerdings war sein späteres Verhalten höchst verdächtig. Er ging ins Ausland und fiel in Monte Carlo durch große Geldausgaben auf, verhandelte aber auch mit Lenin, der ihn als einen „der Revolution unbedingt ergebenen Menschen“ bezeichnete. Nach seiner Rückkehr nach Rußland wurde er von einem Sozialrevolutionär ermordet.

Die Reaktion auf den Blutsonntag war eine offene „Rebellion der liberalen Gesellschaft“. Die Sémstwos und ungezählte Berufsverbände (Techniker, Landwirte, Pädagogen, Juristen, Mediziner usw.) empörten sich öffentlich. Advokaten, Professoren und selbstverständlich Studenten traten in Streik. Es wurde ein gesamtrussischer „Verband der Verbände“ begründet, der sich sehr radikal zeigte. Allenthalben wurde die Forderung nach einer Beteiligung an der Staatsgewalt, genauer, nach der Einberufung einer Konstituierenden Versammlung laut. Die Sozialrevolutionäre verstärkten ihren Terror – im April und Mai 1905 fanden 116 Attentate statt –, über das flache Land ergoß sich eine Welle von

Bauernaufständen mit Brandschatzungen und Mordüberfällen, und in den großen Städten häuften sich die Streiks der Arbeiterschaft. Die Liberalen deckten ausdrücklich diese Ausschreitungen, Struve gab in seiner „Oswoboshdénije“ die Parole aus: „Jeder aufrichtige und urteilsfähige Liberale in Rußland fördert die Revolution!“, und der Vorsitzende des liberalen „Befreiungsbundes“ Petrunkéwitsch erklärte: „Bis jetzt hofften wir auf eine Reform von oben, von nun an ist unsere einzige Hoffnung das Volk.“ In den Hörsälen der Universitäten fanden Volksmeetings statt, an denen sich in buntem Durcheinander Studenten und Arbeiter, Damen aus der besten Gesellschaft und „zerlumpte Subjekte“ beteiligten, und die Ermordung des Großfürsten Sergéj wurde in eleganten Restaurants mit Champagner gefeiert.

In den Fabriken war es üblich geworden, die Streikleitung einem gewählten Arbeiterrat (Sowjet) zu übertragen. In Petersburg trat im Herbst 1905 ein umfassender „Rat der Arbeiterdeputierten“, das Urbild der späteren Sowjets, zusammen. Durch 562 Delegierte waren in ihm 250 000 Arbeiter vertreten, „eine in Rußland nie dagewesene politische Massenorganisation der Arbeiterklasse“ (Rauch). Dieser Sowjet, in dem die Menschewiken die Mehrheit hatten, geriet sogleich unter die Führung radikaler Intelligenzler und trug von vornherein politischen Charakter. Sein erster Vorsitzender war der als Arbeiter Chrustálew getarnte jüdische Rechtsanwalt Nossárj[1]. Nach dessen Verhaftung (November 1905) trat an seine Stelle der damals sechsundzwanzigjährige Leo Trózkij, der politisch eine Position zwischen Menschewiken und Bolschewiken einnahm. Eine politische Bedeutung hat dieser erste Sowjet damals nicht erlangt; er wurde ohne Zwischenfälle im Dezember von der Regierung aufgelöst. Daß bereits dieser erste Sowjet sich zum Ziel gesetzt hätte, die politische Macht zu erobern, wie die sowjetische Geschichtsschreibung behauptet, davon kann „auf Grund aller vorhandenen Zeugnisse keine Rede sein“ (Anweiler).

Zu einem bewaffneten Aufstand der Arbeiter kam es nicht. Die

[1] Chrustálew-Nossárj ist 1918 als „Konterrevolutionär“ von den Bolschewiken erschossen worden.

nach Beendigung des japanischen Krieges gerade um diese Zeit zurückkehrenden Truppen erwiesen sich – im Unterschied zu 1917 – als regierungstreu. Nur gelegentlich kam es zu Meutereien in der Armee, besonders in der Flotte. Die Ursachen waren aber nicht politisch; es ging um schlechte Verpflegung, ungerechte Vorgesetzte usw. Am bekanntesten wurde der Aufstand auf dem Panzerkreuzer „Potjómkin“ auf dem Schwarzen Meer im Juni 1905, der aber bald (nach elf Tagen) zusammenbrach und eine Einzelerscheinung blieb. Der bolschewistische Historiker Pokrówskij führt den Mißerfolg darauf zurück, daß die Aufständischen ohne Unterstützung der Arbeiter in Odessa blieben, da diese „nicht klassenbewußt“ waren. „Der lumpenproletarische Charakter der Arbeiter des Hafens zeigte sich in seiner ganzen Häßlichkeit“, stellt er fest. Dagegen erwies sich die organisierte Streikbewegung in Petersburg als sehr wirksame Waffe. Der umfassende Streik im Oktober 1905, der das gesamte öffentliche Leben nahezu lahmzulegen drohte, war „wohl das erste Beispiel eines sog. Generalstreiks in der Welt überhaupt“ (Hoetzsch).

Die Streikbewegung hatte aber einen betont politischen Charakter. Dadurch wurden die Arbeiter zur „dynamischen Kraft der ersten russischen Revolution“ (Anweiler). Die Liberalen bemühten sich, diese Dynamik für ihre eigenen Parteiziele zu nutzen, und in völliger Verkennung der Gefahren, die sie sich damit selbst heraufbeschworen, förderten sogar liberale Unternehmer die Streiks, indem sie den Streikenden ihren Lohn auszahlten. Sie übersahen, daß hinter der politischen Streikbewegung die klassenkämpferischen, unmittelbar gegen sie selbst gerichteten Forderungen der Parteisozialisten standen und hatten es offenbar versäumt, im programmatischen Manifest der Sozialdemokratischen Partei nachzulesen, was deren Endziel war (vgl. S. 527). Damals gelang es den Liberalen noch, die Radikalen als Sturmbock vor ihren eigenen Wagen zu spannen und das Heft in der Hand zu behalten; zwölf Jahre später sollten sie die bittersten Erfahrungen mit dem gleichen Bemühen machen.

Im Laufe des Revolutionsjahres hatte Nikoláj II. wiederholt Vertreter der liberalen Gesellschaft, u. a. so angesehene Persönlichkeiten wie den Rektor der Moskauer Universität Fürst Sergéj

Trubezkój und den führenden Sémstwo-Politiker Fürst Nikoláj Lwow empfangen und ihnen bereits im Sommer die Zusicherung gegeben, „Volksvertreter zur Staatsarbeit heranzuziehen". Die Verwirklichung dieses Versprechens wurde aber immer weiter hinausgeschoben, nicht zuletzt unter dem Einfluß der „echtrussischen Leute", die sich bemühten, in Gegendeputationen den Zaren für ihre Lieblingsidee, einen Sémskij Sobór nach altrussischem Brauch, zu gewinnen.

Die durch den Generalstreik ungeheuer verschärfte Lage im Herbst verlangte gebieterisch ein Eingreifen der Regierung. Die Alternative lautete: Diktatur oder Verfassung. Da der als Diktator vorgesehene Onkel des Kaisers, Großfürst Nikoláj Nikolájewitsch (der spätere Oberkommandierende im Ersten Weltkrieg) sich entschieden weigerte, ein solches Amt anzunehmen, und da auch sonst in der Umgebung des Kaisers Abneigung gegen „drastische Mittel" herrschte, blieb nur der zweite Weg. Widerwillig, weil er darin einen Verstoß gegen das dem Vater gegebene Gelübde und damit, wie er später selbst sagte, „die größte Sünde seines Lebens" sah, unterzeichnete Nikoláj II. das Manifest vom 17. Oktober 1905, das Rußland eine Verfassung verhieß. Pobedonószew trat zurück.

Die entscheidenden Stellen im Manifest lauten: „Der Regierung legen Wir als Pflicht die Erfüllung Unseres unerschütterlichen Willens auf: erstens, der Bevölkerung unerschütterliche Grundlagen der bürgerlichen Freiheit nach den Grundsätzen wirklicher Unantastbarkeit der Person, der Freiheit des Gewissens, des Wortes, der Versammlungen und der Vereine zu geben; ... drittens, als unerschütterliche Regel festzustellen, daß kein Gesetz ohne Genehmigung der Reichsduma Geltung haben kann und daß dem vom Volke Erwählten die Möglichkeit wirklicher Teilnahme an der Aufsicht über die Gesetzmäßigkeit der Akte der von Uns eingesetzten Behörden gesichert ist."

Das Manifest wurde mit jubelnder Begeisterung begrüßt; man sah darin das Ende der Autokratie und den Beginn einer neuen Ära. Die Hauptforderung der Liberalen schien erfüllt, den Radikalen war der Wind aus den Segeln genommen. Zwar ging die Revolution zunächst noch weiter, ja verschärfte sich stellenweise, zumal in Moskau, wo es im Dezember zu einem bewaffneten Aufstand unter dem Einfluß des dort unter bolschewistischer Leitung stehenden Arbeitersowjets und zu Barrikadenkämpfen kam. Auch die Bauernunruhen erreichten im November und Dezember ihren Höhepunkt. Gleichwohl war seit dem Manifest die Initiative wieder in die Hände der Regierung übergegangen, die nunmehr scharf durchgriff und Aufstände gegebenenfalls durch Einsatz von Militär überall niederwarf. Seine Enttäuschung über das Ergebnis hat Trózkij später in die Worte gefaßt: „Am politischen Stumpfsinn des Mushík, der bei sich auf dem Dorfe dem Herrn den Roten Hahn aufs Dach setzt, daneben aber, wenn er in Uniform steckt, die Arbeiter füsiliert, zerschellte die erste Welle der Revolution."

Am 23. April 1906 wurde – auf dem Verordnungsweg – das Reichsgrundgesetz erlassen.

Reichsduma und Regierung. Stolýpin

Der Übergang zum konstitutionellen System erfüllte nicht die Erwartungen, die man darauf gesetzt hatte. Das wichtigste und notwendigste Ziel, die Überbrückung der alten Kluft, wurde auch auf diesem Wege nicht erreicht. Man hat den neuen Zustand nach einer Formulierung Max Webers mit Scheinkonstitutionalismus bezeichnet. Das wird neuerdings mit Recht abgelehnt (Meissner). Die neue Regierungsform war eine echt konstitutionelle, auch wenn zur Beruhigung des kaiserlichen Gewissens die Fiktion einer Selbstherrschaft aufrechterhalten und auch in der Verfassung verankert blieb. Erhalten war damit nur die Vokabel; tatsächlich bestand die Autokratie nicht mehr.

Durch die Grundgesetze (osnownýje sakóny) war in Rußland ein Zweikammersystem eingeführt worden mit einem aus ernannten und gewählten Gliedern bestehenden Reichsrat als Oberhaus und einer Reichsduma als Volksvertretung. Die gesetzgebende Gewalt der Krone war durch die Mitwirkung von Reichsrat und Reichsduma eingeschränkt. Durch einen Notverordnungsparagraphen (87) war dem Monarchen das Recht vorbehalten, bei Notständen gesetzvertretende Dekrete auf dem Verordnungsweg zu erlassen, die einer nachträglichen Bestätigung durch die Duma bedurften. Die politischen Freiheiten waren garantiert, Rechte und Pflichten der Untertanen fixiert. Das Übergewicht lag nach der Verfassung bei der Exekutive.

In der Zeit des Übergangs zum konstitutionellen System war Witte wieder in den Vordergrund getreten. Er hatte sich inzwischen auch in der Außenpolitik bei der Liquidierung des Krieges mit Japan, den er hatte vermeiden wollen, bewährt und einen verhältnismäßig günstigen Frieden erreicht (September 1905; Abtretung Südsachalins und Port Arthurs an Japan, Anerkennung vorherrschender japanischer Interessen in Korea). Rußland behielt seine Positionen in der nördlichen Mandschurei und brauchte keine Kriegsentschädigung zu zahlen.

Nach seiner Rückkehr setzte sich Witte, der sich früher (unter Alexander III.) als überzeugter Anhänger der Autokratie gegeben hatte, sehr entschieden für eine Verfassung ein. Er tat es, weil er darin den einzigen Weg sah, eine künftige Revolution zu verhindern. „Entweder wird die bürgerliche Freiheit durch Reformen verwirklicht" – erklärte er in einer Denkschrift (9. Oktober) –, „oder durch eine Revolution", und prophetisch setzte er hinzu: „Die russische Revolution, sinnlos und erbarmungslos, wird alles wegfegen, alles in Trümmer schlagen ... Die Schrecken der russischen Revolution werden alles übertreffen, wovon die Geschichte berichtet." Witte war auch der Verfasser des Oktobermanifestes; anläßlich seiner Verkündung wurde er zum Ministerpräsidenten ernannt.

Aber die Stellung des eigenwilligen, selbstherrlichen und in den Sphären, zumal bei Hofe seit dem Tode Alexanders III. immer wieder Anlaß zu Mißtrauen gebenden Mannes war unsicher, man empfand ihn als „einen Parvenu und unliebsamen Eindringling" (Struve). Nikoláj II. sah in ihm den Schuldigen an seiner erzwungenen Nachgiebigkeit. Nach der Niederwerfung der Revolution versteifte sich der Widerstand gegen Witte, so daß er sich veranlaßt sah, anläßlich der Verkündung der Reichsgrundgesetze von seinem Amt zurückzutreten.

Die Folgen zeigten sich sogleich. Witte hatte sich aufrichtig auf den Boden des Konstitutionalismus stellen wollen; die jetzt führenden Kreise in der Regierung (Ministerpräsident Iwán Goremýkin) wollten es nicht. Sie sahen in der Verfassung eine durch die Revolution erzwungene, vielleicht nur vorübergehende Konzession und versuchten, die Reichsduma soweit als möglich zu ignorieren. So war das Verhältnis zwischen Regierung und Volksvertretung von vornherein dadurch belastet, daß auf beiden Seiten der ehrliche Wille zu einer Zusammenarbeit fehlte.

In der Duma marschierten nun die neuen politischen Parteien auf. In Wirklichkeit waren es keine Neubildungen, sondern die jetzt legalisierten Organisationen der in jahrzehntelanger Tradition entstandenen, in hohem Grade weltanschaulich bestimmten und infolgedessen mit alten Gegensätzen belasteten politischen Gruppierungen (vgl. S. 452/453). Diese Parteien lehnten in ihrer überwiegenden Mehrheit den neuen Rechtszustand ab. Nur die Partei der gemäßigten (konservativen) Liberalen, die sich nach dem Oktobermanifest Oktobristen nannten, stand ehrlich auf dem Boden der neuen Verfassung (die Oktobristen hatten in der Duma 38 von 497 Sitzen). Die zahlenmäßig kleine Gruppe der Rechten (die „echtrussischen Leute“ und der radikale „Verband des russischen Volkes“) hätten ohnehin ihren Sitz lieber in einem Sémskij Sobór als in einem „europäischen“ Parlament gehabt. Alle anderen großen Parteien standen, in der traditionellen Einheitsfront der Intelligenzia, in scharfer Opposition zur Regierung: die revolutionären Liberalen, die sich jetzt konstitutionelle Demokraten (KD), im Volksmund Kadetten, nannten (184 Sitze); die Sozialrevolutionäre (SR), die sich in der Duma Trudowikí nannten (100 Sitze), und die Sozialdemokraten (SD) (18 Sitze).

Diese Dumamehrheit gab unter der Führung der KD ihrer Enttäuschung darüber, daß die Verfassung oktroyiert und nicht von einer konstituierenden Versammlung erlassen war, dadurch Ausdruck, daß sie sich in der Duma, ohne sich um die Grundgesetze und die Geschäftsordnung der Volksvertretung zu kümmern, so gebärdete, als befände sie sich in einer verfassunggebenden Versammlung. Das heißt, sie beschränkte sich nicht auf eine gesetzgeberische Arbeit im Rahmen ihrer Kompetenzen, sondern zielte auf eine Verfassungsänderung. Mit dem Führer der KD, Professor P. Miljuków, an der Spitze jagte sie dem Phantom der sog.

Ministerverantwortlichkeit nach, als wenn alles Heil am Recht der Duma hinge, Minister stürzen zu können. Der eigentliche Notstand des Russischen Reiches lag ganz woanders.

Zwei Monate nach ihrem Zusammentritt wurde die Duma wegen Arbeitsunfähigkeit aufgelöst, ohne daß sich eine Hand zu ihrer Verteidigung erhoben hätte. Es wurden Neuwahlen ausgeschrieben. Die zweite Duma, die am 20. Februar 1907 zusammentrat, war aber noch radikaler als die erste. Außerdem spiegelte sie, trotz des nicht allgemeinen und nicht direkten Wahlrechts, den hohen Anteil der sog. Fremdstämmigen wider, der Rußland faktisch zu einem Nationalitätenstaat machte, was die Regierung nicht wahrhaben wollte bzw. gar nicht erkannt hatte. Die „Fremdstämmigen" erhielten 109 von 524 Sitzen. In dieser Duma kam eine geordnete parlamentarische Arbeit überhaupt nicht zustande; auch sie wurde nach dreieinhalbmonatiger Dauer vom Kaiser aufgelöst.

Die radikalen Parteien hatten vergeblich gehofft, daß „das Volk" die Auflösung der Duma mit einer „spontanen Erhebung" beantworten und dadurch die Erfüllung der Wünsche der Duma erzwingen werde. Die Erhebung blieb aus; die Streikbewegung ging sogar in dieser Zeit rapide zurück (von 3 Millionen Streikenden im Jahre 1905 auf 64 000 im Jahre 1909). Nur die Kampforganisation der SR setzte ihre terroristische Tätigkeit fort.

Inzwischen war der bisherige Innenminister Pjotr Arkádjewitsch Stolýpin zum Ministerpräsidenten ernannt worden. Stolýpin war der letzte große Staatsmann des kaiserlichen Rußland. Anders als Witte im nationalen Russentum tief und bewußt verwurzelt, aber kein Panslawist, war er ebenso wie Witte von der Notwendigkeit einer Modernisierung, d. h. fortgesetzten Europäisierung Rußlands überzeugt. Seinem kaiserlichen Herrn viel unbedingter als Witte ergeben, war er wie Witte bereit, sich ehrlich auf den Boden des Konstitutionalismus zu stellen. Sein Verhängnis bestand darin, daß er durch die Verhältnisse, und zwar sowohl durch die absolutistische Gesinnung des Kaisers wie durch die Aktivität der Terroristen, immer mehr an die Seite der Reaktionäre abgedrängt wurde. Nachdem die SR auch auf ihn ein Attentat ausgeübt hatten (1906), griff der Ministerpräsident zu scharfen

Polizeimaßnahmen und führte durch Notverordnungen außerordentliche Feldgerichte ein, deren Urteile inappellabel waren und keine Begnadigung zuließen. Sie haben viele Todesurteile gefällt und Stolýpin den erbitterten Haß der Revolutionäre eingetragen.

Stolýpin setzte es durch, daß unter Bruch der Verfassung, also in Form eines Staatsstreiches von oben, auf dem Notverordnungswege ein neues Wahlrecht eingeführt wurde[1]. Er tat es, nicht um den Konstitutionalismus zu beseitigen, sondern um ihn in Rußland funktionsfähig zu machen. Zu dem Zweck wollte er eine arbeitsfähige und „in ihrem Geiste russische" Duma. Dieses Ziel hat er erreicht. In der dritten Duma, die wegen der Bevorzugung der Besitzenden durch das Wahlrecht auch Herrenduma genannt wurde, war die Opposition (KD, SR und SD) auf eine Minderheit und die Zahl der „fremdstämmigen" Abgeordneten auf 36 heruntergedrückt worden[2]. Diese Duma hat als einzige ihre verfassungsmäßige Zeit von fünf Jahren (1907–1912) erfüllt.

In diese Zeit fiel das wichtigste Werk Stolýpins – in Zusammenarbeit mit der dritten Duma –, die Agrarreform. Die Lage der Bauern gab nach wie vor Anlaß zu großer Besorgnis: der Landhunger, der übrigens mehr eine „psychologische Potenz von ungeheurer Sprengkraft" (Struve) als eine wirkliche Landnot war, verminderte sich nicht, die Wirtschaften wurden laufend verkleinert; die Bauern hatten nicht genug Geld, um ihre Abzahlungen zu leisten und ihre Wirtschaft zu pflegen; die Produktivität sank ab. Zwar war auch unter Nikoláj II. mancherlei für die Bauern getan worden: Die solidarische Steuerhaftung fiel (1903), im Revolutionsjahr (1905) wurden den Bauern die noch fälligen Abzahlungen erlassen (eine riesenhafte Summe von 90 Millionen Rubel jährlich), im Jahre darauf wurden 9 Millionen Desjatinen Kron- und Apanagenland der Bauernsiedlung freigegeben. Aber alles das genügte nicht. Inzwischen hatte sich auch gezeigt, daß der Mir die auf ihn gesetzten Hoffnungen nicht erfüllte; er hatte die Bauern

[1] Eine Änderung der Verfassungsgesetze und der Gesetze über die Reichsduma auf dem Notverordnungswege war ausdrücklich verboten.

[2] Nach dem Wahlrecht kam je ein Wahlmann auf 230 Gutsbesitzer, 1000 wohlhabende Geschäftsleute, 1500 Kleinbürger, 16 000 Bauern, 125 000 Arbeiter.

weder vor einer Proletarisierung geschützt, noch sie als konservatives Element erhalten, wie das Revolutionsjahr und die Dumawahlen bewiesen.

Stolýpin gründete seine Reform auf die Zerschlagung des Mir. Dem Familienoberhaupt (domochosjáin) wurde das Recht eingeräumt, aus der Dorfgemeinschaft auszuscheiden und sich seine und seiner Familienglieder Landanteile als Individualeigentum übertragen zu lassen. Gleichzeitig sollte durch eine entsprechende Flurbereinigung der Streubesitz rationell zusammengelegt werden.

Stolýpin verfolgte damit sowohl wirtschaftliche wie politische Ziele. Es sollte darin ein Ansporn zur Tüchtigkeit liegen: Investitionen sollten sich lohnen, der Starke sollte gestärkt und damit „aus der Schicht der Unzufriedenen gelöst" werden, klare Eigentumsbegriffe und klare Rechtsverhältnisse sollten geschaffen und der Aufstieg des einzelnen erleichtert werden. Die Reform, zunächst durch Ukas (1906) angeordnet, wurde (1910) nach der Annahme durch die Duma Gesetz. Das riesige Werk der Durchführung ist von Stolýpin und seinen Nachfolgern mit großer Energie vorwärtsgetrieben, aber nie beendet worden. Zuerst kam der Weltkrieg dazwischen, dann die Revolution. Bis 1915 waren immerhin 3 Millionen Höfe in Individualeigentum übergeführt, aber viermal soviel Bauern lebten noch im Mir.

Die Reform Stolýpins ist sehr unterschiedlich beurteilt worden. Zweifellos hat sie die sozialen Gegensätze im Dorf erheblich verschärft. Der kleine, aus dem Mir ausgeschiedene Bauer verkaufte seinen Anteil sofort. Das bedeutete praktisch seine Proletarisierung, wie die Gegner Stolýpins behaupteten, ein von ihm beabsichtigtes Ergebnis, um für die Industrie eine „Reservearmee der Arbeit" zu schaffen. Nicht zu Unrecht hatten die Sozialdemokraten damals gedroht, der als verarmter Gemeindegenosse aus dem Dorf hinausgeworfene Proletarier werde als sozialistischer Agitator zurückkehren! – Der durch die Reform geförderte Starke war keineswegs immer der Beste; oft war er ein skrupelloser Wucherer. Nach den Worten eines bitteren Kritikers war durch die „schändliche Reform ... der Bauernstand völlig dem Dorfwucherer und der Dorfhure ausgeliefert, diesen beiden letzten zuverlässigen Stützen des alten Regimes auf dem Lande."

Demgegenüber ist unbezweifelbar, daß die Reform schon in den ersten Jahren ihrer Durchführung in wirtschaftlicher Hinsicht zu großen Erfolgen geführt hat. Insofern ging die Entwicklung durchaus in der von Stolýpin angestrebten Richtung. Auch die erwartete psychologische Wirkung trat ein. Die unmittelbare Folge der Reform war ein „unaufhaltsam in Wohlstand und Selbstbewußtsein aufstrebendes Bauerntum" (Struve). Wie Stolýpin es gewünscht hatte, war ein gesunder und leistungsfähiger bäuerlicher Mittelstand im Entstehen. Obgleich der Großgrundbesitz geschont worden war, ging laufend Adelsland weiter in Bauernland über[1]. Es erscheint durchaus möglich, daß bei einer ruhigen Weiterentwicklung sich auch die sozialen Gegensätze auf dem Dorf ausgeglichen hätten.

Eine erfolgreiche Durchführung der großen Agrarreform verlangte in erster Linie die Erhaltung des Friedens. Stolýpin erklärte bereits 1908, daß er, solange er lebe, eine Teilnahme Rußlands an einem Kriege „nicht zulassen" werde. Aber Stolýpin wurde von einem Sozialrevolutionär ermordet (1911), und drei Jahre später war Rußland im Kriege.

[1] In der Zeit zwischen 1906 und 1914 wurden Adelsgüter um 10,2 Millionen und Staats- und Krongüter um 1,5 Millionen Desjatinen zugunsten der Bauern verkleinert. (1 Desjatine = 1,09 ha.)

12. DAS ENDE DES KAISERREICHS

Letzter Aufstieg und Fall. Nikoláj II.

Es war nicht so, daß Rußland in der Zeit vor dem Ersten Weltkrieg vor einem inneren Zusammenbruch gestanden hätte oder unabwendbar einer Revolution entgegengetrieben wäre. Es war auch nicht so, wie gedankenarme Geschichtsbetrachter aus ihrer nachträglichen Kenntnis heraus versichern, daß es so gekommen ist, wie es kommen mußte. Und es ergibt sich ein schiefes Bild, wenn man das Russische Kaiserreich in den zwei letzten Jahrzehnten seiner Existenz, wie das meist geschieht, nur aus der Perspektive der revolutionären Intelligenzia sieht und behauptet, daß der „Staat sich hilflos um die eigene Achse drehte" (Bélyj). Rußland befand sich in dieser Zeit, trotz der Revolution von 1905 und trotz des unglücklichen Krieges gegen Japan, in einem Aufstieg auf allen Gebieten. Die Industriepolitik Wittes trug ihre Früchte; die Umwandlung von einem Agrarland mit patriarchalischen Sitten in einen modernen Industriestaat vollzog sich erstaunlich rasch. Die städtische Bevölkerung stieg seit der Jahrhundertwende von 13 % auf 20 %, der Warenverkehr verdoppelte sich in zehn Jahren, der Gesamtumsatz der Produktion verzehnfachte sich in zwanzig Jahren. Als Folge der Agrarreform stieg die Kaufkraft der Bauern und damit der Absatz von Industriewaren auf dem Lande rasch an; die Umwandlung der aristokratisch-bäuerlichen Gesellschaft in eine demokratisch-bürgerliche setzte sich fort. Die Revolutionäre verloren laufend an Boden und damit an Aussichten auf einen neuerlichen Erfolg. Ihrer Führer bemächtigte sich ein tiefer Pessimismus und sogar Lenin zweifelte damals daran, ob er die ersehnte Revolution noch erleben werde. Die Streikbewegung ging, wie erwähnt, rapide zurück. In der Bauernschaft lebte trotz aller Aufstände das Vertrauen auf den Zaren weiter, und die Bemühungen Nikolájs II., das innere Band zur Bauernschaft über die revolutionäre Intelligenzia hinweg fester zu knüpfen, blieben durchaus nicht fruchtlos. Ein für den Kaiser begeisterter Geistlicher in

Wolhynien hatte (1909) für die Bauern eine Adresse aufgesetzt, in der sie versicherten, an Gott und den Zaren zu glauben, ihre Heimat zu lieben, weder Räuber noch Sozialisten zu sein und die Lösung der Landfrage dem Zaren zu überlassen. Unter dreieinhalb Millionen Bauern hatte er eine Million Unterschriften unter diese Adresse gesammelt.

Auch das kulturelle Leben nahm nach einer Periode der Stagnation unter Alexander III. in den beiden letzten Jahrzehnten vor dem Weltkrieg einen so augenfälligen Aufschwung, daß es üblich geworden ist, diese Zeit als das silberne Zeitalter der russischen Kultur, zumal der russischen Literatur zu bezeichnen. Auch die in ihrer Tradition weitgehend erstarrte Kirche hatte am geistigen Aufschwung ihren Anteil.

Die kulturelle Entwicklung lag auf der gleichen Ebene wie die Industriepolitik Wittes und die Agrarpolitik Stolýpins und die Revolutionspolitik der Radikalen, nämlich auf der Ebene einer noch engeren, vertieften und verstärkten Bindung an Europa und Angleichung an abendländische Verhältnisse. Dabei war die geistige Integrierung Rußlands in Europa noch vollkommener als die längst vollzogene außenpolitische und die immer noch in den Anfängen steckende wirtschaftliche und die angestrebte innenpolitische.

Das gilt für alle Bereiche des kulturellen Lebens, das sich der Kontrolle und Bevormundung durch das autokratische Herrschaftssystem weitgehend entzog. In erster Linie gilt das für die Literatur. Von den politisch-sozialen Postulaten, die ihr seinerzeit von Belínskij gesetzt worden waren, befreite sich die Literatur in wachsendem Maße, behielt aber gleichwohl ihre einzigartige Bedeutung für die kulturelle Entwicklung im weitesten Verstande des Wortes bei. „Bei uns, in unserem öffentlichen Leben“, hat Wladímir Solowjów gesagt, „gibt es nur die Literatur und schlechterdings nichts als die Literatur“ und Mereshkówskij fügte hinzu: „Sie ist für uns dasselbe, was für das alte Israel das Gesetz und die Propheten waren.“

Jetzt wurde die vorhin erwähnte, zunächst kaum bemerkte Wende in den Beziehungen zwischen Rußland und Europa immer deutlicher. Das geistige Rußland begann nach Europa hinein auszustrahlen, und die russische Literatur gewann Weltgeltung. Zunächst weniger durch die eigentlichen Repräsentanten des silbernen Zeitalters wie Alexander Blok, Andrej Bélyj, Konstantin Bálmont und andere, als durch die großen Schriftsteller der zweiten Hälfte des 19. Jahrhunderts, Iwán Turgénjew, Fjódor Dostojéwskij, Leo Tolstój, Anton Tschéchow, Dimítrij Mereshkówskij bis zu Maxím Górkij, die jetzt ihren festen Platz in der abendländischen Geistesentwicklung gewannen.

Das gilt natürlich auch für die bildende Kunst, für die Musik und besonders für die darstellende Kunst, Theater und Ballett. Was Stanisláwskij im berühmten Moskauer Künstler-Theater, oder was das kaiserliche Ballett in Petersburg auf die Bühne brachten, was die russischen Komponisten Tschajkówskij, Rímskij-Korsaków, Mussórgskij, Skrjábin, Strawínskij schufen, das war „nicht mehr europäisiert, sondern mit Selbstverständlichkeit europäisch, auch wenn es an ältere russische Traditionen anknüpfte“ (Stökl).

Natürlich gilt das gleiche auch von der russischen Wissenschaft, deren Vertreter im silbernen Zeitalter der russischen Kultur in großer Zahl Weltbedeutung gewannen, wie der Chemiker Mendeléjew, der Physiker Timirjásew, der Mediziner Páwlow, und das gilt nicht zuletzt für die idealistischen Philosophen von Wladímir Solowjów bis zu den ehemaligen Marxisten Nikoláj Berdjájew, Sergéj Bulgákow und Semjón Frank, den „Vätern der russischen religiösen Renaissance“, wie sie neuerlich von Russen in der freien Welt genannt worden sind (Sarubéshje).

Gleichzeitig wandelte sich die Intelligenzia selbst in ihrer geistigen Struktur. Die geistige Elite und zum Teil auch die Jugend der oberen Gesellschaftsschichten begann sich von der revolutionären Führerschaft zu distanzieren. Die frühere Identität zwischen beiden bestand, wenn überhaupt noch, so nur sehr bedingt. In der Intelligenzia wuchsen jetzt junge Leute heran, die, wie einer aus ihren Reihen bekannte, „weder zur goldenen noch zur silbernen, sondern zur kupfernen, armen Jugend gehörten, die ihre Ausbildung in harter Arbeit verdient hatten und nur mit der Phrase ‚soziale Evolution‘ und ‚soziale Revolution‘ verschwenderisch um sich warfen“. (Bélyj)

Die rasche und sprunghafte extensive Entwicklung Rußlands in den letzten Jahrzehnten des Kaiserreiches ging aber auf Kosten seiner inneren Festigkeit und Stabilität. Die innere Entwicklung, mit Ausnahme der kulturellen, konnte mit der äußeren nur sehr bedingt Schritt halten. Diese Inkongruenz war im Grunde für die letzten 200 Jahre typisch gewesen. Sie allein hat noch nicht die große Revolution und den völligen Zusammenbruch des Kaiserreiches bewirkt. Es kamen noch andere Faktoren hinzu. Nicht zuletzt die düsteren Vorgänge am Kaiserhof.

Das Ende der Monarchie in Rußland war eng mit der Person des letzten Trägers der Krone verknüpft. Der Tragödie des Kaiserreiches lief eine Tragödie der kaiserlichen Familie parallel. Nikoláj II. (geb. 1868) war, wie erwähnt, keine starke Persönlichkeit, „ein begabter Mensch mit raschem Auffassungsvermögen, aber schwachem Verwirklichungswillen“ (Struve). Die Krone des Selbstherrschers war ihm eine Bürde, aber er trug sie im Bewußtsein, damit einen göttlichen Auftrag zu erfüllen. Als Mensch achtbar, in seinem Wesen zurückhaltend und bescheiden, stets beherrscht und immer korrekt – Wilhelm II. hat ihn den besterzogenen Menschen in Europa genannt –, war er darum bemüht, Unannehmlichkeiten und Schwierigkeiten aus dem Wege zu gehen. Schicksalsergeben und unkämpferisch, gab er sich innerlich in die Gewalt seiner herrschsüchtigen, willensstarken, aber exaltierten Frau, an der er in widerstandsloser Liebe hing.

Die Kaiserin, die englisch erzogene Prinzessin Alix von Hessen, hat sich ihrerseits eifrig bemüht, ihren Willen in die Adern ihres Gatten zu gießen, wie sie sich selbst ausdrückte, und aus ihm, besonders in den letzten Jahren seiner Regierung, den starken Mann zu machen, der er nicht war. „Zeig Deine Faust... Sei Herr und Gebieter... Zeig Deine Macht... Du bist der Selbstherrscher“, diese Worte wiederholen sich fortgesetzt in ihren Briefen an ihren Mann. Er aber atmete erleichtert auf, als er im Kriege seine Herrscherpflichten praktisch in ihre Hände legen konnte, da er nach der formellen Übernahme des Oberbefehls Petersburg verlassen und im Hauptquartier anwesend sein mußte. Froh darüber, sich „nicht mehr mit den inneren Angelegenheiten herumplagen“ zu müssen, schrieb er ihr nach Petersburg: „Ich bin so glücklich bei dem Gedanken, daß Du endlich eine würdige Beschäftigung gefunden hast... Deine Sache ist es, Frieden und Harmonie unter den Ministern aufrechtzuerhalten." Die Kaiserin hatte zwar den Willen dazu, nicht aber die Fähigkeit, um so weniger, als es ihr nicht gegeben war, in Rußland ein inneres Verhältnis zu ihrer Umgebung zu finden, in der sie zeitlebens eine Fremde geblieben war und auch als solche empfunden wurde. Wenn der Thron, als die Krise sich verschärfte, sich auch in den höchsten Sphären vollständig isoliert sah, so lag das zu einem großen Teil an ihr. Aber sie hat viel erbitterter und leidenschaftlicher gegen ihr Schicksal angekämpft als der Kaiser selbst; insofern erscheint die Tragik der Entwicklung in ihr im höheren Grade personifiziert als in ihm.

Eine schwere Belastung für die kaiserliche Familie und damit auch für die Monarchie war die Krankheit des Thronfolgers Alekséj (geb. 1904), des einzigen Sohnes des Kaiserpaares. Er litt an Hämophilie (Bluterkrankheit) und es mußte fraglich erscheinen, ob er die Nachfolge auf den Thron werde antreten können. Die Belastung wurde ins kaum mehr Erträgliche gesteigert, als ein sibirischer Bauer mit höchst zweifelhafter Vergangenheit, von dem es aber hieß, daß er über Heilkräfte verfüge, Grigórij Raspútin, von seinen hochgestellten Anhängern, die ihn für einen „heiligen Gottesmann" hielten, mit Unterstützung hoher Geistlicher bei Hofe eingeführt wurde (1907). Tatsächlich vermochte er, offenbar dank der ihm eigenen suggestiven Fähigkeiten, gesundheitsfördernd auf den Thronfolger einzuwirken. Auf Grund dieser Erfahrung hielt auch die Kaiserin ihn für einen von Gott gesandten und infolgedessen unantastbaren Mann und bestand auf seiner ständigen Anwesenheit. Zunächst ging alles gut. Nach einigen Jahren begann aber Raspútin auch politischen Einfluß zu gewinnen, besonders in der Personalpolitik. Verschiedene Bittsteller und Intriganten, aber auch hohe Beamte, Militärs und Geistliche bedienten sich zunächst des „Gottesmannes", um ihre Wünsche beim Kaiser zu erreichen, gerieten aber dadurch selbst in Abhängigkeit vom Willen Raspútins. Da dieser angeblich Heilige ein im höchsten Grade unheiliges, ausschweifendes Privatleben führte, das in Petersburg stadtbekannt war, so weitete sich die an sich schon unerfreuliche Situation zu einem offenen Skandal. Es bildete sich bei

Hofe eine Partei, die eine Entfernung Raspútins verlangte und vorübergehend auch durchsetzte. Aber die Kaiserin erreichte unter der Motivierung, daß die Gesundheit des Thronfolgers es verlange, immer wieder seine Rückkehr nach Petersburg. Der Widerstand gegen die Kaiserin auch innerhalb der sog. Sphären, die bislang die stärksten Stützen des Thrones gewesen waren, erhielt dadurch neue Nahrung.

Diese Ereignisse bei Hofe haben aber nicht den Ausschlag für die weitere Entwicklung gegeben. Der entscheidende Anstoß, der zum jähen Absturz zunächst in die Revolution und dann in das Chaos führte, kam von der Außenpolitik.

Nach dem Fortgang Wittes und begünstigt durch den Tod Stolýpins hatten imperialistisch-panslawistische Ideen, die in wachsendem Maße auch von der erstarkenden Bourgeoisie und dem politischen Liberalismus getragen wurden, wieder Einfluß auf die Regierung gewonnen. Das äußerte sich in erster Linie in der Aktivierung der russischen Balkanpolitik (seit 1906 unter dem Außenminister und späteren Botschafter in Paris Iswólskij) und durch die Wiederaufnahme der seit Alexander III. auf Eis gelegten russischen Pläne in bezug auf die Meerengen unter Ausnutzung der fortgesetzten Balkankrisen und -kriege. Dabei fielen neben den traditionell-politischen Interessen auch wirtschaftliche (wachsender südrussischer Export) schwerer als früher ins Gewicht.

Der Gang der großen Politik, der schließlich in den Ersten Weltkrieg mündete, ist bekannt und kann hier nicht dargestellt werden. Der Anteil Rußlands daran war aufs Ganze gesehen nicht größer als der der anderen Mächte. Im allgemeinen Wettlauf sah das Russische Reich sich veranlaßt, wie der Außenminister Sasónow in einer berühmt gewordenen Denkschrift an den Kaiser (23. November 1913) feststellte, „ebenso wie die anderen Mächte die Notwendigkeit einer rechtzeitigen Sicherung seiner Rechte und Interessen“ zu erkennen und entsprechend zu handeln.

Die Kriegsbereitschaft wuchs dabei, desgleichen der Druck einer von leichtfertigen Generälen und Politikern geführten Kriegspartei auf den alles andere als kriegsfreudigen Kaiser. Die aktive Teilnahme Rußlands am Kriege und an seiner Entstehung ist aber nicht allein darauf zurückzuführen. Es erscheint sehr fraglich, ob es für ein in Europa integriertes Rußland überhaupt möglich gewesen wäre, sich aus den europäischen Konflikten herauszuhalten, ohne dabei auf seine Stellung als europäische Großmacht zu verzichten. Bei der Lage der Dinge war das Schicksal Rußlands von dem Europas nicht mehr zu trennen. Selbstverständlich spielten dabei auch in Rußland, wie in den anderen europäischen Großmächten, in hohem Grade von nationalen bzw. nationalistisch-imperialistischen Massenströmungen getragene Prestigefragen eine nicht zu unterschätzende Rolle. „Wenn Rußland hauptsächlich deshalb (in den Krieg) eintrat, weil es eine Schädigung seines außenpolitischen Prestiges ... unter keinen Umständen hinnehmen zu können meinte, so war das besondere, empfindliche und aktive Interesse am Prestige gerade auf dem Balkan nicht zuletzt dadurch bestimmt, daß hier nach Ansicht des Außenministeriums Aufgaben lagen, die dem Russischen Reich von der Geschichte zugewiesen und von aktuellen Machtinteressen bestimmt waren ... Es scheint nicht ganz abwegig, wenn man sagt, daß Rußland 1914 in den Krieg eintrat, weil es zu europäisch war“ (Wittram). Gleichwohl ist dem russischen Kaiserreich sein Eintritt in den Krieg zum Verhängnis geworden.

Sehr bald nach Kriegsausbruch stellte es sich heraus, daß die Anforderungen an alle erheblich größer waren, als man angenommen hatte. Innenpolitisch wäre die erste Voraussetzung gewesen, um diesen Anforderungen gerecht zu werden, eine möglichst weitgehende und aufrichtige Zusammenarbeit zwischen Staat und Gesellschaft oder konkreter: zwischen Regierung und Duma zu erreichen. Die Umstände waren dafür nicht günstig. Ministerpräsident war (seit Februar 1914) ein sechsundsiebzigjähriger konservativer Mann (Goremykin) mit starkem Mißtrauen gegenüber der Duma. Die (1912 gewählte) vierte Duma war ihrerseits in ihrer von den KD geführten Mehrheit von tiefem Mißtrauen gegenüber der Regierung erfüllt. Der Kriegsausbruch hatte zunächst zu einem emotionalen Auftrieb und zu patriotischen Kundgebungen geführt, die auch von der Dumamehrheit getragen wurden. Die Liberalen, einschließlich ihres revolutionären Flügels, waren schon vor dem Kriege und erst recht während des Krieges im Bündnis mit den demokratischen Westmächten in das imperialistisch-nationalistische Fahrwasser eingeschwenkt. Oktobristen (Gutschków), Kadetten (Miljuków) und der ihnen nahestehende Außenminister Sasónow hatten vor Ausbruch des Krieges in Denkschriften und Gutachten die Eroberung Konstantinopels und der Meerengen verlangt, und im Februar 1914 wurde vom Außen- und vom Kriegsministerium ein Plan der Überrumpelung Konstantinopels im Falle eines Krieges entworfen.

Von einem Defaitismus wie 1905 war jetzt keine Rede, zunächst auch nicht bei den Sozialisten, deren große Mehrheit, ähnlich wie in den anderen kriegsbeteiligten Staaten im Konflikt zwischen der Treue zur Internationale und der Vaterlandsverteidigung, sich für letztere entschied. In Rußland stellten sich Sozialrevolutionäre und Menschewiken, u. a. auch Plechánow und der Anarchist Kropótkin, auf den Boden der Vaterlandsverteidigung. Auch die Abgeordneten der sog. Fremdstämmigen bekannten ausdrücklich ihre Treue zur Regierung. Nur die kleine bolschewistische Gruppe war von Anfang an gegen eine Kriegsbeteiligung; ihre fünf Abgeordneten wurden verhaftet und nach Sibirien verschickt (Februar 1915). Abgesehen davon schien sich aber eine Zusammenarbeit zwischen Regierung und Duma anzubahnen.

Das änderte sich sehr schnell nach den zunehmenden Mißerfolgen an der Front. Während die Regierung, anstatt alles daranzusetzen, die „gesellschaftlichen Kräfte" in möglichst weitem Ausmaß zur positiven Mitarbeit zu gewinnen, bestrebt war, die Duma nach Möglichkeit auszuschalten, suchte die Dumamehrheit die Schuld für die Mißerfolge selbstverständlich bei der Regierung und versteifte sich in negativer Kritik auf ihr altes Ziel, die Änderung der Verfassung.

Als die Duma (nach vorübergehender Vertagung) im Juli 1915 zusammentrat, steigerten sich die Gegensätze zu einem offenen Kampf. In der Volksvertretung bildete sich (August 1915) ein sog. „progressiver Block" aus den Mittelparteien (von den Oktobristen über die KD bis zu den Progressisten), der jetzt, bis in die Tage der Revolution hinein, zum Sprecher der Duma wurde. In völliger Verkennung der faktischen Lage bildete dieser Block sich dabei ein, „im Namen des Volkes" zu reden. Außenpolitisch vertrat der Dumablock, unter Führung Miljukóws, den Kurs einer verschärften Kriegspolitik und innenpolitisch den Übergang zu einem parlamentarischen Regime. Die Ministerverantwortlichkeit wurde wieder zur zentralen Forderung. Dabei fiel bereits jetzt, und später in noch höherem Grade, die Tatsache ins Gewicht, daß die beiden großen Verbündeten im Kriege, Frankreich und England, durch ihre Botschafter Paléologue und Buchanan unmißverständlich den Dumablock gegen die Regierung stützten. Um so mehr, als die Regierung, zumal das Kaiserpaar, seit den ersten vorsichtigen inoffiziellen Friedensfühlern über Stockholm im Herbst 1915 der Germanophilie und geheimer Separatfriedensabsichten verdächtigt wurde.

Nachdem Nikoláj II. (August 1915) infolge der schlechten Kriegslage und in Verkennung des Risikos, das er damit auf sich nahm, an Stelle seines Onkels, des Großfürsten Nikoláj Nikolájewitsch, selbst das Oberkommando über das Heer übernommen und sich ins Hauptquartier (nach Mogiljow) begeben hatte, war die, in Petersburg (seit 1914 Petrograd) zurückgebliebene, ganz unter dem Einfluß Raspútins stehende Kaiserin faktische Regentin des Reiches. Seither konnten sich in der Regierung und bei Hofe nur noch Kreaturen Raspútins halten. Einer von ihnen, Stürmer, der trotz seiner deutschen (österreichischen) Herkunft kein Wort deutsch sprach und sein Russentum gerne betonte, wurde (Februar 1916) Ministerpräsident. Infolge der schlechten Kriegslage und der fortschreitenden inneren Zerrüttung – Desorganisation, Transport- und Verkehrsschwierigkeiten, Meutereien und Waffenmangel an der Front, Ernährungs- und Versorgungsschwierigkeiten auch in den Hauptstädten, Preissteigerungen und um sich greifende Korruption – waren bei der Regierung und in den Kreisen der politischen Rechten Zweifel am Endsieg entstanden. Man sah sich vernünftigerweise nach Möglichkeiten um, den Krieg zu beenden. Gleichwohl hielt die Regierung Nikolájs II. an den vertraglichen Verpflichtungen gegenüber den Alliierten unbedingt fest. Für die Stimmung war aber bezeichnend, daß damals in Petersburg das Wort in Umlauf gesetzt wurde, die Engländer seien entschlossen, bis zum letzten russischen Soldaten zu kämpfen.

Im Herbst 1916 setzte der Dumablock zu seiner entscheidenden Attacke an. In einer berühmt gewordenen Rede, die in die Frage einmündete: „Dummheit oder Verrat?“, bezichtigte Miljuków (1. November 1916) den Ministerpräsidenten offen und die Kaiserin versteckt des Landesverrates. Stürmer trat daraufhin zurück. Miljuków hatte sein Ziel erreicht: die Duma hatte zum ersten – und zum letzten! – Mal eine Regierung gestürzt.

Von da an überschlugen sich die Ereignisse. Jetzt ging es bereits nicht mehr um die Regierung und die Ministerverantwortlichkeit, sondern um den Träger der Krone und sehr bald auch um die Monarchie. Der Angriff wurde dabei auf drei verschiedenen Ebenen unabhängig voneinander und mit verschiedenen Zielsetzungen geführt: auf der Ebene des Hofes, auf der Ebene des Parlamentes und auf der Ebene der Straße. Nun wirkte sich die Isolierung des Thrones sogar innerhalb der Sphären verhängnisvoll aus. Hier, auf höchster Ebene, bildete sich eine Widerstandsgruppe, die zu einer Palastrevolution entschlossen war, in der Hoffnung, dadurch die Dynastie und den Thron zu retten. Raspútin sollte beseitigt und die Kaiserin politisch so weit als möglich ausgeschaltet, gegebenenfalls auch beseitigt werden.

Auf der zweiten, der parlamentarischen Ebene zielte die Opposition des Dumablocks auf eine „unblutige“ Revolution durch Einführung der parlamentarischen Regierungsform nach englischem Beispiel, zunächst unter Beibehaltung der Monarchie. Der Dumablock war aber, entgegen seinem Anspruch, nicht mit der Duma und noch weniger mit dem Volk gleichzusetzen. Der linke, sozialistische Flügel der Duma trat schon seit dem Frühling 1915 für einen Frieden unter Verzicht auf Annexionen ein. Nun stellten sich die Sozialisten an die Spitze der Opposition auf der untersten Ebene und mobilisierten auf der Straße die Massen.

Die Masse, die jetzt immer stärker in den Ablauf der Dinge einzugreifen begann, ist nicht mit der organisierten Arbeiterschaft und noch weniger mit der nichtorganisierten Bauernschaft gleichzusetzen. Sie bestand aus den unteren Schichten der großstädtischen Bevölkerung, die unter den immer drückender werdenden Kriegserscheinungen – Teuerung, Verpflegungs- und Versorgungsschwierigkeiten – besonders litt und sich gegen die Notstände auflehnte, ohne bestimmte politische oder soziale oder gar verfassungsrechtliche Ziele zu verfolgen. Ihre immer drohender werdenden Forderungen wurden in die zwei Worte zusammengefaßt: Brot und Frieden. Diese Masse war zum größten Teil gerade das, was Marx und gelegentlich auch die Bolschewiken mit Lumpenproletariat bezeichneten. Sie war teilweise uniformiert und bewaffnet, denn es gehörten viele Soldaten dazu, Deserteure, die nicht zum Feind übergelaufen waren, sondern infolge der allgemeinen Desorganisation von den Fronten „abgehauen“ bzw. im Zuge von Kommandierungen in der Etappe vorwiegend in den großen Städten untergetaucht waren und sich unauffindbar gemacht hatten. Diese besonders aktiven Elemente in der Masse waren sehr persönlich an einer schnellen Beendigung des Krieges interessiert. Ihre Zahl ging in die Hunderttausende.

Diese drei, in ihrem Bestande wie in ihrer Zielsetzung voneinander vollständig verschiedenen oppositionellen Strömungen flossen um die Jahreswende 1916/17 zu einer wirren Gemeinsamkeit zusammen und vereinigten sich schließlich in einer Aktion.

Die Aktion begann auf höchster Ebene. Am 17. Dezember wurde Raspútin von einem nahen Verwandten des Kaiserhauses (Fürst Jussúpow), einem Großfürsten (Dimítrij Páwlowitsch) und einem Dumaabgeordneten der äußersten Rechten (Purischkéwitsch) ermordet. Damit war auch dem politischen Einfluß der Kaiserin praktisch ein Ende gesetzt. Es blieb aber bei diesem negativen Ergebnis. Die Sphären selbst waren bereits innerlich so weit ausgehöhlt, daß sie sich nicht fähig zeigten, das so entstandene Vakuum wieder zu füllen.

Die nächste Aktion setzte auf der untersten Ebene ein. Die Straßendemonstrationen unter der Parole „Brot und Frieden“ führten zu Plünderungen der Bäckereien und Lebensmittelgeschäfte und zu Zusammenstößen. Im Februar 1917 kam es bereits zu größeren Ausschreitungen, zu Streiks in den Munitionsfabriken und zu Straßenkämpfen. Da die Regierung außer Polizeimaßnahmen nichts dagegen tat, griff Mitte Februar auf der mittleren Ebene auch der Dumablock in die Entwicklung ein.

Bereits im Januar hatte der Block ein zwölfgliedriges Komitee mit dem Dumavorsitzenden Rodsjánko, einem Oktobristen, an der Spitze gebildet. Dieses Dumakomitee, dessen Mitglieder sich selbst als „Männer, die das Vertrauen des Landes genießen“

bezeichneten, war für eine unbedingte Fortsetzung des Krieges und erfreute sich deshalb des Wohlwollens und der praktischen Unterstützung der Botschafter Englands und Frankreichs. Jetzt trat es mit dem Anspruch auf, die Regierungsgewalt in die Hände zu nehmen und setzte sich über die vom Zaren verfügte Auflösung der Duma (26. Februar) hinweg. Als in den letzten Tagen des Februar die Unruhen in Petersburg an Umfang zunahmen, reguläre Truppen (seit dem 25. Februar) und die Mannschaften des wolhynischen Garderegimentes, nachdem sie ihre Offiziere ermordet hatten, zu den Aufständischen übergingen (26. Februar), und schließlich der Justizpalast und die Gefängnisse gestürmt wurden, sah sich das Dumakomitee plötzlich „einer der furchtbarsten Revolutionen gegenüber“ (Rodsjánko). Nun versuchten die gemäßigten Glieder des Dumakomitees im Verein mit liberalen Generälen in der Hoffnung, dadurch das Reich vor einem Sturz in die Anarchie zu bewahren und nach Möglichkeit die Monarchie noch zu retten, den Kaiser zur Abdankung zugunsten seines unmündigen Sohnes unter Einsetzung einer Regentschaft zu veranlassen.

Nikoláj II. befand sich damals im Hauptquartier des Generals Rússkij in Pleskau. Bei der Entscheidung, vor die er sich jetzt gestellt sah, sind nicht die Politiker, sondern die Generäle ausschlaggebend gewesen. Eine telefonische Rundfrage bei den Oberbefehlshabern der Armeen und den Kommandierenden Generälen ergab, daß alle mit einer Ausnahme für eine sofortige Abdankung waren. Besonders nachdrücklich setzte sich der Großfürst Nikoláj Nikolájewitsch dafür ein, der den Kaiser „kniefällig anflehte“, durch die Abdankung Rußland zu retten. Zwei nichtbefragte Generäle, interessanterweise zwei sog. „Fremdstämmige“, der Deutschbalte Graf Keller und der Chan von Nachitschewan, stellten sich aus eigener Initiative mit ihren Einheiten dem Kaiser „zwecks Niederwerfung der Rebellen“ zur Verfügung. Das fiel aber nicht mehr ins Gewicht.

Als zwei Vertreter des Dumakomitees, beides überzeugte Monarchisten, der Oktobrist Gutschków und der Nationalist Schulgín, wegen der Abdankung in Pleskau erschienen, war der Entschluß bereits gefaßt. Aber Nikoláj II. dankte nicht, wie erwartet, zugunsten seines Sohnes, sondern auch für ihn ab, weil er den menschlich verständlichen Wunsch hatte, den kranken Knaben nicht zu belasten und sich selbst von ihm nicht zu trennen (2. März). Für die Monarchie war dieser Entschluß folgenschwer. Eine Regentschaft fiel damit fort, und der Bruder Nikolájs II., Michaíl, der nächste Prätendent auf den Thron, machte die Annahme der Krone, durchaus im Sinne des Dumablockes, vom Einverständnis einer Konstituierenden Versammlung abhängig. Da diese bei der Lage der Dinge nicht gewählt werden konnte, blieb die Frage der Staatsform offen, ein Umstand, der sich zum Nachteil des neuen Regimes ausgewirkt hat.

Nach der Abdankung kehrte Nikoláj nach Petrograd zurück und blieb zunächst, mit seiner Familie vereinigt, bewacht in Zárskoje Seló. Seine Haltung war ergeben aber würdig. Den ihm von seinem Vetter, dem König von England, gemachten Vorschlag, außer Landes (nach England) zu gehen, lehnte er mit der Begründung ab, daß er das über Rußland hereingebrochene schwere Schicksal mit seinem Volke teilen möchte[1]. Nach dem bolschewistischen Umsturz wurde die kaiserliche Familie nach Sibirien deportiert und im Juli 1918 in Jekaterinburg in grausamer Weise ermordet.

Bereits vor der Abdankung des Kaisers hatten sich in Petrograd die Ereignisse überstürzt. Am 27. Februar (11. März neues Stils), dem entscheidenden Tage der Revolution, hatte sich nach dem Vorbild von 1905 ein Sowjet aus Vertretern der Arbeiter und der zu den Aufständischen übergegangenen Soldaten gebildet und seinen Sitz – ebenso wie das Dumakomitee – im Gebäude der Duma genommen. Der Sowjet, in dem die Menschewiken und SR die Mehrheit hatten, wählte seinerseits ein Komitee (das sog. Exekutivkomitee) mit dem Menschewiken Tschcheídse an der Spitze, das von vornherein in seinem politischen Machtanspruch in Konkurrenz zum Dumakomitee trat.

Diese Situation veranlaßte das Dumakomitee zu einem Staatsstreich. Am 28. Februar (also noch vor Abdankung des Kaisers)

[1] Der König von England war über seine Mutter ein leiblicher Vetter des Kaisers und über seinen Vater ein leiblicher Vetter der Kaiserin.

erklärte es in einem Aufruf, daß es sich gezwungen sehe, „bei dem trostlosen, durch die Maßnahmen der alten Regierung hervorgerufenen Zustand innerer Zerrüttung die Wiederherstellung der Ordnung in seine Hand zu nehmen". Das Komitee setzte eine provisorische Regierung ein, die aus den prominentesten Vertretern des Liberalismus bestand, mit dem Fürsten G. Lwow (Sémstwoliberaler) als Ministerpräsidenten, Miljuków (KD) als Außenminister, Gutschków (Okt) als Kriegsminister. Als Vertreter der Sozialisten gehörte der SR (Trudowik) Alexander Kérenskij als Justizminister der provisorischen Regierung an.

Die Absicht, sich an die Spitze der Revolution zu stellen, „um die Anarchie zu vermeiden" (Rodsjánko), das Heft in der Hand zu behalten und der Revolution damit jene unblutige Wende zu geben, die den Liberalen immer als Ziel vorgeschwebt hatte, schien dem Dumakomitee geglückt. Sehr bald sollte es sich erweisen, daß das ein Irrtum war. Die liberale Regierung hatte den radikalen Sowjet nur scheinbar überspielt, in Wirklichkeit bestand die Doppelherrschaft fort. Dabei bekämpfte der Sowjet sehr geschickt die liberalen Minister mit ihren eigenen Waffen. Der Sowjet, der im Plenarsaal der Duma tagte, spielte sich der Regierung gegenüber immer mehr in die Rolle eines Parlaments hinein, dem die Regierung – nach dem Kerngrundsatz der Liberalen – verantwortlich sein müsse. Der Sowjet war zwar nur irgendwie und unkontrolliert, aber immerhin doch gewählt; theoretisch kam ein Delegierter auf 100 Arbeiter und auf je eine Kompanie. Die Regierung dagegen war eindeutig usurpiert, auch wenn sie (rechtlich anfechtbar) vom faktisch bereits entthronten Kaiser formell legalisiert worden war. Das von Miljuków so lange und so leidenschaftlich erstrebte Recht des Parlamentes, die Minister zu stürzen, wurde nun vom Sowjet prompt ihm selbst gegenüber angewandt: bereits nach zweimonatiger Amtszeit war Miljuków, zusammen mit Gutschków, durch den Sowjet gestürzt.

In dem halben Jahr zwischen dem Februar und dem Oktober 1917 lag das in tausendjähriger Tradition errichtete russische Kaiserreich in Agonie und starb schnell dahin.

Zunächst schien das Sehnsuchtsziel der russischen Intelligenzia erreicht: die gesellschaftlichen Kräfte waren endlich zum Zuge gekommen. Jetzt hatten die revolutionären Liberalen die Führung übernommen und konnten endlich unter Beweis stellen, wie berechtigt ihre so einleuchtende Kritik an der Autokratie gewesen war und in wie hohem Grade sie selbst qualifiziert seien, den Staat zu regieren. Aber jetzt rächte sich die traditionelle Fernhaltung des Geistes von der Macht. Erfahren im Kampf gegen die Macht, beschlagen in den Fragen der Wirtschafts-, Sozial- und Staatstheorie, aber ohne Erfahrung in der Staatspraxis und im Gebrauch staatlicher Machtmittel, erwiesen sich die Führer des Liberalismus den großen Schwierigkeiten, denen sie sich jetzt gegenübersahen, in keiner Weise gewachsen.

Indem sie davor zurückschreckten, selbst das zu tun, was sie der Autokratie vorgeworfen hatten, suchten die neuen liberalen Machthaber ihre Stütze „nicht in der physischen, sondern in der moralischen Kraft“ (Miljuków). Sie meinten in jener turbulenten und zutiefst aufgewühlten Zeit, da alles auseinanderzubrechen drohte, die Kraft zu haben, ihre Feinde „durch Gnade, Liebe und Gerechtigkeit zu besiegen“ (Kérenskij). Infolgedessen wichen sie durchgreifenden Maßnahmen aus. Wie die Regierung selbst, blieb alles im Zustand des Provisorischen: die Staatsform blieb offen, es gab weder ein gewähltes Parlament noch eine rechtmäßige Regierung, die wichtige Agrarfrage blieb ungelöst, desgleichen die Nationalitätenfrage. Alle wichtigen Entscheidungen wurden einer Konstituierenden Versammlung vorbehalten, aber die Wahlen zu der Konstituante wurden fortgesetzt verschoben. Es wurde allerdings eine politische Amnestie erlassen und damit den erbittertsten Feinden der neuen Regierung der Weg freigegeben.

Der Grund zum Fiasko der liberalen Demokratie in Rußland lag aber nicht im persönlichen Versagen der Führer, sondern im Wesen der über ihren Kopf hinweggehenden Revolution.

Das Ziel des Liberalismus war eine politische Revolution unter einseitiger Betonung verfassungsrechtlicher Fragen. Zunächst war die Entwicklung auch auf politischer Ebene verlaufen. Die neuen Machthaber gehörten den gleichen sozialen Kreisen an wie die bisherigen: der vermögenden bourgeois-aristokratischen Oberschicht. Sie stützten sich auch auf die gleichen sozialen Schichten. Der Übergang der personellen Führung aus den Händen der bürgerlich durchsetzten Beamtenaristokratie in die Hände der aristokratisch durchsetzten Bourgeoisie war dabei unerheblich. Gleichwohl fühlten die Liberalen sich als Träger und als Exponenten der in jahrzehntelangem Kampf sakralisierten „Revolution“.

Zur Macht gelangt, sahen sie sich nun ihrerseits gleich zwei Revolutionen gegenüber, einer sozialen und einer nationalen. Denn die Ereignisse des Februars 1917 hatten sich keineswegs auf eine Verfassungsänderung beschränkt, sondern gleichzeitig soziale und nationale Kräfte freigemacht, die sich ihrerseits als Träger der Revolution fühlten. Hinter der Fassade der bürgerlich-demokratischen, großrussisch-imperialistischen Dumaregierung geschah ein immer weiter um sich greifender und der Provisorischen Regierung bald den Boden entziehender Aufstand der unteren sozialen Schichten gegen die herrschenden Klassen und gleichzeitig ein Aufstand der nichtrussischen Völker gegen das herrschende Großrussentum.

Wie erinnerlich, hatten die Liberalen, zumal die KD, ihre revolutionäre Solidarität mit den Radikalen immer betont und sich mit Erfolg bemüht, die Radikalen als Sturmbock vor ihren eigenen politischen Wagen zu spannen. Für sich lehnten sie zwar die gewaltsamen Methoden der Radikalen ab, waren aber jederzeit bereit, die Früchte dieser Methoden im eigenen Interesse zu nutzen. Nun rächte sich dieses System bitter. Mit dem Augenblick, da der gemeinsame Feind, die Autokratie, gefallen war, hatte sich die Frontstellung vollständig verschoben. Die Liberalen mußten zu ihrem Entsetzen feststellen, daß sie ihre radikalen Revolutionsgenossen nicht nur – wie sie fälschlich meinten – gegen die Autokratie mobilisiert hatten, sondern in weit höherem Grade gegen sich selbst. Als Miljuków in den Februartagen bei einer Kundgebung von einem Zwischenrufer höhnisch gefragt worden war, wer ihn zum Minister gewählt habe, rief er pathetisch aus: „Die Revolution!“ Nur zu bald mußte er sich überzeugen, daß „die Revolution“ zunächst über ihn, dann über die Politik der Provisorischen Regierung und schließlich über die demokratische Regierungsform hinwegging.

Noch weniger konnten die zur Herrschaft gelangten Liberalen in der Nationalitätenfrage als Exponenten der Revolution erscheinen. Wohl hatten sie gegen autokratische Maßnahmen der alten Regierung gegenüber den „Fremdstämmigen“ protestiert und sich z. B. in Finnland für die Respektierung der konstitutionellen Freiheiten eingesetzt. Nach ihrer Machtübernahme hatten sie auch die Verfassung Finnlands wiederhergestellt (4. März) und den Polen Hoffnung auf die Wiedererrichtung ihrer Unabhängigkeit gemacht (16. März). Im übrigen hatten sie aber ihrer Revolution betont großrussisch-zentralistische Akzente gegeben und sahen sich jetzt revolutionären Forderungen der nichtrussischen Völker gegenüber, die ihren eigenen Zielsetzungen diametral entgegengesetzt waren.

In einer Frage konnte die Provisorische Regierung einer Entscheidung allerdings nicht ausweichen und sie einer künftigen Konstituante überlassen: in der Kriegsfrage. Die mit moralischer und materieller Unterstützung der Ententemächte zur Macht gelangten imperialistischen Liberalen entschieden sich ohne zu schwanken und ungeachtet des fortschreitenden Zusammenbruches der militärischen Kräfte Rußlands für die Fortsetzung des Krieges an der Seite der Alliierten bis zum siegreichen Ende. Unter tätiger Mitwirkung nach Petrograd entsandter französisch-belgischer Sozialisten (A. Thomas und E. Vandervelde) gelang es ihnen, auch Kérenskij für diese Politik zu gewinnen.

Kérenskij war der Verbindungsmann zwischen den Liberalen in der Regierung und den Sozialisten im Sowjet, ein sehr agiler, redegewandter Mann, „der Einzige, der auf dem revolutionären Moorgrund zu tanzen verstand“ (Schulgín). Kérenskij gehörte als einziges Regierungsglied auch dem Exekutivkomitee des Petrograder Sowjet an. In dieser Doppelfunktion verstand er es, sich unentbehrlich zu machen. Im Zuge der weiteren Entwicklung ging das Schwergewicht der Regierung immer mehr in seine Hände über: im Mai wurde er Kriegs- und Marineminister und im Juli Regierungschef. Als solcher wurde auch Kérenskij zum Exponenten der Kriegspolitik der Provisorischen Regierung. Die Folge war, daß „die Revolution" den Kampf gegen Kérenskij jetzt ebenso aufnahm wie vorher gegen Miljuków. Denn „die Revolution" war weder Miljuków, wie viele es gehofft hatten, noch war es Kérenskij, wie die meisten es gemeint hatten, sondern es war Lenin, wie es damals fast niemand wahrhaben wollte. Seit dem April 1917 befand sich Lenin in Petrograd.

Als im Herbst 1917 aus dem militärischen Zusammenbruch heraus und in verzweifelter Auflehnung gegen den allgemeinen Verfall einige liberale Generäle, mit dem Kosakengeneral Kornílow an der Spitze, versuchten, nunmehr unter Anwendung militärischer Mittel zu retten, was der Liberalismus seit dem Februar politisch verspielt hatte, als sie „im drückenden Bewußtsein vom unabwendbaren Untergang des Landes alle Russen in dieser furchtbaren Stunde zur Rettung des Vaterlandes" aufriefen und mit ihren Truppen nach Petrograd marschierten (27. August), war es bereits zu spät. „Ich, General Kornílow, Bauer, Sohn eines Kosaken, erkläre allen und jedem, daß ich lediglich die Erhaltung des großen Rußland erstrebe, und ich schwöre, daß ich durch den Sieg über den Feind das Volk zur Konstituierenden Versammlung bringen werde, in der es selbst seine Geschicke entscheiden und seine neue Staatsform bestimmen wird ... Russisches Volk, in Deinen Händen befindet sich das Leben Deines Vaterlandes!" Diese Sprache Kornílows wurde nicht mehr verstanden. „Die Revolution" – auch der hin- und herschwankende Kérenskij –, stellte sich gegen die Generäle, und das Unternehmen Kornílow brach zusammen. Jetzt wurde auch die Monarchie formell beseitigt und die Republik ausgerufen. Aber weder die Republik noch die Demokratie wurde dadurch gerettet. Im Gegenteil, das eine wie das andere war jetzt endgültig verspielt.

Im halben Jahr zwischen Frühling und Herbst 1917, der einzigen Zeit, in der Rußland demokratisch regiert worden ist, stürzte unter den Schlägen der sich fortgesetzt radikalisierenden Revolution alles zusammen, worauf das Reich bisher geruht hatte. Zuerst fiel der Kaiser, dann die Dynastie, dann die Monarchie. Gleichzeitig brach die Reichseinheit auseinander. Die von den deutschen Truppen okkupierten Westgebiete (Polen, Litauen, die baltischen Provinzen) lösten sich aus dem Bestande des Reiches bzw. bereiteten die Loslösung vor. Finnland erklärte sich für unabhängig (Juli), die Ukraine für autonom (zunächst innerhalb des russischen Reiches) und wählte ihr eigenes Parlament (Zentralrada); auch das Gebiet der Donkosaken erklärte sich für autonom.

In diesem halben Jahr schwand in Rußland jede Autorität, die Disziplin in der Armee, die Ordnung im Verwaltungsapparat. Die Wirtschaft war vollständig zerrüttet. Alles, was der Aufstieg der letzten Jahrzehnte dem Staat und Volk gebracht hatte, war wie fortgefegt. Am 27. August hatte Korníłow verzweifelt ausgerufen: „Russen! Unser Vaterland stirbt!“ Zwei Monate später war es tot.

Fünfter Abschnitt

DIE ZWEITE MOSKAUER PERIODE

Unter der Totalitärherrschaft kommunistischer Parteifunktionäre

GESAMTBILD

Die zweite Moskauer Periode kann als Gesamtbild noch nicht gezeichnet werden, da sie ein Torso und infolgedessen in ihrer Gesamtheit noch nicht zu übersehen ist. Ob die obige Unterschrift auch für die weitere Dauer dieser Periode Geltung behalten wird, mag dahingestellt bleiben.

Die rund fünfzig Jahre dieser Periode lassen neben einheitlichen, bolschewistisch-sowjetischen Zügen große innere und äußere Wandlungen erkennen. Der Gang der Ereignisse verlief wellenförmig. Er beginnt mit einem Absturz in ein tiefes Wellental infolge von Zerrüttung und Not, führt dann in den Jahren der „Konzessionen an den Kapitalismus“ recht schnell wieder aufwärts, stürzt im Zuge von Zwangskollektivierung und Massenterror und während des Krieges infolge schwerer militärischer Niederlagen erneut in ein tiefes Tal, erhebt sich aber anschließend – jedenfalls machtpolitisch – zu einem hohen Wellenberg, um schließlich, mit manchen inneren und äußeren Krisen behaftet, in eine Wellenlandschaft mit sanfterem Gefälle einzumünden.

In dieser Periode schrumpft der russisch-sowjetische Machtbereich zunächst bis auf den Raum Moskowiens am Ende des 15. Jahrhunderts zusammen, erweitert sich dann rasch in das alte russische Reichsgebiet hinein und sprengt schließlich die alten Grenzen durch Annexionen, bzw. durch Gewinnung von Satellitenstaaten in Europa und Ostasien.

Innenpolitisch steht am Anfang dieser Periode das vergebliche Bemühen, den Staat als eine vorübergehende Erscheinung mit staatlichen Machtmitteln zu überwinden. Doch am Ende des fünften Jahrzehnts stehen ein stabilisierter, omnipotenter, als Dauererscheinung verstandener Staat und eine, in der äußeren Form und im Stil der Handhabung gewandelte, Totalitärherrschaft auf den Partei- und Staatsapparat gestützter kommunistischer Funktionäre.

Wirtschaftlich zeigt diese Periode, nach einer völligen Zerrüttung und einem katastrophalen Niedergang und nach dem mißglückten Versuch einer Abschaffung von Markt und Geld, einen opfer- und entbehrungsreichen, durch Zwangsmaßnahmen und unfreie Arbeit und mit ausländischer materieller Hilfe erreichten Strukturwandel zu einem Industriestaat unter Einbeziehung der kollektivierten Landwirtschaft, eine starke Steigerung der Produktion und des Wirtschaftspotentials bei einem im Durchschnitt niedrigen, im letzten Jahrzehnt merklich ansteigenden, Lebensstandard der Bevölkerung.

In der gesellschaftlichen Entwicklung sind die ersten Jahrzehnte dieser Periode, nach dem Verschwinden der alten Oberschicht infolge allgemeiner Zerrüttung, Enteignung, Terror und Flucht, und später infolge einer staatlich organisierten Massenausrottung auch begüterter Bauern und großer Verluste im Kriege, durch einen starken Bevölkerungsschwund gekennzeichnet, der aber überraschend schnell wieder aufgeholt und durch einen erneuten Bevölkerungszuwachs ersetzt wird. Im Zuge eines allmählichen Übergangs zu einer modernen Industriegesellschaft infolge von Industrialisierung und Verstädterung gewinnen mit dem Emporkommen der sog. werktätigen Intelligenz neue soziale Kräfte an Eigengewicht innerhalb der neuen, sich wirtschaftlich festigenden, sozial deutlich abgrenzenden Oberschicht, die trotz gewaltiger Unterschiede in den Einkommensverhältnissen mit Erfolg darauf bedacht ist, die Fiktion der Herrschaft des Proletariats aufrecht zu erhalten und die vorhandene soziale Differenzierung nicht erkennbar werden zu lassen.

Außenpolitisch beginnt diese Periode mit einer vollständigen Isolierung und weitestgehender Ausschaltung des neuen Sowjetstaates als Machtfaktor. Nach ihrer wirtschaftlichen Erholung und militärischen Erstarkung steigt aber die Sowjetunion rasch im intensivierten Zusammenspiel mit anderen Mächten, als Glied des Völkerbundes, als Bündnispartner im Zweiten Weltkrieg und schließlich als gewichtiges Mitglied der UNO zu einer atomaren Weltmacht empor, die in allen Teilen der Erde ihren Einfluß geltend zu machen bestrebt ist, die sich aber gleichzeitig im maoistischen China unversehens einem selbstbewußten, anspruchsvollen und laufend bedrohlicher werdenden kommunistischen Rivalen gegenübersieht, während ihre eigene, bislang dominierende Position im Lager des Weltkommunismus sich erkennbar abschwächt.

1. LENIN UND DIE OKTOBERREVOLUTION

Der Sturz in die Anarchie

Durch den bolschewistischen Umsturz und die Stabilisierung der Sowjetherrschaft in Rußland sah sich die verblüffte Welt dem Phänomen gegenüber, daß es gerade in einem Lande, das am wenigsten dazu prädestiniert schien und dessen wirtschaftliche und soziale Entwicklung hinter jener der anderen europäischen Länder erheblich zurückstand, zum „Sieg des Sozialismus" gekommen war. Auf die Fülle der Probleme, die im Zusammenhang mit diesem Vorgang stehen, kann hier nicht eingegangen werden. Es sind darüber ganze Bibliotheken geschrieben und gedruckt worden. Hier kann uns nur der tatsächliche Ablauf der Dinge in ganz großen Zügen beschäftigen. Von diesem Blickpunkt und aus historischer Perspektive heraus gesehen, ist der Übergang Rußlands in die bolschewistische Periode eine Teilerscheinung des sich in forciertem Tempo vollziehenden Europäisierungsprozesses unter Aufrechterhaltung eigenständig russischer Entwicklungskonstanten, zumal in bezug auf das Herrschaftssystem. Das heißt, es war ein Vorgang, der nur zu einem Teil organisch aus den russischen Verhältnissen selbst erwuchs, zum anderen Teil aber von außen nach Rußland hineingetragen wurde und dort durch Anknüpfung an spezifisch russische Traditionen seine eigene, von den europäischen Verhältnissen unterschiedliche Ausprägung erhielt. Nicht zu Unrecht ist dieser Prozeß mit dem verglichen worden, was in jüngster Zeit sich in den sog. unterentwickelten Ländern anbahnt (von Laue). Infolgedessen vollzog sich die mit dem bolschewistischen Umsturz einsetzende Entwicklung in Rußland – entgegen der bolschewistischen Theorie – weitgehend unabhängig von den objektiv gegebenen Voraussetzungen, zum Teil in direktem Widerspruch zu ihnen und war im hohen Grade von dem Willen und der Tatkraft der Menschen bestimmt, die Träger dieser Entwicklung waren. Das bezieht sich in erster Linie auf Lenin.

Wie man Lenin auch beurteilen mag, daß er eine epochemachende Persönlichkeit war, steht außer Zweifel. Für die Geschichte Rußlands hat er eine ebenso große Bedeutung erlangt wie Peter der Große, für die Weltgeschichte wahrscheinlich eine noch größere. Im Kapitel über Peter den Großen wurde bereits auf die innere Verwandtschaft dieser beiden Zentralgestalten der neueren russischen Geschichte und auf die Ähnlichkeit ihrer Wirkung verwiesen (vgl. S. 269). Gleichwohl war der Umbruch, den Lenin verursachte, umstürzender, der geschichtliche Einschnitt infolgedessen tiefer, und die bewußte und gewollte Zerstörung des bis dahin Bestehenden gründlicher als zweihundert Jahre früher.

Viele sehen in Lenin nur einen großen Strategen und Taktiker der Revolution, einen jener „gründlichen Ruinierer“, von denen Burckhardt spricht. Darin liegt eine Unterschätzung Lenins als Staatsmann. Er hat allerdings sehr gründlich ruiniert, aber er hat auch aufgebaut. Der Neuaufbau aus dem bewußt selbst angerichteten Chaos war noch sein Werk, nicht erst das seiner Nachfolger. Der spätere Aufstieg der Sowjetunion, der unter furchtbaren Opfern schließlich gigantische Ausmaße annehmen und selbst den Aufstieg Rußlands im 19. Jahrhundert in den Schatten stellen sollte, ruhte in jeder Beziehung auf den Grundlagen, die Lenin gelegt hatte. Wenn Chruschtschow nach seiner (später eingeschränkten) Verurteilung Stalins betonterweise auf die Leninsche Tradition zurückgriff, so war das sachlich gewiß gerechtfertigt.

Wladímir Iljítsch Uljánow (geb. 1870 in Simbirsk an der Wolga, heute Uljanowsk) war ein typischer Vertreter der radikalen Intelligenzia. Er war der Sohn eines konservativ-liberalen kaisertreuen und pflichteifrigen hohen Beamten im Schuldienst mit dem Titel Exzellenz, der als solcher entsprechend der petrinischen Rangtabelle den erblichen Adel erhalten hatte. Über seinen Vater hatte Lenin kalmückisches Blut (vgl. Ahnentafel). Lenins Mutter Maria Blank stammte (nach den Forschungen von Rauch), sowohl väterlicher- wie mütterlicherseits von Deutschen ab. Ihr Vater war Arzt in Petersburg. Jedenfalls ist sie protestantisch gewesen. Mütterlicherseits stammte Lenins Mutter aus einer großbürgerlichen deutschen Familie in Petersburg Lübecker Herkunft. Über ihre Verwandten – ein leiblicher Onkel von ihr, Karl Großschopf, war Vizedirektor des Departements für Außenhandel in

Ahnentafel Lenins

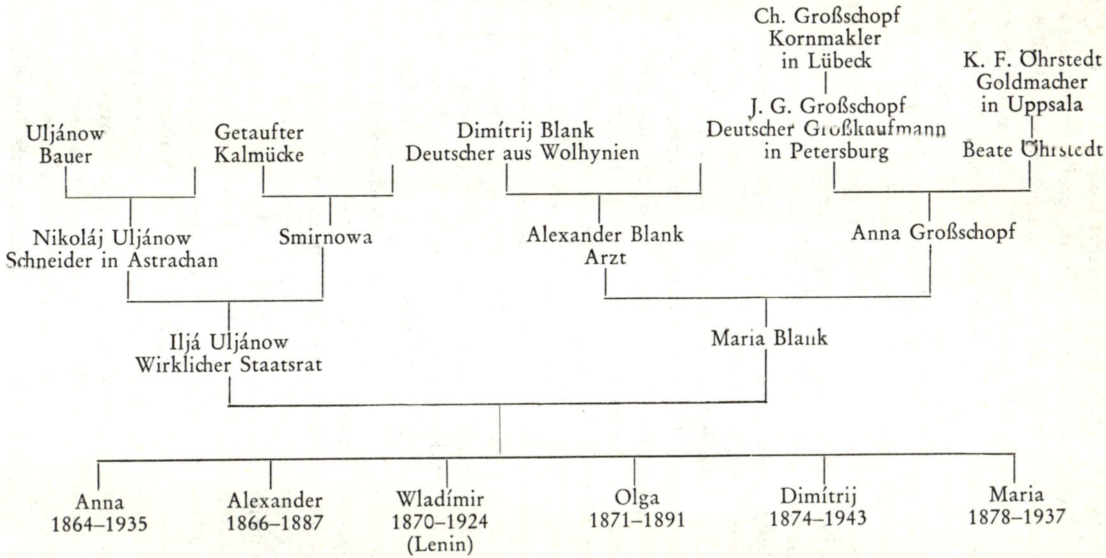

Petersburg – und über die Kollegen ihres verstorbenen Gatten hatte Maria Blank in Petersburg manche Beziehungen, die sie unermüdlich und zäh zugunsten ihrer revolutionären Kinder zu nutzen verstand. Es ist sehr wahrscheinlich, daß Lenin als ein so schwer belasteter Revolutionär ein erheblich schwereres Leben gehabt hätte, wenn seine Mutter ihre Petersburger Beziehungen nicht hätte spielen lassen. Maria Blank, ohne jeden Zweifel eine ungewöhnliche Frau, ist von – nichtbolschewistischen – Autoren als „wahrhafte mater dolorosa" über alle Maßen gerühmt worden. „Sie ist der höchste Ausdruck dessen, was es an Edlem in der Geschichte der Menschheit gibt", sagt Jean Marabini von ihr. Lenins Mutter ist im Januar 1917 81jährig gestorben, zehn Monate zu früh, um den Triumph ihres Sohnes zu erleben. Die sowjetische Geschichtsschreibung ist in bezug auf die Vorfahren Lenins sehr zurückhaltend, in der Regel schweigt sie vollständig über sie. Hingegen hat Leo Trózkij der Mutter Lenins in einer biographischen Skizze ein schönes Denkmal gesetzt: „Von ihr gingen jene unsichtbaren Strahlen aus, die die Kinderherzen erwärmen und ihnen einen zusätzlichen Vorrat an Wärme für das ganze Leben geben."

In Lenins Elternhaus wurde entgegen dem russischen Brauch Weihnachten nach deutscher Sitte mit dem Christbaum gefeiert. Lenin selbst hielt daran fest; noch einen Monat vor seinem Tode richtete ihm seine Frau einen Weihnachtsbaum. Der Begründer der Sowjetunion war in geordneten bürgerlichen Verhältnissen aufgewachsen, „in einer festen und glücklichen Familie, frei von erniedrigender Not und von demoralisierendem Überfluß". Trotzkij, der diese Feststellung macht, betont ausdrücklich „die saubere Atmosphäre" und den „patriarchalischen Geist" in der Familie Uljanow, „wo die Disziplin von Mutter und Vater auf verschiedene Weise, aber mit großem Erfolg aufrechterhalten wurde". Die Uljánows besaßen auch ein kleines Gut bei Samara, das Maria Blank mit ihren Geschwistern von ihrem Vater geerbt hatte. Sechzehnjährig verlor Wladímir seinen Vater (1886).

Lenin hatte zwei Brüder und drei Schwestern; alle betätigten sich als echte Intelligenzler revolutionär. Sein vier Jahre älterer Bruder Alexander wurde als Student wegen Vorbereitung eines

Attentates auf Alexander III. hingerichtet (1887). Wladímir war ein ausgezeichneter Schüler und beendete das Gymnasium mit der goldenen Medaille. Sein Schuldirektor und Vormund war der Vater Kerenskijs, der den strebsamen Knaben als „sehr begabt, gleichmäßig fleißig und pünktlich“ charakterisiert hat. Während seiner Schülerzeit hat der junge Wladímir noch keine politischen Interessen gezeigt. „Der Sohn des Wirklichen Staatsrats, erzogen im Geist der Disziplin und des orthodoxen Glaubens, hatte an der Richtigkeit dessen, was ist, noch nicht einmal zu zweifeln begonnen“ (Trózkij). Aber als Student der juristischen Fakultät in Kasan wurde Lenin – bereits nach dem Tode seines Vaters – wegen Teilnahme an einer revolutionären Demonstration relegiert (1887). Gleich bei seinem ersten öffentlichen Auftreten als Neunzehnjähriger anläßlich geplanter privater Hilfsmaßnahmen für Hungernde, zeigte sich sein „kräftiges und offensives Selbstvertrauen“ in seiner rücksichtslosen und zielsicheren Härte: Lenin sprach sich gegen die Hilfsmaßnahmen aus. Seine Devise war und blieb, bis er an der Spitze des Staates stand: je schlimmer um so besser.

Sein juristisches Schlußexamen machte er unter erschwerten Bedingungen – extern – mit der höchsten Auszeichnung (1891 in Petersburg) und ließ sich zunächst als Rechtsanwalt in Samara nieder, betätigte sich aber überwiegend und bald ausschließlich revolutionär als Glied der Sozialdemokratischen Partei (seit 1893 in Petersburg). Fünfundzwanzigjährig wurde er verhaftet und für drei Jahre nach Sibirien verbannt, wo er ein recht behagliches Leben mit seiner Gefährtin Nadéshda Krúpskaja, einer ehemaligen Lehrerin, führte und sich ganz seinen Studien widmen konnte. Nach Beendigung seiner Verbannungszeit ging er sehr bald in die Emigration nach Paris, München, London und in die Schweiz.

Die Sphäre, in der sich Lenin als typischer Intelligenzler bis 1917 bewegte, war durch kleine revolutionäre Zirkel charakterisiert mit ihren unausgesetzten Meinungs- und Richtungsstreitigkeiten. Persönlich bescheiden und bedürfnislos, abseits von den Freuden des Lebens, ernst und in seiner geistigen und charakterlichen Entwicklung weit über seine Jahre hinaus – bereits als Vierundzwanzigjähriger hatte er den Spitznamen „der Greis“ (starík) – widmete er sein ganzes Leben der „Revolution“. Von einem Privatleben kann man bei ihm kaum sprechen; er hatte keine Kinder. Lenin war, wie es bereits Bakúnin verlangt hatte, ein echter Berufsrevolutionär. Er verbrachte seine Tage in Bibliotheken, am Schreibtisch und in Kaffeehäusern, weitgehend isoliert vom Volk, während der Verbannung fast völlig, während der langen Emigrantenzeit ganz ohne direkten Kontakt mit den Massen.

Nach der Hinrichtung seines Bruders hatte er sich scharf von den Methoden und Lehren der Narodowólzy abgewandt und sich den Sozialdemokraten angeschlossen. Trotz seiner sehr eingehenden und gründlichen Studien der marxistischen Theorie interessierte ihn an ihr in erster Linie deren praktische Anwendbarkeit. „Unsere Lehre ist kein Dogma, sondern eine Anleitung zum Handeln", hat er gesagt, und von Stalin wurde der Leninismus als „Theorie und Taktik der proletarischen Revolution" definiert. Die vollständige Einheit zwischen Lehre und Handeln hat ihm später seine Durchschlagskraft auch gegenüber den eigenen Genossen verliehen. „Er sagte nichts, was er nicht auch zu tun bereit war" (Trózkij). Nie hat er gezögert, für das, was er sagte und tat, auch die Verantwortung zu übernehmen.

Lenin hat es nie verleugnet, daß für ihn politisches Handeln gleichbedeutend mit Anwendung von Macht, gegebenenfalls von nackter Gewalt war, und er hat sich über die Verächter der Macht und die Propheten einer unblutigen Revolution, über die Liberalen und über seinen zehn Jahre jüngeren Schulkameraden Kérenskij, wiederholt lustig gemacht. „Verflucht sei der Mensch, der sein Schwert zurückhält vom Blute", dieses Wort des Papstes Gregor VII. hat Thomas Mann einmal zur Charakterisierung Lenins gebraucht. Sein unverrückbares Ziel, dem er alles andere unterordnete, war zuerst die Eroberung und dann die Erhaltung der Macht. Nach Ausbruch des Weltkrieges trat Lenin auf den internationalen Sozialistenkonferenzen in Zimmerwald (1915) und Kienthal (1916) als erbitterter Kriegsgegner auf, aber nicht aus Pazifismus, sondern weil er die Front falsch gezogen fand. Anstelle einer Front zwischen den Staaten und Völkern wollte er eine Kampf- und Kriegsfront zwischen den Klassen errichten. Seine Parole, die er unbedenklich in die Wirklichkeit umzusetzen bereit war, lautete: Umwandlung des imperialistischen Krieges in einen Bürgerkrieg.

Lenin war Voluntarist. Seine Autorität gegenüber den Genossen auch im engsten Führergremium war sowohl auf seine geistige wie auf seine willentliche Überlegenheit gegründet. „Er konnte nicht anders, als anderen seinen Willen aufzwingen, so wie die Sonne die Planeten zwingt, um sie zu kreisen" (Tschernów). Das gestattete ihm, unbedenklich die sog. „innerparteiliche Demokratie" auch nach der Machtübernahme aufrechtzuerhalten, unter Verzicht auf das sog. Führerprinzip sich Mehrheitsbeschlüssen zu unterwerfen und – ganz anders als später Stalin – sich ohne Gewaltmaßnahmen gegenüber seinen Parteigenossen und Funktionären durchzusetzen.

In der Partei hatte Lenin schon sehr früh seine eigene Linie, bald (seit 1903) seine eigene Fraktion. Zurückgreifend auf die radikalen Theoretiker der sechziger Jahre (Tkatschów) und die praktische Erfahrung der Naródniki, legte er bereits in seiner, im Titel bewußt an das ebenso überschriebene Buch Tschernyschéwskijs angelehnten, Schrift „Was tun?" (1902) die theoretische Grundlage für eine, später von ihm praktisch verwirklichte, Partei neuen Typs. Seine innerparteilichen Gegner hielten am überlieferten Charakter einer politischen Partei als Massenpartei fest, zu der auch politisch nicht aktiv tätige Gesinnungsgenossen (Mitläufer) zählten, wenn sie „das Programm akzeptierten und Beiträge zahlten". Lenin dagegen strebte eine, in ihrer Mitgliederzahl beschränkte, straff organisierte und streng disziplinierte Kaderpartei revolutionärer Aktivisten unter Führung von Berufsrevolutionären an.

Auf der Grundlage dieser Meinungsverschiedenheiten kam es auf dem II. Kongreß der Russischen Sozialdemokratischen Partei (1903) zur Spaltung der Partei in zwei Fraktionen. Seither nannten sich die Anhänger Lenins, die bei einer Zufallsabstimmung die Mehrheit erlangt hatten, Bolschewiken (bolschewikí, von bólsche = mehr), obgleich die gemäßigten Menschewiken (menschewikí, von mérsche = weniger) unter J. Mártow bis zum bolschewistischen Umsturz über die Mehrheit in der SD-Partei verfügten. Lenin ging sofort daran, seine Fraktion im oben erwähnten Sinne zu einer Kaderpartei „neuen Typs" auszubauen. Formell hat sie bis zum Jahre 1912 noch als Fraktion der SD-

Partei gegolten; 1918 wurde sie in Kommunistische Partei umbenannt. Der eine Mittelstellung zwischen den Fraktionen einnehmende Trózkij hatte bereits damals erkannt und es auch ausgesprochen, daß der von Lenin eingeschlagene Weg, konsequent fortgeführt, nicht zu einer Diktatur des Proletariates, sondern zu einer Diktatur über das Proletariat führen müsse.

Lenin fußte tief in der revolutionären Tradition der Intelligenzia sowohl in ihrem Autokratismus wie in ihrem Asketismus. „Nur ein Asket kann es vertragen, eine so weit- und tiefgehende Macht in Händen zu halten, ohne der Versuchung persönlichen Ehrgeizes zu erliegen" hat Górkij in bezug auf Lenin gesagt. Der unter der russischen Intelligenzia, zumal unter den Berufsrevolutionären traditionellen Gefahr, nämlich im Denken und Handeln wie in der Lebensführung der Haltlosigkeit zu verfallen, sich im Grenzenlosen und Unrealistischen zu verlieren, ist Lenin mit Erfolg ausgewichen. Er war in seinem Denken und Handeln erstaunlich nüchtern, immer dem Realen zugewandt, mit einem ausgeprägten Sinn für Pünktlichkeit und Ordnung auch im Privatleben. „Sein Hirn arbeitete mit der Präzision einer Rechenmaschine" (Trózkij); er haßte Schwätzer und Phraseure und hat über den geistreichen, gerne brillierenden, eitlen Trózkij manche ironische Bemerkung gemacht.

Lenin hatte gar kein Verhältnis zur Religion, die er bekanntlich (nach Marx) als „Opium für das Volk" bezeichnete. In einer „antihumanistischen Verkümmerung des moralischen Elementes" (Rauch) verwarf er jede Sittenlehre. Im politischen Kampf kannte er weder Skrupel noch Hemmungen und hat sich zur Erreichung seiner Ziele unbedenklich aller Mittel bedient.

Der Weltkrieg überraschte Lenin in Galizien; es gelang ihm aber in die Schweiz auszureisen. Im Kriege hatte er von vornherein eine Chance für die Revolution gesehen und bereits 1915 Thesen darüber verfaßt, was er im Falle einer Machtübernahme tun würde. Er hat sich an diese Thesen, die eindeutig auf eine Weltrevolution zielten, weitestgehend gehalten. „Wir werden allen Kriegführenden den Frieden anbieten ... Wir werden alle unterdrückten Völker, alle Kolonien und unabhängigen Länder Asiens, Indien, China, Persien usw. aufrütteln, und vor allem werden wir das sozialistische Proletariat Europas gegen seine Regierungen ... zum Aufstand aufstacheln."

Die Februarrevolution machte dem Emigranten Lenin in Rußland den Weg frei. Da ihm die Alliierten eine Ausreise aus der Schweiz über Frankreich verwehrten, bemühte er sich um eine Durchreise durch Deutschland, die ihm mit einigen seiner Genossen bekanntlich vom Reichskanzler Bethmann-Hollweg und der Obersten Heeresleitung auch gewährt wurde. Deutscherseits ließ man sich von der zweifellos richtigen Überlegung leiten, daß die radikalen Revolutionäre die Widerstandskraft Rußlands schwächen würden. Man gab sich aber der trügerischen Hoffnung hin, die Bolschewiken durch finanzielle Zuwendungen auch in der eigenen Hand behalten zu können und übersah die möglichen Folgen dieser Aktion für Deutschland vollständig. Wie wir heute wissen, hat Lenin damals und später, auch noch nach der Machtübernahme, erhebliche Geldbeträge vom kaiserlichen Deutschland erhalten. Aus dieser Zeit stammt die verbreitete Auffassung von einer „deutsch-bolschewistischen Verschwörung", die den Umsturz in Rußland herbeigeführt habe. Es ist aber unbezweifelbar, daß Lenin sich an keinerlei Bedingungen für die Verwendung der empfangenen Gelder gebunden gesehen hat, so daß er zu keiner Zeit ein Agent des kaiserlichen Deutschland gewesen ist. Die Tatsache der Mitfinanzierung der bolschewistischen Revolution durch Deutschland bleibt gleichwohl bestehen.

Als Lenin Anfang April 1917 in Petrograd eintraf, befand sich die bolschewistische Partei im Zustand der Verwirrung. Unter Führung Kámenews war sie geneigt, die Kriegspolitik der Provisorischen Regierung zusammen mit den Menschewiken zu unterstützen. Damals erlebte Stalin seinen „Sündenfall", indem er diese „weiche" Position teilte. Später hat er immer mit Lenin gestimmt.

Kaum eingetroffen, gab Lenin zunächst seiner Partei, dann den Sowjets und schließlich der Revolution eine jähe Wendung ins Radikale. Seine erste Rede auf einer gemeinsamen Sitzung der Bolschewiken und Menschewiken wirkte so, „als seien alle Elemente losgelassen, als steige der Dämon der Zerstörung aus dem Abgrund auf" (Suchánow). So war es tatsächlich. Obgleich die Bolschewiken damals im Sowjet in der Minderheit waren – der erste Allrussische Sowjet trat im Juli 1917 in Petrograd zusammen – und nur über ein Achtel der Sitze verfügte, gab Lenin die Parole „alle Macht den Sowjets!“ aus und trat in schärfste Kampfstellung gegen die Provisorische Regierung und in entschiedene Opposition gegen die, als „Sozialpatrioten“ verhöhnten, Menschewiken. Getreu seinem alten Grundsatz: je schlimmer um so besser, bemühte er sich mit bestem Erfolg, jede Normalisierung der Verhältnisse zu verhindern und steuerte bewußt auf ein Chaos los, um dem in Agonie liegenden Reich den Todesstoß zu versetzen.

Dabei zeigte sich zur allgemeinen Überraschung gleich am ersten Tage seines Auftretens in Petrograd, daß dieser „Professor“, Schreibtischmensch und Kaffeehausliterat in höchstem Grade über die Eigenschaften eines Massenführers verfügte. In seiner abgehackten, schmucklosen, oft ledernen Redeweise führte er eine hemmungslose Agitation zunächst vom Balkon seines Hauptquartiers, dem ehemaligen Smolnyj-Institut (vgl. S. 397), und verzichtete dabei in betontem Gegensatz etwa zu Kérenskij auf rhetorische Effekte. Nach dem Rezept seines Zeitgenossen Le Bon, des großen Kenners der Massenpsychologie, hämmerte er stur unter ständigen Wiederholungen mit suggestiver Überzeugungskraft immer das gleiche den Massen ein, wobei er fortgesetzt an deren niedere Instinkte appellierte. „Raubt das Geraubte“ war sein anarchistischer Schlachtruf. Ein Simplifikator – wie nach ihm Mussolini und Hitler –, fühlte er mit sicherem Instinkt, wann die Masse in dem von ihm gewünschten Sinn reagierte. Plechánow hat Lenins „ungewöhnliche Gabe der Vereinfachung“ als dessen Haupttalent bezeichnet. Lenin hatte auch die Gabe, im persönlichen Verkehr mit dem einfachen Mann schnell Kontakt zu gewinnen. Dieser gelehrte Intelligenzler und Sohn einer Exzellenz wirkte auf die Proletarier als ihr Klassengenosse. Das Zukunftsgespenst, das de Maistre 100 Jahre vorher an die Wand gemalt hatte, war in ihm erschienen: ein Pugatschów mit Hochschulbildung.

Ihren ersten Versuch, die Macht gewaltsam in die Hände zu nehmen, machten die Bolschewiken im Juli 1917 durch einen Aufstand in Petrograd. Der Aufstand wurde niedergeschlagen und ein Teil der bolschewistischen Führer verhaftet. Lenin, den Kérenskij damals amtlich als einen deutschen Agenten bezeichnete, mußte fliehen und sich verstecken. Überraschenderweise blieb damals Stalin ungeschoren in Petrograd. Für die Bolschewiken war der mißglückte Aufstand ein schwerer Rückschlag. Aber schon während des Kornílowputsches (August) gewannen sie unerwartet wieder an Boden, da Kérenskij auch dieses Mal die Lage verkannte und die bolschewistischen Arbeiter bewaffnen ließ, um seine Regierung vor einem Sturz durch – liberale – Generäle zu retten. In Anbetracht des darauf entstandenen völligen Durcheinanders und der schnell um sich greifenden Anarchie beschloß das Zentralkomitee der bolschewistischen Partei unter dem Druck Lenins und gegen starke Widerstände innerhalb der Parteiführung, allein, d. h. ohne Beteiligung der anderen sozialistischen Parteien, einen bewaffneten Aufstand zu machen. Als Termin wurde der 25. Oktober angesetzt, an dem der Zweite Allrussische Sowjetkongreß abends zusammentreten sollte.

Die Rechnung ging vollständig auf. Als der Aufstand ausbrach, befand sich das Land bereits im Zustand völliger Anarchie. Unter der militärischen Leitung Trózkijs, der mit richtigem politischen Instinkt sich kurz vorher den Bolschewiken angeschlossen hatte, wurden am Morgen des Tages widerstandslos – ohne einen Schuß – alle Eisenbahnstationen und Brücken, Post und Telegraf in Petrograd von den Aufständischen besetzt. Nur am Winterpalais, dem Sitz der Regierung, setzen einige junge Militärschüler und ein von Kérenskij gebildetes Frauenbataillon unter Führung eines „Fremdstämmigen“ namens Ruhtenberg, den Aufständischen Widerstand entgegen. Er wurde leicht gebrochen, nachdem ein in der Newa ankernder Kreuzer „Aurora“, der zu den Aufständischen übergegangen war, mit Schiffsartillerie – nach unserer heutigen Kenntnis mit einem einzigen Kanonenschuß – in den von den Bolschewiken heroisierten „Sturm auf das Winterpalais“ eingegriffen hatte.

Der Ministerpräsident Kérenskij floh in einem Auto unter amerikanischer Flagge, mehrere Minister wurden verhaftet. Am Abend konnte auf dem Sowjetkongreß bereits der Sieg des bolschewistischen Aufstandes konstatiert werden. Die anderen sozialistischen Parteien, die auf dem Kongreß die Mehrheit hatten, fühlten sich aber überrumpelt und zeigten sich von den Ereignissen des Tages gar nicht begeistert. Plechánow warnte davor, Rußland durch die Übertragung der Macht an die Bolschewiken „in ein großes geschichtliches Unglück zu stürzen". Die SR erklärten, daß sie die gewaltsame Machtergreifung konstatieren, aber „die gesamte Verantwortung für die Folgen dieses verrückten und verbrecherischen Schrittes den Bolschewiken überlassen" und verließen den Sitzungssaal. Die Menschewiken folgten mit einer ähnlichen Erklärung. Dadurch erhielten die Bolschewiken im Sowjetkongreß die überwiegende Mehrheit. Noch in der gleichen Nacht stellte der Kongreß in einer Resolution fest, daß er die Macht in seine Hände nehme.

Das welthistorische Ereignis hatte sich für das Gros der Bevölkerung Petrograds unbemerkt vollzogen. Außerhalb der wenigen Brennpunkte des Aufstandes ging das Leben seinen normalen Gang. Die Straßenbahnen verkehrten, die Theater und Kinos, die Restaurants und Kneipen waren geöffnet. In den Nachtlokalen wurde getanzt.

Am Tage darauf wurde eine bolschewistische Einpartei-Regierung unter der Bezeichnung „Rat der Volkskommissare" gebildet. Den faktischen Vorsitz in der Regierung übernahm Lenin. Interessanterweise hat das Amt eines Regierungschefs nach der Sowjetverfassung (bis 1923) überhaupt nicht bestanden. Die Leitung der Regierung ging gleichsam automatisch in die Hände Lenins als des Parteiführers über. Das Außenkommissariat übernahm Trózkij, das Innenkommissariat Rýkow. Volkskommissar für Nationalitätenfragen wurde der Georgier Jossíf Wissariónowitsch Dschugaschwíli. Mit diesem, seinem richtigen Namen unterzeichnete er auch die ersten Dekrete. Sein Revolutionsname war Stalin.

Gesiegt hatte nicht das Proletariat, sondern die Partei. Unter zielsicherer Führung der bolschewistischen Berufsrevolutionäre hatte die bunt zusammengewürfelte großstädtische Masse, der mit Deserteuren untermischte Pöbel Petrograds, dem Umsturz zum Siege verholfen. Die Menschewiken als Partei der organisierten Arbeiter haben immer wieder mit Recht betont, daß die Arbeiterschaft am allerwenigsten am Umsturz beteiligt war.

Lenin hatte dem Volk Frieden versprochen. Er war von vornherein entschlossen, dieses Versprechen, soweit es den „imperialistischen“ Krieg betraf, auch einzulösen. Entsprechend seinem Programm von 1915 erließ er am ersten Tage seiner Regierung (8. November[1]) ein Friedensdekret „an alle kriegführenden Völker“ mit einem besonderen Appell „an die klassenbewußten Arbeiter der drei aufgeklärtesten Nationen der Menschheit, Engländer, Franzosen und Deutsche“, in dem er die Fortsetzung des Krieges als ein Verbrechen gegen die Menschheit bezeichnete.

Der Versuch Lenins, die Völker zu veranlassen, ihre Regierungen zu einem allgemeinen Friedensschluß zu zwingen, erwies sich als ein Schlag ins Wasser. Die Ententemächte reagierten auf seinen Friedensappell überhaupt nicht, so daß nur ein Separatfrieden mit Deutschland als Ausweg übrigblieb.

Nachdem auch die „pädagogische Demonstration“ Trózkijs, nämlich sein Bemühen, die öffentlich geführten Friedensverhandlungen mit den Mittelmächten (in Brest-Litowsk ab 22. Dezember 1917) endlos hinauszuziehen und sie gleichzeitig zu einer revolutionären Agitation im Weltmaßstabe zu benutzen, ohne Ergebnis blieb, und die deutschen Truppen nach Abbruch der Verhandlungen sich, ohne auf Widerstand zu stoßen, wieder in Marsch setzten (18. Februar 1918), sah Lenin sich veranlaßt, gegen starke Widerstände in seiner eigenen Regierung, um die Revolution zu retten und sich an der Macht zu halten, einen äußerst harten Frieden mit den Mittelmächten zu unterzeichnen (3. März 1918). Rußland verzichtete darin auf die von nichtrussischen Völkern besiedelten Gebiete im Westen und Süden (Finnland, Baltikum, Polen, Ukraine, Kaukasus), d. h. auf 26 % seines Territoriums und ein Viertel seiner Eisenindustrie und Kohlenbergwerke. Es ist schwer zu sagen, wie die Entwicklung in Rußland ohne diesen Friedensschluß weitergegangen wäre. Wahrscheinlich hat der Friede mit Deutschland die bolschewistische Herrschaft vor einem schnellen Untergang bewahrt.

Lenin hatte in einem vollständig zerrütteten und zertrümmerten Reich die Herrschaft zunächst nur in Petrograd übernommen. Um

[1] Von diesem Zeitpunkt an werden die Daten nach dem neuen Stil angegeben.

auch im übrigen Reich die Macht zu gewinnen, trieb er die Revolution, d.h. das Werk der Zerstörung systematisch weiter. Er steuerte bewußt in die Anarchie. „Die Zerstörungen sind nur ein vorbereitender Teil eines großangelegten konstruktiven Planes", läßt Pasternák einen radikalen Intelligenzler in den Tagen des Sturzes ins Chaos sagen. „Die Gesellschaft ist noch nicht genügend zerstört worden. Sie muß bis zum Letzten zerfallen, damit eine neue revolutionäre Gewalt sie Stück für Stück auf gänzlich neuer Grundlage wieder aufbauen kann."

Lenin hatte dem Volk auch Brot versprochen. Natürlich konnte er es ihm nicht geben, weil nicht genügend vorhanden war. Aber Land war vorhanden. Am gleichen 8. November erließ er ein Landdekret, durch das der gesamte Großgrundbesitz entschädigungslos enteignet und „bis zur Konstituierenden Versammlung" in die Hände der örtlichen Bauernsowjets übergeführt wurde. Das bedeutete der Theorie nach die Übernahme des Agrarprogramms der als „gegenrevolutionäre Kleinbürger" beschimpften Sozialrevolutionäre. Praktisch bedeutete das aber, bei den damaligen Verhältnissen auf dem Lande, die reine Anarchie. Die von den Bolschewiken systematisch angefachten, wilden und mit Brandschatzungen, Raub und Mord verbundenen Bauernaufstände unter der neuen Parole „Raubt das Geraubte" wurden durch dieses Dekret und durch die Aufforderung, sich das gewünschte Land selbst zu besorgen, legalisiert. An eine geordnete Durchführung dieser Maßnahme war nicht zu denken. Die Industriewirtschaft trieb Lenin in die Anarchie, indem er die Arbeiter aufforderte, die Fabriken in ihre Hände zu nehmen. Die Folge davon waren sinnlose Zerstörungen und ein katastrophaler Rückgang der Produktion. An der Front wurde die Parole ausgegeben, durch Verbrüderung von Mann zu Mann „auf eigene Faust Waffenstillstand zu schließen". Auch das bedeutete praktisch Anarchie. „Es kam auch zur physischen Beseitigung der Offiziere" heißt es in einer Sowjetdarstellung.

Das Staatsgefüge wurde durch die „Deklaration der Rechte der Völker Rußlands" (15. November) gesprengt, indem allen Völkern des Reiches das Recht auf Selbstbestimmung einschließlich der Bildung selbständiger Staaten gewährt wurde. In der Folgezeit schieden die von den deutschen Truppen okkupierten Westgebiete auch formell aus dem Reichsverband aus: Finnland (November 1917), Estland (Februar 1918), Livland, Kurland, Litauen, Polen (März 1918), ebenso der Kaukasus, wo sich selbständige Staaten bildeten: Armenien, Georgien und Aserbeidschan (April/Mai 1918); die Gebiete der Don- und Kubankosaken erklärten sich für autonom, auch die Ukraine löste sich vom Reich, erklärte sich für souverän (Januar 1918) und schloß mit den Mittelmächten einen Separatfrieden (Februar 1918). Die Aufsplitterung des Reiches griff auch auf das großrussische Gebiet über, wo örtliche Sowjets sich für selbständig erklärten, eine eigene Politik zu führen begannen und autonome Staaten begründeten; „jede Provinz, jeder Kreis, bisweilen jeder Bezirk handelte so, als wäre er eine unabhängige Republik" (Miljuków).

Gleichzeitig machte Lenin sich daran, alle religiösen, moralischen und zum Teil auch persönlichen Bande systematisch zu sprengen. Die Religion wurde zum Opium für das Volk erklärt und im Zuge einer Gottlosenpropaganda verächtlich gemacht. Dabei richtete sich der antireligiöse Kampf grundsätzlich gegen alle kirchlichen Gemeinschaften: gegen die christlichen in allen ihren Formen, aber ebenso gegen die jüdischen, die islamitischen und die buddhistischen Religionsgemeinschaften. Im Mittelpunkt stand dabei natürlich der Kampf gegen die griechisch-orthodoxe Kirche. Zunächst wurden alle unbeweglichen Besitztümer der bisherigen Staatskirche, bald aber auch deren „Kirchenschätze", d. h. alles bewegliche Hab und Gut, konfisziert.

Im Zusammenhang mit dem Kampf gegen Kirche und Religion wurde die Familie systematisch zersetzt und ihre soziale Bedeutung grundsätzlich geleugnet. Die praktische Entwicklung hatte das ihre dazu getan. In den Jahren der Revolution, des Bürgerkrieges und des Hungers waren Hunderttausende von Kindern von ihren Familien getrennt und völlig verwahrlost ihrem Schicksal überlassen worden (die sog. Besprisórnyje). Die Ehe war praktisch abgeschafft, indem sie durch die bloße Mitteilung eines Ehepartners jederzeit gelöst werden konnte; durch die Verherrlichung der freien Liebe wurde zumal in der Jugend eine beispiellose sexuelle Verwilderung herbeigeführt.

Die Kardinalforderung aller russischen revolutionären Parteien war eine Verfassunggebende Versammlung (Konstituante), die die Grundlagen des neu zu errichtenden Reiches legen sollte. Lenin hatte aus propagandistischen Gründen sich diese Forderung vor dem Umsturz zu eigen gemacht. Nach dem Umsturz sah er sich widerwillig veranlaßt, das Versprechen einzulösen. Er machte sich keine Illusionen darüber, daß nur eine Minderheit hinter ihm stand. Im November 1917 fanden die Wahlen statt. Die Bolschewiken erhielten nur 175 von 707 Sitzen, die SR hatten 370 Sitze; der Rest verteilte sich auf Vertreter nichtrussischer Völker, Menschewiken, Kadetten und Parteilose. Diese Konstituante hätte in der allgemeinen Auflösung ein Kristallisationspunkt und Ansatz eines Neubaues werden können. Da sie sich aber unter dem Vorsitz des SR Viktor Tschernów verständlicherweise weigerte, die bolschewistische Machtregierung anzuerkennen, griff Lenin zur Gewalt und jagte sie noch am Tage ihres Zusammentritts auseinander, nachdem der Bolschewik Buchárin seinen ehemaligen Revolutionsgenossen drohend zugerufen hatte: „Der Bürgerkrieg wird entscheiden."

Der damals prominenteste russische Sozialdemokrat, der einzige, dessen Namen schon vor dem Umsturz europäischen Klang hatte, Maxím Górkij, ein persönlicher Freund Lenins, wandte sich schroff von den Bolschewiken ab. In seiner Zeitschrift „Nówaja Shisn" (Das Neue Leben) schrieb er (22. Januar 1918): „Fast ein Jahrhundert lang haben die besten Russen von diesem Tage (d. h. dem Zusammentritt der Konstituante) geträumt... Tausende Intelligenzler, Zehntausende Arbeiter und Bauern sind in Gefängnissen und in der Verbannung gestorben, wurden gehenkt und erschossen, alles für diesen Traum. Jetzt aber, da der Traum erfüllt ist und die Demokratie auf die Straße geht, um seine Erfüllung zu feiern, geben die Volkskommissare Befehl zu schießen."

Trózkij bemerkte treffend dazu: „Die Auflösung der Konstituante bedeutete die vollständige und offene Liquidation der Idee der Demokratie zugunsten des Gedankens der Diktatur." Es war die Diktatur Lenins.

Die Expansion der So
Bürgerkriegs- u

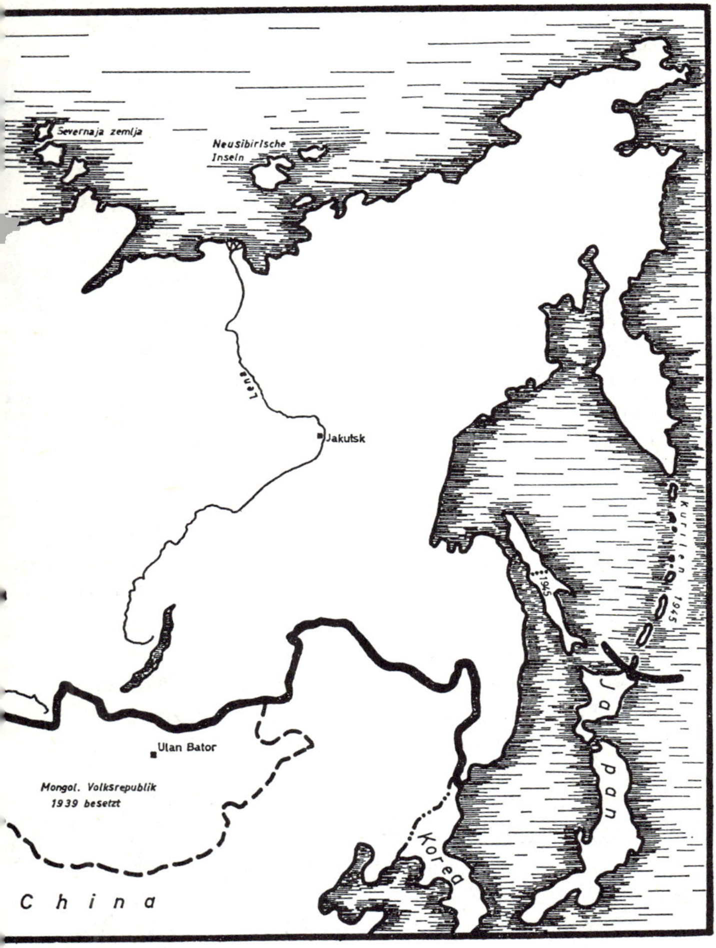

on im 20. Jahrhundert.
tkriegsfronten.

Während die Revolution, d. h. praktisch die Anarchie immer weiter um sich griff und der Aufstand des Pöbels in den Hauptstädten sich zu einem Volksaufstand über das ganze Reich ausweitete, begannen sich auch Gegenkräfte zu regen.

Lenin hatte geglaubt, den besitzenden Klassen durch den Entzug ihrer materiellen Grundlage den Todesstoß versetzt zu haben. Noch im Dezember 1917 war durch eine Reihe von Dekreten das Finanz-, Transport-, Leih-, Handels- und Industriekapital einschließlich des Privatbesitzes der Eigner enteignet worden. Für eine Inhaftierung bzw. Liquidierung der führenden Vertreter der politisch und wirtschaftlich herrschenden Schicht zeigte Lenin zunächst bemerkenswert wenig Interesse. Wohl fand im Zuge der Anarchie allenthalben auch eine „physische Beseitigung" der politischen Gegner statt – besonders bekannt wurde die Ermordung zweier KD-Dumaabgeordneter – aber sehr viele politisch führende Persönlichkeiten (z. B. Miljuków) und auch hohe Militärs, die sich bereits in der Gewalt der Bolschewiken befunden hatten, wie die Generalsgruppe um Korníow oder General P. Krasnów, konnten unbehelligt in die Peripherien des Reiches, hauptsächlich in die Kosakengebiete im Süden und nach Sibirien entkommen, wo sie sich zu einem bewaffneten Widerstand organisierten.

Im Innern des Landes nahmen die SR, wiederum unter Führung von Sáwinkow, ihre alte terroristische Tätigkeit nunmehr gegen die Bolschewiken auf und organisierten Bauernaufstände gegen die herrschende Minderheitspartei. Zur Bekämpfung dieser, als konterrevolutionär bezeichneten, Aktionen hatte Lenin im Dezember 1917 eine „außerordentliche Kommission" (tschreswytschájnaja kommissija, Tscheká) unter Leitung des polnischen Aristokraten Felix Dzierzýnski begründet.

Inzwischen hatte sich eine kleine – linke – Gruppe der SR den Bolschewiken angeschlossen und sich an der Regierung beteiligt. Nach Unterzeichnung des Brester Friedens schlug auch diese Gruppe, weil sie im Frieden einen Verrat an der Revolution sah, gegen die Bolschewiken los. Es kam zu einem Aufstand in Petrograd. Dzierzýnski wurde verhaftet. Um die neuen Machthaber Deutschland gegenüber zu kompromittieren, wurden der deutsche Gesandte Graf Mirbach (Juli 1918) und der deutsche General von Eichhorn von den SR ermordet. Ein sowjetischer General, desgleichen ein SR, rief zur Wiederaufnahme des Krieges mit Deutschland auf. Zahlreiche Attentate auf führende Bolschewiken fanden statt, mehrere Funktionäre (Wolodárskij, Urízkij) wurden ermordet. Am 30. August 1918 schoß eine SR-Studentin auf Lenin und verwundete ihn. Eine Woche später wurde der Rote Terror öffentlich – durch Dekret – eingeführt (5. September 1918). Gleichzeitig formierten sich an den Peripherien des Reiches sog. „weiße" Freiwilligenarmeen zum Kampf gegen die Roten und setzten zum konzentrischen Vormarsch auf Moskau an, das Lenin nach über 200 Jahren wieder zur Residenz gemacht hatte.

Der russische Bürgerkrieg hat drei Jahre (bis Ende 1920) gedauert. Er war, wie der Bürgerkrieg am Anfang des 17. Jahrhunderts, mit einer ausländischen Intervention verbunden. Im Jahre 1918 wurden die weißen Armeen in der Ukraine und in den Kosakengebieten von den Deutschen unterstützt; nach dem Zusammenbruch Deutschlands von Franzosen und Engländern, die im Kaukasus Truppen ausschifften. Die Engländer landeten außerdem wie seinerzeit im 16. Jahrhundert in Archangelsk. Im Fernen Osten marschierten die Japaner in das russische Reichsgebiet ein, im Westen die Polen.

Der militärische Anteil der „Interventen" an den Kämpfen selbst war sehr gering. Mit Ausnahme der Japaner, die als einzige ein größeres Truppenkontingent (70 000 Mann) aufgeboten hatten, beschränkten sich die Interventionsmächte auf eine materielle und ideelle Unterstützung der russischen weißen Armeen. Von einem „Feldzuge der Entente" zu sprechen, wie das die sowjetische Geschichtsschreibung tut, ist eine bewußte Entstellung der Tatsachen (Stökl). Eine zwielichtige Rolle spielte dabei in Sibirien die Tschechische Legion.

Die aus tschechischen Kriegsgefangenen und Überläufern während des Weltkrieges gebildete Tschechische Legion (etwa 40 000 Mann) galt seit Januar 1918 als ein Teil der französischen Armee und sollte auf Wunsch der französischen Regierung und Thomas

Masaryks über Wladiwostok an die Westfront gebracht werden. Da die gut ausgerüsteten und disziplinarisch intakten Tschechen infolge der anarchischen Zustände in Rußland den einzigen westöstlichen Verkehrsweg, die Transsibirische Bahn, in ihre Verfügungsgewalt nehmen konnten und auf dieser Bahnstrecke riesige Mengen an Kriegsmaterial und – nach russischen Berichten – auch andere „Beute“ mit sich führten, gerieten sie bald in offenen Konflikt mit den Bolschewiken, die die Tschechische Legion als potentiellen Feind auflösen und entwaffnen wollten. Auch mit den weißen Russen ergaben sich zunehmende Spannungen und schließlich offene Feindschaft. Was für eine Rolle die Tschechen beim Zusammenbruch der weißen Front in Sibirien (Dezember 1919) gespielt haben, ist nicht geklärt worden.

Auf die Politik der Ententemächte im Zusammenhang mit dem Bürgerkrieg, eine Politik, die unsicher, uneinheitlich und schwankend war, kann hier nicht näher eingegangen werden. Sie ist als eine Aktion „jämmerlicher Halbheiten, die in der Politik Verbrechen sind“ (Bruce-Lockhard) gerade von alliierter Seite äußerst scharf kritisiert worden.

Für die Russen bedeutete der von Lenin vorausgesehene und gewünschte Bürgerkrieg, wie ein jeder Krieg dieser Art, eine nationale Katastrophe um so mehr, als er auf beiden Seiten mit ungeheurer Härte und Grausamkeit geführt wurde. Er ist beim Gros der Bevölkerung auf starke Ablehnung und offenen Widerstand gestoßen. Die Zahl der Deserteure auf beiden Seiten betrug sogar nach amtlichen Daten mehrere Millionen.

Die weißen Armeen kämpften unter der Fahne des Liberalismus zur Rettung der – nie realisierten – Errungenschaften der Februarrevolution, gegen die bolschewistischen Reichszerstörer und betonterweise für die Wiederherstellung der Reichseinheit unter der Devise eines „einen und unteilbaren Rußland“ (jedínaja nedelímaja), zunächst sogar mit dem Ziel einer Wiederaufnahme des Krieges gegen Deutschland in Treue zu den Alliierten. An der Spitze dieser Armeen standen liberale Generäle (Admiral Koltschák), z. T. aus der Kornílowgruppe (General Deníkin). Kornílow selbst war gleich am Anfang des Bürgerkrieges gefallen. Bei den Armeen wurden politische Gremien (sog. Regierungen) gebildet, zu denen als Vertreter der gesellschaftlichen Kräfte vorwiegend liberale Politiker, z. T. auch rechte Sozialisten gehörten. Allerdings erwies sich bald, daß die Armeen „rechter“ waren als ihre Regierungen, und je länger der Bürgerkrieg dauerte, um so mehr schwenkten sie nach rechts. Der letzte Oberkommandierende im Süden war nicht mehr ein Liberaler, sondern ein echter kaiserlicher „Sphären“-General (Baron Peter Wrangell). Gleichwohl kämpfte er nicht etwa für eine Restauration des alten Regimes. Der führende Kopf und Außenminister seiner „Regierung“ war der einstige Verfasser des SD-Partei-Manifestes und spätere führende Liberale, Peter Struve.

In diesem Bürgerkrieg wurde – den Parolen nach – auf allen Seiten für „die Revolution“ gekämpft, je nachdem, was man darunter verstand. Die Roten verstanden darunter die bolschewistische Oktoberrevolution, die Weißen die liberale Februarrevolution. Für die Autokratie kämpfte niemand. Die Ironie des Schicksals hat es aber gewollt, daß im Ergebnis dieses Bürgerkrieges gerade ein autokratisches Regime errichtet wurde – die Diktatur Lenins.

Mehrfach hatte es so ausgesehen, als sei der Sieg der Weißen sicher. Im Frühling 1919 war das bolschewistische Herrschaftsgebiet etwa auf die Größe Moskowiens unter Iwán III. zusammengeschrumpft. Gerade in dieser für Lenin äußerst kritischen Zeit leiteten die Alliierten – mit Ausnahme der Japaner – den Abzug ihrer Interventionstruppen ein. Der endliche Sieg der Roten ist nicht nur durch die unzureichende Hilfe und schwankende Politik der Interventionsmächte zu erklären und auch nicht nur durch die strategischen Fähigkeiten des Zivilisten Trózkij, der die Rote Armee befehligte. Den Ausschlag gab vielmehr die Haltung der bäuerlichen Bevölkerung. Es gelang den Weißen nicht, die Bauern für sich zu gewinnen; das Mißtrauen gegenüber den „Herren“ und die Furcht vor einer Wiederaufrichtung der Herrschaft der Gutsbesitzer war trotz aller feierlichen Erklärungen der weißen „Regierungen“ unüberwindlich. Stellenweise errichteten die Bauern zwischen Rot und Weiß ihre eigene Front mit eigenen Truppen. Aber als eigenständige, dritte Kraft setzten die sog. „Grünen“ sich gleichwohl nicht durch. Vor die Alternative gestellt, sich für eine

Seite zu entscheiden, neigten sie mehr zu den Roten als zu den Weißen.

Mit dem Sieg im Bürgerkriege (November 1920) war das Reichsgebiet einschließlich der Ukraine, Weißrutheniens, der Kosakengebiete und der (1919 gebildeten) Fernostrepublik der Herrschaft Lenins unterstellt. Im Kaukasus gelang es den Bolschewiken auch die wirtschaftlich wichtigen Republiken Armenien, Georgien und Aserbeidschan durch deren Umwandlung in Sowjetrepubliken zu gewinnen (Dezember 1920 bis Februar 1921).

Außerhalb des neuen Sowjetstaates blieben aber die von nichtrussischen Völkern bewohnten ehemaligen Westgebiete Rußlands, aus denen sich inzwischen selbständige Staaten gebildet hatten. Nach erfolgreich, z. T. unter maßgeblicher Beteiligung deutscher Freikorps (in Lettland und Litauen) geführten Freiheitskriegen dieser Völker sahen die Machthaber in Moskau sich veranlaßt, auf die ganzen Westgebiete zu verzichten. In mehreren Friedensverträgen mit Estland (Februar 1920), Lettland (Juni 1920), Litauen (Juli 1920), Finnland (Oktober 1920) und Polen (März 1921) wurden diese Staaten von Sowjetrußland als souverän anerkannt.

Damit war die Westgrenze des russischen Machtbereichs um viele hundert Kilometer wieder nach Osten zurückverlegt, etwa bis dorthin, wo sie in der vorpetrinischen Zeit verlief. Rußland schien – in Europa hat man es auch weitgehend so empfunden – sowohl in seiner inneren Entwicklung wie territorial wieder aus Europa ausgeschieden. Der Eiserne Vorhang, den die Sowjets, um ihre Revolution abzuschirmen, jetzt an der Grenze niedergehen ließen, hat diesen Eindruck ebenso vertieft wie die Ausbildung und Festigung eines despotischen Herrschaftssystems, das man im Abendlande als uneuropäisch empfand und gerne als asiatisch bezeichnete. Die ganze zweihundertjährige Petersburger Periode schien ausgelöscht und die Einbeziehung in Europa sowohl praktisch wie auch grundsätzlich aufgehoben.

Unter diesem Eindruck ist es damals üblich geworden, auch die Vergangenheit unter dem Gesichtspunkt einer scharfen Grenzziehung zwischen Rußland und Europa zu sehen. Auf dieser Grundlage und in Anknüpfung an alte slawophile Gedankengänge entstand innerhalb der russischen Emigration unter der Führung von Fürst N. Trubezkój die Bewegung der „Eurasier". Nach deren Lehre erschien die Abstoßung der „europäischen" Westgebiete durch Sowjetrußland insofern als ein Vorteil und als eine Klärung der Situation, als Rußland dadurch auf seinen eigentlichen Raum mit eigenständiger geschichtlicher Entwicklung zurückgeführt zu sein schien, zwischen Westeuropa und Ostasien, von beiden territorial wie kulturell abgegrenzt. Es wurde nun eine scharfe Unterscheidung zwischen dem Bolschewismus als russischer Wirklichkeit und dem Kommunismus als europäischer Lehre gemacht und die Ansicht vertreten, daß der Bolschewismus die Europäisierung überwinden und Rußland wieder auf seinen eigentlichen, den russischen Weg zurückführen werde.

Das sollte sich als arge Täuschung erweisen. Denn bald stellte es sich heraus, daß der Verzicht auf die „europäischen"Gebiete nur eine Folge der damaligen Machtverhältnisse war und weder der außenpolitischen Zielsetzung noch etwa den Grundsätzen der neuen Machthaber im Kreml entsprach. Die Bolschewiken hielten vielmehr grundsätzlich nicht nur an der Europäisierung fest, sondern suchten sie – wie Peter der Große mit europäischer materieller Hilfe – weiter vorwärtszutreiben, um ihr schließlich den Charakter einer Amerikanisierung zu geben. Es hatte sich mithin darin grundsätzlich nichts geändert. Wohl geändert hatte sich allerdings das Selbstverständnis bei diesem Prozeß. Während in der Petersburger Periode von russischer Seite zugegeben wurde, daß Europa in seiner politischen Entwicklung Rußland voran sei und daß es die Aufgabe Rußlands sei, diesen Rückstand möglichst schnell aufzuholen, wurde jetzt von den Sowjets die These aufgestellt und in der Folgezeit immer lauter propagiert, daß Rußland infolge der bolschewistischen Revolution Europa und der Welt voranmarschiere und daß es an den anderen sei, Rußland einzuholen.

Die erste Periode der Sowjetherrschaft in Rußland (1918–1921) wird als Kriegskommunismus bezeichnet. Die drei Bürgerkriegsjahre waren für den jungen Sowjetstaat eine Zeit größter Not und zugleich eine Zeit höchster Anspannung aller Kräfte. In diesen Jahren der sich anbahnenden Reichsauflösung, der vollständigen wirtschaftlichen Zerrüttung, des Hungers, Terrors und Massensterbens, des Bevölkerungsrückgangs von einem Geburtenüberschuß von 14 pro mille auf einen Geburtenunterschuß von schätzungsweise 60 pro mille, – in eben diesen Jahren machte sich Lenin daran, den „Übergang vom Kapitalismus zum Sozialismus", das heißt praktisch den Übergang von der Zerstörung zum Neuaufbau zu vollziehen. Das ist ihm weitgehend gelungen. Er mußte dabei sozusagen beim Nullpunkt ansetzen, denn es war fast nichts mehr vorhanden, woran er anknüpfen konnte. In blasphemischer Weise hat Rosa Luxemburg, die Lenins Methoden aufs schärfste verurteilte, ihn aber als großen Revolutionär bewunderte, von ihm gesagt, er habe „wie der liebe Herrgott aus dem Nichts geschaffen".

Der sichere Boden, auf dem Lenin dabei stand, seine festeste Stütze bei allem, was er tat, war die von ihm selbst geschaffene Partei „neuen Typs". Wie erwähnt war die kommunistische Partei der Bolschewiken auf Grundlage strengster Disziplin und unbedingten Gehorsams zentralistisch aufgebaut. An der Spitze stand ein gewähltes Zentralkomitee (ZK) und später, als dieses Gremium zu groß geworden war, (seit 1919) das Politbüro des ZK. Lenins Führerstellung in der Partei ist nie angefochten worden. Sie war nicht durch ein Statut legalisiert – nach dem Parteistatut gab es und gibt es bis heute keinen Parteivorsitzenden, und damals gab es auch keinen Generalsekretär oder Ersten Sekretär –, sondern sie beruhte allein auf Lenins Autorität, auf seinem, in diesem Ausmaß von keinem anderen Sowjetführer je erreichten Prestige. Lenin gab damit ein Beispiel echter charismatischer Führung, die sich allein auf die Zustimmung der Gefolgschaft gründet und einer institutionellen Sicherung nicht bedarf. Man gehorchte ihm „kraft affektueller Hingabe an die Person und ihre Gnadengaben" (Max Weber).

Bei den allgemeinen Auflösungserscheinungen im ganzen Land war die Partei unter Lenins Führung, trotz einer sich immer wieder bildenden aber sich nie durchsetzenden innerparteilichen Opposition, intakt geblieben. Das war für ihn äußerst wichtig. Aber zur Überwindung des selbst angerichteten Chaos genügte das nicht. Es waren dazu sehr reale Machtmittel erforderlich.

Sein Machtinstrument im Innern war der von Dzierzýnski aufgebaute Terrorapparat, eine Spezialtruppe, die in der Organisation und in den Methoden sehr an Grósnyjs Oprítschnina erinnert. Der rote Terror war zunächst ideologisch bestimmt und richtete sich grundsätzlich nur gegen den Klassenfeind. „Wir wollen die Bourgeoisie als Klasse ausrotten", hieß es in einer Instruktion des Tschekisten Lácis, „sucht nicht Beweise dafür, daß der Angeklagte mit Wort oder Tat sich gegen die Sowjetmacht versündigt hat. Das Wesentliche ist, welcher Klasse er angehört, wie seine Abstammung und Bildung ist. Das entscheidet über sein Schicksal." Sehr bald wandelte sich der Terror aber zu einem rein politischen, dem gerade jene zum Opfer fielen, die sich „gegen die Sowjetmacht versündigten". Das waren aber in der überwältigenden Überzahl gerade Klassengenossen. Nach eigenen Angaben der Sowjets waren schon 1921 in den Gefängnissen hauptsächlich Bauern und Arbeiter und nicht Angehörige der Bourgeoisie.

Durch Terror in der Macht gesichert, machte sich Lenin bereits 1918 daran, nach eigenen Grundsätzen einen von Grund auf neuen Staat auf den Trümmern des alten zu errichten. Die politische Zersplitterung fing er dadurch auf, daß er die örtlichen Teilgewalten (Sowjets) nicht etwa beseitigte, sondern ihnen eine geringere Zahl, mit Kontroll- und Weisungsrechten ausgestattete Sowjets überordnete und so einen Stufenbau bis hinauf zu einer einheitlichen Spitze errichtete. Seinen staatsrechtlichen Niederschlag fand der Neubau in der Verfassung der Russischen Sozialistischen Föderativen Sowjet-Republik, RSFSR (Juli 1918).

Danach trug der Staat nur einen Übergangscharakter bis zur Verwirklichung einer sozialistischen Gesellschaftsordnung, in der es „weder eine Klassenbildung noch eine Staatsmacht geben wird" (Art. 9 der Verfassung). Dieses Übergangsgebilde war aber betonterweise ein Klassenstaat mit dem ausdrücklichen Zweck der

„völligen Niederhaltung der Bourgeoisie". Er kannte Pflichten für alle, aber Rechte nur für die Werktätigen, zu denen damals nur Arbeiter, Bauern und Parteifunktionäre gerechnet wurden. Er verwirklichte den Grundsatz der Einheit der Gewalten, die alle im höchsten Sowjet bzw. in seinem Vollzugsausschuß (Exekutivkomitee) vereint waren. Bei einem formell föderativen Staatsaufbau blieb der Grundsatz der Zentralisierung der Macht gewahrt. Die nichtrussischen Völker der RSFSR erhielten auf nationaler Grundlage eigene Sowjetrepubliken verschiedenen Ranges (als autonome Republiken oder autonome Gebiete) auf verschiedenen Stufen der Sowjetpyramide, ohne daß die im übergeordneten Sowjet repräsentierte Zentralgewalt dadurch eine Minderung erfuhr. Die Wahlen, die weder direkt noch gleich, noch allgemein, noch geheim waren und über fünf Stufen der Sowjets (Dorf-, Gebiets-, Kreis-, Gouvernements- und allrussischer Republiksowjet) hinaufführten, machten eine strenge Personalauslese im Sinne der Partei möglich. Nicht direkt waren die Wahlen infolge des Stufenbaus, nicht allgemein, weil nur die Werktätigen wahlberechtigt waren und nicht gleich, weil durch ein ausgeklügeltes Wahlsystem die als zuverlässiger geltenden Städter (d. h. die Arbeiter und die städtische Parteiintelligenz) vor den Landbewohnern (Bauern) bevorzugt waren, und zwar so raffiniert, daß der Grad der Bevorzugung sich nicht errechnen ließ[1].

Im Ergebnis war Sowjetrußland ein „in föderative Formen gekleideter Einheitsstaat mit beschränkter Verwaltungsdezentralisation in einzelnen Sondergebieten vor allem im kulturellen Bereich" (Meissner). Diese Verfassung gestattete es, den Staat durch Einbeziehung bzw. Neuschaffung weiterer autonomer Republiken oder Gebiete entsprechend auszudehnen, so daß die Russische Sowjetrepublik (RSFSR) fünf Jahre später mühelos und auf der

[1] Die Abgeordneten der Städte wurden nach der Zahl der Wähler (einer auf 25 000), die der Dörfer nach der Zahl der Einwohner (einer auf 125 000) berechnet. Außerdem wählten die größeren Städte unmittelbar in die Sowjets der entsprechend höheren Stufen, so daß deren Abgeordnete nicht die ganze Stufenleiter zu durchschreiten brauchten (vgl. Schema Seite 593).

gleichen Grundlage unter Einschluß der im Bürgerkrieg gewonnenen Territorien zunächst durch Bündnisverträge und schließlich durch einen Staatsvertrag (Dezember 1922) zum „Bunde der Sozialistischen Sowjet-Republiken“ (SSSR) erweitert werden konnte. Der Bund erhielt im Juli 1923 seine Verfassung.

Dieser Bund bestand zunächst aus der russischen Sowjetrepublik (RSFSR), der ukrainischen, der weißrussischen und der transkaukasischen. Letztere wurde später in drei Sowjetrepubliken, Georgien, Armenien und Aserbeidschan aufgeteilt. Später wurden in den Bund noch fünf, aus der RSFSR herausgelöste zentralasiatische Sowjetrepubliken aufgenommen: Usbekistan (1924), Turkmenistan (1925), Tadschikistan (1929), Kasachstan (1936) und Kirgisistan (1936)[1]. Alle diese Teilrepubliken des Bundes wurden als Unionsrepubliken dem Rang nach der RSFSR gleichgestellt.

Die Sowjets der Unionsrepubliken wählten als höchste Stufe der Sowjetpyramide den Allunions-Sowjet. Dieser wiederum wählte aus seiner Mitte einen aus zwei Kammern (dem Unionsrat und dem Nationalitätenrat) bestehenden Vollzugsausschuß (Zentrales Exekutiv-Komitee, ZIK), der etwa einem Parlament entsprach. Der ZIK wählte einerseits sein Präsidium und dessen Präsidenten (der als Staatspräsident galt) und wählte andererseits den Rat der Volkskommissare (Regierung) und dessen Vorsitzenden (Regierungschef). (Vgl. Schema.) Der erste Regierungschef der Sowjetunion ist bekanntlich Lenin gewesen; der erste – politisch bedeutungslose – Staatspräsident war Kalínin.

Die Sowjetunion war formell ein anationaler Bund nationaler Staaten. Durch ihre Begründung wurde unter Berücksichtigung der nationalen Belange der nichtrussischen Völker, zumal auf dem Gebiete der Kultur und der Sprache, die drohende Auflösung des Reiches in seine nationalen Bestandteile verhindert. Das Ferment war dabei das sog. „Interesse der Werktätigen“ – Stalin hat es gelegentlich auch als das „Recht der Arbeiterklasse auf die Festi-

[1] Die Zahl der Bundesrepubliken wurde später noch erheblich vergrößert und beträgt heute 15.

gung ihrer Gewalt“ bezeichnet –, dem das nationale Interesse bzw. das „Recht auf nationale Selbstbestimmung“ ausdrücklich untergeordnet wurde. Berufener Anwalt der Werktätigen war die Partei, gegen die es kein Recht gab, und die ihrerseits, nach Lenins altem Grundsatz straff zentralisiert und diszipliniert, die Rolle eines einigenden Bandes spielte und den Staatsapparat mit ihren Gliedern durchsetzte. Das von der Partei gehütete „Interesse der Werktätigen“ wurde schließlich zur Legitimation für jede Gewaltanwendung, da als Recht galt, was den Werktätigen, d. h. praktisch der Partei, nützt. Das den Nationalitäten zugebilligte Recht, auf Grund der Selbstbestimmung gegebenenfalls aus dem Reichsverband auszuscheiden, wurde jetzt ausdrücklich für konterrevolutionär und verräterisch erklärt.

Der neue Sowjetstaat erhielt sein besonderes Gepräge durch eine weitgehende Verschmelzung mit der Partei. Das geschah u. a. auf dem Wege der Personalunion in den Ämtern. Der „Kommandobestand“ des Staates deckte sich so gut wie ganz mit dem der Partei. Dabei entstand nicht etwa ein Gleichgewicht zwischen Staat und Partei, sondern eindeutig ein Übergewicht der Partei über den Staat. „Die Partei erstrebt die vollständige Herrschaft (pólnoje gospódstwo) über die staatlichen Organisationen“ verkündete der VIII. Parteikongreß (1919). So ist es bis heute geblieben. Wenn auch kein Sowjetführer den Grundsatz Hitlers „die Partei diktiert den Staat“ ausgesprochen hat, – verwirklicht wurde er von allen.

Wie Lenin selbst die faktische Bedeutung der Partei bei der Staatsführung einschätzte, geht sehr eindrucksvoll aus seinem sog. Testament hervor: er spricht darin ausschließlich von seiner Nachfolge im ZK der Partei; von seiner Nachfolge im Staat ist in diesem Dokument mit keinem Worte die Rede.

Gestützt auf die eine Partei, wandelte sich der Sowjetstaat sehr schnell von einem Zerstörer der Reichseinheit und Förderer nationaler Eigeninteressen zu einem Beschützer und schließlich leidenschaftlichen Verfechter der übernationalen „sozialistischen“ Unionseinheit. Bis zu einem gewissen Grade, wenn auch in anderer Form, machte sich Lenin damit zum Erben der kaiserlich-russischen imperialen Politik. Später hat Stalin für diese Politik die zwei-

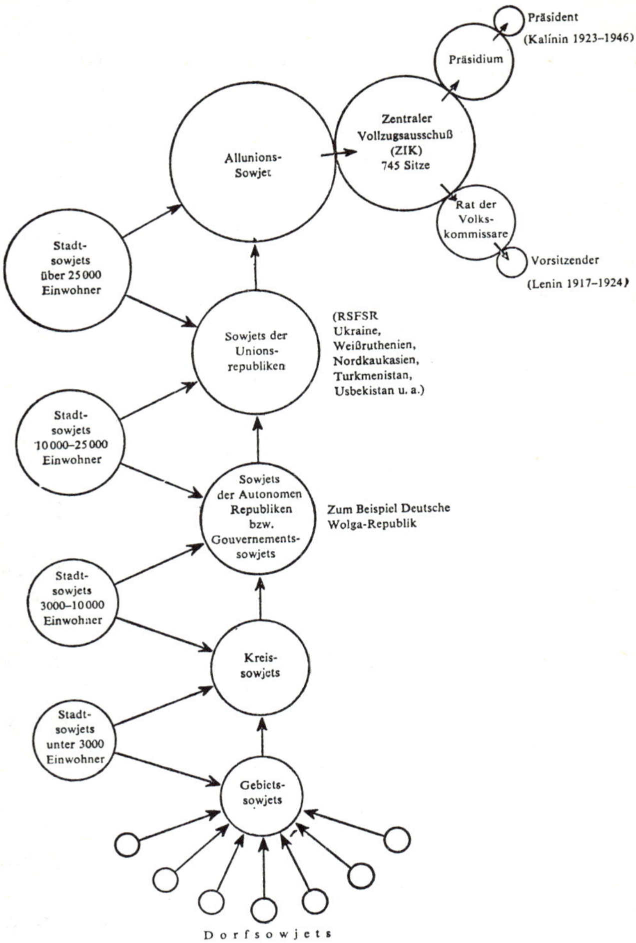

Schema der Lenin-Verfassung
1918 (RSFSR) und 1923 (SSSR)

schneidige Formel: national in der Form, sozialistisch im Inhalt geprägt. Es erwies sich nämlich, daß mit dieser Formel sich auch eindeutige Russifizierungstendenzen rechtfertigen ließen. Auch darin konnten die Bolschewiken an Traditionen aus der kaiserlichen Zeit anknüpfen.

Parallel zur Stabilisierung der Staatsverwaltung ging die Überwindung der anarchischen Zustände in der Armee. Während des Aufstandes hatten die Bolschewiken sich militärisch auf die sog. „Rote Garde" gestützt. Sie war, getragen von der „Idee der lokalen Macht" (Trózkij), durch freiwilligen Beitritt und durch unorganisierte Bewaffnung der Aufständischen entstanden. Den Anforderungen des Bürgerkrieges erwies sich die Rote Garde aber nicht gewachsen. Während der Kämpfe wurde nach den eben noch schärfstens bekämpften militärischen Grundsätzen (Offiziersernennung, Unterordnung, Todesstrafe) und auf dem Wege einer Zwangsmobilisation, der allerdings zunächst nur etwa 35 % der Wehrpflichtigen Folge leisteten, die zentral geführte reguläre Rote Armee gebildet (Februar 1918). Auch sie erwies sich als ein Stabilisierungsfaktor.

Die anarchischen Zustände auf dem Industriesektor überwand Lenin durch die mit drakonischen Strafmaßnahmen erzwungene sog. „Arbeitsdisziplin". Kleinste Verfehlungen, wie z. B. geringe Verspätungen, konnten das Einkommen, die Freiheit und gegebenenfalls das Leben gefährden. Die vielgerühmte Arbeiterkontrolle wurde stillschweigend beseitigt. Lenin stieß dabei auf starke Widerstände gerade bei jener sozialen Schicht, die die eigentliche Stütze seiner Herrschaft sein sollte, bei der organisierten Arbeiterschaft. Das nutzten die von ihm als Kleinbürger verächtlich gemachten Menschewiken und begannen nicht ohne Erfolg, die Arbeiterschaft gegen die (bolschewistische) Partei zu mobilisieren. Auch in Lenins eigener Partei bildete sich eine sog. Arbeiteropposition. Am Ende des Jahres 1920 erklärten Petrograder Arbeiter – das war damals noch möglich! – in einer Protestresolution: „Wir fühlen uns so, als ob wir Zuchthäusler wären ... Wir sind als menschliche Wesen verloren und zu Sklaven geworden." Im Februar 1921 verbreitete sich eine Streikwelle der Arbeiter gegen die Herrschaft der Sowjets. Die Streiks wurden von Sinówjew mit Hilfe von Offiziersschülern rücksichtslos „liquidiert". Einen Monat später, im März 1921, machten in der Festung Kronstadt Arbeiter und (vorwiegend an Maschinen beschäftigte) Matrosen einen Aufstand unter der Losung: für die Sowjets, gegen die Diktatur der Bolschewiken. Hier wurde deutlich, daß auch unter der Arbeiterschaft die bolschewistische Herrschaft als eine Diktatur über das Proletariat empfunden wurde.

Die Aufständischen hatten nach ihren eigenen Worten gehofft, daß Lenin „im großen Augenblick des Kampfes der Werktätigen um ihre in den Staub getretenen Rechte nicht heucheln, sondern die Wahrheit sagen würde". Aber Lenin zeigte sich wie immer, wenn er seine Macht gefährdet sah, unerbittlich hart. Der Aufstand wurde von Sowjettruppen (unter Befehl Tuchatschéwskijs) blutig niedergeschlagen. Nach einem Befehl Trózkijs sollten die Rebellen einzeln „wie Enten auf dem Teich" erschossen werden. Die Zahl der so Liquidierten ist nie bekanntgegeben worden.

Das Endziel der Politik Lenins war von Anfang an eine Revolution im Weltmaßstabe gewesen. Nach seiner Machtübernahme war er der Ansicht, daß seine Herrschaft auch in Rußland nur dann gesichert sei, wenn es gelingt, die Revolution zu einer Weltrevolution auszuweiten. Er glaubte, daß die Entscheidung darüber in Deutschland fallen werde und setzte infolgedessen die größten Hoffnungen auf einen kommunistischen Umsturz im Deutschen Reich. Als in Deutschland bereits offener Bürgerkrieg herrschte und Bayern und Ungarn zu Räterepubliken erklärt worden waren, jubelten die Bolschewiken in Moskau: „In tollem Tempo saust das alte Europa der proletarischen Revolution entgegen ... nach einem Jahr wird ganz Europa kommunistisch sein." Diese Hoffnung hat bekanntlich getrogen. Es ist dieses eine sehr große, wahrscheinlich die größte Enttäuschung Lenins gewesen.

Ein Jahr darauf rief Lenin die Dritte Internationale (Komintern) ins Leben (März 1919). Im Unterschied zur Zweiten Internationale, die am Ersten Weltkrieg zerschellte, war die Komintern eine zentralisierte Organisation mit dem Sitz in Moskau und mit einzelnen Landesparteien als an die Direktiven Moskaus gebundenen Sektionen. „Die Methode der Parteiarbeit neigt zum System des militärischen Befehls" (Resolution des Parteitages

1921). Die Komintern war von vornherein als ein Instrument der sowjetischen Außenpolitik gedacht.

Die Stabilisierung der Macht durch Parteiherrschaft und Sowjetverfassung und durch Abwehr der Angriffe von außen war aber im Grunde nur die Voraussetzung für das eigentliche Anliegen der bolschewistischen Revolution: die radikale Umstülpung der gesamten Gesellschaftsordnung auf dem Wege eines grandiosen Wirtschaftsexperimentes. Das erstrebte Ziel dieses Experimentes war die Schaffung einer klassenlosen Gesellschaft mit marktloser planmäßiger Regelung der Produktion nach den Bedürfnissen der Gesamtheit und des einzelnen und Gemeineigentum an Produktionsmitteln. Es sollte zu einer „völligen Auflösung des Geldes" kommen; jeder sollte nach seinen Bedürfnissen ausnahmslos alles, was er brauchte, umsonst vom Staat und nach dessen Absterben von der Gesellschaft erhalten und dafür nach seinen Fähigkeiten für die Gesellschaft arbeiten. Das ganze Volk sollte gleichsam in öffentlich versorgte Arbeitssoldaten umgewandelt werden.

Die Enteignung der besitzenden Klasse durch entsprechende Dekrete wurde bereits erwähnt. Die darauffolgende völlige Zerstörung bzw. der innere Zerfall des bisher Bestandenen schien das große Experiment Lenins zu begünstigen. Infolge der Not waren Markt und Geld praktisch bereits weitgehend abgeschafft; die Armee versorgte sich selbst (durch Requisitionen), und die Versorgung der Städte lag so darnieder, daß sie zu etwa 90 % markt- und weitgehend geldlos durch den schwarzen Handel, die sog. Sackträger versorgt wurden. Die Klassenlosigkeit schien „in einer Art Hungerkommunismus verwirklicht" (Arthur Rosenberg). Die Wirtschaft, auch die Landwirtschaft und damit die Versorgung mit Lebensmitteln verfiel immer mehr. In diesem Fall nutzten weder ein zwecks Durchführung einer „Versorgungsdiktatur" gebildetes Volkskommissariat noch Gewaltmaßnahmen, die Lenin anzuwenden versuchte, indem er die Stadt gegen das Dorf mobilisierte. Denn in der Entfesselung eines offenen Kampfes gegen die Bauern lag eine große Gefahr, und Lenin war sich der Bedeutung der Bauernschaft für den Ausgang des Bürgerkrieges durchaus bewußt. Bald wurde es allen klar, daß das „grandiose Wirtschaftsexperiment" in eine grandiose wirtschaftliche Katastrophe geführt hatte, daß mit anderen Worten das Experiment praktisch gescheitert war. Lenin selbst hat das mit den klassischen Worten zugegeben: „Unser Programm war theoretisch richtig, aber praktisch undurchführbar."

Interessanterweise hat dieses negative Ergebnis dem internationalen Ansehen der bolschewistischen Revolution und ihrer Wirkungskraft nach außen sehr wenig geschadet. Wettgemacht wurden die Mißerfolge weitgehend durch das, was gleichzeitig auf geistigem Felde geschah. Denn hinter allen Bestrebungen, die bestehenden Zustände zu ändern, stand der unerhört hohe Anspruch, auch „den Menschen als solchen" zu wandeln und durch die Revolution einen neuen Menschen, geradezu einen Übermenschen, zu schaffen. „Der Mensch wird sich zur Aufgabe machen", hatte Trózkij erklärt, „seiner eigenen Gefühle Herr zu werden, seine Instinkte auf den Gipfel des Bewußtseins zu heben, Leitungsfäden vom Willen unter die Schwelle des Bewußtseins zu führen und sich selber damit auf eine höhere Stufe zu bringen, also einen höher entwickelten biologischen Typus, wenn man will einen Übermenschen, zu schaffen."

Die bolschewistische Revolution verleugnete es nicht, daß sie in erster Linie eine Angelegenheit der Intelligenzia und nicht der Arbeiterschaft war. Das machte sich in ihrer Wirkung nach außen hin geltend. Die erhoffte praktische Reaktion der internationalen Arbeiterschaft (zumal der deutschen) war ausgeblieben, aber um so stärker war die weitgehend unerwartete geistige Reaktion erheblicher Teile der Intellektuellen in aller Welt. Man begann außerhalb Rußlands in der bolschewistischen Revolution ein primär geistiges Phänomen zu sehen, „viel mehr als das Experiment eines Klassenwillens, nämlich das Experiment eines Glückswillens" (O. Flake). Selbst russische Emigranten bekannten sich zur Überzeugung, daß die siegreichen Bolschewiken sich im Grunde nicht mit Politik befaßten, sondern mit der „Erlösung der Menschheit ohne Gott" (Berdjájew).

Während Chaos und Anarchie die Wirtschaft vollständig ruiniert hatten, wirkte beides im geistigen Bereich zunächst anfeuernd. Im Zustand der allgemeinen Auflösung tobte der entfesselte Geist sich aus. In unmittelbarer Fortführung des „Silbernen

Zeitalters der Russischen Kultur" während der letzten Jahrzehnte der Kaiserzeit entfaltete das russische Geistesleben – zumal die Literatur und die darstellende Kunst – in der Suche nach neuen Ausdrucksformen während der ersten Jahre des Sowjetregimes eine später nie mehr erreichte Blüte. Namen wie Wladímir Majakówskij, „dem das unerhörte Kunststück gelang, aus primitiver Propaganda packende Dichtung zu machen", Sergéj Jessénin, Isaak Bábelj, Michaíl Bulgákow, um nur einige Namen aus der Literatur zu nennen, zeugen dafür. Auch der junge Borís Pasternák gehörte damals dazu. Auf dem Gebiete des Theaters und des Films trugen Wséwolod Meyerhold, Sergéj Eisenstein und Wséwolod Pudówkin das ihre dazu bei. Zunächst profitierten alle davon, daß nach den Worten des ersten Volkskommissars für das Bildungswesen, Lunatschárskij, „niemand wußte, wie man die notwendige Neuordnung durchführen sollte". Jeder suchte sich seinen Weg. Die grandiosen Experimente auf kulturellem Felde, die gelegentlich ins Absurde abglitten (mit Fabriksirenen gespielte Symphonien, Theateraufführungen ohne Zuschauer unter Beteiligung der Gesamtbevölkerung einer Stadt und ähnliches), hatten naturgemäß weniger gefährliche Folgen als das Wirtschaftsexperiment. Damals jubelte Andréj Bélyj: „Wir stehen auf dem Gipfel der Epoche, die durch den Triumph des Materialismus die Materie zunichte gemacht hat. Nichts zu essen, nichts anzuziehen, nichts Greifbares ringsum – nur Ideen!"

Den Intentionen Lenins entsprach das durchaus nicht, denn nach seiner Ansicht sollte der „Proletkult" (proletarische Kultur) die einzige Aufgabe haben, ein geistig-politischer Erziehungsfaktor im Dienste der Partei und unter ihrer Kontrolle zu sein. Lenin war damals aber so sehr mit anderen Sorgen belastet, daß er die Dinge im Kultursektor zunächst laufen ließ.

Der entfesselte Geist war es – nicht die praktische Erfahrung in der Wirtschaftspolitik –, der die Intellektuellen der westlichen Welt interessierte und faszinierte und der der bolschewistischen Revolution eine über das Kratopolitische und das Ökonomische weit hinausgehende Weltgeltung verlieh und eine starke Anziehungskraft auf einen beträchtlichen Teil der wissenschaftlichen und vor allem der künstlerischen Elite ausübte. Diese Faszination hat so manche, alles andere als „antihumanistisch verkümmerte", Bewunderer Lenins die Methoden seiner Herrschaftsführung übersehen bzw. gering achten lassen.

Seit der bolschewistischen Revolution wurde die, wie erwähnt, bislang fast unbeachtet gebliebene Wende im geistigen Verhältnis zwischen Rußland und Europa sehr deutlich. Seither wuchs, zunächst völlig unabhängig vom Machtpolitischen, die geistige Strahlungskraft Rußlands auf Europa rasch an. Was in der Mitte des 19. Jahrhunderts zunächst auf literarischem Gebiet (angefangen mit Turgénjew) sich angekündigt hatte, erweiterte sich jetzt infolge des gesteigerten Interesses für alles Russische auch auf andere Gebiete einschließlich des politischen. Die Verhältnisse schienen sich umzukehren. Nun trat Rußland mit dem gleichen Anspruch Europa gegenüber auf, den Europa ihm gegenüber mehr als 200 Jahre lang geltend gemacht hatte, nämlich mit dem Anspruch, daß nunmehr Europa die in Rußland geltenden Wertmaßstäbe und Werttraditionen auch als für sich verbindlich anerkenne. Die von den Slawophilen einst gepflegte russische messianistische Idee, die sich in Europa nie recht hatte Geltung verschaffen können, die Verheißung, daß es Rußland bestimmt sei, „der Welt ein neues Wort zu sagen" (Rossía skáshet míru nówoje slówo), nahm jetzt eine vollständig neue, säkularisierte Form an und fand in der westlichen Welt eine bisher nicht gekannte Aufnahmebereitschaft. Dabei kam die Anziehungskraft des Russischen, auch wenn es gar nicht bolschewistisch war, dem Bolschewistischen sehr zugute, denn russisch und bolschewistisch wurden miteinander bis zur völligen Gleichsetzung vermischt.

Die Aufnahmebereitschaft russisch-bolschewistischer Einflüsse war in den zwanziger Jahren so stark, daß man bereits von einer „geistigen Russifizierung Europas" gesprochen hat. Es sei in diesem Zusammenhang nur an Spenglers Prophezeiungen über die Zukunft des Russentums erinnert (in seinem, in den zwanziger Jahren als Bestseller in ganz Europa verbreiteten „Untergang des Abendlandes"). Die Faszination durch das Russische hat noch lange gewährt und ist erst sehr allmählich, infolge der praktischen Erfahrungen mit dem Sowjetreich, einer wachsenden Ernüchterung gewichen. Sie ist z. T. durch persönliche oder sachliche Enttäuschungen, zumal seit dem spanischen Bürgerkrieg, in ihr Gegenteil umgeschlagen, um so entschiedener, je deutlicher es wurde, daß die Machthaber im Kreml – anders als man anfangs glaubte – sich in erster Linie doch mit der Politik befaßten, und zwar mit der Macht- und Gewaltpolitik und nicht mit der Idee von der Erlösung der Menschheit ohne Gott.

Die Atempause der NEP

Die wirtschaftliche Lage in Sowjetrußland wurde schließlich so hoffnungslos, daß auch Lenin das Scheitern seines Experimentes zugeben mußte und, um seine Revolution vor dem Zusammenbruch zu retten, sich dazu entschloß, das Steuer jäh herumzuwerfen und mit der sog. Neuen Ökonomischen Politik (NEP) nach seinen eigenen Worten „den Kapitalismus bis zu einem gewissen Grade neu zu schaffen".

Die NEP sollte eine – unbefristete – Atempause bringen. Sie war als vorübergehende Konzession an die kapitalistischen Kräfte gedacht und nicht als Verzicht auf den „Sozialismus". Aber ein Verzicht auf eine marktlose Wirtschaft und auf die Sozialisierung des Handels war sie gleichwohl. Von der Abschaffung des Geldes war nicht mehr die Rede, dagegen wohl, wie zur Zeit des Erzkapitalisten Witte, von der Heranziehung ausländischen Kapitals zur Wiederbelebung der Wirtschaft. Die Investierung größerer ausländischer Kapitalien in der Form sog. Industriekonzessionen wurde jetzt gefördert und ein Wettbewerb zwischen staatlicher und privater Initiative zugelassen. Gleichzeitig wurde die völlig zerrüttete Währung durch Einführung des Tscherwonez stabilisiert (1922). Während der Außenhandel, das Bankwesen und die Schwer- und Grundstoffindustrie verstaatlicht blieben, wurden der Binnenhandel und die mittlere und kleine Industrie der Privatinitiative wieder freigegeben.

Lenin ging es dabei in erster Linie um eine unerläßliche Steigerung der Produktion. Er hat dieses Ziel mit der Einführung der NEP erstaunlich rasch erreicht. Allerdings hat er sich dabei auch nicht gescheut, in mancherlei Hinsicht über den eigenen Schatten zu springen. Das gilt z. B. für seine Lohnpolitik. In der Periode des Kriegskommunismus war er für eine absolute soziale Gleichmacherei (urawnílowka) eingetreten. Das heißt, es sollten die Einkünfte aller Berufsklassen, einschließlich der höchsten Funktionäre, sich nach der Lohnstaffel für gewöhnliche Arbeiter richten. In der NEP-Periode war nichts mehr davon zu hören. Mit dem ausdrücklichen Bemerken, daß jeglicher Gedanke an Gleichmacherei fallengelassen worden sei, wurde ein völlig anderes Arbeits- und Lohnsystem eingeführt, das übrigens bis auf den heutigen Tag in der Sowjetunion fortbesteht. „Der eben noch als Ausbeutung verdammte Leistungslohn wurde wieder eingeführt, weil man in ihm ein ausgezeichnetes Mittel bzw. den wirksamsten Anreiz zur Erhöhung der allgemeinen Arbeitsproduktivität erblickte" (Ruffmann). Die Folge davon war in zahlreichen Wirtschaftszweigen ein sprunghaftes Ansteigen der Produktion.

Das gleiche gilt auch für die Landwirtschaft infolge der wieder zugelassenen privatwirtschaftlichen Initiative. „Entweder wir stellen die Bauernschaft wirtschaftlich zufrieden", erklärte Lenin jetzt, „oder es wird unmöglich sein, die Macht des Proletariats in Rußland aufrechtzuerhalten." Jetzt wurde den Bauern gestattet, einen Teil ihrer Erzeugnisse für sich zu behalten und auf dem freien Markt zu verkaufen. Sofort trat eine spürbare wirtschaftliche Erholung ein. Die Anbau- und Ertragsziffern der Landwirtschaft konnten infolge der NEP wieder auf den Stand von 1913 gebracht werden.

Das wurde trotz schwerer Mißernten in zwei aufeinanderfolgenden Jahren (1921–22) möglich und trotz einer Hungersnot, der rund 5 Millionen Menschen zum Opfer fielen. Erstaunlicherweise setzte unmittelbar darauf ein jedes Erwarten übertreffendes Wachstum der Bevölkerung ein, wodurch alle Verluste weit mehr als ausgeglichen wurden. Mit über 4 Millionen Geburten pro Jahr erlebte Rußland die größten Vermehrungsraten der Bevölkerung in seiner ganzen Geschichte.

Mit der NEP tauchte ein neuer sozialer Typus auf, der Nepmann, der kleine Privatunternehmer, der im Einzelhandel und im Gewerbe viel Initiative bekundete. Sofern er private Angestellte beschäftigte, z. B. Dienstboten, und somit „menschliche Arbeitskraft ausbeutete", verlor er das Wahlrecht, was ihn in der Regel aber nicht bedrückte; zur wirtschaftlichen Erholung hat er viel beigetragen.

Die soziale Gliederung der Gesellschaft hatte sich trotz der Entmachtung und Enteignung der ehemaligen Oberschicht im ersten Jahrzehnt der Sowjetherrschaft weniger gewandelt als es den Anschein haben mochte. Sie hat sich am Ende der NEP-Periode wahrscheinlich von der des späten Kaiserreiches nicht wesentlich unterschieden. Der Anteil der Arbeiter und Angestellten an der erwerbstätigen Bevölkerung war 1928 etwa ebenso hoch wie 1913 (rund 17 %); der Anteil der Bauern hatte sich erhöht (von 65 % auf 73 %) und gleichzeitig war auch die Zahl der Bauernhöfe gestiegen (von 16,5 Millionen auf 26 Millionen); der Anteil der „Kapitalisten" (jetzt Nepmänner) war natürlich zurückgegangen (von 18 % auf 4,5 %).

Während er im Bereich des Wirtschaftlichen notgedrungen Konzessionen machte, zog Lenin, begünstigt durch die Beendigung des Bürgerkrieges und die Stabilisierung der Macht, im Politischen die Zügel noch straffer, nun auch auf kulturellem Gebiet. Diesem war bisher am wenigsten Beachtung geschenkt worden.

Die Träger des erwähnten kulturellen Auftriebes wurzelten, auch wenn sie als Exponenten der Revolution erschienen, gleichwohl in der vorbolschewistischen Zeit, entstammten in der Regel nicht der proletarischen Sphäre und „lagen" oft nicht richtig. Alexander Blok hat mit seinen berühmten „Die Zwölf" (dwenádzatj) so viele Rätsel aufgegeben, daß die Sowjets sich bis heute nicht schlüssig darüber sind, ob er die Revolution „akzeptiert" hat oder nicht.

Hier griff jetzt die Partei durch. In der Periode der NEP setzte im kulturellen Sektor eine systematische Säuberung ein. Der Geist wurde gleichgeschaltet. Die Schriftsteller wurden unter scharfe Kontrolle gestellt und mußten sich alle halbe Jahre Erlaubnisscheine zum Schreiben beschaffen. In einer Resolution des ZK (1925) wurde das verbindliche Recht der Partei postuliert, alle Schriftsteller zu kontrollieren und überall in das Kulturleben einzugreifen. „Hier war die Revolution zu Ende, aufgefangen durch das Dekret." (Geyer.)

In den zwanziger Jahren fand die große, z. T. legale Auswanderung des Geistes aus der Sowjetunion statt. Zahlreiche Dichter, darunter der spätere Nobelpreisträger Búnin, gingen ins Ausland. Auch der Sozialdemokrat Górkij ist damals emigriert. Andere wurden als Konterrevolutionäre erschossen (Gumiljów), viele sind später in den dreißiger Jahren einfach verschwunden (Pilnják, Bábelj, Tretjaków u. a.), wieder andere machten freiwillig ihrem Leben ein Ende (Jessénin, Majakówskij, Zwetájewa u. a.). In den zwanziger Jahren begann in der Sowjetunion die Zeit, da „alle Dichtung aufhörte zu existieren ... als Jessénin sich erhängte, als kurz gesagt die Literatur am Ende war“ (Pasternák). In der Periode des NEP mußten auch berühmte Philosophen, Theologen und Historiker wie Berdjájew, Bulgákow, Karsáwin, Frank, Stepún, Rostówzew, Wernádskij ihre Heimat verlassen, weil es für sie dort kein Wirkungsfeld mehr gab. Die Bolschewiken gingen jetzt daran, sich eine neue Intelligenz heranzuzüchten, die ganz auf ihrer Linie lag. Der Kirchenkampf wurde verschärft, um jeden Einfluß von geistlicher Seite auszuschalten. Die Geistlichen aller Konfessionen verloren ihre staatsbürgerlichen Rechte, viele wurden verhaftet, z. T. umgebracht. Alle religiöse Literatur wurde sistiert, kirchliche Lehranstalten und Klöster geschlossen und eine „Liga kämpferischer Gottloser“ zur endgültigen Ausrottung der Religion geschaffen (1925).

Die Hochschulen, die zunächst allen Interessenten ohne Rücksicht auf Vorbildung zugänglich gemacht worden waren, wurden unter strengste Kontrolle gestellt und in marxistische Institute umgewandelt, die Zulassung zum Studium von der proletarischen Herkunft abhängig gemacht, Studenten und Professoren der gleichen, mit härtesten Strafen erzwungenen Arbeitsdisziplin unterworfen wie die Arbeiter in den Fabriken. Jetzt wurde auch das kulturelle Leben in der Sowjetunion linientreu, einförmig, trübe und grau. Andererseits wurde die Volksbildung gefördert und das Analphabetentum systematisch und mit großem Erfolg durch Erwachsenenkurse bekämpft[1]. In

[1] Nach den offiziellen Zählungen gab es im Jahre 1897 in Rußland 76 % Analphabeten, 1926 – 49 %, 1931 – 19 % und 1959 – 1/5 %.

diesem Punkt hatten die Bolschewiken aus den Fehlern des Zarismus gelernt und in ihrer Bildungspolitik den Nachdruck auf Breitenwirkung und auf den Elementarunterricht gelegt. Die anarchischen Zustände in den Schulen wurden durch Wiedereinführung der Schuldisziplin und des Schulzwanges (ab 1925) überwunden.

In der Periode der wirtschaftlichen Konzessionen ist das totalitäre Herrschaftssystem als Vorbild für ähnliche Systeme unter anderem Vorzeichen so ausgebaut worden, daß es den ganzen Menschen bis in seine privateste Sphäre hinein erfaßte. Lenin herrschte despotischer als je ein russischer Kaiser oder moskowitischer Zar vor ihm. In einem wesentlichen Punkt war sein Despotismus vom zarisch-kaiserlichen allerdings verschieden. Lenins Herrschaft war – trotz allem! – volksnah und wurde ohne Zweifel auch so empfunden. Nicht allein deshalb, weil der Theorie nach das Proletariat „herrschte" und auch nicht, weil die Machthaber, mit Lenin an der Spitze, ihrer äußeren Erscheinung und ihrer Lebensführung nach sich damals betont proletarisch gaben. Auch innerlich war die neue herrschende Schicht nicht annähernd so weit von den Massen des Volkes entfernt wie die alte. Das Krebsübel der kaiserlichen Zeit, die Kluft zwischen Oberschicht und Volk war, zumindest im subjektiven Bewußtsein, weitgehend überbrückt.

Objektiv lastete der neue Despotismus aber schwerer auf den Menschen als der alte, zumal auch er fremd wirkende „unrussische" sachlich-europäische Züge hatte. Lenin lag es – wie Peter dem Großen – immer mehr an der Sache als an den Menschen: Er verlangte, daß jeder für nichts anderes lebe als für die Sache, d. h. die Revolution. Um das zu erreichen, benutzte er jedes Mittel ohne moralische Hemmungen und ohne jede Rücksicht auf die Gefühle der anderen, wie z. B. in seinem Kampf gegen Kirche und Religion. Alles wurde in sein revolutionäres System gezwungen. Von einer funktionierenden Unordnung konnte man jetzt nicht mehr sprechen, eher von einer vielfach nicht oder noch nicht funktionierenden neuen Ordnung.

Bereits in dieser Periode begannen die großen Schauprozesse mit ihren grauenhaften Begleiterscheinungen; gleichzeitig begannen auch die Parteireinigungen, allerdings zunächst nur auf dem

Wege massenweiser Ausstoßung hauptsächlich kleinerer Funktionäre und Mitläufer aus der Partei. Die physische Liquidierung von Widersachern bzw. Rivalen an der Parteispitze setzte erst in den dreißiger Jahren unter Stalin ein.

Den Übergang zur NEP hatte Lenin u. a. mit der „Verspätung einer internationalen Revolution" gerechtfertigt. Wie erwähnt, war es für ihn eine besonders schwere Enttäuschung, daß die erwartete Revolution in Deutschland ausgeblieben war. Er zog die Konsequenzen daraus. Nachdem sein Versuch, die sowjetische Außenpolitik auf völlig neue Grundlagen zu stellen und unmittelbar in die Hände der „Völker" und organisierten Arbeiter zu legen, gescheitert war, kehrte er, zumindest bedingt, zu der traditionellen Methode internationaler Diplomatie zurück. Er ernannte einen ehemaligen zarischen Berufsdiplomaten, G. W. Tschitschérin (der väterlicherseits einer angesehenen russischen Aristokratenfamilie und mütterlicherseits dem deutsch-baltischen Adel entstammte), zum Außenkommissar (1918). Seither lief die Sowjetaußenpolitik zweigleisig: offen als nationale Großmachtpolitik über das Außenministerium und getarnt (und als solche geleugnet) als internationale Revolutionspolitik über die Komintern. Je nachdem, wie die Verhältnisse es verlangten, wurde das Schwergewicht auf das eine oder auf das andere Gleis verlagert.

Die NEP mußte auch ihre Entsprechung in der Außenpolitik haben. Um die auf die Dauer unerträgliche Isolierung zu durchbrechen, in die Rußland seit dem bolschewistischen Umsturz geraten war, warf Lenin auch in der Führung der Außenpolitik das Steuer herum. An den Illusionen einer „proletarischen Diplomatie" von Volk zu Volk oder gar von Partei zu Partei konnte nicht mehr festgehalten werden. Jetzt galt es, zumindest ein Auskommen mit den „kapitalistischen" Staaten zu finden. Das war nur auf dem Wege der konventionellen Diplomatie möglich, und dafür fand Lenin in Georgíj Tschitschérin, einem alten Bolschewiken, den rechten Mann. In der nunmehr von Tschitschérin geleiteten Außenpolitik wird man wohl eine „praktische Voraussetzung für die Ausformung der sowjetischen Koexistenzidee" (Ruffmann) sehen können; einen Verzicht auf die weltrevolutionäre Zielsetzung bedeutete sie gewiß nicht. Im Zuge dieser

Politik beteiligten sich die Sowjets an den großen internationalen Konferenzen des Jahres 1922 in Cannes (Januar), Genua (April), Den Haag (Juni) und Lausanne (November). Im gleichen Jahr schloß Tschitschérin den Rapallo-Vertrag mit Deutschland und erreichte damit die de jure-Anerkennung durch das Deutsche Reich. Vorher waren schon Verträge mit Persien, der Türkei und Afghanistan geschlossen worden. Die de facto-Anerkennung durch die übrigen Großmächte erzielte Lenin zunächst auf dem Wege von Handelsverträgen. Bald folgte ihnen auch die de jure-Anerkennung, zuerst durch Italien (1923), dann durch England (1924), Frankreich (1924) und Japan (1925). Nur die USA zögerten bis 1933 damit. Auf der Ebene des neuen außenpolitischen Kurses lag auch die Zusammenarbeit zwischen Reichswehr und Roter Armee (seit 1921), die Begründung deutscher Rüstungswerke auf dem Boden der Sowjetunion und die Ausbildung deutscher Offiziere (Guderian) in sowjetischen Kriegsschulen und sowjetischer Generalstäbler (Shúkow) in Berlin.

In die Mitte der Periode der NEP (1921–1927) fiel der Tod Lenins (Januar 1924). Er hatte seinen ersten Schlaganfall bereits 1922 erlitten und war seit seinem dritten Schlaganfall (März 1923), d. h. fast sein ganzes letztes Lebensjahr rechtsseitig vollständig gelähmt und in der Sprache stark behindert. Seine Autorität innerhalb der sowjetischen Führerschaft war aber so groß, daß zu seinen Lebzeiten niemand daran gedacht hat, an die Stelle des Schwerkranken zu treten. Aber ein hintergründiger, ohne Kenntnis der Parteiöffentlichkeit geführter, erbitterter Kampf um seine Nachfolge setzte schon zu seinen Lebzeiten ein. Den größten Anspruch darauf, sein Erbe anzutreten, hatte jedenfalls Trózkij. In den Kreisen der Altbolschewiken mißtraute man aber dem eigenwilligen und den anderen geistig überlegenen Mann. Lew Davídowitsch Trózkij, ein Altersgenosse Stalins (geb. 1879), war der Sohn eines jüdischen Gutsbesitzers in der Ukraine. Sein richtiger Name war Leo Bronstein. Er zeichnete sich durch die Schärfe seines Intellekts, große Wendigkeit und Streitbarkeit und eine nie erlahmende Freude an zugespitzter Polemik aus. Auch in bürgerlichen Kreisen galt er als einer der besten Journalisten seiner Zeit; sein Spitzname war Peró (die Feder). Immer hatte er dazu geneigt, seine eigenen Sonderwege zu gehen. Als Gegengewicht gegen ihn und mit dem offenbaren Ziel, sein Aufrücken in die Position Lenins zu verhindern, bildete sich eine Dreiergruppe (Trójka) aus dem Generalsekretär der Partei, der den Apparat beherrschte (Stalin), dem Vorsitzenden des Moskauer Sowjets (Kámenew) und dem Vorsitzenden des Petrograder, jetzt Leningrader Sowjets (Sinówjew). Dem sich durch Jahre hinziehenden, nunmehr offenen Machtkampf zwischen der Trójka und Trózkij und später zwischen Stalin und seinen Trójka-Genossen ist in manchen Darstellungen große Beachtung geschenkt worden. Hier interessiert er nicht. Um so wichtiger war aber das Ergebnis.

Zuerst unterlag Trózkij, wurde nach Mittelasien verbannt (1927) und schließlich des Landes verwiesen. Sodann verstand es Stalin, alle seine Rivalen in der Partei und im Staat zu überspielen, so daß er seit 1927, formell nur Generalsekretär der Partei und ohne Staatsamt, faktisch die alleinige Macht in seinen Händen hielt. Wichtig war ferner der im Hintergrunde dieses persönlichen Machtkampfes stehende grundsätzliche Gegensatz. Trózkij, ein Verfechter der sog. „permanenten Revolution“, vertrat die Ansicht, daß die Sowjetherrschaft in Rußland nur durch die Ausweitung der Revolution auf die anderen Mächte zu erhalten sei, während Stalin die These vom Sozialismus in einem Lande verfocht. Dieser an sich alte Streit hatte längst seinen akademischen Charakter verloren und eine im höchsten Grade praktisch-politische Bedeutung erhalten. Denn es ging um die Frage, wofür die verfügbaren Mittel verwandt werden sollten, zur Stärkung der kommunistischen „Fünften Kolonne“ in aller Welt auf dem Wege über die Komintern oder zur politischen, wirtschaftlichen und vor allem militärischen Stärkung der Sowjetunion durch Aufrüstung und Steigerung des staatlichen Machtpotentials.

Mit dem persönlichen Triumph Stalins über Trózkij war auch diese Grundsatzfrage im Sinne Stalins entschieden.

2. STALIN UND DER STALINISMUS

Die „zweite Revolution“

Es ist üblich geworden, die Regierungstätigkeit Stalins im ersten Jahrzehnt seiner Alleinherrschaft (1928–1937) als zweite Revolution zu bezeichnen. Allerdings ist es zweifelhaft, ob von oben dekretierte, mit staatlichen Machtmitteln durchgeführte umwälzende Maßnahmen überhaupt als Revolutionen bezeichnet werden können. Deshalb wird das Wort in diesem Zusammenhang in Anführungsstriche gesetzt. Die Stalinsche „Revolution“ ist durch die zwei Worte „Zwangskollektivierung“ und „Zwangsindustrialisierung“ gekennzeichnet und hat die Sowjetunion aus einem rückständigen, durch Revolution, Bürgerkrieg und Not in seiner Entwicklung noch mehr zurückgeworfenen Agrarstaat in einen hochtechnisierten, modernen Industriestaat verwandelt, der auch auf dem flachen Lande den bäuerlich-dörflichen Charakter verlor. Dieser Prozeß ist von einem so tiefgreifenden und so weitreichenden politisch-sozialen Strukturwandel begleitet gewesen, daß man in einiger Übertreibung gemeint hat, die „zweite Revolution“ sei „in ihren Zielsetzungen und Auswirkungen viel radikaler und umwälzender gewesen als die erste“ (Deutscher). Man wird dabei aber nicht übersehen dürfen, daß viele, wenn nicht die meisten dieser Auswirkungen Folgeerscheinungen der ersten Revolution waren und daß Stalin in jedem Betracht ein Erbe Lenins war, auch wenn er in seiner Praxis vielfach von den Zielsetzungen und Methoden seines Vorgängers abwich.

Lenin hat nur fünf Jahre regiert, – ohne die Zeit, da er ohne Sprache war, nur vier Jahre. Das bedeutet nur einen Bruchteil der Regierungszeit sämtlicher Herrscher über Rußland, die eine Bedeutung erlangt haben. Im Hinblick auf die weltgeschichtliche Wende, die er in so kurzer Zeit hervorrief, ist er wohl nur mit Cäsar vergleichbar, der bekanntlich, nachdem er den Rubikon überschritten hatte, auch nur vier Jahre regierte. Stalin ist dagegen fünfundzwanzig Jahre lang Alleinherrscher Rußlands bzw. der

Sowjetunion gewesen (1928–1953). Allein durch diese Tatsache waren den Auswirkungen seiner Maßnahmen ganz andere Voraussetzungen gegeben. Stalin hat, ohne eine zeitweilige wirtschaftliche Katastrophe sondergleichen zu scheuen, dort angesetzt, wo Lenin beim Übergang zur NEP abgebrochen hatte, um eine solche Katastrophe zu vermeiden. Nichts von dem, was Stalin getan hat, wäre ohne Lenins Vorausgang möglich gewesen. Gleichwohl waren beide Revolutionen voneinander sehr verschieden.

Lenin hat eine Revolution von unten gemacht, er hat den weitaus größten Teil seines Lebens gegen den Staat und seine Machtmittel gekämpft und hat, selbst zur Macht gelangt, versucht, das revolutionär Gewonnene autoritär zu sichern. Stalin machte seine „Revolution von oben“, die er übrigens selbst als sein größtes Verdienst um die Sache des Kommunismus erachtete, mit Hilfe staatlicher Machtmittel und mit einem bereits funktionierenden weit verästelten Polizeiapparat. Stalins „Revolution“ haftete nichts Anarchisches mehr an, nichts Fesselnsprengendes oder Kettenzerreißendes. Weder die Fesseln des Geldes noch die Ketten des Staates sollten jetzt noch beseitigt werden. Stalin schmiedete durch seine „Revolution“ neue Ketten und legte neue Fesseln an; er stabilisierte die Macht, den Staat und das Geld und schuf eine neue Herrschaftsschicht als gefügiges „Werkzeug der Staatsdisziplin“. Stalin hat sowohl an Lenin wie an Peter den Großen angeknüpft, der ebenso wie er eine „Revolution von oben“ gemacht hatte. Wie Peter gab Stalin nach seinen eigenen Worten „dem Lande die Sporen“, um es ohne jede Rücksicht auf Opfer an Menschen und an materieller Substanz mit brutaler Gewalt vorwärtszutreiben und eine möglichst weitgehende technische und wirtschaftliche Angliederung an den Westen zu erreichen.

Mit seiner forcierten Industrialisierungspolitik knüpfte Stalin auch an Witte an wie überhaupt an die politisch-wirtschaftliche Praxis der großen „Westler“ in Rußland. Gleichzeitig hielt er sich an vorpetrinisch-moskowitische Traditionen und damit an asiatisch-tatarische Herrschaftselemente in der Vergötzung der eigenen Person, in der Gleichsetzung des staatlichen mit dem persönlichen Interesse und in der Ausrottung der Großen um sich herum. Mit seiner Hinwendung zur russischen Vergangenheit und deren Verherrlichung und mit der Mißachtung der westlichen (kapitalistischen) Welt blieb Stalin auch slawophil-panslawistischen Traditionen treu; nach glaubwürdigem Zeugnis gehörte der durch und durch unmarxistische Danilέwskij zu seiner Lieblingslektüre. Insofern stand Stalin in vieler Hinsicht in der russischen Tradition, sowohl in der zarisch-kaiserlichen wie in der revolutionären.

Stalin ist als Jossíf Wissariónowitsch Dshugaschwíli (geb. 1879 in Gori bei Tiflis) in ärmlichen Verhältnissen aufgewachsen. Sein Vater war ein jedenfalls untüchtiger, dem Trunke ergebener georgischer Schuster, der sich als selbständiger Handwerker nicht durchsetzte und infolgedessen Arbeiter in einer Schuhfabrik in Tiflis wurde. Seine Mutter war Ossetin und gehörte somit einem von den Alanen abstammenden Volkssplitter an, der im Zuge der Völkerwanderung im Kaukasus hängengeblieben und dort der Vernichtung entgangen war; er zählt nur noch rund 350 000 Köpfe. Nach dem Tode seines Vaters, den er elfjährig verlor – auch seine drei älteren Geschwister starben schon früh –, wurde der junge Jossíf fünfzehnjährig auf Grund eines Stipendiums Zögling in einem griechisch-orthodoxen geistlichen Seminar, in dem er vier Jahre blieb. In der drückenden und ungesunden Seminar-Atmosphäre voller Heuchelei, Intrigen und Unaufrichtigkeit wurde er bereits als Jüngling mit revolutionären Ideen und mit marxistischen Schriften bekannt. Nach seinem Ausschluß aus dem Seminar (1899) widmete er sich ganz der Revolution als Glied der SD-Partei, nach deren Spaltung in der bolschewistischen Fraktion. Sein revolutionärer (georgischer) Name war Koba, der soviel bedeutet wie „der Unbeugsame“ und ihn gewiß treffend charakterisierte. Erst etwa zwölf Jahre später legte er sich den russischen Tarnnamen Stalin (der Stählerne) zu.

Im Unterschiede zum neun Jahre älteren Lenin und zu seinem Altersgenossen Trózkij, wie überhaupt zur geistigen Führerschaft der Partei, emigrierte Koba nicht. Sein Wirkungsfeld blieb seine engere kaukasische Heimat, seine Umwelt – die niederen sozialen Schichten, zumal die Arbeiterschaft. Er selbst hat aber nie manuell gearbeitet. Nur ganz vorübergehend war er in Wien (1913), um dort die Nationalitätenfrage zu studieren, die seither sein Spezialgebiet wurde. Bereits damals setzte er sich in Polemiken mit österreichischen Sozialdemokraten und mit Trózkij für eine nationale Autonomie auf territorialer, nicht auf personaler Grundlage ein. Als Volkskommissar für Nationalitätenfragen hat er nach dem bolschewistischen Umsturz an diesem Prinzip festgehalten.

Bis zum Umsturz hat Koba sich vorwiegend als praktischer Revolutionär betätigt, mit Erfolg Streiks, gelegentlich auch Aufstände und sog. „Exen" organisiert, Expropriationen, d. h. Überfälle auf Geldinstitute bzw. Geldtransporte, um die Parteikasse aufzufüllen. Er ist dabei immer wieder, im ganzen siebenmal, verhaftet und nach Sibirien verschickt worden. Sechsmal gelang es ihm in seiner zähen Unbeugsamkeit wieder zu fliehen und in der Heimat unterzutauchen, das siebente Mal befreite ihn die Amnestie der Provisorischen Regierung (1917). Dank seiner Aktivität als „unermüdlicher Kämpfer an der Heimatfront" (Rauch) lenkte er die Aufmerksamkeit Lenins auf sich, der ihn noch vor Ausbruch des Krieges in das Zentralkomitee der Partei (ZK) wählen ließ.

Als Theoretiker war Stalin für niemanden interessant und wurde auch nach dem Umsturz als solcher nicht ernstgenommen. Noch in den zwanziger Jahren, als er sich auf einer Versammlung in theoretische Erörterungen mit Trózkij einließ – er war damals noch nicht allmächtig und somit noch nicht unfehlbar –, wurde er nach einem Bericht von einem Zwischenrufer (Prof. Rjasánow) mit den Worten unterbrochen: „Halt ein, Koba. Überanstreng dich nicht! Die Theorie ist nicht dein Feld."

Die Rolle Stalins im Jahre 1917 und sein Anteil am bolschewistischen Umsturz sind in der Zeit seiner Diktatur ungeheuer übertrieben und entsprechend heroisiert worden. Die neueste sowjetische Version zeigt bereits ein vollständig anderes Bild. Im großen Geschichtsabriß der letzten Ausgabe der Sowjetenzyklopädie (1957, Bd. 50) wird im Kapitel über die bolschewistische Revolution der Name Stalin überhaupt nicht genannt. Gleichwohl bleibt die Tatsache bestehen, daß er damals zum kleinen, nur zwölfköpfigen obersten Parteigremium gehört hat, das zu allen wichtigen Entscheidungen herangezogen wurde. Aber Stalin war immer ein sehr vorsichtiger Mann und ist offenbar gerade in diesen Tagen, da niemand wissen konnte, wohin der Weg führt, besonders vorsichtig gewesen. Trózkij bemerkt bissig dazu, daß

Stalins Anteil „um so geringer war, je höher die Wogen der Ereignisse gingen".

Vieles im Leben Stalins liegt im Dunkeln, da aus der Zeit bis zum Tage des Umsturzes fast gar keine Dokumente vorhanden sind. Nach dem Zweiten Weltkrieg ist von einem in die freie Welt übergetretenen ehemaligen NKWD-General und sowjetischen Staatsanwalt (Alexander Orlów) die Behauptung aufgestellt worden, Stalin hätte auch als Polizeiagent gearbeitet. Das ist nicht zu überprüfen. Jedenfalls war es auffällig, daß er nach dem mißglückten Juliaufstand (1917), als die anderen bolschewistischen Führer sich verbergen mußten bzw. verhaftet wurden, frei und unbehelligt in Petrograd blieb (vgl. S. 574).

Zu Lebzeiten Lenins hat Stalin sich bewußt im Schatten seines Meisters gehalten, ist aber bei entsprechender Rückendeckung jederzeit bereit gewesen, gegen jeden, den er für einen Feind hielt, in brutalster Weise vorzugehen. Als er während des Bürgerkrieges als politischer Kommissar zusammen mit dem späteren Marschall und nachmaligen Präsidenten Woroschílow Zarizyn verteidigte (Stalingrad, heute Wolgograd), hat er auf die Weisung Lenins, auch hinter der eigenen Front aufzuräumen, mit den für ihn typischen Worten geantwortet: „Meine Hand wird nicht zittern" (ruká ne drógnet). Stalins Hand hat nie gezittert.

Im April 1922 – einen Monat vor Lenins Schlaganfall – wurde dem 43jährigen Stählernen das neugeschaffene Amt eines Generalsekretärs (Gensek) übertragen. Als solcher hat Stalin es verstanden, in systematischer und zielsicherer Arbeit und im Widerspruch zu den ihm zugewiesenen Aufgaben und Kompetenzen, einen durchorganisierten Parteiapparat aus von ihm persönlich abhängigen Funktionären zu schaffen. Bereits vorhandene bzw. potentielle Gegner wurden entfernt. Nach eigenen Angaben hat Stalin im Laufe von zwei Jahren 10000 Postenneubesetzungen vorgenommen.

Im Unterschied zu allen anderen hervorragenden Gestalten der russischen Geschichte einschließlich Lenins entzieht sich Stalin als Mensch weitgehend einer Beurteilung und damit einer Charakterisierung; von seinem persönlichen Leben ist so gut wie nichts bekannt. Auch seine später (1966) in den Westen geflüchtete Lieblingstochter Swetlána hat in ihren Erinnerungen nichts

Wesentliches über seine Person ausgesagt. Schon als Knabe war er verschlossen und in sich zurückgezogen; bei seinen Kameraden wie später bei seinen Genossen nicht beliebt, wohl aber gefürchtet. Nur ein einziger Privatbrief von ihm ist bekanntgeworden.

Der Schöpfer des sowjetischen Partei- und Machtapparates, der Erfinder und Erzieher der Apparattschiki, war im Grunde selbst, wie einer seiner Biographen sich ausdrückt, „stets nur eine Funktion der Politik“ (Just). Nach dem, was wir über sein Leben wissen, ließ er bei einem einzigen Anlaß eine menschliche Regung erkennen. Nachdem er seine zweite Frau, Nadéshda Allilújewa, durch seine Brutalität in den Tod getrieben hatte – sie beging Selbstmord nach einer Auseinandersetzung mit ihm (1932) –, bot er unter dem Eindruck dieses Ereignisses – das einzige Mal in seinem Leben! – seinen Rücktritt an, den das Politbüro natürlich nicht annahm. Sonst war und blieb er „die Kopfschraube“ im Apparat. Aber nicht allein das: er beherrschte auch den Apparat. Dank diesem Apparat übte er mit sicherem, durch keine Skrupel gehemmten Machtinstinkt länger als ein Vierteljahrhundert seine Totalitärherrschaft aus.

Bei seinem Kampf um die Alleinherrschaft war Stalin bis zu einem gewissen Grade durch das Testament Lenins (aus dem Jahre 1922) gehemmt. Darin hatte Lenin im Hinblick auf seine Nachfolge eine kurze Charakteristik seiner nächsten Mitarbeiter gegeben. Er bezeichnete Trózkij und Stalin als die beiden Begabtesten, äußerte aber Bedenken gegen Trózkij wegen dessen „zu weit reichenden Selbstbewußtseins“ und gegen Stalin, weil er befürchtete, daß der Generalsekretär (Gensek) der Partei die „gewaltige Macht in seinen Händen ... nicht mit genügend Behutsamkeit benutzen“ würde. In einem später (1923) hinzugefügten Zusatz schlug Lenin vor, Stalin von diesem Posten zu entfernen und durch einen „geduldigeren, loyaleren, höflicheren Genossen“ zu ersetzen. Dieses für alle Beteiligten heikle Testament wurde erst vier Monate nach Lenins Tod im Zentralkomitee verlesen; dem Parteikongreß ist es nicht und der Öffentlichkeit erst viel später in einzelnen Auszügen bekanntgegeben worden. Bei der sich daraus ergebenden, für die Weiterentwicklung der Sowjetunion ungeheuer wichtigen Entscheidung des ZK wurde Stalin durch seinen damaligen Trójka-Genossen Sinówjew gerettet (den er später, als er fest im Sattel saß, liquidieren ließ). Das Ergebnis war, daß Stalin Gensek blieb und entgegen der Warnung Lenins die Macht in seinen Händen behielt.

In der Ausnutzung dieser Macht ist Stalin zunächst, gleichsam um Lenins Bedenken zu entkräften, sehr behutsam gewesen. Er ließ sich Zeit und schlug immer erst dann zu, wenn er glaubte, damit kein persönliches Risiko mehr einzugehen – dann aber um so furchtbarer. Auch darin knüpfte er an altmoskowitische Traditionen an. Seine „Revolution" hat sich wie die Grósnyjs durch viele Jahre hingezogen; es war, als ahnte er, daß ihm vom Schicksal ein so langes Leben beschieden sei wie keinem anderen Herrscher über Rußland in seiner ganzen Geschichte.

Der Prozeß der „Revolution von oben" spielte sich gleichzeitig auf drei Ebenen ab: herrschaftspolitisch im Kampf an der Partei- und Staatsspitze um die alleinige Macht zur ungehemmten Durchsetzung der sog. Generallinie; wirtschaftspolitisch in dem mit Polizeimitteln geführten Kampf gegen das bäuerliche Privateigentum zur Kollektivierung der Landwirtschaft und im engsten Zusammenhang damit in der forcierten Industrialisierung; außenpolitisch durch die Stabilisierung und Ausweitung der realen Macht des Sowjetstaates.

Die sog. Säuberung (tschístka) in den Führungsgremien von Staat und Partei hat in der Welt größeres Aufsehen erregt als manche wichtigen wirtschaftspolitischen Maßnahmen, weil sie – mit einer Ausnahme – ihren Niederschlag in öffentlich geführten Schauprozessen fand. Diese politisch, juristisch und psychologisch höchst interessanten Vorgänge, die ihre besondere Note durch die unglaubwürdigen Anklagen (Verschwörung, Spionage, Absicht Stalin zu ermorden und den Kapitalismus in Rußland einzuführen) und durch die noch weniger glaubwürdigen Selbstbezichtigungen der Angeklagten erhielten, brauchen uns im einzelnen hier nicht zu beschäftigen. Taktisch ging Stalin dabei so vor, daß er sich mit einer Gruppe seiner Mitarbeiter verbündete, um die andere zu beseitigen und sich anschließend mit dem gleichen Ziel gegen die Verbündeten und Helfer von gestern zu wenden. Ideologische Meinungsstreitigkeiten wurden unter der Bezeichnung einer linken bzw. rechten Abweichung zum Anlaß genommen, ein Verfahren zu eröffnen. Es war ein ideologisch getarnter reiner Machtkampf.

Die Säuberungsprozesse zogen sich vom Ende der zwanziger bis ans Ende der dreißiger Jahre. Zunächst wurden die Beschuldigten nur mit Ausschluß aus den Parteigremien bzw. aus der Partei selbst, gegebenenfalls mit Verschickung bestraft. Seit seine Machtposition unanfechtbar geworden war, ging Stalin zu drastischeren Methoden über. Aus den Erfahrungen seines eigenen Lebens und denen seiner Revolutionsgenossen hatte er den Schluß gezogen, daß im innerpolitischen Machtkampf das einzige verläßliche Mittel weder die Inhaftierung der Gegner noch deren Verbannung, noch deren dauernde Überwachung, sondern nur ihre physische Vernichtung sei, besonders dann, wenn diese Gegner Träger von Ideen sind. Danach hat Stalin auch gehandelt.

Seit der Mitte der dreißiger Jahre wurden alle zu Recht oder zu Unrecht Beschuldigten ausnahmslos liquidiert. Die so geführte Säuberung traf zuerst die Parteiführerschaft in mehreren Etappen: Gruppe Sinówjew, Kámenew (1936), Gruppe Pjataków, Rádek (1937), Gruppe Buchárin, Rýkow, Krestínskij (1938); sie traf dann die Führerschaft der Roten Armee, die Marschälle Tuchatschéwskij, Jegórow, Blücher und viele andere (1937) – dieser Prozeß wurde geheim geführt –, und sie traf schließlich die Führerschaft der Terrororganisation, mit deren Hilfe die Liquidierung der anderen überhaupt erst möglich geworden war, der GPU bzw. des NKWD: Jágoda, Jeshów u. a. (1938). Im Ergebnis war so gut wie die gesamte radikale Intelligenzia, die den bolschewistischen Umsturz ideell vorbereitet und faktisch durchgeführt hatte, durch Stalin ausgerottet. Von 140 auf dem Parteitag von 1934 in das ZK gewählten Mitgliedern waren drei Jahre später nur fünfzehn auf freiem Fuß, der weitaus größte Teil liquidiert. Von der alten Garde der Bolschewiken hatte Stalin nur Mólotow verschont, der während der ganzen Zeit Vorsitzender des Rates der Volkskommissare (Regierungschef) war, einen ebenso verläßlichen wie sturen und arbeitsamen Anhänger; verschont blieben außerdem der Stalin immer gefügig gewesene Woroschílow und schließlich der blasse und sich ganz zurückhaltende Präsident der Sowjetunion während der Säuberungszeit, Kalínin. Die unter Stalin bereits in die Führerschaft nachrückende Generation, auf die der rote Diktator sich bei seiner Vernichtungsaktion stützte (Shdanów, Mikoján, Malenków, Chruschtschów u. a.), ist so oder anders an ihr beteiligt gewesen. Die Rote Armee, an deren „Enthauptung" wahrscheinlich indirekt auch die Nationalsozialisten (Heydrich) durch Lieferung gefälschten belastenden Materials mitgewirkt haben, ist damals in ihren höchsten Dienstgraden im Heer um 75 %, in der Marine sogar um 90 % dezimiert worden. Die Gesamtzahl der liquidierten Offiziere wird auf 20 000 geschätzt. Doch auch die Rote Armee war damals in ihrer Organisation und ihrem inneren Bestand so gefestigt und durch Nachwuchskräfte gesichert, daß sie wie der Partei- und Staatsapparat, entgegen allen anderen Voraussagen, diesen furchtbaren Aderlaß ohne spürbare Schwächung überstehen konnte. Parallel zur Säuberung der Führungsgremien lief eine alle bisherigen Ausmaße übertreffende Säuberung der Gesamtbevölkerung (tschístka), der Angehörige aller Berufsschichten zum Opfer fielen. Nach zuverlässigen Schätzungen befanden sich in der Zeit zwischen 1936 und 1938 8 Millionen Menschen in Untersuchungsgefängnissen und speziell zu diesem Zweck angelegten Straflagern (KZs) in Nordrußland und in Sibirien.

Die unmittelbare Folge dieses Terrors von oben war die aus zitternder Angst um die eigene Existenz und um das nackte Leben geborene, alles Maß übersteigende, kriecherische Verherrlichung Stalins, der nachträglich von Chruschtschów gegeißelte Personenkult, über den es jetzt in der Sowjetenzyklopädie (1957) heißt: „Der dem Marxismus-Leninismus fremde Kult der Persönlichkeit Stalins führte zu einer Minderung der Rolle der Partei und des ZK und der Rolle der Volksmasse ... was wiederholt Abweichungen von den Leninschen Normen des Parteilebens zur Folge hatte, zur Vernachlässigung der Arbeit und zu gröbsten Übertretungen der sozialistischen Gesetzmäßigkeiten führte. Der Personenkult hat der kommunistischen Partei und der sozialistischen Gesellschaft ernsten Schaden zugefügt, aber die Natur des sozialistischen Aufbaus des Landes konnte er nicht ändern und hat er nicht geändert."

International hat weniger der Personenkult als der „Stalinismus“ an sich dem Sowjetregime und seinem Ansehen in der Welt ernsten Schaden zugefügt. Die vorhin erwähnte Anziehungskraft des bolschewistischen Experimentes auf die geistige Elite der Welt schwand in der Ära Stalin dahin, als immer deutlicher wurde, daß das scheinbare Experiment eines Glückswillens in Wirklichkeit das Experiment eines Machtwillens war. Der spanische Bürgerkrieg (1936–1939) wurde in dieser Hinsicht zum „Damaskus“ für viele große Idealisten, die sich wohl für die kommunistische Idee begeisterten, nicht aber für den stalinistischen Machtstaat. Diese sagten sich jetzt vom Kommunismus Moskauer Prägung los und wurden z. T. zu seinen erbittertsten Gegnern, nachdem sie erkannt hatten, daß Stalin immer wieder bereit war, die Sache des internationalen Kommunismus den Machtinteressen der Sowjetunion zu opfern. Stalin hatte sogar im rotspanischen Kriegslager unter den nicht moskauhörigen Streitern für eine Weltrevolution – zumal unter den Trózkisten – eine regelrechte Säuberungsaktion more moscovitico in die Wege geleitet und weitgehend auch durchgeführt. Der Schlußakt und gleichsam die Krönung dieser Aktion war die Ermordung Trózkijs in Mexiko durch einen speziell zu diesem Zweck in Moskau ausgebildeten Agenten (August 1940).

Der materielle Inhalt des Stalinismus lag in der Wirtschaftspolitik. Wie erwähnt vertrat Stalin im Gegensatz zu Trózkij und der sog. linken Abweichung die These vom „Sozialismus in einem Lande“. Er übernahm aber von Trózkij, nachdem er ihn entmachtet hatte, dessen Wirtschaftsprogramm. Die Trózkisten wünschten eine Preisgabe der NEP mit ihren Konzessionen an den Kapitalismus und ihrer Begünstigung privater Initiative und privaten Unternehmertums im Handel, in der Landwirtschaft und Kleinindustrie und verlangten die Einrichtung von Kollektivwirtschaften auf dem Lande bei gleichzeitiger Industrialisierung. Stalin, der diese Gedanken früher als Phantastereien abgelehnt hatte, machte sich jetzt (ab 1928) daran, eben dieses Programm im Rahmen mehrerer Fünfjahrespläne durch die Aufhebung des Privatbesitzes an Land und den Übergang zum ländlichen Großbetrieb – übrigens ein altes Ziel der Bolschewiken – noch radikaler durchzuführen, und zwar anders, als Trózkij es vorgesehen hatte, mit Hilfe polizeilicher Zwangs- und Gewaltmittel.

Im Dezember 1927 hatte Stalin die „Direktiven für die Erstellung eines Fünfjahresplanes der Volkswirtschaft" im Parteikongreß annehmen lassen. Bereits im Rahmen dieses ersten Fünfjahresplanes (1928–1932) machte er sich daran, die sog. Kulaken (nach westeuropäischen Begriffen mäßig begüterte Mittelbauern) entschädigungslos zu enteignen, zu deportieren und ihre Ernteerträge zur Verfügung des Staates einzuziehen. Sein laut verkündetes und mit Hilfe der Machtinstrumente des totalitären Staates auch erreichtes Ziel war die „Liquidierung des Kulakentums als Klasse". Dieser Vorgang ist als die größte menschliche Katastrophe bezeichnet worden, die jemals einem Volk in Friedenszeiten von seiner eigenen Regierung bereitet worden ist (Stökl), ein Vorgang, der in seiner Grausigkeit noch das übertraf, was Grósnyj dreieinhalb Jahrhunderte früher seinem Volk an Schrecknissen zugemutet hatte.

Nach neueren Schätzungen wurden 2–3 Millionen sog. Kulaken entweder als Konterrevolutionäre sofort liquidiert oder – und das bezog sich auf die weitaus meisten – mitten im Winter in den hohen Norden, nach Sibirien und in den Fernen Osten deportiert, in Gegenden, wo nicht die geringsten Vorbereitungen zu ihrer Aufnahme getroffen worden waren, z. T. in Sumpfgebiete, in denen es „weder Häuser noch Gebäude irgendwelcher Art gab". Ein großer Teil der Deportierten ist dort umgekommen. Dabei handelte es sich bei diesen Opfern um die wirtschaftlich tüchtigsten, aufgeschlossenen und modernsten Elemente des russischen Bauerntums.

Stalin hat im Unterschied zu Grósnyj nie ein Anzeichen von Reue oder Schuldgefühl erkennen lassen. Als auch er einsah, daß der Bogen überspannt worden war, hat er die Milderung in den Methoden des Vorgehens mit der heuchlerischen Phrase überdeckt, die übergroßen Erfolge hätten die Leute schwindlig gemacht.

Die von ihrer eigenen Regierung auf diese Weise überfallenen, von einer physischen Vernichtung aber verschont gebliebenen Bauern reagierten darauf einerseits mit Revolten, die durchaus mit den von den Bolschewiken als Bauernkriege verherrlichten Revolten in der zarischen und kaiserlichen Zeit von Bolótnikow über Rásin bis zu Pugatschów vergleichbar sind und gegen die wie in früheren Jahrhunderten auch Militär eingesetzt werden mußte. Andererseits reagierten die Bauern auf die Kollektivierungspolitik – und das hatte kein Beispiel in der Geschichte Rußlands – mit Notschlachtungen in großem Ausmaß, Vernichtung von Getreide und Geräten. Damals ging der Pferdebestand in der Sowjetunion um mehr als die Hälfte (von 34 auf 16 Millionen), der Großviehbestand um etwa die Hälfte zurück. Die unausweichliche Folge war ein katastrophaler Rückgang der landwirtschaftlichen Produktion und eine erneute schwere Hungersnot (1932). Erst ab 1933, nach einer besonders guten Ernte, stieg die landwirtschaftliche Produktion wieder an.

Auch mit der Kollektivierungspolitik hatte Stalin im Ergebnis sein Ziel erreicht: 1931 waren zunächst 58 % der landwirtschaftlichen Nutzfläche in Kollektivwirtschaften übergeführt, 1934 waren es 75 % und 1937 – 93 %.

Die „zweite Revolution" Stalins hat viele Millionen Menschenleben gekostet; allein die Opfer der Hungerkatastrophe werden auf 10 bis 11 Millionen geschätzt. Aber die Industrieproduktion wurde gleichzeitig erheblich gesteigert; in mehreren Industriezweigen wurde das „Soll" für fünf Jahre bereits in drei Jahren erfüllt. Es waren u. a. mehrere große Rüstungsfabriken entstanden und ein großes Kraftwerk am Dnjepr. Dabei wurde die Schwerindustrie einseitig gegenüber der Konsumindustrie bevorzugt. – Im zweiten Fünfjahresplan (1933–1937) wurde die Entwicklung noch rücksichtsloser, unter noch stärkerer Anspannung der Kräfte, in der gleichen Richtung vorwärtsgetrieben. Im Industriesektor waren dabei die Erfolge zumindest quantitativ in der Tat gewaltig. Das laut verkündete Ziel, „die Sowjetunion aus einem rückständigen Agrarland in ein hochentwickeltes Industrieland zu verwandeln", war weitgehend verwirklicht worden; weite Gebiete Sibiriens waren neu erschlossen, in Kohle und Öl war die Autarkie erreicht[1]. Am absoluten Umfang der industriellen Pro-

[1] Einige Zahlen als Beispiel. In der Zeit von 1928 bis 1937 stieg die Produktion von Elektrizität von 6 auf 40 Milliarden Kilowattstunden, die Kohlenförderung von 30 auf 133 Millionen t, Erdöl von 11 auf 32 Millionen t, Autos von 1400 Wagen auf 211 000 im Jahr.

duktion war die Sowjetunion in der Welt auf den zweiten, in Europa auf den ersten Platz gerückt. Gleichzeitig fand, infolge der Erschließung neuer Abbaugebiete hochwertiger Steinkohle im Kusnezbecken (in Westsibirien) und im Raum von Karaganda (in Zentralasien) eine strategisch äußerst wichtige Verlagerung der Schwerindustrie nach Osten statt. Durch einen großzügigen Ausbau des Schul-, Fachschul- und Hochschulwesens wurde ein technisch entsprechend geschulter industrieller Nachwuchs herangebildet.

Diese Erfolge waren aber teuer erkauft. Forcierte Industrialisierung und Terror hatten den Lebensstandard weiter Schichten der Bevölkerung in einer „Art künstlich organisierten Hungers" bis weit unter das Existenzminimum gesenkt. Durch die Kollektivierung, Rationalisierung und Mechanisierung der Landwirtschaft waren die Bauern zu ländlichen, vom Staate gänzlich abhängigen, in Arbeitsbrigaden gegliederten und Brigadeführern unterstellten Arbeitssoldaten herabgedrückt worden, so daß das Ergebnis als „Beginn einer neuen Leibeigenschaft" (Rauch) erscheint. Denn die Millionen der in die Städte strömenden Opfer der Kollektivierung durften sich ihren Arbeitsplatz nicht selbst wählen, sondern mußten ihn sich anweisen lassen. Jederzeit konnte der Arbeiter auf Grund eines Vertrages zwischen Werkdirektion und Kolchosleitung von der Fabrik in den Kolchos oder umgekehrt verlegt werden. Überall stand der Einzelne einem „Soll" gegenüber, überall drohten strenge Strafen. Die in dieser Zeit geschaffenen, mit immer neuen Menschen gefüllten, polizeilich verwalteten KZs dienten theoretisch der Milderung des Strafvollzuges durch sog. Umerziehung. Praktisch waren sie das Gegenteil davon. Von den KZ-Insassen wurde unter härtesten Arbeitsbedingungen kostenlos ein großer Teil der gewaltigen Arbeitsvorhaben verrichtet. Es war eine radikale Ausbeutung menschlicher Arbeitskraft und ein Menschenverschleiß größten Ausmaßes.

Gleichwohl hat sich unter den gewaltigen Anstrengungen die Gesamtlage während des zweiten Fünfjahresplanes gehoben und stabilisiert; zumal die Ernährung wurde besser. Zu neuen Hungerkatastrophen kam es nicht; die 1928 eingeführte Brotkarte konnte 1934 wieder abgeschafft werden. Der Lebensstandard der großen Masse blieb allerdings sehr niedrig.

Im Januar 1938 begann der dritte Fünfjahresplan, der unter starker Betonung der Rüstungsindustrie die Entwicklung in der gleichen Richtung weitertreiben sollte. Er wurde durch den Zweiten Weltkrieg unterbrochen.

Sowjetstaat und Sowjetmensch

Die „zweite Revolution“ führte, wie seinerzeit die Industriepolitik Wittes, zu einem tiefgreifenden sozialen Strukturwandel. Der Typ des Nepmannes verschwand natürlich; an seine Stelle trat infolge des steigenden Bedarfes an entsprechend ausgebildeten Funktionären in der Wirtschaft und im ungeheuer aufgeblähten Staats- und Parteiapparat die neue Schicht der privilegierten technischen Intelligenz: die bolschewistischen Manager des sowjetischen Staatssozialismus. Sie waren zum Funktionieren des mechanisierten Riesenapparates in Staat und Wirtschaft und der fortgesetzt vergrößerten Armee und natürlich auch im Kultursektor unentbehrlich und waren sich dessen auch bewußt. Man nannte sie treffend Apparattschiki.

War der Nepmann als Frucht der Konzession an den Kapitalismus immer ein suspekter Fremdkörper im Sowjetstaat geblieben, so war der Apparattschik umgekehrt ein integrierender Bestandteil dieses Systems, gleichzeitig jedoch sein Nutznießer und infolgedessen an seinem Fortbestand unmittelbar interessiert. Die Zahl der Apparattschiki war nach amtlichen Daten zwischen 1926 und 1940 von 2 Millionen auf 11½ Millionen gestiegen, – ein Vielfaches von der Zahl der Beamten in der kaiserlichen Zeit.

Die neue sowjetische, sog. werktätige Intelligenz als die politisch, wirtschaftlich und kulturell staatstragende Oberschicht war von der alten russischen Intelligenzia sehr verschieden. Die der alten Intelligenzia entstammenden bolschewistischen Führer, die die staats- und ordnungsgefährdende und zerstörende Wirkung dieser Intelligenzia so gut kannten wie niemand sonst, hüteten sich wohl, in dem von ihnen beherrschten Staat die Ausbildung einer Parallelerscheinung zu dulden. Zwar verleugneten die Angehörigen der werktätigen Intelligenz nicht, daß sie in mancherlei Hinsicht legitime Erben Basarows[1] waren – in ihrer einseitigen Ausrichtung auf den praktischen Nutzen, in der Verherrlichung des Technischen –, aber eine eigenständige politische Funktion haben sie nie ausüben können und, entgegen anderen Ansichten und Erwartungen, auch nie danach gestrebt. Von vornherein dazu bestimmt, Werkzeuge der Staatsdisziplin zu sein, nach Wissen, Können und Leistung im Staatsinteresse gemessen und dafür entlohnt, wurden sie zu dem genauen Gegenteil der russischen Intelligenzler aus dem 19. Jahrhundert. Sie durchdrangen auch den Parteiapparat und änderten dadurch, zumal nach der physischen Ausrottung der „Alten Garde“, dessen soziale Zusammensetzung. Im Jahre 1939 hatten die Angehörigen der neuen werktätigen Intelligenz bereits die absolute Mehrheit (54 %) auf dem Parteikongreß. An die Stelle der Träger der Revolution waren deren Nutznießer getreten. „Der Verfügungsgewalt über Mittel und private Möglichkeiten nach nähert sich diese Oberschicht den entsprechenden sozialen Gruppen der industriellen Gesellschaft des Westens und läßt offensichtlich auch Anzeichen der Verbürgerlichung erkennen.“ (Markert.) Zu diesen sowjetischen „Sphären“ gehört nicht nur die technische, sondern auch die Bildungsintelligenz. Abgesehen davon, daß sie einkommensmäßig turmhoch über der Masse der anderen stand – die Spanne zwischen dem Einkommen des gewöhnlichen Arbeiters und des Managers war bereits damals in der Sowjetunion erheblich größer als in den meisten kapitalistischen Ländern –, war die neue Oberschicht auch bildungsmäßig privilegiert. Die höhere Bildung wurde zu ihrem Vorrecht, als der Zensus für den Anteil der Arbeiterstudenten an den Hochschulen (1932 noch 65 %) wieder aufgehoben und schließlich auch das Schulgeld in höheren Schulen und Universitäten wieder eingeführt wurde (1940). Die Lohnskala zeigte eine ungewöhnlich hohe Differenzierung bis zu einem Verhältnis von 1:30, wodurch eine Art Arbeiteraristokratie entstand.

Eine große Bedeutung gewann für den gesellschaftlichen Strukturwandel die durch den Regierungskurs geförderte rasche Ver-

[1] Der nihilistische Held in Turgénjews Roman „Väter und Söhne“.

städterung der Bevölkerung[1]. Im Jahre 1939 machte die städtische Bevölkerung (56,1 Millionen) bereits fast ein Drittel der Gesamtbevölkerung aus. Durch diese Verstädterung wurde allerdings der für russische Verhältnisse immer typische „soziale Überdruck“ der bäuerlichen Bevölkerung erheblich gemildert. Gleichwohl war dank der geschickten Innenpropaganda der Sowjets und der Aufrechterhaltung der Fiktion vom Arbeiter- und Bauernstaat, wie bereits erwähnt, die Kluft zwischen Oberschicht und Volk zumindest dem subjektiven Empfinden nach nicht so tief wie in der kaiserlichen Zeit.

Das gesellschaftliche Ergebnis der „zweiten Revolution“ Stalins war „die Etablierung und Konsolidierung einer neuen Klasse von politischen, wirtschaftlichen und geistigen Führern, nicht auf der Basis des Einkommens, sondern auf der der Ausbildung und Funktion“ (Ruffmann).

Im Zuge der Normung, Reglementierung und Mechanisierung des Lebens wurden auch die letzten anarchischen, also freiheitlichen, Momente als Überbleibsel aus der Revolution Lenins ausgemerzt. Das bezog sich auch auf den Kultursektor. Alles wurde auf die Generallinie ausgerichtet und mit eisernem Zwang an sie gebunden. Sowohl ideologisch wie in Äußerlichkeiten griff Stalin dabei auf Traditionen der kaiserlichen Zeit zurück. Das wurde in der betonten Hinwendung zur nationalen Geschichte deutlich. Markante Gestalten der russischen Geschichte, besonders Generäle und Feldherren (Alexander Néwskij, Suwórow, Kutúsow), aber auch Zaren (Grósnyj) und Kaiser (Peter der Große) wurden verherrlicht und seit der Mitte der dreißiger Jahre systematisch ein Patriotismus in der Form des sog. Sowjetpatriotismus gepflegt. In der Armee wurden im Kriege (1943) die verpönten Rangstufen und sogar die während der ersten Revolution verächtlich gemachten goldenen Offiziersschulterstücke wieder eingeführt. In der Zeit des Bürgerkrieges war der Solotopogónik (Träger goldener Schulterstücke) der Ausdruck des Verwerflichen und Reaktionären;

[1] Die Gesamtzahl der Städte in der Sowjetunion stieg zwischen 1926 und 1939 von 709 auf 922, die Zahl der Großstädte von 31 auf 82 und die Zahl der sog. städtischen Siedlungen von 125 auf 1448.

während des Zweiten Weltkrieges ließ Stalin sich gerne als Solotopogónik inmitten einer Schar anderer Solotopogóniki photographieren. Nach dem Kriege wurde die revolutionäre Bezeichnung Volkskommissar durch den „kapitalistischen" Terminus Minister ersetzt (1946).

Die Entwicklung zu stabilen Formen wirkte sich in mancherlei Hinsicht positiv aus, besonders im Familien- und Eheleben, das dank einer systematischen Pflege wieder gesundete, die Zersetzungen aus der ersten Zeit der Revolution rasch überwand – 1936 wurde die Abtreibung wieder verboten – und dessen sittliches Niveau im Vergleich zum „kapitalistischen Westen" einen hohen Stand erreichte. Ein vielsagender Beweis für die über alle Not und Gefährdung hinaus gesund gebliebene Substanz des Volkes.

Auch die Kirche wurde zu einem Stabilisierungsfaktor. Dabei fiel schwer ins Gewicht, daß der Kampf gegen Kirche und Religion den angestrebten Erfolg nicht gezeitigt hatte. Trotz aller antikirchlichen Maßnahmen und trotz der Aktivität der „Liga kämpferischer Gottloser" war die Religion die „sichtbarste Alternative zum Kommunismus" (Kolarz) geblieben, der einzige Gegner des bolschewistischen Regimes, der einen Teil seiner institutionellen Formen schließlich doch bewahren konnte.

Nach dem Sturz des Kaisers hatte die russische Kirche das Patriarchat wieder erneuert und 10 Tage vor dem bolschewistischen Umsturz (15. Oktober 1917) auf einer Synode den Metropoliten Tíchon zum Patriarchen gewählt. Dieser bezog nach dem Umsturz eine scharfe Kampfstellung gegenüber der Sowjetregierung und der amtlichen Gottlosenpropaganda, womit er allerdings eine verschärfte Verfolgung der Kirche und der Geistlichen auslöste. Nach seinem Tode (1925) wurde dem von ihm designierten Nachfolger die Ausübung seines Amtes unmöglich gemacht. Um weiteren Verfolgungen auszuweichen, gab zwei Jahre später der Metropolit Sergéj nach, erklärte in einem Hirtenbrief, daß „die Herstellung freundlicher Beziehungen zum Sowjetstaat eine reale Forderung des Lebens" sei und ordnete ein Kirchengebet für Staat und Regierung an. Damit wurde eine neue Phase im Kirchenkampf eingeleitet, in der die Aggressivität des Staates gegen die Kirche nachließ und ein Rest kirchlicher Organisation legal weiter bestehen konnte.

Während des Krieges bemühte sich Stalin mit Erfolg, die Kirche für eine Stärkung der inneren Widerstandskräfte gegen den auswärtigen Feind zu gewinnen. Und die Kirche hat ihrerseits, getreu ihrer patriotischen Tradition, die Waffen der Roten Armee gesegnet. Unter dem Einfluß seiner westlichen Alliierten, zumal Roosevelts, dämmte Stalin die Aktivität des Gottlosenbundes ein. Die üble antireligiöse Hetzzeitschrift „Der Gottlose" (besbóshnik) mußte ihr Erscheinen einstellen. Damals (1943) wurde mit Stalins Einverständnis der Metropolit Sergéj zum Patriarchen gewählt. Selbstverständlich blieb die Kirche nach wie vor unter strenger politischer Überwachung. Es blieb auch die Verfassungsbestimmung bestehen (Art. 124), die der Kirche nur „Kultusfreiheit", allen Sowjetbürgern aber „antireligiöse Propagandafreiheit" zuerkennt.

Noch vor Beendigung des Krieges (im Januar 1945) wurde die Patriarchatskirche als Körperschaft öffentlichen Rechts anerkannt, ihrer, aus geistlichen und Laien bestehende, Landessynode die „oberste Gewalt in Dingen der Glaubenslehre, der Kirchenverwaltung und der kirchlichen Gerichtsbarkeit" übertragen und der Kirche das Recht gewährt, für religiöse Zwecke Sammlungen durchzuführen. Zur Ausbildung des Nachwuchses konnten Priesterseminare und zwei geistliche Akademien (in Moskau und in Leningrad) bestehen bleiben[1]. Die Bestimmungen über den Religionsunterricht und die öffentliche Betätigung der Kirche (Beerdigungen) wurden – in abgesteckten Grenzen – gelockert. Im Jahre 1949 erklärte der Patriarch Alekséj, daß die Exkommunikation von Kommunisten den Grundsätzen des orthodoxen Glaubens nicht entspreche. – Seitens des Großteils der russischen Emigranten wird die erneuerte griechisch-orthodoxe Kirche in der Sowjetunion als unkanonisch erachtet und wegen ihrer Unterwürfigkeit gegenüber dem Bolschewismus nicht anerkannt.

Die erklärte Absicht Stalins und der bolschewistischen Führerschaft war, mit der Veränderung der öffentlichen und privaten

[1] Fünfzig Jahre nach dem bolschewistischen Umsturz zählte die russische Orthodoxe Kirche in der Sowjetunion 80 Bischöfe, rund 30 000 Geistliche, 50 000 Mönche, 3500 Nonnen und rund 20 000 Pfarreien.

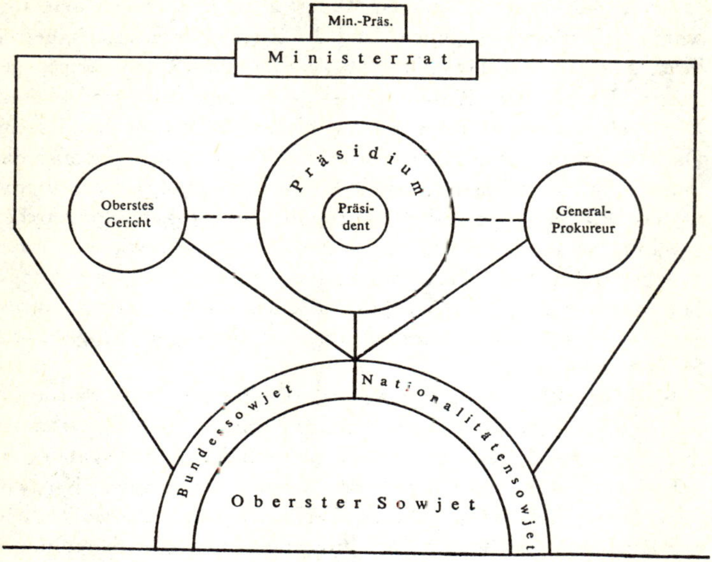

Präsidenten:

Kalínin 1923—46
Schwérnik 1946—53
Woroschílow 1955—60
Bréshnew 1960—64
Mikoján Juli 64 – Dez. 65
Podgórnyj ab Dez. 1965

Regierungschefs:
(ab 1946 Min.-Präs.)

Lenin 1917—24
Rýkow 1924—30
Mólotow 1930—41
Stalin 1941—53
Malenków 1953—55
Bulgánin 1955—58
Chruschtschów 1958—64
Kossýgin ab Okt. 1964

Die Staatsspitze unter Stalin und Chruschtschów

Verhältnisse auch den Menschen selbst zu ändern, allerdings in einem recht anderen Sinne, als der ihm intellektuell so überlegene „Literat" Trózkij es sich gedacht hatte. Stalin meinte das viel nüchterner, praktischer und wohl auch realistischer. Der Sowjetmensch sollte sich grundsätzlich vom ehemaligen „russischen Menschen" und natürlich auch vom zeitgenössischen „kapitalistischen" Menschen unterscheiden. Es ist unbezweifelbar, daß der Bolschewismus sowohl in seiner leninistischen wie in seiner stalinistischen Form viele unrussische Züge hatte. Ebenso unzweifelhaft ist, daß verschiedene, als typisch russisch geltende, im Laufe der Geschichte erstaunlich konstant gebliebene, freundliche und anziehende, aber für einen mechanisierten sozialistischen Bau wenig geeignete Eigenschaften von den Sowjetmachthabern systematisch bekämpft wurden, wie z. B. die Abneigung, sich an selbstgezogene oder von anderen gesetzte Grenzen zu halten oder das zu seelischen Ausschlägen neigende Gefühlsleben oder die großzügige und oft großartige Gleichgültigkeit gegenüber materiellen Werten, die im berühmten „nitschewó" ihr treffendes Kennzeichen findet.

Nach dem Urteil zuverlässiger und guter Beobachter (Mehnert) ist dieser Kampf nicht ohne Ergebnis geblieben. Danach ist der Russe von heute – der Sowjetmensch – nicht mehr der Russe von einst; viele typisch russische Züge seien, zumal in der Oberschicht, in ihr Gegenteil verkehrt: „disziplinierte Stetigkeit des modernen Arbeitslebens" und „ein sehr handfestes Erfolgstreben" seien an die Stelle von unberechenbarer Spontaneität und Irrationalität getreten. Die wenn auch noch nicht vollzogene, sich aber anbahnende Wandlung des Menschenbildes ist jedenfalls ein Ausdruck sowohl des Bolschewisierungs- wie des gleichzeitigen Amerikanisierungsprozesses.

Dem gewandelten Sowjetstaat gab Stalin auch eine neue Fassade mit der heute noch gültigen, allerdings mehrfach ergänzten sog. Stalinverfassung (1936), die eine „Demokratie höheren Typs" darstellen soll. An den faktischen Machtverhältnissen hat diese Verfassung nichts geändert; das von der kommunistischen Partei gelenkte Herrschaftssystem blieb bestehen. Aber der Anstrich war neu. Stalin ging dabei von der Voraussetzung aus, daß es in der Sowjetunion keine Klassen mehr gäbe; infolgedessen ist auch von der klassenkämpferischen Funktion des Staates (Vernichtung der Bourgeoisie) nicht mehr die Rede, auch nicht von einer überstaatlichen Aufgabe der Sowjetunion und desgleichen nicht davon, daß der Staat selbst nur einen Übergangszustand darstelle. Im Gegenteil. Nachdem der staatliche Machtapparat sich nicht nur als unentbehrlich, sondern (gekoppelt mit dem Parteiapparat) als das eigentliche Rückgrat des ganzen Systems erwiesen hat, wird jetzt das Fortbestehen des Staates als selbstverständlich vorausgesetzt. Das bedeutet eine wesentliche Abweichung von der Konzeption Lenins und ist ein deutlicher Niederschlag der inzwischen erfolgten machtpolitischen Stabilisierung.

Praktisch viel weniger wichtig ist die außerhalb der Sowjetunion stark beachtete Preisgabe des undemokratischen Wahlrechtes. Alle Sowjets werden nach der neuen (in diesem Punkte 1945 noch ergänzten) Verfassung in allgemeiner, gleicher, direkter und theoretisch auch geheimer Wahl gewählt. Die entscheidende, antidemokratische Einschränkung besteht aber darin, daß die Nominierung der Kandidaten nur der Partei und ihren Gliederungen vorbehalten ist. Es werden zwar drei Funktionen der Staatsgewalt (die legislative, exekutive und richterliche) theoretisch unterschieden, praktisch aber nicht voneinander getrennt, da alle im Sinne des „Prinzips der Einheit der Macht“ im Obersten Sowjet konzentriert bleiben. Dieser aus zwei Kammern, dem allgemein gewählten Bundes-Sowjet und dem von den einzelnen Gliedstaaten gewählten Nationalitäten-Sowjet, bestehende Oberste Sowjet ist an die Stelle des bisherigen Allunions-Sowjets getreten.

In der Verfassung werden zahlreiche Grundrechte garantiert: das Recht auf Arbeit, Erholung, materielle Versorgung, Bildung. Verfassungsrechtlich werden auch die Freiheit des Wortes, der Presse, der Versammlungen und Straßenumzüge, dagegen nicht die Freizügigkeit, wohl aber die Unantastbarkeit der Person und die Wahrung des Briefgeheimnisses garantiert. Die beabsichtigte propagandistische Wirkung wurde mit diesen Paragraphen erzielt, denn es wurde weitgehend übersehen, daß alle diese Rechte nur „in Übereinstimmung mit den Interessen der Werktätigen zum Zwecke der Festigung des sozialistischen Systems“ ausgeübt werden dürfen, d. h. daß ihre Ausübung unmittelbar von den entsprechenden Staats- bzw. Partei-Instanzen abhängt. Die gleichzeitig mit der Beratung und Verkündung der Stalinverfassung einsetzende Terrorwelle mit ihren Haussuchungen, Verhaftungen, Verbannungen und physischen Liquidierungen hat die propagandistische Wirkung des neuen, den Schutz des Individuums gegenüber der Allmacht des Staates verkündenden Verfassungsrechtes nur sehr bedingt beeinträchtigt.

Hinter der demokratischen Fassade blieb die Totalitärherrschaft des Generalsekretärs der Partei erhalten. In der Verfassung Stalins wird im Unterschied zu der Lenins die kommunistische Partei ausdrücklich erwähnt und ihre Führungsrolle gesetzlich verankert. Sie wird als der „leitende Kern" aller Organisationen der Werktätigen, „der gesellschaftlichen wie der staatlichen", bezeichnet. Alle Staatsorgane sind „durch ein System von Kraftübertragungsmitteln und Kontrollmethoden" (Maurach) praktisch der Partei unterstellt und an ihre verbindlichen Weisungen gebunden. Durch das Parteistatut sind die Parteimitglieder nach wie vor verpflichtet, „alle staatlichen Institutionen zu durchsetzen", sie auf diese Weise der Parteidisziplin einzugliedern und den Willen der Partei über die sog. Transmissionsriemen auf alle Bevölkerungsteile zu übertragen.

So blieb der Einparteistaat in vollem Umfang erhalten. „Es gibt keine wichtigen Fragen, die ohne Anweisungen der Partei entschieden werden können", wurde sowjetamtlich ausdrücklich festgestellt. Damit sind alle Entscheidungen über die gesamte Staatspolitik bei der Partei, genauer beim Politbüro des Zentralkomitees verblieben, „das als der eigentliche Träger der Staatsgewalt anzusehen ist" (Schultz).

Auch der föderalistische Charakter des Staatsaufbaues blieb gewahrt; es gibt nach wie vor Gliedstaaten verschiedenen Ranges: die Bundesrepubliken (seit dem Zweiten Weltkrieg zunächst sechzehn, nach Auflösung der Karelischen Republik fünfzehn an der Zahl)[1], die autonomen Republiken, die autonomen Gebiete

[1] Großrußland (RSFSR), Ukraine, Weißruthenien, Georgien, Armenien. Aserbeidschan, Kasachstan, Kirgisistan, Usbekistan, Turkmenistan, Tadschikistan, Estland, Lettland, Litauen, Moldau.

und schließlich noch nationale Bezirke. Die Autonomie auch der ranghöheren Gliedstaaten blieb aber auf die Sprache, das niedere Schulwesen und auf das Recht beschränkt, ihre Vertreter in den Nationalitätensowjet zu entsenden. Das ihnen nach wie vor theoretisch gewährte Recht zum Austritt aus der Union ist rein deklarativ. Entscheidungen über Krieg und Frieden, Landesverteidigung, Außenhandel, Wirtschaftsplanung, Bank-, Post- und Verkehrswesen sind im Bunde zentralisiert. Aus außenpolitischen Gründen erhielten die Bundesrepubliken später (1944) eigene Volkskommissariate für auswärtige Angelegenheiten und die Ukraine und Weißruthenien Sitz und Stimme in den „Vereinten Nationen". Diese Sonderrechte werden in der politischen Praxis weitgehend durch die Tatsache paralysiert, daß innerhalb der kommunistischen Partei jede föderative Gliederung fehlt.

Die Organisation der Staatsspitze ist insofern unverändert geblieben, als der Oberste Sowjet im Sinne des „Prinzips der Einheit der Macht" nicht nur die gesetzgebende Gewalt ausübt, sondern auch das oberste exekutive Organ, den Rat der Volkskommissare (ab 1949 Ministerrat) wählt und ebenso die höchsten Organe der richterlichen Gewalt: das Oberste Gericht und den Generalprokureur (Generalstaatsanwalt). Außerdem wählt der Oberste Sowjet seinen eigenen Präsidenten (vgl. Schema). Staatsrechtlich gilt das dreiunddreißigköpfige Präsidium (nicht dessen Präsident) als „kollegial organisiertes Staatsoberhaupt". Das führte nach Stalins Tod im Verkehr mit dem Ausland zu protokollarischen Schwierigkeiten. Chruschtschów hat bekanntlich als Ministerpräsident den Anspruch erhoben, im Ausland als Staatspräsident zu gelten, um auf diese Weise im Rang dem Präsidenten Eisenhower bzw. den Monarchen gleichgestellt zu sein und bei seinen Besuchen in den Genuß entsprechender Ehrungen zu gelangen, was ihm von seinen Gastgebern bekanntlich auch freundlichst zugebilligt worden ist.

Die Verzahnung des Staatsapparates mit dem Parteiapparat bei weitestgehender Personalunion in den höheren Gremien ist bestehen geblieben. Nach wie vor deckte sich, und deckt sich bis heute, der Kommandobestand der Partei so gut wie vollständig mit dem im Staate.

Stalins Politik des Sozialismus in einem Lande mußte ihre Entsprechung auch im Außenpolitischen haben. Es lag nahe, daß dabei von den zwei Gleisen der sowjetischen Außenpolitik – der internationalen Klassenpolitik und der nationalen Großmachtpolitik – das zweite Gleis eindeutig bevorzugt wurde. Das bedeutete aber nicht, wie damals und später von kurzsichtigen Beobachtern gelegentlich behauptet wurde, einen Verzicht auf die Kominternpolitik. Stalin hatte am Grabe Lenins seinen berühmten großen Schwur geleistet und dabei u. a. gelobt, „daß wir unser Leben nicht schonen werden, um den Bund der Werktätigen der ganzen Welt, die Kommunistische Internationale, zu festigen und zu erweitern". Er hat sich auch daran gehalten. Auf die Komintern und ihren internationalen Apparat hat er als Werkzeug seiner Politik nie verzichtet; allerdings hat er sie den Interessen der Sowjetunion dienstbar gemacht, auch wenn er sie zur Tarnung formell aufgelöst und durch das Kominform (Kommunistisches Informationsbüro) ersetzt hat (1947). Das war nur eine Änderung der Taktik, d. h. der von der Ideologie unabhängigen Anpassung an die jeweilige Lage, und nicht eine Änderung der Strategie, d. h. der ideologisch bestimmten politischen Planung auf weite Sicht. Dabei konnte Stalin an den außenpolitischen Kurs Lenins in der NEP-Periode unmittelbar anknüpfen. Das strategische Fernziel blieb die Weltrevolution. Allerdings fand jetzt eine Verengung dieses Begriffes im sowjet-moskowitisch-nationalistischen Sinne statt.

Jetzt (1927) erklärte Stalin: „Ein Internationalist ist, wer vorbehaltlos ohne zu schwanken und ohne Bedingungen zu stellen bereit ist, die Sowjetunion zu schützen, weil die Sowjetunion die Basis der revolutionären Bewegung der ganzen Welt ist." Dementsprechend wurden die kommunistischen Parteien in den einzelnen Ländern – als Sektionen der Komintern – vollständig der Zentrale Moskau unterworfen. Die Sowjetunion war nicht mehr die Avantgarde der kommunistischen Bewegung, sondern „der internationale Kommunismus war zur Nachhut Sowjetrußlands geworden" (Lazitsch).

Stalins Methode bestand in einer diplomatisch korrekten Zusammenarbeit mit den anderen Großmächten auf der Basis der Gleichberechtigung. Dieser Weg führte in Fortsetzung des bereits unter Lenin eingeschlagenen Kurses von der Teilnahme an internationalen Konferenzen über die Teilhaberschaft an multilateralen Verträgen (Kelloggpakt 1925) bis zur Mitgliedschaft in internationalen Organisationen (Völkerbund 1934 und schließlich UNO 1945) und zu einem komplizierten Netzwerk bilateraler Nichtangriffs-, Freundschafts- und Bündnisverträge.

Bekanntlich hat Stalin mit dieser Außenpolitik, von der allgemeinen Entwicklung der Weltverhältnisse sehr begünstigt, große Erfolge erzielt und Macht und Gewicht der Sowjetunion ungeheuer erhöht. Dabei verlief die Entwicklung durchaus nicht in gerader Linie. Stalin hat fortgesetzt schwere Rückschläge und außenpolitische Niederlagen hinnehmen müssen. Seinen schließlichen Enderfolg hat er wohl nur dem durch Hitler ausgelösten Zweiten Weltkrieg zu danken.

Der Georgier Dschugaschwíli hat als Machthaber im Kreml besonderes Interesse für die „asiatischen Aufgaben Rußlands" gezeigt und hat sich selbst wiederholt, auch Ausländern gegenüber, als einen Asiaten bezeichnet. Aber gerade in seiner Asienpolitik sollte er einen, wie sich zeigen sollte, sehr folgenschweren außenpolitischen Mißerfolg erleiden.

Im Fernen Osten hat Stalin – auch in diesem Punkt an Lenin anknüpfend – eine theoretisch antikoloniale Politik verfolgt und den antiimperialistischen Befreiungskampf der sog. unterentwickelten Völker unterstützt, in der richtigen Erkenntnis, daß deren Nationalismus leicht zum Schrittmacher des Bolschewismus werden könne.

Das gilt besonders für China. Dort unterstützte Stalin seit der Mitte der zwanziger Jahre die national-revolutionäre Bewegung der Kuomintang unter Führung des in Moskau ausgebildeten Generals Tschiang Kai-schek. Von den chinesischen Kommunisten verlangte Stalin, daß sie sich an dieser Bewegung beteiligen. Er blieb auch dabei, als Anzeichen deutlich wurden, daß Tschiang Kai-schek seinen eigenen Weg zu gehen beabsichtigte. 1927 konnte Tschiang im Entscheidungskampf um die Alleinherrschaft in China die ihm in die Hände gegebenen Kommunisten in einem

„grausigen Blutbad“ (Ruffmann) beseitigen und damit die chinesischen Kommunisten unter ihrem Führer Mao Tse-tung zu einem macht- und einflußlosen Häuflein hinunterdrücken. Auf die zahlreichen sowjetischen „Berater“, die ihm Stalin geschickt hatte, verzichtete Tschiang Kai-schek hinfort.

Diese empfindliche politische Niederlage suchte Stalin darauf mit gewöhnlichen Mitteln der Machtpolitik wettzumachen. Daß es ihm dabei – in Anknüpfung an die kaiserlich-russische Außenpolitik – um die Erhaltung und Sicherung russischen kolonial-imperialistischen Besitzes im Fernen Osten ging, wurde nicht nur den Chinesen deutlich. Dabei stieß Stalin aber auf den Gegendruck einer anderen imperialistischen Macht, nämlich Japans, das sich im Jahre 1932 in Mandschukuo einen Satellitenstaat errichtet hatte und Anspruch auf die ostchinesische Eisenbahn erhob. Auch dabei erlitt Stalin einen Mißerfolg: die Bahn wurde 1935 an die Japaner verkauft.

Günstiger als im Fernen Osten gestalteten sich für Stalin die außenpolitischen Verhältnisse in Europa. Hier war die sowjetische Außenpolitik bemüht, einerseits eine Frontbildung der anderen Mächte ihr gegenüber zu verhindern und anderseits machtpolitische Gegensätze innerhalb der „kapitalistischen Welt“ zu begünstigen. Insofern sah Stalin im Emporkommen Hitlers trotz dessen Kommunistenfeindlichkeit eine zweifache Chance: Er hoffte – zu Unrecht –, daß Hitler innenpolitisch über einen Bürgerkrieg den Weg zum Sieg des Kommunismus in Deutschland bereiten, und er hoffte – zu Recht –, daß Hitler außenpolitisch in einen Krieg der kapitalistischen Mächte gegeneinander hineintreiben werde. Infolgedessen hat Stalin sich anfänglich dem Nationalsozialismus und auch dem Faschismus gegenüber erstaunlich tolerant verhalten. Er hat 1933 zu den Vorgängen in Deutschland geschwiegen, den auf dem Rapallo-Vertrag fußenden Neutralitätsvertrag mit Deutschland (Berliner Vertrag 1926) verlängert und gleichzeitig betont freundschaftliche Beziehungen zu Italien unterhalten. Erst als er merkte, daß seine Hoffnungen sich nicht erfüllten, die nationalsozialistische Diktatur sich in Deutschland unter anderem auf Kosten der Kommunisten stabilisierte, die Westmächte außenpolitisch Hitler alles nachsahen und schließlich auch Polen sich mit ihm verständigte, erfolgte der radikale Umschwung (1934). Bestärkt durch die endlich erfolgte Anerkennung der Sowjetunion durch die USA (1933), suchte Stalin seine Beziehungen zu den Westmächten zu festigen. Er änderte seine Taktik, und aus dem schärfsten Gegner des Völkerbundes wurde die Sowjetunion zu dessen aktivem Miglied und zu einem leidenschaftlichen Verfechter der sog. kollektiven Sicherheit, zu deren lautestem Fürsprecher der Sowjet-Außenkommissar Litwínow wurde. Gleichzeitig schaltete Stalin auch die Kominternpolitik um und ließ die Kommunisten in Zusammenarbeit mit den Sozialisten unter dem Schlagwort „Volksfront" gelegentlich auch in Koalition mit bürgerlichen Parteien eine scharfe Frontstellung gegenüber dem internationalen Faschismus beziehen. Die Verteidigung der „Demokratie" wurde jetzt zur wichtigsten Aufgabe der Arbeiterklasse erklärt.

Doch auch diese Politik führte zu einer Enttäuschung. Das durch die Säuberungen in der Sowjetunion und durch das Verhalten der Sowjets im spanischen Bürgerkrieg wachgehaltene und gesteigerte Mißtrauen der Westmächte gegenüber Moskau war so groß, daß Stalin sich nach wie vor isoliert und zu seiner Erbitterung im Herbst 1938 bei der Großmachtentscheidung in München ausgeschaltet sah. Aus der Furcht, allein zu bleiben und im Falle eines Angriffs des Dritten Reiches auf die Sowjetunion bei den Westmächten keine Hilfe zu finden, entsprang die Bereitschaft Stalins, mit Hitler selbst zu paktieren.

Nach unserer heutigen Kenntnis hat Stalin seit der Mitte der zwanziger Jahre mit kriegerischen Verwicklungen in Europa gerechnet. Er war entschlossen, sich aus dem kommenden Krieg so lange als möglich herauszuhalten und erst nach der gegenseitigen Schwächung der Kriegsteilnehmer als ausschlaggebender Faktor zum Schluß einzugreifen, wie er das später im Falle Polen und im Falle Japan auch getan hat. Es ist eine diesbezügliche Äußerung Stalins aus dem Jahre 1925 überliefert. „Wenn ein Krieg kommt" – sagte er – „werden wir nicht mit gefalteten Händen sitzen und zuschauen. Wir werden Stellung zu beziehen haben, aber wir werden die letzten sein, die Stellung beziehen. Und wenn wir in Erscheinung treten, so werden wir das tun, um das entscheidende Gewicht in die Waagschale zu werfen."

Durch die Zuspitzung der internationalen Lage im Jahre 1939 sah sich Stalin in der außerordentlich günstigen Lage, als plötzlich umworbener Vertragspartner nach beiden Seiten hin – offen mit den Westmächten und geheim mit Deutschland – Bündnisverhandlungen zu führen. Dabei konnte er seine Forderungen entsprechend in die Höhe schrauben und die Zustimmung Hitlers zur kampf- und risikolosen Ausdehnung seiner Machtsphäre über die baltischen Länder, Ostpolen und Bessarabien erreichen. (Deutsch-sowjetischer Vertrag, 23. August 1939.) An der Entfesselung des Zweiten Weltkrieges hat Stalin insofern seinen Anteil gehabt, als er Hitler dazu „grünes Licht gab" (Freund), in der für ihn höchst verlockenden Aussicht, die kapitalistischen Mächte sich gegenseitig zerfleischen zu sehen, sich selbst aus dem Kriege herauszuhalten und dabei, sowohl indirekt (durch die Erhaltung bzw. Steigerung des eigenen Machtpotentials) wie direkt (durch Territorialgewinn) zu profitieren.

Nach dem heutigen Forschungsstand unterliegt es keinem Zweifel, daß Stalin durch den Überfall Hitlers auf die Sowjetunion (22. Juni 1941) gegen seinen Willen, entgegen seinem eifrigen Bemühen um eine „Befriedung Hitlers" (Hilger) und militärisch schlecht vorbereitet, in den Krieg hineingezogen wurde. Seitdem war der Anteil der Sowjetunion an den Weltereignissen so groß, daß er nur im Rahmen einer Gesamtdarstellung der Kriegs- und Nachkriegszeit behandelt werden kann. Dazu ist hier nicht der Ort. Ganz allgemein sei nur folgendes gesagt.

Trotz der schweren militärischen Niederlagen bis zur Jahreswende 1942/43 und trotz der höchst kritischen Lage, in die die Sowjetunion während des Krieges geraten war, hat der Krieg von seinem Beginn an die Weltstellung und schließlich auch die Machtstellung der Sowjetunion entscheidend verbessert. Zunächst hatte Hitler den Sowjets territorial den Weg nach Europa geöffnet, den Stalin auf den Spuren Peters des Großen (im Baltikum), Katharinas (in Polen) und Alexanders I. (in Bessarabien) unter ausdrücklicher Bezugnahme auf seine kaiserlichen Vorgänger mit Freuden beschritt. Gleichzeitig hat Hitler auch die allgemeine Stellung der Sowjetunion im Spiel der Mächte gefestigt. Im Jahre 1939 wäre eine Ausschaltung Moskaus bei der Regelung einer entscheidenden internationalen Frage, wie ein Jahr vorher in München, nicht mehr möglich gewesen. Es ist sehr bezeichnend, daß unmittelbar vor dem Angriff des Dritten Reiches auf Polen, als Mussolini den Vorschlag eines neuen „München" machte, Hitler eindeutig zu verstehen gab, daß er in dem Fall auf einer Beteiligung seines damaligen sowjetischen Bündnispartners bestehen werde.

Später hat Stalin es sehr geschickt verstanden, die durch Hitlers Krieg erzwungene Partnerschaft mit den von ihm eben noch schnöde behandelten Westmächten im eigenen Interesse zu nutzen. Obgleich Stalin natürlich besser als jeder andere wußte, in wie hohem Grade er auf die faktische Hilfe seiner Westalliierten angewiesen war, um überhaupt durchhalten zu können, blieb er ihnen gegenüber ungeheuer hart, immer in der Rolle des Verlangenden und nicht des Bittenden, wie aus den hochinteressanten Verhandlungen und aus seiner persönlichen Korrespondenz mit Churchill und Roosevelt hervorgeht. Er schätzte das Interesse der Alliierten an ihm, ihre Furcht vor seinem Ausscheren aus der gemeinsamen Front und ihre Bereitschaft, einen sehr hohen Preis dafür zu zahlen, um ihn an der Stange zu halten, durchaus richtig ein. Wie groß das Risiko war, das Stalin dabei einging, d. h. wie weit er im Notfall auf eine alliierte Unterstützung hätte verzichten können, ist schwer zu sagen. Nach glaubwürdigen sowjetischen Daten hat, trotz der schweren Niederlagen und der riesigen Einbußen an wirtschaftlich äußerst wichtigen Territorien, das Wirtschaftspotential der Sowjetunion während des Krieges nicht ab-, sondern beträchtlich zugenommen.[1]

Die Teilhaberschaft im „Club der vier Großen" (Churchill) war der Sowjetunion durch die Charta der Vereinten Nationen (Januar 1942) von vornherein gesichert. Aus diesem Kriegsbündnis sollte die künftige Friedensorganisation hervorgehen, und in dieser

[1] Die Evakuierung von industriellen Unternehmungen (im ganzen 1523, davon 1360 Großanlagen der Kriegsindustrie) aus den bedrohten und später auch von den Deutschen besetzten Gebieten bis nach Sibirien und Zentralasien hinein war im erstaunlichen Umfang gelungen. Die Industrieproduktion ist nach sowjetischen Angaben (auch infolge der Erschließung neuer Rohstoffvorkommen) von 1941 bis 1945 im Ural um das

Weltorganisation, die künftig über das Schicksal des Erdballes entscheiden sollte und die im Herbst 1945 als UNO begründet wurde, war der Sowjetunion die Rolle eines der vier „Weltpolizisten“ zugedacht, ohne dessen Beteiligung und gegen dessen Willen eine Entscheidung von Weltbedeutung nicht gefaßt werden konnte (Vetorecht im Sicherheitsrat).

In den Konferenzen von Teheran (November/Dezember 1943), Jalta (Februar 1945) und Potsdam (Juli/August 1945) gelang es Stalin bekanntlich, das Einverständnis der Westmächte zu einem weiteren Einmarsch nach Europa als Besatzungsmacht bis an die Elbe und gleichzeitig zur Austreibung von Millionen ihm nicht genehmer Menschen aus dem besetzten Gebiet zu erwirken. Damit hatte Stalin territorial etwa das gewonnen, was Katharina seinerzeit gewollt hatte, ohne es zu erlangen. Aber wie Katharina hatte auch Stalin sein letztes Ziel nicht erreicht. Im Unterschied zu einer verbreiteten Auffassung haben die Westmächte in Jalta und Potsdam Stalin nicht alles gewährt, was er wünschte, sondern ihm durch die Teilung Deutschlands und Europas einen Riegel vorgeschoben. Stalin hatte eine Hegemonie über ganz Europa angestrebt, d. h. die Bolschewisierung des ganzen Kontinents. Jetzt stellte er sich darauf um, sich die in seiner faktischen Macht befindlichen Gebiete zu sichern und sie unter Bruch der den Westmächten gegenüber übernommenen Verpflichtungen politisch gleichzuschalten, sie in der Form von Satelliten in seiner Hand zu behalten und sie schließlich mit der Sowjetunion zusammen durch ein Netz zweiseitiger Verträge in den sog. Ostblock einzubeziehen.

Diesem bolschewistischen Gleichschaltungsprozeß unterlagen nacheinander Jugoslawien (November 1945), Albanien (Januar 1946), Bulgarien (September 1946), Polen (Juni 1947), Rumänien (Dezember 1947), Ungarn (Januar 1948), Tschechoslowakei (Fe-

3,6fache, in Sibirien um das 2,8fache und im Wolgagebiet um das 3,4fache erhöht worden.

Die alliierten Materiallieferungen erlangten eine Höhe von fast 17,5 Millionen Schiffstonnen, darunter 2,5 Millionen t Erdöl und Benzin, 14 800 Flugzeuge, 427 000 Lastkraftwagen, 50 000 Jeeps, 13 Millionen Armeestiefel, 420 000 t Aluminium, 2,12 Millionen t Stahl für Eisenbahnschienen.

bruar 1948) und schließlich in Etappen seit 1947 die sowjetisch besetzte Zone Deutschlands (seit 1949 Deutsche Demokratische Republik). Nur Jugoslawien hat sich unter seinem kommunistischen Staatspräsidenten Tito später (1948) aus dieser Klammer sowohl ideologisch auf Parteiebene wie praktisch auf Vertragsebene (Austritt aus dem Ostpaktsystem 1949) wieder gelöst.

Damit hatte Stalin seinen unmittelbaren Machtbereich so tief nach Europa hineingetragen wie vor ihm kein Herrscher Rußlands. Der sehr bald darauf erfolgte Bruch mit den Westmächten (1947), der in den sog. Kalten Krieg einmündete und eine formelle Beendigung des Weltkrieges durch einen Friedensschluß verhinderte, ließ deutlich erkennen, daß das Vordringen des sowjetischen Rußland nach Europa von jenem des kaiserlichen Rußland während der Petersburger Periode vollständig verschieden war. Im Unterschied zum kaiserlichen Rußland erschien die Sowjetunion als eine europafremde und europafeindliche Macht, die ihre eigene als sozialistisch bezeichnete Welt gegenüber der westlichen als kapitalistisch bezeichneten grundsätzlich und scharf abgrenzte und zwischen beiden einen Eisernen Vorhang niedergehen ließ.

Eine unerwartete Wende zugunsten der Sowjetunion und des Weltkommunismus trat am Ende des Krieges im Fernen Osten ein. Das Fiasko der Stalinschen Fernostpolitik schien mit einem Schlage durch neue Erfolge wettgemacht. Die Wende begann mit der Kapitulation der Japaner nach der nur drei Tage (8. bis 10. August 1945) währenden Beteiligung der Sowjetunion am Krieg gegen Japan. Zunächst hat Stalin die Kapitulation der Japaner (die nicht von ihm, sondern von den Amerikanern besiegt worden waren) in einer vielbeachteten Rede ausdrücklich als Vergeltung für die vierzig Jahre vorher (1905) dem kaiserlichen Rußland zugefügte Niederlage bezeichnet und als die „Auslöschung eines schwarzen Fleckes“ gefeiert. Er übersah dabei geflissentlich, daß die russischen Revolutionäre – und natürlich auch er persönlich – damals diesen dunklen Fleck als willkommene Niederlage der Autokratie laut begrüßt hatten. So sehr spielte sich der Rote Diktator im Kreml jetzt in die Rolle eines legitimen Erben der gekrönten Autokraten auf dem Kaiserthron hinein.

Nach der Kapitulation der Japaner fand in China folgendes

statt: Die großen japanischen Waffen- und Kriegsbestände auf dem Festlande wurden – da sonst niemand zugegen war, um sie zu übernehmen – den chinesischen Kommunisten (Mao Tse-tung) bzw. den Sowjets übergeben, die sie ihrerseits den chinesischen roten Generälen in die Hände spielten. Das war die militärische Voraussetzung für eine vollständige Umstülpung der Machtverhältnisse in China. Mit den japanischen Waffen hat Mao seinen Sieg über Tschiang Kai-schek errungen, anschließend bekanntlich seine Volksrepublik China errichtet (1949) und mit der Sowjetunion zunächst einen Freundschafts- und Bündnispakt geschlossen.

Es hat damals so ausgesehen, als sei mit diesem Bündnis ein Block entstanden, der, das Riesenreich Dschingis-Chans noch übertreffend, die größte Machtzusammenballung der Weltgeschichte von mehr als 800 Millionen Menschen unter einheitlicher kommunistischer Herrschaft darstellte. Die weitere Entwicklung sollte – allerdings erst nach Stalins Tod – lehren, daß der Schein trog und daß gerade in diesem Bündnis der Keim zu einer Spaltung des Weltkommunismus und damit zu einer Gefährdung der Weltstellung der Sowjetunion lag. Damals allerdings konnte von der gewonnenen Basis aus der sowjetische Machtbereich auf dem Wege der Bildung von Volksfrontregierungen auch über Nordkorea, Nordvietnam und schließlich auch über Tibet erweitert werden. Schon früher hatte die Sowjetunion in der Mongolischen Volksrepublik auch in Asien einen Satelliten gewonnen.

Bereits während des Krieges (Mai 1941) hatte Stalin, jedenfalls im Zuge seiner Bemühungen darum, einen kriegerischen Zusammenstoß mit Hitler zu vermeiden, den Vorsitz im Rat der Volkskommissare, d. h. in der Regierung der Sowjetunion übernommen. Faktisch hatte das wenig geändert, da er die diktatorische Gewalt als der Führer (Woshdj) ohnehin ausübte. Den nach dem Überfall Hitlers auch ihm suspekt gewordenen Ehrentitel Woshdj ließ er schnell fallen, aber das Staatsamt behielt er bis zu seinem Tode bei. Während des Krieges legte er sich zusätzlich noch Amt, Rang und Titel eines Generalissimus zu. Der Ausgang des Krieges war, nur sehr bedingt auf Grund seiner Verdienste, für ihn ein persönlicher Triumph ohnegleichen und hat die furchtbaren Opfer, die er seinem Volke und Lande auch unabhängig vom Krieg selbst abverlangte, jedenfalls bis zu einem gewissen Grade als gerechtfertigt erscheinen lassen.

Während des Krieges, beim Einmarsch der deutschen Truppen in die Sowjetunion, war es deutlich geworden, wie wenig fest der Bolschewismus im Volke verankert war und eine wie tiefe innere Abwehr gegen das Herrschaftssystem Stalins in weiten Kreisen der Bevölkerung herrschte. Die zahlreichen Überläufer und die Bereitschaft Hunderttausender, auch vieler hoher Sowjetfunktionäre und Militärs, unter Führung des sowjetischen Generals Wlássow, sich an der Seite der Deutschen aktiv am Kampf gegen Stalin und sein System zu beteiligen, war ein weiterer Beweis dafür. Die menschlich verwerfliche, psychologisch instinktlose und politisch törichte Okkupationspolitik Hitlers und seiner Kommissare, die in den eroberten Ländern der Sowjetunion nur von Untermenschen bewohnte Ausbeutungsgebiete sahen, hat allerdings schon während des Weltkrieges sich zugunsten der Sowjets ausgewirkt und hat einen von Stalin systematisch geförderten Sowjetpatriotismus mit stark nationalrussischen Akzenten aufkommen lassen.

Nach dem Sieg hat Stalin sich in mißtrauischer Skepsis von dieser Hochstimmung nicht tragen lassen. Entgegen den Erwartungen seiner Untertanen ließ der Stählerne die Zügel nicht lockerer, sondern setzte seine „zweite Revolution“ mit gesteigerten Anforderungen weiter fort. Das bezog sich sogar auf die Säuberungsaktionen, die jetzt in größter Breitenwirkung den Charakter eines Vergeltungsfeldzuges gegenüber allen annahmen, die sich während des Krieges nicht so verhalten hatten, wie der Herr im Kreml es wünschte. Kollaborateure, Ostarbeiter, Hilfswillige aus der Zeit des Krieges wurden zu Hunderttausenden Opfer dieses Strafgerichts. Ganze Völkerschaften, denen Stalin mißtraute, wie die Wolgadeutschen (etwa 560 000 Personen), die Krimtataren (etwa 225 000) und verschiedene Kaukasusvölker wurden ihrer nationalen Autonomie beraubt, amtlich als Völker „ausgelöscht“, aus ihrer Heimat en bloc deportiert und in anderen Gegenden, meist in Sibirien, neu angesiedelt. Gleichzeitig mit dem Wiederaufbau der schwer mitgenommenen, z. T. ganz verwüsteten Kriegsgebiete durch Millionen Kriegsgefangene und mit Hilfe in

Deutschland, z. T. auch in Polen demontierter und in die Sowjetunion verbrachter Fabriken setzte Stalin mit der nunmehr öffentlich verkündeten Zielsetzung, den Westen einzuholen und zu überholen, die forcierte Industrialisierung im Rahmen zweier weiterer Fünfjahrespläne fort. Der durch den Krieg verursachte Rückschlag wurde erstaunlich schnell wieder wettgemacht.

Die Gesamtproduktion wurde in den fünf Jahren von 1948 bis 1952 mehr als verdoppelt. Dagegen blieb der Lebensstandard der Masse der Bevölkerung bei geradezu katastrophalen Wohnungsverhältnissen nach wie vor äußerst niedrig. Nach beendetem Kriege hat Stalin noch fast acht Jahre regiert. In dieser Zeit gewann die Sowjetunion im weltpolitischen Spiel der Kräfte ein Gewicht, wie es Rußland zuvor nie gehabt hat. Doch Stalin begnügte sich damit nicht, sondern steigerte, offenbar in Besorgnis über den amerikanischen Vorsprung in der Atomwaffentechnik, auch das reale militärische Machtpotential seines Reiches weiter. Im Unterschied zu den westlichen Siegermächten hat der rote Diktator seine Truppen ohne Rücksicht auf den naheliegenden und berechtigten Wunsch der Soldaten, nach dem Kriege möglichst schnell nach Hause zu kommen, nicht demobilisiert und die Rüstung weiter erhöht. Es gelang ihm auch, den Westen in der Herstellung von Atombomben einzuholen. Die erste sowjetische Atombombe explodierte im Sommer 1949. Aufs Ganze gesehen ergab sich im Rüstungsstand bald ein solches Übergewicht der Sowjetunion gegenüber den abgerüsteten anderen Staaten, daß diese sich veranlaßt sahen, Stalin auf seinem Wege zu folgen.

Die ihm zugedachte Rolle eines Weltpolizisten zu spielen, hat Stalin sich nach dem Kriege sehr angelegen sein lassen, allerdings in einem anderen Sinne, als seine Alliierten es sich gedacht hatten. Die große Wende in der Weltentwicklung nach dem Kriege, die Aufspaltung in zwei riesige, von den USA und von der Sowjetunion geführte Machtblöcke, erfolgte noch zu Lebzeiten Stalins.

Wie sein damaliger Gefolgsmann und späterer Nachfolger Chruschtschow in seiner berühmten, auch im Wortlaut schnell bekanntgewordenen Geheimrede auf dem 20. Parteitag (1956) mehrfach versicherte, war Stalin in seinen letzten Lebensjahren vom Größenwahn befallen. Vereinsamt auf öde gewordener blutiger Höhe, mißtrauisch allen gegenüber und in seinem unsinnigen Wüten gegen vermeintliche Verräter, erinnerte er an den von ihm so hoch gewerteten Grósnyj in dessen düstersten Jahren. Viele Tausende meist hochgestellte, vom Herrn im Kreml umgebrachte Staats- und Parteifunktionäre sind nach seinem Tode als unschuldig rehabilitiert worden. Im März 1953 ist Stalin einem Gehirnschlag erlegen.[1]

[1] Bekanntlich hat sich die Beurteilung Stalins in der Sowjetunion in der Folgezeit stark gewandelt und kann sich weiter wandeln. Wie er 22 Jahre nach seinem Tode amtlich beurteilt wurde, ist aus der bislang letzten Ausgabe der ›Großen Sowjetischen Enzyklopädie‹ (1975, Band 24 I, S. 401) zu ersehen. Es heißt dort: Wenn Stalin in den ersten Jahren nach Lenins Tod den kritischen Bemerkungen an seine Adresse noch Rechnung trug, so fing er später an, von den Leninschen Prinzipien der kollektiven Führung und der Normen des Parteilebens abzuweichen und die eigenen Verdienste an den Erfolgen der Partei und des Volkes überzubewerten. Allmählich bildete sich der Personenkult Stalins heraus, der schwere Verletzungen (naruschenija) der sozialistischen Gesetzlichkeit (sakonnosti) nach sich zog und der der Parteitätigkeit und der Sache des kommunistischen Aufbaues einen ernsten Schaden (serjosnyj wred) zufügte.

3. DIE ÄRA CHRUSCHTSCHÓW

Entstalinisierung

Nach dem Tode Stalins wurde sofort klar, daß das Jahr 1953 ein tiefer Einschnitt in der Geschichte der Sowjetunion und die an den Namen des Georgiers geknüpfte Ära zu Ende gegangen war. Im Kreml setzte zunächst der erwartete Machtkampf der Epigonen ein, die ausnahmslos – denn sonst hätten sie nicht überlebt – in der Gunst und im Schutze Stalins groß geworden waren und ihre Karriere als Partei- und Staatsfunktionäre erfolgreich absolviert hatten. Um wen es sich dabei in erster Linie handelte, wurde erkennbar, als acht treue Gefolgsleute des Verstorbenen den Sarg Stalins auf ihren Schultern zu Grabe trugen, und zwar Bérija, Bulgánin, Chruschtschów, Kaganówitsch, Malenków, Mikoján, Mólotow und Woroschílow.

Der Kampf um die Nachfolge war durch das offenbare Bestreben der Beteiligten gekennzeichnet, zu verhindern, daß der bisherige Zustand fortbestehe, d. h. daß die gesamte Machtfülle in den Händen eines Mannes konzentriert bliebe. Alle Kandidaten auf eine Nachfolge – vielleicht mit Ausnahme von Bérija – ließen erkennen, daß sie keinen anderen in der Machtposition Stalins sehen wollten und daß sie auch selbst keinen Anspruch auf eine solche Machtfülle erhoben. Infolgedessen wurde das durch Stalins Tod entstandene Vakuum zunächst durch ein sog. Führerkollektiv aufgefüllt. Alle Teilnehmer an diesem Kollektiv zeigten sich bereit, die eisige Kälte des politischen Klimas unter Stalin durch eine Erwärmung zu mildern, mithin einen Zustand zu begünstigen, der nach dem Titel eines Romans des politisch sehr instinktsicheren Schriftstellers Iljá Ehrenburg bald allgemein als „Tauwetter" bezeichnet wurde.[1]

[1] Die russische Vokabel für Tauwetter (óttjepelj) enthält im Unterschied zur deutschen Übersetzung das Wort warm, so daß die Erwärmung, die das Eis zum Schmelzen bringt, im Russischen stärker zum Ausdruck kommt.

Das politische Tauwetter fand seinen Ausdruck in zahlreichen Einzelmaßnahmen auf allen Gebieten des staatlichen Lebens und in der veränderten Methode der Herrschaftsführung, in einem neuen Herrschaftsstil und schließlich in einer theoretisch gerechtfertigten und praktisch durchgeführten Entstalinisierung. Auf dem 20. Parteitag der kommunistischen Partei am 24. Februar 1956 übte der Generalsekretär der Partei (damals als Erster Sekretär bezeichnete) Chruschtschów in seiner schnell bekannt und berühmt gewordenen – bis heute in der Sowjetunion nicht veröffentlichten – Geheimrede äußerst scharfe Kritik an Stalin persönlich und an seinen Herrschaftsmethoden. Er klagte den toten Diktator zahlloser Verbrechen an und verurteilte dessen Mißbrauch der Macht. Diese förmliche Ächtung Stalins fand unmittelbar darauf ihren augenfälligen Niederschlag in einer – natürlich von oben gelenkten – Vernichtung von Standbildern Stalins, Verbrennung seiner Schriften und Tilgung seines Namens aus Orts- und Straßenbezeichnungen. Einige Monate darauf faßte das ZK der Partei einen in die gleiche Richtung weisenden Beschluß über „die Überwindung des Personenkultes und seiner Folgen". Bezeichnenderweise war aber der Tauwetterroman Ehrenburgs bereits ein Jahr früher erschienen. Das Eis hatte schon vorher zu schmelzen begonnen, und die förmliche Entstalinisierung war nicht der Anfang, sondern der Höhepunkt der Tauwetterperiode.

Schon der Machtkampf innerhalb des Führerkollektivs spielte sich in einem anderen Klima und auch mit anderen persönlichen Folgen für die Beteiligten ab als zu Stalins Zeit. Mit der einzigen Ausnahme Bérijas, der verhaftet, zum Tode verurteilt und hingerichtet wurde, sind die im Machtkampf Unterlegenen nicht physisch liquidiert, sondern so oder anders in die Wüste geschickt und somit nur politisch hingerichtet worden.

Im einzelnen interessiert der Machtkampf hier nicht. Innerhalb des Führerkollektivs spielten sich dabei verschiedene ehemalige treue Gefolgsleute Stalins im bunten Wechsel in den Vordergrund. Zunächst hatte es den Anschein, als würde eine neue Trójka – Malenków, Mólotow und Bérija – eine Dreiherrschaft errichten. Sehr bald wurde aber dieses Triumvirat von einem Duumvirat zweier anderer abgelöst – Bulgánin als Ministerpräsident und

Chruschtschów als Erster Sekretär der Partei –, und schließlich mündete die Entwicklung folgerichtig und der bolschewistischen Herrschaftstradition entsprechend in eine Monokratie Chruschtschóws ein. Ihm gelang es, alle Gegner, zu denen mehr am Rande auch Marschall Shúkow, Schepílow und andere gehörten, als angebliche „Anti-Partei-Gruppe" auszuschalten und seit dem März 1958, wie seinerzeit Stalin, als Parteisekretär und gleichzeitig Ministerpräsident – nach außen hin auch als Staatspräsident – die gesamte Macht in seinen Händen zu vereinen. Immerhin hat es fünf Jahre gedauert, bis Chruschtschów soweit war. Nachdem zwei Jahre später auch der alte, persönlich blasse und politisch gewichtlose Woroschílow das Amt eines formellen Staatsoberhauptes hatte niederlegen müssen, war von den (außer Chruschtschów) sieben Sargträgern Stalins nur ein einziger, der gewandte und wendige Armenier Mikoján, nicht in der Versenkung verschwunden. 1964 wurde er auf dem ehrenvollen Posten eines Staatspräsidenten politisch kühlgestellt.

Es erhebt sich die Frage, wieweit hinter den Machtkämpfen auch tiefer liegende grundsätzliche Gegensätze gestanden haben und wieweit bei diesem Epigonenstreit tatsächlich die Entscheidung darüber gefallen ist, ob „für die künftige Entwicklung des Sowjetimperiums letzten Endes der Weg der Revolution, der Restauration oder der Reform bestimmend sein würde" (Meißner). Wahrscheinlicher ist es, daß es sich dabei um einen rein persönlichen Machtkampf gehandelt hat. Reformistische Absichten bekundeten alle, sogar Bérija, und viele spielten zum Teil gleiche Argumente gegeneinander aus. So hat Chruschtschów gegen die Absicht Malenkóws protestiert, die Konsumgüterindustrie stärker zu fördern, hat später aber selbst weitgehend das durchgeführt, was der von ihm gestürzte Malenków anstrebte. Sehr ähnlich hatte sich seinerzeit Stalin bei der Ausbootung Trózkijs verhalten.

Nikíta Sergéjewitsch Chruschtschów (geb. 1894) ist im Unterschied zu seinen Vorgängern tatsächlich sowohl Bauer wie Arbeiter gewesen. Sohn eines Kleinbauern – sein Großvater war noch leibeigen –, wuchs er in sehr ärmlichen Verhältnissen im Dorfe Kalínowka im ukrainisch-russischen Grenzgebiet auf. Von seinem neunten Lebensjahr an mußte er Geld verdienen, zuerst als Hütejunge beim deutschen Gutsbesitzer Schaufuß und später, als er fünfzehn Jahre alt geworden war, als Arbeiter im Donezker Bergwerks-Reparaturbetrieb des deutschen Unternehmers Bosse. Nachher arbeitete er als Schlosser desgleichen im Donezgebiet und erlebte als solcher – dreiundzwanzigjährig – die Revolution. Schon früh betätigte er sich revolutionär; wegen verbotener Geldsammlung für streikende Arbeiter wurde er aus den Bosse-Werken entlassen (1912). Im Bürgerkrieg kämpfte er in der Roten Armee und rückte schnell zum Kommissar auf. Seine äußerst dürftige Bildung konnte der aufgeweckte, intelligente und strebsame Jüngling erst nach der Revolution in einem Lehrgang für Politarbeiter der Roten Armee und anschließend in einem Technikum vervollständigen. Seine politische Karriere machte er in den dreißiger Jahren als treuer Gefolgsmann Stalins in verschiedenen Organisationen der Partei, teils in der Ukraine, teils in Moskau. „Als hervorragender Vertreter der von Stalin erzogenen Nach-Oktober-Generation der Parteiarbeiter“ wurde er mit dem Leninorden dekoriert (1935) und wurde schließlich (1939) Vollmitglied des obersten Führerkollektivs, des Politbüros. Seither gehörte er zu den Spitzenfunktionären der Partei.

Bei seiner Herrschaftsausübung hat sich Chruschtschów nach seiner so entschiedenen Abkehr von Stalin sehr betont auf Lenin berufen und sich, wie man gemeint hat, bemüht, eine „leninistische Renaissance“ herbeizuführen. Gelungen ist ihm das nur sehr bedingt. Chruschtschów hat – durchaus im Sinne Lenins – das Machtmonopol der Partei im Staate wiederhergestellt, während Stalin sie der Kontrolle der Geheimpolizei unterstellt hatte. Gleichwohl erwies es sich als unmöglich, auf dem Wege „zurück zu Lenin“ an Stalin vorbeizugehen. Auch eine bewußte Anknüpfung an Lenin konnte nach Lage der Dinge nur über Stalin erfolgen. Das in der russischen Geschichte erkennbare Trägheitsmoment und Beharrungsvermögen machte sich auch hier geltend. Stalin und der Stalinismus ließen sich vom ehemaligen Stalinisten Chruschtschów nicht einfach auslöschen, wie seinerzeit der ehemalige Oprítschnik Borís Godunów die Herrschaftstraditionen Grósnyjs auch nicht ausgelöscht hat, wenn auch Form und Stil der Herrschaft sich in beiden Fällen wandelten.

Chruschtschów's Politik der Entstalinisierung erwies sich als unsicher, unstet, wankelmütig, ja widerspruchsvoll. Beobachter haben wiederholt gemeint, auch bei ihm neue Ansätze zu einer Restalinisierung zu finden. Das politische Tauwetter wurde wiederholt von neuen Frostperioden unterbrochen, so daß man schließlich in der Herrschaftszeit Chruschtschóws mehrere Tauwetterperioden unterschieden hat.

Das ihm zum Vorwurf gemachte Hin und Her lag jedenfalls nicht nur an seiner Persönlichkeit, sondern auch in der Natur der Sache. Vergleichbares hat es im Verlauf der Geschichte in Rußland wiederholt gegeben. In einem traditionell autokratischen Herrschaftssystem ist es gefährlicher als in einem traditionell demokratischen, die Zügel lockerer zu lassen; sie können leicht den Händen ganz entgleiten. Diese Erfahrung hatte bereits hundert Jahre vorher Alexander II. gemacht, als er es für geraten hielt, seine „Tauwetterperiode“ zu begrenzen. Auch der Entstalinisierung Chruschtschóws waren nicht überschreitbare und auch nicht überschrittene Grenzen gesetzt.

Sehr bald nach seiner Geheimrede, noch im gleichen Jahr 1956, hat Chruschtschów mit der bezeichnenden Begründung, daß das Volk die Aktion gegen Stalin nicht verstanden hätte, seine dem toten Meister nachgeschickten Pfeile wieder entgiftet, Stalin zunächst rehabilitiert und sich bald (1957) ausdrücklich zu ihm bekannt: „Wir waren aufrichtig in unserer Achtung vor Stalin, als wir an seinem Grabe weinten. Wir sind auch heute in der Einschätzung seiner positiven Rolle in der Geschichte unserer Partei und des Sowjetstaates aufrichtig.“ Wider Erwarten war der Leichnam Stalins zunächst an der Seite Lenins im Mausoleum geblieben. Dann aber setzte eine zweite Phase der Entstalinisierung ein (mit dem 22. Parteikongreß 1961), und der Leichnam Stalins wurde aus dem Mausoleum entfernt und unter einer schlichten Gedenktafel in einer Reihe mit anderen prominenten Kommunisten des In- und Auslandes an der Kremlmauer beigesetzt.

Wichtiger als die theoretischen Betrachtungen über Stalin und die Behandlung seines Leichnams waren natürlich konkrete Maßnahmen, die auf der Ebene einer Entstalinisierung lagen. An erster Stelle ist dabei die für die Volksstimmung natürlich äußerst wichtige Milderung des Strafvollzuges zu nennen. Die Mehrzahl der KZs wurde aufgelöst, der größte Teil der politischen Strafgefangenen wurde freigelassen (nach Schätzungen handelte es sich dabei um mindestens eine Million Menschen). Ausdrücklich abgeschafft wurde die Verbannung in unbewohnte Gebiete und die Sippenhaft. Andererseits aber wurden Bestimmungen über verschärfte Zwangsmaßnahmen erlassen, wie die Einführung von Kameradschaftsgerichten (1961), die sog. Parasiten zur Verbannung bis zu fünf Jahren verurteilen durften.

Ein sehr augenfälliger Ausdruck der Entstalinisierung war die politische Rehabilitierung zahlreicher Einzelpersonen und ganzer Völkerschaften. Die Maßnahme betraf natürlich die Opfer des Stalinschen Terrors, aber durchaus nicht alle. Auf das Ganze gesehen kann man sagen, je prominenter das Opfer, um so zögernder die Rehabilitierung. Von den Opfern der großen Schauprozesse wurden nur Tuchatschéwskij und die mit ihm verurteilten und liquidierten Generäle rehabilitiert; die großen politischen innerparteilichen Gegner Stalins aus der Alten Garde der bolschewistischen Führung, die historischen Persönlichkeiten, die die Revolution gemacht hatten und später von Stalin liquidiert wurden, von Trózkij über Sinówjew und Kámenew bis zu Buchárin und Rýkow, blieben unrehabilitiert.

Von den dem Terror Stalins zum Opfer gefallenen und deportierten Völkerschaften wurden die Nordkaukasier und Kalmücken rehabilitiert; ihnen wurde nicht nur die Rückkehr in ihre alten Siedlungsgebiete ermöglicht, sondern sogar im begrenzten Rahmen eine nationale Autonomie gewährt. Die während des Krieges nach Sibirien und Zentralasien deportierten Wolgadeutschen wurden aber nur theoretisch rehabilitiert, indem der Makel des Landesverrates von ihnen genommen wurde; eine Rückkehr in ihre Heimat an der Wolga wurde ihnen jedoch nicht gestattet; ihre von Lenin geschaffene autonome Sowjetrepublik blieb liquidiert. Noch härter war das Schicksal der desgleichen deportierten Krimtataren: sie wurden nicht einmal formal rehabilitiert.

Eine besondere Form nahm die Entstalinisierung auf dem Kultursektor an. Hier wurde die erwähnte, für Chruschtschów typische Unsicherheit und Unbeständigkeit, das Sprunghafte und

Unstete bei seinen Maßnahmen besonders deutlich. Zunächst hatten nach dem Tode Stalins und mit dem einsetzenden Tauwetter sich im kulturellen Bereich auf allen Gebieten selbständige Regungen bemerkbar gemacht, sowohl in der Wissenschaft, vor allem in der Naturwissenschaft, aber auch in den Gesellschaftswissenschaften, in denen man nicht mehr geneigt war, eine ideologisch bestimmte, jeweilige „Generallinie" als verbindlich anzuerkennen. Besonders deutlich wurde das auf dem für Rußland immer besonders wichtigen Felde der Literatur.

Anknüpfend an ihre besten Traditionen aus ihrer großen Zeit im 19. Jahrhundert, wurde die Literatur „zum Sammelbecken aller verschwiegenen Hoffnungen, zur Stimme des offenen und des verschlüsselten Protestes ... Über die Literatur erhielt die sowjetische Öffentlichkeit nicht nur Auskunft über die Konfliktstoffe der Epoche, die Krisenherde der Gegenwart, die Reibungsflächen in den ideologischen Auseinandersetzungen, sondern auch den Zugang zu jenen verborgenen Quellen der Besinnung, der Bestandsaufnahme und Gewissenserforschung, die anderswo stumm bleiben mußten" (Ssachno). Eine ganze Phalanx sowjetischer Dichter und Schriftsteller versuchte nach Stalins Tod, das Tauwetterklima in diesem Sinne zu nutzen. Dabei ging es um zweierlei: einerseits um das Verlangen nach geistiger Emanzipation der geistigen Elite, nach Befreiung von den ideologischen Fesseln einer doktrinären Weltanschauung, kurz um eine freiere Entfaltung des Geistes. Andererseits ging es dabei um die Aufklärung der Masse der Leserschaft über die politische Vergangenheit und Gegenwart, wie eh und je in der großen russischen Literatur, um künstlerische Gestaltung und gleichzeitig um Bericht. So war es erklärlich, daß auch Werke der schönen Literatur mit nur beschränktem künstlerischen Wert, aber informatorischem Gewicht (z. B. Dudínzews „Der Mensch lebt nicht vom Brot allein") erhebliche literarische Bedeutung erlangen konnten.

Bei dieser neuerlichen Konfrontation von Geist und Macht in der Geschichte Rußlands hat Chruschtschów in der offenbaren Furcht, über das Aufbegehren der geistigen Elite die Kontrolle zu verlieren, sich auf seine Machtposition zurückgezogen. Auch in diesem Fall war sein Kurs bemerkenswert unsicher und schwankend und hat dadurch das aus der russischen Geistesgeschichte so bekannte persönliche Risiko der Schriftsteller erheblich erhöht. Bereits ein Jahr nach seiner Geheimrede forderte er im Zuge einer großangelegten Kampagne gegen „Aufweichungserscheinungen" die Schriftsteller unter unmißverständlichen Drohungen dazu auf, „umgehend damit aufzuhören, die Absage an den Personenkult als Vorwand für revisionistische Ketzereien zu mißbrauchen" (1957). Trotzdem kam es schon nach zwei Jahren zu einer neuen Tauwetterperiode, die wiederum drei Jahre später ihr Ende mit der Begründung eines „Staatskomitees für das Buchwesen" fand, das alle Verlage und literarische Erscheinungen zentral zu kontrollieren hatte. Nicht unbedingt linientreue Schriftsteller und Dichter wurden erneut bedroht und auf verschiedene Weise gemaßregelt, z. B. durch Entlassung aus öffentlichen Ämtern, sofern sie solche bekleideten. Die großen Schriftstellerprozesse mit ihren schweren Gefängnis- und Arbeitslagerstrafen begannen bereits unter Chruschtschów (Februar 1964), um nach seinem Sturz noch größeren Umfang anzunehmen.

Im Zuge dieses Zickzack-Kurses wurde es möglich, daß der in Romanform gefaßte Bericht Alexander Solshenízyns über den Tageslauf des Sträflings Iwán Deníssowitsch und das sehr kritische Gedicht Jewgénij Jewtuschénkos „Stalins Erben" mit ausdrücklicher Billigung des ZK der Partei erscheinen konnten, und daß andererseits Borís Pasternák wegen seines, nur im Westen erschienenen, großartigen Romans „Doktor Shiwago" in beschämender Weise behandelt, öffentlich beschimpft, mit der Ausweisung aus seiner Heimat bedroht und zur Nichtannahme des Nobelpreises gezwungen wurde.

Ein besonderes Gesicht gewann die Entstalinisierung im religiös-kirchlichen Bereich. Hatte dieser Vorgang, auch wenn er sich in engen Grenzen hielt und Rückschläge zeigte, immerhin eine Milderung, Erleichterung und eine Auflockerung der früheren Verhältnisse mit sich gebracht, so bedeutete die Entstalinisierung im kirchlichen Bereich eine Verschlechterung der Lage. Stalin hatte seinerzeit den scharf antireligiösen Kurs Lenins entschärft und sowohl ideologisch wie institutionell die Lage der Religionsgemeinschaften, zumal die der griechisch-orthodoxen Kirche, erleichtert (vgl. S. 627). Chruschtschów hat sie – in diesem Fall eindeutig im Rückgriff auf Lenin – wieder erheblich erschwert. Das Patriarchat blieb zwar bestehen, der Druck auf die Kirche wurde aber spürbar verstärkt, einerseits durch eine systematische Anfachung der atheistischen Bewegung in ihrer Aggressivität gegen die Kirche und andererseits durch eine neueinsetzende administrative Verfolgung. Es fanden wieder Prozesse gegen Geistliche statt, es wurden (seit 1960) mehrere tausend Kirchen geschlossen, und von den acht unter Stalin zugelassenen theologischen Seminaren blieben nur drei übrig. Die von Stalin seinerzeit sistierte üble Gottlosenzeitschrift „Besbóshnik" konnte (seit 1960) im wissenschaftlichen Gewande als Monatsschrift der „Allrussischen Gesellschaft zur Verbreitung politischer und wissenschaftlicher Kenntnisse" unter dem Titel „Wissenschaft und Religion" (naúka i religija) wieder erscheinen. Bereits 1954 war durch ZK-Beschluß die Forderung erhoben worden, „den Kampf gegen die religiösen Vorurteile als ideologischen Kampf der wissenschaftlichen materialistischen Weltanschauungen" zu führen. Die Wirkung dieses mit Hilfe aller Massenmedien wie Fernsehen, Rundfunk, Theater und Kino geführten Kampfes ist nach zuverlässigem Urteil aber dürftig.

So hatte die Entstalinisierung unter Chruschtschów nicht nur ihre Grenzen, sondern auch ihren Januskopf.

„Wohlfahrtskommunismus" und friedliche Koexistenz

Auf das Ganze gesehen haben die personellen und sachlichen Kämpfe um das Erbe Stalins in Moskau – wie seinerzeit die Palastrevolutionen in Petersburg – die Gesamtentwicklung des riesigen Reiches nicht wesentlich zu beeinträchtigen vermocht. Nach Überwindung der schweren Kriegsschäden hat die Sowjetunion in der Zeit nach dem Tode Stalins sich in der einmal eingeschlagenen Richtung in stark beschleunigtem Tempo weiter entwickelt. Gleichwohl war eine Veränderung in vielen Einzelheiten dabei unverkennbar.

In der Innenpolitik ging es Chruschtschów – wie seinerzeit Lenin beim Übergang zur NEP-Politik – in erster Linie darum, den Ertrag der Landwirtschaft zu steigern. Zu diesem Zweck wurden (seit 1954) in Sibirien riesige Staatsgüter (sowchóse) errichtet, durch Zusammenlegen mehrerer Kolchóse neue Großkolchose geschaffen und auf Chruschtschóws persönliche Initiative eine großaufgezogene Aktion eingeleitet, um durch „Neulandgewinnung" weitere Gebiete (z. B. in den Steppen Kasachstans) zu erschließen. Der Lieblingsgedanke Chruschtschóws, der sich selbst als Agrarexperte fühlte, war die Aufhebung des Unterschiedes zwischen Stadt und Land durch Schaffung sog. Agrostädte. Dadurch sollte der wirtschaftlich weitaus am schlechtesten gestellte Kolchosbauer – seine Entlohnung in Geld und Naturalien betrug etwa ein Viertel bis ein Drittel des durchschnittlichen Verdienstes eines Industriearbeiters – in seiner sozialen Lage wenigstens annähernd dem städtischen Arbeiter angeglichen werden.

Aus den Agrostädten wurde zwar nichts, aber mit den neuen agrarwirtschaftlichen Maßnahmen wurden beträchtliche Erfolge erzielt, und die Getreideproduktion konnte erheblich erhöht werden. Gleichzeitig wurde die Produktion von Konsumgütern erhöht. Die Ergebnisse davon spürte der Sowjetbürger am eigenen Leibe: die Stockungen in der Belieferung mit Waren wurden geringer und seltener, die Auswahl an Konsumgütern, wenn auch nicht ausreichend, so doch beträchtlich größer als früher. Die Folge war eine fortgesetzte Hebung des – im Vergleich mit der westlichen Welt immer noch niedrigen – Lebensstandards und ein nicht nur objektiver, sondern auch subjektiv dankbar empfundener wirtschaftlicher Aufstieg. Dem Sowjetbürger ging es besser als vorher.

Hinzu kamen die Erleichterung und Verbesserung im Leben des Einzelnen infolge der Entstalinisierung. Man lebte nicht mehr in ständiger Angst und Furcht vor Verhaftung und Exekution. Die harten Stalindekrete über die Arbeitsdisziplin wurden aufgehoben, die Möglichkeit des Arbeitsplatzwechsels, jedenfalls bedingt, gewährleistet. Man konnte auch freier sprechen, z. B. in Gewerkschaftsversammlungen, was es früher nicht gab, offen diskutieren und offenbare Mängel und Mißstände wenigstens erwähnen. Man konnte das sogar öffentlich, in Leserzuschriften an die Presse, tun. Chruschtschów verstand es wohl, den rein menschlichen Bedürfnissen, wenn auch im begrenzten Umfang, Rechnung zu tragen. So hat es schon seine Berechtigung, wenn man in diesem Zusammenhang vom „Wohlfahrtskommunismus“ Chruschtschóws (Ruffmann) gesprochen hat.

Hinzu kamen die z. T. sensationellen, propagandistisch entsprechend ausgeschlachteten Fortschritte in der Wissenschaft und Technik, zumal in der Atomphysik und in der Raketentechnik. In die Zeit der Erholung und des Auftriebes nach dem Tode Stalins fielen die großen sowjetischen Erfolge der Astro- und Kosmonautik im Wettlauf mit Amerika, bei einem vorübergehenden Vorsprung der Russen. Der erste Erdsatellit (Sputnik, 1957) und die erste Mondrakete (Lunik, 1959) wurden von der Sowjetunion gestartet, und der erste Mensch, der durch den Weltraum flog, war ein Russe (Gagárin, 1961); auch der erste „Spaziergang“ im Weltenraum wurde von einem Russen gemacht. Das alles hat das Selbstbewußtsein der Sowjetfunktionäre und das der Sowjetmenschen spürbar gehoben und deren Vertrauen in die Richtigkeit ihres Weges gefestigt, ohne daß damit die Augen vor den Härten des täglichen Lebens geschlossen wurden. Jetzt war es möglich, daß in den Zeitungen Zuschriften veröffentlicht wurden wie diese: „Wir stellen die besten Fernraketen her, wir fliegen zum Mond, aber die Schränke, die wir herstellen, sind einfach Schund.“ „Der Teufel soll den Mond holen, gebt uns lieber besser zu essen.“

Die von der Regierung bewußt geförderte Erleichterung und Verbesserung im Leben des Einzelnen spielte sich vor einem Hintergrund ab, der von Regierungsmaßnahmen unabhängig war und sich gleichsam geschichtsnotwendig vollzog. Es ist damit der durch die vorangegangene Industrialisierung und Verstädterung bedingte Übergang zu einer modernen Industriegesellschaft mit differenzierter Sozialstruktur gemeint, in der neben Partei- und Machtapparat andere soziale Kräfte an Eigengewicht gewannen. Ob diese Gesellschaft bereits als pluralistisch bezeichnet werden kann, sei dahingestellt; jedenfalls zeigte sie in zunehmendem Maße pluralistische Züge. Selbstverständlich bedeutet das eine Angleichung an die Verhältnisse im Westen.

Chruschtschów hat diesen Vorgang jedenfalls besser erkannt als Stalin und hat sich bemüht, ihm Rechnung zu tragen, auch in bezug auf die soziale Struktur der Partei. Durch eine Parteireform (1962) hat er jungen, politisch wendigen, fortschrittlichen Elementen, in erster Linie aus den Reihen der technischen Intelligenz, die Chance gegeben, „anstelle der alten, blind dem Ziel der jeweiligen Parteilinie folgenden Parteimandarine“ (Meißner) in die obersten Parteigremien aufzurücken, wie sich zeigen sollte zu seinem eigenen Unglück. Auch in dieser Hinsicht hat Chruschtschów vieles richtig erkannt, aber gleichzeitig die darin liegenden Möglichkeiten für die Sowjetunion, zumindest in bezug auf das mögliche Entwicklungstempo, fehl eingeschätzt.

Die auf Peter den Großen zurückgehende, von Stalin oft wiederholte Parole des „Einholen und Überholen“ wurde von Chruschtschów in herausforderndem, gelegentlich drohendem Ton wiederaufgenommen und nicht nur als Fernziel, sondern als eine z. T. bereits erfüllte, z. T. für die nächste Zukunft gesicherte Tatsache verkündet. Der Herr im Kreml erklärte laut, daß die Sowjetunion die Vereinigten Staaten von Amerika „in historisch kürzester Zeit“ sowohl in der absoluten Produktion wie in der Produktion je Kopf der Bevölkerung einholen und überholen werde. Bei solchen und ähnlichen Renommagen zeigte sich, daß Chruschtschów in mancherlei Hinsicht das rechte Augenmaß fehlte.

Wie in der Innenpolitik so hat Chruschtschów in der Außenpolitik die gegebenen Voraussetzungen wahrscheinlich richtiger beurteilt als Stalin. Er hat die wachsende Zahl der, sich aus dem ehemaligen Kolonialbereich lösenden, sog. unterentwickelten Länder und das wachsende Gewicht der blockfreien Staaten im weltpolitischen Kräftespiel bei der Führung seiner Außenpolitik in weit höherem Grade berücksichtigt als seine Vorgänger. In dieser Richtung entfaltete er eine große Aktivität, wobei es ihm darum ging, dem sowjetischen Einfluß überall in der Welt Geltung zu verschaffen. Er bediente sich dabei mit unverkennbarem Erfolg der traditionellen zwei Gleise sowjetischer Außenpolitik: der auf reale Machtmittel (z. B. Waffenlieferungen) gestützten Großmachtpolitik und der ideologisch bestimmten, auf Agenten und Agitation gestützten, internationalen Parteipolitik.

Auch in seiner Außenpolitik berief sich Chruschtschów auf Lenin und betonte dabei oft und gerne den Grundsatz der „friedlichen

Koexistenz", nach der „Länder mit verschiedenen sozialen Systemen nicht nur nebeneinander bestehen können, sondern auch eine Besserung der Beziehungen, eine Festigung des Vertrauens und der Zusammenarbeit anstreben müssen". Wenn die Außenpolitik Lenins in der NEP-Periode auch die praktische Voraussetzung für die Ausformung der Koexistenzidee geschaffen hat (vgl. S. 606), so war sie von der Chruschtschówschen Koexistenzpolitik doch sehr verschieden. Für Lenin war die Veranlassung, zu einer Koexistenzpolitik überzugehen, die unerläßliche Notwendigkeit, seinem jungen Staat überhaupt erst ein eigenes Instrument im Konzert der Mächte zu verschaffen, um darauf spielen zu können; die machtpolitische Voraussetzung für Lenin war die militärische und wirtschaftliche Schwäche der Sowjetunion und die eindeutige machtmäßige Überlegenheit der „kapitalistischen Welt". Die neue Koexistenzpolitik Chruschtschóws stand dagegen eindeutig im Zeichen der gerne und provokativ betonten eigenen Stärke als Atommacht, getragen vom Glauben an die eigene militärische und raketentechnische Überlegenheit. Insofern waren die Voraussetzungen in beiden Fällen verschieden. Gleich war dagegen das Bedürfnis nach Entspannung und der unbezweifelbare Wunsch eines Auskommens mit der anderen Welt. Gleich war auch, daß in beiden Fällen die außenpolitischen Methoden geändert wurden, nicht aber das außenpolitische Ziel. Das außenpolitische Endziel war bei Chruschtschów genauso wie bei Lenin – und selbstverständlich auch bei Stalin – durch die Überzeugung gesteckt, daß letzten Endes die ganze Welt in einem weltrevolutionären Prozeß kommunistisch werden müsse und werden werde. Chruschtschów hat das in seinen Reden viel häufiger betont als seine Vorgänger.

Die Änderung der außenpolitischen Methoden wurde durch den Stil, in dem Chruschtschów seine zwischenstaatliche Politik führte, besonders augenfällig. Eifrig und emsig bemühte er sich, die „friedliche Koexistenz" durch persönliche Kontakte mit den Regierungschefs und Staatsoberhäuptern der östlichen und vor allem der westlichen Welt auf fortgesetzten Auslandsreisen zu erhärten. So machte er, anfangs noch zusammen mit Bulgánin, u. a. Besuche in Peking (1954 und 1959), Belgrad (1955), Südostasien (1955), England (1956), USA (1959 und 1960), Indien (1960), Burma (1960), Afghanistan (1960), Paris (1960) und Wien (1961). Dabei verkehrte er mit sichtlichem Behagen mit Staatsoberhäuptern und Monarchen auf gleicher Rangebene – er nahm den ihm staatsrechtlich nicht zustehenden Rang eines Staatspräsidenten auch für sich in Anspruch (vgl. S. 632) –, hat aber infolge seines selbstgefälligen, gelegentlich tölpelhaften Gebarens dabei nicht unbedingt zur zwischenstaatlichen Entspannung beigetragen und zu Hause, in Moskau, nicht nur Unbehagen, sondern auch Ärgernis ausgelöst, z. B. als er sich während einer UNO-Vollversammlung in New York (1960) einen Schuh auszog und mit ihm auf die Tischplatte hämmerte.

Chruschtschów hat mit seiner Koexistenzpolitik durch kluge Kompromisse unbezweifelbare Erfolge in der Richtung einer Entspannung erzielt. In diesem Zusammenhang wäre sein „Canossa-Gang" zu Tito (1955) zu nennen und die dadurch erkaufte Versöhnung mit den Jugoslawen, die Aufnahme diplomatischer Beziehungen mit der Bundesrepublik und die Freigabe vieler deutscher Kriegsgefangener nach dem Besuch Adenauers in Moskau (1955), die Zurückziehung sowjetischer Truppen aus Österreich (Österreichischer Staatsvertrag, 1955), die Rückgabe der Halbinsel Porkkala an Finnland (1956) und die Unterzeichnung des Atomteststop-Abkommens (1963). Doch auch im zwischenstaatlichen Verkehr hat Chruschtschów sein persönliches Gewicht und das der Sowjetunion falsch eingeschätzt. Immer wieder hat er versucht, seinen Kontrahenten aufzutrumpfen, sie einzuschüchtern, oder einen spektakulären „Durchbruchsversuch" zu inszenieren und damit das Gleichgewicht in der Welt zugunsten der Sowjetunion zu verändern, ohne die geringsten Erfolge damit zu erzielen. In Deutschland forderte er ergebnislos den Rückzug der Westmächte-Truppen aus Berlin und die Erklärung Westberlins zu einer „freien entmilitarisierten Stadt" (1958). In Amerika begann er (seit 1962), unmittelbar vor der Tür der USA Raketenbasen auf Kuba zu errichten. Nach einer scharfen Reaktion Kennedys auf diesen „Erpressungsversuch" zog er die sowjetischen Raketen aus Kuba wieder ab. Die Pariser sog. Gipfelkonferenz hat er in unfairer Weise zwar torpedieren können (1960), aber dabei nichts gewonnen außer einem zumindest persönlichen Prestigeverlust. Diese Dinge und manche andere (z. B. der von der Sowjetunion natürlich gebilligte Bau der Berliner Mauer, 1961) standen in allzu krassem Widerspruch zu den laut verkündeten Zielsetzungen einer friedlichen Koexistenz. So zeigte seine Politik auch in diesem Bereich einen Januskopf.

Seine empfindlichsten Rückschläge erlitt Chruschtschów aber in seinem eigenen, dem kommunistischen bzw. Ostblocklager. – Die Entstalinisierung im Innern wirkte sich auch nach außen aus und hatte empfindliche Krisenerscheinungen im europäischen Satellitenbereich der Sowjetunion zur Folge. Obgleich Chruschtschów mit den sog. Volksdemokratien einen Militärpakt (Warschauer Pakt, 1955) geschlossen hatte, kam es nur wenige Monate nach seiner Entstalinisierungs-Geheimrede (Februar 1956) in Polen zu Unruhen (Juni 1956) und wieder einige Monate später zu einem offenen, eindeutig gegen die Sowjetunion gerichteten Aufstand in Ungarn (November 1956).

Dieser Krise konnte Chruschtschów nur – echt stalinistisch – durch den Einsatz militärischer Machtmittel Herr werden. Aber das Verhältnis zwischen Moskau und den Satelliten – und vielleicht in noch höherem Grade das Verhältnis der nichtregierenden kommunistischen Parteien im Westen zu Moskau – war und blieb im Vergleich zur Stalinzeit spürbar gestört. Die, erstmals von Jugoslawien gestellte, Forderung nach der Respektierung eines „eigenen Weges zum Sozialismus“ verstummte nicht mehr. Man begann immer ungescheuter „Freude am eigenen Denken und Tun zu haben“ (Stökl). Das wachsende Bestreben, sich von Moskau zu emanzipieren und für die eigene Politik mehr Spielraum zu gewinnen, konnte niemandem mehr verborgen bleiben. Das zeigte sich nächst Jugoslawien zuerst in Rumänien und schließlich – nach dem Sturz Chruschtschóws – in einer für Moskau nicht zulässigen und nicht zugelassenen Weise in der Tschechoslowakei.

Eine besondere Belastung erfuhr die Außenpolitik Chruschtschóws durch seine Chinapolitik. Es gelang ihm weder die Beziehungen zu den kommunistischen Brüdern in China, trotz wiederholter Versuche, zu verbessern, noch die, anfänglich von Moskau wirtschaftlich völlig abhängigen, Chinesen an einer weiteren Emanzipation von der Sowjetunion zu hindern, noch den, ihm keineswegs willkommenen, schnellen Aufstieg Chinas zu einer asiatischen Vormacht zu bremsen. Im Gegenteil. Die Spannungen zwischen Moskau und Peking wurden (etwa seit 1958) fortgesetzt schärfer und mündeten in offene Feindschaft, als Chruschtschów sich dem Trend der Chinesen zur unmittelbaren Auslösung einer Weltrevolution entgegenstellte und schließlich die Inder gegen die angreifenden Chinesen mit Waffenlieferungen unterstützte (1962).

Je entschiedener Mao sich in seinem selbst geschaffenen rotchinesischen Riesenreich durchsetzte und je williger er sich von der Dynamik der revolutionären Kräfte tragen ließ, um so deutlicher wurde, daß in Peking, gestützt auf eine schnell anwachsende reale Macht und auf ein gesteigertes Selbstvertrauen, nicht ein Bruder, sondern ein Rivale der Sowjetunion auf die Weltbühne getreten war. Zwar war die Sowjetunion seit 1949 eine atomare Macht, – aber seit 1964 war China es auch.

Die Rotchinesen begnügten sich keineswegs mit dem Anspruch auf volles Mitspracherecht im Ostblock und damit auf Gleichberechtigung, – sie erhoben auch Anspruch auf Führung. Sie begannen nun, ohne ideologische und terminologische Hemmungen, in äußerst scharfer Form Kritik an der Sowjetunion zu üben. Schon die These Chruschtschóws von der Vermeidbarkeit des Krieges hatte zu einer scharfen Kontroverse mit Peking geführt; der Rückzieher des Kreml nach dem gescheiterten Kuba-Unternehmen löste in Peking blanken Hohn aus, und die Besprechungen Chruschtschóws mit Eisenhower in Camp David (1959) wurden als Verrat angesehen und auch so bezeichnet. Die ideologisch untermauerten Attacken der Chinesen richteten sich dabei einerseits gegen den Revisionismus der Sowjetrussen in ihrer Westpolitik und andererseits gegen ihren Imperialismus – im besten kaiserlich-russischen Stil – in ihrer Ostpolitik.

Diese in aller Öffentlichkeit geführten Kontroversen haben die kommunistische Weltbewegung während der Ära Chruschtschów „bis fast zur Unkenntlichkeit verändert“ (Leonhard), eindeutig zuungunsten der Sowjetunion. – Drei Monate nach seiner Entstalinisierungsrede hatte Chruschtschów das „Kominform“ aufgelöst (April 1956), die Nachfolgeorganisation der Komintern als Moskauer Instrument zur genauen Kontrolle der kommunistischen Parteien. An seine Stelle sollten, ähnlich wie seinerzeit bei der vergleichsweise locker organisierten II. Internationale, gelegentliche Kongresse treten, die als sog. kommunistische Weltkonzile (1957, 1960 und schließlich 1969) auch zusammengetreten sind. Das Bestehen einer alle kommunistischen Parteien im internationalen Rahmen verknüpfenden Institution hatte bislang den spezifischen Charakter der III. Internationale (Komintern) gekennzeichnet und war gleichzeitig ein Ausdruck des Gewichtes Moskaus als Befehlszentrale im Weltkommunismus. Ob Chruschtschów geglaubt hat, daß die Autorität und das Potential der Sowjetunion genügen würden, um deren bisherige Stellung auch ohne institutionelle Sicherung zu wahren, sei dahingestellt. Wenn er es geglaubt hat, so ist auch das eine Fehleinschätzung gewesen.

Wie die kommunistischen Weltkonzile lehrten, war die im Weltkommunismus schon lange als solche erkannte Gefahr einer Fraktionsbildung nicht mehr zu verhindern. Auf den Konzilen von 1957 und 1960 wurde aller Welt erkennbar, auch wenn das nach außen hin geleugnet oder überdeckt wurde, daß sich der Weltkommunismus in zwei Fraktionen aufgespalten hatte, in die Moskauer und die Pekinger. Denn auch die Chinesen hatten eine Gefolgschaft in Asien und in Europa (Albanien) gefunden. Auf dem Dritten Weltkonzil (1969) nach dem Sturz Chruschtschóws war das Pekinger Lager überhaupt nicht mehr vertreten. Diese Spaltung des Weltkommunismus erscheint durchaus mit der seinerzeitigen Spaltung der Russischen Sozialdemokratischen Partei in eine bolschewistische und in eine menschewistische Fraktion vergleichbar. Auch damals hatten zunächst beide Fraktionen ihren Parteitag gemeinsam abgehalten, bald aber getrennt. Man hat den Vorgang auch mit der Kirchenspaltung im 11. Jahrhundert verglichen.

Bei der Spaltung des Weltkommunismus fiel natürlich, außer den verschiedenen nationalen geschichtlichen Traditionen, auch die unterschiedliche Entwicklungsstufe ins Gewicht, auf der sich beim „Übergang zum Sozialismus“ der bereits etablierte Kommunismus in der Sowjetunion und der noch revolutionäre Kommunismus in China befand.

Die für Chruschtschów verhängnisvollste Fehleinschätzung bezog sich auf seine eigene Stellung in der Partei. Bei seinem Rückgriff auf Lenin hatte ihm ohne Zweifel vorgeschwebt, eine gleiche, zumindest ähnliche Führerstellung in der Partei einzunehmen wie der Begründer der Sowjetunion. – Es wurde bereits gesagt, daß Lenin eine echte, auf auctoritas gegründete, charismatische Führung ausgeübt hatte. Chruschtschów fehlten sowohl die Gnadengaben seines Vorbildes wie dessen Autorität; so kann sein Führertum in der Partei nur als pseudocharismatisch bezeichnet werden.

Äußerst empfänglich für Publikumsbeifall und willig gespendetes Lob hat er trotz entschiedener – übrigens auch im Parteistatut (1961) verankerter – Verurteilung des Personenkultes sich selbst zum Gegenstand eines solchen, im Vergleich zu Stalin allerdings temperierten, Kultes gemacht. Zu seinem Unglück hielt er billigen Beifall und laute Lobsprüche für einen Ausdruck treuer Gefolgschaft.

Fälschlicherweise glaubte er, es sich leisten zu können, eigenmächtige Entscheidungen zu treffen, ohne „mit den Meinungen der Genossen zu rechnen“, wie ihm später vorgeworfen wurde. Nach seinem Sturz wurde, ohne seinen Namen zu nennen, aber unverkennbar in bezug auf ihn, öffentlich erklärt: „Es darf nicht zugelassen werden, daß ein Mensch, selbst wenn er die höchste Autorität besitzt, sich der leitenden Kontrolle des Parteikollektivs entzieht und sich einbildet, alles zu wissen und alles zu können.“ Hier dürfte der Schlüssel zu seinem Sturz liegen.

Hinzu kam, daß sein persönlicher Stil, seine biedermännische Jovialität, sein „Wortgeklingel und seine Prahlerei“, seine täppische Effekthascherei und nicht zuletzt – wie nachträglich ausdrücklich vermerkt wurde – „seine mit der Würde eines sozialistischen Führers unvereinbaren“ Eskapaden auf internationalem Parkett dem Widerstand gegen seine Führung unter den Parteifunktionären weiteren Auftrieb gaben. Die gleichen Leute aus dem ZK, die ihn noch zu seinem 70. Geburtstag (April 1964) überschwenglich feierten, haben ihn sechs Monate später (Oktober 1964) ungerührt und kaltblütig entmachtet. Der von ihm selbst begünstigte, sich hauptsächlich aus der technischen Intelligenz rekrutierende Parteinachwuchs hat entscheidend dazu beigetragen.

Chruschtschów wurde nicht im Zuge einer Palastrevolution oder eines Putsches, d. h. nicht mit revolutionären Mitteln, sondern auf legale Weise gestürzt. Der Partei- und Regierungschef wurde einfach – aus dem Urlaub heraus – vor das ZK der Partei zitiert und durch Mehrheitsbeschluß abgesetzt, – ein Vorgang ohne Beispiel in der bisherigen Geschichte der Sowjetunion.

Nikíta Chruschtschów hatte die kommunistische Partei wieder zum alleinigen Machtinstrument im Staate erhoben; diese Partei, genauer das Führerkollektiv der Partei, hat seinen Sturz beschlossen und vollzogen.

SCHLUSSWORT

VON CHRUSCHTSCHOW ZUR KOLLEKTIVEN FÜHRUNG

Chruschtschów ist vom Führerkollektiv gestürzt worden. Dieses Kollektiv übernahm darauf selbst die Führung. Es war nicht das erste Mal in der Geschichte der Sowjetunion, daß an die Stelle einer monokratischen Führung eine polykratische trat. Sowohl nach dem Tode Lénins wie nach dem Tode Stálins war das geschehen. Dieser Zustand ist aber stets nur vorübergehend gewesen. Jetzt, nach Chruschtschóws Sturz, hat er erstmalig ganze vierzehn Jahre (1964—1977) bestanden.

Es sei in diesem Zusammenhang daran erinnert, daß der Grundsatz der kollektiven Führung, nach dem alle wichtigen Parteientscheidungen durch ein Kollektivorgan getroffen werden müssen, in der Sowjetunion von Anfang an bestanden hat und von sowjetischen Autoren als „größte Errungenschaft der Partei" besonders hervorgehoben wird, weil man darin den entscheidenden Unterschied zu dem — auf dem Führerprinzip beruhenden — faschistischen Herrschaftssystem sieht. Träger der kollektiven Führung ist theoretisch das Zentralkomitee der Partei, praktisch das Politbüro des ZK (1952—1966 als Präsidium des ZK bezeichnet). Der Grundsatz der kollektiven Führung ist auch in der Zeit der Einmanndiktatur Lénins, Stálins und Chruschtschóws nie aufgegeben worden, hat sich mithin als mit der Praxis einer Einherrschaft vereinbar erwiesen. Insofern ist auch nach dem Sturz Chruschtschóws keine grundsätzliche, wohl aber weitgehend eine faktische Änderung erfolgt.

Die Spitzenämter wurden wieder getrennt. Aus dem Führerkollektiv traten drei neue Männer in die Führungspositionen, Bréshnew als Parteichef, Kossýgin als Regierungschef (Ministerpräsident) und Podgórnyj als Staatschef (Präsident des Präsidiums des Obersten Sowjets). Die drei Spitzenfunktionäre waren zunächst wohl mehr als Repräsentanten denn als Inhaber einer realen Macht zu verstehen. Das lag im Interesse des Kollektivs, speziell in bezug auf Bréshnew. Man hatte ja mit Generalsekretären seine Erfahrungen gemacht. „Der Sekretär des Parteikollektivs", wurde jetzt öffentlich festgestellt (Prawda, 20. Juli 1966), „ist nicht ein Vorgesetzter (natschálnik), er hat nicht das Recht zu kommandieren (komándowatj). Er ist im kollektiven Führungsorgan nur der Älteste (stárschij), den die Kommunisten gewählt haben. Bei der Lösung von Fragen hat er ebenso viele Rechte wie die übrigen Mitglieder des Kollektivs."

Mit der Herausstellung der drei Spitzenfunktionäre trat in dieser Periode ein neuer Typus des Sowjetführers in den Vordergrund, der den bereits erwähnten soziologischen Wandel der Sowjetgesellschaft gleichsam personifizierte. Im Unterschied zu den alten, aus der Schicht der Berufsrevolutionäre hervorgegangenen, Sowjetführern entstammen alle drei jetzt an die Spitze gerückten Funktionäre als „typische Technokraten" der sog. technischen Intelligenz. Alle drei haben eine abgeschlossene Hochschulbildung; alle drei sind Ingenieure; alle drei haben ihre Karriere nicht allein in der Parteiorganisation gemacht — Kossýgin hat nie eine Parteifunktion ausgeübt —, sondern haben jahrelang eine erfolgreiche Berufstätigkeit als hervorragende Sachkenner ihres Fachs ausgeübt. Das gleiche gilt für zahlreiche jüngere Mitglieder des Kollektivs, z. B. für Súslow, der als eigentlicher Drahtzieher beim Sturz Chruschtschóws gilt, ein Wirtschafts- und Betriebswissenschaftler, und ebenso für Schélest und Kirilénko, für Poljánskij, ein Agronom mit abgeschlossener Hochschulbildung, und Schelépin, der Philosophie und Literatur studiert hat. Von alten Berufsrevolutionären ohne Hochschulbildung gehörten nach dem Sturz Chruschtschóws nur noch Mikojan und Schwérnik dem Politbüro an.

Man hat gemeint, daß neben den äußeren Gründen die zu Chruschtschóws Sturz geführt haben, dessen Ablösung auch insofern einer inneren Notwendigkeit entsprach, als der Autodidakt und politische Agitator ohne Fachkenntnisse und ohne Bildungsniveau die reifer und komplizierter werdende Industriegesellschaft nicht mehr glaubwürdig repräsentierte und der objektiv veränderten Situation subjektiv nicht mehr gewachsen war. Das mag in bezug auf die Menschenführung seine Richtigkeit haben; auf die Staatsführung, d. h. auf den innen- und außenpolitischen Kurs führte der Wechsel an der Spitze zu keinem grundsätzlichen Wandel.

Auch die anläßlich des 60. Jahrestages der Oktoberrevolution 1977 rechtskräftig gewordene, schon seit langem angekündigte neue Bundesverfassung, die an die Stelle der Stalinverfassung von 1936 trat, änderte darin nichts Wesentliches. Die von Chruschtschów durchgeführte Stärkung der Stellung der — nunmehr als „Vorhut des Volkes“ (nicht nur der Arbeiterklasse) bezeichneten — Partei im Staate blieb nicht nur bestehen, sondern wurde weiter ausgebaut. Das wurde in der Machtsteigerung des erst nach Chruschtschóws Sturz unter seinem alten Namen erneuerten Politbüros (1966) deutlich, das wieder zur wichtigsten Schaltstelle der Macht im politischen Führungssystem der Sowjetunion wurde.

Innerhalb dieses Führungssystems verlagerte sich aber im Laufe dieser Periode, trotz aller Betonung des Prinzips der kollektiven Führung in der politischen Praxis, das Gewicht langsam, aber stetig wieder auf eine Person, nämlich auf Bréshnew. Man hat gemeint, daß der Trend zum Monokratischen dem Sowjetregime „in gewisser Hinsicht systemimmanent“ sei (Ruffmann) und nicht allein durch die Persönlichkeit des jeweiligen Monokraten erklärbar ist. Wie dem auch sei, im Falle Bréshnew war dieser Trend unverkennbar. Zwei Jahre nach Chruschtschóws Sturz wurde die Bezeichnung „Generalsekretär des ZK“ für Bréshnew wiedereingeführt und dadurch sein persönliches Gewicht im Politbüro — das keinen Vorsitzenden kennt — erhöht. Die sog. innerparteiliche Demokratie wird im Politbüro nur sehr bedingt gewahrt; die Entscheidungen dieses aus 15 Vollmitgliedern und 6 Kandidaten bestehenden Gremiums sind nicht an eine Abstimmung gebunden und werden weitgehend vom Generalsekretär bestimmt. Die Gewichtsverlagerung zugunsten Bréshnews fand ihren äußeren Ausdruck als er, ohne erkennbare Motivation, zum Marschall der Sowjetunion (1976) — dem Titel, den Stálin geführt hatte — ernannt wurde und ein Jahr darauf (1977), nachdem Podgórnyj sein Amt hatte niederlegen müssen, zum Vorsitzenden des Präsidiums des Obersten Sowjets gewählt wurde, so daß er seitdem sowohl Staatsoberhaupt wie Parteichef ist, was vor ihm weder Lénin noch Stálin und Chruschtschów nur fiktiv gewesen sind. Die Feiern zum 70. Geburtstag von Bréshnew (1976) kamen dem amtlich so hart verurteilten Personenkult zumindest sehr nahe. Infolge dieser Machtverschiebung erscheint es wohl berechtigt, die Zeit nach dem Sturz Chruschtschóws als — bislang noch nicht beendete — Ära Bréshnew zu bezeichnen. — Die politischen Entwicklungslinien können in diesem Überblick natürlich nur in ganz großen Zügen skizziert werden.

Herrschaftspolitisch ist die Bréshnew-Ära durch die Erweiterung der Befugnisse des Staatssicherheitsdienstes charakterisiert, ein Umstand, der durch die Aufnahme von dessen Chef in das Politbüro seinen sichtbaren Ausdruck fand (1973). Obgleich sich die Sowjetführung in dieser Ära ausdrücklich zur „Entstalinisierung" bekannte, machten sich fortgesetzt Restalinisierungstendenzen geltend. Vorübergehend wurde in der Presse eine förmliche Restalinisierungskampagne erkennbar, die allerdings auch auf einen, desgleichen öffentlichen, Protest stieß. In den letzten Jahren setzten sich gleichwohl die Restalinisierungstendenzen in zunehmendem Maße durch.

Besonders augenfällig wurde das im kulturellen Sektor beim Verhalten der Sowjetführung zu den sog. Dissidenten. Das gilt wieder einmal in erster Linie für die Literatur, die für Rußland nach wie vor das war, was für das alte Israel „das Gesetz und die Propheten" gewesen sind. Die Exponenten des gegen die Macht aufbegehrenden Geistes, die Dichter und Schriftsteller, setzten ihren traditionellen Leidensweg und Opfergang fort. Der Weg dieser um das Grundrecht der freien Meinungsäußerung ringenden echten Erben der alten russischen Intelligenzia führte über den sog. Samisdát (Selbstverlag). Wie vor 140 Jahren unter der Herrschaft des Kaisers Nikoláj I. wurden zum Druck nicht zugelassene Schriften „im Untergrund" vervielfältigt und im Laufe der siebziger Jahre in zunehmendem Maße in Umlauf gesetzt. Auch zahlreiche Samisdát-Periodika gehörten dazu. Viele dieser Schriften gelangten in die freie Welt, wo sie veröffentlicht wurden. Wie in der Mitte des 19. Jahrhunderts im kaiserlichen Rußland die zunächst literarische Strömung der Intelligenzia in wachsendem Maße ins Politische umgeschlagen war, so schlug auch jetzt die zunächst literarisch bestimmte Dissidentenbewegung, zu der auch führende Wissenschaftler gehörten, in eine politische um.

Es ging dabei nicht um eine ideologische Gegnerschaft zum Kommunismus, sondern um eine Kritik an der Herrschaftspraxis des „von der derzeitigen Partei verkörperten Sowjetsozialismus, der allen Kredit eingebüßt hat" (Sácharow). Diese Kritik mündete in konkrete politische Forderungen, von der Freilassung einzelner Häftlinge, Amnestie für Polithäftlinge und Liberalisierung der Emigration bis zum Verlangen der Abkehr von einer weltrevolutionären Großmachtpolitik.

Gegen die Dissidenten setzte in der Bréshnew-Ära mit dem erkennbaren Ziel, deren Tätigkeit ganz zu unterbinden, ein Verfolgungs- und Unterdrückungsfeldzug ein, der die seinerzeit gegen die alte Intelligenzia getroffenen Maßnahmen des Polizeistaates Nikolájs I. weit in den Schatten stellt. Es kam zu zahlreichen Prozessen gegen bekannte Schriftsteller (im Jahre 1966 wurden in der Weltöffentlichkeit die Verhandlungen gegen Sinjáwskij und Dániel am bekanntesten), gegen Mitarbeiter an Samisdát-Zeitschriften, gegen Herausgeber unerwünschter Werke (u. a. Dostojéwskijs), gegen Studenten und junge Lehrer, gegen Sympathisanten mit den Dissidenten, gegen Teilnehmer an höchst bescheidenen Protestkundgebungen und gegen „Rädelsführer" — Verfahren, die zur Verhängung äußerst hoher Strafen führten, beginnend mit Entlassung vom Arbeitsplatz und Entzug der Existenzgrundlage, über Zwangseinweisungen in Nervenheilanstalten oder in Arbeitslager, langjährige Gefängnisstrafen bis zur Ausbürgerung und Zwangsemigration. International am bekanntesten wurden die Ausbürgerung und Ausweisung des Literaturnobelpreisträgers Alexander Solshenízyn (1974), die mit einem Ausreiseverbot verbundene berufliche Ausschaltung und Kaltstellung des Atomphysikers und Friedensnobelpreisträgers Andrej Sácharow (1975) und der Austausch des Schriftstellers W. Bukówskij gegen den Generalsekretär der KP Chiles (1976).

Nach glaubwürdigen Schätzungen gab es 1974 ca. 10 000 politische Häftlinge in der Sowjetunion, von denen ca. 95 % in der Bréshnew-Ära verurteilt wurden (Ruffmann). Gleichwohl ist es dem

Sowjetregime nicht gelungen, die Tätigkeit der Dissidenten zu unterbinden. Immer wieder angestrengte Verfahren lehren, daß diese noch existieren. Es mag richtig sein, daß dieser Umstand mit dem, seit etwa 1973 sich verstärkenden, Engagement der freien Welt für die sowjetischen Dissidenten im Zusammenhang steht.

In der Wirtschaftspolitik wurde der von Chruschtschów eingeschlagene, auf Steigerung der Produktion und auf Anhebung des Lebensstandards ausgerichtete Kurs in der Bréshnew-Ära beibehalten, allerdings in sehr gedämpfter Weise. Dabei wurde als Hauptaufgabe des Staates und auch ausdrücklich der Partei im achten, neunten und zehnten Fünfjahresplan (von 1969—1980) ausdrücklich „die Hebung des materiellen und kulturellen Lebensniveaus des Volkes durch dynamische und proportionale Entwicklung der gesellschaftlichen Produktion und Erhöhung ihrer Effektivität" bezeichnet. Auf großsprecherische Vorhersagen wurde dabei verzichtet, als immer klarer wurde, daß die tatsächliche Erhöhung des Lebensstandards erheblich hinter den Erwartungen zurückblieb. Chruschtschów hatte seinerzeit versprochen, daß die Sowjetunion im Jahre 1970 die USA in der Pro-Kopf-Produktion der Bevölkerung bereits überflügelt haben werde. In der zweiten Hälfte der sechziger Jahre konnte eine Steigerung der Agrarproduktion um 21 % tatsächlich erreicht werden. In der ersten Hälfte der siebziger Jahre gingen die Produktionsergebnisse aber wieder so zurück, daß die Sowjetunion sich zu umfangreichen, bis zum Jahre 1980 vorgesehenen, Getreidekäufen in den USA veranlaßt sah. Dagegen konnte in der Industrieproduktion ein gleichbleibendes Wachstum von 7,5 bis 8 % erreicht werden, was weltpolitisch seine besondere Bedeutung durch die enorme Rüstungssteigerung erhielt, die — jedenfalls in konventionellen Waffen — weit über den Bedarf für die Verteidigung des eigenen Staates hinausgeht.

Nationalitätenpolitisch wurde in dieser Ära eine zunehmende Russifizierungstendenz gegenüber den mehr als hundert nichtrussischen Sowjet-Völkern bemerkbar, die ihrerseits durch ihre starke Bevölkerungsvermehrung die Großrussen sozusagen biologisch überholten. Wie schon vor dem Ersten Weltkrieg, als noch Polen und Finnen zu den nichtrussischen Völkern des Reiches gehörten, haben die nichtrussischen Völker der Sowjetunion (die Ukrainer und Weißruthenen eingeschlossen) jetzt einen Bevölkerungsanteil von über 50 % erreicht.

In der Außenpolitik trat nach dem Sturz Chruschtschóws insofern eine erkennbare Änderung ein, als dessen unkonventionelles Gebaren durch die Methode herkömmlicher Diplomatie abgelöst wurde; „die alte Tradition des Schachspiels hatte das Pokerspiel verdrängt" (Tatu).

Während der Ära Bréshnew war die Außenpolitik der Sowjetunion durch wachsende Schwierigkeiten im eigenen Machtbereich, auf dem Felde des Weltkommunismus und im Verhältnis zu Rotchina gekennzeichnet bei einem gleichzeitig verstärkten politischen und militärischen Engagement in den unterentwickelten Ländern, zumal Afrikas.

In ihrem Satellitenbereich sah sich die Sowjetführung politischen Tendenzen und auch konkreten Bestrebungen gegenüber, die dem sehr nahe kamen, was die im eigenen Lande Gemaßregelten anstrebten und forderten. Dabei verstärkte sich bei den Satelliten der Trend zu einer Emanzipierung. In der Tschechoslowakei führte der dort seit Anfang des Jahres 1968 verfolgte Revisionskurs schließlich dazu, daß die (in diesem Punkt uneinige) kollektive Führung in Moskau sich dazu entschloß, die Panzer rollen zu lassen (August 1968).

Die sich verschärfende Reaktion der Sowjetführung äußerte sich in der sog. Bréshnewdoktrin, nach der — in Anknüpfung an Stálin — unbedingte Unterordnung aller Staaten des eigenen Lagers unter die politisch-ideologische Generallinie Moskaus verlangt wird.

Das galt auch in bezug auf den Weltkommunismus, d. h. auf die nichtregierenden kommunistischen Parteien. Auch diesen machte Bréshnew (auf dem XXV. Parteitag 1976) zur Pflicht, „vorbehaltlos, ohne zu schwanken und ohne Bedingungen zu stellen", die sowjetische Interessenpolitik zu unterstützen. In diesem Punkte konnte sich Moskau nicht durchsetzen. Im Gegenteil, die „monolithische Einheit" des internationalen Kommunismus zerfiel erkennbar, und in den zahlenmäßig stärksten nichtregierenden kommunistischen Parteien Europas, in Italien, Frankreich und Spanien, entstand der sog. Eurokommunismus und gewann an Boden. Gelegentlich erschien er in einer Front mit den sog. Autonomisten

Rumäniens und Jugoslawiens (so auf der gesamteuropäischen Kommunistenkonferenz im Juni 1976).

Ohne jedes Ergebnis blieb Moskaus Führungsanspruch in bezug auf China. Rotchina hatte am Tage nach dem Sturz Chruschtschóws (16. Oktober 1964) seine erste Atombombe gezündet und trat mit gesteigertem Selbstbewußtsein der Sowjetunion gegenüber auf. Im Jahre 1969 waren die Chinesen auf dem kommunistischen Weltkonzil in Moskau nicht mehr erschienen, ein von Moskau vorgeschlagener Nichtangriffsvertrag mit China kam nicht zustande und die sowjetisch-chinesische Konfrontation und Rivalität spitzte sich so zu, daß sie — nach den Worten des sowjetischen Chefideologen Súslow — „alle Merkmale des kalten Krieges" aufwies.

Auf ganz anderer Ebene lag die sowjetische Außenpolitik gegenüber den USA und der freien Welt Europas. Hier stellte sich auch Moskau mit starker Betonung auf den Boden der Politik der Entspannung (Détente), die die Weltentwicklung dieser Jahre jedenfalls am nachhaltigsten beeinflußt hat. Dem Bemühen, bestehende Konflikte, auch Teilkonflikte, durch ein Einvernehmen zu lösen, sie zumindest einzudämmen, dem gleichzeitigen Bemühen, auch in der Begrenzung des nuklearen Wettrüstens ein Einvernehmen zu erzielen, und dem ersten Anlauf dazu, erzielte Einvernehmen in einem verbindlichen Abkommen niederzulegen (KSZE-Schlußakte von Helsinki 1975), standen nach wie vor offene Konflikte, die nicht im Einvernehmen beseitigt oder auch nur eingedämmt werden konnten, sowie militärische Auseinandersetzungen, bei denen Moskau seine Hände direkt oder indirekt mit im Spiel hatte, gegenüber.

Auch in der Bréshnew-Ära hat es innerhalb der kollektiven Führung unbezweifelbare Meinungsverschiedenheiten und wohl auch Auseinandersetzungen gegeben. Dabei zeigte sich aber, daß die Solidarität im Führerkollektiv stärker war als die Uneinigkeit seiner Glieder. Jedenfalls blieb über alle Wandlungen im einzelnen hinweg im ganzen das von Lénin begründete, von Stálin ausgebaute und von Chruschtschów beibehaltene totalitäre Herrschaftssystem auch in der Bréshnew-Ära weiter bestehen, wenn man darunter eine Herrschaft versteht, die bestrebt ist, „die ganze Gesellschaft zu durchdringen und ihre einzelnen Teile einer umfassenden Kontrolle und Planung durch die Partei- und Staatsführung zu unterwerfen" (Meißner).

Es ist nicht Sache des Historikers, Betrachtungen darüber anzustellen, wohin die Entwicklung in Zukunft gehen kann und möglicherweise gehen wird. Ihm bleibt festzustellen, daß Rußland in seiner derzeitigen Gestalt als Sowjetunion heute einen Stand erreicht hat, der es seinen Machthabern gestattet, über das künftige Schicksal der Welt ein entscheidendes Wort mitzusprechen. Zu diesem Stande hat der historische Ablauf Rußland geführt. Es ist die Geschichte eines zeitweilig langsamen, zu Zeiten aber sehr schnellen Aufstieges durch die Jahrhunderte unter deutlich erkennbarer Wahrung bewußtgebliebener Geschichtstraditionen von der alten Rus bis zur heutigen Weltstellung der Sowjetunion.

LITERATURHINWEISE

Nachstehendes Literaturverzeichnis ist kein Nachweis für die benutzte Literatur. Es sollen hier nur dem deutschen Leser, an den sich das Buch in erster Linie wendet, Hinweise gegeben werden, wo er sich über den behandelten Stoff zusätzlich informieren und die einschlägigen Quellen- und Literaturangaben finden kann. Außer einigen Standardwerken wurden mit wenigen Ausnahmen neuere und neueste deutsche Veröffentlichungen – auch Übersetzungen ins Deutsche – verzeichnet, darunter auch einige Zeitschriftenaufsätze, aus denen im Text zitiert worden ist. Über die sehr umfangreiche ausländische und anderssprachige, vor allem russische Literatur ist es nicht schwer, sich in den angeführten deutschen Büchern zu informieren. Ein sehr ausführliches Literaturverzeichnis, einschließlich der sowjetischen Veröffentlichungen findet sich bei G. Stökl, Russische Geschichte, 1965, Seite 793–831. Die einschlägige Literatur zur Sowjetperiode ist bei K. H. Ruffmann, Kommunismus in Geschichte und Gegenwart, ausgewähltes Bücherverzeichnis, Bonn 1966, zu finden.

Allgemeines

Gitermann, V: Geschichte Rußlands, 3 Bände 1949.

Kliutschewskij, W: Geschichte Rußlands, 4 Bände 1925/26.

Kostomarow, N.: Russische Geschichte in Biographien, 1885.

Kovalevskij, P.: Istoričeskij putj Rossii. Sintez russkoj istorii po novejšim dannym nauki, 1949.

Neander, I.: Grundzüge der russischen Geschichte, 1958.

Platonow, S. F.: Geschichte Rußlands. Vom Beginn bis zur Jetztzeit, 1927.

Pokrowski, M.: Geschichte Rußlands. Von seiner Entstehung bis zur neuesten Zeit, 1929.

Prawdin, M.: Rußland, 1951.

Stählin, K.: Geschichte Rußlands von den Anfängen bis zur Gegenwart, 5 Bände 1923–1939.

Stökl, G.: Russische Geschichte, 2. Aufl. 1965.

Vernadsky, G.: A History of Russia, 4 Bände 1946–1959.

Walter, G.: Histoire de Russie des origines jusqu' à nos jours, 1949.

Weidlé, W.: Rußland. Weg und Abweg, 1956.

Krupnyckyj, B.: Geschichte der Ukraine, 1939.
Kulischer, J.: Russische Wirtschaftsgeschichte, 1925.
Miljukov, P.: Očerki po istorii rosskoj kultury, 3 Bände 1930.
Onasch, K.: Russische Kirchengeschichte, 1967.
Schultz, L.: Russische Rechtsgeschichte, 1951.
Stender-Petersen, A.: Geschichte der russischen Literatur, 2 Bände 1957.
Tschiżewskij, D.: Das heilige Rußland. Russische Geistesgeschichte, I. 10.–17. Jahrhundert, 1959. II. 18.–20. Jahrhundert, 1961.
Winkler, M.: Slavische Geisteswelt. Rußland, 1955.

Zu Abschnitt I

Geschichte der UdSSR, hrsg. von *B. D. Grekow, S. W. Tscherepin, W. T. Paschuto*, Band I 1951.
Grekow, B.: Kievskaja Rus, 1944.
derselbe: Die russische Kultur der Kiewer Periode, 1947.
derselbe: Die Bauern in der Rus von der ältesten Zeit bis zum 17. Jahrhundert I, 1958.
Hellmann, M.: Staat und Recht in Altrußland, in: Saeculum 1954.
Hruševskyj, M.: Geschichte der Ukraine, Teil I 1916.
Mirtschuk, S.: Geschichte der ukrainischen Kultur, 1957.
Ohnsorge, W.: Abendland und Byzanz, 1958.
Ostrogorsky, G.: Geschichte des byzantinischen Staates, 1940.
Vernadsky, G.: The origins of Russia, 1959.
Winter, E.: Byzanz und Rom im Kampf um die Ukraine, 1942.

Zu Abschnitt II und III

Brunner, O.: Europäisches und russisches Bürgertum, in: Vierteljahrschrift f. Soz. u. Wirtschaftsgeschichte 1953.
Fleischhacker, H.: Rußland zwischen zwei Dynastien, 1933.
dieselbe: Die staats- und völkerrechtlichen Grundlagen der Moskauer Außenpolitik (14.–17. Jahrhundert), 1959.
Hellmann, M.: Ivan IV. der Schreckliche, 1966.
Johansen, P.: Nowgorod und die Hanse, in: Städtewesen und Bürgertum als geschichtliche Kräfte, 1953.
Karassew, A., Oskin, G.: Dmitri Donskoi, 1953.
Kostylew, W.: Iwan Grosny, 2 Bände 1953.

Leontowitsch, V.: Die Rechtsumwälzung unter Iwan dem Schrecklichen und die Ideologie der russischen Selbstherrschaft, 1949.

Lilienfeld, F. v.: Nil Sorskij und seine Schriften, 1963.

Neubauer, H.: Car und Selbstherrscher, 1964.

Nolde, B.: La formation de l'Empire Russe, 2 Bände 1952/53.

Philipp, W.: Ivan Peresvetov und seine Schriften zur Erneuerung des Moskauer Reiches, 1935.

Rauch, G. v.: Studien über das Verhältnis Rußlands zu Europa, 1964.

Schaeder, H.: Moskau das Dritte Rom, 1957.

Spuler, B.: Die Goldene Horde, Die Mongolen in Rußland. 1223–1502, 1943.

Stökl, G.: Rußland und Europa vor Peter dem Großen, in: Historische Zeitschrift 1957.

Zu Abschnitt IV

Amburger, E.: Geschichte der Behördenorganisation in Rußland von Peter d. Gr. bis 1917, 1966.

Bickford O' Brien, C.: Russia under two Tsars, 1952.

Bilbassoff, B.: Geschichte Katharinas II., 2 Bände 1891–93.

Fleischhacker, H.: Porträt Peters III., in: Jahrb. f. Gesch. Osteuropas 1957.

Hausherr, H.: Rußland und Europa in der Epoche des Wiener Kongesses, in: Jahrb. f. Gesch. Osteuropas 1960.

Hoetzsch, O.: Rußland in Asien, 1966.

Laue, Th. v.: Die Revolution von außen als erste Phase der russischen Revolution 1917, in: Jahrb. f. Gesch. Osteuropas 1956.

Leontowitsch, V.: Geschichte des Liberalismus in Rußland, 1957.

Masaryk, Th.: Rußland und Europa. Soziologische Skizzen zur russischen Geschichts- und Religionsphilosophie, 2 Bände 1913.

Mediger, W.: Moskaus Weg nach Europa. Der Aufstieg Rußlands zum europäischen Machtstaat im Zeitalter Friedrichs des Großen, 1952.

Neubauer, H.: Die Bauernreform Alexanders II. als Ausgangspunkt adeliger Konstitutionsbestrebungen, in: Jahrb. f. Gesch. Osteuropas 1956.

Pipes, R.: Die russische Intelligentsia, 1962.

Raeff, M.: Michael Speransky. Statesman of Imperial Russia, 1957.

Riasanovsky, N.: Rußland und der Westen. Die Lehre der Slawophilen, 1954.

Rimscha, H. v.: Katharina II., 1961.

Scheibert, P.: Von Bakunin zu Lenin. Geschichte der russischen revolutionären Ideologien. 1840–1895, I 1955.
Schelting, A. v.: Rußland und Europa im russischen Geschichtsdenken, 1948.
Schiemann, Th.: Geschichte Rußlands unter Kaiser Nikolai I., 4 Bände 1904–1919.
Seton-Watson, H.: Der Verfall des Zarenreiches, 1954.
Tarlé, E.: 1812. Rußland und das Schicksal Europas, 1957.
Wittram, R.: Peter der Große. Der Eintritt Rußlands in die Neuzeit, 1954.
derselbe: Das russische Imperium und sein Gestaltwandel, in: Historische Zeitschrift 1959.
derselbe: Peter I. Czar und Kaiser, 2 Bände 1964.
Wolkonskij, M.: Die Dekabristen. Die ersten russischen Freiheitskämpfer des 19. Jahrhunderts, 1946.

Zu Abschnitt V

Anweiler, O.: Die Rätebewegung in Rußland 1905–1921, 1958.
Carr, E. H.: The Bolshevik Revolution 1917–1923, 3 Bände 1951–53.
Birnbaum, I.: Kleine Geschichte der Sowjetunion, 1959.
Daniels, R. V.: Das Gewissen der Revolution, 1962.
Deutscher, I.: Stalin. Geschichte des modernen Rußland, 2. Aufl. 1962.
derselbe: Trotzkij, 3 Bände 1962.
Fischer, L.: Das Leben Lenins, 1965.
Geyer, G.: Lenin und die russische Sozialdemokratie, 1962.
Grottian, W.: Das sowjetische Regierungssystem, 2 Bände 1965.
Kolarz, W.: Die Religionen in der Sowjetunion, 1963.
Leonhard, W.: Nikita Sergejewitsch Chruschtschow, 1965.
Maurach, R.: Handbuch der Sowjetverfassung, 1955.
Mehnert, K.: Der Sowjetmensch, 1959.
derselbe: Peking und Moskau, 1964.
Meissner, B.: Rußland im Umbruch, 1951.
derselbe: Rußland unter Chruschtschow, 1960.
Potjomkin, W.: Geschichte der Diplomatie, 3. Teil, 2 Bände 1948.
Rauch, G. v.: Geschichte der Sowjetunion, 1969.
derselbe: Lenin. Grundlegung des Sowjetsystems, 1957.
Rimscha, H. v.: Führung und Herrschaft im Sowjetsystem, in: Aus Politik und Zeitgeschichte 1966.
Ruffmann, K. H.: Sowjetrußland. Struktur und Entfaltung einer Weltmacht, 1977.

Schapiro, L.: Geschichte der kommunistischen Partei der Sowjetunion, 1962.
Seton-Watson, H.: Von Lenin bis Malenkow, 1955.
Shub, D.: Lenin, 1952.
Ssachno, H. v.: Der Aufstand der Person, 1965.
Struve, G.: Geschichte der Sowjetliteratur, 1957.
Tatu, M.: Macht und Ohnmacht im Kreml, 1969.
Trotzki, L.: Der junge Lenin, 1969.
Ulam, A.: Die Bolschewiki, 1965.
Wetter, G.: Der dialektische Materialismus, 1952.

PERSONENREGISTER